Direito Civil

Contratos

volume 3

Paulo Lôbo

Direito Civil

Contratos
volume 3

11ª edição
2025

- O autor deste livro e a editora empenharam seus melhores esforços para assegurar que as informações e os procedimentos apresentados no texto estejam em acordo com os padrões aceitos à época da publicação, *e todos os dados foram atualizados pelo autor até a data da entrega dos originais à editora*. Entretanto, tendo em conta a evolução das ciências, as atualizações legislativas, as mudanças regulamentares governamentais e o constante fluxo de novas informações sobre os temas que constam do livro, recomendamos enfaticamente que os leitores consultem sempre outras fontes fidedignas, de modo a se certificarem de que as informações contidas no texto estão corretas e de que não houve alterações nas recomendações ou na legislação regulamentadora.

- Data do fechamento do livro: 30/09/2024

- O autor e a editora se empenharam para citar adequadamente e dar o devido crédito a todos os detentores de direitos autorais de qualquer material utilizado neste livro, dispondo-se a possíveis acertos posteriores caso, inadvertida e involuntariamente, a identificação de algum deles tenha sido omitida.

- Direitos exclusivos para a língua portuguesa
  Copyright ©2025 by
  Saraiva Jur, um selo da SRV Editora Ltda.
  Uma editora integrante do GEN | Grupo Editorial Nacional
  Travessa do Ouvidor, 11
  Rio de Janeiro – RJ – 20040-040

- **Atendimento ao cliente: https://www.editoradodireito.com.br/contato**

- Reservados todos os direitos. É proibida a duplicação ou reprodução deste volume, no todo ou em parte, em quaisquer formas ou por quaisquer meios (eletrônico, mecânico, gravação, fotocópia, distribuição pela Internet ou outros), sem permissão, por escrito, da **SRV Editora Ltda**.

- Capa: Deborah Mattos
  Diagramação: Rafael Cancio Padovan

- **OBRA COMPLETA 978-85-5360-772-3**
  DADOS INTERNACIONAIS DE CATALOGAÇÃO NA PUBLICAÇÃO (CIP)
  VAGNER RODOLFO DA SILVA - CRB-8/9410

L799d   Lôbo, Paulo
Direito Civil - Volume 3 - Contratos / Paulo Lôbo. - 11. ed. - São Paulo : Saraiva Jur, 2025.

456 p.
ISBN 978-85-5362-484-3 (Impresso)

1. Direito. 2. Direito Civil. I. Título.

	CDD 347
2024-3237	CDU 347

Índices para catálogo sistemático:
1. Direito Civil   347
2. Direito Civil   347

Apresentação

Esta obra congrega a teoria geral dos contratos (direito comum dos contratos civis e empresariais) e as espécies de contratos civis, na perspectiva do direito interno brasileiro.

As transformações das relações econômicas e sociais e a manifestação plural das atividades negociais, na experiência brasileira, repercutiram no sentido e alcance do contrato. Não há mais uma única modalidade de contrato, gizada na oferta e na aceitação voluntárias, nem sua fonte normativa radica apenas no Código Civil. Daí a necessidade da interlocução constante do direito civil dos contratos com o direito contratual constitucional, com o direito contratual do consumidor, com o direito das condições gerais dos contratos, com o direito dos contratos eletrônicos.

Os nove primeiros capítulos da obra são destinados à teoria geral dos contratos, não ficando adstritos às matérias tradicionais referidas no Código Civil. Assim, estão incluídos temas sobre a sistematização dos contratos contemporâneos, a constitucionalização do direito contratual, os princípios individuais e sociais dos contratos, o poder negocial e a vulnerabilidade contratual, as condições gerais dos contratos, a massificação contratual, a revisão judicial, a interpretação e a integração dos contratos.

Fizemos opção metodológica de tratarmos nesta obra apenas as principais espécies de contratos civis. São os contratos comuns do cotidiano das pessoas, mas, com exceção da doação, também estão presentes na atividade econômica das empresas e nas relações de consumo, como a compra e venda, a permuta, o contrato estimatório, a locação de coisas, a prestação de serviços, o empréstimo, o depósito, a empreitada, o mandato, a fiança, a transação. Não incluímos as espécies de contratos que, na atualidade, são concebidos como atos de atividade econômica – nos quais um dos figurantes é necessariamente a empresa –, que são objeto do direito empresarial.

Paulo Lôbo

SUMÁRIO

Apresentação.   V

CAPÍTULO I
Concepção, Evolução e Âmbito do Contrato   1

1.1.   Concepções e Dimensões do Contrato   1
1.2.   Modelo Romano do Contrato   5
1.3.   Teoria Moderna ou Tradicional do Contrato.   6
1.4.   Transformações ou Teoria Contemporânea do Contrato.   8
1.5.   Responsabilidade Contratual e Responsabilidade Extracontratual . . .   13
1.6.   Modelos Plurais dos Contratos na Contemporaneidade   16
1.7.   Contratos de Consumo e Superendividamento   17
1.8.   Contratos Eletrônicos   22
1.9.   Arbitragem nos Contratos   27

CAPÍTULO II
Princípios do Contrato   31

2.1.   Princípios Jurídicos e sua Classificação nos Contratos.   31
2.2.   Princípio da Autonomia Privada Negocial.   33
       2.2.1.   Livre Iniciativa e Liberdade Contratual.   37
2.3.   Princípio da Força Obrigatória   39
2.4.   Princípio dos Efeitos Relativos do Contrato.   41
2.5.   Princípio da Função Social   44
2.6.   Princípio da Equivalência Material   47
2.7.   Princípio da Boa-Fé Objetiva.   51

CAPÍTULO III
Formação dos Contratos   55

3.1.   Momentos da Formação do Contrato   55
3.2.   Exteriorização de Vontade no Contrato.   58
3.3.   Oferta   59

— VII —

3.4.	Oferta ao Público	60
3.5.	Aceitação	61
3.6.	Negociações Preliminares e seus Efeitos	62
3.7.	Conduta Negocial Típica.	65
3.8.	Formação do Contrato de Consumo	68
3.9.	Formação do Contrato Eletrônico	71

CAPÍTULO IV
Classes e Grupos de Contratos — 75

4.1.	Contratos Atípicos.	75
4.2.	Contratos Típicos	77
4.3.	Contratos Bilaterais.	78
4.4.	Contratos Aleatórios	79
4.5.	Contrato Preliminar	81
	4.5.1. Promessa de Compra e Venda	85
4.6.	Contratos Mistos.	87
4.7.	Contratos Coligados ou Conexos	89
4.8.	Contratos Relacionais	93
4.9.	Contratos Existenciais e Comunitários	95
4.10.	Contratos Incompletos	96

CAPÍTULO V
Massificação e Vulnerabilidade Contratuais. Condições Gerais dos Contratos . . . 98

5.1.	Massificação Contratual	98
5.2.	Condições Gerais dos Contratos	100
5.3.	As Condições Gerais dos Contratos na Legislação Brasileira	103
5.4.	Contrato de Adesão	105
5.5.	Formação e Eficácia das Condições Gerais dos Contratos	107
5.6.	Integração das Condições Gerais nos Contratos de Adesão	109
5.7.	Cláusulas Abusivas	111
5.8.	Vulnerabilidade Contratual.	114
	5.8.1. Poder Negocial e Proteção do Contratante Vulnerável	115

CAPÍTULO VI
Efeitos de Contratos em Relação a Terceiros — 118

6.1.	Vinculação de Terceiro	118
6.2.	Estipulação em Favor de Terceiro	118
6.3.	Contratos com Eficácia Protetiva para Terceiros e a Teoria do Contato Social.	121
6.4.	Promessa de Fato de Terceiro.	122
6.5.	Contrato com Pessoa a Declarar	124

Capítulo VII
Garantias Legais aos Contratantes. 126

7.1. Garantia Contra a Evicção 126
7.2. Garantia Contra os Vícios Redibitórios. 131
 7.2.1. Contrato Comutativo sobre Coisas Móveis ou Imóveis 132
 7.2.2. Tradição da Coisa 133
 7.2.3. Vício Oculto 133
 7.2.4. Funcionalidade do Vício 134
 7.2.5. Decadência, pelo não Exercício do Direito 135
 7.2.6. Pretensões do Adquirente: Redibição e Abatimento do Preço . . . 136
7.3. Responsabilidade por Vício nas Relações de Consumo 138
7.4. Exceção de Contrato não Cumprido 143
7.5. Exceção de Reforço de Garantia 145

Capítulo VIII
Interpretação e Integração dos Contratos 146

8.1. Interpretação do Contrato Paritário. 146
8.2. Critérios Legais da Interpretação Contratual. 150
8.3. Pressupostos da Interpretação Contratual 154
8.4. Interpretação Integrativa e Integração 155
8.5. Integração dos Deveres Gerais de Conduta Negocial e sua Interpretação . . . 157
8.6. Interpretação das Condições Gerais do Contrato de Adesão 160
 8.6.1. Interpretação do Contrato de Adesão, Regulado pelo Código
    Civil 163
8.7. Interpretação dos Contratos de Consumo 165

Capítulo IX
Revisão e Extinção do Contrato. 167

9.1. Revisão Legal e Judicial dos Contratos 167
9.2. Modos de Extinção dos Contratos. 171
9.3. Resilição Unilateral e Distrato. 172
9.4. Resolução do Contrato 174
 9.4.1. Interesse Contratual Positivo ou Negativo. 177
 9.4.2. Violação Positiva do Contrato 179
 9.4.3. Violação Antecipada do Contrato 179
 9.4.4. Resolução por Violação de Cláusulas Éticas 181
9.5. Revisão ou Resolução por Onerosidade Excessiva Superveniente. 181
9.6. Cláusula *Rebus Sic Stantibus*, Teoria da Imprevisão e Teoria da Base do
  Negócio. 184
9.7. Frustração da Finalidade do Contrato. 189

— IX —

9.8.	O Uso da Equidade para Revisão do Contrato Excessivamente Onerado . . .	191
9.9.	Vantagem Superveniente pela Mudança de Circunstâncias	192
9.10.	Direito e Dever de Renegociação	193

CAPÍTULO X
Compra e Venda 195

10.1.	Conceito e Elementos do Contrato de Compra e Venda	195
10.2.	Unificação da Compra e Venda Civil e Mercantil e Favorecimento do Comprador	197
10.3.	Origem e Evolução da Compra e Venda	198
10.4.	Efeitos do Contrato de Compra e Venda e Transmissão da Propriedade . . .	199
10.5.	Coisa Atual e Futura	201
10.6.	Venda Mediante Amostras, Protótipos ou Modelos.	204
10.7.	Preço	205
10.8.	Deveres do Vendedor e do Comprador	210
10.9.	Repartição dos Riscos	213
10.10.	Vendas Proibidas em Razão de Determinadas Pessoas.	216
10.11.	Venda de Imóvel por Medida ou como Unidade	219
10.12.	Venda de Parte Ideal em Condomínio.	224

CAPÍTULO XI
Compra e Venda: Cláusulas Especiais 227

11.1.	Retrovenda	227
11.2.	Venda a Contento ou Sujeita a Prova.	233
11.3.	Preferência.	237
11.4.	Venda com Reserva de Domínio	243
11.5.	Venda sobre Documentos	250

CAPÍTULO XII
Permuta 254

12.1.	Requisitos e Características do Contrato de Permuta.	254
12.2.	Regras Comuns dos Contratos Aplicáveis à Permuta.	256
12.3.	Coisas que Podem Ser Permutadas	257
12.4.	Regras da Compra e Venda Aplicáveis à Permuta	258
12.5.	Rateio das Despesas do Contrato	260
12.6.	Proibição de Permuta com Descendentes.	261

CAPÍTULO XIII
Doação 263

13.1.	Conceituação, Natureza e Características	263

13.2.	Objeto da Doação e Liberalidades	266
13.3.	Oferta de Doação e Quem Pode Aceitá-la	267
13.4.	Promessa de Doação	272
13.5.	Doações Meritórias, Remuneratórias ou com Encargo	273
13.6.	Formalidade da Doação	276
13.7.	Doação como Adiantamento de Legítima de Herança Futura	278
13.8.	Doações Especiais: Subvenções Periódicas, Casamento Futuro, Prole Eventual (Concepturo)	280
13.9.	Cláusula de Reversão da Doação	284
13.10.	Doações Proibidas	285
13.11.	Revogação da Doação	289

CAPÍTULO XIV
Contrato Estimatório ... 297

14.1.	Noções e Características	297
14.2.	Natureza do Contrato Estimatório	300
14.3.	Objeto: Coisas Móveis Consignadas	302
14.4.	Determinação do Preço ou Valor	303
14.5.	Deveres das Partes	304
14.6.	Prazo para o Exercício do Poder de Disposição	305
14.7.	Restituição da Coisa Consignada	306
14.8.	Impossibilidade da Restituição da Coisa e a Obrigação Alternativa	307
14.9.	Impenhorabilidade da Coisa por Dívidas do Consignatário	310
14.10.	Indisponibilidade da Coisa	311

CAPÍTULO XV
Locação de Coisas ... 314

15.1.	Características da Locação de Coisas	314
15.2.	Coisas e os Tipos de Locação	317
15.3.	Posse e Uso pelo Locatário	318
15.4.	Aluguel	320
15.5.	Direitos e Deveres do Locador	322
15.6.	Direitos e Deveres do Locatário	323
15.7.	Alienação da Coisa Locada	325
15.8.	Sublocação e Cessão	327
15.9.	Extinção da Locação	328
15.10.	Locação de Imóveis Urbanos	332

CAPÍTULO XVI
Prestação de Serviços ... 338

16.1.	Conceito e Abrangência.	338
16.2.	Distinções com os Contratos de Trabalho e de Empreitada	341
16.3.	Profissional Liberal: Prestador de Serviços por Excelência	344
16.4.	Remuneração.	346
16.5.	Prazo do Contrato	348
16.6.	Extinção	349

Capítulo XVII
Empreitada. 352

17.1.	Conceito e Abrangência.	352
17.2.	Espécies de Empreitada	354
17.3.	Tempo e Execução do Contrato.	356
17.4.	Preço da Obra	357
17.5.	Recebimento da Obra	359
17.6.	Subempreitada.	360
17.7.	Direitos e Deveres do Empreiteiro	360
17.8.	Garantia de Segurança e Solidez da Obra	361
17.9.	Deveres do Dono da Obra.	364
17.10.	Extinção do Contrato	365

Capítulo XVIII
Empréstimo. 368

18.1.	Conceito e Características do Comodato	368
18.2.	Deveres do Comodante	371
18.3.	Direitos e Deveres do Comodatário.	372
18.4.	Extinção do Comodato	374
18.5.	Mútuo	374
18.6.	Mútuo em Dinheiro	376
18.7.	Direitos e Deveres das Partes no Mútuo	377
18.8.	Extinção do Mútuo	379

Capítulo XIX
Depósito. 380

19.1.	Conceito, Natureza e Abrangência	380
19.2.	Espécies de Depósito	383
19.3.	Depósito de Bagagens em Hotéis e Similares.	385
19.4.	Direitos e Deveres do Depositante.	386
19.5.	Direitos e Deveres do Depositário	387
19.6.	Vicissitudes e Fim da Prisão do Depositário Infiel.	390
19.7.	Extinção	391

Capítulo XX
Mandato 393

20.1. Conceito, Natureza e Abrangência 393
20.2. Procuração: Instrumento do Mandato. 395
20.3. Poderes de Representação: Outorga e Exercício 398
20.4. Excesso e Abuso dos Poderes 399
20.5. Pluralidade de Mandantes ou de Mandatários. 401
20.6. Mandatário: Capacidade, Direitos e Deveres. 402
20.7. Mandante: Direitos e Deveres 404
20.8. Mandato em Causa Própria. 405
20.9. Mandato Judicial. 406
20.10. Substabelecimento. 409
20.11. Extinção 410

Capítulo XXI
Fiança 413

21.1. Conceito, Pressupostos, Abrangência. 413
21.2. Efeitos da Fiança 416
21.3. Benefícios de Ordem e de Divisão 418
21.4. Responsabilidade do Fiador e Hipóteses de Exoneração 420
21.5. Extinção 422

Capítulo XXII
Transação 425

22.1. Conceito, Natureza e Abrangência 425
22.2. Espécies de Transação 427
22.3. Efeitos da Transação 429
22.4. Invalidades e Exclusões 430
22.5. Extinção 432

Bibliografia 434

CAPÍTULO I
Concepção, Evolução e Âmbito do Contrato

Sumário: 1.1. Concepções e dimensões do contrato. 1.2. Modelo romano do contrato. 1.3. Teoria moderna ou tradicional do contrato. 1.4. Transformações ou teoria contemporânea do contrato. 1.5. Responsabilidade contratual e responsabilidade extracontratual. 1.6. Modelos plurais dos contratos na contemporaneidade. 1.7. Contratos de consumo e superendividamento. 1.8. Contratos eletrônicos. 1.9. Arbitragem nos contratos.

1.1. Concepções e Dimensões do Contrato

O contrato é o instrumento por excelência da autocomposição dos interesses e da realização pacífica das transações ou do tráfico jurídico, no cotidiano de cada pessoa. Essa sempre foi sua destinação, em todos os povos, a partir de quando renunciaram à força bruta para obtenção e circulação dos bens da vida, em prol do reconhecimento de obrigações nascidas do consenso das próprias partes. O contrato gera nas partes a convicção da certeza e da segurança de que as obrigações assumidas serão cumpridas e, se não o forem, de que poderão requerer judicialmente a execução forçada e a reparação pelas perdas e danos.

Com efeito, o contrato jurisdiciza o fenômeno mais frequente do cotidiano das pessoas, em todas as épocas. Na sociedade atual, a cada passo, a pessoa ingressa em relações negociais, consciente ou inconscientemente, para satisfação de suas necessidades e desejos e para adquirir e utilizar os bens da vida e os serviços. Até mesmo quando dormimos poderemos estar assumindo obrigações contratuais, como se dá com o fornecimento contínuo de luz.

Sustenta-se que a juridicidade dos contratos antecede a própria organização estatal, sendo equivocada a afirmação do moderno normativismo positivista de que ela decorreria das normas ditadas pelo poder constituído. "Ela era concebida como uma decorrência natural da circunstância de que se tinha um acordo de vontades, e que é da natureza das coisas que a palavra empenhada deve ser cumprida", sendo que a intervenção do Estado sobre o contrato haverá de ser concebida *a posteriori* (Castro Júnior, 2009, p. 124).

No plano da teoria do direito, o contrato destaca-se como a mais importante espécie dos fatos jurídicos voluntários, o que justifica sua relevância no âmbito do direito civil. Na classificação dos fatos jurídicos é negócio jurídico bilateral. São necessários os dois lados, ainda que um deles não assuma dever de prestação, como ocorre com os contratos unilaterais (ex.: a doação). Ao lado da família e da propriedade, congrega os três institutos juscivilísticos essenciais que mereceram inserção destacada na Constituição de 1988.

Na concepção considerada clássica ou tradicional, o contrato resulta da entrada no mundo jurídico da vontade acorde dos figurantes ou contratantes, com a irradiação dos efeitos próprios. Essencial é que cada um dos figurantes conheça a manifestação de vontade que o outro fez. Não basta que as duas manifestações de vontade coincidam. É preciso que estejam de acordo (Pontes de Miranda, 1972, v. 38, p. 7). O esquema clássico é, pois, o da oferta e da aceitação, que se fundem no consenso ou concordância, consideradas as manifestações de vontade livres e conscientes de pessoas capazes civilmente.

O direito contratual como conhecemos atualmente começou a tomar corpo somente no século XVIII e recebeu desenvolvimento e sistematização no século XIX. No ambiente europeu, sustenta-se que o princípio do consensualismo, tal como exprime a máxima *solus consensus obligat*, teria aparecido no século XIII e começou a se difundir no século XV (Carbonnier, 2000, p. 184).

O contrato mudou muito, desde quando foi concebido como expressão da autonomia da vontade individual, máxime com a teorização doutrinária que desaguou na abstração do negócio jurídico, do qual passou a ser classificado como espécie. Ao contrário da experiência dos antigos romanos e do direito medieval, que emprestaram mais essencialidade à forma, ao tipo e ao reconhecimento jurídico oficial, a concepção de contrato, no período do liberalismo individualista, revolucionou no sentido de atribuir à vontade consciente a qualidade de núcleo central, em torno do qual gravitam os princípios, regras e categorias prescritivas e descritivas. Esse modelo de contrato, que brota de vontades livres e conscientes, na oferta e na aceitação, entrou em crise, com o advento do Estado social de direito ao longo do século XX (no Brasil, após a Constituição de 1934), orientado para a justiça social e a proteção dos juridicamente vulneráveis, exigentes de intervenção oficial na atividade econômica.

Os interesses exclusivamente individuais passaram a compartilhar a tutela jurídica com os interesses sociais e públicos, compondo o núcleo complexo e ambivalente da contemporânea concepção do contrato. As premissas do individualismo, com sua aversão ao social, demonstraram inadequação para o enfrentamento da profunda transformação que se operou no contrato, em decorrência da intensa modificação social e econômica de nossa sociedade. O contrato teve de sair do isolamento a que foi destinado pelo liberalismo individualista, como instrumento de autocomposição de interesses privados formalmente iguais, para abranger outras relações jurídicas contratuais que se desenvolveram à margem desse modelo voluntarista e marcadas pela necessidade de regulação social ou pública, pela relevância da conduta negocial típica, pelas hipóteses de abstração da vontade e pela consideração do poder negocial. Nessas relações, hoje prevalecentes, não mais importa o indivíduo agindo isoladamente em face do outro. Como diz Michele Graziadei (1991, p. 528), é uma tarefa vã a de procurar resolver os problemas emergentes do contrato, simplesmente invocando a vontade ou as expectativas dos contratantes.

No ambiente do sistema anglo-americano, a doutrina tem destacado a alteração fundamental do direito contratual, na superação do voluntarismo pela razoabilidade de caráter objetivo, como parâmetro mais seguro para as legítimas expectativas das partes: "se o direito clássico estava associado com os valores da liberdade de contratar, o direito moderno passou a ser sinônimo de razoabilidade no contrato" (Brownsword, 2000, p. 79).

As regras do direito contratual dão forma à distribuição de riquezas e poderes privados nas sociedades contemporâneas. À medida que um país reduz o uso de mecanismos governamentais de redistribuição de renda, os efeitos de distribuição do mercado se transformam na força determinante que governa as chances na vida de cada pessoa (Collins, 2007, p. 171), impondo-se sua regulação eficiente. As regras do mercado não são neutras – elas claramente beneficiam algumas pessoas mais que outras (Atiyah, 2000, p. 288). Nesse sentido, o direito contratual é parte da regulação do mercado orientado para a justiça social, como determina o art. 170 da Constituição brasileira.

A regulação pode ser mal interpretada como uma intromissão na autonomia contratual. Em verdade, opera como um meio de promover a autonomia da parte mais fraca, cuja desvantagem econômica (ou jurídica) impede que ambas as partes barganhem eficazmente. Nesse sentido, argumenta-se que a promoção da autonomia pessoal e a proteção das partes mais fracas não são oposições inconciliáveis.

Para o conhecimento e aplicação do contrato contemporâneo é necessário:

a) compreensão da insubstituível submissão do contrato aos valores sociais e diretrizes constitucionalmente estabelecidos, que decorre do papel de centralidade do direito privado, no que diz respeito a seus fundamentos, que a Constituição assumiu a partir do Estado social, principalmente com a regulação estrutural da ordem econômica;

b) a relevância que os princípios jurídicos passaram a ter nas relações contratuais, pois aqueles informam e conformam estas em sua conclusão, execução e extinção, implicando o redimensionamento da função do juiz ou do árbitro na aplicação do direito;

c) a proteção jurídica conferida ao contratante vulnerável;

d) a consideração da conduta negocial típica, com abstração da vontade consciente, nas ofertas ao público de produtos e serviços;

e) a atribuição de efeitos contratuais à automação e aos atos promanados de sistemas informatizados, sem imediata atuação humana no momento da celebração do contrato;

f) a crescente importância da autonomia privada coletiva, na qual as pessoas são substituídas por entidades ou grupos representativos de interesses;

g) a substituição do modelo antagonista dos interesses dos contratantes pelo da cooperação na obtenção do fim comum, principalmente nos contratos duradouros que podem acompanhar a vida do contratante, como os de planos de saúde ou de previdência privada, de natureza existencial, ou condicionar a atividade empresarial, como nos contratos de franquia ou de distribuição;

h) a harmonização dos direitos nacionais e a proteção do contratante, em virtude da aquisição ou utilização de produtos ou serviços mediante contratos eletrônicos ofertados em sítios eletrônicos oriundos de outros países, ou de origem desconhecida;

i) a compreensão que a massificação contratual é incompatível com o consentimento fundado em vontades individuais;

j) a utilização crescente da arbitragem nos contratos paritários.

O contrato não morreu, ao contrário do que predisse Grant Gilmore (1995, *passim*); o que morreu ou feneceu foi a exclusividade da concepção individualista do contrato (teoria tradicional), historicamente situada na experiência do Estado liberal, principalmente durante o século XIX e início do século XX, do direito contratual de fabricantes e vendedores. O direito contratual contemporâneo contempla os contratantes que detêm e os que não detêm poder negocial, além da função social que todo contrato deve cumprir.

O sentido e o alcance do contrato refletem sempre e necessariamente as relações econômicas e sociais praticadas em cada momento histórico. O modelo clássico individualista, inclusive sob a forma e estrutura do negócio jurídico, é inadequado à maioria dos atos negociais existentes na atualidade, porque são distintos os fundamentos. O conteúdo conceptual e material e a função do contrato mudaram, inclusive para adequá-lo às exigências de realização da justiça social, que não é só dele, mas sim de todo o direito.

A complexidade da vida negocial contemporânea não recomenda que a lei avance em definição do contrato, que pode resultar insuficiente. Nosso Código Civil de 2002 preferiu não o fazer, ao contrário do Código Civil argentino de 2014, cujo art. 957 traz a seguinte definição: "Contrato é o ato jurídico mediante o qual duas ou mais partes manifestam seu consentimento para criar, modificar, transferir ou extinguir relações jurídicas patrimoniais". Essa definição serve apenas para os contratos paritários, deixando de fora os contratos não paritários, nos quais o consentimento é irrelevante ou limitado, substituído pelos efeitos atribuídos pela lei, e os contratos sem finalidades patrimoniais.

Sob outro ângulo, embora não seja objeto desta obra, constata-se a existência de um direito dos contratos internacionais, produzido pelas grandes empresas internacionais e por convenções internacionais dominadas por esses interesses, que buscam substituir os direitos nacionais pela *lex mercatoria*, que se caracteriza pelos fracos mecanismos de controle estatal dessas transações.

Esse cenário complexo indica não um, mas vários modelos essenciais existentes na contratação contemporânea, dificilmente redutíveis a uma teoria comum. "Pois é certo que o contrato não é um instituto único, porém um feixe de institutos jurídicos, assim como a propriedade, também, é um feixe de propriedades" (Grau, 2001, p. 74).

Contudo, ainda que se admita que não haja uma "essência contratual", por ser uma construção intelectual necessariamente imperfeita, devido à sua diversidade e sua incoerência (Ghestin, 2002, p. 186), o contrato é uma categoria jurídica que pode ser identificada não apenas pelos profissionais do direito, mas também pelas pessoas comuns que o utilizam, distinta de outras categorias jurídicas.

1.2. Modelo Romano do Contrato

O direito romano não conheceu o contrato como categoria geral, até porque inexistia o direito subjetivo como os modernos desenvolveram. A tipicidade romana das *actiones* não comportava uma figura genérica a que se conduzissem, por subsunção, as espécies contratuais. Se o magistrado não admitia a *actio* para determinadas convenções, elas simplesmente não existiam como contratos; eram pactos nus (*pacta nuda*).

O consentimento, que é o elemento nuclear do contrato moderno, apenas foi admitido ulteriormente, pelo *jus gentium*, em certos tipos de contratos cele-

— 5 —

brados com estrangeiros, mediante ação concedida pelo pretor peregrino. Os contratos formais (reais, verbais e literais) desconsideravam o consentimento e obrigavam, apesar ou contra ele. E mesmo os contratos inominados, que depois passaram a ser admitidos, dependiam da concessão da *actio praescriptis verbis*.

Não ancora, portanto, a teoria moderna ou liberal do contrato, na autoridade do direito romano, o que bem demonstra que é fruto do devir histórico.

Essa é a compreensão clara que se deve ter do contrato, como de resto de qualquer categoria ou instituto jurídico, sob pena de instituir como ciência o que não passa de percepção ideológica de um determinado modelo que prevaleceu enquanto existiram historicamente seus pressupostos.

1.3. Teoria Moderna ou Tradicional do Contrato

A noção de contrato, como expressão da liberdade contratual ou da autonomia privada, foi desenvolvida no contexto histórico preciso do Estado moderno, mais precisamente na fase do Estado liberal. Seu ápice coincidirá com o predomínio do capitalismo industrial da segunda metade do século XIX e da primeira metade do século XX, quando se elaborou a teoria do negócio jurídico e se consagrou a ideia de autonomia privada como princípio fundamental do direito privado.

O contrato foi estruturado segundo o esquema bifronte da oferta e da aceitação, do consentimento livre e da igualdade formal das partes. O contrato assim gerado passou a ser lei entre as partes, na conhecida dicção dos Códigos Civis francês e italiano, sintetizado na fórmula *pacta sunt servanda*. O contrato encobriu-se de inviolabilidade, inclusive em face do Estado ou da coletividade. Vinculou-se o contratante ética e juridicamente; vínculo que tanto era mais legítimo quanto fruto de sua liberdade e autonomia. Essa exaltação do contrato como modelo individualista por excelência da sociedade chega ao clímax no final do século XIX, com o filósofo Fouillé, que exerceu forte influência no espírito dos juristas. Ele defendia a concepção de serem contrato e justiça termos equivalentes: "quem diz contratual diz justo" e "toda justiça deve ser contratual". Mais precisamente, segundo Véronique Ranouil, o ideal de justiça social não deveria ser distributivo, mas comutativo; não deveria ser assegurado pelo Estado, mas garantido pelos particulares (1980, p. 90).

A sublimação do contrato é fruto do Iluminismo e da formação ideológica desenvolvida na modernidade liberal. No Estado liberal moderno desponta o que os historiadores denominam de trânsito do *status* ao contrato, ou seja, das posições jurídico-sociais fixas e imutáveis, segundo o nascimento, a origem ou a inserção em um grupo ou estamento social, típicos da Antiguidade e da Idade

Média, para a liberdade de escolha ou a autonomia das pessoas. Rousseau (e, antes dele, Locke) fez derivar do contrato até mesmo a organização da sociedade, mediante acordo de cidadãos soberanos.

Os juristas, especialmente os pandectistas alemães do século XIX, construíram um sistema integrado do negócio jurídico – do qual o contrato é espécie –, em cujo centro colocaram a vontade como elemento nuclear, suficiente para receber a incidência da norma jurídica. Reflexo do espírito da época, de ter a liberdade contratual formal como um bem em si mesmo, o negócio jurídico é a teoria científica da forma e da estrutura, aplicada aos atos negociais, sem qualquer preocupação com o conteúdo material ou com os figurantes. É bem verdade que a doutrina mais sofisticada que os sucedeu – como a de Pontes de Miranda, no Brasil – atribuiu a eficácia jurídica não à vontade, mas ao negócio jurídico que dela se originou. Esse deslocamento da fonte de eficácia, da vontade ao negócio jurídico (que a contém), representa importante avanço do pensamento jurídico.

Franz Wieacker (1980, p. 504) demonstra a tendência conservadora dos juristas que desenvolveram a teoria tradicional do contrato. Criaram um direito privado abstrato e a noção de autonomia privada, favorecedores da expansão da Revolução Industrial, da racionalização da economia e, consequentemente, do individualismo jurídico, favoráveis aos grupos econômicos, em expansão, das finanças, do comércio e da indústria, em desfavor das profissões e classes sem capital, convertendo-se, segundo ele, em instrumento de uma sociedade injusta.

A teoria tradicional do contrato está estreitamente vinculada à concepção de propriedade privada individual, também difundida nesse ambiente histórico. O contrato foi estruturado a partir da projeção dos modos de adquirir e, principalmente, de transferir a propriedade. Assim é que a liberdade de senhorio da propriedade individual manifestou-se sob a forma de liberdade contratual, ambas destituídas de função social. Os autores têm demonstrado que, progressivamente, houve um distanciamento do contrato da órbita da propriedade, como modo de aquisição e disposição de direitos reais, e uma progressiva atração para a órbita da empresa, como ato de troca voltado ao lucro do empreendedor (Galgano, 1979, p. 66), que passou a ostentar valor econômico em si. Quando os pressupostos formadores da teoria clássica do contrato foram desafiados pelo Estado social, amplamente disseminado no século XX, o modelo do contrato, como instrumento de realização de funções meramente individuais, entrou em crise.

A teoria tradicional do contrato estava assentada na livre e consciente manifestação de vontade dos figurantes, de modo mais amplo possível, com interferência mínima do legislador ou do juiz. Sua função era meramente individual, ou seja, de regulação autônoma de interesses privados, considerados formalmente iguais. O indivíduo contratando com outro indivíduo. Os únicos limites que admitiam a intervenção judicial eram os bons costumes e a ordem pública.

A opção preferencial do ordenamento era pelas normas jurídicas dispositivas ou supletivas, isto é, as que apenas se incorporam ao contrato se os contratantes não as tiverem afastado, ou pelas normas facultativas. Sua identificação, comum nos preceitos do Código Civil, relativos a cada contrato em espécie, é captada em enunciados segundo os exemplos: a) facultativa: "é lícito às partes fixar o preço" (art. 487); b) dispositivas: "salvo cláusula em contrário" (art. 490).

O ordenamento jurídico *reconhecia* as relações oriundas da exclusiva iniciativa dos particulares, que regulamentavam mutuamente seus interesses, delimitando-se os espaços: de um lado, competia aos particulares determinar suas relações recíprocas, os objetivos e as vias que melhor regulassem seus interesses; de outro lado, competia ao ordenamento jurídico prover as regras gerais e os requisitos de existência, validade e eficácia para seu reconhecimento, sem interferir no conteúdo das relações privadas.

1.4. Transformações ou Teoria Contemporânea do Contrato

É quase um lugar-comum a afirmação de que o contrato ou o direito contratual foi a parte do direito menos afetada pela mudança social. Atribui-se ao direito das obrigações (especialmente o contratual) certa estabilidade milenar, porque, mais que os outros ramos juscivilísticos, perpetuaria os princípios que nos legaram os romanos, que asseguraram a raiz comum do grande sistema jurídico romano-germânico. Como ficou demonstrado, o modelo liberal individualista do contrato (teoria tradicional) pouco teve de comum com o modelo romano; e o advento da sociedade de massas e do Estado social desmentiu essa aparência de estabilidade. Os paradigmas para o contrato contemporâneo não são mais nem o *pater familias* romano nem o indivíduo proprietário da burguesia liberal.

Enquanto a sociedade se limitou a uma complexidade reduzida, a concepção de autonomia da vontade pôde ser uma explicação suficiente. A revolução industrial e a revolução informacional, o desenvolvimento tecnológico, a explosão demográfica, a urbanização dominante, forjando uma sociedade de massas, na qual a cidade é apenas um espaço territorial, levaram o contrato a um estado de crise. Mas essa crise não é do contrato, e sim de um modelo de contrato, que não é mais suficiente às necessidades da sociedade contemporânea.

A sociedade de massas multiplicou a imputação de efeitos negociais a um sem-número de condutas, independentemente da manifestação de vontade dos obrigados. Por seu turno, a globalização econômica utiliza o contrato como instrumento de exercício de dominação dos mercados e de desafio aos direitos nacionais, especialmente mediante condições gerais predispostas. As empresas transnacionais utilizam os mesmos instrumentos contratuais, emanadas de suas sedes, em todos os países onde fornecem produtos e serviços. De modo geral, tangenciam ou desconsideram os sistemas de garantias dos direitos locais, ou pressionam fortemente para mudá-los. "Cada vez mais, e a cada dia que passa, as empresas ditam normas que são frequentemente mais rígidas que as do poder público e às quais o cidadão não pode resistir, sob pena de se ver paralisado ou tolhido em seu cotidiano" (Santos, 2007, p. 89).

Parafraseando o filósofo moderno Ortega y Gasset, o contrato são suas circunstâncias, as que serviram de base para sua celebração e as que o afetam durante sua execução. O contrato inscreve-se no fluxo contínuo da vida, para também parafrasear o filósofo antigo Heráclito. Não pode ser mais concebido como um texto estático, infenso às mudanças que inevitavelmente o cercarão, máxime quando de execução duradoura.

A Administração Pública tem abdicado dos clássicos instrumentos de soberania e *imperium*, para desenvolver políticas públicas contratualizadas, cujo fenômeno foi tido como "fuga para o direito privado" (Estominho, 1996, *passim*). Exemplifique-se com o art. 84 da Lei brasileira n. 13.019/2014, que excluiu a Lei de Licitações (Lei n. 8.666/1993) dos contratos de parceria entre a Administração Pública e as organizações da sociedade civil, para a consecução de finalidades de interesses público e recíproco, que são regidos pelo direito privado.

O Estado social (ou de bem-estar social), desde seus primórdios, na segunda década do século XX, afetou exatamente os pressupostos sociais e econômicos que fundamentaram a teoria clássica individualista do contrato. A intervenção pública nas relações econômicas privadas, que era excepcional, foi bastante ampliada, alcançando seu clímax na atribuição de função social ao contrato, cuja liberdade apenas pode ser exercida nos limites daquela, como enuncia o art. 421 do Código Civil brasileiro. A tradicional função individual do contrato permanece, mas é conformada à função social.

O Estado liberal assegurou os direitos do homem de primeira geração, especialmente a liberdade, a vida e a propriedade individuais. O Estado social foi impulsionado por exigências de justiça social, que postularam muito mais que a liberdade e a igualdade formais.

A insuficiência da liberdade jurídico-formal, inclusive no âmbito dos contratos – que em seu apogeu individualista oitocentista protegia de fato os mais poderosos –, revela-se na conhecida afirmação do Abade Henri Lacordaire, no sermão em Notre Dame, durante a Revolução de 1848, na França: "Entre os fortes e os fracos, entre ricos e pobres, entre senhor e servo, é a liberdade que oprime e a lei que liberta". Ou na também conhecida sátira de Anatole France em *Le Lys Rouge* (1894): "É obrigação dos pobres sustentar o poder e o ócio dos ricos. Permite-se-lhes que trabalhem sob a igualdade majestosa de uma lei que proíbe, a ricos como a pobres, dormir debaixo das pontes, mendigar nas ruas e roubar pão".

Antes mesmo do advento do Estado social, os legisladores eram pressionados para mitigar as iniquidades provocadas pela exploração da liberdade contratual desmedida, de modo a tutelar juridicamente as partes mais vulneráveis. Por exemplo, a *Truck Act* inglesa de 1831 foi aprovada para proteger os empregados da prática de serem pagos em produtos em vez de em dinheiro (Atiyah, 2000, p. 12). No Brasil do século XXI são ainda flagradas eventualmente pelas autoridades públicas situações equivalentes, em condições análogas à de escravidão.

O maior golpe ao modelo clássico foi desferido quando entraram em cena os chamados direitos de terceira geração, de natureza transindividuais, protegendo-se interesses que ultrapassam os dos figurantes concretos da relação negocial, ditos difusos, coletivos ou individuais homogêneos. A experiência que mais avança nesta área é a dos direitos do consumidor. A relação contratual de consumo, transcendendo os interesses dos figurantes, está provocando uma das mais profundas transformações do direito contratual, principalmente a partir da última década do século XX. Nesses casos, a teoria clássica do contrato foi afastada, porque seus pressupostos são distintos e inadequados.

O desequilíbrio contratual inerente às principais atividades econômicas da atualidade é potencializado quando se aplica o esquema tradicional da oferta e da aceitação, que pressupõe a existência de manifestações de vontade livres. Exemplifique-se com o uso disseminado de condições gerais dos contratos, predispostas unilateralmente pelo contratante utilizador, principalmente empresas e fornecedores de produtos e serviços. A teoria tradicional do contrato, consequentemente, é inadequada a tais situações.

Se as novas figuras contratuais, hoje prevalecentes, prescindem ou ignoram o poder de escolha; se não há, em muitas situações, autodeterminação livre dos seus próprios interesses; se os direitos, pretensões, deveres e obrigações são fortemente limitados ou até mesmo prefixados pela lei ou pelo contratante com poder negocial dominante; se o contrato pode ser celebrado sem a identificação ou a manifestação de qualquer espécie do outro contratante, em virtude da automação ou da informatização, a teoria do contrato teve de se transformar, em igual medida.

No moderno tráfico de massa, os bens e serviços são oferecidos a todos, sob condições fixas, podendo ser utilizados por qualquer pessoa. Exemplo muito comum são as prestações de transporte, consignadas em tarifas autorizadas e fiscalizadas pelo Poder Público, sem que para elas se exija declaração ou manifestação de vontade do usuário, dirigida a concluir o contrato. A utilização efetiva da prestação realiza a relação contratual. Karl Larenz (1978, p. 734) denomina essas situações de conduta socialmente típica como aceitação, que substituiria a vontade declarada ou manifestada de aceitar. Larenz, apesar de aproximar-se da realidade negocial massificada, que dispensa o consentimento, tenta enquadrar esse fenômeno no esquema contratual padrão, pois converte a conduta ou o comportamento, claramente não volitivos, em modos de aceitação (na edição de sua obra sobre a parte geral do Código Civil alemão, de 2004, alude à "vontade presumida", ou como mecanismo excepcional de ressarcimento para se evitar enriquecimento sem causa, rendendo-se à opinião majoritária. O próprio atualizador de sua obra, Manfred Wolf, considera a vontade presumida falha quando falta uma clara vontade de aceitação ou quando a conclusão do contrato é expressamente recusada, apesar da utilização do serviço. Cf. Tepedino, 2011, p. XIII). Preferimos denominar tais fenômenos de conduta negocial típica, na qual a vontade negocial consciente é abstraída.

A abstração da manifestação da vontade nos contratos de massa implica a produção de efeitos contratuais independentemente dela, pois o dever de remunerar é consequência da conduta do usuário e não da sua vontade. Assim, o usuário de um transporte público não pode negar-se a pagar o preço da passagem, alegando que se enganara ou que o contrato é inválido, por ser pessoa civilmente incapaz. O usuário de um estacionamento, tendo deixado seu carro estacionado em rua, não poderá negar-se a pagar as taxas correspondentes, alegando que não sabia que o espaço era um estacionamento pago. Quem se comporta assim, de forma negocialmente típica, tem sua conduta recepcionada pelo direito como suficiente a gerar efeitos contratuais, notadamente os deveres jurídicos correspondentes, sem se considerar se deles tomou conhecimento ou se os quis. Nessas hipóteses não há consentimento, nem o consentimento deve ser suposto.

Outro problema que se coloca é o da aplicação ou não das normas de capacidade civil, nesses casos. A utilização de uma prestação oferecida a todos inclui os incapazes civilmente. O direito tutela igualmente os negócios em público realizados pelos absolutamente incapazes que se utilizam dos contratos de massa, que fazem compras em supermercados e usam os meios de transporte, o que leva à inaplicabilidade da regra geral de validade do negócio jurídico (CC, art. 104) que requer "agente capaz". O direito passou a atribuir importância à conduta humana, nessas situações existenciais, de modo diferenciado, tornando-a insuscetível de deficiência (nulidade ou anulabilidade). No direito inglês diz-se que a criança pode contrair dívida, obrigando-se, *not because she agreed, but because she has been supplied.*

O Estado social faz nítida opção pelas normas jurídicas cogentes (imperativas ou proibitivas), reduzindo proporcionalmente o espaço das normas dispositivas ou facultativas. Pontes de Miranda classifica as normas jurídicas cogentes em: a) pré-excludentes, que negam a existência do fato jurídico contratual; b) nulificantes, que dão ensejo à nulidade do contrato ou de parte dele; c) anulativas; d) não invalidantes, mas cuja violação acarreta outra consequência, como a reparação do dano, caducidade, rescindibilidade.

Além desses modos de intervenção legislativa cogente, que podem ser considerados clássicos, o Estado social também se utiliza de mecanismos de intervenção na atividade econômica, quando interesses sociais se impõem, estabelecendo vedações, restrições, correções e, sobretudo, deveres legais para que ela possa ser desenvolvida, mediante os contratos decorrentes. Como exemplo dessa intervenção, a Lei n. 9.294/1996, alterada pela Lei n. 10.702/2003, estabelece restrições ao uso e à propaganda de cigarros e outros produtos fumígenos, bebidas alcoólicas, medicamentos e defensivos agrícolas, impondo dever de informação negativa nos produtos e na publicidade e de veiculação gratuita sobre os malefícios do fumo pelas emissoras de televisão, quando as imagens forem geradas no estrangeiro e relacionadas a eventos desportivos e culturais. Outro exemplo é o da Lei n. 12.965/2014 (Marco Civil da Internet), cujo art. 7º determina a manutenção da qualidade contratada da conexão à Internet, além de informações claras e completas constantes dos contratos de prestação de serviços sobre o regime de proteção aos registros de conexão e outros deveres.

A doutrina contemporânea cogita da pertinência do contrato na sociedade democrática contemporânea, ou do "direito contratual democrático", como denominou o jurista holandês Martijn W. Hesselink (2014, *passim*), para quem a legitimação do direito contratual necessita ter uma base democrática, no sentido de que as pessoas dos diferentes estratos da sociedade devem ter oportunidades iguais de influenciar o processo de criação e vinculação do contrato, considerando a autonomia, o pluralismo, a proteção das partes vulneráveis, a justiça social, a eficiência econômica, as tradições jurídicas.

O Código Civil brasileiro, de 2002, apesar de ter utilizado o texto básico do Código individualista de 1916, o que em grande medida condicionou suas diretrizes, corresponde à mudança de paradigmas da contemporaneidade, nos artigos introdutórios ao Livro destinado aos contratos, especialmente os arts.

421 a 424. Os três princípios sociais do contrato estão contemplados, sendo explícitos os da boa-fé e da função social e implícito o da equivalência material nas disposições relativas à revisão judicial dos contratos e no tratamento atribuído ao contrato de adesão.

A polissemia do contrato vai refletir no seu conteúdo, que pode ser composto de: cláusulas negociadas (como expressão real da autonomia privada negocial), cláusulas não negociadas (como nos contratos de adesão), cláusulas implícitas (mediante interpretação integrativa do que deveria conter o contrato, para alcançar suas finalidades), cláusulas integrativas (em razão, principalmente, de normas legais supletivas, dispositivas ou interpretativas e dos deveres gerais de conduta), cláusulas obrigatórias (normas legais impositivas), cláusulas inválidas (nulas, como as cláusulas abusivas, ou anuláveis).

O contrato é, pois, fenômeno cada vez mais onipresente na vida de cada um. No entanto, não é e nem pode ser categoria abstrata e universalizante, de características inalteradas em face das vicissitudes históricas. Seu significado e seu conteúdo conceptual modificaram-se profundamente, acompanhando as mudanças de valores da humanidade, notadamente da sociedade brasileira.

1.5. Responsabilidade Contratual e Responsabilidade Extracontratual

A distinção entre responsabilidade contratual e responsabilidade extracontratual decorre das duas grandes classes da obrigação moderna, ou seja, o contrato e a responsabilidade civil em sentido estrito. A responsabilidade contratual, como espécie do gênero responsabilidade negocial (pois há responsabilidades decorrentes de outros negócios jurídicos não contratuais), constitui uma sanção, entre outras, para o inadimplemento da obrigação pelo devedor. A responsabilidade contratual trata da violação de uma obrigação preexistente, entendida em seu sentido técnico; enquanto em matéria extracontratual, cuida-se da violação de um dever jurídico geral de não causar dano a ninguém, o que leva, por seu turno, à distinção conceitual entre inadimplemento e fato ilícito.

No direito privado, a distinção configurou quase um dogma, isto é, uma aparente verdade aceita como tal, sem grandes discussões. Porém, as transformações ocorridas em ambas tornaram imprecisa a linha divisória, tendo alguns autores cogitado de sua superação, em prol da unificação dos sistemas de responsabilidade civil, em virtude do reconhecimento de funções comuns e de nova concepção de responsabilidade, como noção complementar de uma noção maior, denominada obrigação, entendida esta como estrutura complexa, caracterizada

— 13 —

pela existência de deveres gerais, coligados ao dever central, em "um nexo funcional unitário" (Fernandez Cruz, 2004, p. 291). O Código Civil de Québec, de 1991, definiu como um de seus objetivos essenciais a unificação dos dois ramos de responsabilidade, notadamente no art. 99.

No processo unificador do direito das obrigações, que ora ocorre, prevalece a transubjetivação da causa da responsabilidade, pouco importando se é contratual ou extracontratual. Exemplifiquemos com a vedação ao enriquecimento sem causa, que assume uma dimensão objetiva e superadora dos limites contratuais, a ampliação do conceito de dano, a universalização da reparação, a proteção das expectativas normais de quem adquire ou utiliza bens e serviços e, acima de tudo, a equivalência objetiva das prestações, trabalhando-se com tipos subjetivos abstratos, como o contratante consumidor.

A doutrina francesa até hoje controverte acerca da pertinência dessa distinção. Uma corrente sustenta que a responsabilidade é exclusivamente extracontratual, ainda que o evento causador da obrigação de reparar tenha origem primária no contrato, porque os danos constituem um cumprimento da obrigação, por equivalência. Outra defende a singularidade da responsabilidade contratual, ainda que concorde que muitas situações contemporâneas tenham levado o legislador e os tribunais à unificação de ambas, o que não afastaria a distinção, notadamente quando o inadimplemento contratual é a fonte de danos sofridos tanto pelos credores em virtude do contrato como os terceiros, quando têm um vínculo com o contrato, porque ambos estão expostos aos mesmos riscos (Larroumet, 2001, p. 162). Para Geneviève Viney (2001, p. 946), é pouco realista a proposta de desaparição da responsabilidade contratual, em favor de um conceito de "execução por equivalência", dadas as características dos danos resultantes da inexecução contratual, além de reduzir a proteção das vítimas.

Sob a ótica do contratante devedor, radica na equivalência um dos sinais destacados pela doutrina da unificação, pois é idêntica na responsabilidade extracontratual e na contratual. Nesta, o interesse do credor, prejudicado pelo inadimplemento, vê-se somente satisfeito mediante a reparação ou o pagamento de uma indenização compensatória, o que produz uma transformação da relação obrigacional, pois o devedor deve realizar uma conduta distinta da inicialmente devida, que afeta seu patrimônio em um valor equivalente ao valor estimado do dano sofrido pelo credor. Por seu turno, na responsabilidade extracontratual a originária conduta devida, consistente na obrigação de não fazer (não lesar o outro), de cunho não patrimonial, transforma-se em outra obrigação, a de reparar, com seu patrimônio, o dano sofrido pela vítima. Em ambas há, com efeito, conversão das condutas originariamente devidas.

Pode haver imputação de responsabilidade a terceiro estranho ao contrato, em determinadas situações. É o que se dá, por exemplo, na relação contratual de consumo, que legitima a imputação de responsabilidade pelo fato do produto ao fabricante, que não é figurante do contrato. São hipóteses de danos estranhos à relação contratual em si, mas que nela têm sua origem.

Também pode haver responsabilidades pré-contratuais e pós-contratuais. Nesses casos, discute-se se a responsabilidade é contratual ou extracontratual, ou se promana de ambas, indistintamente.

No Brasil, foi longa a controvérsia acerca da responsabilidade contratual ou extracontratual da empresa, em virtude de furtos havidos no estacionamento, que põe à disposição de sua clientela. Para alguns, seria apenas cortesia, o que levaria à irresponsabilidade pelo que ocorresse com os automóveis de seus clientes; para outros, a responsabilidade apenas existiria se houvesse guarda efetiva e comprovante de pagamento de preço cobrado pelo estacionamento; para outros, enfim, entre os quais nos incluímos, a responsabilidade da empresa independe de qualquer pagamento ou controle de entrada e saída dos veículos, pois o estacionamento integra o âmbito da atividade econômica da empresa, como meio idôneo de atração da clientela, independentemente de ter havido aquisição ou não de produtos ou serviços ofertados. Este último entendimento, após flutuações nas decisões, foi consagrado no STJ, mediante a Súmula 130, com este enunciado: "A empresa responde, perante o cliente, pela reparação de dano e furto de veículo ocorridos em seu estacionamento". No enunciado da Súmula basta a responsabilidade, sem declinar sua natureza. Não é exclusivamente responsabilidade contratual, porque independe de declaração de vontade nesse sentido. Não é responsabilidade pré-contratual, porque não depende do interesse pela celebração posterior de qualquer contrato, que pudesse vinculá-la. Não é responsabilidade extracontratual por atividade, porque o estacionamento à disposição de seus clientes não se inclui "na atividade normalmente desenvolvida pelo autor do dano" (art. 927, parágrafo único, do CC), sendo dela acidental ou secundária. É, certamente, responsabilidade pela indução à celebração de contrato, em razão dos meios de atração de clientela, do mesmo modo como se dá com a publicidade, o que a inclui no âmbito da oferta ao público, quanto pelo denominado contato social, o que denota sua natureza compósita. Para cada situação de vantagem, maior a responsabilidade, sem sindicação de culpa ou de nexo de causalidade.

Prescrevem em dez anos as pretensões derivadas de responsabilidade contratual, inclusive para reparação de danos, não se aplicando a regra do art. 201, § 3º, V. Depois de decisões divergentes em suas turmas, a Segunda Seção do STJ

(EREsp 1.280.825) fixou o entendimento de que o mesmo prazo prescricional de dez anos deve ser aplicado a todas as pretensões do credor nas hipóteses de inadimplemento contratual, incluindo o da reparação de perdas e danos por ele causados. Para o Tribunal, não parece haver sentido jurídico nem lógica na afirmação segundo a qual o credor tem um prazo para exigir o cumprimento da obrigação e outro para reclamar o pagamento das perdas e danos.

1.6. Modelos Plurais dos Contratos na Contemporaneidade

Os contratos paritários compõem o modelo clássico, que pressupõe a equivalência dos poderes negociais e a existência efetiva de negociações preliminares, dispensando a intervenção legislativa e judicial, em sua essência. São, principalmente, os contratos celebrados entre pessoas físicas, fora da atividade econômica, e os contratos entre empresas, fora da relação de consumo, nos âmbitos interno e internacional. Neles, predomina a tutela dos interesses individuais e dos direitos subjetivos das partes.

Os contratos não paritários têm formação distinta e se caracterizam pela não presunção da equivalência dos poderes negociais e pela proteção jurídica que desfrutam determinadas partes e interesses transindividuais, mediante intervenção legislativa e judicial e imposição do dever de proteção desses interesses. Entre os interesses transindividuais está a proteção ao meio ambiente e ao patrimônio histórico, cultural e turístico, que possam ser afetados pela relação contratual. Esses contratos fazem emergir uma base fortemente objetiva, em virtude da limitação substancial da vontade individual, revelando a impessoalidade da relação contratual, ou a vulnerabilidade dos contratantes, ou o poder negocial dominante, ou a conduta negocial típica. Neles, predomina a tutela dos interesses sociais e a imposição de deveres e responsabilidades, estranhos aos direitos e deveres de prestação autonomamente contraídos. Podem ser assim classificados:

1) contratos com proteção de contratantes vulneráveis específicos (trabalhador, inquilino, autor, mutuário, promitente comprador, contratante agrário, segurado, cliente bancário etc.), notadamente quando os contratos têm por fim relações que envolvem a vida digna e a existência dessas pessoas;

2) contratos massificados;

3) contratos de adesão a condições gerais;

4) contratos de consumo;

5) contratos eletrônicos.

Nos contratos não paritários estão incluídos todos os que Antônio Junqueira de Azevedo (2005, p. 253) preferiu denominar "contratos existenciais" (os de consumo, os de trabalho, os de locação residencial, de compra e venda da casa própria e, de uma maneira geral, os que dizem respeito à subsistência da pessoa humana).

Os contratos que resultam do exercício de atividade econômica, em conformidade com os arts. 170 e seguintes da Constituição, podem ser paritários ou não paritários, de interesses protegidos ou não protegidos. São paritários os contratos negociados entre empresas, que não envolvam relação de consumo; são não paritários os contratos de consumo celebrados entre empresa ou fornecedor de produtos e serviços e seus consumidores (pessoas físicas ou outras empresas) e os contratos de adesão celebrados entre empresas, quando uma utiliza condições gerais e a outra adere (por exemplo, franqueadora e suas franqueadas).

Aos três primeiros modelos de contratos de direito privado não paritários (contratos com proteção de contratantes vulneráveis, contratos massificados e contratos de adesão a condições gerais predispostas) foi destinado o Capítulo V desta obra. Os dois últimos modelos merecem destaque, a seguir, pelo forte impacto que causaram na teoria do contrato, que se revelou inadequada tanto em relação ao conteúdo (contratos de consumo) quanto à forma (contratos eletrônicos).

1.7. Contratos de Consumo e Superendividamento

As últimas décadas do século XX protagonizaram as demandas sociais por proteções legais eficazes aos contratantes consumidores, ante o fenômeno avassalador da concentração de capitais, estimulado pela urbanização e pela massificação social. Tornou-se cada vez mais clara a assimetria de poderes negociais entre os fornecedores de produtos e serviços no mercado de consumo, alguns em escala planetária, e os adquirentes ou usuários desses bens e serviços, principalmente as pessoas físicas. Mais do que nunca, revelou-se inadequada a teoria clássica do contrato para o enfrentamento desse fenômeno. Em 1985, a Assembleia Geral da ONU aprovou a Resolução n. 39/248, ampliada posteriormente, estabelecendo as diretrizes para a proteção do consumidor em todo o mundo, reconhecendo que os consumidores enfrentam desequilíbrios de capacidade econômica, nível de educação e poder de negociação, devendo ter direito de acesso a produtos que não sejam perigosos e informações adequadas, em ambiente de consumo sustentável. Surgiram, então, as legislações nacionais de proteção do consumidor, como a brasileira de 1990, com grande semelhança de soluções e com a característica comum de predomínio do interesse difuso ou coletivo sobre o interesse individual. Novas categorias foram construídas, redundando na modernização notável da teoria do contrato.

O direito do consumidor provocou mudanças substanciais no direito contratual, pois não trata de situações especiais e episódicas, mas da maior parte das relações negociais entretecidas no mundo atual pelas pessoas físicas, que necessitam dos produtos e serviços lançados no mercado de consumo, para sua existência ou para seu lazer. A interlocução entre o direito contratual comum, destinado aos presumidamente iguais ou paritários, e o direito contratual do consumidor, destinado aos presumidamente desiguais, haveria de ser intensificada, como ocorreu com o Código Civil alemão, que passou a tratar de ambos, após as profundas reformas do direito das obrigações ocorridas nos anos de 2001 e 2002. O Código Civil argentino de 2014 também optou por tratar em seu âmbito dos "contratos de consumo" (arts. 1.092 a 1.122, que ordenam a relação de consumo, a formação do consentimento, as modalidades especiais e as cláusulas abusivas).

O Brasil optou por códigos distintos (CC/2002 e CDC/1990), o que não impede a harmonização entre essas dimensões do direito contratual, que tem sido profícua na doutrina e na jurisprudência dos tribunais. Como diz António Pinto Monteiro (2014, p. 102), o postulado metodológico da unidade do sistema jurídico reclama que se deva ter em atenção não só o Código do Consumidor, mas também, entre outros, a Constituição e o Código Civil.

O consumidor não é mais (talvez nunca tenha sido) o tipo idealizado no Estado liberal do sujeito determinante do ciclo econômico e do que tinha de ser produzido e consumido para atender às suas necessidades, por ele mesmo definidas, em um mercado concorrencial. Na clássica economia de mercado, de onde deriva a teoria tradicional do contrato, distinguiam-se vários níveis e objetivos de concorrência: de uma parte, a criação de estruturas ótimas (exclusão dos monopólios e, em parte, dos oligopólios); de outra, a melhor satisfação das necessidades dos particulares mediante as ofertas concorrentes, excluindo qualquer posição de supremacia sobre o consumidor. Atualmente, o produto e o serviço não são postos em circulação apenas para responder a necessidades sentidas de consumo, mas para provocar a necessidade de consumo, mediante os engenhosos mecanismos de publicidade, na qual o consumidor não desempenha qualquer papel ativo.

O ponto de partida é a existência ou não de uma relação jurídica qualificada: a relação de consumo. Esta constitui o divisor de águas entre o direito contratual comum e o direito contratual do consumidor. Presente a relação de consumo, o direito e a legislação contratuais comuns passam a ter função supletiva. Alguns institutos do Código Civil ostentam natureza de proteção do contratante vulnerável (por sua natureza, ou em específica relação contratual), que também contribuem para a tutela do contrato de consumo, a exemplo da boa-fé, do abuso do direito, da evicção e dos vícios redibitórios, da revisão ou resolução do contrato por onerosidade excessiva, a responsabilidade civil objetiva ou pelo risco, a redução equitativa da cláusula penal.

Não há, a rigor, contratos diferenciados no CDC. Os contratos são os mesmos do direito comum. A nota distintiva é a função que assumem de suporte das relações de consumo, cobrando regime jurídico próprio. São, pois, contratos funcionalmente diferenciados, sem embargo da identidade de sua natureza formal.

A relação contratual de consumo dá-se entre quem exerce atividade profissional organizada, denominado fornecedor, e o eventual adquirente ou usuário dos bens ou serviços que forneça ao público, denominado consumidor. É uma relação que o direito presume desigual e merecedora de tutela, porque faz emergir o efetivo poder negocial das partes. Assim, são partes juridicamente desiguais. No direito brasileiro, a onerosidade é imprescindível para se caracterizar a relação de consumo, ao contrário do direito argentino, cujo Código Civil/2014, art. 1.092, admite que também alcance a aquisição ou utilização de produtos ou serviços "em forma gratuita".

A relação contratual de consumo caracteriza-se pela ostensiva e necessária tutela do consumidor, qualificado como juridicamente vulnerável, para delimitação e contenção do poder negocial dominante do fornecedor. Essa tutela é indisponível e se dá apesar da inércia ou manifestação de vontade em contrário do próprio consumidor, porque ela decorre de uma presunção legal absoluta de vulnerabilidade, por força do que dispõem o art. 170, V, da Constituição e o art. 4º, I, do CDC. Também é absoluta a presunção legal do poder negocial dominante do fornecedor, ainda quando se depare com consumidor economicamente mais forte. Não se protege ou se tutela o consumidor determinado, mas sim o conjunto dos consumidores (tipo médio) que sejam destinatários de determinados produtos ou serviços lançados no mercado de consumo.

Como chama atenção Claudia Lima Marques (2001, p. 273), o sistema jurídico brasileiro não tutela o consumo, em si, como o fez o Código de Consumo da França, mas apenas um sujeito de direito diferente e vulnerável da sociedade de consumo: o consumidor, até porque o princípio da justiça social não protege os qualificados como iguais. Com razão, pois a proteção ao consumidor foi erigida em direito fundamental (CF, art. 5º, XXXII) da pessoa humana consumidora, cada vez mais fragilizada ante os poderes privados dominantes e impessoalizados das atividades econômicas.

A configuração das partes da relação contratual de consumo é ampla, como se depreende dos arts. 2º e 3º do CDC. Quanto ao fornecedor, nenhuma atividade econômica se exclui de seu significado. Em relação ao consumidor, no entanto, a tutela legal não abrange o consumidor intermediário (o que adquire ou utiliza bens e serviços destinados ao desenvolvimento final de sua própria atividade), mas apenas o consumidor destinatário final, assim pessoa física ou jurídica. A opção legal clara pelo consumidor destinatário final foi explicitada no STF, notadamente no julgamento da Sentença Estrangeira Contestada n. 5.847-1, em 1999, considerado *leading case* nessa matéria, no qual se decidiu que os produtos usados na produção de outros produtos (tratava-se da importação de algodão manufaturado para fabricação de toalhas) não se inserem na relação de consumo. Algumas legislações restringem o consumidor final apenas às pessoas físicas e seus grupos familiares, como o Código Civil argentino (art. 1.092).

Algumas situações são legalmente equiparadas ao consumidor final, para fins de idêntica proteção: a) a coletividade de pessoas, ainda que indeterminadas; b) o terceiro que seja vítima do produto ou serviço, oriundos de relação de consumo; c) todas as pessoas determináveis ou não expostas às práticas comerciais referidas no CDC (oferta ao público, publicidade, práticas abusivas, modos indevidos de cobrança de dívida, danos em decorrência de bancos de dados e cadastros de consumidores). A equiparação não iguala esses sujeitos aos consumidores finais; apenas estende a proteção destes àqueles.

Os contratos celebrados entre fornecedor e consumidor intermediário (entidade empresarial) gozam de proteção distinta do direito do consumidor, quando estão sujeitos a condições gerais dos contratos, emergindo a figura do aderente, como denominado em nosso direito (CC, arts. 423 e 424). O regime das condições gerais dos contratos, em sentido estrito, é aplicável a essas hipóteses, não abrangidas pelo direito do consumidor.

Equivale ao contrato de consumo qualquer manifestação negocial do fornecedor, dirigida aos consumidores em potencial, pouco importando o suporte material que utilize: módulos, formulários, prospectos, anúncios, documentos de publicidade, recibos, pré-contratos.

Os contratos negociados, nas relações de consumo, tendem a perder importância e a reduzida utilidade, porque as relações de consumo se dão ordinariamente de maneira impessoal, na sociedade de massas e de economia oligopolizada. O espaço de negociação nesses contratos é estreito, diante da desigualdade evidente de poderes negociais entre fornecedor e consumidor, principalmente porque este não detém o domínio das informações especializadas daquele. De qualquer sorte, a razão da lei é da uniformização do regime jurídico de proteção a qualquer contrato de consumo, seja negociado ou de adesão a condições gerais.

Na legislação estrangeira, tende-se à ampliação da proteção do contratante consumidor para o exercício de sua liberdade de escolha, a exemplo da Alemanha, que alterou em 2021 seu Código Civil para facilitar ao consumidor o cancelamento dos contratos de longa duração, desvinculando-o de longos prazos de carência, pesadas multas, fidelização ou dependência de *call centers*. Esses contratos de consumo deverão ter o prazo máximo de um ano de vigência.

O STF tem reafirmado a competência concorrente dos Estados-membros para legislarem sobre proteção do consumidor (CF, art. 24, V), inclusive dos contratos de consumo. Na ADI 5.745, em que se discutiu a validade da lei estadual que regulou o dever de informar ao consumidor, a Corte afirmou não ser a Federação apenas um mecanismo de distribuição de competências e rendas, mas também de desconcentração do poder político e, como tal, um instrumento para estimular a democracia. Nas ADIs 6.123, 6.214, 6.220 e 6.333, afirmou a competência dos Estados-membros para editar Código de Defesa do Consumidor estadual, mas declarou inconstitucionais alguns dispositivos específicos do CDC pernambucano, por entender que teriam invadido a competência legislativa da União, o que revela a linha tênue entre o que se considera norma geral (União) e norma específica (Estados-membros).

A Lei n. 14.181/2021 (Lei do Superendividamento) alterou o CDC para dispor sobre a prevenção e o tratamento do superendividamento do contratante consumidor, desde que pessoa física e de boa-fé, de modo a permitir-lhe pagar suas dívidas vencidas e vincendas, por meio de revisão, repactuação da dívida e concessão de crédito específico, sem comprometer seu mínimo existencial. A prova da boa-fé é requisito fundamental para repactuação da dívida. No que concerne à prevenção do superendividamento, a lei prevê o fomento de ações de educação financeira, o dever do fornecedor de informar com precisão e detalhamento acerca dos preços e condições de financiamento dos produtos para não induzir ao consumo desnecessário, a instituição de mecanismos de prevenção extrajudicial, além de núcleos de conciliação e mediação. A lei considera nula a cláusula contratual que estabeleça prazo de carência em caso de impontualidade das prestações mensais ou que impeça o restabelecimento dos direitos do contratante e seus meios de pagamento a partir da purgação da mora ou do acordo de credores. Também considera conexos ou coligados os contratos de fornecimento do produto ou serviço e os de crédito ou financiamento, com evidente intuito de torná-los interdependentes, inclusive em relação ao direito ao arrependimento, que, exercido contra um contrato, implica a resolução de pleno direito do outro conexo.

A Lei n. 14.181/2021 prevê igualmente a instauração pelo juiz do procedimento de repactuação de dívidas do contratante consumidor superendividado que o requerer, com ênfase na conciliação, a cuja audiência deverão comparecer todos os credores, para apresentação pelo consumidor da proposta de plano de pagamento com prazo máximo de cinco anos. Se não houver êxito na conciliação, o juiz decidirá sobre o plano judicial compulsório para liquidação total da dívida em até cinco anos.

O superendividamento não ocorre apenas nas relações de consumo. A regulamentação dada pela Lei n. 14.181/2021 não exclui as dívidas estritamente civis ou mercantis que obriguem o devedor, até porque os fins sociais dessa lei são a preservação ou proteção do patrimônio mínimo ou do mínimo existencial que lhe permita sobreviver e recuperar-se. Portanto, todas as dívidas devem ser consideradas e agrupadas, para que se possa averiguar a existência do superendividamento. Nesse sentido é também o Enunciado 650 das Jornadas de Direito Civil, do Conselho da Justiça Federal.

1.8. Contratos Eletrônicos

A revolução da tecnologia da informação propiciou o surgimento, em número crescente, de contratos eletrônicos, assim chamados os que utilizam a rede mundial de computadores, para aquisição ou utilização de produtos ou serviços, ofertados no meio virtual.

O meio virtual ou eletrônico dos negócios jurídicos implica manifestações ou declarações de vontade, e até mesmo condutas negociais, inteiramente distintas das tradicionais declarações ou condutas hauridas entre pessoas presentes, ou entre pessoas distantes, ou da forma escrita. A cultura da escrita em suporte material, especialmente o papel, desenvolvida pela humanidade em milênios, adotada para a comprovação por excelência do contrato, vê-se substituída por atos, dados e informações que não se materializam em suportes tangíveis. Para conclusão dos contratos não há necessidade de que sejam transcritos em papel ou qualquer outro modo documental, que apenas declaram sua existência, mas não a integram ou constituem. Do mesmo modo, não se cogita de manifestação tácita ou silente, segundo os modelos conhecidos.

Há repercussões dos contratos eletrônicos em aspectos da personalidade, que não podem ser negligenciados. Stefano Rodotà (2002, p. 253) chama a atenção para o fato de que se a pessoa entra em uma loja física, sua imagem desaparece quando ela sai. Mas se faz isso na rede de computadores, deixa uma marca, um pedaço dela, isto é, suas informações, que a outra pessoa poderá utilizar, além da relação contratual que foi estabelecida.

Os contratos eletrônicos são concluídos, normalmente, entre uma pessoa, que se interessa pela aquisição ou utilização do produto ou serviço ofertado virtualmente na rede, utilizando o meio eletrônico de comunicação, e um sistema informatizado, previamente abastecido de informações e dados, cujos programas o capacitam para concluir ou não o negócio, segundo a modalidade de pagamento adotada. O interessado envia a mensagem, que é recebida pelo sistema da empresa destinatária, que acusa a recepção e mobiliza os procedimentos para atendimento e envio da encomenda. Se o pagamento for mediante cartão de crédito, dá-se, então, outra relação virtual entre o sistema da empresa fornecedora do produto ou serviço e o sistema da empresa administradora do cartão de crédito, operando ininterruptamente. Essa relação virtual importa efeitos jurídicos, a partir de comandos que dispensam qualquer ação humana, quando se dão. Assim, têm-se duas relações jurídicas despersonalizadas relativamente ao segundo figurante, no momento da formação dos contratos: a primeira, entre a pessoa (credora do bem e serviço) e o sistema informatizado da empresa ofertante (devedora); a segunda, entre a pessoa (devedora) e o sistema informatizado da empresa administradora do cartão de crédito (credora do valor disponibilizado). E há, ainda, uma relação inteiramente despersonalizada, geradora de efeitos jurídicos: entre o sistema da empresa administradora do cartão e o sistema da empresa ofertante, o primeiro creditando e transferindo o valor da aquisição ou do uso e o segundo o recebendo, em nome da pessoa adquirente ou usuária.

Diante das múltiplas dimensões dos contratos eletrônicos, a doutrina cogita de classificá-los em três tipos: contratos interpessoais, contratos intersistêmicos e contratos interativos (Rossi; Delapieve, 2002, p. 51). No primeiro tipo as pessoas utilizam o meio eletrônico para veicular oferta e aceitação, através de mensagens eletrônicas. No segundo, os contratos são formados mediante troca de informações entre sistemas informatizados. No terceiro, há típicos contratos de adesão, tendo uma pessoa interessada de um lado e sítio virtual do outro, muito utilizados para aquisição de bens e serviços oferecidos *on-line*, ou para reservas de hotéis, viagens, espetáculos.

O direito tem desenvolvido soluções ainda insatisfatórias para lidar com esse fenômeno. A segurança jurídica dos contratos é desafiada pelas incertezas quanto à autenticidade das manifestações de vontade, que podem ser alteradas, de modo acidental ou proposital, durante sua transmissão, que percorre vários pontos de conexão, ou podem ter sua recepção negada pelos destinatários, ou até mesmo negada por seus emissores, ou podem ser conhecidas por outras pessoas não autorizadas. E, assim, surgem as perplexidades em pontos fundamentais da formação e execução do contrato: Esses atos são juridicamente existentes, válidos e eficazes? Como e quando as declarações de vontade podem ser consideradas juridicamente vinculantes? O contrato se forma entre presentes ou entre ausentes? Qual o direito que deve ser aplicado, quando o contrato eletrônico se der entre parceiros de sistemas jurídicos distintos?

A despersonalização, ocorrente no instante em que o contrato é celebrado, colide com a concepção do contrato como relação jurídica eminentemente intersubjetiva. Se considerarmos que o sistema informatizado, que emite diretamente a aceitação ou recusa da declaração de vontade da pessoa interessada, não é sujeito de direito, então há de se imputar a responsabilidade contratual e a própria manifestação de vontade à empresa (pessoa física ou jurídica) que utiliza o sistema. O programa não é um ser animado, mas um objeto manipulável pela empresa, que previamente definiu os critérios para aceitação ou recusa.

Aplica-se aos contratos eletrônicos o sistema legal de proteção do consumidor, notadamente quanto à proteção contra práticas abusivas e ao acesso prévio às condições gerais do contrato. A responsabilidade contratual é inescusável por parte da empresa utente do sistema, pois este integra os meios admissíveis da oferta ao público. No direito brasileiro, a oferta vincula desde o momento em que é veiculada, máxime nas relações contratuais de consumo, permitindo, inclusive, o arrependimento do consumidor, pois o fornecimento do produto ou serviço, pela rede de computadores, ocorre "fora do estabelecimento comercial" (CDC, art. 49). Assim, o recebimento do pagamento, que no mundo virtual é instantâneo, provoca a vinculação jurídica por parte da empresa ou fornecedor.

O consentimento no contrato eletrônico não pode ser presumido, ainda que haja expressa declaração nas condições gerais, em razão de sua estreita inter-relação com os contratos de consumo. Em ambos os tipos de contratos, o consentimento depende do cumprimento dos deveres de informação e de cognoscibilidade, que são atribuídos a quem deles se utiliza em suas atividades negociais.

No meio eletrônico, com o uso cada vez mais intenso de robotização, inteligência artificial, digitalização, de supostos "contratos inteligentes" (*smarts contracts*) que empregam *chatbots* (programas de computador que tentam simular um ser humano na conversação com as pessoas físicas, para induzi-las a realizar atos negociais ou fornecer dados pessoais), contratos podem ser concluídos sem que as pessoas (inclusive absolutamente incapazes) tenham exata consciência disso e de suas consequências jurídicas. São processos informáticos autoexecutáveis, que não podem ser modificados pelas pessoas a eles vinculadas. Seus utilizadores costumam afirmar a suposta segurança conferida pelo sistema de *blockchain*, concebido como meio de registro da transação em sequência imutável, por meio de protocolos automatizados, o que dificultaria o inadimplemento do contrato. Critica-se a rigidez desse sistema, com execução automática do contrato, que impediria sua revisão, inclusive pela modificação das circunstâncias, e até mesmo a oposição de eventuais invalidades.

Os denominados contratos inteligentes não constituem um tipo novo de contratos, mas uma forma diferente de contratar por meio digital. Sendo assim, como advertem Bieber; Landriel (2024, p. 171), resultam aplicáveis as regras relativas às diferentes modalidades de formação do consentimento, sendo concebidos para serem concluídos por adesão a condições predispostas. Ou seja, são submetidos às mesmas regras aplicáveis aos contratos de adesão e aos contratos de consumo.

A suposta vantagem dos contratos inteligentes revela sua fragilidade, pois erros e deficiências em sua "redação" se traduzirão em incompleta determinação do código, o qual nunca poderá ser corrigido, com risco de bloqueio dos fundos recebidos, além de não capturar o dinamismo da vida real e as eventualidades que podem ocorrer por agentes externos, como casos de fortuitos ou de força maior (Danuzzo, 2021, p. 243).

Ante o caráter fluido e passageiro do meio eletrônico, até mesmo da própria aparência, que se desmaterializou, Claudia Lima Marques (2004, p. 49) elege a confiança como eixo central das condutas nesse meio, dela retirando responsabilidades específicas.

Para pôr cobro às dúvidas relativas à segurança jurídica no mundo virtual, têm sido adotadas leis que regulam a certificação digital, credenciando entidades públicas e privadas a atuarem como se fossem cartórios de notas, para fins de reconhecimento ou certificação das assinaturas eletrônicas, compostas de signos utilizados nesse meio. Fê-lo o Brasil, a partir da Medida Provisória n. 2.200-2/2001, instituindo os procedimentos de certificação digital ou assinatura eletrônica, assegurando a verificação da origem e da identidade dos arquivos transmitidos *on-line* e estabelecendo que os documentos públicos ou privados assim certificados sejam juridicamente vinculantes, para todos os fins legais, em virtude da presunção de autenticidade das declarações de vontade, em relação aos signatários. Contudo, a própria norma legal admite que a comprovação da autoria e integridade dos documentos eletrônicos possa utilizar outros meios, desde que admitidos pelas partes como válidos ou aceitos pela pessoa a quem for oposto o documento, o que inclui o *e-mail* e outras mensagens eletrônicas.

Os costumes, no entanto, insistem em desconhecer a segurança jurídica operada pela certificação digital, tendo em vista a natureza de anomia, informalidade e liberdade irrestrita que cerca a Internet, desde seu nascedouro. Os contratos celebrados nesse meio, diariamente e em grande quantidade, raramente se utilizam da certificação digital. A comprovação do pagamento e a confirmação de seu recebimento, principalmente com o uso do cartão de crédito, são tidas como suficientes para demonstrar a celebração do contrato. Por outro lado, ainda que a mensagem eletrônica possa ser vulnerável a adulterações, por invasores malévolos dos endereços eletrônicos, os riscos são desprezados em favor da mobilidade e da informalidade. Se a troca de correspondência eletrônica, sem certificação digital, não é suficiente, por si só, para gerar vínculos jurídicos negociais, nem por isso deve ser desconsiderada como meio de prova, que leve ao convencimento do juiz da autenticidade das declarações de vontade e, consequentemente, da formação do contrato.

Situações inusitadas podem ocorrer com o uso de meios eletrônicos e informacionais, para celebração dos contratos. Pode ocorrer erro na programação, erro de máquina e erro na transmissão, chegando a mensagem deformada ao terminal do interessado. O Código Civil prevê que o erro possa anular o contrato, por se caracterizar como vício na declaração de vontade, em relação a pessoas ou coisas. Se se considerar que as mensagens e informações integram a declaração de vontade negocial, no meio eletrônico, até porque atrás das máquinas e dos programas estão pessoas, então essas situações são também idôneas para haver a incidência da regra que permite a invalidação por erro. E, se a vontade é abstraída, bastando a conduta negocial típica, nas transações eletrônicas, o erro invalidante cumpre sua finalidade social, do mesmo modo.

De tudo se conclui que o contrato eletrônico não é uma espécie distinta dos demais contratos, no que concerne aos seus elementos essenciais. Não é contrato atípico. É distinto quanto à forma e ao meio utilizado para declaração da vontade. Ou seja, qualquer contrato em espécie pode ser utilizado no meio eletrônico, ou, ainda, como contrato de consumo ou contrato de adesão a condições gerais. Do mesmo modo, condutas negociais típicas também estão presentes no meio virtual.

O ambiente virtual não considera fronteiras nacionais, o que aguça a necessidade de se saber qual o direito aplicável aos contratos eletrônicos internacionais. A legislação brasileira (CC, art. 435; LINDB, art. 9º, § 2º) considera que o lugar do contrato é o da oferta ou proposta. Essa regra, todavia, contraria o princípio constitucional de defesa do consumidor, pois agrava suas condições de acesso à justiça; assim, nos contratos de consumo, a regra prevalecente é a de seu melhor benefício, inclusive para os contratos eletrônicos.

O contrato eletrônico também modifica o conceito de território ou lugar. O contratante consumidor continua passivo, não se desloca para outro país ou Estado, "conecta-se localmente e age internacionalmente" (Marques, 2004, p. 92).

A superação das fronteiras e direitos nacionais, perpetrada pelos contratos eletrônicos, torna exigente a formulação mundial de regras comuns, como recomenda a Uncitral (*United Nations Commission on International Trade Law*), em sua lei-modelo, aprovada pela Resolução n. 51/162 da Assembleia Geral da ONU, em 1996, para esses contratos, considerando cinco princípios básicos: a) princípio da equivalência funcional dos atos produzidos por meios eletrônicos com os atos jurídicos tradicionais; b) princípio da neutralidade tecnológica das disposições reguladoras do comércio eletrônico; c) princípio da inalterabilidade do direito existente sobre obrigações e contratos, com intuito de maior segurança jurídica desses negócios; d) princípio da boa-fé; e) princípio da autonomia privada ou da liberdade de contratar. O art. 5º ressalta a necessidade do reconhecimento jurídico das mensagens de dados, de modo a que não se neguem "efeitos jurídicos, validade, ou eficácia à informação apenas porque esteja na forma de mensagem eletrônica". Quando houver exigência legal da forma escrita, este requisito considerar-se-á preenchido por uma mensagem eletrônica, se esta for acessível para consulta posterior; do mesmo modo, para a assinatura bastará qualquer método que identifique a pessoa e indique sua aprovação. Para a formação dos contratos (art. 11), a oferta e a aceitação podem ser expressas por mensagens eletrônicas. O envio de uma mensagem eletrônica ocorre quando esta entra em um sistema de informação alheio ao controle do remetente, enquanto o momento da recepção ocorre quando a mensagem eletrônica entra no sistema designado pelo destinatário ou quando é recuperada pelo destinatário, quando este não designar o sistema de informação.

1.9. Arbitragem nos Contratos

Compromisso ou compromisso arbitral é o acordo mediante o qual as partes adversas, em litígio judicial ou extrajudicial, resolvem escolher a arbitragem para resolução do conflito, dispensando a justiça oficial. O compromisso diz-se judicial quando se faz em juízo, por termo nos autos; extrajudicial é o compromisso que se conclui fora de juízo, por meio de contrato ou de cláusula autônoma de outro contrato, considerado principal. Também nesse sentido dispõe o art. 42 do CPC que as partes podem sempre exercer o juízo arbitral, afastando a competência do juiz.

Quando integrado a contrato, o compromisso arbitral também pode ser denominado de cláusula compromissória, considerada (Nanni, 2014, p. 15) um negócio jurídico autônomo, derivado de uma declaração de vontade vinculante com o propósito de outorgar aos árbitros a atribuição de julgar controvérsias. Cogita-se, doutrinariamente, de cláusula cheia, que conteria todos os elementos objetivos e subjetivos para a realização da arbitragem, e de cláusula vazia, ou incompleta, a exemplo da ausência da indicação dos árbitros, da escolha de legislação aplicável ou da equidade, do local da arbitragem etc.

O contrato de compromisso tem de satisfazer os pressupostos comuns aos contratos, como os nomes e as qualificações das partes, o objeto do litígio, pendente ou futuro, os nomes, sobrenomes e domicílio dos árbitros, bem como dos substitutos nomeados, em caso de falta ou impedimento daqueles, e bem assim se a decisão será de direito ou de equidade, qual o lugar em que será proferida a sentença arbitral, o prazo para esta, se houver, e de quem é a responsabilidade pelo pagamento dos honorários do árbitro e das despesas da arbitragem.

O árbitro pode ser escolhido no próprio contrato de compromisso ou termo judicial, ou deixado para ser definido posteriormente. O árbitro é leigo, podendo ser pessoa física ou jurídica, que tenha a confiança das partes, e sua decisão de mérito não pode ser revista ou reformada pelo Poder Judiciário. O Poder Judiciário é apenas mobilizado se a parte vencida não cumprir a sentença arbitral, podendo a parte vencedora promover sua execução judicial. A arbitragem pode ser conduzida por tabelião de notas (Lei n. 14.711/2023).

No Brasil, o CC/2002 apenas incluiu o compromisso, entre os contratos em espécie, de modo genérico, remetendo à legislação especial sua disciplina. A matéria está regulada na Lei de Arbitragem (Lei n. 9.307/1996).

A arbitragem é um dos modos de resolução de conflitos, fora da administração pública da justiça, que mais avançaram no mundo, ao lado da conciliação e da mediação. Diferentemente destas últimas, a arbitragem reproduz o esquema do litígio judicial, de partes adversas, com garantia do contraditório e da ampla defesa, e resultado com vencedor e vencido, salvo pelo fato de ter julgador leigo e não observar as regras formais do processo judicial.

Pode ser objeto da arbitragem qualquer matéria, especialmente as de natureza patrimonial. A lei exclui as questões de estado civil ou político, os direitos pessoais de família e as que tenham natureza estritamente personalíssima, como os direitos de personalidade.

A arbitragem pode ser escolhida para solução dos conflitos eventuais em contrato autônomo de compromisso, que delimite a matéria controvertida, ou como cláusula de contrato. Nesta última hipótese, tem-se a cláusula compromissória, que compromete as partes a se submeterem à arbitragem. A cláusula compromissória pode especificar as matérias que serão submetidas à arbitragem, ou até mesmo determinar quem será o árbitro e as regras que serão por este observadas, ou ser enunciada de modo genérico, como "as controvérsias que surgirem na interpretação ou na execução deste contrato serão submetidas a arbitragem".

É válida, com fundamento em cláusula compromissória, a eleição de árbitro e de arbitragem internacional, por pessoas jurídicas de direito privado com sede no Brasil e estabelecimentos no exterior, sem risco de projeção supranacional do art. 853 do CC (Fachin, 2008, p. 46), porque as partes do contrato têm autonomia da vontade para escolher tanto a lei arbitral aplicável quanto o foro.

Sobre a cláusula compromissória, a sua validade depende da validade do contrato a que se liga, salvo se é de interpretar-se que se quis aquele sem este. Se o compromisso é para o caso de surgirem divergências de interpretação ou cumprimento do contrato, somente há compromisso enquanto há contrato (Pontes de Miranda, 1971, v. 26, p. 320).

O árbitro não está obrigado a decidir segundo as normas de direito, pois não é juiz de direito. Se assim estipularem as partes, o árbitro pode decidir por equidade, de acordo com as regras de experiência aceitas na área. Nesta hipótese, não necessita fundamentar sua decisão em qualquer norma legal.

Nos contratos internacionais devem prevalecer os princípios gerais de direito internacional, em detrimento da normatização específica de cada país, o que justifica a análise da cláusula arbitral sob a ótica do Protocolo de Genebra de 1923.

Forte nos arts. 8º e 20 da Lei de Arbitragem, que estabelece ser o próprio árbitro quem decide, em prioridade com relação ao juiz togado, a respeito de sua competência para avaliar a existência, validade ou eficácia do contrato que contém a cláusula compromissória, decidiu o STJ (REsp 1.550.260) que "o juízo arbitral se revela o competente para analisar sua própria competência para a solução da controvérsia". O STJ assegurou a prioridade da arbitragem para analisar o conteúdo e alcance da cláusula compromissória, até mesmo quando o contrato for de adesão, cabendo ao Judiciário intervir apenas em situações excepcionais (AREsp 1.276.872) e decidiu que a falência da parte não justifica afastamento da convenção de arbitragem pelo juízo estatal, sob argumento de hipossuficiência financeira (REsp 1.959.435).

Após o advento da Lei de Arbitragem (Lei n. 9.307/1996), discutiu-se acerca de sua constitucionalidade, tendo em vista a norma da Constituição que estabelece o direito universal de acesso à justiça, para qualquer pessoa. Com efeito, o art. 5º, XXX, da Constituição estabelece que a lei não excluirá da apreciação do Poder Judiciário lesão ou ameaça a direito. O ponto nuclear da controvérsia radica nas regras da Lei de Arbitragem, principalmente nos arts. 18 e 31, que conferem à sentença arbitral os mesmos efeitos da sentença proferida pelo Poder Judiciário, constituindo título executivo, e não a sujeitam a recurso ou homologação. A sentença arbitral apenas poderá ser declarada nula, pelo Poder Judiciário, nos casos previstos na lei, de natureza extrínseca, mas não pode ser objeto de reforma o conteúdo de sua decisão. A demanda para nulidade da sentença arbitral poderá ser parcial ou final; se for acolhida, a sentença judicial determinará que o árbitro ou tribunal arbitral profira nova sentença arbitral. O STF (SEC 5.847, em 1999, e SE 5.206-AgRg, em 2001) firmou a orientação de sua constitucionalidade, entendendo que essas características da arbitragem não colidiam com o princípio de acesso à justiça. Com efeito, as partes podem livremente escolher a arbitragem, ou rejeitá-la. Por outro lado, o árbitro não tem força para executar suas próprias decisões, dependendo do Poder Judiciário para tal fim.

A arbitragem não pode ser compulsória, o que violaria o princípio de acesso à justiça. Por essa razão, a Lei de Arbitragem (art. 4º) determina que nos contratos de adesão a cláusula compromissória só terá eficácia se o aderente tomar a iniciativa de instituir a arbitragem ou concordar expressamente com ela, em documento anexo. O CDC considera nula a cláusula que determine a utilização compulsória da arbitragem.

O Decreto n. 4.719/2003, promulgou o Acordo sobre Arbitragem Comercial Internacional do Mercosul, de 1988, aprovado pelo Decreto Legislativo n. 265/2000, para facilitação das transações entre as pessoas físicas e jurídicas de direito privado dos países que integram o Mercosul, no sentido da uniformidade dos elementos, organização e funcionamento da arbitragem internacional. O Acordo tem por objetivo, igualmente, a observância pelo Brasil da Convenção Interamericana sobre a Arbitragem Comercial Internacional, de 1975, da Convenção Interamericana sobre Eficácia Extraterritorial das Sentenças e Laudos Arbitrais Estrangeiros, de 1979, e da Lei Modelo sobre Arbitragem Comercial Internacional da Uncitral, de 1985. O Acordo estabelece que a convenção arbitral dará um tratamento equitativo e não abusivo aos contratantes, especialmente nos contratos de adesão, segundo o princípio da boa-fé. A convenção arbitral, que for pactuada dentro ou fora do contrato-base, deve ser escrita e, quando inserida no contrato, deve observar o direito de informar, nomeadamente quanto à legibilidade e lugar no texto, que a destaque. As partes definirão se a arbitragem deverá ser de direito ou de equidade.

Também se incorporou ao direito interno brasileiro a Convenção sobre o Reconhecimento e a Execução de Sentenças Arbitrais Estrangeiras, conhecida como Convenção de Nova York, aprovada pelo Decreto Legislativo n. 52/2002, e promulgada pelo Decreto Executivo n. 4.311/2002, cujo art. III dispensa a homologação judicial, no Brasil, dos laudos arbitrais estrangeiros.

Capítulo II

Princípios do Contrato

Sumário: 2.1. Princípios jurídicos e sua classificação nos contratos. 2.2. Princípio da autonomia privada negocial. 2.2.1. Livre iniciativa e liberdade contratual. 2.3. Princípio da força obrigatória. 2.4. Princípio dos efeitos relativos do contrato. 2.5. Princípio da função social. 2.6. Princípio da equivalência material. 2.7. Princípio da boa-fé objetiva.

2.1. Princípios Jurídicos e sua Classificação nos Contratos

A força normativa dos princípios jurídicos, que têm incidência própria e direta sem interposição do legislador ordinário, sejam eles constitucionais ou não, legalmente explícitos ou implícitos, constitui uma das mais importantes transformações do modo de se conceber e aplicar o direito, nas últimas décadas. A força normativa do princípio se expressa de forma peculiar, pois seu conteúdo é propositadamente indeterminado, de modo a realizar-se plenamente em cada caso concreto. Assim, ao mesmo tempo em que regula e conforma as condutas do caso concreto, as circunstâncias deste delimitam-lhe o alcance. Outro ponto importante da contemporânea concepção dos princípios jurídicos é a de sua primazia na hierarquia normativa, invertendo-se a destinação supletiva a que estavam relegados na Lei de Introdução às Normas do Direito Brasileiro.

A opção do Código Civil pelos princípios e conceitos indeterminados realimentou os argumentos contrários dos tradicionalistas, principalmente quanto ao receio do chamado "ativismo judicial" dos magistrados. Soma-se a isso a alegação do risco da "quebra dos contratos", e, consequentemente, da segurança jurídica. Esses receios e riscos são injustificáveis, pois os juízes brasileiros estão lidando razoavelmente com os modelos abertos de interpretação, que incluem não apenas os princípios, mas também os conceitos indeterminados. São, por outro lado, ponderável preço a pagar pela constante adaptação do direito às mudanças sociais, que a ductilidade dos princípios permite alcançar com mais eficiência, em virtude, exatamente, do que é considerado problemático pelos críticos, ou seja, a indeterminação de seus conteúdos. Sob outro ângulo, o discurso pelo cumprimento irrestrito dos contratos, impedindo a revisão judicial, mascara interesses hegemônicos dos poderes econômicos, que utilizam os contratos para exercício do poder negocial.

Emergem do quadro normativo constitucional e legal os seguintes princípios aplicáveis aos contratos:

a) princípio da autonomia privada negocial;

b) princípio da força obrigatória;

c) princípio dos efeitos relativos do contrato;

d) princípio da função social;

e) princípio da boa-fé objetiva;

f) princípio da equivalência material.

Os princípios contratuais são interdependentes, o que impõe ao intérprete a tarefa de sua harmonização, quando aparentarem conflito. De acordo com Antonio Junqueira de Azevedo (1998, p. 115), ante a hipercomplexidade atual da vida negocial, aos princípios clássicos (autonomia privada, força obrigatória e eficácia relativa) não se podem opor os novos princípios sociais (função social, boa-fé objetiva, equivalência material – que ele denomina "equilíbrio econômico do contrato"), porque haveria uma espécie de amálgama formado por tendências axiológicas distintas, mas que não se excluem reciprocamente.

Em relação aos contratos eletrônicos, que tendem a ultrapassar fronteiras e direitos nacionais, tornando-se exigente a formulação internacional de regras comuns, a UNCITRAL (*United Nations Commission on International Trade Law*), em sua lei-modelo aprovada pela Resolução n. 51/162 da Assembleia Geral da ONU, em 1996, recomenda cinco princípios básicos: a) princípio da equivalência funcional dos atos produzidos por meios eletrônicos com os atos jurídicos tradicionais; b) princípio da neutralidade tecnológica das disposições reguladoras do comércio eletrônico; c) princípio da inalterabilidade do direito existente sobre obrigações e contratos, com intuito de maior segurança jurídica desses negócios; d) princípio da boa-fé; e) princípio da autonomia privada. A recomendação é endereçada à legislação dos países, mas serve como orientação para interpretação desses contratos.

Nos contratos internacionais devem prevalecer os princípios gerais de direito internacional, em detrimento da normatização específica de cada país, o que justifica a análise da cláusula arbitral sob a ótica do Protocolo de Genebra de 1923.

2.2. Princípio da Autonomia Privada Negocial

A autonomia privada negocial é o poder jurídico conferido pelo direito aos particulares para autorregulamentação de seus interesses, nos limites estabelecidos. O instrumento mediante o qual se concretiza é o negócio jurídico, especialmente o contrato.

Considerado por muitos civilistas um dos princípios fundamentais do direito privado, consiste na possibilidade, oferecida e assegurada pelo ordenamento jurídico, de os particulares regularem seus próprios interesses ou suas relações mútuas. Após o advento da revolução liberal burguesa, firmou-se como expressão jurídica da autodeterminação individual.

Emancipada da rigidez estamental da Idade Média, a propriedade privada dos bens econômicos ingressou em circulação contínua, mediante a instrumentalização do contrato. Autonomia da vontade, liberdade individual e propriedade privada transmigraram dos fundamentos teóricos e ideológicos do liberalismo individualista para os princípios de direito, com pretensão de universalidade e intemporalidade.

Considere-se o mais brilhante dos pensadores da época iluminista, Immanuel Kant, com sua distinção entre autonomia e heteronomia. A autonomia é o campo da liberdade, porque os seres humanos podem exercer suas escolhas e estabelecer regras para si mesmos, coletivamente ou interindividualmente. A heteronomia, por seu turno, é o campo da natureza cujas regras o homem não pode modificar e está sujeito a elas. "A necessidade natural era uma heteronomia das causas eficientes; pois todo o efeito era só possível segundo a lei de que alguma outra coisa determinasse à causalidade a causa eficiente; que outra coisa pode ser, pois, a liberdade da vontade senão autonomia, isto é, a propriedade da vontade de ser lei para si mesma?" (1986, p. 94). Assim, o mundo ético, em que se encartaria o direito, seria o reino da liberdade dos indivíduos, enquanto tais, porque a eles se dirige o princípio estruturante do imperativo categórico kantiano. Na fundamentação filosófica kantiana, a autonomia envolve a criação e aplicação de todo o direito. Posteriormente, os juristas deram feição dogmática estrita ao princípio da autonomia, significando o espaço de autodeterminação dos interesses privados, de onde emerge o contrato.

A terminologia é controvertida. A expressão mais difundida e antiga é autonomia da vontade, tendo predominado no século XIX, especialmente nos sistemas que sofreram influência do direito francês, que expressa a importância atribuída à vontade individual, na sua dimensão psicológica. A opção por autonomia privada, notadamente nos direitos alemão e italiano (Ferri, 1959, p. 3), revela a

— 33 —

preferência pela teoria da declaração, ou seja, pela vontade que se declarou ou se exteriorizou, contando com a preferência dos juristas ocidentais ao longo do século XX. Substituindo-se autonomia da vontade por autonomia privada negar--se-ia à vontade real ou psicológica a função de causa de efeitos jurídicos, ou de elemento nuclear do suporte fático suficiente do contrato, que mereceria a incidência da norma jurídica.

Apesar do esforço doutrinário em demonstrar a excelência de cada denominação ou de suas finalidades diferenciadas, não vemos razões consistentes para tais distinções, que são resultantes de momentos históricos ou de opções doutrinárias e ideológicas. Com relação às duas denominações mais difundidas, a autonomia da vontade exprime o predomínio do individualismo e da soberania da vontade individual, principalmente no século XIX e início do século XX (teoria da vontade, ou subjetivista), enquanto a autonomia privada distancia-se da vontade interior e atribui primazia à sua exteriorização e à limitação posta pelo ordenamento jurídico (teoria da declaração, ou objetivista), por exigências de justiça social. São momentos datados: o ambiente da primeira é o Estado liberal; o da segunda, o Estado social.

Pontes de Miranda condena ambas as expressões, preferindo autorregramento da vontade, porque autonomia indica poder de produção de norma que os particulares não deteriam, e porque o adjetivo "privada" afastaria o autorregramento da vontade em direito público. O princípio do autorregramento da vontade é o espaço que o direito destina às pessoas, dentro de limites prefixados, para tornar jurídicos atos humanos e, pois, configurar relações jurídicas e obter eficácia jurídica. O autor repele o autorregramento da vontade como espaço criador de normas, mediante os negócios jurídicos: quem usa da autonomia privada "fala sobre interesses próprios, sem obrigar aos outros, obrigando-se a si mesmo" (1974, v. 3, p. 54). O fato jurídico (do qual o negócio jurídico é espécie) é o elemento propulsor da eficácia jurídica. O poder de escolha, no espaço de autorregramento, resulta em efeitos queridos pelos figurantes do negócio, que são reconhecidos pelo sistema jurídico, quando o negócio ingressa no mundo do direito. Há, pois, poder de escolha de efeitos que se juridicizam e não poder de criar normas jurídicas, ainda que individuais.

O princípio da autonomia privada não é passível de justificar-se pela via objetiva e racional do conhecimento científico, advertiu Hans Kelsen (1979, p. 57), em obra especialmente dedicada ao contrato. Quando se pergunta se é justo que uma ordem jurídica faça uso, em qualquer medida, do princípio da autonomia, seria necessário remontar-se até os últimos juízos de valor, para se comprovar finalmente que o princípio político da autonomia descansa sobre uma concepção individualista ou liberal de vida. Para Kelsen, uma teoria do contrato, para ser científica, deveria valer também para as obrigações convencionais estipuladas fora dessa concepção, o que demonstraria que o princípio é político e não jurídico.

De acordo com Luigi Ferri (1959, p. 3), a autonomia privada capta o momento jurídico da exteriorização da vontade, sendo esta, enquanto intenção íntima, uma instância pré-jurídica; em outras palavras, nega-se à vontade real ou subjetiva a função de causa de efeitos jurídicos, defeito que residiria na expressão autonomia da vontade. Miguel Reale (1994, p. 12) sustenta que o poder negocial (terminologia que adota, porque a autonomia em si não seria fonte de direito) é fonte própria de direito, ligado ao poder que tem a vontade humana de instaurar vínculos reguladores do pactuado com outrem, reconhecidos pelo direito.

O CC/2002 não se refere explicitamente ao princípio, mas apenas à expressão liberdade contratual (art. 421). Tampouco o faz a Constituição, não se podendo confundi-lo com o princípio dos valores sociais da livre iniciativa (art. 170). A autonomia privada negocial não se contém nas relações contratuais, ou na liberdade contratual, referida no art. 421 do Código Civil, com a redação de 2019, ou na liberdade de contratar da redação original desse artigo. A liberdade contratual e a liberdade de contratar são aspectos da autonomia privada negocial, mas não a esgotam. O art. 421 trata apenas do contrato, mas não dos demais negócios jurídicos bilaterais e dos negócios jurídicos unilaterais e plurilaterais.

A autonomia privada negocial – como princípio implícito de nossa legislação – é mais que livre iniciativa ou atividade econômica, porque abrange outras atividades negociais não econômicas, ou outros atos jurídicos negociais que nelas não se inserem. É mais que liberdade contratual, porque abrange outros negócios jurídicos não contratuais (negócios jurídicos unilaterais, outros negócios jurídicos bilaterais e negócios jurídicos plurilaterais).

O conceito jurídico de autonomia privada negocial apenas é desenvolvido quando assume importância a identificação de seus limites. Antes, era um conceito metajurídico de forte apelo ideológico. Paradoxalmente, a identificação do princípio por seus limites importa sua negação, pois deixa de ser explicado pelo poder de autonomia, em prol dos limites desta. Deixa de ser relevante, no plano da exposição jurídica, o princípio em si e assume importância a delimitação de seu espaço.

Portanto, a autonomia privada negocial "não é um dogma, não é um preconceito ou um valor em si" (Perlingieri, 2002, p. 131), mas um princípio conformado pelo ordenamento jurídico e segundo seus limites.

É a partir da limitação que Pontes de Miranda refere ao "espaço deixado às vontades" (1974, v. 3, p. 54), dentro dos limites prefixados, para tornar jurídicos atos humanos e, pois, configurar relações jurídicas. À medida que o Estado legislador atribui maior dimensão social às relações privadas, reduz-se o espaço de autonomia.

No plano da exposição jurídica, o princípio apenas é compreensível como delimitação do espaço que o ordenamento lhe impõe. Quanto mais interesse social, menos autonomia privada. Igualmente, na perspectiva filosófica atual o fundamento moral da autonomia radica em seus limites, pois "a autonomia é, antes, uma conquista precária de existências finitas, que só conseguem 'se fortalecer' quando conscientes de sua vulnerabilidade física e de sua dependência social" (Habermas, 2004, p. 48).

A autonomia privada, em relação ao contrato, pressupõe o exercício de três modalidades de liberdades de escolha, interligadas: a) a liberdade de escolher o outro contratante; b) a liberdade de escolher o tipo contratual (um dos tipos legais, ou a coligação de mais de dois tipos, ou a criação livre de tipo); c) a liberdade de determinação do conteúdo. A plenitude da autonomia privada negocial é atingida com a criação dos contratos atípicos, que escapam dos modelos legais e ficam sujeitos aos princípios e normas gerais do direito contratual.

Sob a ótica do individualismo jurídico, ou da doutrina clássica e voluntarista do contrato, os limites admissíveis à autonomia privada negocial são os negativos ou externos. Imaginam-se os limites da autonomia privada como formando uma barreira; qualquer coisa de externo ou extrínseco. A regra de ouro pode ser assim enunciada: tudo é permitido nas relações de direito privado, até aos limites legais. É o oposto das relações de direito público, cujo limite é positivo: somente é permitido o que a lei determina.

O sentido de limitação exclusivamente negativa prestava-se ao modelo do individualismo jurídico, enquanto prevaleceu. Mas, durante a fase de trânsito do Estado liberal para o Estado social, difundiram-se progressivamente os modelos jurídicos de limitação positiva, alcançando cada um dos planos do mundo do direito, consistindo ora em sanção de inexistência da relação contratual, ora em sanção de invalidade, ora em sanção de ineficácia. O direito pode valer-se da limitação mais forte (inexistência), ou menos forte (ineficácia). Na ineficácia, admite que o contrato ou parte dele possa existir e valer, mas não produzir efeitos, a exemplo do contrato de consumo cujas cláusulas não foram de fato conhecidas previamente pelo contratante consumidor (CDC, art. 46).

As três modalidades gerais de liberdades contratuais são liberdades negativas, voltadas a impedir a intervenção do Estado legislador ou juiz. O Estado social desenvolveu técnicas de limitação positiva que propiciam a regulação legal e a revisão judicial dos contratos. Ao invés de negar, legitimam a intervenção. São, assim:

a) limitações da liberdade de conclusão ou de escolha do outro contratante, sobretudo nos setores de fornecimento de serviços públicos (água, luz, telefone, transporte etc.), ou monopolizados;

b) limitações da liberdade de escolha do tipo contratual, quando a lei estabelece os tipos contratuais exclusivos em determinados setores, a exemplo dos contratos de licença, concessão ou cessão no âmbito da Lei de Direitos Autorais, e dos contratos de parceria e arrendamento no âmbito do direito agrário;

c) limitações da liberdade de determinação do conteúdo do contrato, parcial ou totalmente, quando a lei define o que ele deve conter de forma cogente, como nos exemplos do inquilinato, do contrato imobiliário, do contrato de turismo, do contrato de seguro e do plano de saúde.

A limitação apenas negativa é incompatível com os fundamentos do Estado social, expressados no art. 170 da Constituição em relação à atividade econômica, na qual se inscreve o contrato como seu instrumento de circulação, notadamente quanto à observância da justiça social, ou da regra paradigmática do art. 421 do CC: a liberdade de contratar será exercida nos limites (positivos e negativos) da função social.

2.2.1. Livre Iniciativa e Liberdade Contratual

O conceito de livre iniciativa adotado na Constituição brasileira não se confunde com o de autonomia privada negocial ou de liberdade contratual. A Constituição estabelece no art. 1º, IV, e no art. 170, que são fundamentos do Estado Democrático de Direito "os valores sociais do trabalho e da livre iniciativa". Assim, os fundamentos são os valores sociais da livre iniciativa, não esta isoladamente. A livre iniciativa somente recebe a tutela constitucional se for desenvolvida em harmonia com os interesses sociais e não apenas em razão dos interesses individuais. Ou, como diz Eros Grau, "a livre iniciativa não é tomada, enquanto fundamento da República Federativa do Brasil, como expressão individualista, mas sim no quanto expressa de socialmente valioso" (1990, p. 200).

A Constituição brasileira, ao se referir explicitamente aos valores sociais da livre iniciativa, mas não à liberdade contratual, diz que esta é necessariamente limitada e limitável.

A livre iniciativa é a liberdade de criar e exercer empreendimento ou atividade econômica. É, em suma, a liberdade de atividade econômica. Marca a

— 37 —

continuidade histórica do princípio de liberdade de comércio e de indústria, introduzido pela revolução liberal burguesa; surgiu, pela primeira vez, com a lei francesa de 17 de março de 1792, para liberar a indústria e o comércio dos privilégios concedidos pelo soberano, no antigo regime aristocrático-feudal.

Consequentemente, nem todos os atos de autonomia privada negocial ou de liberdade contratual se enquadram no conceito de livre iniciativa; os atos realizados entre pessoas particulares, inclusive contratos, sem relação com atividade econômica, ou os atos realizados no âmbito do direito de família ou das sucessões são de autonomia privada, mas não de livre iniciativa. A Constituição brasileira faz referência a algumas hipóteses de autonomia privada negocial, que são estranhas à livre iniciativa: a) liberdade de associação (art. 5º, XVII); b) liberdade de testar (art. 5º, XXX); c) liberdade de constituição de entidades familiares (art. 226). Há, pois, atos de autonomia privada dentro e fora da livre iniciativa.

Ainda que a livre iniciativa tenha previsão legal, como pressuposto da atividade econômica, o mesmo não ocorre com a liberdade contratual, que não tem *status* constitucional. Nessa linha, decidiu o Conselho Constitucional francês (Decisão 94-348 DC) que "nenhuma norma de valor constitucional garante o princípio da liberdade contratual"; na Decisão 89-254 DC, o Conselho Constitucional rejeitou a existência de um princípio fundamental reconhecido pelas leis da República, que proíba a retroatividade da lei em matéria contratual, quando houver um interesse geral (Mathieu, 2005, p. 35). Nos Estados Unidos, a Corte Suprema constitucionalizou a autonomia privada durante o predomínio do liberalismo individualista, com o intuito de barrar as leis que intervinham nas relações privadas de caráter econômico, inclusive em matéria de direito do trabalho, até que em 1934 reformulou totalmente sua orientação para considerar constitucional a legislação intervencionista do *New Deal* e, consequentemente, desconstitucionalizando a liberdade contratual, que passou a ser tida apenas como princípio de direito privado, suscetível de limitação no interesse geral. Decidiu, ainda, a Corte que nem os direitos de propriedade nem os direitos contratuais são absolutos.

Esse tema foi enfrentado pelo STF, na ADI 319-4, na qual a confederação nacional de instituições privadas de ensino arguiu a inconstitucionalidade de lei federal, que estabeleceu controles nos valores cobrados por essas instituições aos seus alunos. A decisão, que rejeitou o pedido, teve fundamento no princípio da justiça social, entendendo que "pode o Estado, por via legislativa, regular a política de preços de bens e de serviços", ainda que privados. O voto do relator, Ministro Moreira Alves, ressalta que é fundamento do Estado Democrático de Direito "não a livre iniciativa da economia liberal clássica, mas os valores sociais

— 38 —

da livre iniciativa" e que, para se atender aos ditames da justiça social, "é mister que se admita que a intervenção indireta do Estado na ordem econômica não se faça apenas *a posteriori*, com o estabelecimento de sanções às transgressões já ocorridas, mas também *a priori*", até porque a eficácia da defesa do contratante consumidor ficaria sensivelmente reduzida se fosse apenas *a posteriori*, dificultando ou impossibilitando a recomposição do dano sofrido.

O STF retornou ao tema em 2018 ao afirmar que: "O princípio da livre iniciativa, inserido no *caput* do artigo 170 da Constituição nada mais é do que uma cláusula geral cujo conteúdo é preenchido pelos incisos do mesmo artigo. Esses princípios claramente definem a liberdade de iniciativa não como uma liberdade anárquica, mas social, e que pode, consequentemente, ser limitada" (ARE 1.104.226 AgR).

No RE 161.243, o STF decidiu que o princípio da igualdade deve prevalecer sobre a livre iniciativa, em caso de companhia aérea estrangeira, cujo estatuto de pessoal concedia vantagens aos empregados de sua nacionalidade, não a estendendo aos empregados brasileiros, ainda que todos estivessem trabalhando no Brasil.

Portanto, na Constituição brasileira, a livre iniciativa, em sentido estrito, não constitui princípio fundamental da ordem jurídica e consequentemente do contrato. Princípio fundamental é a conformação da livre iniciativa aos valores sociais que deve realizar e não ela própria, que deve ser concebida como pressuposto da atividade econômica, em virtude da opção constitucional pela economia de mercado regulado. Por essa razão, o art. 170 não se refere a ela expressamente como princípio nem como diretriz da ordem econômica. Se fosse princípio fundamental do Estado e da ordem jurídica, estariam interditados o Poder Legislativo e o Poder Judiciário (principalmente o STF) de exercerem o controle da atividade econômica, pois qualquer lei editada nessa direção colidiria com o princípio da livre iniciativa, se assim fosse considerada.

A assim chamada "Lei de Liberdade Econômica" (Lei n. 13.874/2019) há de ser interpretada em conformidade com a Constituição, o que significa observância estrita, principalmente, aos ditames do art. 170, o que afasta a lógica do mercado desregulado, incompatível com o modelo adotado na Constituição de mercado regulado e de equilíbrio dos poderes privados.

2.3. Princípio da Força Obrigatória

O contrato obriga as partes contratantes, como se fosse lei entre elas. Seu não cumprimento enseja ao prejudicado a execução forçada pelo Poder Judiciário, quando possível, ou o equivalente em perdas e danos. A força obrigatória é assegurada pelo Estado, ainda que as cláusulas e condições do contrato não sejam normas jurídicas por ele editadas. O princípio é consectário natural da autonomia privada negocial. Sua mais antiga formulação foi expressa no art. 1.134 do Código Civil francês de 1804: "As convenções legalmente formadas têm força de lei [*tiennent lieu de loi*] para os que as contraírem". Na contemporaneidade, a doutrina tem encontrado seu fundamento, não mais no reconhecimento legal da vontade – do querido pelas partes –, mas, sim, como propõe Fernando Noronha (1994, p. 82), na tutela da confiança, necessária para garantir segurança ao negócio celebrado, ou, segundo Jacques Ghestin (2002, p. 188), na utilidade social do contrato e na justiça contratual, fator de harmonia social, pois o útil e o justo seriam as finalidades objetivas do contrato; a confiança do credor seria um elemento importante da utilidade.

Radicam no princípio da força obrigatória os dois principais efeitos pretendidos pelas partes contratantes: a estabilidade e a previsibilidade. A estabilidade é assegurada, na medida em que o que foi pactuado será cumprido, sem depender do arbítrio de qualquer parte do contrato ou das mudanças externas, inclusive legislativas. A previsibilidade decorre do fato de o contrato projetar-se para o futuro – futuro antecipado –, devendo suas cláusulas e condições regular as condutas dos contratantes, na presunção de que permaneceriam previsíveis. Para alguns, em matéria contratual, basta a segurança jurídica, que já conteria a previsibilidade e a estabilidade.

O princípio da força obrigatória não apenas se dirige às partes do contrato, mas pretende ser oponível ao próprio legislador. Nesse segundo significado, investe-se de intangibilidade como ato jurídico perfeito, de modo a que a lei nova, entrada em vigor após sua celebração, não possa alcançar seus elementos de existência e seus requisitos de validade, que porventura ela tenha modificado. O contrato é espécie de negócio jurídico, que por sua vez é espécie de ato jurídico, o qual se diz perfeito quando foi concluído de acordo com as exigências da lei antiga, não podendo a lei nova ser a ele aplicada de modo retroativo. Todavia, em relação ao plano da eficácia, a lei nova, sem risco de retroatividade, alcança os efeitos do contrato, a partir do início da vigência daquela. Não alcança os efeitos já produzidos, ainda que não exercidos pelas partes do contrato, antes de sua vigência, salvo se contrariarem o princípio da função social do contrato. Portanto, a intangibilidade compreende integralmente os planos da existência e da validade e, parcialmente, o plano da eficácia. Essa correta solução, a nosso ver, foi adotada pelo art. 2.035 do CC, que assim regulou os efeitos de sua entrada em vigor.

O princípio da força obrigatória sofreu profunda limitação com o advento do Estado social, principalmente pela expansão do papel do juiz na revisão dos contratos, o que, segundo seus críticos, poria em perigo a segurança e a previsibilidade. A revisão judicial, todavia, é decorrência do sistema jurídico atual, que privilegia modelos jurídicos abertos, dependentes da mediação do juiz.

A força obrigatória dos contratos tem sido mitigada pela crescente utilização do princípio da razoabilidade. O Código Civil da Holanda, por exemplo, estabelece em seu art. 248 que "uma obrigação que existe entre as partes contratantes será inaplicável tanto que, nas circunstâncias dadas, ela seria inaceitável do ponto de vista da razoabilidade e da equidade". Essa diretriz é perfeitamente aplicável ao direito brasileiro.

2.4. Princípio dos Efeitos Relativos do Contrato

Também consectário lógico da autonomia privada negocial, o princípio dos efeitos relativos do contrato significa que o contrato apenas obriga e vincula suas próprias partes, não podendo ser oponível a terceiros. Na organização clássica do direito privado, o princípio ancora na concepção de direitos pessoais, que são relativos aos figurantes determinados (oponibilidade às próprias partes), diferentemente dos direitos reais, cujo sujeito passivo é universal e indeterminado (oponibilidade a todos).

O princípio dos efeitos relativos do contrato teve consagração inicial no art. 1.165 do Código Civil francês de 1804, como expressão do ideário de autodeterminação individual, dispondo que as convenções produzem efeitos apenas entre as partes contratantes, não podendo alcançar terceiros. Todavia, a jurisprudência dos tribunais franceses passou a distinguir entre força obrigatória, apenas em relação às partes contratantes, e oponibilidade, que também se dirige a terceiros. Ainda que estes não sejam vinculados à relação contratual, devem respeitá-la. Em sentido contrário, o mesmo tribunal decidiu que terceiro não pode prevalecer-se de contrato, como no caso de arquiteto condenado solidariamente com empreiteiro a indenizar prejuízo decorrente de construção, que não pôde reclamar a aplicação de cláusula de contrato celebrado entre o empreiteiro e o dono da obra.

A função social do contrato, explicitada no art. 421 do Código Civil brasileiro, criou profunda contenção ao princípio dos efeitos relativos do contrato, porque os terceiros integram necessariamente o âmbito social do contrato, que não apenas têm o dever de respeitá-lo, mas também de não serem por ele prejudicados. Nesse caso, emergem os deveres de proteção dos terceiros, oponíveis às partes contratantes. Quando o contrato puder produzir impactos em interesses difusos e coletivos, como os do meio ambiente, os do patrimônio histórico e os dos consumidores, então terceiros são "todos", segundo termo significativo utilizado pelo art. 225 da Constituição.

Sob a ótica do princípio da função social torna-se evidente que "os terceiros não podem se comportar como se o contrato não existisse", segundo Antônio Junqueira de Azevedo (1998, p. 116-120). Para o autor, é preciso saber harmonizar a liberdade individual e a solidariedade social, pois do contrário retornaríamos ao capitalismo selvagem, em que a vitória é dada ao menos escrupuloso.

Um dos fatores de mitigação do princípio dos efeitos relativos do contrato é a doutrina da tutela externa do crédito, que implica sua oponibilidade a todos, no sentido de não se admitir que terceiro impeça ou dificulte o direito do credor, no contrato. Trata-se de dever de abstenção. A violação desse dever negativo leva à responsabilidade civil extracontratual do terceiro, mas em razão de dano a crédito contratual. Nesse sentido, o contrato atinge indiretamente a esfera jurídica de terceiro. Exemplo: determinado artista concluiu contrato para divulgação publicitária de produto de certa empresa, tendo sido seduzido pela empresa concorrente a desligar-se do vínculo originário e assumir a publicidade do produto da segunda. O fato do terceiro não configura inadimplemento contratual, mas este foi provocado por aquele. Assim, o inadimplemento contratual pelo devedor e a lesão do direito do credor pelo terceiro são dimensões do mesmo fato ilícito. Tal conduta qualifica-se como ato ilícito em geral, assim configurado no Código Civil.

Crescem na jurisprudência brasileira as hipóteses de extensão da oponibilidade dos efeitos do contrato a terceiro. A eficácia do contrato em relação a terceiro também alcança o que se tem denominado terceiro cúmplice ou terceiro ofensor, quando conduta externa deste dá causa à quebra parcial ou total do contrato. Assim, "o lesado tem ação contra o terceiro, nos casos especiais em que este tiver instigado o contratante ou determinado a este o descumprimento da avença" (Aguiar Jr., 2004, p. 271).

Apenas se os terceiros conhecerem de fato o contrato e o respectivo crédito alheio é que o dever geral de abstenção e respeito se concretiza em sua esfera jurídica, devendo então abster-se de qualquer ato interferente, devendo observar esse dever limitativo, como tal dever de sua liberdade de agir (Santos Jr., 2003, p. 485). Mas há presunção de conhecimento, na hipótese de contratos com prática social constante e reiterada.

Por consequência, essa mitigação reduz a importância da dicotomia direito real e direito pessoal, no que concerne a seus efeitos. Pietro Perlingieri (1997, p. 142) tem propugnado pela unificação das situações reais e de crédito agrupadas indistintamente como situações jurídicas patrimoniais, porquanto o dever de solidariedade, de fundamento constitucional, impõe respeito às situações jurídicas regularmente estabelecidas, perdendo a dicotomia sua justificação histórica.

Outra limitação do princípio ocorre com a extensão imposta por lei aos efeitos do contrato, para alcançar e proteger terceiro próximo, mediante sub--rogação da posição de parte contratual. A legislação do inquilinato residencial protege não apenas o inquilino, parte real do contrato, mas os demais membros de sua família, quando ele morre ou abandona o imóvel locado. Estabelece a Lei n. 8.245/1991 que morrendo o locatário ficarão sub-rogados nos seus direitos e obrigações o cônjuge sobrevivente, ou o companheiro, ou os herdeiros necessários, ou até mesmo as pessoas que viviam na dependência econômica dele; do mesmo modo (Lei n. 12.112/2009), se o locatário se separar do cônjuge ou companheiro, por separação de fato, divórcio ou dissolução da união estável, a locação prosseguirá com seu ex-cônjuge ou ex-companheiro. Determina o art. 576 do CC que, se a coisa móvel ou imóvel locada for alienada, o adquirente, que é terceiro, terá de respeitar o contrato de locação se ele contiver cláusula de vigência em caso de alienação e tiver sido registrado no registro competente (de títulos e documentos ou de imóveis); se não contiver a cláusula, ainda assim, o adquirente sofrerá efeitos parciais do contrato, pois terá de notificar o locatário e só após noventa dias da notificação poderá despedi-lo.

Tal conduta qualifica-se como ato ilícito em geral, por incidência do CC, art. 186. Em caso de terceiro cúmplice ou ofensor, o STJ (*STJ Notícias*, 03.06.2022, sem número do Acórdão, em razão de segredo judicial) confirmou indenização a um atleta por danos morais, contra quem enviou carta desabonadora à empresa patrocinadora do jogador, que cancelou o patrocínio, tendo em vista que a proteção da confiança no cumprimento contratual se estende a terceiros.

Outra espécie de mitigação dos efeitos relativos do contrato diz respeito ao denominado terceiro vítima, quando sofre dano em decorrência de execução de contrato do qual não é parte. No âmbito dos contratos de consumo, afirma--se que o direito do consumidor "destruiu" o princípio dos efeitos relativos dos contratos, ao levar a imputação por danos ao fabricante, ao distribuidor, ao atacadista, ao titular da marca, que não celebram contrato algum com o consumidor (Lorenzetti, 2008, p. 221), como ocorre no CDC. Nessa linha de superação do princípio, a legislação brasileira concede ação não apenas ao consumidor, mas a terceiros que sejam vítimas de eventos de consumo, às associações de consumidores, ao Ministério Público, à Defensoria Pública, à OAB e às entidades públicas, que não têm qualquer vínculo direto com os contratos de consumo.

A complexidade contratual contemporânea, com o crescimento de condições gerais dos contratos, de contratos relacionais, de contratos coligados, de massificação contratual, leva à produção de "efeitos jurídicos existenciais e patrimoniais, não só entre titulares subjetivos da relação, como também perante terceiros. Contrato, hoje, é relação complexa solidária" (Nalin, 2001, p. 255).

2.5. Princípio da Função Social

O princípio da função social determina que os interesses individuais das partes do contrato sejam exercidos em conformidade com os interesses sociais, sempre que estes se apresentem. Não pode haver conflito entre eles, pois os interesses sociais são prevalecentes. Qualquer contrato repercute no ambiente social, ao promover peculiar e determinado ordenamento de conduta e ao ampliar o tráfico jurídico.

A Constituição apenas admite o contrato que realiza a função social, a ela condicionando os interesses individuais, e que considera a desigualdade material das partes. Com efeito, a ordem econômica tem por finalidade "assegurar a todos existência digna, conforme os ditames da justiça social" (art. 170). A justiça social importa "reduzir as desigualdades sociais e regionais" (art. 3º e inciso VII do art. 170). A função exclusivamente individual do contrato, no sentido de contemplar apenas os interesses das partes, é incompatível com a tutela explícita da ordem econômica e social, na Constituição.

Com exceção da justiça social, a Constituição brasileira não se refere explicitamente à função social do contrato. Fê-lo em relação à propriedade, em várias passagens, como no art. 170, em que condicionou o exercício da atividade econômica à observância do princípio da função social da propriedade. A propriedade é o segmento estático da atividade econômica, enquanto o contrato é seu segmento dinâmico. Assim, a função social da propriedade afeta necessariamente o contrato, como instrumento que a faz circular.

O art. 421 do Código Civil, que introduz a normativa geral dos contratos, estabelece que a liberdade de contratar seja exercida nos limites da função social do contrato. Não se trata aí apenas de limites negativos, mas, principalmente, de condicionamento positivo do conteúdo e finalidades do contrato; a essencialidade principiológica da norma é demonstrada pelo parágrafo único do art. 2.035, que prevê a nulidade de qualquer convenção das partes que contrarie a função social do contrato.

O princípio harmoniza-se com a modificação substancial relativa à regra básica de interpretação dos negócios jurídicos introduzida pelo art. 112 do

CC/2002, que abandonou a investigação da intenção subjetiva dos figurantes em favor da declaração objetiva, socialmente aferível.

Os contratos não paritários, que são tutelados por normas cogentes específicas, devem ser interpretados com mais contemplação do interesse social, que inclui a proteção da parte vulnerável, ainda que não configure contrato de adesão.

O princípio da função social do contrato importa a especialização, no âmbito das relações negociais, do princípio constitucional da justiça social. O princípio da justiça social não se realiza sem a consideração das circunstâncias existentes, pois é justiça promocional, no sentido de promover as reduções das desigualdades materiais na sociedade. Toda atividade econômica grande ou pequena, que se vale dos contratos para a consecução de suas finalidades, somente pode ser exercida "conforme os ditames da justiça social" (CF, art. 170). Conformidade não significa apenas limitação externa, mas orientação dos contratos a tais fins. Em outras palavras, a atividade econômica é livre, no Brasil, mas deve ser orientada para realização da justiça social. É neste quadro amplo que se insere o princípio da função social dos contratos.

Também no direito estrangeiro tem sido realçada a conexão da função social do contrato com a justiça social. Para Orozco Pardo, tendo em conta a União Europeia, a função social dos contratos tem por fito "assegurar uma redistribuição da riqueza e o acesso de todos os cidadãos aos bens e serviços de caráter essencial, em condições que assegurem o pleno desfrute dos mesmos" (2006, p. 178).

Quando o contrato, especialmente se inserido em atividade econômica, ou parte dele, não puder ser interpretado em conformidade com o princípio constitucional da justiça social e o princípio decorrente da função social, pode ser considerado total ou parcialmente nulo.

A função social do contrato não se confunde com a função econômica do contrato, nem é *plus* desta, pois são categorias inteiramente distintas. A função econômica do contrato (quando há, pois há contrato sem ela, a exemplo dos contratos benéficos, ou para realização de fins altruísticos e não econômicos) vincula-se estreitamente aos interesses particulares das partes contratuais, enquanto a função social é algo exterior ao contrato que a ele se integra, independentemente da vontade das partes.

O princípio da função social do contrato, como os demais princípios jurídicos, não é de aplicação supletiva ou excepcional. Incide no contrato, integrando-o mediante a determinação de dever geral de conduta, independentemente do querer das partes.

O contrato, por mais insignificante que seja, ostenta a dupla função: individual e social, realizando a primeira a autorregulação dos interesses individuais e a segunda sua conformação aos interesses sociais. Para Miguel Reale, o contrato atualmente nasce dessa ambivalência, de uma correlação essencial entre o valor do indivíduo e o valor da coletividade. "O contrato é um elo que, de um lado, põe o valor do indivíduo como aquele que o cria, mas, de outro lado, estabelece a sociedade como o lugar onde o contrato vai ser executado e onde vai receber uma razão de equilíbrio e medida" (1986, p. 10).

Há quem enxergue na função social o ressurgimento da causa do contrato, no direito brasileiro, que não dá guarida a negócios abstratos, ou negócios que estejam sujeitos apenas à vontade das partes. Assim, torna-se explícita a exigência de que os contratos sejam causais, cumpridores da função social. O art. 421 do CC teria exteriorizado o princípio da causalidade negocial (Moraes, 2005, p. 119).

No CC/2002 a função social surge relacionada à liberdade contratual, como seu limite fundamental. São dois princípios distintos, porém interligados, que exigem aplicação harmônica. No Código, a função social não é simples limite externo ou negativo, mas também limite positivo e de conformação do conteúdo da liberdade contratual. Esse é o sentido que decorre dos termos "exercida nos limites da função social do contrato" (art. 421). "Daí a imediata referência, logo após à liberdade de contratar, à função social do contrato; daí a razão pela qual liberdade e função social se acham entretecidos, gerando uma nova ideia, a de autonomia (privada) solidária" (Martins-Costa, 2007, p. 71).

A concepção contemporânea de função se contrapõe à de finalidade. A função encontra-se na dimensão interna do direito, na sua conformação e determinação, enquanto a finalidade é o escopo a se atingir, sendo, portanto, exterior ao direito referido. Essa concepção distancia-se da que prevaleceu em sua origem, marcada pelo advento de outra concepção, consistente em limites ao poder absoluto (ilimitado) ou ao abuso do titular de direito privado.

Divergindo da longeva correlação da função social com deveres com os outros, sustenta Carlos Eduardo Pianovski Ruzyk (2011, p. 167) que os institutos de direito civil têm entre suas funções a proteção da liberdade coexistencial, que difere da ideia abraçada por Léon Duguit de liberdade como cumprimento de dever social; daí concluir pela "responsabilidade recíproca entre os indivíduos pela liberdade dos outros" (p. 199).

Leis específicas têm concretizado a função social em determinados contratos, de ampla aplicação na sociedade, a exemplo da Lei n. 9.870/1999, cujo art. 6º estabelece que "são proibidas a suspensão de provas escolares, a retenção de documentos escolares ou a aplicação de quaisquer outras penalidades pedagógicas por motivo de inadimplemento". Os débitos devem ser exigidos em ação própria.

O princípio da função social prevalece sobre o "princípio da intervenção mínima" previsto no parágrafo único do art. 421 do CC, introduzido pela Lei n. 13.874/2019, até porque o parágrafo único do art. 170 da Constituição, em que esta se fundamenta, trata da atividade econômica, limitada e conformada aos princípios da ordem econômica, tendo em vista que esta contém aquela (CF, art. 170, *caput*). Para Ricardo Villas Bôas Cueva (2023, p. 62) trata-se de "princípio inexistente", pois, talvez sob influxo de ideologia liberal extremada, deixou o legislador de considerar que a força dos contratos advém da possibilidade de o Estado exigir seu cumprimento e seus excessos quando colidem com a função social, que é elemento interno da liberdade contratual.

2.6. Princípio da Equivalência Material

O princípio da equivalência material busca realizar e preservar o equilíbrio real de direitos e deveres no contrato, antes, durante e após sua execução, para rearmonização dos interesses. Esse princípio preserva a equação e o justo equilíbrio contratual, seja para manter a proporcionalidade inicial dos direitos e obrigações, seja para corrigir os desequilíbrios iniciais ou supervenientes, pouco importando que as mudanças de circunstâncias possam ser previsíveis.

O que interessa não é a exigência de cumprimento do contrato, em sua literalidade, mas se sua execução não acarreta vantagem excessiva para uma das partes e desvantagem excessiva para outra, aferível objetivamente, segundo as regras da experiência ordinária e da razoabilidade. Parafraseando Pietro Barcellona, a equivalência material se apresenta como "o direito desigual da racionalidade material" (1998, p. 190).

A equivalência material do contrato também é aferida, segundo o princípio da razoabilidade, na justa proporção entre a finalidade do contrato e os meios que foram nele utilizados para atingi-la (Ravololomiarana, 2009, p. 222).

Como disse Franz Wieacker, "o positivismo, desprezando a antiga tradição – que vinha da ética social de Aristóteles, passando pela escolástica, até o jusnaturalismo –, tinha deixado de atribuir qualquer influência à equivalência material das prestações nos contratos bilaterais" (1980, p. 599). Por essa razão, todos os institutos jurídicos que levavam à justiça contratual e, consequentemente, à limitação da liberdade dos poderes negociais foram afastados pela legislação liberal, a exemplo do CC/1916. Retomou-se o curso da história, recuperando e dando novas feições a esses institutos solidários, como a equivalência material, contribuindo para a humanização das relações civis e para maior pacificação social.

Adverte Michael J. Sandel (2012, p. 183) que "o fato de o acordo ter sido voluntário não garante, em nenhuma hipótese, uma troca de benefícios equânimes e comparáveis". Em escrito de 1895, sobre equidade nos contratos (*Equità nei contratti*), N. Coviello já concebia a equivalência (*eguaglianza contrattuale*) como princípio geral dos contratos, considerando que os interesses às prestações das partes contratantes deveriam conter reciprocidade, conveniência efetiva, proporção (*apud* Femia, 2013, p. 71).

No Código Civil o princípio teve introdução explícita nos contratos de adesão. Observe-se, todavia, que o contrato de adesão disciplinado pelo Código Civil tutela qualquer aderente, seja consumidor ou não, pois não se limita a determinada relação jurídica, como a de consumo. Esse princípio também abrange o princípio da vulnerabilidade jurídica de uma das partes contratantes, que o Código de Defesa do Consumidor destacou.

Há quem prefira a denominação "equilíbrio contratual" (Schreiber, 2018, p. 52). Contudo, a equivalência material vai além do mero equilíbrio das prestações e da estrutura formal. Vai além da equivalência comutativa. É a qualificação do justo equilíbrio dos direitos e deveres, pretensões e obrigações, tendo em vista a natureza e a finalidade do contrato, o que reclama a intervenção prudente do legislador e do juiz, ou árbitro. "Equilíbrio contratual" pode ter o sentido de simples equilíbrio formal das prestações. Note-se que a equivalência material também incide nos contratos unilaterais, por exemplo, fiança e doação, máxime quando esta é meritória, ou com encargo, ou de subvenções periódicas.

O princípio da equivalência material rompe a barreira de contenção da igualdade jurídica e formal, que caracterizou a concepção individualista do contrato. Ao juiz estava vedada a consideração da desigualdade real dos poderes contratuais ou o desequilíbrio de direitos e deveres, pois o contrato fazia lei entre as partes, formalmente iguais.

O princípio desenvolve-se em dois aspectos distintos: subjetivo e objetivo. O aspecto subjetivo leva em conta a identificação do poder contratual dominante de uma das partes e a consequente vulnerabilidade da outra, assim presumida em lei. A lei presume juridicamente vulneráveis o trabalhador, o inquilino, o consumidor, o aderente de contrato de adesão, entre outros. Essa presunção é absoluta, pois não pode ser afastada pela apreciação do caso concreto. O aspecto objetivo considera o real desequilíbrio de direitos e deveres contratuais, que pode estar presente na conclusão do contrato, ou na eventual mudança do equilíbrio em virtude de circunstâncias supervenientes que acarretem a onerosidade excessiva para uma das partes.

A equivalência material é objetivamente aferida quando o contrato, seja na sua constituição, seja na sua execução, realiza a equivalência das prestações, sem vantagens ou onerosidades excessivas originárias ou supervenientes para uma das partes. No direito brasileiro, a norma que melhor a expressa, na ordem positiva, é o inciso V do art. 6º do CDC, que prevê *a modificação das cláusulas contratuais que estabeleçam prestações desproporcionais ou sua revisão em razão de fatos supervenientes que as tornem excessivamente onerosas.*

A equivalência material enraíza-se nas normas fundamentais da Constituição brasileira de 1988, que veiculam os princípios da solidariedade (art. 3º, I) e da justiça social (art. 170), voltados à promoção da redução das desigualdades reais dos figurantes.

O Código o incluiu, de modo indireto, em preceitos dispersos, inclusive nos dois importantes artigos que disciplinam o contrato de adesão (arts. 423 e 424), ao estabelecer a interpretação mais favorável ao aderente (*interpretatio contra stipulatorem*) e ao declarar nula a cláusula que implique renúncia antecipada do contratante aderente a direito resultante da natureza do negócio. Observe-se, todavia, que o contrato de adesão disciplinado pelo Código Civil tutela qualquer aderente, seja consumidor ou não, pois não se limita a determinada relação jurídica, como a de consumo. O contrato de adesão nas relações de consumo já tinha sido regulado no Código de Defesa do Consumidor.

O Código Civil também aplica o princípio, implicitamente, em outras matérias, caracterizadamente abertas: a lesão, o estado de perigo, a correção do valor de prestação desproporcional, a concessão de indenização complementar quando não houver cláusula penal, a redução equitativa da cláusula penal, a revisão ou resolução por onerosidade excessiva, a redução da prestação em contrato de natureza individual.

A Lei n. 13.874/2019 ("Lei da liberdade econômica") acrescentou parágrafo único ao art. 113 do CC, estendendo para os contratos paritários, positivamente, a regra de interpretação mais favorável ao contratante que não participou efetivamente da estipulação contratual, atribuindo-se-lhe o sentido que "for mais benéfico à parte que não redigiu o dispositivo, se identificável". Amplia-se, expressamente, a antiga regra de *interpretatio contra stipulatorem*. Cabe à parte beneficiária dessa interpretação o ônus de provar que a cláusula foi predisposta pela outra.

A boa aplicação do princípio pressupõe dois requisitos, um objetivo e outro subjetivo no contrato celebrado pelas partes. Para o requisito subjetivo é necessário que haja desigualdade de poderes negociais, ou seja, um poder negocial dominante e a contrapartida do poder negocial vulnerável, de modo estrutural ou circunstancial. A lei presume juridicamente vulneráveis o trabalhador, o inquilino, o consumidor, o aderente de contrato de adesão, entre outros. Essa presunção é absoluta, pois não pode ser afastada pela apreciação do caso concreto. O requisito objetivo diz respeito à existência de uma desproporção manifesta entre os direitos e deveres de cada parte. O requisito objetivo considera o real desequilíbrio de direitos e deveres contratuais, que pode estar presente na conclusão do contrato, ou na eventual mudança do equilíbrio em virtude de circunstâncias supervenientes que acarretem a onerosidade excessiva para uma das partes.

O poder negocial vulnerável é estrutural quando reconhecido em lei (ex.: inquilino, consumidor, aderente). O poder negocial vulnerável circunstancial resulta do próprio contrato, o que demanda comprovação caso a caso.

A partir dos primeiros decênios do século XX o direito brasileiro passou a presumir a vulnerabilidade de determinados contratantes, merecedores de proteção legal e de consequente restrição do âmbito de autonomia privada, quando esta é instrumento de exercício de poder do outro figurante (ou parte contratual). Assim, emergiram os protagonismos do mutuário, com vedação dos juros usurários (Decreto n. 22.626/1933), do inquilino comercial (Decreto n. 24.150/1934; atualmente Lei n. 8.245/1991) e do promitente comprador de imóveis loteados (Decreto-Lei n. 58/1937); do trabalhador assalariado (CLT, de 1943); do inquilino residencial (Lei n. 4.494/1964; atualmente Lei n. 8.245/1991) e do contratante rural (Estatuto da Terra, de 1964); dos titulares de direitos autorais (Lei n. 5.988/1973; atualmente Lei n. 9.610/1998); do consumidor (CDC, de 1990); do aderente em contrato de adesão (Código Civil, de 2002); da pessoa com deficiência (Estatuto da Pessoa com Deficiência, de 2015).

Esses direitos contratuais especiais têm em comum a intervenção legislativa e a consequente limitação da autonomia privada. Essa limitação, paradoxalmente, tem por fito a garantia da autonomia negocial real, pois a proteção do contratante vulnerável assegura-lhe condições efetivas de paridade de armas com o outro contratante. Assim, reafirmam-se o equilíbrio e a reciprocidade da autonomia negocial, para que não sejam exercitados apenas por uma das partes.

O legislador define *a priori* qual a posição contratual que deve ser merecedora de proteção ou do grau dessa proteção, o que afasta a verificação judicial caso a caso. Não pode o juiz decidir se o trabalhador, o consumidor, o aderente, por exemplo, são mais ou menos vulneráveis, em razão de maior ou menor condição

— 50 —

econômica, para modular a proteção legal, ou mesmo excluí-la. A lei leva em conta o tipo médio de vulnerabilidade, com abstração da situação real em cada caso. E assim é para se evitar que as flutuações dos julgamentos, ante as variações individuais, ponham em risco o princípio da tutela do contratante vulnerável.

Até mesmo entre empresas pode ocorrer vulnerabilidade jurídica, quando uma delas esteja submetida a condições gerais dos contratos predispostas pela outra, qualificando-se como contratante aderente em contrato de adesão (Código Civil, art. 423). São situações comuns de vínculos contratuais permanentes interempresariais para fornecimento de produtos ou serviços a pessoas físicas ou a empresas, como as das concessionárias, as das fornecedoras de água, de luz, de telefonia, de seguros, de acesso à rede de computadores; de manutenção de programas etc.

É importante assinalar que o desequilíbrio pode não ser apenas jurídico, que é o campo próprio do princípio da equivalência material, mas também econômico, em sistemas como o brasileiro, que admite a lesão (CC, art. 157). Nesta, o desequilíbrio é fundamentalmente econômico, de cuja natureza é a vantagem obtida pela exploração do estado de necessidade ou de inexperiência da outra parte.

A falta de equivalência material conduz a dois tipos de consequências: de um lado, a sanção de nulidade de parte ou da totalidade do contrato, por violação de norma cogente (o princípio jurídico da equivalência material); de outro lado, a interpretação do contrato em conformidade com o princípio, quando for possível a conservação do contrato ou da parte dele, que sejam fontes do desequilíbrio.

2.7. Princípio da Boa-Fé Objetiva

A boa-fé objetiva é regra de conduta dos indivíduos nas relações jurídicas contratuais. Interessam as repercussões de certos comportamentos na confiança que as pessoas normalmente neles depositam. Confia-se no significado comum, usual, objetivo da conduta ou comportamento reconhecível no mundo social. A boa-fé objetiva importa conduta honesta, leal, correta. É a boa-fé de comportamento. Para Antônio Manuel da Rocha e Menezes Cordeiro (1997, p. 1234), a confiança exprime a situação em que uma pessoa adere, em termos de atividade ou de crença, a certas representações, passadas, presentes ou futuras, que tenha por efetivas. O princípio da confiança explicitaria o reconhecimento dessa situação e a sua tutela.

A história da importância do princípio da boa-fé relaciona-se com a da autonomia da vontade. Pode-se mencionar, como ressaltou Clóvis do Couto e

Silva, que no século XIX o princípio da autonomia foi o mais importante, e o conceito de *pacta sunt servanda* o seu corolário, o que importou profunda restrição ao princípio da boa-fé, em virtude do predomínio do voluntarismo jurídico e da obediência ao direito estrito, além da doutrina da separação absoluta dos poderes, que restringia o poder criador da jurisprudência (1997, p. 34). Esse ambiente ideológico justifica a quase ausência da boa-fé no CC/1916.

A boa-fé objetiva, em nosso sistema, tem suas raízes mais remotas na experiência da *fides*, que é "um dos conceitos mais fecundos da experiência romana" (Tafaro, 2004, p. 53). Consistia, como disse Cícero (2002, p. 37), no dever de honestidade, e, também, na confiança de uma parte sobre a retidão de conduta da outra. A boa-fé, no direito alemão, é denominada *treu und glauben*, termos que significam lealdade e confiança, marcando a viragem em prol do princípio, desconsiderado pela codificação napoleônica.

O CC/2002, art. 422, refere-se a ambos os contratantes, não podendo o princípio ser aplicado apenas ao devedor. Nas relações de consumo, todavia, ainda que o inciso III do art. 4º do CDC cuide de aplicá-lo a consumidores e fornecedores, é a estes que ele se impõe, principalmente em virtude da vulnerabilidade daqueles. Por exemplo, no que concerne à informação, o princípio da boa-fé volta-se em grande medida ao dever de informar do fornecedor.

Além dos tipos legais expressos de cláusulas abusivas, o CDC fixou a boa-fé como cláusula geral de abertura, que permite ao aplicador ou intérprete o teste de compatibilidade das cláusulas ou condições gerais dos contratos de consumo. No inciso IV do art. 51, a boa-fé, contudo, está associada ou alternada com a equidade (... *com a boa-fé ou a equidade*). A equidade não se concebe autonomamente, mas como critério de heterointegração tanto do princípio da boa-fé quanto do princípio da equivalência material. O juízo de equidade é limitado à decisão do conflito determinado, de acordo com as circunstâncias (pessoais, espaciais, temporais, profissionais, econômicas, sociais, culturais) e o equilíbrio dos poderes contratuais, além da apropriação de critérios objetivos e referenciáveis em abstrato, que não podem ser substituídos por convicções pessoais.

Por seu turno, o CC, art. 422, associou ao princípio da boa-fé o que denominou princípio da probidade (... os *princípios da probidade e boa-fé*). No direito público a probidade constitui princípio autônomo da Administração Pública, previsto explicitamente no art. 37 da Constituição, como "princípio da moralidade" a que se subordinam todos os agentes públicos. No direito contratual privado, todavia, a probidade é qualidade exigível sempre à conduta de boa-fé. Quando muito seria princípio complementar da boa-fé objetiva, ao lado dos princípios coligados da confiança, da informação e da lealdade. Pode-se dizer que não há boa-fé sem probidade, desde os antigos romanos.

A melhor doutrina tem ressaltado que a boa-fé não apenas é aplicável à conduta dos contratantes na execução de suas obrigações, mas também aos comportamentos que devem ser adotados antes da celebração (*in contrahendo*) ou após a extinção do contrato (*post pactum finitum*). Assim, para fins do princípio da boa-fé objetiva, são alcançados os comportamentos do contratante antes, durante e após o contrato. Podem os intervenientes, em razão das negociações preliminares e da expectativa legítima de virem a concluir o negócio, fazer despesas, deixar de aproveitar oportunidades de ganho com terceiros, revelar fragilidades econômicas, jurídicas ou técnicas, fiar-se em conselhos, recomendações ou informações dadas pelo parceiro, tudo porque confiam no bom andamento das negociações e esperam vir a concluir o negócio (Martins-Costa, 2014, p. 218).

Após o contrato, remanescem deveres como os de confidencialidade e abstenção de condutas. O CDC avançou mais decisivamente nessa direção, ao incluir na oferta toda informação ou publicidade suficientemente precisa (art. 30), ao impor o dever ao fornecedor de assegurar ao consumidor cognoscibilidade e compreensibilidade prévias do conteúdo do contrato (art. 46), ao tornar vinculantes os escritos particulares, recibos e pré-contratos (art. 48) e ao exigir a continuidade da oferta de componentes e peças de reposição, após o contrato de aquisição do produto (art. 32).

O Código Civil não foi tão claro em relação aos contratos comuns, mas, quando se refere amplamente à conclusão e à execução do contrato, admite a interpretação em conformidade com o atual estado da doutrina jurídica acerca do alcance do princípio da boa-fé aos comportamentos *in contrahendo* e *post pactum finitum*. A referência à conclusão deve ser entendida como abrangente da celebração e dos comportamentos que a antecedem, porque aquela decorre destes. A referência à execução deve ser também entendida como inclusiva de todos os comportamentos resultantes da natureza do contrato. Em suma, em se tratando de boa-fé, os comportamentos formadores ou resultantes de outros não podem ser cindidos.

Independentemente do alcance da norma codificada, o princípio geral da boa-fé obriga, aos que intervierem em negociações preliminares ou tratativas, o comportamento com diligência e consideração aos interesses da outra parte, respondendo pelo prejuízo que lhes causar. A relação jurídica pré-contratual submete-se à incidência dos deveres gerais de conduta. Construiu-se, no século XIX, remontando-se ao jurista alemão Ihering, a teoria da culpa *in contrahendo*, para imputar a quem deu causa à frustração contratual o dever de reparar, fundando-se na relação de confiança criada pela existência das negociações preliminares; nessa época de predomínio da culpa, procurou-se arrimo na responsabilidade civil extranegocial culposa, gerando pretensão de indenização. Karl Larenz entende que não apenas procede a indenização do dano em favor da parte que tenha confiado na validade do contrato, mas todo dano que seja consequência da infração de um dever de diligência contratual, segundo o estado em que se acharia a outra parte se tivesse sido cumprido o dever de proteção, informação e diligência. Ou seja, na prática, a infração de dever de conduta pré-contratual deve ser regida pelos mesmos princípios da responsabilidade por infração dos deveres de conduta contratual.

A consolidação dessa orientação resulta em verdadeira erosão do princípio do consenso, radicado na autonomia individual, em virtude do surgimento de deveres assemelhados aos contratuais, sem haver ainda contrato. Da mesma forma que este, se o devedor de deveres pré-contratuais não os cumpre, pode o credor exigir indenização por danos em lugar da prestação. A doutrina alemã os enquadra, atualmente, nos deveres de proteção, dirigidos à prevenção e à proteção dos bens jurídicos do credor.

Para António Manuel da Rocha e Menezes Cordeiro, o recurso à boa-fé para a solução dos casos de responsabilidade pós-contratual, que denomina "pós-eficácia das obrigações", deve estar fundado em ao menos um dos "elementos mediadores", que seriam os princípios da confiança, da lealdade e da proteção (1991, p. 168).

Inclui-se no princípio da boa-fé objetiva o dever do contratante credor de mitigação das perdas do devedor (*duty to mitigate the loss*), quando o agravamento destas decorre de ato ou omissão do primeiro. Assim, decidiu o STJ (REsp 758.518) que o promitente vendedor de um imóvel, tinha de suportar a redução do valor da indenização por inadimplemento do promitente comprador, pelo fato de deixá-lo na posse do imóvel por quase sete anos, sem que ele cumprisse seu dever contratual (pagamento das prestações relativas ao contrato de compra e venda), "o que evidencia a ausência de zelo com seu patrimônio e o agravamento significativo das perdas, uma vez que a realização mais célere dos atos de defesa possessória diminuiria a extensão do dano". O princípio da boa-fé é considerado como um dos fundamentos da arbitragem, na resolução dos conflitos contratuais a ela submetidos. Assim estabelece, por exemplo, o art. 4º do Acordo sobre a Arbitragem Comercial Internacional do Mercosul, de 1998, promulgado pelo Decreto n. 4.719/2003, com força de lei no Brasil.

CAPÍTULO III
Formação dos Contratos

Sumário: 3.1. Momentos da formação do contrato. 3.2. Exteriorização de vontade no contrato. 3.3. Oferta. 3.4. Oferta ao público. 3.5. Aceitação. 3.6. Negociações preliminares e seus efeitos. 3.7. Conduta negocial típica. 3.8. Formação do contrato de consumo. 3.9. Formação do contrato eletrônico.

3.1. Momentos da Formação do Contrato

O contrato se forma quando uma parte (ofertante) faz uma oferta de uma prestação à outra parte (aceitante) e esta a aceita, fundindo-se as duas manifestações de vontade em um acordo, que obriga ambas as partes. São, portanto, três momentos: o da oferta, o da aceitação e o do acordo ou consenso, considerados essenciais à formação do contrato. Tendo em vista essa sequência de momentos, de atos e comportamentos humanos, Enzo Roppo (1988, p. 85) qualifica a formação do contrato como um processo.

Todavia, esse esquema de formação contratual, disciplinado nos arts. 427 a 435 do CC, é exclusivo para o contrato consensual paritário, fundado no consentimento das duas partes. Nos contratos reais paritários, no entanto, é insuficiente, uma vez que exigem a tradição da coisa para que possam existir, além de oferta, aceitação e consentimento (exemplo do comodato, do depósito, do mútuo). A tradição é também elemento essencial da formação dos contratos reais. Nos chamados contratos plurilaterais (ex.: atos constitutivos de sociedades empresárias ou de condomínios em edifícios) não há oferta e aceitação, porque os interesses das partes não são opostos e os fins são comuns. Nos contratos formais e solenes, a forma ou a solenidade são elementos essenciais de validade (CC, art. 166, IV); nulo é o contrato de aquisição de imóvel, acima de determinado valor, sem forma pública.

A formação do contrato consubstancia o plano da existência desse negócio jurídico e reflete nos planos da validade e da eficácia. A formação é também conhecida como conclusão do contrato, pois conclusão, no direito contratual, não é término, mas sim início da relação. Assim, quando se diz "o contrato foi

— 55 —

concluído" alude-se ao seu início, à sua formação, à sua celebração. Para o seu término, deve-se usar extinção, que é gênero de várias espécies de encerramento do contrato. O direito brasileiro também utiliza o termo proposta para a oferta.

No momento em que ocorre o consenso, está concluído o contrato. *Consensus facit contractum*. A forma exigida por lei foi pressuposto que há de ter sido satisfeito pelas manifestações de vontade concordantes. Se não houve concordância, houve dissenso; e não se concluiu o contrato (Pontes de Miranda, 1972, v. 38, p. 55). Essencial é que cada uma das partes conheça a manifestação de vontade que a outra fez. Não basta que as duas manifestações de vontade coincidam. "É preciso que se acordem. É preciso que se produzam em circunstâncias tais que entrem no mundo jurídico (existam) e tenham validade", como diz Marcello Lavenère Machado (2003, p. 88).

O consenso faz o contrato. Esse é o princípio. Tudo o mais pode ser entendido como um derivado desse princípio; regras mais detalhadas são um meio de organizar o consentimento para que ele funcione de forma prática, seja confiável e permita que as partes expressem e busquem seus interesses (Pfeiffer, 2016, p. 149).

A oferta e a aceitação são duas manifestações de vontade, que podem ser expressas (declarações) ou tácitas (comportamentos concludentes), às quais o direito confere força de negócios jurídicos unilaterais. Enquanto não se perfaz o acordo, tanto a oferta (principalmente esta) quanto a aceitação, isoladamente, constituem negócios jurídicos unilaterais, pois o ofertante e o aceitante vinculam-se imediata e diretamente às próprias manifestações, assumindo as consequências jurídicas pelo descumprimento de cada uma.

Marcos Bernardes de Mello (2019, p. 180) adverte que a posição jurídica daquele que faz a oferta consiste em estar vinculado ou exposto a vincular-se se houver aceitação por parte daquele a quem se dirigiu; não constitui, ainda, um dever a que corresponda um direito, porque sua manifestação unilateral não põe por si o destinatário em uma situação jurídica qualquer. O dever do ofertante nascerá se o destinatário aceitar a oferta.

Os negócios jurídicos unilaterais desaparecem quando são definitivamente vertidos no consenso, que dá nascimento ao contrato, como negócio jurídico bilateral. A importância da identificação da oferta e da aceitação como negócios jurídicos unilaterais autônomos é notável, quando o contrato não se conclui ou se forma de modo instantâneo, seja porque a oferta não foi seguida imediatamente da aceitação, seja porque há oferta ao público, que depende de individualização em cada contrato, seja porque o aceitante reside em outro local ou lhe foi concedido prazo para decidir, seja porque a aceitação não chegou ainda ao conhecimento do ofertante, em razão do meio de sua expedição. Nos contratos instantâneos ("toma lá, dá cá"), esses momentos e esses negócios jurídicos unilaterais não são facilmente percebidos, dando-se a impressão de o contrato ser concluído sem eles.

Para a formação do contrato, não se faz necessário que a oferta de prestação seja seguida de aceitação com contraprestação. A prestação apenas é exigível para a oferta, pois há contratos classificados como unilaterais, que são destituídos de contraprestação (por exemplo, a doação).

A prestação pode consistir em dar ou restituir coisa certa, dar coisa incerta, fazer algo ou não fazer algo. A prestação de fazer pode estar conjugada com uma prestação de dar, como ocorre com o depósito. O depositário obriga-se a guardar a coisa, sem poder usá-la (prestação de fazer); igualmente, obriga-se a restituir a coisa, quando o depositante o exigir (prestação de restituir). Às vezes, há prestação de fazer acessória de outra prestação de fazer ou de prestação de dar. Utilizando-se o mesmo exemplo do depósito, exige o CC, art. 629, que o depositário seja também responsável pela conservação da coisa depositada, constituindo prestação acessória da prestação de restituir (dar).

A oferta, seguida da aceitação e do consenso, configura o modelo clássico do contrato consensual, fundado em manifestações de vontade livres e conscientes. Esse modo de formação subjetiva é inadequado para os contratos não paritários, nos quais a oferta é objetiva e a conduta negocial típica equivale a aceitação consciente, ainda quando haja vontade contrária de aceitar, ou a manifestação de vontade (de ofertar ou aceitar) não é mais considerada essencial. Nos contratos de adesão, quem "adere" não manifesta aceitação às condições gerais predispostas, necessariamente, podendo o direito considerá-las nulas, ainda que o aderente tenha declarado aceitá-las. O vínculo obrigacional não decorre da manifestação de vontade de aceitação, mas da validade das condições gerais, que tenham sido objetivamente reconhecidas pelo direito (não consideradas abusivas). Nos contratos de massa, de natureza existencial, a manifestação de vontade é desconsiderada, atribuindo-se validade aos contratos em que se inseriram pessoas civilmente incapazes. Nos contratos de consumo, a oferta não deriva apenas de manifestação de vontade nesse sentido, mas de todos os elementos objetivos de divulgação ou publicidade dos produtos ou serviços, que sejam publicamente fornecidos. Nos contratos automatizados e eletrônicos, a manifestação de vontade não precisa ser real, bastando sua presunção.

O direito brasileiro privilegia o local da oferta ou proposta, ou o do domicílio do proponente, como o do lugar da formação ou do foro do contrato, salvo se as partes estipularem de modo diferente. Essa é a regra tanto para o direito interno quanto para o direito aplicável nos contratos internacionais (CC, art. 435, e LINDB, art. 9º). Estabelece o art. 25 do CPC que não compete a autoridade judiciária brasileira o processamento e o julgamento da ação quando houver cláusula de eleição de foro exclusivo estrangeiro em contrato internacional, argui- da pelo réu na contestação. Contudo, a presunção do local do contrato, onde proposto, contraria a legislação do consumidor e o princípio constitucional de sua proteção, não podendo ser aplicável ao contrato de consumo, ao contrato eletrônico e às demais contratações com partes vulneráveis.

Assim, no direito brasileiro, o contrato paritário tem-se como concluído ao tempo da aceitação, convolando esta e a oferta em acordo ou consenso, mas no lugar da oferta.

3.2. Exteriorização de Vontade no Contrato

A vontade no contrato, tanto para a oferta quanto para a aceitação, há de ser exteriorizada, não podendo reter-se no campo psíquico do interessado. A concor- dância ou consentimento é fato externo à vontade interior. A exteriorização (de- claração ou manifestação) pode ser expressa, tácita ou, em situações especiais e restritas, pela inação ou silêncio. A exteriorização expressa veicula-se mediante sinais ou signos inteligíveis, como a escrita, ou pela oralidade. É manifestação tá- cita quando se revela por atos que não são acompanhados por signos ou palavras pronunciadas ou escritas.

A manifestação de vontade tácita exige interpretação dos atos ou omissões, segundo as circunstâncias, como manifestações reais de oferta ou de aceitação. O comerciante que entrega o objeto, que não foi pedido, mas que lhe parece agradaria o freguês, manifesta, tacitamente, a vontade de ofertar. Se o freguês tem conta na casa, ou goza de crédito, a saída com o objeto é aceitação (Pontes de Miranda, 1972, v. 38, p. 24). Do mesmo modo, se o cliente tradicional da livraria receber desta os livros lançados recentemente e não os devolver.

Ninguém, em princípio, tem o dever de responder à oferta que receba, não podendo ser tido, como aceitação, seu silêncio. Nem sempre calar é consentir. São as circunstâncias, portanto, que vão definir se tais atos são reais manifesta- ções de vontade de ofertar e de aceitar. A manifestação de vontade, especialmente a de aceitação, pelo silêncio não resulta de atos do contratante, mas de sua inação. É possível, quando a lei a admite. No rigor dos termos, não há manifestação ou exteriorização da vontade, mas equiparação a esta pela lei. Em princípio, o silêncio deve ser entendido como recusa da oferta.

O CC, art. 432, faz depender do costume, entre os contratantes, a dispensa de aceitação expressa, considerando esta realizada e concluído o contrato, quando não chegar a tempo a recusa do aceitante. O tempo referido depende, também, das circunstâncias que envolvem os costumes negociais dos contratantes, a exemplo do fornecimento periódico de produtos. A aceitação tácita pode ter tido origem em manifestações expressas, a exemplo da renovação de assinatura de revista, quando tiver havido concordância expressa na assinatura inicial de que as subsequentes serão renovadas se não houver declaração expressa em contrário do aceitante, no momento oportuno.

3.3. Oferta

A oferta é a exteriorização de vontade que dá início à formação do contrato. É o início ou o ponto de partida, com a finalidade de provocar no outro figurante a aceitação. A oferta vincula o ofertante, dada sua natureza de negócio jurídico unilateral. Esse vínculo jurídico, derivado da própria manifestação ou declaração de vontade, perdura até que haja aceitação, recusa de aceitação ou quando o ofertante, antes da aceitação, retratar a oferta, pelos mesmos meios utilizados para sua veiculação.

A oferta pode ser a pessoa determinada ou ao público.

A pessoa determinada pode ser presente ou ausente. Para fins da formação do contrato, presente é quem está diante do ofertante e pode manifestar sua vontade imediatamente ou dentro do prazo que ambos ajustarem. O contrato considera-se não concluído, com a consequente desvinculação do ofertante, quando a oferta for feita a pessoa presente, sem prazo para resposta, e ela não manifestar imediatamente sua aceitação. Faltou o consenso ou o acordo. O Código Civil equipara à pessoa presente, para fins de aceitação ou recusa, *a pessoa que contrata por telefone ou por meio de comunicação semelhante* (art. 428, I). Em virtude da intensa revolução tecnológica, meio de comunicação semelhante não é apenas o que tenha idêntica função do telefone, mas sim qualquer outro que atinja a mesma finalidade de comunicação simultânea, seja ela verbal, por imagem, ou por escrito.

A oferta a pessoa determinada desperta interesse, quando o destinatário é considerado ausente, ou seja, quem não pode ser imediatamente contatado pelo ofertante. Não se exige que resida em lugar diferente do ofertante, podendo ser na mesma cidade, desde que haja utilização de qualquer meio para comunicá-lo da oferta. As partes residentes em cidades e até países diversos podem ser considerados presentes, se a oferta for comunicada por meio telefônico ou equivalente e o destinatário possa recebê-la imediatamente.

Em relação à oferta a pessoa ausente, os ordenamentos jurídicos se deparam com quatro teorias: da expedição da oferta, ou da recepção da oferta pelo destinatário, ou da informação (quando efetivamente o destinatário toma conhecimento da oferta), ou da declaração (quando o ofertante declara sua vontade, antes da expedição). O direito brasileiro optou pelo sistema da expedição, a partir da qual se vincula o ofertante, independentemente de o destinatário ter recebido a oferta, ou de ter sido informado dela. Criticando a teoria da informação, Pontes de Miranda (1972, v. 38, p. 58) diz que não se pode deixar ao arbítrio do destinatário a eficácia da manifestação de vontade do ofertante. O destinatário tem de estar a par do que lhe chega; o ofertante tem o dever de tudo fazer para que o destinatário possa conhecer a oferta, que são situações distintas.

Para desvincular-se, o ofertante há de encaminhar ao destinatário sua retratação por meio mais rápido que o primeiro, de modo a que a respectiva comunicação chegue antes ou simultaneamente à comunicação da oferta. Se chegar depois desta, a retratação não produzirá efeitos.

A oferta a pessoa ausente também deixa de ser obrigatória nas seguintes hipóteses: a) quando tiver estipulado prazo para o destinatário se manifestar e este não o fizer dentro nele; b) quando a oferta não fixar prazo para a manifestação do destinatário, mas houver transcorrido prazo razoável para a resposta, consideradas as circunstâncias e a natureza do negócio. Quando a aceitação chegar tarde ao conhecimento do ofertante, por circunstâncias que ele não deu causa, a oferta não permanece, mas é seu dever comunicar tal fato a quem enviou a aceitação, sob pena de responder por perdas e danos. Cuida-se de dever de informação, para evitar que o pretenso aceitante, em virtude da aparência de regular recepção, tenha prejuízo.

A morte do ofertante antes da aceitação não apaga a vinculação, pois a aceitação chega ao herdeiro ou sucessor, se o contrário não resultar dos termos da oferta, ou da natureza do negócio, ou das circunstâncias do caso (CC, art. 427).

3.4. Oferta ao Público

Considera-se oferta ao público quando se utiliza qualquer meio de divulgação coletiva e indeterminada, inclusive mediante publicidade. Para o Código Civil, quando encerrar os requisitos essenciais ao contrato, "salvo se o contrário resultar das circunstâncias ou dos usos". Para o CDC, é toda informação ou publicidade, suficientemente precisa, veiculada por qualquer meio de comunicação.

A oferta ao público é dirigida a qualquer do público ou de determinada coletividade, que tem o direito de aceitá-la, formando o contrato individual. A oferta ao público, nos seus efeitos, é semelhante à oferta a pessoa determinada, quanto à vinculação jurídica de quem a utiliza. A oferta ao público pode ser dirigida a grupo indeterminado de destinatários, principalmente nos fornecimentos de produtos e serviços, no mercado de consumo.

Na oferta ao público, o contrato considera-se perfeito e acabado quando há aceitação por qualquer destinatário. Para que cesse a vinculação, mister se faz que o ofertante utilize o mesmo meio de divulgação, deixando claro o seu propósito, desde que a possibilidade de retratação tenha sido explicitada na divulgação originária.

A oferta ao público vincula o ofertante, do mesmo modo que a oferta a determinada pessoa. Mas apresenta singularidades. Por ter como destinatário a coletividade de interessados, não se pode exigir do ofertante a satisfação de todo o público, pois tem como limite o número disponível de produtos ou a capacidade de prestar os serviços ofertados. Para que possa desvincular-se da ilimitação, terá, todavia, que anunciar previamente tais limites, para que não se converta em publicidade enganosa. Por outro lado, se desejar o fornecedor desvincular-se totalmente da oferta ao público, deverá revogá-la pelas mesmas vias utilizadas (publicidade, mala-direta, correio eletrônico etc.). Portanto, a vinculação da oferta ao público não é absoluta.

As vendas automáticas enquadram-se na oferta ao público. De maneira geral, as máquinas utilizadas permitem a visualização do produto ou serviço e do preço respectivo e previamente fixado. O contrato se forma quando o interessado insere a moeda, cédula ou ficha no valor correspondente. O mesmo ocorre com as ofertas *on-line*.

A publicidade deixa de ser considerada oferta quando abusiva e importunadora, podendo caracterizar (Faleiros Junior, 2021, p. 277) violação ao direito ao sossego na internet, com a utilização de técnicas sofisticadas de *neuromarketing*, *telemarketing* e *spam*.

3.5. Aceitação

A aceitação é exteriorização de vontade, com natureza de negócio jurídico unilateral, que completa o consenso para a conclusão do contrato. A aceitação pode ser expressa, o que supõe emprego de palavras, gestos ou sinais que a exprimam, ou pelo comportamento concludente, ou pelo silêncio. Quando houver costume entre as partes, em negócios frequentes, a aceitação pode ser entendida como manifestada tacitamente, não havendo recusa no tempo habitualmente adotado.

Para que o silêncio seja entendido como manifestação de vontade, é preciso que haja dever de manifestar-se, o que ocorre em situações excepcionais; na dúvida, o silêncio não pode ser entendido como aceitação.

É imprescindível a definição do momento da aceitação, porque o direito brasileiro o tem como o da conclusão do contrato. Da mesma forma que a oferta, e vinculada à natureza desta, a aceitação ocorre entre presentes e entre ausentes. Se a oferta foi entre presentes, a aceitação somente pode ocorrer se imediatamente feita.

Quanto às pessoas ausentes, o Código Civil adota, para a aceitação, a teoria da expedição mitigada. Em princípio, estabelece o art. 434, *os contratos entre ausentes tornam-se perfeitos desde que a aceitação é expedida*. Se apenas fosse essa a regra, coincidiriam os momentos da aceitação e do consenso, com vinculação a partir da expedição.

A aceitação não pode ser condicionada ou modificativa da oferta, tanto entre presentes quanto entre ausentes. A oferta só admite aceitação integral ou sua rejeição expressa, tácita ou silente. Se houver aceitação parcial, ou com modificações, ela se converte em oferta, invertendo-se os polos: o ofertante passa a ser aceitante e o aceitante passa a ser ofertante. "Nesse jogo de tênis de ofertas, tem-se de chegar ao ponto final: ou uma delas é aceita, totalmente, e pois não há pensar-se em nova oferta; ou há a recusa" (Pontes de Miranda, 1972, v. 38, p. 26). Essa situação é muito comum no cotidiano das pessoas, quando é possível barganhar preços. Todavia, quando se tratar de relação de consumo, a inversão não é possível, pois, ante os deveres de proteção, o consumidor nunca pode assumir a posição de ofertante, que é sempre do fornecedor de produtos ou serviços.

3.6. Negociações Preliminares e seus Efeitos

Quando o contrato não se forma instantaneamente, costuma ser precedido de tratativas ou negociações preliminares. A doutrina tradicional nunca atribuiu qualquer consequência jurídica a esse momento, que se reteria apenas no mundo dos fatos. Todavia, desde o século XIX, o direito evoluiu para atribuir responsabilidade a determinadas condutas (teoria da *culpa in contrahendo*, originalmente sistematizada por Rudolf von Jhering em 1861) que levassem, injustificadamente, à frustração do contrato e a prejuízos para quem depositou fundada confiança na conclusão do contrato.

Esse "misterioso e paradoxal período pré-contratual" (Mazeaud, 2001, p. 659) passou a receber a crescente atenção dos juristas, impondo que certa margem de segurança jurídica seja assegurada desde esse período. Para que fosse admitida a responsabilidade pelos danos decorrentes dessas condutas, requisitos foram progressivamente construídos, para delimitar sua abrangência. Por outro lado, a discussão sobre se a responsabilidade é contratual, ou extracontratual, ou mista, perdura até hoje. Na relação contratual comum tendeu-se para a responsabilidade extracontratual, segundo as regras gerais da responsabilidade por danos. Na relação de consumo, inclinou-se para a responsabilidade contratual e extracontratual conjunta, de natureza objetiva (no CDC, responsabilidade pelo fato do produto ou do serviço).

O conceito de *culpa in contrahendo* baseia-se, portanto, na suposição de que uma relação de confiança entre as partes surge sempre que as negociações sobre a formação de um contrato ou contatos comerciais similares tenham sido realizadas. A ideia básica de *culpa in contrahendo* é de que existe uma relação de confiança entre as partes, merecendo um nível maior de proteção sem considerar a conclusão de um contrato válido. Os princípios de boa-fé e de negociação justa não estão, portanto, condicionados à celebração de um contrato, mas já se aplicam na fase pré-contratual (Looschelders, 2016, p. 29).

Há um espaço de liberdade de desistência que deve ser preservado, por força da autonomia privada negocial. Integra o risco de qualquer negócio que uma ou ambas as partes possam dele desistir, antes da formação do contrato. Cada parte é livre para decidir se e com quem concluir um contrato. Ambas podem terminar as negociações em qualquer estágio, antes que o contrato se conclua. Mas há outro espaço que é protegido, em razão de princípios fundamentais de nosso sistema, notadamente os da boa-fé, da aparência, da confiança, geradores de deveres gerais de conduta para os que ingressam em processo de formação contratual. O limite de um espaço a outro é o momento em que uma parte induz a outra a confiar na formação do contrato.

Segundo Enzo Roppo (1988, p. 107), a proteção jurídica é necessária quando a ruptura das negociações é injustificada e arbitrária. Se a conduta de uma das partes infunde na outra a confiança legítima de que o contrato será concluído, levando-a a realizar despesas (viagens, hospedagens, aquisição de materiais, publicidade, contratação de pessoal), a responsabilidade é de rigor.

Ainda que não haja contrato, sendo a liberdade de romper as negociações preliminares a regra, pode existir entre os interessados uma relação jurídica obrigacional de fonte legal, sem deveres primários de prestação, projetando-se os deveres de proteção, de correção (probidade) e confiança, sancionando-se a abrupta ruptura das negociações (Martins-Costa, 2014, p. 217).

Ante tais situações, cada vez mais frequentes na prática negocial, a teoria da *culpa in contrahendo*, da qual decorrem exclusivamente interesses negativos, apresenta-se incompatível com a realidade dos fatos, "diante das obrigações contratuais já efetivamente contraídas e em relação às quais parece razoável que a parte possa legitimamente almejar, em caso de violação, interesses positivos" (Tepedino, 2011, p. XVIII).

O CC, art. 422, veio dar alento às correntes que defendem a responsabilidade nesses casos, em virtude do princípio da boa-fé, senão como responsabilidade contratual em sentido estrito, porque faltaria o inadimplemento de prestação, ao menos como responsabilidade em razão do contrato não concluído, ou até mesmo após a conclusão do contrato. Com efeito, a regra do art. 422 não se contém na responsabilidade a partir da formação do contrato. Quando alude à conclusão do contrato, alcança seu processo de formação, inclusive as condutas anteriores. Pontes de Miranda já advertia que o contrato conclui-se "desde o momento em que há consenso sobre todos os pontos que se tiverem por essenciais" (1972, v. 38, p. 55), que não significa necessariamente o da formalização do contrato.

A boa-fé é dever geral de conduta abrangente das fases prévias, de execução e posteriores do contrato. A interpretação do contrato concluído não se cinge às condutas posteriores à sua formação, pois o intérprete constantemente tem de lançar-se ao exame dos fatos anteriores para melhor revelação de seus fins e significados. Antes da legislação do consumidor, a jurisprudência já atribuía maior força à informação veiculada pela parte interessada do que ao contrato, como escrito. Por exemplo, nos contratos de seguros, prevalecendo os folhetos de publicidade sobre a apólice que os desmentia (naqueles, dispensa de exames médicos; nesta, exclusão de doenças preexistentes).

O conceito de *culpa in contrahendo*, em suas idas e vindas, readquiriu, ultimamente, novo vigor. Na Alemanha, quando a reforma da lei de obrigações foi conduzida em 2001, a doutrina da *culpa in contrahendo* cobriu uma grande variedade de casos díspares. O amplo escopo do conceito levantou preocupações quanto à clareza jurídica. No decurso da reforma, o legislador assumiu essas preocupações e codificou o princípio da *culpa in contrahendo*. Ele agora encontra sua base estatutária na seção 311 (2) e na seção 241 (2) do Código Civil alemão (BGB). De acordo com essas disposições, cada parte que entra em negociações sobre a formação de um contrato deve levar em conta os direitos e interesses da outra parte. A parte que viola essa obrigação é responsável por danos, nos termos da seção 280 (1) do BGB, da mesma forma como se tivesse violado uma obrigação contratual. No âmbito da União Europeia, o conceito foi ressignificado e tem influenciado o desenvolvimento do direito contratual, em favor do complexo processo de emergência da obrigação negocial.

3.7. Conduta Negocial Típica

Com o crescimento exponencial da urbanização, principalmente a partir da segunda metade do século XX, cresceram, igualmente, as ofertas de serviços e produtos ao público em geral, com abstração ou redução do ato humano como suscetível de deficiência (nulidade, anulabilidade). Em vez disso, o direito considerou a conduta negocial típica como juridicamente suficiente, independentemente da manifestação de vontade de aceitação.

A conduta negocial típica é a que ingressa no tráfico jurídico direcionada à realização de negócio jurídico, com abstração da vontade. São típicas porque percebidas no tráfico jurídico como suficientes, padronizadas e equivalentes à vontade negocial. Exemplo é o negócio jurídico realizado diretamente por menor absolutamente incapaz, como a prestação de serviço ofertado aos transeuntes, cujo valor é por ele fixado, ou a venda de produtos em vias públicas – realidades dramáticas existentes em país com tantas desigualdades sociais como o Brasil –, não se aplicando a tais situações a regra geral de nulidade desses negócios jurídicos. Outro exemplo é a massificação negocial, como ocorre com o transporte coletivo, cujo negócio jurídico é válido e eficaz, ainda que o destino seja escolhido equivocadamente, diferente do querido pelo usuário, não se lhe podendo aplicar as regras da deficiência do negócio jurídico, como o erro.

A utilização do transporte equivale a aceitação. Quem entra no trem, ou no ônibus, ou na barca, fica sujeito a pagar o preço do transporte, sem se poder indagar se essa foi sua vontade, se tem capacidade civil e se houve, ou não, defeito de vontade, ou se conhece ou não a tarifa.

Para os contratos massificados, ou para os contratos de consumo, ou para os contratos de adesão a condições gerais, o direito teve de substituir a manifestação de vontade de aceitar pela conduta das pessoas direcionadas à aquisição ou utilização de bens e serviços, que desejam ou necessitam. A conduta é negocial porque tem por finalidade a inserção em relação negocial, conscientemente ou não. A conduta é típica porque o direito capta o comportamento padrão das pessoas, em idênticas circunstâncias, e não a da pessoa determinada, que deu causa à conclusão do contrato; nesse sentido, é objetiva. Nessas hipóteses não é a manifestação de vontade consciente, mas sim a conduta negocial típica que faz nascer a relação contratual.

A doutrina alemã, que primeiro estudou esse fenômeno, a partir da década de 1930, denominou-o provisoriamente de relação contratual de fato ou de contrato de fato. Posteriormente, Karl Larenz (1978, p. 734) avançou para nominá-lo conduta social típica, como espécie de aceitação. Em comum, a regra geral de que podem surgir relações contratuais não só a partir de negócios jurídicos contratuais, mas ainda a partir de comportamentos sociais, o que leva ao dualismo da fundamentação das relações de direito privado: por um lado, um domínio particular de figuras criadas pelas responsabilizações assumidas por cada um; por outro, uma dedução direta de direitos privados a partir de situações sociais (Wieacker, 1980, p. 607-608). Essas soluções doutrinárias e jurisprudenciais foram duramente criticadas pelos que não admitem exceção à essencialidade da manifestação da vontade, ou que veem riscos ao princípio da autonomia privada; mas têm retomado sua força argumentativa, ante o irrefreável processo de massificação social. Com efeito, as condutas negociais típicas independem de manifestação de vontade real ou tácita e, *a fortiori*, de capacidade negocial das partes. Essa adaptação do direito à mudança social é decorrência da conformidade a uma sociedade orientada pela solidariedade social.

As expressões "relação contratual de fato" e "contrato de fato" são imprecisas e inadequadas, porque não há contrato de fato; todo contrato é de direito e é relação jurídica. A ausência ou desconsideração da manifestação de vontade levaram a esse equívoco. Tampouco é adequada a denominação cunhada por Larenz de conduta social típica, como aceitação. Afinal, a aceitação ou o consentimento não são necessários para o surgimento do contrato, nessas hipóteses, nem pode se vislumbrar consentimento tácito na conduta social. No exemplo do transporte público, a pessoa pode ter manifestado sua vontade de ir para o destino *a*, mas adentrou no veículo que tem trajeto prefixado para o destino *b*. Sua manifestação de vontade é desconsiderada, porque, para os efeitos do contrato, a conduta das pessoas que adentram no veículo gera obrigação contratual de pagar o preço da tarifa, não podendo o erro invalidar o negócio. Por tais razões, preferimos a denominação *conduta negocial típica*, para fazer ressaltar sua natureza jurídica, como fato jurídico e não apenas como fato social.

No tráfico jurídico, os civilmente incapazes participam intensamente, figurando como vendedores ou compradores, o que suscita a questão da obrigatoriedade desses contratos dada a exigência legal de as partes acordarem no objeto e no preço, quando precisam comprar algo. A massificação social e as desigualdades econômicas contribuíram para esse fenômeno, que não pode ser ignorado ou tratado segundo a dogmática contratual tradicional. Os dados demográficos levantados periodicamente pelo IBGE, inclusive da pesquisa nacional por amostragem de domicílios, apresentam elevado número de domicílios chefiados por crianças e adolescentes, que se converteram em provedores de seus núcleos familiares, em virtude da pobreza, do desemprego, de doença ou do desaparecimento de seus pais. Vão às ruas como pequenos negociantes, acordando no objeto e no preço das coisas que vendem ou compram.

O art. 166 do CC estabelece peremptoriamente que é nulo o negócio jurídico quando *celebrado por pessoa absolutamente incapaz*, que, após a Lei n. 13.105/2015 (Estatuto das Pessoas com Deficiência), são apenas os menores de 16 anos. Por seu turno, o art. 171 considera anulável o negócio jurídico por incapacidade relativa do agente. Se entendermos que os negócios jurídicos, para produção final de seus efeitos, perpassam os planos da existência, da validade e da eficácia, então os contratos de compra e venda em que figuram incapazes seriam considerados inválidos. Na hipótese mais grave dos absolutamente incapazes o contrato seria fulminado com a nulidade. Todavia, os serviços prestados ou as vendas feitas na rua, por menores de 16 anos, reputam-se válidos. Considerar essas pessoas meros servidores da posse ou "instrumentos humanos" das vontades de outras, ou do Estado, importa violação do princípio constitucional e fundamental da dignidade da pessoa humana (CF, art. 1º, III), que tutela todo ser humano, independentemente de sua capacidade negocial. Não se pode atribuir à pessoa a condição de instrumento humano, equiparável à máquina automática.

Entendemos que as transações feitas diretamente por incapazes, nas relações sociais massificadas, presumem-se válidas, produzindo seus efeitos plenos (plano da eficácia). Do mesmo modo, o incapaz que adquire produtos, no mercado de consumo, para sua utilização pessoal. Não se pode supor aí assentimento dos pais, tutores ou do Estado, que não teria providenciado para que se desse tutor ou curador aos incapazes, para que os contratos possam valer, pois o interesse protegido deles, notadamente nas relações de consumo, dispensa o consenso.

Outro exemplo de conduta negocial típica é o de vendas em máquinas automáticas. O consenso das partes no preço e no objeto, para que o contrato de compra e venda seja considerado perfeito e obrigatório, encontra particular dificuldade nessas situações. A transação é realizada pelo comprador mediante a inserção de moedas, cédulas ou cartões e identificação do produto escolhido. O vendedor não está presente, nem qualquer empregado ou preposto. O consentimento é desconsiderado e substituído pelas condutas negociais típicas do fornecedor do produto e do consumidor adquirente, ainda que absolutamente incapaz. Se, após a introdução da moeda, da cédula ou do cartão, a máquina não libera o produto indicado, em virtude de defeito mecânico, não se tem rigorosamente inadimplemento do vendedor; compra e venda não houve, mas pagamento indevido.

A máquina de venda, posta em lugar atrativo, preenchendo os requisitos de informação, vincula o detentor dela, seja proprietário, locatário ou franqueado, que assume a posição de fornecedor em relação de consumo, sujeito às normas legais decorrentes, não só quanto à proteção contratual do consumidor, mas quanto às responsabilidades por fato ou vício do produto. No direito do consumidor é absolutamente irrelevante a manifestação real de vontade, bastando o fato, para que se atribuam efeitos contratuais.

3.8. Formação do Contrato de Consumo

O CDC considera oferta toda informação ou publicidade, suficientemente precisa, veiculada por qualquer forma ou meio de comunicação com relação a produtos oferecidos ou apresentados (art. 30), ainda que o fornecedor não queira ou não tenha pretendido vincular-se.

A informação e a publicidade obrigam o fornecedor à conclusão do contrato, que se dá por realizada quando há negativa em cumprir o que foi informado, com possibilidade de execução específica da obrigação, ainda que o contrato não se tenha formalizado. Assim, a informação pré-contratual dispensa o próprio contrato.

O dever de informar é imputado ao fornecedor, que deve observar os requisitos de adequação, suficiência e veracidade. Os requisitos devem estar interligados. A ausência de qualquer deles importa descumprimento do dever de informar.

A adequação diz com os meios de informação utilizados e com o respectivo conteúdo. Os meios devem ser compatíveis com o produto ou o serviço determinados e o consumidor destinatário típico. Os signos empregados (imagens, palavras, sons) devem ser claros e precisos, estimulantes do conhecimento e da compreensão. No caso de produtos, a informação deve referir à composição, aos riscos, à periculosidade. Maior cautela deve haver quando o dever de informar veicula-se por meio da informação publicitária, que é de natureza diversa. Tome-se o exemplo do medicamento. A informação da composição e dos riscos pode estar neutralizada pela informação publicitária contida na embalagem ou na bula impressa interna. Nessa hipótese, a informação não será adequada, cabendo ao fornecedor provar o contrário.

A suficiência relaciona-se com a completude e integralidade da informação. Antes do advento do direito do consumidor era comum a omissão, a precariedade, a lacuna, quase sempre intencionais, relativamente a dados ou referências não vantajosas ao produto ou serviço. A ausência de informação sobre prazo de validade de um produto alimentício, por exemplo, gera confiança no consumidor de que possa ainda ser consumido, enquanto a informação suficiente permite-lhe escolher aquele que seja de fabricação mais recente. Situação amplamente divulgada pela imprensa mundial foi a das indústrias de tabaco que sonegaram informação, de seu domínio, acerca dos danos à saúde dos consumidores. Insuficiente é, também, a informação que reduz, de modo proposital, as consequências danosas pelo uso do produto, em virtude do estágio ainda incerto do conhecimento científico ou tecnológico.

A veracidade é o terceiro dos requisitos do dever de informar. Considera-se veraz a informação correspondente às reais características do produto e do serviço, além dos dados corretos acerca de composição, conteúdo, preço, prazos, garantias e riscos. A publicidade não verdadeira, ou parcialmente verdadeira, é considerada enganosa e o direito do consumidor destina especial atenção a suas consequências. O Código Brasileiro de Autorregulamentação Publicitária estabelece que todo anúncio deve ser "honesto e verdadeiro".

O CDC estabelece algumas regras básicas, que podem ser assim sumariadas: a) compete ao fornecedor o ônus de informar e garantir a oportunidade do conhecimento prévio; b) os contratos devem ser redigidos de modo a facilitar a compreensão de seu sentido e alcance; c) as condições gerais constantes de informação ou publicidade integram o contrato que vier a ser celebrado, salvo se forem enganosas; d) as informações devem ser corretas, claras, precisas, ostensivas e em língua portuguesa; e) os instrumentos contratuais devem ser redigidos em termos claros e com caracteres ostensivos e legíveis (*cujo tamanho da fonte não será inferior ao corpo doze* – Lei n. 11.785/2008), de modo a facilitar a compreensão. O descumprimento de qualquer dessas regras leva à sua ineficácia jurídica (existem, valem, mas não produzem efeitos).

A legislação de proteção do consumidor destina à linguagem empregada na informação especial cuidado. Em primeiro lugar, o idioma será o vernáculo. Em segundo lugar, os termos empregados haverão de ser compatíveis com o consumidor típico destinatário. Em terceiro lugar, toda a informação necessária que envolva riscos ou ônus que devem ser suportados pelo consumidor será destacada, de modo a que "saltem aos olhos". Alguns termos em língua estrangeira podem ser empregados, sem risco de infração ao dever de informar, quando já tenham ingressado no uso corrente, desde que o consumidor típico com eles esteja familiarizado. No campo da informática, por exemplo, há universalização de alguns termos em inglês, cujas traduções são pouco expressivas.

Quando uma das partes for considerada vulnerável, inverte-se o ônus do dever de informar ou de obter a informação. A jurisprudência dos tribunais brasileiros tem consolidado o entendimento de que é ônus do fornecedor, nos contratos de consumo, não só prestar as informações de seu domínio especializado, mas assegurar-se das informações que envolvam o contratante consumidor, dada a sua vulnerabilidade. E assim é para que o contratante fornecedor, que não exigiu a informação, não se escuse de cumprir sua obrigação, alegando omissão do consumidor, pois tal procedimento configura comportamento contraditório.

O contrato de consumo também se forma mediante conduta negocial típica de quem se comporta como consumidor de serviços ofertados ao público, independentemente de ter consciência desse fato ou manifestar vontade.

O CDC cristalizou, em seu art. 46, um dos pontos mais importantes da evolução do direito do consumidor, no mundo. Diz que os contratos só obrigarão os consumidores se lhes for dada oportunidade de "tomar conhecimento prévio de seu conteúdo" e de "compreensão de seu sentido e alcance". A cognoscibilidade, não como ato, mas como potência, abrange a virtualidade do conhecimento (poder conhecer) e da compreensão (poder compreender). Conhecer e compreender não se confundem com consentir ou aceitar. A cognoscibilidade tem caráter objetivo: reporta-se a conduta abstrata. A situação concreta do consumidor individual ou sua declaração expressa de ter conhecido ou compreendido o que se obrigou é irrelevante e secundária. O que importa é ter podido conhecer e ter podido compreender, a saber, se houve efetiva possibilidade e os meios para tal foram postos a sua disposição pelo fornecedor; não só a ele, mas a qualquer consumidor destinatário do respectivo produto ou serviço. Assim, não integra a formação do contrato de consumo todo conteúdo ou informação que não tiverem passado por esse crivo de cognoscibilidade.

A declaração ao final dos contratos de adesão, firmada pelo consumidor de que conhece e compreende todas as cláusulas e condições, não tem qualquer valor jurídico (efeito), porque cabe ao fornecedor provar que assegurou os meios para tal, com relação a todos os consumidores potenciais. Reforça-se esse raciocínio com a eficácia *erga omnes* ou *ultra partes* da sentença judicial, quando a impugnação ao contrato for objeto de ação civil pública, ajuizada por qualquer legitimado coletivo (Ministério Público, associação civil, entidade pública).

Pelo princípio da responsabilidade solidária dos fornecedores vinculados à oferta do produto, a publicidade veiculada por um obriga os demais. Nesse sentido, decidiu o STJ (REsp 363.939) que, diante da falência da concessionária de montadora de automóveis, a responsabilidade pela informação divulgada recai integralmente sobre a montadora.

No que concerne aos contratos internacionais de consumo, que tiveram grande expansão com o advento da Internet, as legislações nacionais sobre conflitos de leis não são convergentes, o que deixa largo espaço de insegurança em relação ao direito aplicável à formação desses contratos. No Brasil, prevalece o lugar da oferta, o que ressalta o evidente prejuízo para o contratante consumidor, porque não é ele o ofertante dos produtos e serviços lançados no mercado de consumo, notadamente no âmbito internacional. A situação se agrava, quando se observa que o art. 3º do CDC considera o importador como fornecedor. No âmbito dos contratos sem fronteiras, que são os contratos eletrônicos, quando alguém, em seu computador, adquire um produto de um fornecedor de outro país, termina por confundir nele as figuras de consumidor e de fornecedor.

Para resolver esse dilema, a convenção europeia sobre a lei aplicável às obrigações contratuais, Convenção de Roma, de 1980, estabeleceu que, qualquer que seja a lei aplicável ou escolhida pelas partes, o consumidor não pode ser privado da proteção que esteja garantida por disposições imperativas da lei do país no qual resida habitualmente. Embora essa regra seja aplicável apenas ao ambiente europeu, há entendimento universal consagrado na doutrina jurídica de que, ainda que não haja norma específica, o princípio de proteção do consumidor conduz inevitavelmente à preferência da lei que melhor o realiza, além do princípio de vedação do retrocesso, nessa matéria. Se, por exemplo, o direito brasileiro é mais favorável ao consumidor, do que o do fornecedor proponente, então aquele prevalecerá.

A doutrina reclama a superação da atual situação de vazio legal no continente americano, em matéria de contratos internacionais de consumo, não sendo possível assegurar uma proteção efetiva aos consumidores, verdadeiros protagonistas esquecidos (Marques; Delaloye, 2010, p. 240). Os tratados internacionais existentes ou projetados (a Convenção do México, de 1994, as leis-modelos sobre comércio eletrônico, os tratados de livre comércio, de integração regional e de cooperação judicial) não destinam tratamento especial à proteção do consumidor.

Enquanto não houver convenção internacional prevendo que a autonomia da vontade para escolha da lei aplicável não afaste a mais favorável ao consumidor, a escolha ilimitada tende a ser a este prejudicial, pois é utilizada no interesse do fornecedor.

A jurisprudência brasileira firmou orientação, fundada no princípio de proteção do consumidor, de responsabilizar fornecedores nacionais de produtos cujo fabricante originário tenha sede em outro país, e neste tenha sido adquirido o produto que apresentou defeito, no Brasil. Com efeito, a economia globalizada não mais tem fronteiras rígidas, devendo as empresas multinacionais, com filiais em vários países, assumirem o risco decorrente do lançamento dos produtos em escala mundial.

3.9. Formação do Contrato Eletrônico

A oferta por meio eletrônico também vincula e deve ser tida como entre presentes, nos contratos eletrônicos interpessoais, embora o Código Civil a ela não tenha aludido. A mensagem eletrônica é meio semelhante à comunicação telefônica, para os fins da oferta, quando se comprovar a instantaneidade do envio e do recebimento, com registro do horário de recepção pelo destinatário. Segundo o § 1º do art. 60 da Lei n. 9.472/1997, telecomunicação *é a transmissão, emissão ou recepção, por fio, radioeletricidade, meios ópticos ou qualquer outro processo eletromagnético, de símbolos, caracteres, sinais, escritos, imagens, sons ou informações de qualquer natureza.*

O uso da assinatura e da certificação digitais torna indiscutível a autenticidade das mensagens. Sem uso delas, as mensagens eletrônicas passam a valer como meio de prova das manifestações de vontade, segundo o livre convencimento do juiz.

A mensagem eletrônica, para ser vinculante como oferta, depende da caracterização de seu envio, que ocorre quando ela entra em um sistema de informação alheio ao controle do remetente ou da pessoa que enviou a mensagem eletrônica em nome do remetente, como estabelece o art. 15 da lei-modelo da Uncitral (*United Nations Commission on International Trade Law*).

Ultrapassada a fase inicial, na qual os contratos eletrônicos dependiam do acordo prévio das partes em contratar nessa modalidade, a contratação eletrônica passou a ser assimilada à contratação comum, sem essa exigência, atribuindo-se mesmo valor de documento à mensagem eletrônica, como estabelece o art. 11 da lei-modelo da Uncitral: "Salvo disposição em contrário das partes, na formação de um contrato, a oferta e sua aceitação podem ser expressas por mensagens eletrônicas. Não se negará validade ou eficácia a um contrato pela simples razão de que se utilizaram mensagens eletrônicas para a sua formação".

Quando a lei exigir forma escrita, este requisito estará satisfeito pela utilização do meio eletrônico que assegure as mesmas características do documento escrito, a saber, a inteligibilidade, a durabilidade e a autenticidade, e desde que seja passível a informação de ser reproduzida mediante impressão. E, segundo o art. 6º da lei-modelo da Uncitral, quando a lei requeira que certa informação conste por escrito, este requisito considerar-se-á preenchido por uma mensagem eletrônica, se a informação nela contida for acessível para consulta posterior.

A publicidade na rede de computadores ou Internet não difere de outros modos de publicidade, obrigando quem dela se utiliza, porque é espécie de oferta ao público. A rede é ambiente necessariamente público. Alguns argumentaram que a oferta somente se verificaria quando o consumidor acessasse a página eletrônica. Esse argumento é insustentável, pois a publicidade nos demais meios de comunicação, como a televisão, não depende, para vincular o fornecedor, de que o telespectador esteja com o aparelho ligado quando é veiculada. Nessa espécie de contrato eletrônico, denominado interativo, ou seja, que se perfaz entre quem utiliza um computador e um sítio eletrônico, sua formação depende do envio da mensagem eletrônica de aceitação pela pessoa que utiliza um computador.

Nos contratos eletrônicos interativos, a ênfase é na informação e na comunicação da informação, mais que nas declarações de vontade. Para que as informações possam conter os elementos necessários da oferta, devem ser fornecidas em forma que permita ao destinatário reproduzi-las ou armazená-las. Esse requisito é fundamental, ante a volatilidade típica das informações veiculadas no mundo virtual ou *on-line*. Quer dizer, como esclarece José de Oliveira Ascensão (2002, p. 98) em comentário à diretiva europeia sobre contratos eletrônicos, não podem ser meramente fugazes, como as que aparecem na tela ou visor sem possibilidade de impressão. Daqui deriva que o destinatário tem direito a ficar com um documento (ainda que eletrônico) que lhe permita se necessário fazer prova dos termos contratuais e das condições gerais do contrato que tenham sido empregadas.

O ofertante é o fornecedor do serviço ou do produto, com quem se relaciona diretamente o destinatário. Não é o titular do sítio ou o provedor de dados, que funcionam de modo equivalente aos titulares da mídia impressa ou audiovisual, em relação aos anúncios que veiculam. Muitos anunciantes são intermediários dos fornecedores reais e funcionam como publicitários.

Impõe-se o dever ao fornecedor de informar ao destinatário que recebeu a ordem de encomenda. O art. 11 da diretiva europeia sobre contratação eletrônica determina que a encomenda e o aviso de recepção sejam recebidos quando as partes a quem são endereçados tenham a possibilidade de aceder a eles. Essa norma dispensa o conhecimento efetivo, porque basta o endereço eletrônico indicado pelo destinatário, uma vez que é difícil saber quando este abrirá ou não sua caixa de mensagens. Até mesmo quando mudar o endereço eletrônico e não o comunicar, após o pedido da encomenda ao fornecedor, este se desincumbirá da obrigação enviando a mensagem ao endereço eletrônico antigo.

Qual o momento em que se forma o contrato eletrônico interativo? A publicidade do produto ou serviço em sítio eletrônico qualifica-se como oferta ao público, no direito brasileiro; não é convite a contratar. É vinculante e obrigatória tal como divulgada, salvo se for revogada pela mesma via de sua divulgação (CC, art. 429). Já a manifestação do interessado destinatário, quando solicita o produto ou serviço, tem a natureza de aceitação, formando-se o contrato quando sua mensagem é expedida, ou enviada, bastando para isso a confirmação ao digitar "aceito", "confirmo", "sim" ou equivalente, e o comando de enviar. O dever de confirmar o recebimento do pedido, por parte do fornecedor, não inverte os polos, o que apenas seria possível se se tratasse de convite a contratar, ou se o destinatário fizesse contraproposta, o que é praticamente impossível, dado o caráter massificado desse tipo de contratação.

O fornecedor incorre em inadimplemento todas as vezes que lhe for imputável uma promessa que não teve seguimento, frustrando as expectativas dos destinatários. No meio eletrônico torna-se particularmente fácil, e, portanto, exigível, a sinalização em tempo real da situação concernente à disponibilidade dos produtos ou serviços *on-line* (Ascensão, 2002, p. 112).

A lei alemã de modernização das obrigações, de 2002, introduziu o art. 312e no Código Civil (BGB), com requisitos para a formação dos contratos eletrônicos, que podem ser aplicados, por analogia, pelo direito brasileiro, devendo quem se utilizar da prestação de serviços ou fornecimento de produtos por esse meio, frente ao cliente: a) pôr à sua disposição meios técnicos adequados, eficazes e acessíveis, com a ajuda dos quais o cliente possa, antes do envio, identificar e retificar dados errôneos de seu pedido; b) comunicar-lhe, clara e compreensivelmente, a informação sobre a lei aplicável, antes do envio de seu pedido; c) confirmar-lhe, sem dilação, por meio eletrônico, a recepção de seu pedido; d) permitir-lhe a possibilidade de recuperar e guardar em forma reproduzível, para conclusão do contrato, as cláusulas e as condições gerais do contrato incorporadas. O pedido e a confirmação de recepção têm por recebidos se as partes puderem recuperá-los, em circunstâncias normais. É admitido o direito de revogação ou arrependimento no prazo legal (no Brasil, sete dias, nas relações de consumo).

Capítulo IV
Classes e Grupos de Contratos

Sumário: 4.1. Contratos atípicos. 4.2. Contratos típicos. 4.3. Contratos bilaterais. 4.4. Contratos aleatórios. 4.5. Contrato preliminar. 4.5.1. Promessa de compra e venda. 4.6. Contratos mistos. 4.7. Contratos coligados ou conexos. 4.8. Contratos relacionais. 4.9. Contratos existenciais e comunitários. 4.10. Contratos incompletos.

4.1. Contratos Atípicos

Os contratos atípicos são modelos negociais que não têm previsão expressa na legislação. São os contratos livremente elaborados pelos contratantes, que assim preferem não utilizar os modelos legais, para autorregulação de interesses específicos. Quando tais contratos se tornam comuns, na prática negocial, o legislador tende a regulá-los por exigência do interesse social. A atipicidade tem fundamento expresso no CC, art. 425 (*É lícito às partes estipular contratos atípicos, observadas as normas gerais fixadas neste Código*). A atipicidade concretiza-se na livre dispensa dos tipos contratuais; na possibilidade da fusão de tipos contratuais; por fim, na criação de novos tipos contratuais.

Depois que o ideário moderno de autodeterminação individual passou a predominar, o princípio da atipicidade integrou a configuração da liberdade contratual. Até então, a experiência dos povos ocidentais não admitia que, sem reconhecimento público, as pessoas pudessem criar livremente vínculos contratuais. No direito romano, cuja concepção de contrato, ainda que modificada, atravessou os séculos até o advento da modernidade liberal, sem ação conferida e reconhecida pelo magistrado, era impensável que as pessoas pudessem contrair obrigações à sua margem.

A teoria clássica (liberal) do contrato destaca como uma das características deste, precisamente, a de constituir uma tipicidade aberta (*numerus apertus*), ao contrário dos direitos reais, que são taxativamente enumerados na lei (*numerus clausus*). O Estado social, diferentemente, tende a ser tipificador das relações contratuais, com intuito de proteção dos contratantes vulneráveis, mas sem excluir amplo espaço de atipicidade.

De qualquer forma, nunca houve total liberdade de criação de tipos contratuais. Para que o juiz possa conferir força obrigatória a um contrato atípico é necessário que haja um mínimo de tipicidade social, ou seja, que determinada espécie contratual esteja difundida na prática negocial. Em outras palavras, a atipicidade não se confunde com arbitrariedade. Todo o contrato, inclusive o atípico, deve ter significação que ultrapasse os interesses meramente individuais, contingentes e socialmente irrelevantes, porque a liberdade contratual de que as pessoas desfrutam existe nos limites positivos e negativos da função social que o contrato deve observar, na forma do CC, art. 421. Para Emilio Betti (1969, v. 1, p. 370-380), as causas dos negócios jurídicos são todas típicas, no sentido de que, embora não sendo taxativamente indicadas pela lei, devem, no geral, ser admitidas pela consciência social, como correspondentes a uma necessidade prática legítima, a interesses sociais permanentes. Esses interesses devem ser redutíveis a tipos gerais por serem necessidades constantes, normais, observáveis no tráfico jurídico. Essa avaliação é feita através da apreciação interpretativa da jurisprudência.

O contrato atípico, enquanto seu modelo não for reconhecido e regulado pela lei, deve observar o conjunto de normas e princípios aplicados aos contratos em geral. Assim, sobre eles incidem: as normas e princípios constitucionais, notadamente os do art. 170 da Constituição; as normas da Parte Geral do Código Civil, que dispõem sobre os fatos jurídicos voluntários (especialmente os negócios jurídicos); as normas gerais relativas às modalidades, à transmissão, ao adimplemento e ao inadimplemento das obrigações; as normas sobre os contratos em geral; os princípios individuais e sociais dos contratos; os deveres gerais de conduta. Portanto, o contrato atípico é cercado pela estrutura jurídica geral incidente nos contratos, não se podendo cogitar de poder ilimitado para criação contratual.

Exemplificando, o contrato de opção é um contrato atípico, porque não previsto na legislação brasileira. A prática negocial no Brasil conferiu-lhe a especificidade de contrato, ainda que o Código Civil não tenha seguido o modelo do Código Civil italiano, cujo art. 1.331 disciplina a opção como contrato em espécie. A opção, com eficácia contratual, não existe apenas para a conclusão de um contrato de compra e venda. Pode ter por finalidade a realização de um contrato definitivo de locação, de prestação de serviço, de ingresso em sociedade empresária, entre outras. A opção de compra e venda não tem a eficácia própria do contrato de compra e venda, como o dever de entregar a coisa ou o dever de pagar o preço. Em outras palavras, a opção de compra e venda engendra três tipos de relações jurídicas próprias: a) a relação jurídica de direito potestativo, de um lado, e de sujeição de outro, que se encerra com seu exercício legítimo;

b) a relação jurídica obrigacional, em que há direito e dever de prestação de fazer o contrato definitivo, quando o exercício do direito potestativo não é acompanhado de cumprimento pela outra parte; e c) relação jurídica contratual, de realização do contrato definitivo ou de decisão judicial equivalente.

4.2. Contratos Típicos

Contrato típico é o reconhecido formalmente pelo direito, segundo modelo fixado pelo legislador (compra e venda, permuta, doação, empréstimo, mandato, locação, fiança, empreitada etc.). O modelo contratual não é rígido, pois a lei deixa margem de inovação criadora às partes contratantes e, ainda, de rejeição, por estas, das normas dispositivas ou supletivas, que apenas incidem no contrato, se não houver estipulação contratual em contrário. Raramente um tipo contratual resulta de criação direta do legislador, o qual prefere regular, posteriormente, o tipo já desenvolvido na prática social.

Os contratos típicos são também conhecidos como nominados, tendo em vista a denominação difundida no tráfico jurídico, que os singulariza. Mas a doutrina adverte que não é o nome que qualifica o tipo e sim o conteúdo, pois este pode divergir integralmente daquele. Diz Jacques Ghestin que é a obrigação principal que determina a qualificação da relação contratual. Cabe ao juiz qualificar ou requalificar o contrato, independentemente do nome com que as partes o batizaram. A omissão ou abdicação do Judiciário em declarar a requalificação configura "excesso de poder negativo" (1994, p. 81-130).

A tipicidade contratual no direito romano era modelada por um rígido esquematismo e pela necessidade de denominação técnica, porquanto baseada no sistema de ações que reconhecia cada contrato, por ato do magistrado (Lôbo, 1986, p. 75). Fora da ação era simples "pacto nu", sem vinculação jurídica.

A tipicidade fixa ou fechada (*numerus clausus*) predomina em quase todos os ramos do direito. No direito penal, por exemplo, vigora a tipicidade fixa dos crimes e das penas, decorrente do princípio de que nenhum crime e nenhuma pena podem ser admitidos sem prévia previsão legal. No direito privado, fora do direito contratual, mantém-se uma tipicidade taxativa, como se observa nos direitos reais, nas pessoas jurídicas, nos regimes matrimoniais de bens, nos testamentos.

Os contratos típicos compõem-se de três partes, que são flexíveis de acordo com o contrato em espécie e do grau de proteção: uma parte deixada à livre convenção das partes; outra, formada por normas cogentes, imperativas ou proibitivas, que não permitem estipulação convencional de conteúdo, que as contrariem; outra, intermediária, formada por normas dispositivas, que são obrigatórias apenas quando as partes não estipulam de modo diferente a elas.

A tipicidade contratual pode ser contida pelo ordenamento jurídico, em pelo menos três situações: a) proíbe-se a criação de novos tipos contratuais, além dos enumerados taxativamente pela lei, mas se permite a escolha entre tipos, com margem de poder de escolha quanto ao conteúdo; b) não se permite a escolha de tipos, mas deixa-se margem de facultatividade quanto ao conteúdo; c) determina-se o tipo, realizando-se a hipótese normativa, e determina-se toda a eficácia jurídica. Na primeira hipótese, a cogência é relativa; na última, é quase total.

Os contratos típicos podem ser agrupados, segundo suas finalidades. Pontes de Miranda (1972, v. 38, p. 366) refere-se a (a) contratos de alienação (ex.: compra e venda), (b) contratos de dação de uso, usufruto ou fruto (ex.: locação, comodato, empréstimo de consumo), (c) contratos de atividade ou serviço (ex.: serviços, mandato, hospedagem, depósito), (d) contratos de garantia (fiança, caução, dívidas acessórias), (e) contratos extintivos (distrato, transação). Entre os contratos de garantia, a Lei n. 14.711/2023 introduziu o contrato de administração fiduciária de garantias registradas, de natureza empresarial, em benefício dos credores.

Para Ricardo Lorenzetti (2008, p. 234), paradoxalmente, o contrato típico revela, atualmente, pouca capacidade de sedução. Os modelos contratuais que surgiram da tipicidade estão em ponto crítico, porque seu uso diminuiu consideravelmente e proliferam as formas atípicas. O modelo de contrato típico, proposto pelo legislador, é pouco seguido pelas partes. Tem razão o autor em relação aos contratos paritários, que pressupõem liberdade de negociação real entre as partes; mas não é o que ocorre com os contratos massificados, de consumo ou submetidos a condições gerais, nos quais a formalidade e a tipicidade são determinantes.

4.3. Contratos Bilaterais

Os contratos são bilaterais quando a prestação de uma das partes é correspondente à prestação da outra parte (contraprestação). Uma parte assume o dever de prestar para que a outra contrapreste. Nos contratos paritários, a equivalência entre essas prestações é presumida, tendo em vista que resultou de negociações prévias e livremente consentidas. Nos contratos não paritários presume-se que não haja equivalência entre as prestações, porque há sempre uma parte contratual que é merecedora de proteção legal. Portanto, não é a existência de equivalência das prestações o que caracteriza o contrato bilateral, mas sua correspondência.

Não se deve confundir o contrato bilateral – também denominado sinalagmático – com o negócio jurídico bilateral. Todo contrato é negócio jurídico bilateral, mas nem todo negócio jurídico bilateral é contrato. O negócio jurídico é bilateral quando, para sua formação, são necessárias as manifestações de vontade de partes distintas (ex.: contrato); é unilateral quando basta à manifestação de vontade apenas de quem se vincula (ex.: testamento). Há negócios jurídicos bilaterais que não se enquadram na figura de contrato, como as convenções coletivas de trabalho, ou de consumo, ou os tratados entre países.

No contrato unilateral (ex.: doação) não há contraprestação ou correspondência em relação a uma de suas partes; portanto, só há deveres jurídicos e obrigações para uma das partes. Consequentemente, sua interpretação requer seja restritiva, de modo a não agravar a posição do obrigado. A exceção do contrato não cumprido, regulada no art. 476 do CC, não pode ser aplicável ao contrato unilateral, justamente porque falta correspondência de prestações. O contrato unilateral é negócio jurídico bilateral porque depende, para sua conclusão, do acordo de vontades, das declarações das duas partes; assim, no contrato de doação, ainda que não haja contraprestação do donatário – em razão disso é contrato unilateral – são exigíveis das declarações de vontade do doador e do donatário, pois este não é obrigado a receber a doação.

Os contratos, em sua maioria, são bilaterais. Dos contratos em espécie, explicitados no Código Civil, apenas a doação, o comodato e a fiança são exclusivamente contratos unilaterais. A doação com encargo não perde essa natureza. Mas, alguns contratos que são predominantemente bilaterais, em virtude da intensificação do tráfico jurídico, foram em sua origem unilaterais e assim são ainda considerados, quando não há contraprestação: o empréstimo de coisa fungível, ou mútuo, sem remuneração, uma vez que a devolução do equivalente não é rigorosamente contraprestação; o depósito não oneroso (art. 628); o mandato (art. 658).

4.4. Contratos Aleatórios

Contratos aleatórios são contratos bilaterais, nos quais uma das prestações está sujeita a risco, total ou parcial, de vir a existir ou não. Álea tem origem etimológica latina, com o significado de dado de jogar ou jogo de sorte. São também conhecidos como contratos de risco. Na vida econômica contemporânea, assumiram enorme importância, em razão dos contratos de futuro ou das especulações financeiras com as mercadorias de futuro. Contrapõem-se aos contratos comutativos, cujas prestação e contraprestação são determinadas e não sujeitas a risco.

A álea pode ser inserta em contrato que não é, de ordinário, aleatório; ou ser elemento de contrato típico. Alguns contratos aleatórios são lícitos; outros, ilícitos. Os contratos de jogo, os de aposta e os de seguros são contratos aleatórios típicos.

Muito diferente é o contrato em que se incluiu cláusula de álea, como se alguém compra o que vier a ser pescado pelo barco, ou os bezerros que venham a nascer dentro de dois meses (Pontes de Miranda, 1972, v. 38, p. 371).

Contrato de futuro é um acordo entre duas partes para, por exemplo, comprar e vender uma mercadoria em um determinado tempo no futuro por certo preço, permitindo sua circulação com mudanças de posições de vendedor e comprador. A evolução da economia foi mais forte e os contratos futuros passaram a constituir espécie frequente no mundo dos negócios, movimentando valores expressivos em transações, inclusive em bolsas específicas ou conjugadas com bolsas de ações e com instrumentos financeiros. Sobre as mesmas coisas ou mercadorias futuras, vários contratos são negociados, de modo encadeado ou em espiral, como se fossem títulos de crédito. O primeiro contrato de venda de um produtor rural de sua futura colheita fundamenta as circulações de transações posteriores, contando com resultados prováveis, que estão a depender de variados fatores futuros, tais como clima, flutuação cambial, aumento ou redução de encargos financeiros, quebra de safra em outros países, aumentos e redução de demandas do produto nos mercados interno e internacional. Essas vicissitudes influenciarão no preço e na data da entrega da coisa, ou seja, após sua existência.

Os contratos aleatórios são classificados em duas modalidades, segundo os riscos que assumem, principalmente na compra e venda: a *emptio spei* e a *emptio rei speratae*. A primeira significa que a coisa é uma esperança de vir a existir no futuro, podendo ser frustrada (por exemplo, toda colheita foi dizimada por uma praga). A segunda trabalha com uma álea relativa, pois o contrato somente será obrigatório se a coisa vier a existir em qualquer quantidade ou em quantidade mínima fixada (por exemplo, houve frustração de safra, colhendo-se menos do que se esperava). Na dúvida deve prevalecer a *emptio rei speratae*, que melhor contempla a finalidade do contrato, no sentido favorável ao adquirente.

Na *emptio spei* atribui-se mais importância à esperança e à probabilidade do que à coisa, devendo o adquirente pagar o preço ajustado em qualquer circunstância, mesmo que nada adquira. O adquirente dá o preço e o alienante a *spes*. Esse tipo de contrato é inspirado no impulso à especulação, porque se joga com probabilidades de êxito e sorte. Exemplo é a compra de imóvel objeto de litígio judicial, com pleno conhecimento do comprador, cuja titularidade vem a ser negada ao vendedor, na decisão final.

Na *emptio rei speratae* a coisa importa mais que a esperança. O adquirente pagará o preço fixado se a coisa vier a existir em quantidade ou qualidade maiores ou menores que as esperadas. O contrato não produzirá efeitos se a coisa não existir no futuro.

Serpa Lopes apresenta dois exemplos que expressam a diferença entre as duas modalidades: "Há *emptio spei*, se o dono de um lago vende os peixes que a outra parte contratante pescar em determinado tempo. Se o comprador nada obtiver, nem por isso deixa de ser devido ao preço dessa compra. O objeto do contrato foi a álea, o risco. Há, pelo contrário, *emptio rei speratae* se o objeto da venda é uma colheita. A maior ou menor quantidade do que a colheita produzir não influi no pagamento do preço, o qual, porém, deixa de ser devido, se a colheita perecer ou nada for produzido. Como se vê, na *emptio spei* o risco abrange o total do objeto do contrato, não só a quantidade como a existência da própria coisa; na *emptio rei speratae*, compreende apenas a quantidade e a qualidade" (2001, v. 3, p. 294).

O contrato aleatório não está subordinado a condição suspensiva, pois seus efeitos não ficam suspensos até que haja evento futuro e incerto. O contrato já se concluiu com as manifestações de vontade, gerando obrigações e, no caso de contratos de futuro, permitindo contratos derivados negociáveis em bolsa. A *emptio spei* vale e é eficaz, porque o objeto está definido e o adquirente terá de pagar o preço, mesmo se a coisa não vier a existir.

O adquirente assumiu o risco da própria inexistência. Mas é indispensável que tenha conhecimento desse risco de poder não existir. Se desconhecia o risco de não existir, álea não havia, não podendo o alienante cobrar o preço. Se o alienante já sabia da inexistência da coisa, no todo ou em parte, e não informou o adquirente, agiu com dolo e o contrato pode ser anulável por essa razão.

As eventuais lucratividade e valorização que a coisa possa ter no futuro, quando vier a existir, incluem-se na natureza do risco desse contrato. Assim decidiu o STJ (REsp 783.404), em caso no qual o comprador obteve maior margem de lucro na revenda, decorrente da elevação do preço do produto no mercado, após a celebração do negócio.

4.5. Contrato Preliminar

Contrato preliminar é o contrato mediante o qual as partes se obrigam a celebrar outro contrato, em caráter definitivo. O objeto do contrato preliminar são prestações e obrigações de fazer, ainda que o objeto destas sejam alienações de coisas. No contrato preliminar, as partes obrigam-se a prestar o contrato principal ou definitivo. Por seu turno, ainda no exemplo da alienação de coisa, o objeto do contrato definitivo é a prestação ou obrigação de dar a coisa e a prestação de recebê-la.

O contrato preliminar fundamenta diretamente um dever de concluir; não faz supérflua a conclusão do contrato principal, mas outorga a cada uma das partes um direito atual de exigir essa conclusão, e com ele, indiretamente, o direito atual a obter, uma vez concluído o contrato principal, a prestação convencionada (Larenz, 1958, p. 99).

Muitas são as razões encontradas no tráfico jurídico, para que o contrato definitivo não se faça imediatamente, optando-se pelo contrato preliminar. A experiência mais antiga, no Brasil, dessa espécie de contrato foi a promessa de compra e venda de bens imóveis, introduzida pelo Decreto-Lei n. 58/37, que disciplinou o loteamento de solo urbano. Não havia nem há impedimento para a realização do contrato definitivo de compra e venda, com o preço sendo pago em parcelas futuras. Todavia, para maior segurança dos alienantes, a prática negocial engendrou essa modalidade de contrato preliminar, obrigando-se esses a outorgar a escritura pública definitiva de compra e venda, após o pagamento integral do imóvel.

A terminologia dessa espécie contratual não é uniforme. O termo mais popular é "promessa", enquanto a doutrina jurídica brasileira optou por "pré-contrato", como foi da preferência de Pontes de Miranda. É comum a legislação utilizar "compromisso", como o fez o Decreto-Lei n. 58/1937, e a Lei n. 6.766/1979, mas o vocábulo é inadequado, tendo em vista que significa sujeição das partes em litígio à decisão de um árbitro. Observe-se que o Código Civil, quando trata de contrato preliminar, refere também à "promessa de contrato" (art. 466). A variedade terminológica remete ao gênero contrato preliminar.

Qualquer espécie de contrato pode ser objeto de contrato preliminar. Antes da regulação sistemática do CC/2002, a legislação deu tratamento tópico à matéria, principalmente para proteção de determinado contratante, como o promitente comprador. Não há restrição a que seja o contrato preliminar utilizado em qualquer espécie de contrato, salvo expressa vedação legal, quando as partes preferirem deixar o contrato definitivo para depois.

O contrato preliminar depende exclusivamente da conveniência das partes ou de circunstâncias externas que impedem a celebração imediata do contrato definitivo. Pode haver, por exemplo, conveniência em se aguardar a regularização no registro público do imóvel objeto do contrato, sendo mais indicado o contrato preliminar (ou promessa) de permuta ou de compra e venda. Pode haver impedimento legal temporário para a realização do contrato definitivo, mas que não impede a realização do contrato preliminar, como na hipótese de o alienante contar apenas com a posse da coisa, cujo processo de usucapião está a se concluir.

Não se pode confundir contrato preliminar com negociações preliminares, pois estas, em princípio, não geram obrigações para os futuros contratantes, sendo apenas meras negociações, como o próprio nome sugere, salvo nos contratos de consumo (CDC, art. 30) e nos contratos de adesão a condições gerais, porque integram a oferta, independentemente da vontade das partes.

A regra é que o contrato preliminar seja modelado pelo contrato definitivo. As mesmas exigências legais, requisitos e características do contrato definitivo devem estar presentes no contrato preliminar. Mas o Código Civil (art. 462), acolhendo a tradição do direito brasileiro, manteve a liberdade de forma do contrato preliminar, que foi a principal razão de seu amplo uso. Ainda que o contrato definitivo seja solene, ou por escritura pública, o contrato preliminar poderá ser celebrado por instrumento particular, mas será, sempre, escrito. Os contratos particulares de promessa de compra e venda podem ser levados a registro público, o que confere aos promitentes compradores direito real específico, oponível a terceiros (CC, art. 1.417), ou seja, o direito real à aquisição, distinto do direito de propriedade.

A principal obrigação assumida pelas partes, no contrato preliminar, é a da celebração do contrato definitivo, quando for exigível (o preço foi integralmente pago, ou o obstáculo legal ou convencional foi removido, ou o prazo foi completado etc.). A parte terá pretensão contra a outra para exigir que o contrato definitivo seja celebrado, "assinando prazo à outra para que o efetive". O prazo pode ser estabelecido livremente, mediante notificação à outra parte. A notificação pode ser judicial ou extrajudicial, neste caso devendo ser comprovada a recepção, para que possa ser ajuizada a ação, em caso de descumprimento.

O conteúdo do contrato definitivo não está limitado ao do contrato preliminar, podendo ser modificado com acréscimos ou reduções, conforme o interesse das partes e fundamento na autonomia negocial. Nesse sentido, decidiu o STJ (REsp 2.054.411) que é válida a cláusula do contrato definitivo que excluiu obrigação assumida pelos vendedores no contrato preliminar pelo pagamento de passivos trabalhistas.

O Código Civil estabelece que o contrato preliminar deverá ser levado ao registro competente, que é o Registro de Imóveis (para bens imóveis) ou o Registro de Títulos e Documentos (para bens móveis). A exigência do registro deve ser entendida como pressuposto para eficácia do contrato preliminar perante terceiros, mas ele será válido e eficaz perante as partes, ainda que não tenha sido registrado. Essa é a regra geral para o registro público de titularidades e documentos: qualquer negócio jurídico é válido e eficaz entre as partes, servindo o registro público para ampliar sua eficácia em relação a terceiros. A promessa de compra e venda de imóveis, que não foi registrada, obriga as partes contratantes, mas não terceiros.

Não sendo atendida a notificação judicial ou extrajudicial, para outorga do contrato definitivo, este será substituído pela sentença judicial, inclusive para fins de registro público, quando for o caso. O meio de execução do contrato preliminar é a denominada adjudicação compulsória, com o ajuizamento da ação correspondente pelo contratante ou seu cessionário ou sucessor. O juiz determina a citação da outra parte para que vá assinar a escritura pública definitiva ou o contrato particular definitivo, sob pena de, não o fazendo, proferir sentença que tornará o contrato preliminar em contrato definitivo, inclusive para fins de registro público. De acordo com o entendimento dos tribunais, esse direito à adjudicação compulsória independe de prévio registro público do contrato preliminar, como enuncia a Súmula 239 do STJ, em relação às promessas de compra e venda de imóveis.

A adjudicação compulsória de contrato preliminar que tenha por objeto transação de imóvel pode ser feita extrajudicialmente, de acordo com o art. 11 da Lei n. 14.382/2022, em qualquer cartório do país, tendo como documento inicial ata notarial feita pelo tabelião de notas, que ateste a identificação das partes e do imóvel e o pagamento do preço, para fins do registro imobiliário competente. Os procedimentos estão previstos no Provimento n. 150/2023 do Conselho Nacional de Justiça, relativos a "quaisquer atos ou negócios jurídicos que impliquem promessa de compra e venda ou promessa de permuta, bem como as relativas a cessões ou promessas de cessão, contanto que não haja direito de arrependimento exercitável", devendo o interessado ser assistido por advogado ou defensor público. Se o objeto for imóvel, o procedimento, por meio físico ou eletrônico (via SERP), será feito pelo cartório de registro do imóvel, que notificará o promitente vendedor sobre a adjudicação compulsória requerida, o qual poderá a ela anuir expressamente, inclusive perante o encarregado da notificação.

A parte prejudicada pelo não cumprimento do dever de conclusão do contrato definitivo, imputável à outra, pode, em vez de pedir judicialmente a conversão do contrato preliminar em definitivo, requerer o desfazimento deste e mais perdas e danos. Assegura-se, assim, ao contrato preliminar, a mesma regra de resolução contratual em virtude do inadimplemento. A indenização por perdas e danos é devida porque presume-se que as partes devem atuar de boa-fé. A parte que assume obrigações, confiando na perfeita execução do ajuste, não pode ser frustrada.

No lugar do contrato preliminar pode haver promessa unilateral assumida por apenas uma parte, em benefício da outra, que dela não participa e, consequentemente, não assume deveres de prestação ou obrigações. Trata-se de negócio jurídico unilateral, que vincula o único manifestante, independentemente da existência ou determinação do credor, que, nessa hipótese, será aquele que se manifestar no prazo previsto na promessa, podendo exigir a celebração do contrato definitivo ou a adjudicação compulsória.

— 84 —

4.5.1. Promessa de Compra e Venda

Com intuito de proteger o contratante vulnerável, para limitar o abuso da outra parte, o direito brasileiro tem estabelecido o conteúdo mínimo do contrato preliminar, como ocorre com a promessa de compra e venda. A Lei n. 6.766/1979 estabelece que os contratos preliminares ou as promessas de compra e venda devem conter cláusulas obrigatórias, como a descrição completa do imóvel, a discriminação do preço e da forma de pagamento, a taxa de juros, a cláusula penal, que não pode exceder de 10% do débito e não da obrigação principal, a indicação de quem deve pagar os tributos incidentes sobre o imóvel e as restrições urbanísticas.

A Lei n. 13.786/2018 (que modificou a Lei n. 6.766/1979) acrescentou os seguintes requisitos necessários aos contratos de promessa de compra e venda, em loteamentos: a) preço total a ser pago pelo imóvel, incluindo o valor da corretagem, quando paga pelo promitente comprador; b) indicação clara dos valores e vencimentos das parcelas, com os índices de correção monetária; c) modos de distrato ou de resolução por inadimplemento, com destaque negritado para as penalidades e para os valores que devem ser devolvidos ao adquirente; d) informação sobre ônus que recaiam sobre o imóvel; e) dados do registro do loteamento e dos prazos de execução do projeto. A falta de qualquer desses requisitos caracteriza justa causa para resilição contratual pelo promitente comprador.

A lei admite que, ocorrendo resolução contratual por fato imputado ao adquirente de imóvel em loteamento, devem ser a ele restituídos, em até doze meses da conclusão das obras, os valores pagos e atualizados, descontados os valores correspondentes ao período que fruiu do imóvel, à cláusula penal, às despesas administrativas, ao sinal (desde que não ultrapasse 10% do valor do imóvel), aos juros moratórios, aos impostos e às taxas incidentes sobre o imóvel e à comissão de corretagem. Nenhum outro valor pode ser adicionado.

Além dos referidos requisitos, para a promessa de compra e venda de unidades autônomas integrantes de incorporação imobiliária (condomínios horizontais ou verticais), a Lei n. 13.786/2018 acrescentou estoutros específicos: a) direito de arrependimento, exercido no prazo de sete dias mediante carta registrada com aviso de recebimento, para os contratos celebrados em estandes de vendas ou fora da sede do incorporador, devendo ser devolvidos todos os valores pagos; findo o prazo, o contrato será irretratável; b) prazo para quitação das obrigações pelo adquirente, após a conclusão da obra; c) prazo para o incorporador obter o habite-se; d) prazo de graça, em benefício do credor, de 180 dias, além da data estipulada para o incorporador concluir a obra em condomínio vertical ou horizontal, desde que pactuado, em cujo prazo adicional não poderá haver a resolução do contrato por parte do adquirente ou incidência de multa; e) direito do adquirente de pedir judicialmente a resolução do contrato, se o imóvel não for entregue após o prazo de graça, fazendo jus à devolução de todos os valores pagos e da multa estabelecida, em até 60 dias da resolução; f) direito do adquirente, após o prazo de graça e que optar por aguardar a entrega tardia do imóvel, à indenização de 1% do valor pago para cada mês em atraso; g) direito do incorporador, em caso de distrato ou resolução por inadimplemento do adquirente, de deduzir da devolução dos valores recebidos a retenção dos valores da corretagem, da pena convencional de até 25% (salvo se for em regime de patrimônio de afetação, quando pode chegar a 50%), dos impostos reais, das cotas de condomínio ou da associação de moradores, de 0,5% *pro rata die* do valor do contrato a título de fruição do imóvel, das demais despesas previstas no contrato. A devolução do remanescente corrigido dos valores recebidos pelo incorporador/construtor será feita em valor único no prazo de 180 dias do desfazimento contratual (distrato ou resolução), ou de 30 dias da revenda do imóvel. Quando se tratar de incorporação sob regime de patrimônio de afetação, a devolução deve ser feita no prazo máximo de 30 dias após o habite-se.

Os direitos de promitente comprador podem ser cedidos a outrem que assume sua posição contratual. O modo de cessão é simples, bastando a anotação nas vias do contrato dessa transação com os dados do cedente e do cessionário, ou mediante termo de cessão específico. Sobre a cessão dos direitos contratuais não incide o imposto de transmissão (ITBI), conforme decidiu o STF (ARE 1.294.969), que fixou o tema de repercussão geral n. 1.124, nos seguintes termos: "Incidência do Imposto de Transmissão de Bens Imóveis (ITBI) na cessão de direitos de compra e venda, ausente a transferência de propriedade pelo registro imobiliário". O fato gerador desse tributo somente ocorre com o registro imobiliário do contrato definitivo de compra e venda.

Na casuística nos tribunais, sobre o contrato preliminar de promessa de compra e venda de imóveis, despontam os seguintes julgados do STJ: a) Em caso de atraso na entrega de imóveis, as empresas poderão sofrer penalidades que antes eram impostas somente aos compradores (Tema Repetitivo 971); b) O direito à adjudicação compulsória não se condiciona ao registro de promessa de compra e venda no cartório de imóveis (Súmula 239), mas não é cabível contra incorporadora não titular do domínio do terreno e sem o devido registro imobiliário da incorporação (REsp 1.770.095); c) É válida a cláusula penal que prevê a perda integral dos valores (REsp 1.723.690); d) Nas promessas de compra e venda de unidades imobiliárias anteriores à Lei n. 13.786/2018, quando é pleiteada a resolução do contrato por iniciativa do promitente comprador de forma diversa da cláusula penal convencionada, os juros de mora incidem a partir do trânsito em julgado da decisão (REsp 1.740.911); d) No caso de resolução de contrato por atraso na entrega de imóvel além do prazo de tolerância, por culpa da incorporadora, o termo *ad quem* dos lucros cessantes é a data do trânsito em julgado (REsp 1.807.483); e) É indevido o pagamento de indenização por lucros cessantes, no caso de rescisão de contrato de promessa de compra e venda de imóvel por inadimplemento da promitente vendedora (AgInt no REsp 1.881.482); f) No caso de descumprimento contratual decorrente do atraso na entrega de imóvel, os lucros cessantes não são presumíveis, pois dependem da finalidade do negócio, destinação ou qualidade do bem (AgInt no REsp 2.015.374).

4.6. Contratos Mistos

Contratos mistos são os que fundem diversos contratos típicos, ou contratos típicos com contratos atípicos, formando uma unidade autônoma. Não há justaposição de contratos diversos, mas sim fusão desses contratos formando outro distinto. Para Orlando Gomes (2001, p. 104), são os que resultam da combinação de elementos de diferentes contratos, formando novas espécies contratuais não esquematizadas em lei. Caracteriza-os a unidade de causa. Não há simples união ou coligação; há mistura ou fusão de contratos.

Certas combinações ou misturas de contratos são tão frequentes no tráfico jurídico que constituem verdadeiros contratos típicos. Exemplo é o contrato de hospedagem ou de pensão completa, em que o dono da pensão entrega a habitação e a pensão completa em troca de uma remuneração que, unitariamente, recebe por ambos. A entrega do local da morada para uso temporário é prestação típica de locador; a entrega de comida, a de vendedor; certos serviços que realiza (ex.: limpeza), a de prestador de serviços. Outro exemplo é a locação de loja em *shopping center* (locação de espaço, despesas de condomínio, participação em publicidade comum, parceria no faturamento). Modelo de contrato misto típico, introduzido no direito brasileiro, é o arrendamento residencial com opção de compra, previsto na Lei n. 10.188/2001, que conjuga unitariamente elementos da locação com o de opção de compra e venda. Apesar dessa variedade de prestações, constitui um contrato unitário, típico. As normas jurídicas incidem, como se o contrato fosse de um só tipo.

Dada a sua natureza multifacetada, há no contrato de arrendamento mercantil (*leasing*) características da locação, da compra e venda e de financiamento. Essa pluralidade de relações jurídicas levou a doutrina a conceituar o contrato de arrendamento mercantil como um negócio jurídico complexo, com a predominância da figura da locação, ou seja, um contrato misto típico. A existência de uma promessa unilateral de venda por parte do arrendante, todavia, serve para estremá-lo não só da locação comum, como também da venda a crédito. Os contratos de fornecimento podem obter autonomia, porque muitas vezes pressupõem prestações típicas de outros contratos, como o aluguel ou comodato de equipamentos, ou a obrigação de prestar serviços, constituindo contratos mistos típicos.

A despeito da fusão, da mistura, da multiplicidade dos contratos fundidos, ressalta a tipicidade e unicidade do contrato resultante. As regras jurídicas sobre os contratos bilaterais, como as de evicção, redibição, exceção de contrato não cumprido, resolução, incidem como se o contrato fosse de um só tipo. Apesar disso, Pontes de Miranda adverte que sempre se há de partir da suposição de haver um contrato que prepondera (1972, v. 38, p. 367). Mas essa preponderância pode não ser detectável e, de qualquer modo, não pode atrair a interpretação em prejuízo da unidade do contrato. Talvez por essa razão é que o autor, em outra passagem (1972, v. 40, p. 30), indica as seguintes regras de interpretação para os contratos mistos: 1) Cada contrato se rege pelas normas do seu tipo. 2) Mas deixam de ser incidentes as normas de cada contrato que se choquem com o fim do contrato misto.

Segundo Ennecerus (1966, v. 2, p. 9), não se trata de uma pluralidade de contratos unidos entre si, mas de um contrato unitário, cujos elementos essenciais de fato estão regulados, no todo ou em parte, por disposições relativas a diversas espécies típicas de contratos. A teoria jurídica defende três soluções: a) a teoria da absorção, segundo a qual a relação contratual deve submeter-se às disposições concernentes ao contrato que abriga a prestação principal; b) a teoria da combinação, para a qual há que combinar as normas que são válidas para os diversos tipos de contratos contidos na obrigação; c) teoria da aplicação analógica do direito: os contratos mistos não estão em absoluto regulados pela lei, e os preceitos do direito especial das obrigações só são aplicáveis por analogia. Entende Ennecerus que não se pode dar preferência a nenhuma dessas teorias, pois o decisivo é a situação dos interesses no caso particular, a qual exigirá que às vezes a solução esteja com uma ou com outra teoria.

Os contratos mistos podem ser classificados em quatro modalidades principais: a) contratos típicos, com prestações subordinadas de outra espécie; b) contratos que apresentam uma justaposição de prestações, no essencial equivalentes e pertencentes a tipos distintos; c) contratos com prestações contrapostas, pertencentes a tipos distintos; e, finalmente, d) contratos com mescla de tipos (contratos mistos em sentido estrito).

4.7. Contratos Coligados ou Conexos

Diferentemente dos contratos mistos, nos quais o múltiplo se converte no uno, nos contratos coligados, ou contratos conexos, ou uniões de contratos, o múltiplo integra-se no múltiplo. Ao invés de fusão, há justaposição. Os contratos coligados mantêm suas individualidades, incidindo paralela, mas conjuntamente, sobre a mesma relação jurídica básica. O nexo entre esses contratos não é de acessoriedade (contrato principal e contrato acessório), mas de interdependência.

No direito anglo-americano são denominados contratos colaterais, em situações como o contrato de venda de um produto de A para B, no qual uma terceira pessoa, C (o fabricante, por exemplo) dá a B alguma garantia ou seguro a respeito da qualidade do produto (Atiyah, 2000, p. 98). No direito argentino (CC/2014, art. 1.073), "há conexidade quando dois ou mais contratos autônomos se achem vinculados entre si por uma finalidade econômica comum previamente estabelecida, de modo que um deles seja determinante do outro para a obtenção do resultado pretendido". Essa finalidade pode ser estabelecida pela lei ou derivada da interpretação.

Esse conjunto complexo e integrado de contratos constitui uma espécie de "coordenação de contratos, diferenciados estruturalmente, porém interligados por um articulado e estável nexo econômico, funcional e sistemático" (Leonardo, 2004, p. 137). Em outro escrito, o mesmo autor entende que os contratos coligados podem ser diferenciados em contratos coligados em sentido estrito (quando a ligação entre dois ou mais contratos se dá por aplicação da lei), contratos coligados por cláusula expressa e contratos conexos (nexo em virtude de operação econômica supracontratual) (Leonardo, 2018, *passim*).

Ainda que não se fundam em único tipo, os contratos coligados têm entre si relação de contato estreito e finalidades comuns, havendo necessidade de regime jurídico próprio, que identifique o que é do domínio de cada contrato e o que é do domínio comum do conjunto dos contratos. O problema ocorre quando há conflito entre as partes, na interpretação de um ou de vários contratos coligados, ou até que ponto o inadimplemento de um afeta os demais. Para Jean Carbonnier (2000, p. 217), todo evento jurídico que afeta um dos contratos – anulação, resolução, caducidade – repercute sobre os outros.

Sua interpretação deve considerar o caráter de interdependência e as circunstâncias do caso, mas respeitando os princípios contratuais e os deveres gerais de conduta. No dizer da lei argentina (CC/2014, art. 1.074), esses contratos devem ser interpretados uns por meio dos outros, atribuindo-se-lhes o sentido apropriado que surge do grupo de contratos, sua função econômica e o resultado pretendido.

Quando o contrato coligado envolver relação de consumo, haverá primazia da interpretação em favor do contratante consumidor (CDC, art. 47), além de que os contratos coligados podem encobrir as chamadas "vendas casadas", que são legalmente proibidas (exemplo: contrato de aquisição de bem de consumo durável mais contrato de seguro).

Pode haver coligação contratual compulsória, por força de lei. A Lei n. 14.181/2021 (Lei do Superendividamento) acrescentou o art. 54-F ao CDC para considerar conexos ou coligados os contratos de fornecimento do produto ou serviço e os de crédito ou financiamento, com evidente intuito de torná-los interdependentes, inclusive em relação ao direito ao arrependimento, que, exercido em relação a um contrato, implica a resolução de pleno direito do outro conexo. A lei também prevê que, se houver inexecução de deveres e obrigações pelo fornecedor do produto ou serviço, o contratante consumidor poderá requerer resolução do contrato não cumprido também contra o fornecedor do crédito.

Diz Pontes de Miranda (1972, v. 38, p. 368) que o contrato pode consistir em contratos de dois ou mais tipos, unidos. Ou ter contraprestação de outro tipo, o que acontece quando a contraprestação em vez de ser em dinheiro (compra e venda), ou de consistir em outra coisa (troca), consiste em serviços. Aí o que presta coisa responde como vendedor ou trocador, e o que contrapresta responde conforme as regras jurídicas sobre a prestação de serviços. Se, em vez de apenas se combinarem duas ou mais prestações, que correspondem a diferentes espécies de contratos, os figurantes concebem as vinculações de cada um conforme um tipo, tem-se de atender a essa estruturação e a esse conteúdo lateralmente duplo, ou múltiplo. Quem se faz gestor de negócios alheios, para consertar, pessoalmente, o telhado do vizinho, é gestor de negócios alheios, mas o outro figurante responde como quem contratasse serviços.

A partir das lições de Enneccerus, a doutrina tem entendido que: a) a união de contratos pode ser meramente externa, quando só estão unidos externamente no ato de sua conclusão, por exemplo, pela forma escrita, sem que se possa supor a dependência de uma em relação ao outro. Cada contrato segue exclusivamente as regras que lhe são próprias; b) pode haver união com dependência bilateral ou unilateral, quando dois contratos completos sejam queridos como um todo, de maneira que um dependa do outro, por exemplo, quando se vende um motor e o vendedor assume a obrigação de sua montagem; c) a união pode ser alternativa, quando os contratos estão unidos de tal sorte que, segundo se cumpra ou não uma determinada condição, se entenderá concluído um ou outro contrato, aplicando-se o direito relativo ao contrato concluído. Exemplo: o aluguel de uma casa durante certo tempo, com opção de comprá-la dentro de determinado prazo.

Na contemporaneidade, as atividades econômicas complexas e de grande porte exigem a união ou coligação de vários contratos. Veja-se o caso de grandes construções de obras públicas: em razão da divisão dos trabalhos especializados, a empreiteira que venceu a licitação ou se obrigou a realizar a obra termina sendo coordenadora e responsável dos variados contratos que são celebrados, para que a obra possa ser executada. O ponto de união é a obra e o contrato celebrado pela empreiteira; mas o conjunto de contratos, que a empreiteira celebrou com as empresas especializadas, constitui uma união, porque todos se voltam para a mesma finalidade. Seus destinos estão interligados. Os contratos coligados são úteis, por exemplo, no âmbito de vínculos de colaboração empresária com finalidade distributiva, como a agência, a concessão, ou a franquia. São muito utilizados no ambiente de tecnologia da informação, como na coligação de contratos de *hardware*, de *software* e de assistência técnica.

No Brasil, lembra Arnoldo Wald (2009, p. 265), o primeiro assunto em que se discutiu a problemática da coligação dos contratos foi a fixação da multa no caso de "troca da bandeira" dos postos de gasolina, que ocorreu de modo mais intenso quando a Petrobras ingressou no mercado de distribuição no setor. Havia, na época, três contratos simultâneos e conexos: um de financiamento para a construção do imóvel, outro de comodato de tanques e bombas, e ainda um terceiro, que era uma promessa de compra para revenda de quantidades mínimas de gasolina, querosene e óleo diesel. Todos os contratos eram feitos pelo mesmo prazo de dez anos e deles constava a previsão de pesadas multas, no caso de inadimplemento. Com a mudança de "bandeira" discutiu-se o cabimento da cumulação das multas previstas nos três instrumentos. O STF entendeu que, em se tratando de contratos coligados referentes a uma única operação econômica, a cumulação das multas seria incabível.

A difusão no Brasil das compras de produtos duráveis em longas prestações e da correspondente expansão e interação do mercado financeiro transformou o que era simples contratos bilaterais, nos quais o pagamento era parcelado pelo próprio lojista, em coligação de contratos. O consumidor adquire o produto, mas não dispõe do valor integral do preço, que lhe é financiado por instituição financeira: o contrato de aquisição do produto se coliga instantaneamente com o contrato de financiamento. Quando se utiliza o instituto da alienação fiduciária em garantia, um terceiro contrato é unido aos dois primeiros, assim identificados: contrato de compra e venda, contrato de financiamento, contrato de transferência da propriedade resolúvel do comprador para a instituição financeira. A utilização universalizada dos cartões de crédito implica a coligação de contratos, um para a aquisição da coisa ou uso do serviço, outro para pagamento da dívida contraída. A autonomia de cada contrato coligado não afasta a estreita interligação que tem com o outro ou outros.

A tendência geral que se produziu no direito alemão, coextensível ao brasileiro, é de considerar o vendedor um terceiro interessado. Em rigor, duplamente interessado: interessado no sentido de ter vantagem com a consumação da operação financeira, pois é ela que possibilitará o escoamento de seu produto, e interessado porque está no epicentro mesmo dos dois negócios. Não obstante a autonomia dos negócios, os tribunais alemães chegaram à formulação da teoria da "objeção extensiva": estende-se ao contratante o que é, em rigor lógico, ato de terceiro. Assim, o Superior Tribunal de Justiça da Alemanha decidiu que "o banco deve assumir como suas as declarações do vendedor, mesmo quando a relação-quadro exista apenas há curto tempo, o vendedor não tenha empregado qualquer formulário original do banco e o tomador do crédito (comprador) dispunha de elevado nível de instrução e alta posição social" (Villela, 2007, p. 171-175).

Desde as últimas décadas do século XX, os autores têm afirmado que o contrato "não mais parece um continente soberbamente isolado", mas "a ilha de um arquipélago animado por uma vida coletiva". Sublinha-se a imbricação econômica entre os contratos que participam de uma mesma operação global e distingue-se entre as "cadeias" e os "conjuntos" ou "grupos" contratuais, as primeiras unidas por um mesmo objeto (prestação contratual), os segundos, agrupados pela identidade de fato. Esses conjuntos ou coligações de contratos podem concatenar negócios diversos – contratos preliminares, subcontratos, cessões de posições contratuais, mandatos, novações, opções, direitos de preferência etc. –, todos consistindo, entretanto, em operações realizadas umas em função das outras, pois os contratos coligados são unidos por um mesmo objetivo de ordem econômica e são concluídos em vista da realização de uma operação global (Martins-Costa, 2006, p. 219-220).

Assim como há uma finalidade perseguida através do contrato, há uma finalidade supracontratual, nos contratos coligados, nos quais há uma comunidade de interesses, revelando-se como instrumentos de um negócio ou operação econômica que os excede e os antecede, no dizer de Ricardo Luis Lorenzetti (2016, p. 256). As finalidades são distintas e mais amplas que as existentes nos contratos típicos isolados, de modo que estes são utilizados para alcançar aqueles, não como simples agregação ou justaposição, mas com uso de dupla operação hermenêutica: a interpretação de cada contrato e a identificação dos pontos comuns e de interligação entre ele e os demais. Portanto, as alterações, adimplementos, inadimplementos e demais vicissitudes de um repercutem no outro ou nos outros, porque a finalidade comum não pode ser cindida.

Os contratos coligados podem encobrir fins ilícitos, se forem estes seus reais propósitos. A pluralidade negocial é instrumentalizada para elidir normas cogentes ou proibitivas. Tais negócios jurídicos são considerados nulos, em virtude da ilicitude de seus fins, incidindo-se-lhes o CC, art. 104, II. É também hipótese de fraude à lei.

4.8. Contratos Relacionais

Os contratos de duração continuada, também denominados relacionais, não podem ser submetidos aos mesmos requisitos dos contratos de execução instantânea. São suscetíveis de modificação pelas circunstâncias futuras, previsíveis ou não, até porque ninguém pode antecipar a regularidade do mesmo estado de coisas com o passar do tempo. São exemplos: os contratos de plano de saúde, de fornecimento de serviços públicos, como água e energia, de fornecimento de crédito para compra de casa própria, de fundo privado de pensão, de franquia, de distribuição, ou de participação em fundos de investimento. Esses contratos exigem adaptação constante, com o reajuste e o reequilíbrio de suas condições, o que provoca a implosão do princípio clássico de sua força obrigatória (*pacta sunt servanda*). Para esses contratos, são impróprias as soluções da teoria geral do adimplemento e das consequências do inadimplemento, porque não satisfazem os interesses das partes. Não se pode esperar que a onerosidade insuportável para a parte vulnerável, em virtude das circunstâncias advindas da execução negocial, tenha como solução a extinção do contrato. Nesses casos, como no exemplo dos planos de saúde, há a razoável expectativa de que o contrato perdure por anos ou até mesmo até o fim da vida da pessoa, impondo-se a consideração da vulnerabilidade de quem dele se utiliza e o permanente ajustamento da equivalência material.

Nos contratos relacionais há o que Ricardo Luis Lorenzetti denomina "desmaterialização do objeto contratual" (2000, p. 51), pois sua finalidade essencial não são bens ou coisas, mas sim regras de procedimento de atuação, as quais, ao longo do processo de cumprimento do contrato, vão se adaptando a determinadas circunstâncias. Certo grau de incerteza das obrigações das partes é normal nesses contratos, em virtude das vicissitudes do tempo (Atiyah, 2000, p. 117). A interpretação não pode buscar a verdadeira "intenção" das partes, mas, sim, deve se pautar em um panorama de razoabilidade, ante determinado contexto econômico, para enfrentamento dos litígios contratuais (Goldberg, 2006, p. 179).

Os contratantes têm ciência de que as condições contratuais podem mudar com o tempo e seu desenvolvimento, sendo impossível a atribuição prévia dos riscos. São, portanto, contratos necessariamente incompletos.

Nem todos os contratos de execução duradoura são contratos relacionais. Nestes incluem-se somente os de execução necessariamente continuada, ou seja, aqueles em que cada período de tempo faz nascer prestação correspondente e autônoma. O pagamento de uma mensalidade do plano de saúde ou do período de fornecimento de energia não é parcela das mensalidades ou dos períodos anteriores; diz respeito ao serviço prestado ou disponível nesse período. Diferentemente ocorre com os contratos de execução diferida, que não são necessariamente de execução duradoura, como se dá com a aquisição de um bem, cujo preço pode ser pago instantaneamente ou dividido em parcelas. O fato da divisão do preço em parcelas não o transforma em contrato de execução continuada, ou relacional.

Nos contratos relacionais, o preço e até mesmo o modo de cumprimento da prestação não podem ser fixos e imutáveis, principalmente no que concerne à prestação de serviços. As vicissitudes do tempo trazem o componente, que não se pode afastar, do imponderável. A inflação, as crises econômicas, as decisões governamentais, as mudanças legislativas, a inovação tecnológica, a quebra do prestador, a onerosidade excessiva superveniente, as dificuldades ou impedimentos pessoais do devedor são fatores que alteram a equivalência material das recíprocas prestações, impondo permanente adaptação do contrato. Nesses contratos, o prazo é também relativo e seu tempo é apenas provisório. A inovação tecnológica, por exemplo, pode retirar do mercado a oferta de produtos ou serviços que são objeto do contrato; o fato é previsível, pois a inovação tecnológica é uma constante em nosso tempo, mas não pode impedir a adaptabilidade ou mesmo a extinção do contrato, não se lhe aplicando a regra do Código Civil da resolução por onerosidade excessiva, por fatos imprevisíveis e extraordinários. Com relação à incorporação de novas tecnologias, a exemplo de novos procedimentos médicos, a doutrina controverte acerca do aumento de preço pelo fornecedor, havendo consenso quanto à sua impossibilidade nos contratos de consumo, porque as novas tecnologias compõem o horizonte das legítimas expectativas do contratante consumidor, e porque integram o razoável risco do negócio do fornecedor. Em alguns casos, como nos seguros, os cálculos atuariais demonstram que as novas tecnologias incorporam novos usuários e a expectativa de utilização dos serviços é menor que os custos incorporados.

O dever de cooperação é notável e mais exigente nos contratos relacionais, que partem de interações contínuas. São relações de confiança e pessoais que não correspondem ao clássico antagonismo de interesses. No caso do contrato com o banco, o gerente não age como um agente anônimo e impessoal, mas muitas vezes como um verdadeiro consultor, que intermedeia *networks* de um complexo de relações entre as divisões do banco, os fiadores, as seguradoras etc., coordenadas por uma ampla estrutura burocrática. Para esses contratos, são imprescindíveis os conceitos fundamentais de solidariedade, cooperação e comunidade. Assim, cooperar é associar-se com outro para benefício mútuo ou para divisão mútua de ônus, enquanto comunidade remete ao entrelaçamento de vínculos contratuais articulados na forma de uma rede (Macedo Jr., 1998, p. 157-177).

4.9. Contratos Existenciais e Comunitários

A complexidade da vida contemporânea, continua seu processo de implosão da teoria clássica do contrato. A rica taxonomia contratual alvitrada pela doutrina é um desses sinais. Indicamos, a seguir, dois exemplos desenvolvidos pela doutrina brasileira.

Em se tratando de necessidades existenciais, segundo Clóvis do Couto e Silva, em muitos casos não poderá ocorrer a negativa de contratações, mesmo porque a outra parte poderá estar obrigada a contratar, tal seja a existencialidade da prestação ou do serviço. Para ele, ante tais circunstâncias, os contratos existenciais (espécie da categoria "atos existenciais") se apresentariam como ato-fato jurídico (1997, p. 44).

Antônio Junqueira de Azevedo (2008, p. 304) propugnou por uma nova dicotomia contratual – contratos existenciais e contratos de lucro – porque essas duas categorias contratuais não deveriam ser tratadas de maneira idêntica, na prática. Os contratos existenciais teriam basicamente como uma das partes, ou ambas, as pessoas naturais; essas pessoas visam com o contrato a sua subsistência. Por equiparação, incluiu nesse tipo de contrato as pessoas jurídicas sem fins lucrativos. Segundo o autor, é preciso respeitar o direito à vida, à integridade física, à saúde, à habitação etc., de forma que cláusulas contratuais que prejudiquem esses bens possam ser desconsideradas. Já os contratos de lucro são aqueles entre empresas ou entre profissionais e, inversamente, se essas entidades ou pessoas são incompetentes, deveriam ser expulsas do mercado ou da vida profissional;

neles, a interferência dos juízes perturbaria o funcionamento do mercado ou o exercício das profissões.

Sob a expressão contratos comunitários, Judith Martins-Costa sugere que sejam enquadrados todos os contratos – como os de seguro, consórcio, prestação ou fornecimento de serviços de energia elétrica – nos quais subjaz, na sua própria racionalidade econômica e social, a noção de comunidade, "uma vez que num dos polos não está meramente o interesse de uma soma aritmética de 'individualidades', mas interesses supraindividuais ou coletivos" (2007, p. 93). A nota dominante é a existência do interesse comum a todos os particulares membros da comunidade, de modo a que os direitos subjetivos de cada um não possam ser tratados isoladamente. Por esta razão, os preços ou tarifas não podem ser individualizados, devendo observar padrões uniformes. Em favor dessa última classe, note-se que, no âmbito do direito do consumidor, a proteção não é individualizada, pois os direitos são considerados de natureza transindividual (difusos ou coletivos). A comunidade ou coletividade indeterminada também é objeto dessa tutela, mediante a ficção jurídica da equiparação ao consumidor, como estabelece explicitamente o parágrafo único do art. 2º do CDC.

4.10. Contratos Incompletos

Como classe própria, alude-se aos contratos incompletos, assim entendidos os que são concluídos com partes deixadas propositadamente em aberto pelos contratantes, ou não, para que possam ser definidos mediante negociações futuras, ante as circunstâncias atuais que não permitem antever as adaptações, os limites da previsibilidade humana e as alterações ditadas pela execução no tempo a seguir. A teoria dos contratos incompletos aplica-se aos contratos de execução duradoura, podendo ser objeto de cláusula expressa ou não.

O contrato incompleto depende fortemente de colaboração das partes e de conduta de boa-fé, para que possa alcançar os fins comuns. Quando não houver êxito na complementação convencional do contrato, impõe-se a intervenção do juiz, que, dirimindo o conflito entre as posições das partes, deve atentar para as finalidades do contrato e para a autonomia privada de onde promanou o negócio jurídico. Igualmente, deve levar em consideração os princípios sociais do contrato, como a confiança legítima, a boa-fé objetiva e a solidariedade contratual, e a eventual assimetria informacional, como o domínio maior de informações por uma das partes.

Para o autor português Fernando Araújo (2007, p. 156) há dois tipos de incompletude contratual: a deliberada, também chamada de estratégica ou exógena, e a estrutural. Na incompletude deliberada, as partes, propositadamente, deixam lacunas que serão analisadas e solucionadas em um momento oportuno, posterior à elaboração do contrato. A incompletude estrutural não é prevista pelas partes, mas não pode ser evitada, seja porque é fisicamente impossível, seja porque é economicamente inviável. Segundo autor, há três posicionamentos que o sistema jurídico pode adotar: a primeira delas seria não intervir nessa seara, de modo que a autonomia contratual de cada uma das partes seja exercida livremente; a segunda seria uma posição intervencionista, com o fito de regular as consequências que podem advir das lacunas do contrato incompleto; a terceira seria uma atitude intermediária, procurando cingir a existência de normas supletivas, às orientações contratuais das partes com o objetivo de auxiliar os possíveis contratantes a determinar e proteger seus interesses. Parece-nos que a terceira é a mais adequada ao direito brasileiro, que compreende o que a doutrina denomina dever de renegociação, decorrente dos deveres gerais de conduta negocial (boa-fé, cooperação, solidariedade negocial).

CAPÍTULO V

Massificação e Vulnerabilidade Contratuais.
Condições Gerais dos Contratos

Sumário: 5.1. Massificação contratual. 5.2. Condições gerais dos contratos. 5.3. As condições gerais dos contratos na legislação brasileira. 5.4. Contrato de adesão. 5.5. Formação e eficácia das condições gerais dos contratos. 5.6. Integração das condições gerais nos contratos de adesão. 5.7. Cláusulas abusivas. 5.8. Vulnerabilidade contratual. 5.8.1. Poder negocial e proteção do contratante vulnerável.

5.1. Massificação Contratual

A sociedade de massas multiplicou a imputação de efeitos negociais a um sem-número de condutas, independentemente da manifestação de vontade dos obrigados. Não há como negar que o modelo tradicional, de liberdade de escolhas para autocomposição de interesses, em igualdade de condições, teve seu espaço reduzido substancialmente, em razão da massificação contratual e da crescente concentração de capital. Esse fenômeno real, mais que a intervenção legislativa, foi a causa efetiva da crise da autonomia privada contratual. As massas são os "conjuntos humanos nos quais o homem se revela como um ser anônimo e despersonalizado" (Lôbo, 1991, p. 12).

Uma das características das relações jurídicas de massa é sua despersonalização. Há clara dificuldade de identificação dos sujeitos, que não se conhecem, o que leva às figuras de contratantes anônimos. As relações jurídicas tradicionais se concebiam como relações entre indivíduos concretos, no sentido em que se estabeleciam entre pessoas perfeitamente identificadas ou identificáveis.

No REsp 911.802, em que se discutiu a legalidade da cobrança de valor correspondente a "assinatura básica residencial", pelas empresas fornecedoras de serviço de telefonia aos contratantes usuários, e que culminou na edição da Súmula 356, o voto divergente do Ministro Herman Benjamin alude aos "litigantes-sombra", afetados pela decisão, constituindo verdadeira multidão de contratantes assinantes, estimados em mais de 30 milhões.

Contemporaneamente, os contratos aos quais as pessoas mais se vinculam estão submetidos a condições gerais predispostas por uma das partes, inalteráveis pelos destinatários, submetendo milhares ou até mesmo milhões de pessoas. Cite-se o exemplo dos contratos de planos de saúde no Brasil, os quais alcançavam dezenas de milhões de usuários (contratantes e beneficiários). Os ordenamentos jurídicos tiveram de se deparar com essas realidades do mundo da vida, para as quais o modelo clássico do contrato é inadequado.

Nos contratos de adesão a condições gerais, a conduta do contratante aderente não configura exteriorização consciente de vontade, mas submissão às condições preestabelecidas. Por esta razão, o CC/2002 protege o aderente, qualificado como juridicamente vulnerável, com a interpretação que lhe seja favorável, quando em conflito com o predisponente. Portanto, mais que a vontade consciente exteriorizada, em casos que tais, o negócio jurídico emerge da conduta ou comportamento geradores de efeitos equivalentes ao do negócio jurídico volitivo, porém distintos. Hoje, os contratos de adesão atravessam toda a vasta área contratual da circulação de bens e da prestação de serviços, constituindo, em setores relevantes (bancário, de seguros, de fornecimento de bens duradouros etc.), a forma largamente dominante, quase exclusiva, de contratação. "Neles se jogam interesses econômicos nucleares da vida relacional do homem comum" (Ribeiro, 2007, p. 182).

Consequência assemelhada se dá com os chamados contratos necessários ou obrigatórios, a exemplo do seguro obrigatório para licenciamento de veículos, nos quais a vontade é totalmente dispensada. Nos contratos massificados de transporte coletivo pouco importa que a vontade do passageiro seja contrária ao preço da tarifa ou até mesmo do objeto contratual, quando se engana do destino. Para essas situações, alguns propõem que melhor se enquadrem como ato-fato jurídico ou até mesmo como fato jurídico em sentido estrito, pois as normas do Código Civil relativas ao negócio jurídico e ao ato jurídico lícito, segundo Moreira Alves, "esgotam a disciplina das ações humanas que, por força do direito objetivo, produzem efeitos jurídicos em consideração à vontade do agente, e não simplesmente pelo fato objetivo desta atuação" (1974, p. 3).

A supremacia da vontade individual cedeu lugar para os efeitos contratualiformes do tráfico jurídico. Assim, não mais se estranha que haja contratos obrigatórios, que certas condutas típicas sejam equiparadas a aceitação, que a vontade negocial seja abstraída nos contratos massificados, que o equilíbrio formal do contrato seja condicionado pela equivalência material.

5.2. Condições Gerais dos Contratos

As condições gerais dos contratos constituem fenômeno desafiador aos juristas, no que concerne à sua qualificação, ao seu enquadramento nos ramos do direito, à terminologia utilizada, aos planos do mundo do direito (existência, validade e eficácia) e à identificação com os tipos de atos jurídicos. O CC/2002 delas não trata, salvo em dois artigos que estabelecem regras básicas sobre o contrato de adesão, confundindo conteúdo com continente, ao contrário do Código Civil italiano de 1942, que as disciplinou diretamente, de modo pioneiro. Na sociedade de massas, a predisposição de *condições* que são *gerais* e inalteráveis a todos os contratos que se realizarem com o contratante utilizador, e por todos os que necessitarem dos bens e serviços por ele oferecidos, causa perplexidade pela natureza e alcance desse poder negocial. Brotaram na fase pós-industrial, na passagem do sistema de economia concorrencial para o sistema predominantemente monopolista ou oligopolista e da massificação das relações sociais.

As condições gerais dos contratos são instrumentos negociais imprescindíveis à vida econômica atual, dada a sua textura massificada. Estão onipresentes no cotidiano das pessoas, de todos os estratos sociais, e entre empresas, na aquisição ou utilização de bens e, sobretudo, de serviços, tais como água, luz, telefonia, comunicações em geral, educação privada, serviços bancários, utilização de cartões de crédito ou débito, seguros, planos de saúde, pagamentos em prestações periódicas, transportes, turismo, relações contratuais duradouras, tais como franquia e fornecimento de peças ou matérias-primas para indústrias. Sempre que uma atividade econômica, de pequeno ou grande porte, tenha de se relacionar com uma pluralidade de destinatários de seus produtos ou serviços utiliza condições gerais, que serão integradas a cada contrato individual, que vier a ser celebrado. No caso de centenas ou milhares de contratantes destinatários tornou-se praticamente inviável a negociação individual, abdicando-se do esquema contratual clássico de oferta e aceitação.

As condições gerais podem ser entendidas como regulação contratual predisposta unilateralmente e destinada a se integrar de modo uniforme, compulsório e inalterável a cada contrato de adesão, que vier a ser concluído entre o predisponente e o respectivo aderente (Lôbo, 1991, p. 24). A natureza das condições gerais dos contratos é um dos problemas mais inconclusos da teoria do direito. Não são normas jurídicas gerais nem meros atos-fatos jurídicos. Não se confundem com os negócios jurídicos bilaterais (contratos de adesão), que serão destinatários de sua integração, porque lhes antecedem. Na classificação dos atos jurídicos em geral, sua maior proximidade é com o negócio jurídico unilateral, porque vinculam juridicamente o predisponente ou utilizador, desde quando estes passam a utilizá-las e as tornam disponíveis para integração em cada contrato de adesão que for concluído.

No campo jurídico o problema não é novo, tendo sido estudado pela primeira vez por Raymond Saleilles, em 1901. Em trecho famoso, esse autor utiliza a denominação provisória, "na ausência de termo melhor, de contratos de adesão", ainda que reconheça que são assim, porque aderem a condições gerais (*que adhére aux conditions générales*), admitindo intuitivamente tratar-se de situações distintas e complementares (Saleilles, 1901, p. 229). Posteriormente, a partir da pesquisa de dogmática e de sociologia jurídica de Ludwig Reiser, realizada em 1935 (Schwab, 1987, p. 8), a doutrina alemã construiu a figura das condições gerais dos negócios (ou dos contratos), que veio a prevalecer na jurisprudência e na primeira lei específica, de 1976, da Alemanha. No Brasil, a confusão conceitual e terminológica foi bem traduzida no título da obra de Orlando Gomes, a primeira sobre a matéria: *Contrato de adesão*: condições gerais dos contratos (Gomes, 1972, *passim*).

As condições gerais dos contratos exigem interpretação típica, ao lado da interpretação comum dos contratos a que se integram. Se as condições gerais dos contratos pudessem ser concebidas como simples cláusulas contratuais, com abstração de sua natureza própria, estar-se-ia diante de simples fenômeno econômico e social, sem maiores reflexos no direito. Desigualdade e desequilíbrio nas posições contratuais sempre houve na sociedade de economia de mercado. Todavia, as condições gerais dos contratos não apenas resultam de genético desequilíbrio dos poderes negociais, mas assumem caráter geral, abstrato e inalterável por adesão, quando são incorporadas aos contratos individuais. A relação originária se dá entre quem a predispôs e as utiliza (frequentemente, empresa) e a comunidade indeterminada de adquirentes ou usuários dos produtos ou serviços respectivos.

As peculiaridades das condições gerais impõem soluções que ultrapassam o âmbito de interesses individuais das partes diretamente atingidas. É necessária a intervenção do direito, de modo a controlar e inibir os abusos, refletindo a necessária coexistência entre os interesses do público e da empresa que as utiliza. A patologia das condições gerais dos contratos se configura nas chamadas cláusulas abusivas; sua ilicitude, vertida em nulidade, resulta do desequilíbrio de direitos e obrigações, com outorga de vantagens excessivas para o predisponente e desvantagens desarrazoadas para o contratante adquirente ou usuário, em virtude do abuso do poder negocial.

A prática de contratação uniforme, mediante condições gerais dos contratos, implica comportamento de conformismo diante de uma regulamentação negocial, com aparência de normas gerais equânimes ou equidistantes, ditada por grupos econômicos distantes dos simples indivíduos, que se sentem impotentes diante daqueles. Essa regulamentação se põe a meio caminho dos modelos de Hans Kelsen de norma geral (lei) e de norma individual (negócio jurídico). Como adverte Dieter Hart (1988, p. 123), o princípio da generalidade da lei, na atual economia monopolista ou oligopolista, passa a ser substituído, na atividade das grandes empresas, pelas condições gerais dos contratos, que garantem a previsão e o cálculo econômico.

Para o cidadão comum, as condições gerais dos contratos são onipresentes. Cada vez que viaja em ônibus, trem, avião ou navio, deposita sua bagagem, estaciona seu carro, vai à lavanderia ou tinturaria, faz uma operação bancária, adquire bens ou serviços pela Internet, adquire a prazo bens de consumo ou imóveis, está diante das condições gerais predispostas em recibos, tíquetes, contratos, sem tempo nem habilitação técnica para lê-las ou entendê-las.

No plano internacional, a circulação de produtos e serviços vale-se principalmente de condições gerais dos contratos, que desafiam os direitos nacionais e foram apropriadas pelos poderes econômicos hegemônicos mundiais como instrumento por excelência destes. Sob a aparência de contrato, esconde-se um impressionante poder normativo, dificilmente revelável, que ostenta características assemelhadas às da lei. "As sedes das multinacionais transmitem às sociedades controladas, que operam nos seis continentes, as condições gerais predispostas para os contratos a concluir, com uma recomendação taxativa: que os textos contratuais recebam uma pura e simples transcrição linguística, sem nenhuma adaptação, nem sequer conceptual, aos direitos nacionais de cada Estado, o que poderia comprometer sua uniformidade internacional" (Mosset Iturraspe, 2011, p. 474).

Quanto à terminologia, por que o uso de *condições* e não de *cláusulas*? Condição, em sentido estrito no direito civil, é o evento futuro e incerto que se integra como declaração acessória ao negócio jurídico, por acordo de vontades. As condições gerais não constituem evento futuro e incerto. O evento é atual e certo: a cada contrato individual concluído elas produzem efeitos. Tampouco são cláusulas do próprio contrato. Não surgem de relações intersubjetivas; formam-se unilateralmente. Cláusula supõe contrato; não pode antecedê-lo. Como parte, supõe o todo. Anteo Genovese (1954, p. 63) esclarece que a palavra *condições* deve ser entendida em seu novo valor, ou seja, quando referida à predisposição, enquanto *cláusula* deve continuar indicando declaração de vontade comum das partes no contrato individual. A generalidade tem sentido de constância e uniformidade. A generalidade não desaparece com a integração das condições gerais, no contrato individual. As condições gerais, mesmo quando assumem forma de cláusulas contratuais, mantêm o atributo de generalidade, coexistindo com cláusulas genuinamente individuais ou negociadas.

5.3. As Condições Gerais dos Contratos na Legislação Brasileira

Somente com o advento do CDC, em 1990, após a Constituição de 1988, que determinou sua edição, as condições gerais dos contratos foram implicitamente disciplinadas, ainda que restritas ao âmbito de abrangência do consumidor. As condições gerais dos contratos estão contempladas, sem referência expressa, no Capítulo VI desse Código, intitulado "Da proteção contratual", relativamente ao contrato de adesão e às cláusulas abusivas.

Antes da Constituição de 1988 e do CDC, o direito positivo brasileiro disciplinava, de maneira esparsa e casuística, algumas nuanças do direito das condições gerais dos contratos, em leis que cuidaram de determinadas relações jurídicas negociais. Delas não se pode, com rigor, extrair um sistema ordenado. A finalidade desse tipo de legislação não é a de "liberdade vigiada", sintomática do regime das condições gerais, mas a do dirigismo contratual, predeterminando--se rigidamente o conteúdo e as formas de conclusão dos contratos, traçando uma linha de limites que não pode ser transposta. São exemplos as legislações que: a) consideram nulas as cláusulas que estabeleçam pagamento em moeda estrangeira; b) limitam o percentual da cláusula penal (em dívida de dinheiro, em empréstimos com garantia hipotecária, em financiamentos rurais, em financiamento por meio de cédulas de crédito industrial, em promessas de compra e venda de imóveis oriundos de parcelamento do solo); c) atribuem a órgão público o poder de fixar "as características gerais dos contratos de seguros"; d) interditam a exclusão de riscos resultantes de transportes em aeronaves; e) proíbem a condição que subordina a venda de bens à aquisição de outros, qualificada como abuso do poder econômico; f) proíbe o proprietário fiduciário de ficar com a coisa alienada em garantia, se a dívida não for paga; g) considera nulas, em contratos de *software*, cláusulas que limitem a produção, distribuição e comercialização.

O CC/2002 reservou apenas dois artigos (423 e 424) ao contrato de adesão, nas disposições gerais aplicáveis aos contratos, insuficientes para abranger as complexas dimensões das condições gerais dos contratos.

Tendo em vista o campo de abrangência do CDC, como lei especial, a todos os contratos havidos em relações de consumo, as normas do Código Civil aplicam-se residualmente aos contratos de adesão a condições gerais, que não sejam celebrados entre fornecedor e consumidor.

Antes do CC/2002, as legislações estrangeiras relativas às condições gerais dos contratos tenderam a ser especiais, exclusivamente ou por inserção nas leis de proteção ao consumidor, passando ao largo das codificações civis. Assim ocorreu com a lei americana das garantias para os consumidores (*Warranty Act*), de 1972, com a lei alemã das condições gerais, de 1976 (*AGB-Gesetz*), com a lei inglesa das cláusulas contratuais abusivas (*unfair*), de 1977, com a legislação francesa sobre cláusulas abusivas, de 1978, com a lei israelita sobre contratos padronizados (*standard contracts*), de 1982, com a lei portuguesa sobre condições gerais dos contratos (cláusulas gerais contratuais), de 1985, com o Código do Consumidor brasileiro, de 1990, e com as ulteriores legislações latino-americanas de defesa do consumidor.

Alguns países optaram por leis próprias de condições gerais dos contratos, com destaque para as leis referidas de Alemanha e Portugal, distanciando-se tanto dos códigos civis quanto da legislação do consumidor, porque abordaram a dupla dimensão com que elas se revelam, a saber, as praticadas entre fornecedor e consumidor e as destinadas a aderentes não consumidores, notadamente entre empresas. Na segunda dimensão, considerando que as empresas são presumivelmente dotadas de mais informação que os consumidores, essas leis específicas atenuaram o grau de proteção, especialmente pela enunciação de listas distintas de cláusulas abusivas.

No século XXI, todavia, observou-se inesperado retorno aos códigos civis, com atração de matérias que se tinham aninhado em microssistemas, inclusive as relativas às condições gerais dos contratos. O exemplo mais impressionante é o do Código Civil alemão (BGB), modificado pela lei de modernização do direito das obrigações, que entrou em vigor em 1º de janeiro de 2002. O pretexto foi a necessidade de incorporação ao direito interno das diretivas europeias tutelares dos contratantes vulneráveis, especialmente os contratantes consumidores, como se lê na redação atual e minuciosa dos arts. 305 a 310 (o BGB utiliza o símbolo de parágrafo – § – para identificar artigo). A nova redação do art. 305 considera condições gerais dos contratos as que forem preestabelecidas para uma pluralidade de contratos que uma parte (predisponente) apresenta à outra parte para conclusão do contrato, sendo irrelevante que elas apareçam separadamente, ou sejam introduzidas no instrumento contratual, com exceção das cláusulas que forem individualmente negociadas entre referidas partes. A integração ao contrato individual depende do efetivo cumprimento do dever de informar e de se ter assegurada a possibilidade de conhecimento de seu conteúdo ao aderente. Idêntica incorporação ocorreu no Código Civil argentino de 2014, cujos arts. 984 a 989 regulam as condições gerais dos contratos (ditas "cláusulas gerais predispostas"), nos contratos de consumo ou fora deles.

Entendemos que as condições gerais dos contratos ultrapassam os amplos limites do direito do consumidor, porque nem todos os aderentes são consumidores. Veja-se, na hipótese de franquia, o que ocorre com a ampla rede de contratos submetidos a condições gerais predispostas pelo franqueador a todos seus franqueados (os aderentes). Nesta e em tantas outras hipóteses, o aderente dificilmente consegue enquadrar-se como consumidor, porque o direito brasileiro não inclui nesta tutela específica os consumidores intermediários, salvo se comprovarem que ficaram expostos a práticas comerciais abusivas (CDC, art. 29). Por tal razão, se as condições gerais dos contratos não podem ser inteiramente regulamentadas pela legislação do consumidor, e, não sendo objeto conjuntamente de lei própria, necessitam que sejam disciplinadas, nos seus aspectos gerais de direito material, nomeadamente quanto aos elementos de existência, os requisitos de validade e os fatores de eficácia, no Código Civil. Para tanto, a exemplo do reformado Código Civil alemão e do que já dispunha o Código Civil italiano, exige-se que sejam referidas diretamente e não confundidas com o contrato de adesão, como faz, de modo inadequado e insuficiente, o Código Civil brasileiro.

Muito o direito civil terá a ganhar, inclusive para aplicação concreta, se se obtiver a interlocução adequada da teoria geral do contrato com a teoria geral das condições gerais dos contratos, e sua compatibilidade normativa no mesmo espaço legal, sem prejuízo do microssistema do direito do consumidor.

5.4. Contrato de Adesão

A relação existente entre condições gerais e contrato de adesão é, respectivamente, de conteúdo e continente, de matéria e instrumento de eficácia. O contrato de adesão é instrumento que concretiza os efeitos das condições gerais. Por ser o contrato de adesão o instrumento de eficácia das condições gerais, tende-se a reduzir as duas categorias a uma expressão fenomênica indefinida, de escassa utilidade para a construção de um regime próprio.

O contrato de adesão não contém apenas condições gerais. Pode conter cláusulas negociadas ponto por ponto e outras partes que componham a declaração comum dos contratantes. As partes preenchidas em contrato impresso e padronizado são particulares, em princípio, e preferem às condições gerais, para fins de interpretação. No contrato de adesão há um espaço, por menor que seja, insuscetível à predisposição, ficando sob regime comum dos contratos e do negócio jurídico. Os elementos de existência, os requisitos de validade, os fatores de eficácia do contrato de adesão são os mesmos do negócio jurídico. Por conseguinte, fica um espaço mais ou menos estreito, no qual cabem tratativas entre os contraentes, se bem que frequentemente se destine somente à determinação de dados pessoais, identificação do objeto, preço e situações particulares.

Necessário se torna que precisemos o significado de adesão em se tratando de condições gerais. É comum falar-se em contratante aderente, para significar a parte que não predispõe as condições gerais. Adesão, em nosso léxico, significa assentimento, aprovação, concordância. Em direito indica, quase sempre, forma anômala de aceitação. Aderir a um contrato ou a uma convenção implica a preexistência do ato ou negócio jurídico. Mas o contrato de adesão só passa a existir com a declaração comum das partes contratantes. Antes da conclusão (oferta mais aceitação) não há contrato; há, tão somente, condições gerais dos contratos.

Não se pode, por consequência, falar em adesão ao juridicamente inexistente (contrato). Não se pode falar em adesão de contratante a condições gerais porque elas se aplicam independentemente de consentimento. O que adere – liga, une, cola – às condições gerais é o contrato individual quando se conclui (contrato de adesão). É o contrato que adere e não o contratante, pois sua adesão não é elemento essencial. O contrato de adesão não é geral, mas sim particular. Gerais são as condições predispostas às quais adere necessariamente.

O Código Civil italiano (art. 1.332) distingue o que denomina adesão a contrato (*adesione de altri parti al contratto*) – relativamente à adesão de terceiro a contrato já concluído –, das condições gerais dos contratos (art. 1.341), que são predispostas por um contraente antes da conclusão dos contratos. Apenas na primeira hipótese cogita-se rigorosamente de aderente. Só por antonomásia e rendição ao uso linguístico admitimos qualificar de aderente o contratante não predisponente.

No atual estágio da ciência jurídica, o contrato de adesão pode ser assim concebido: o contrato que, ao ser concluído, adere a condições gerais predispostas ou utilizadas por uma das partes, que passam a produzir efeitos independentemente de aceitação da outra. Ou simplesmente: o contrato que adere a condições gerais.

Aderente é o contratante que ingressa na posição de usuário ou de adquirente dos produtos ou serviços fornecidos pelo predisponente (empresa ou fornecedor). Pode ser o consumidor final ou até mesmo outra empresa que estabeleça relação negocial com o predisponente, desde que o contrato esteja submetido às condições gerais por este utilizadas.

O direito das condições gerais toma em consideração um tipo médio de aderente, que se encontra em posição de desigualdade de poder negocial, cuja vulnerabilidade jurídica não se confunde com a hipossuficiência econômica. A vulnerabilidade jurídica radica no fato de submeter-se a condições gerais, sem poder discuti-las. Portanto, no contrato de adesão, nem sempre há vulnerabilidade originária do aderente. Como esclarece Ricardo Luis Lorenzetti (2016, p. 254), o contrato de adesão pode ocorrer porque os contratantes diminuem os custos de transação, aceitando um modelo de contrato predisposto por uma delas ou por um terceiro.

5.5. Formação e Eficácia das Condições Gerais dos Contratos

As condições gerais dos contratos existem e são válidas juridicamente, mesmo antes de integração a qualquer contrato individual, e não participam da oferta ao público ou de invitação a ofertar. As condições gerais formam-se independentemente de oferta ou aceitação, que são substituídas pela predisposição, de um lado, e do conhecimento potencial dos destinatários (adquirentes ou usuários), de outro lado.

As condições gerais podem ser publicamente comunicadas por: a) reprodução integral e expressa no contrato padronizado; b) remissão às condições gerais constantes de outro documento; c) reprodução parcial no contrato individualizado; d) reprodução em documentos preliminares ao contrato individual (impresso disponível, carta circular, prospectos de publicidade, anúncios, inclusive por meio de comunicação de massa); e) avisos ao público, tabuletas etc.

O ato de predispor ou utilizar condições gerais é ato jurídico. Não pode ser considerado ato destituído de juridicidade, como pareceu aos primeiros tratadistas da matéria. Quando o predisponente divulga entre seus agentes e destes para os possíveis interessados as condições gerais, estas passam a existir juridicamente, podendo inclusive ser objeto de controle preventivo judicial, principalmente mediante ação civil pública.

Válidas são as condições gerais que não forem consideradas nulas, por implicarem renúncia a direito, ou por violarem a função social do contrato ou a boa-fé, segundo o sistema do Código Civil (no âmbito do direito do consumidor, são abusivas).

A eficácia jurídica das condições gerais dá-se concretamente com sua integração ao contrato individual (contrato de adesão), quando este é concluído. Existe uma eficácia jurídica geral, que se assemelha à eficácia da norma jurídica, ou seja, à incidência da norma sobre o suporte fático concreto, independentemente de observância ou aplicação ou de efetividade real. No caso das condições gerais, essa eficácia se consuma pela adesão necessária e automática do contrato individual às condições gerais, que sejam consideradas válidas. A diferença está em que a lei (norma jurídica geral) não depende de ato concreto do destinatário para incidir. As condições gerais dependem do contrato de adesão para que produzam efeitos (Lôbo, 1991, p. 36).

As condições gerais podem existir, ser válidas e nunca produzir efeitos se algum contrato de adesão não vier a ser concluído. A eficácia jurídica é, também, dependente da plena realização do dever de informar imputável ao predisponente, que deve preencher os requisitos de adequação, suficiência e veracidade. Os requisitos devem estar interligados. A ausência de qualquer deles importa descumprimento do dever de informar.

A eficácia jurídica das condições gerais se caracteriza por seu caráter de generalidade e uniformidade, extraindo-se seu alcance da aplicação ao conjunto dos contratos individuais onde se integrou. Há uma concretização da eficácia das condições, quando cada contrato individual é concluído, ao lado da eficácia jurídica individualizada deste: direitos e deveres individuais, pretensões e obrigações correspondentes etc.

O aderente pode conhecer e compreender as condições gerais, mas rejeitá-las, pleiteando, após a conclusão do contrato, sua invalidade por serem abusivas, ou sua ineficácia por não terem sido garantidos efetivamente os meios de cognoscibilidade, ou a interpretação típica a seu favor.

As condições gerais são predispostas em abstrato, ou seja, antes de integrarem qualquer contrato em concreto. Por exemplo, a empresa operadora de telefonia, antes de concluir qualquer contrato, elabora e divulga as condições gerais que serão aplicadas. Integram-se à atividade jurídica e econômica do predisponente e são por ela delimitadas. Fora da atividade não há predisposição.

A ciência jurídica vem distinguindo ato de atividade, esta última denotando um complexo de atos jurídicos teleologicamente orientados, tendo continuidade e duração dirigidas a um fim. A atividade deve sempre tender a um resultado, constituindo um comportamento orientado. A predisposição é instrumento que visa a atender aos fins da atividade do predisponente, estando a eles jungida e conformada.

Assim, a predisposição de condições gerais necessita para existir de duplo requisito: a) ser instrumento da atividade jurídica habitual do predisponente; b) ser destinada a uma coletividade indeterminada. Para o CDC (art. 54), o autor da predisposição é o fornecedor de produtos ou serviços, isto é, aquele que exerce profissionalmente atividade, que tem destinatários plurais.

A predisposição não se confunde com a redação das condições gerais, que são dois momentos diversos. As condições gerais podem ser redigidas por terceiros e utilizadas pelo predisponente. Neste caso, a adoção corresponde ao ato de predispor. Dá-se a predisposição quando ela ingressa na atividade do predisponente, tornando aplicáveis as condições gerais a todos os futuros contratos individuais.

— 108 —

Em virtude da predisposição unilateral e prévia das condições gerais dos contratos, estas se interpretam no sentido contrário à parte predisponente, ainda que fora da relação de consumo.

5.6. Integração das Condições Gerais nos Contratos de Adesão

A integração das condições gerais é a integração de seus efeitos ao contrato de adesão que vier a ser realizado. Dizer-se que o contrato adere a condições gerais ou que estas a ele se integram significa a mesma coisa. A integração não depende do consentimento do aderente, mas do pleno cumprimento pelo predisponente do dever de informar e de prestar os meios que assegurem a possibilidade de conhecê-las.

A integração das condições gerais depende dos vários suportes contratuais que a negociação em massa utiliza. Na forma comum, as condições gerais tomam a aparência de cláusulas de um contrato padronizado, normalmente impresso. Mas podem ser integradas por remissão expressa em uma cláusula do contrato (por exemplo: "Integram este contrato as condições gerais..."). Nesta hipótese, não estão materialmente incorporadas ao contrato de adesão, mas a este se integram, por força da remissão.

As condições gerais constantes de documentos e impressos que antecederam a formalidade do contrato de adesão integram-se a este, inobstante a falta de referência expressa, inclusive os utilizados em publicidade. No CDC há regra expressa (art. 48) no sentido de que as declarações de vontade constantes dos escritos particulares, recibos e pré-contratos vinculam o fornecedor.

A integração pode estar sujeita a um período de reflexão, com direito de arrependimento ao aderente. No âmbito da relação de consumo, reconhece-se que o consumidor vive sob constante pressão da publicidade e de agentes de vendas, que utilizam técnicas de sedução ao consumo, o que o torna vítima constante de impulsos irrefletidos. A lei brasileira concede ao consumidor o prazo de sete dias para que possa arrepender-se, quando o contrato tiver ocorrido fora do estabelecimento comercial.

As condições gerais, para que possam produzir efeitos, têm de ser cognoscíveis ao aderente, ou seja, têm de ser conhecidas e entendidas por ele. Consequentemente, ao direito do aderente à cognoscibilidade (o que pode ser conhecido) corresponde o dever do predisponente de informar, que é uma das grandes conquistas do direito na luta contra os abusos das condições gerais.

— 109 —

Para o cumprimento do dever de informar, deve ser desenvolvida uma atividade razoável que permita e facilite o conhecimento e a compreensão das condições gerais. É um critério geral de apreciação de condutas em abstrato, que leva em conta o comportamento esperado do aderente típico em circunstâncias normais. Ao predisponente incumbe prover os meios para que as condições gerais possam ser conhecidas e compreendidas, sob pena de não produzirem efeitos.

O dever de informar leva sempre em consideração o aderente médio que adquire ou utiliza determinado produto ou serviço. Os documentos que veiculem as condições gerais devem ser impressos em caracteres gráficos legíveis e compreensíveis. Os termos técnicos apenas devem ser usados quando rigorosamente necessários e quando forem difundidos pelo uso. As condições gerais contidas em avisos devem estar colocadas em lugares visíveis.

O dever de clareza exige que as condições gerais sejam redigidas de maneira compreensível aos que não dispõem de conhecimentos acima da média. O destinatário típico, em determinadas situações, pode estar acima da média das pessoas em geral.

O predisponente deve tornar acessíveis, de forma mais ampla possível, as condições gerais que não estejam integralmente reproduzidas nos documentos oferecidos ao aderente. Não basta referi-las ou indicar o local em que se encontrem, inclusive em cartórios de registro de títulos e documentos. Uma cópia integral do documento que as contenha deve ser entregue previamente, com tempo razoável para leitura. O fato de estarem as condições gerais formalizadas em ato, escritura, normas gerais ou assemelhados não gera a presunção de cognoscibilidade. As condições gerais, cujo dever de informar restar descumprido ou escamoteado, não obrigam o aderente (não produzem efeitos jurídicos), mesmo quando incorporadas aos instrumentos contratuais.

No direito das condições gerais, a cognoscibilidade abrange não apenas o conhecimento (poder conhecer), mas também a compreensão (poder compreender). Poder conhecer e poder compreender não se confundem com aceitar ou consentir. Não há declaração de conhecer. O aderente nada declara, para fins do direito. A cognoscibilidade tem caráter objetivo, pois se reporta à conduta abstrata de todos os aderentes destinatários. O aderente em um contrato de adesão pode ter efetivamente conhecido as condições gerais, ou ter conhecido e não compreendido. O que interessa é se o aderente médio ou típico tenha podido conhecer e compreender, segundo as regras da experiência comum. A declaração expressa no contrato de adesão de que conheceu e compreendeu as condições gerais não supre a exigência legal e não o impede de pedir judicialmente a ineficácia delas. A aceitação do aderente restringe-se ao contrato de adesão, no que respeita aos dados pessoais e individuais, o objeto, o preço e tudo o mais que tenha sido negociado, mas não as condições gerais nele integradas.

Pretende o legislador, com a garantia da cognoscibilidade, facilitar ao aderente a única alternativa que se lhe coloca nesse tipo de negócio, ou seja, "pegar ou largar" ou avaliar os custos e benefícios em bloco, uma vez que não tem poder negocial para modificar ou negociar os termos das condições gerais. Essa alternativa nem sempre é possível, em especial nos setores monopolizados ou oligopolizados, ou quando o produto ou serviço é o único que lhe interessa.

No momento em que o contrato individual de adesão é concluído, as condições gerais que nele se integraram tornam-se, para esse contrato concreto, inalteráveis pelo predisponente. A cláusula que permita sua alteração unilateral é juridicamente nula, porque se equipara à renúncia antecipada do aderente a direito resultante do negócio (CC, art. 424), além de ilícita por ser claramente potestativa (CC, art. 122). No âmbito dos contratos de consumo, o art. 51, XIII, do CDC considera nula a cláusula que permitir a modificação unilateral do conteúdo do contrato, após sua celebração.

5.7. Cláusulas Abusivas

Consideram-se abusivas as cláusulas de contrato de consumo ou as condições gerais dos contratos que atribuem vantagens excessivas ao fornecedor ou predisponente, acarretando contrapartida demasiada onerosidade ao consumidor ou aderente e desarrazoado desequilíbrio contratual. Por meio delas, o fornecedor ou o predisponente, abusando da atividade que exercem e da debilidade jurídica do aderente ou consumidor, estabelece conteúdo contratual iníquo, com sacrifício do razoável equilíbrio das prestações. No âmbito do direito do consumidor generalizou-se o uso da expressão *cláusulas abusivas* – como faz nosso CDC –, que abrangem as condições gerais inválidas nas relações de consumo, mas não se resumem a elas, pois abusivas são também as cláusulas de qualquer contrato de consumo, inclusive o que não se caracterize como contrato de adesão.

Fora da relação de consumo, o CC/2002 não utiliza essa expressão quando trata do contrato de adesão, mas nada impede que seja adotada nesta hipótese, pois a nulidade que prevê é ontologicamente idêntica à das cláusulas abusivas previstas no CDC.

O direito não persegue a igualdade absoluta de prestações, tanto assim que admite os contratos gratuitos. Todavia, no âmbito da atividade econômica que utiliza condições gerais dos contratos, a paridade das posições contratuais, o equilíbrio razoável que seja compatível com os princípios da equivalência material e da boa-fé são limites entre o válido e o inválido ou abusivo. A invalidade resulta do abuso do poder negocial dominante do predisponente para, entre outras práticas, exonerar ou limitar a responsabilidade própria de sua posição contratual, reduzir ou atenuar obrigações a seu cargo, agravar ônus ou deveres do aderente, estabelecer prazos injustos, atribuir a si direitos que são negados ao aderente.

A invalidade da cláusula abusiva não é da mesma natureza da invalidade do ato em abuso do direito, de que trata o CC, art. 187, ainda que haja pontos de contato, especialmente porque "excede manifestamente os limites impostos pelo seu fim econômico e social", segundo a dicção dessa norma legal. Há aproximação, todavia, com a doutrina que advoga o caráter objetivo do desvio do exercício do direito (Pontes de Miranda, 1973, v. 1, p. 283), que afasta a investigação da intencionalidade do titular. Para que seja considerada abusiva a cláusula do contrato de consumo ou do contrato de adesão a condições gerais basta que provoque o desequilíbrio contratual excessivo e desarrazoado, em favor do predisponente ou fornecedor, sendo irrelevante a intenção.

É a existência do poder contratual dominante, nos contratos de adesão e nos contratos de consumo, presumida pela lei, que converte uma cláusula em abusiva. Essa mesma cláusula, em contrato comum livremente negociado, que presume a inexistência de poder negocial dominante, pode ser considerada válida.

As cláusulas abusivas não se confundem com as cláusulas ilícitas em sentido estrito, pois estas são as que têm finalidade ilícita, enquanto aquelas decorrem do desequilíbrio contratual objetivo provocado pelo poder negocial dominante. Exemplo de cláusula ilícita é a que estipula o pagamento em ouro ou em moeda estrangeira, expressamente proibido pela lei, ainda que as partes estejam concordes com ela e não haja qualquer desequilíbrio contratual.

O conteúdo da cláusula abusiva pode não ser contrário à lei, a exemplo da que fixa o foro contratual, mas passa a ser quando for inserida em contrato de consumo ou de adesão, pois se presume em favor de quem se prevalece do poder negocial dominante (exemplo: a fixação do foro coincidente com o da sede da seguradora, em prejuízo do contratante consumidor ou aderente, que assumirá ônus excessivo para defesa judicial de seus interesses).

Outras vezes, o legislador opta pela nulidade ante determinadas circunstâncias. Por exemplo, a Lei n. 12.965/2014 (Marco Civil da Internet) estabelece que são nulas as cláusulas contratuais que não ofereçam ao contratante a adoção do foro brasileiro para solução de controvérsias decorrentes dos serviços prestados no

Brasil. Outro exemplo: a Lei n. 12.886/2013 estabelece a nulidade de cláusula contratual que obrigue o contratante ao pagamento de material escolar.

Assim, a qualidade de abusiva não pode ser extraída de seu texto, mas do contexto, no quadro de circunstâncias considerado pelo direito. A consequência para ambas (cláusula ilícita ou cláusula abusiva) é a nulidade, porque são espécies derivadas do gênero ilicitude.

Nesse sentido flutua a jurisprudência dos tribunais, como se vê nestas decisões do STJ: a) Nos contratos de adesão é possível invalidar a cláusula que elege o foro para julgamento de eventuais demandas judiciais, caso seja verificada a vulnerabilidade de uma das partes (AREsp 476.551); b) É abusiva a cláusula contratual em plano de saúde que prevê carência para a utilização dos serviços de assistência médica nas situações de emergência ou de urgência (Súmula 597); c) É abusiva a cláusula que permite a cobrança de serviço de assessoria técnico-imobiliária ou congênere, em contrato de promessa e compra e venda de imóvel, mas não é abusiva a transferência ao promitente comprador da comissão de corretagem (REsp 1.599.511); d) É abusiva a cláusula contratual que restringe a responsabilidade de instituição financeira pelos danos decorrentes de roubo, furto ou extravio de bem entregue em garantia no âmbito de contrato de penhor civil (Súmula 638).

O CDC e o CC/2002 adotaram modelos distintos para identificação das cláusulas abusivas, preferindo o primeiro estabelecer uma lista exemplificativa com modelos abertos de apreciação pelo julgador, especialmente a boa-fé, enquanto o segundo optou por um modelo de abertura explícito (renúncia antecipada do aderente a direito resultante da natureza do negócio) e implícito (princípios aplicáveis aos contratos em geral), sem indicação de lista. Exemplo de cláusula abusiva consolidada no âmbito jurisprudencial é a prevista na Súmula 302 do STJ: "É abusiva a cláusula contratual de plano de saúde que limita no tempo a internação hospitalar do segurado".

O direito brasileiro cominou às cláusulas abusivas o grau mais elevado de invalidade (nulidade), porque o regime de proteção do aderente e do consumidor independe de sua iniciativa, pois de interesse geral. Se pudesse haver uma gradação de invalidade, as hipóteses de anulabilidade restariam parcialmente desprotegidas, porque dependentes de iniciativa do próprio interessado. A nulidade das cláusulas abusivas é de ordem pública, porque o interesse lesado não pertence individualmente ao aderente ou ao consumidor, mas a uma vasta comunidade de sujeitos potencialmente atingidos. Daí a nulidade poder ser suscitada não apenas pelo imediatamente lesado em ação individual, mas também pelo

Ministério Público, associação civil ou entidade estatal, mediante ação civil pública. A declaração de nulidade opera *ex tunc* e a cláusula, por ser absolutamente inválida, nunca integra o contrato ou produz efeitos jurídicos.

A nulidade da cláusula abusiva não invalida todo o contrato, permanecendo este na parte remanescente, quando for possível. O direito brasileiro adota o princípio da conservação do negócio jurídico, notadamente nessas hipóteses. O princípio da conservação serve também para a nulidade parcial da cláusula, quando for possível dar sentido útil à parte restante dela. Invalida-se a cláusula apenas na parte incompatível com o equilíbrio contratual. Contudo, a nulidade da cláusula abusiva não admite a conversão substancial que ocorre quando o negócio jurídico nulo contém os requisitos do outro, permitindo-se supor que as partes o teriam querido se tivessem previsto a nulidade. As razões são as mesmas: a vontade única foi do predisponente ou fornecedor, quando redigiu ou adotou a cláusula, não havendo fim comum a ser salvo. Nula a cláusula, subsiste o contrato se ficar assegurado objetivamente o justo equilíbrio entre direitos e obrigações.

5.8. Vulnerabilidade Contratual

A admissão da vulnerabilidade como categoria jurídica do direito contratual importa transformação, que desafia a concepção individualista da autonomia privada negocial. O reconhecimento jurídico da vulnerabilidade do contratante é realização específica da justiça social, cujos ditames são impostos constitucionalmente à ordem econômica (CF, art. 170).

A justiça social, no plano contratual, atribui mais tutela jurídica ao contratante, que o direito presume vulnerável, a exemplo do trabalhador, do inquilino, do consumidor, do aderente, pois implica transformação, promoção, mudança, segundo o preciso enunciado constitucional: "reduzir as desigualdades sociais" (arts. 3º, III, e 170, VII).

Para Pietro Barcellona, "é objetivo de o Estado remover os obstáculos de ordem econômica e social que limitam ou reduzem de fato a liberdade e a igualdade dos cidadãos e, falando-se de liberdade contratual, não é possível prescindir-se da consideração da posição econômica das partes contratantes e da possível influência destas sobre o conteúdo da estipulação" (1965, p. 581). Constatada a inoperância funcional da autonomia privada, por falta de autodeterminação em medida bastante, o ordenamento institui mecanismos de tutela compensatórios (Ribeiro, 2007, p. 225). Para além do *favor debitoris*, elaborado pelos romanos e aplicável a todas as espécies de contratos, alude-se (Lorenzetti, 2016, p. 248) ao *favor debilis*, aplicável às contratações não paritárias, por disparidade do poder de negociação, por assimetria de informação, ou por *ratione personae*.

A intervenção do Estado nas relações econômicas privadas tem como foco principal a proteção dos contratantes vulneráveis. No Brasil, a partir dos primeiros decênios do século XX, o direito passou a presumir a vulnerabilidade de determinados contratantes, merecedores de proteção legal e de consequente restrição do âmbito de autonomia privada, quando esta é instrumento de exercício de poder do outro figurante (ou parte contratual). Assim, emergiram os protagonismos do mutuário, com vedação dos juros usurários (Decreto n. 22.626/1933), do inquilino comercial (Decreto n. 24.150/1934; atualmente Lei n. 8.245/1991) e do promitente comprador de imóveis loteados (Decreto-Lei n. 58/1937); do trabalhador assalariado (CLT de 1943); do inquilino residencial (Lei n. 4.494/1964; atualmente Lei n. 8.245/1991) e do contratante rural (Estatuto da Terra, de 1964); dos titulares de direitos autorais (Lei n. 5.988/1973; atualmente Lei n. 9.610/1998); do consumidor (CDC, de 1990); do aderente em contrato de adesão (CC/2002); da pessoa com deficiência (Estatuto da Pessoa com Deficiência, de 2015).

Algumas dessas vulnerabilidades reclamaram tal grau de intervenção legal que se converteram em ramos autônomos do direito, a exemplo do direito do trabalho, do direito autoral, do direito agrário e do direito do consumidor. Esses direitos contratuais especiais têm em comum a forte presença da intervenção legislativa e da consequente limitação da autonomia privada.

As experiências brasileiras de privatização de setores importantes da economia nacional, ao final do século XX, principalmente de fornecimento ou prestação de serviços públicos, revelaram o crescimento das demandas de regulação, para proteção dos contratantes usuários. E a regulação se dá, prioritariamente, no controle das relações contratuais, para tutela dos contratantes vulneráveis, que exercem pouco ou nenhum poder negocial.

5.8.1. Poder Negocial e Proteção do Contratante Vulnerável

Montesquieu disse, com razão, que o poder exercido sem qualquer controle degenera em abuso: "todo homem que tem em mãos o poder é sempre levado a abusar do mesmo; e assim irá seguindo, até que encontre algum limite" (1968, v. 2, p. 201). Sua reflexão, dirigida ao poder político, vale igualmente para o exercício de qualquer tipo de poder. A história ensina que a liberdade contratual se transformou nas mãos dos poderosos em instrumento iníquo de exploração dos contratantes vulneráveis. Quem utiliza instrumentos contratuais para o exercício, ainda que legítimo, do poder negocial deve se submeter a controle social ou estatal. O exercício de poder implica submissão do outro. Seu controle tem como ponto de partida a identificação de quem a ele se submete, para que seja protegido dos abusos e excessos. Portanto, em relação ao poder negocial dominante, o controle preventivo ou repressivo se dá pela intervenção legislativa e judicial, de modo a proteger o juridicamente vulnerável.

Dispensa-se o controle quando, no contrato, os figurantes são presumivelmente iguais, seja porque os riscos econômicos são equivalentes, seja porque ambos detêm o domínio das informações, seja porque os poderes de barganha se encontram equilibrados. São iguais por presunção, pois não se pode exigir igualdade absoluta entre eles, dado a que sempre haverá entre os contratantes desigualdades pessoais, sociais e econômicas, que não são utilizadas para exercício de poder ou de exploração de um contra o outro. Nesses casos não faz sentido cogitar-se de presunção de vulnerabilidade jurídica. É o que se dá, na maioria dos casos, com os contratos interempresariais ou com os contratos entre pessoas que não exercem atividade econômica. Ainda assim há limitação da autonomia privada, no plano geral, em razão dos bons costumes e das normas legais que estabelecem critérios objetivos, fora da lógica de mercado, como a boa-fé, a lesão e a função social.

A vulnerabilidade, sob o ponto de vista jurídico, é o reconhecimento pelo direito de que determinadas posições contratuais, nas quais se inserem as pessoas, são merecedoras de proteção. Não se confunde com a hipossuficiência, que é conceito eminentemente econômico ou conceito jurídico fundado na insuficiência das condições econômicas pessoais. De maneira geral, os juridicamente vulneráveis são hipossuficientes, mas nem sempre essa relação existe. A vulnerabilidade jurídica pode radicar na desigualdade do domínio das informações, para que o interessado em algum bem ou serviço possa exercer sua escolha, como ocorre com o consumidor; pode estar fundada na impossibilidade de exercer escolhas negociais, como ocorre com o aderente em contrato de adesão a condições gerais.

A vulnerabilidade contratual independe de aferição real ou de prova. A presunção legal absoluta não admite prova em contrário ou considerações valorativas, até porque a presunção é consequência que a lei deduz de certos fatos, às vezes prevalecendo sobre as provas em contrário. O legislador define *a priori* qual a posição contratual que deve ser merecedora de proteção ou do grau desta proteção, o que afasta a verificação judicial caso a caso. Não pode o juiz decidir se o trabalhador, o consumidor, o aderente, por exemplo, são mais ou menos vulneráveis, em razão de maior ou menor condição econômica, para modular a proteção legal, ou mesmo excluí-la. A lei leva em conta o tipo médio de vulnerabilidade, com abstração da situação real em cada caso. E assim é para se evitar que as flutuações dos julgamentos, ante as variações individuais, ponham em risco o princípio da proteção.

Até mesmo entre empresas pode ocorrer vulnerabilidade jurídica, quando uma delas esteja submetida a condições gerais dos contratos predispostas pela outra. São situações comuns de vínculos contratuais permanentes para fornecimento de produtos ou serviços como as das concessionárias, das fornecedoras de mercadorias para redes de supermercados, ou das franqueadas. Ou então para obtenção de serviços que assegurem o funcionamento da empresa: fornecimento de água, luz, telefonia; seguros; acesso à rede de computadores; manutenção de programas etc.

A vulnerabilidade é subprincípio derivado do grande princípio social da equivalência material, no plano da teoria geral dos contratos. É, todavia, princípio autônomo nas relações contratuais nas quais a vulnerabilidade de um dos contratantes é presumida por lei. Exemplo frisante é o do contrato de consumo, em que recebe expressa e destacada referência no CDC. O art. 4º do CDC estabelece que, para a proteção do consumidor, deve ser atendido, dentre outros princípios, o do *reconhecimento da vulnerabilidade do consumidor no mercado de consumo*.

A modalidade mais incisiva e eficaz de proteção do contratante vulnerável, que o legislador passou a utilizar, é a de sancionar com nulidade o contrato ou partes dele que comprometem a equivalência material, ou seja, quando levam à vantagem excessiva para quem exerce o poder negocial e desvantagem ou onerosidade excessiva para quem não detém poder de barganha. As cláusulas correspondentes são consideradas abusivas, consequentemente nulas.

A ausência do contratante vulnerável legalmente presumido não afasta outros modos de limitação da autonomia privada, para prevenir vulnerabilidades ocasionais ou circunstanciais. A legislação atual prevê regras voltadas à preservação da equivalência material dos contratos, algumas das quais tinham sido suprimidas da codificação civil liberal, como o estado de perigo, a lesão, a onerosidade excessiva em razão de circunstâncias supervenientes e imprevistas, a resilição unilateral, as fases pré e pós-contratual, as limitações dos juros de mora e da cláusula penal e o reforço da responsabilidade por vícios redibitórios e por evicção.

CAPÍTULO VI
Efeitos de Contratos em Relação a Terceiros

Sumário: 6.1. Vinculação de terceiro. 6.2. Estipulação em favor de terceiro. 6.3. Contratos com eficácia protetiva para terceiros e a teoria do contato social. 6.4. Promessa de fato de terceiro. 6.5. Contrato com pessoa a declarar.

6.1. Vinculação de Terceiro

Em geral, os contratos produzem efeitos exclusivamente em relação aos contratantes. Todavia, em determinadas circunstâncias, pode terceiro ser vinculado a contrato que lhe é estranho.

Terceiro, ou pessoa que não é parte do contrato, nem vinculado a este, direta ou indiretamente, pode ser beneficiário de seus efeitos. Como decorrência, o terceiro pode investir-se em direito subjetivo e exigir seu cumprimento.

De acordo com o CC, art. 221, qualquer documento particular prova as obrigações convencionais de qualquer valor, mas, para que seus efeitos possam operar a respeito de terceiros, devem ser registrados no Registro de Títulos e Documentos os seguintes contratos, de acordo com o art. 129 da Lei de Registros Públicos, com a redação da Lei n. 14.382/2022, por exigência de publicidade: (1) Contrato de locação de prédio; (2) Contrato de compra e venda em prestações, com reserva de domínio ou não; (3) Contrato de alienação de bens móveis; (4) Contrato de promessa de compra e venda de móveis. Pela mesma razão, por força do art. 167 dessa lei, devem ser registrados no registro de imóveis todos os contratos que tenham por objeto transação de coisa móvel.

A seguir as hipóteses em nosso direito de efeitos dos contratos em relação a terceiros.

6.2. Estipulação em Favor de Terceiro

Por força do instituto da estipulação em favor de terceiros, os efeitos do contrato, desde que benéficos, podem alcançar o âmbito jurídico de terceiros.

— 118 —

A vida é cheia de exemplos de beneficiários de negócios jurídicos. Mas o que singulariza a estipulação em favor de terceiros é que não basta que o beneficiário receba a prestação, e sim que possa exigir do promitente, ou seja, de quem o estipulante contratou, que lha entregue. Se um pai adquire uma assinatura de revista em nome de seu filho, este pode exigir que a editora lhe entregue os exemplares, ou reclamar dos atrasos. Assim, o cumprimento da obrigação tanto pode ser exigido, cumulativamente, pelo estipulante e o terceiro (CC, art. 436), quanto apenas por este, se assim se convencionar ou for da natureza da pretensão.

Esclarece Clóvis Beviláqua (1920, *passim*) que, nas estipulações em favor de terceiro, este último adquire o direito, sem que tenha intervindo no contrato, e, consequentemente, sem conferir mandato. Nos seguros de vida, nas constituições de renda, nas doações com encargo, encontram essas estipulações oportunidade para se realizar. Respondia Clóvis à dúvida sobre se dependeria de instrumento de mandato a aceitação de direitos para outrem, demonstrando, com o exemplo das estipulações em favor de terceiro, que nem sempre é necessário que a pessoa seja representada para que adquira direito por intermédio de outrem.

A estipulação em favor de terceiro é uma das exceções ao princípio dos efeitos relativos do contrato, tendo em vista que os efeitos dessa figura contratual podem ser produzidos em face de terceiros, desde que os beneficie. Não pode, em hipótese alguma, haver contraprestação do terceiro, pois a gratuidade é da essência dessa estipulação. Apesar de não participar da formação do contrato, o terceiro, assumindo a posição do credor, pode exigir o cumprimento da obrigação.

Em muitos sistemas jurídicos, ainda se faz a eficácia da estipulação depender da adesão do terceiro ao contrato. No direito brasileiro, ao contrário, o terceiro pode sempre o exigir, se contrariamente não se dispôs; se o exige, fica adstrito ao que a seu respeito se estabeleceu. Se não foi expressamente excluído o direito de o terceiro exigir o adimplemento, não pode o estipulante exonerar o devedor. A regra é poder o terceiro exigir. Para se destacar o tratamento diferenciado da matéria, no direito brasileiro, basta lembrar que, no direito romano clássico, ninguém podia estipular em favor de terceiro.

Na estipulação em favor de terceiro dá-se a relação jurídica diretamente entre o terceiro e o contratante do estipulante, de modo que aquele tem pretensão contra este, sem ter sido parte no contrato, nem ter a ele anuído. Não há necessidade de que a prestação prometida pelo contratante vá antes ao estipulante e deste ao terceiro. Essa intermediação é desnecessária. Não há qualquer relação jurídica anterior entre o terceiro e o contratante; a relação jurídica entre ambos se dará posteriormente, quando o terceiro puder exercer sua pretensão

— 119 —

contra o segundo. Exemplificando: se alguém leva seu pai para ser submetido a uma cirurgia, em emergência de hospital, o paciente é titular de direito oponível diretamente contra o hospital, sem ter tido relação jurídica alguma com este.

Terceiro pode ser pessoa determinada ou pessoa que ainda não existe, como o nascituro. Embora não seja pessoa, o nascituro é sujeito de direito e pode exigir, por seu representante legal, o cumprimento da obrigação do contratante promitente, ainda que só possa investir-se na titularidade plena desse direito (por ora, expectativo) quando nascer com vida. Pense-se no seguro de vida que o genitor deixou, tendo este morrido antes que aquele pudesse nascer. Terceiro pode ser a prole futura do estipulante, ou os não concebidos, que também não são pessoas. Igualmente, pode ser terceiro a sociedade empresária que ainda não se constituiu plenamente pelo registro. Ou pode ser terceiro um grupo de pessoas ou certa coletividade: os ex-colegas de turma ou os desabrigados por uma cheia. Essas situações subjetivas exemplificativas estão a demonstrar que a aquisição do direito pelo terceiro não exige vontade, nem conhecimento, nem capacidade negocial.

O estipulante pode reservar-se o direito de substituir o terceiro, a seu talante, por outro beneficiário, mediante cláusula expressa do contrato ou por testamento, mas só terá efeito se o contrato ainda estiver em execução. A substituição não depende de consentimento do terceiro atual nem do outro contratante. A substituição pode ocorrer livremente durante todo o prazo de execução do contrato. Se não houver prévia manifestação expressa que permita a substituição, não poderá o estipulante substituir o terceiro. Também não poderá haver a substituição, quando o estipulante tiver definido que apenas o terceiro poderá exercer o direito; nesta hipótese, houve renúncia tácita do estipulante em também exercê-lo. Trata-se de autolimitação do próprio estipulante, por ele irrevogável. Transfere-se ao terceiro beneficiário o exercício total do direito, incluindo o de não poder o estipulante exonerar o devedor em prejuízo daquele.

O estipulante não pode, sob pena de desfiguração do instituto, estipular que o terceiro beneficiário não possa exercer seu direito, quando puder ser exercido. Para Pontes de Miranda (1971, v. 26, p. 231), se o estipulante pré-exclui a pretensão do terceiro a exigir a prestação, não há estipulação a favor de terceiro, mas sim contrato impróprio a favor de terceiro.

O terceiro pode recusar o direito, quando ainda não pode exercê-lo, ou a ele renunciar, após adquiri-lo, ou se investir em sua titularidade. Ninguém está obrigado a ser beneficiário de contrato. A recusa supõe o conhecimento prévio de seu direito, quando ainda é expectativo. Tanto a recusa quanto a renúncia operam retroativamente, segundo o modelo da renúncia à herança.

6.3. Contratos com Eficácia Protetiva para Terceiros e a Teoria do Contato Social

Por vezes, um dos figurantes está de tal modo ligado a outras pessoas que o dano (contratual) pode alcançá-las. Pensou-se em que, para se protegerem tais pessoas, se haviam de considerar tacitamente inclusas no contrato. Tratar-se-ia de figurantes por extensão tácita. Essa explicação, segundo Pontes de Miranda (1971, v. 26, p. 263-266), tropeçaria em dificuldades, mas concorre para elucidações, como no exemplo que enuncia: estava A à esquina da rua, conversando com B, passou um carro de aluguel, A fez-lhe sinal e convidou B para irem juntos ao clube, ou se ofereceu para deixar B em casa. O dano que o carro causou a A é inquestionavelmente dano contratual. Com a figura dos contratos com eficácia protetiva para terceiros, tem-se dano, igual ou semelhante, causado a B, como dano contratual.

Outros exemplos: a) O prestador de serviços realizados em uma residência responde, contratualmente, pelos danos causados pelos operários, ainda que os lesados tenham sido o filho, algum serviçal ou o hóspede. b) Se A chamou o médico para tratamento de seu filho, ou de alguma pessoa que está em sua casa, cujo tratamento A pagou, compreende-se que todos tenham direito à indenização contratual pelos danos decorrentes da má prática.

Pode ocorrer que certas pessoas se invistam de titularidades de direito, sem ter havido relação jurídica prévia com o devedor, por força de lei. Veja-se a hipótese prevista na Lei do Inquilinato (Lei n. 8.245/1991, art. 11), sobre a assunção dos direitos e deveres de locatário – quando este morre – por seus herdeiros ou até pessoas que viviam sob sua dependência. São terceiros beneficiários, mas não há aí a figura da estipulação em favor de terceiro, porque não resultou de convenção e sim de determinação legal compulsória. Essa hipótese pode ser enquadrada na figura dos contratos com eficácia protetiva para terceiros.

São contratos sem pretensão à prestação, mas em que o terceiro é titular das pretensões à proteção. Se nasce pretensão à proteção, ou foi a lei que introduziu na relação jurídica o terceiro, ou houve, simultaneamente, a conclusão do contrato, ou posteriormente, estipulação a favor de terceiro. A extensão é da eficácia protetiva. Mas, como adverte Pontes de Miranda, faltam ao contrato com eficácia protetiva para o terceiro a subjetividade não extensiva, mas diferente, e a pretensão, que tem o terceiro, na estipulação em seu favor.

A jurisprudência alemã aplicou a doutrina do "contrato com efeitos protetivos para terceiros", a partir do caso em que uma criança que estava acompanhando sua mãe no supermercado, escorregou sobre uma folha de hortaliça e lesionou

— 121 —

a perna. Para evitar dificuldades da responsabilidade extracontratual, o Supremo Tribunal Federal alemão afirmou que a criança podia fazer valer uma pretensão contratual contra o dono do supermercado, porque ela estava dentro da "esfera de proteção da relação pré-contratual" entre a mãe e o dono (Schmidt, 2009, p. 148).

Karl Larenz alude à teoria da responsabilidade pelo "contato social", decorrente de responsabilização pela própria esfera jurídica ou pela confiança manifestada. Decisivo não é a entrada em negociações contratuais, mas o fato de que "os partícipes mutuamente, ou pelo menos um deles, despertaram no outro uma confiança especial em função da qual eles conscientemente confiaram os próprios bens jurídicos – para o alcance da finalidade perseguida com o contato social – à influência e, com isso, ao cuidado e à proteção do outro" (2008, p. 349-352). Precisa-se tratar de um contato relativo ao tráfico jurídico, que implica, no mínimo, a possibilidade de conduzir à conclusão de um contrato. Com isso exclui-se o contato quanto ao tráfego privado e social, de visita cordial, de carona etc.

O fato típico do contato social se circunscreve em alguém que, como cliente, ou provável cliente, entra no recinto comercial ou profissional de outrem. A responsabilidade do proprietário da loja, surgida a partir daí, perdura até que o cliente tenha deixado o recinto. O empresário conta com isso e, por isso, pretende fazer com que o maior número possível de pessoas entrem em seu estabelecimento.

Na jurisprudência é famoso o antigo caso dos tapetes de linóleo, decidido em 1911 pela corte suprema infraconstitucional alemã. Uma mulher entrou em uma loja para olhar alguns tapetes de linóleo, que desabaram sobre ela quando o vendedor fazia a exposição. O tribunal, em vez de fundamentar a pretensão ressarcitória no ato ilícito, recorreu pela primeira vez à figura da culpa *in contrahendo*, como relação jurídica preparatória do contrato, sem dever de prestação, ou de contato negocial (Fritz, 2021, p. 171).

O dever de cuidado e proteção ampliado começa, nesses casos, não com a entrada em "negociações contratuais", mas precisamente com o estabelecimento do contato negocial através da entrada no recinto. Na teoria do contato social enquadra-se a orientação adotada pela jurisprudência brasileira de responsabilizar a empresa pelos furtos e acidentes ocorridos nos veículos, no estacionamento que põe à disposição de seus clientes, ainda quando não assuma diretamente a guarda deles.

6.4. Promessa de Fato de Terceiro

A promessa de fato de terceiro é uma obrigação assumida por uma parte no contrato, de obter prestação de terceiro, no interesse da outra e da consecução do fim contratual. É uma obrigação de fazer, consistente em conseguir a prestação do terceiro. Não gera nenhum tipo de obrigação ao terceiro, enquanto não houver o seu consentimento, visto que não se pode compeli-lo a executar aquilo a que ele não se vinculou juridicamente. Todavia, a inexecução da prestação pelo terceiro caracteriza inadimplemento do contratante que se obrigou por ele. O inadimplemento é do contratante e não do terceiro. O contratante sofrerá as consequências do inadimplemento, inclusive indenização por perdas e danos em favor do outro contratante, em virtude de ter confiado na execução da prestação pelo terceiro, e não por inexecução contratual direta sua.

Devedor é o promitente; de modo nenhum o terceiro. A obtenção é pela diligência em suscitar a prestação de terceiro, ou pela diligência em conseguir do terceiro a prestação. Ali o devedor supõe ter pretensão contra o terceiro; aqui, não a tem, e cabe-lhe buscar o resultado, que só depende do terceiro: daí liberar--se o promitente se pôs toda a sua diligência para conseguir, e fracassou, salvo se a promessa foi de obrigação de prestação de terceiro, com toda a responsabilidade do promitente (Pontes de Miranda, 1971, v. 26, p. 203).

Exemplo frequente é o de pacote turístico, no qual a operadora e a agência de viagem se obrigam a hospedar o turista em hotel determinado, com características informadas. Se o turista é acomodado em outro hotel, em condições inferiores, há descumprimento da promessa de fato de terceiro. Outro exemplo é o contrato de locação de coisas, móveis ou imóveis, que contiver cláusula de permanência de sua vigência em caso de alienação, que tiver sido levada a registro de imóveis (CC, art. 576): para o locador é promessa de fato de terceiro, ou seja, o adquirente não despedirá o locatário dentro do prazo contratual.

Não se exonera o promitente da obrigação, se houver recusa ou incapacidade do terceiro. Exonera-se, entretanto, se a prestação do terceiro não puder ser realizada por impossibilidade (obrigação que não tem objeto), ou por ilicitude (obrigação baseada em objeto ilícito).

Quando o terceiro for o cônjuge, com quem o contratante promitente for casado sob o regime de comunhão parcial ou universal de bens, ou de participação final nos aquestos, a promessa de fato de terceiro apenas produzirá efeitos se houver anuência do cônjuge. Assim é porque a eventual indenização por perdas e danos que o contratante tivesse de pagar ao outro, em virtude da rejeição da prestação pelo cônjuge que não tivesse anuído previamente, poderia refletir no patrimônio particular deste, além do patrimônio comum. Esses dois regimes conjugam acervos patrimoniais comuns e os particulares de cada cônjuge; a dívida contraída por um dos cônjuges pode ser entendida como tendo sido revertida em benefício do outro.

A obrigação do contratante promitente extingue-se quando o terceiro assume o compromisso de realizar a prestação, ainda que não estivesse obrigado a fazê-lo. Consequentemente, o credor passa a ter ação contra aquele que se obrigou (terceiro), e não contra o outro contratante. Havendo consentimento expresso do terceiro, este passa a integrar o contrato como parte interveniente.

6.5. Contrato com Pessoa a Declarar

É possível que um contratante, com a concordância do outro, deixe para declarar-lhe qual a pessoa que efetivamente vai assumir sua posição no contrato. A declaração da pessoa remove a temporária indeterminação subjetiva. O contrato com pessoa a declarar, apesar de somente encontrar base legal no CC/2002, sempre foi admitido em virtude da aplicação do princípio da liberdade contratual.

O Código brasileiro reproduz o Código italiano de 1942, que regulou essa matéria sob o título *contratto per persona da nominare*. Dá-se com um sujeito que entra, investindo-se como parte do contrato, adquirindo os direitos e assumindo as correspondentes obrigações, sendo acompanhado da contemporânea saída do contratante originário do contrato (Messineo, 1973, v. 1, p. 501).

Podem ocorrer circunstâncias que recomendem essa providência, no interesse de ambos os contratantes. A pessoa pode ser física ou jurídica ou pessoas ainda não existentes, como o nascituro ou sociedade em formação. Pode haver interesse pessoal da pessoa, que será declarada, em se manter incógnita – por exemplo, para evitar que o nome do comprador possa estimular supervalorização do bem –, no momento da conclusão do contrato, preferindo que outra pessoa assuma temporariamente a posição contratual. Na Itália, de onde provém esse instituto, na forma adotada pelo Código Civil brasileiro, a doutrina refere-se a sua ampla aplicação nos contratos de empreitada e de fornecimento de coisas e serviços.

Não se confunde o contrato com pessoa a declarar com o mandato, ou a estipulação em favor de terceiro, ou a cessão de posição contratual, figuras que dele são próximas, mas distintas. Nem o procurador nem o terceiro beneficiário assumem a posição do contratante originário. Na cessão, o cessionário assume a posição do contratante cedente, mas é dependente da concordância do outro contratante, além de que o cedente era efetivamente o contratante originário, em seu próprio interesse. O contrato com pessoa a declarar tampouco se confunde com a promessa de fato de terceiro, porque esta última importa obrigação somente do promitente, sem substituição da posição contratual, enquanto o primeiro importa promessa de fato próprio, e, somente alternativamente, o fato de terceiro.

— 124 —

No contrato com pessoa a declarar, uma das partes, que não fruirá os efeitos do contrato, será substituída por outra pessoa que ela própria escolher, não podendo haver rejeição pela outra parte, o que pressupõe recíproca confiança. O contratante originário é, em verdade, um intermediário em relação ao real contratante que lhe substituirá.

O Código estabelece a necessidade de prazo para que o contratante ostensivo declare quem efetivamente assumirá a posição contratual, não podendo ser indeterminado. Se o contrato não fixar o prazo, este será de cinco dias contados da celebração. Ultrapassado o prazo, o contrato tornar-se-á eficaz entre os contratantes originários. Não se trata de inadimplemento, razão por que não cabem pedidos de resolução do contrato, ou de execução forçada, ou de indenização por perdas e danos. É direito potestativo de o declarante fazê-lo ou não. Se não o fizer, assume todos os direitos e obrigações que seriam da pessoa nomeada, desde o início do contrato.

Durante o curso do prazo não há aquisição ou transmissão de direitos, especialmente quando disser respeito a titularidades sobre coisas. Daí a razão do prazo curto de cinco dias, que é o de evitar a incerteza jurídica, inclusive para fins tributários. O prazo suspende a aquisição e transmissão de direitos, equivalendo à condição suspensiva. Sem a suspensão dos efeitos, o instituto teria comprometida sua utilidade, pois, quando envolvesse aquisição de coisas, importaria em dupla transmissão: do alienante para o contratante originário e deste para a pessoa nomeada.

A aceitação da pessoa declarada ou nomeada deverá ser expressa. Se o contrato foi escrito, a forma da aceitação será escrita. Se o contrato se realizou mediante escritura pública, a aceitação terá de revestir essa mesma forma. A forma da aceitação é requisito de eficácia e não de validade. Se a forma da aceitação for distinta da utilizada no contrato, ela não produzirá efeitos, como se nunca tivesse sido feita. Também nessa hipótese, o contratante que fez a nomeação assume integralmente os direitos e deveres que seriam da pessoa nomeada. Exige-se que a nomeação e a aceitação sejam comunicadas à outra parte do contrato.

Findo o prazo e aceita a proposta pela pessoa indicada, esta passará a ter todos os direitos e deveres provenientes do contrato, liberando-se, então, o declarante, a partir da ciência comprovadamente dada à outra parte da aceitação da pessoa nomeada. O contratante substituto, nomeado pelo contratante originário, assumirá retroativamente os direitos e obrigações do substituído desde a celebração do contrato, como se desta tivesse participado.

Também não produz efeito a nomeação, se a pessoa nomeada não a aceitar, ou não for civilmente capaz, ou se for insolvente. Nessas hipóteses, o contrato produzirá seus efeitos entre os contratantes originários, operando retroativamente à data da conclusão do contrato.

Capítulo VII

Garantias Legais aos Contratantes

Sumário: 7.1. Garantia contra a evicção. 7.2. Garantia contra os vícios redibitórios. 7.2.1. Contrato comutativo sobre coisas móveis ou imóveis. 7.2.2. Tradição da coisa. 7.2.3. Vício oculto. 7.2.4. Funcionalidade do vício. 7.2.5. Decadência, pelo não exercício do direito. 7.2.6. Pretensões do adquirente: redibição e abatimento do preço. 7.3. Responsabilidade por vício nas relações de consumo. 7.4. Exceção de contrato não cumprido. 7.5. Exceção de reforço de garantia.

7.1. Garantia Contra a Evicção

A evicção é vício de direito, que compromete a titularidade jurídica sobre a coisa que é objeto de alienação. Significa perda da coisa pelo adquirente, em consequência de reivindicação feita pelo verdadeiro dono, de cujos riscos o alienante deve resguardar o adquirente ou credor. Na evicção o bem existe; apenas acontece que a titularidade é outra. O termo "evicção" vem do latim *evincere*, ou vencer completamente, triunfar. O alienante não é titular do direito real sobre a coisa alienada, em virtude de disputa judicial vencida por terceiro. Consequentemente o credor ou adquirente da coisa recebe direito reduzido, ou direito nenhum. O vencedor é o evictor e o vencido é o evicto (adquirente ou credor).

As espécies mais frequentes são as seguintes: a) o devedor não tem a propriedade do bem; b) o devedor tem a propriedade e não tem a posse, de modo que a entrega foi da titularidade, e não da posse, expondo o credor a ações possessórias; c) o devedor não tem a propriedade livre de direitos reais limitados; d) o devedor só tem direito real limitado, mas não a propriedade.

Se há limitação legal, como as de direito urbanístico, não se cogita de evicção, pois é o próprio direito que está limitado e não a titularidade da coisa.

Somente se pode falar de defeitos ou vícios de direito quando, a propósito da titularidade do promitente, que prestou, o credor recebe bem, ou recebe bens, um dos quais, alguns ou todos, são menos do que aquilo que o devedor tinha de prestar.

Não se pode pensar somente em titularidade do domínio, nem, sequer, somente em titularidade sobre bens corpóreos, ou corpóreos e incorpóreos suscetíveis de propriedade (Pontes de Miranda, 1972, v. 38, p. 142).

Só pode haver evicção resultante de contratos onerosos, principalmente dos que têm por finalidade a transferência de direito real, de posse ou de uso. Mas, o CC/2002, contrariando o que dispunha o anterior, estendeu a garantia às aquisições havidas em hasta pública.

Nas liberalidades, como a doação, o alienante não é responsável pela evicção, pois não há, nessas hipóteses, perda patrimonial, por parte do adquirente, que, ao revés, tinha expectativa de acréscimo. O doador não responde pela evicção porque não deu mais do que o que era seu. A evicção na doação é possível, em caráter excepcional, quando o doador, agindo de má-fé, doou coisa que não lhe pertencia, respondendo inclusive pelos danos causados, ou quando expressamente prometeu a garantia, ou quando se tratar de doação que imponha ônus ao donatário, cujo cumprimento ficará comprometido.

Para que se caracterize a evicção, em princípio, exige-se preferencialmente decisão judicial, sendo vencedor o terceiro, para que haja certeza da perda da titularidade. Para fins da evicção, todavia, o ato administrativo pode ser suficiente, como jurisprudência, com aplauso da doutrina, tem entendido. Reforça esse entendimento o fato de o art. 447 do CC de 2002 não ter reproduzido norma do CC de 1916 que exigia decisão judicial para caracterizar a evicção. É o que ocorre com a apreensão de veículo pela autoridade policial, por ter sido roubado ou furtado e irregularmente licenciado no órgão de trânsito em nome do alienante, mediante falsificação de documentos; ou com a publicação de decreto de desapropriação do bem, por utilidade ou necessidade pública, ou por interesse social, ainda que não se haja iniciado a ação de desapropriação; ou com a ordem judicial de demolição, por ter havido infração de leis ou posturas municipais. Tampouco se exige a perda da coisa em si: no REsp 1.713.096, o STJ considerou bastante para caracterizar a evicção a inclusão de gravame capaz de impedir a transferência livre e desembaraçada de veículo objeto da compra e venda.

Nosso direito também admite a chamada evicção expropriatória, que corresponde aos fins sociais da garantia por evicção. Dá-se com a perda da coisa, não por terceiro ter vencido a disputa pela titularidade (propriedade, posse, uso), mas em virtude de penhora judicial e arrematação, por dívidas contraídas e não pagas pelo alienante.

A garantia de evicção tem por fito assegurar ao adquirente da titularidade de direito real ou da posse que, se ela ocorrer, receberá de volta o que deu ou pagou, com a devida atualização, de modo a que não sofra prejuízo com esse desfecho.

Essa responsabilidade do alienante independe de ter agido com culpa, pois é aferida objetivamente, ou seja, com a comprovação da perda da coisa. Se o alienante deu algum bem em pagamento, seja como dação ou permuta, este retornará de acordo com as qualidades e características com que foi entregue, indenizado do que foi prejudicado. Se pagou o preço em dinheiro, receberá este atualizado, porque esta dívida é de valor e não de dinheiro, pois o adquirente não deve sofrer redução patrimonial em razão de fato que não deu causa. Deve ser considerado o valor de mercado da coisa, pois o Código Civil refere "à época em que se evenceu", ou da efetiva perda da coisa, não importando o valor constante do contrato. O direito instituído no art. 450 do Código permanece como dívida de valor, independentemente do desgaste natural da coisa. O preço atualizado leva em conta a valorização que teria a coisa desde a conclusão do contrato. Desse valor devem ser deduzidas as vantagens auferidas pelo credor, após a aquisição da coisa, também corrigidas até à data da evicção, para que não se configure enriquecimento sem causa, de sua parte.

Não é necessária convenção ou cláusula expressa para que haja a garantia pela evicção. Se as partes nada disserem, ela prevalecerá. Porém, a responsabilidade por evicção pode ser excluída ou limitada, por acordo mútuo das partes, para o que se exige cláusula expressa. Sabendo do risco existente e dispensando voluntariamente a garantia da evicção, perde o adquirente o direito de indenização pela perda da coisa, devendo, todavia, o alienante devolver o preço que receber.

Considera-se abusiva a cláusula que contemple a redução ou exclusão da garantia em contratos de consumo e em contratos de adesão a condições gerais, porque, nessas hipóteses, há proteção legal dos contratantes vulneráveis e consequente presunção de não ter resultado de negociação efetivamente consentida.

Para que o alienante se exima da responsabilidade pela evicção, além de haver cláusula expressa de renúncia, deve o adquirente estar ciente dos eventuais riscos existentes sobre a coisa, assumindo-os. A ciência dos riscos da evicção deve ser comprovada no momento da conclusão do contrato, cabendo o ônus da prova ao alienante. Advirta-se que a renúncia é inoperante se o alienante ocultara, dolosamente, o vício e não seria de supor-se que, conhecendo-o, o adquirente renunciasse à responsabilidade (Pontes de Miranda, 1972, v. 38, p. 144).

O alienante também se exime da evicção, mesmo quando faltar cláusula expressa, na hipótese de o adquirente ter tido ciência que a coisa era alheia ou litigiosa. Consequentemente, não terá direito de receber o preço que pagou pela coisa evicta, nem poderá promover qualquer ação contra o alienante com idêntica finalidade, em virtude do princípio da boa-fé objetiva, imprescindível nas relações contratuais.

Ocorrendo a evicção, o alienante, independentemente de sua culpa, fica obrigado à restituição integral e atualizada das quantias que recebeu, além de indenizar o credor ou adquirente dos prejuízos que este sofreu com a evicção e das despesas que efetuou com o contrato, como transportes, registros, embalagens, serviços, viagens, juros, custas judiciais e honorários de advogado. Também faz jus o adquirente à indenização dos frutos naturais, aluguéis ou juros que tenha sido obrigado a restituir ao alienante ou ao terceiro vencedor. A lei faz incluir na responsabilidade pela evicção todas as despesas que o evicto tenha efetuado, com o intuito de evitar o enriquecimento sem causa do alienante. Admite, todavia, que este direito seja excluído por convenção das partes. A exclusão não prevalecerá se o evicto não tiver tido conhecimento da evicção no momento da conclusão do contrato, ou se o tiver rejeitado.

Também tem direito o adquirente a receber pelo valor das benfeitorias que realizou na coisa. São apenas as benfeitorias necessárias e úteis, não fazendo jus às benfeitorias voluptuárias ou de mero adorno. O valor das benfeitorias deverá ser atualizado até a data da evicção. A expressão "benfeitorias", contida no Código Civil, há de ser entendida como compreendendo as acessões. O evicto, que teve indenizadas (abonadas), pelo terceiro, as benfeitorias, nenhuma pretensão tem, a esse respeito, contra o alienante. Há benfeitorias que o terceiro não tem de indenizar, porque, ao fazê-las, estava de má-fé o evicto. Para Silvio Rodrigues (2002, v. 3, p. 119), essa verba seria incabível para o alienante, pois o evicto, possuidor de boa-fé, tem direito a ser pago do valor dessas benfeitorias pelo próprio reivindicante.

A evicção pode ser parcial, e se for considerável, segundo a lei, poderá o evicto optar entre a rescisão do contrato e a restituição da parte do preço correspondente ao desfalque sofrido. A expressão "evicção parcial considerável" tem sentido vago e seu conceito não foi estabelecido pelo legislador. Deverá, então, ser interpretada qualitativamente, ou seja, considerando a relevância do desfalque para o adquirente, a despeito da "extensão" do prejuízo. A opção é do adquirente, não podendo haver oposição do alienante, ainda que considere não ser considerável a evicção parcial.

Para a evicção se consumar é necessário que haja processo judicial ou atos administrativos e que o adquirente, quando citado ou notificado, promova os meios necessários de denunciação à lide ou comunicação do processo administrativo ao alienante. A norma estabelece legitimidade passiva de todos os alienantes sucessivos da coisa, ao contrário do que previa o CC/1916.

Já assentou o STJ, em diversos precedentes, que o direito que o evicto tem de recobrar o preço, que pagou pela coisa evicta, independe, para ser exercitado, de ter ele denunciado a lide ao alienante, na ação em que terceiro reivindicara a coisa. Se o alienante for denunciado da lide e não a contestar, ficará o adquirente desobrigado de fazê-lo, sem prejuízo de ajuizar a ação de reparação contra o alienante, pela evicção. Para o Tribunal, a pretensão deduzida em demanda baseada na garantia da evicção submete-se ao prazo prescricional de três anos (REsp 1.577.229).

O CC/2002 suprimiu a regra prevista no Código anterior, segundo a qual o adquirente estava proibido de demandar pela evicção quando privado da coisa por caso fortuito, força maior, roubo ou furto. Bem andou o legislador, pois a indenização pela evicção decorre necessariamente de sentença judicial, salvo nas hipóteses de decisão administrativa equivalente.

A dação em pagamento ou em adimplemento subordina-se às regras de evicção, pois tem a natureza de negócio jurídico comutativo de alienação. Ocorrendo a evicção, a exemplo da situação comum de terceiro provar judicialmente que a coisa lhe pertence, desfaz-se a dação e restabelece-se a dívida, pouco importando que o credor tenha dado quitação. O restabelecimento da dívida é de eficácia retroativa, como se nunca tivesse o devedor tomado a iniciativa de adimplir, com as consequências da mora e da inexecução da obrigação. O risco de dar a coisa em adimplemento é inteiramente do devedor e, ocorrendo a evicção, terá direito o credor (evicto) ao reembolso das despesas que efetuou, na defesa da titularidade do bem, como custas judiciais, honorários, além da indenização dos prejuízos que sofreu (CC, art. 450). Estabelece o CC, art. 359, que, nessa hipótese, são "ressalvados os direitos de terceiros", ou seja, terceiros de boa-fé que tenham adquirido o bem dado em adimplemento, ou tenham constituído relação jurídica real ou obrigacional com o credor, tendo esse bem como objeto, não podem ser prejudicados pela evicção. Cabe ao devedor a indenização de todos os danos que os terceiros tenham sofrido.

O CC, art. 552, prevê a possibilidade da evicção na doação "para casamento com certa e determinada pessoa", como exceção à regra que a exime nas liberalidades. A exceção é injustificável, porque esse tipo de doação, de constitucionalidade duvidosa, não se enquadra como contrato oneroso. Ninguém está obrigado a se casar com determinada pessoa, porque a doação está assim condicionada. Se o faz, por interesse econômico ou cobiça, deve assumir as consequências de seu ato. A constituição da família para comunhão de vida e afeto, máxime pelo casamento, é livre decisão do casal (CF, art. 226) que não pode ser induzida, condicionada ou imposta por pessoas ou fatores externos.

No contrato de transação, que tem por objeto a prevenção ou extinção de litígio entre as partes, pode ocorrer evicção em bem dado por uma delas. Comprovada a evicção, não se desfaz a transação, mas a parte prejudicada pode exigir da outra as perdas e danos correspondentes.

No direito das sucessões pode haver evicção, quando o testador deixar legado a alguém, cuja coisa for evicta (CC, art. 1.939, III). Se tal ocorrer, o legado caducará, ou seja, não produzirá efeitos, não tendo o herdeiro legatário qualquer ação contra os sucessores do testador, para eventual indenização. A evicção pode ter ocorrido quando o testador estava vivo, ou após sua morte. Mas, na sucessão legítima, não testamentária, se houver evicção de bem recebido por algum herdeiro, este poderá exigir dos demais coerdeiros a indenização correspondente, nos limites das quotas hereditárias, salvo se aquele for culpado da evicção, ou quando esta se der após a partilha (CC, arts. 2.024 a 2.026).

7.2. Garantia Contra os Vícios Redibitórios

O Código Civil (art. 441) preceitua que a coisa, que pode ser móvel ou imóvel, recebida em virtude de contrato comutativo, pode ser enjeitada por vícios ou defeitos ocultos, que a tornem imprópria ao uso a que é destinada, ou lhe diminua o valor. Manteve as mesmas características do CC/1916. Ao contrário do que prevê o CDC, não se refere à falta de quantidade e ao defeito na qualidade (já previstos no antigo Código Comercial), e aos vícios do serviço e aos vícios aparentes, as grandes inovações da legislação consumerista brasileira. Para o Código Civil, a solução para os vícios de serviço é a da indenização pelo inadimplemento, ou de ser feito por outrem o que se deveria fazer, ou a de ser desfeito pelo próprio credor ou por outrem o que se deveria não fazer e se fez.

Quando a relação contratual for de consumo, aplicam-se os requisitos do CDC que protegem mais o contratante consumidor. As regras do Código Civil aplicam-se apenas supletivamente aos contratos de consumo, desde que não colidam com o princípio constitucional de proteção do consumidor.

Essa garantia, de largo alcance e proteção dos contratantes prejudicados, já tinha sido assegurada no antigo direito romano. Os *edis curuis*, espécies de magistrados que atuavam nos mercados, introduziram a *actio redhibitoria*, para permitir que os adquirentes de animais e escravos pudessem exigir a devolução do preço pago quando o objeto da aquisição apresentasse defeitos ou doenças (vícios) que os tornassem impróprios ao fim a que se destinavam. Os vícios tinham de ser preexistentes ou coetâneos à entrega da coisa e desconhecidos do adquirente. Posteriormente, expandiu-se a ação para os demais bens econômicos. Considerando que nem sempre ao prejudicado interessava a rescisão do contrato, satisfazendo-se com o abatimento do preço, passaram a conceder alternativamente

— 131 —

a ação redibitória (devolução do preço) ou a ação para abatimento do preço (*quanti minoris*). Em virtude de sua origem, os pósteros denominaram-nas ações edilícias (de edis e dos editos que as publicaram).

No vício redibitório há, em sentido geral, um erro, mas o direito não valoriza propriamente o erro em si mesmo e sim a figura jurídica, que tem tratamento menos amplo que ele (Aguiar Jr., 2014, p. 56). Portanto, ao vício redibitório não se aplicam as regras jurídicas relativas ao erro.

O Código Civil adota os seguintes requisitos:

a) contrato comutativo sobre coisas móveis e imóveis;

b) tradição da coisa;

c) vício oculto;

d) funcionalidade do vício;

e) decadência, pelo não exercício do direito;

f) pretensões do adquirente: redibição e abatimento do preço.

7.2.1. Contrato Comutativo sobre Coisas Móveis ou Imóveis

O direito brasileiro faz aplicáveis os vícios redibitórios a qualquer contrato comutativo, ao contrário do direito alemão, que os limita ao contrato de compra e venda. Contrato comutativo é todo aquele que supõe prestação e contraprestação determinadas e não sujeitas a risco, e que se contrapõe ao contrato aleatório e ao contrato unilateral, que conta apenas com a prestação de uma das partes. Dada a abrangência do contrato comutativo, a responsabilidade por vício do objeto tanto se refere aos objetos corpóreos quanto aos incorpóreos, como patente de invenção, direitos autorais, fundo de comércio ou de empresa.

Em razão de ausência de comutatividade, não responde o doador por vício redibitório. Ocorre quando a coisa alienada apresenta defeito de inadequação ou funcionalidade em relação ao uso a que foi destinada. O CC/2002 (arts. 441 a 446) avançou no sentido de aproximar o instituto da responsabilidade por vício do produto ou do serviço introduzido pelo CDC (arts. 18 a 25), ainda que as alternativas postas à escolha de adquirente e de consumidor continuem distintas.

Ambos os tipos são incompatíveis com a doação, porque não há preço que se devolva ou se reduza. Todavia, o parágrafo único do art. 441 do CC aplica as normas de regência dos vícios redibitórios às doações "onerosas" (com encargo, ou remuneratórias, ou em contemplação de casamento).

7.2.2. Tradição da Coisa

O CC/2002, de acordo com a tradição romana pré-justinianeia, optou pela tradição ou entrega da coisa, como marco inicial do prazo para exercício da pretensão redibitória ou de redução do valor. Interessa a tradição efetiva, ou seja, a partir da recepção da coisa pelo adquirente. A celebração do contrato, que a formalize, ou a chamada tradição ficta, não a caracterizam. Todavia, permite, em caráter excepcional, que a tradição seja substituída pela data em que o vício oculto for efetivamente revelado, quando, "por sua natureza, só puder ser conhecido mais tarde". Nesse ponto, harmoniza-se com o CDC, quando a relação não for de consumo.

O momento da tradição marca a admissibilidade da tutela do adquirente da coisa, porque o vício tem de ser a ele preexistente ou contemporâneo. Por outro lado, decorre do sistema que o adquirente não tenha conhecimento anterior do vício, embora não impeça a tutela do direito a eventualidade do não conhecimento por parte do alienante. O conhecimento do vício, pelo alienante, importa dolo e acarreta consequências jurídicas agravadas com perdas e danos. Esta foi certamente a principal causa da falta de efetividade social desse antigo instituto de proteção do contratante adquirente do bem. Os bens móveis tornaram-se cada vez mais sofisticados e complexos, fazendo da descoberta de vícios materiais (especialmente relativos à qualidade) uma tarefa difícil e penosa. O CDC mantém a tradição da coisa apenas no caso de vícios aparentes, ao tornar irrelevante a existência ou não do conhecimento pelo alienante ou pelo adquirente, porque são uniformes as consequências previstas, amplificando os meios de defesa do contratante consumidor.

7.2.3. Vício Oculto

O vício, para o direito civil brasileiro, tem de estar oculto no momento da tradição. Não se cuida aí de dano ou prejuízo ou de adimplemento incompleto ou defeituoso. O vício é na própria coisa, afetando seu uso adequado ou próprio, ou sua utilidade. Considera-se oculto o vício quando não é percebido pela diligência do destinatário comum, não do perito ou do técnico. O desempenho de um produto de alta tecnologia dificilmente pode ser apreendido ao primeiro contato ou uso.

Não se consideram vícios ocultos circunstâncias desconhecidas que envolverem o negócio jurídico, como a existência de ações judiciais contra o alienante, porque não são vícios do objeto.

7.2.4. Funcionalidade do Vício

Quanto à funcionalidade do objeto, não é qualquer defeito da coisa que caracteriza vício redibitório. O Código Civil impõe a ocorrência de uma das seguintes hipóteses, que podem estar conjugadas: a) a impropriedade ao uso a que é destinada; b) a diminuição do valor. O vício atinge a função da coisa, seja a que se extrai de sua própria natureza seja a manifestada pelo adquirente, envolvendo a prestabilidade, a aptidão ou a utilidade que dela se espera. Impropriedade não significa impossibilidade. Aproxima-se do sentido de inadequação, termo que o CDC utiliza indistintamente. A coisa pode manter seus atributos e qualidades inerentes, mas não se presta ao uso cuja destinação emerge da natureza do contrato ou da que foi dada pelo adquirente. Em suma, diz com a prestabilidade adequada, com a utilidade ou a aptidão, segundo a função a que se destina o objeto.

Para se concluir pela ocorrência de impropriedade, considera-se em primeiro lugar a existência de função manifestada pelo adquirente (subjetiva) e, em segundo lugar, a função normal ou econômico-social do objeto (objetiva). No entanto, pode acontecer que um vício "benigno" torne a coisa inútil para o adquirente e, ao invés, um defeito importante não afete a aptidão ou idoneidade para o fim a que aquela é destinada. Um automóvel serve para rodar e transportar pessoas ou coisas segundo sua capacidade, de maneira que a ninguém ocorreria aceitar a pretensão redibitória de um adquirente que se queixe por não poder utilizá-lo para transportar mercadoria pesada. Mas, como lembra Ernesto C. Wayar (1992, p. 147), distinta é a questão quando a coisa é apta – materialmente – para cumprir funções distintas, com características tais que a inabilitem para alcançar algumas delas.

A diminuição do valor é dado objetivo. A existência de defeito acarreta inevitavelmente a diminuição de valor da coisa, segundo as vicissitudes do tráfico negocial. Em alguns casos, mesmo havendo correção do defeito ou reposição de peças, o desvalor é patente, porque a originalidade da coisa foi afetada. O defeito insignificante, que não provoque imprestabilidade ao uso (total ou parcial) ou efetiva desvalorização (de modo apreciável, como diz o Código Civil italiano, art. 1.490) da coisa não pode ser considerado vício redibitório.

Todavia, na relação de consumo, semelhante regra da desconsideração da insignificância não se aplica, porque o CDC admite a existência do vício quando houver desconformidade entre o produto ou serviço entregue ou prestado e o modelo anunciado, em qualquer grau.

7.2.5. Decadência, pelo não Exercício do Direito

Os prazos decadenciais variam em função do objeto ou do vício: a) trinta dias se a coisa for móvel e trezentos e sessenta dias se for imóvel, a partir da tradição, ou entrega efetiva da coisa; b) quinze dias se a coisa for móvel e cento e oitenta dias se for imóvel, se o objeto já estava na posse do adquirente, por qualquer tempo, antes da alienação, contados desta; c) cento e oitenta dias se a coisa for móvel e trezentos e sessenta e cinco dias (um ano) para os imóveis, se o vício, por sua natureza, só puder ser conhecido mais tarde, contados do momento que o adquirente tiver ciência dele; d) em caso de animais, não há prazo fixo, dependendo de legislação especial, ou, na falta dela, dos usos e costumes locais, que o juiz deverá averiguar.

A duplicação dos prazos decadenciais (antes era de quinze dias e de cento e oitenta dias, a partir da tradição, exclusivamente) e a contemplação da data da revelação do vício atendem aos reclamos da doutrina, tendo em vista que essa era a principal causa do declínio da garantia legal, à medida que aumentava a complexidade tecnológica. Originou-se da Emenda 376, de 1975, na Câmara dos Deputados, sob a justificativa de que certas propriedades rurais exigem dos compradores muito tempo para serem conhecidas, notadamente quanto às divisas, às servidões, ao regime de água, à qualidade da terra. Por se tratar de decadência, não cabe suspensão ou interrupção do prazo iniciado, devendo o juiz conhecê-la de ofício (CC, arts. 207 a 210).

O CC/2002 introduziu uma modalidade de suspensão inicial do prazo decadencial, que não tem paralelo com o sistema do CDC. A indústria e o comércio passaram a oferecer aos adquirentes de produtos industrializados uma garantia de bom funcionamento, fixando um prazo dentro do qual qualquer defeito que se apresente poderá ser sanado junto à rede de assistência técnica credenciada. Mais do que satisfazer e proteger o adquirente, integra eficientes processos de promoção ou *marketing*. Essa garantia convencional não se confunde com a garantia legal, nem a pode substituir. Ante a realidade da vida negocial, o Código Civil andou bem em estabelecer que, durante o prazo dado pelo produtor ou comerciante para garantia convencional do produto, não corre o prazo decadencial para o adquirente exercer a pretensão redibitória ou de abatimento do preço. Assim, no caso de garantia convencional de um ano do objeto móvel fabricado, o prazo total de decadência será de um ano e trinta dias.

Se o vício só puder ser conhecido mais tarde que a tradição da coisa, esse prazo ampliar-se-á até os limites de cento e oitenta dias contados da ciência do vício, ainda que ultrapasse o prazo de garantia convencional. O Código Civil estabelece um requisito indispensável, a saber, o da denúncia do vício ao alienante até trinta dias de sua efetiva revelação. Essa denúncia pode ser judicial ou extrajudicial. Apesar das preocupações do legislador, o que se observa, na prática, é que campanhas publicitárias que salientam as vantagens da garantia do fabricante têm levado a população a ignorar a garantia legal dos vícios redibitórios, agravada pelo exíguo prazo para sua tutela.

A 2ª Seção do STJ decidiu que o prazo decadencial por vício redibitório deve ser considerado a partir da data em que se teve ciência do vício. No caso, os defeitos não eram apreensíveis ao adquirente do imóvel no momento da compra do bem, e este desabou somente após a entrega – CC, art. 445, § 1º (EREsp 431.353).

A jurisprudência do STJ (AgInt no AREsp 1.711.018) consolidou entendimento de que o prazo da pretensão para se obter do construtor indenização por defeito da obra ou vício de construção é prescricional e geral de dez anos, e não de decadência.

7.2.6. Pretensões do Adquirente: Redibição e Abatimento do Preço

O prejudicado pode optar ou pela resolução do contrato, recebendo de volta o que pagou atualizado, ou pelo abatimento do preço, correspondente à desvalorização provocada pelo vício. A ação *quanti minoris* é uma das duas ações edilícias que nos legaram os antigos romanos.

O CDC foi mais além, admitindo, igualmente, as alternativas de exigência de substituição do produto equivalente, a substituição por outro produto de espécie, marca ou modelo diversos (art. 18), a complementação do peso ou da medida (art. 19), ou a reexecução dos serviços (art. 20), quando se tratar de contrato de consumo.

Não pode tal faculdade ser levada a extremo, a ponto de ocasionar enriquecimento sem causa por parte do adquirente. Deve ser limitada a uma solução equitativa para ambas as partes, considerando-se o valor de mercado da coisa reputada perfeita, quando o alienante não tiver agido com dolo.

Impõe-se averiguação da conduta do alienante, tendo em vista que sua responsabilidade será graduada em função do conhecimento ou não do defeito, ao tempo da tradição. Se conhecia o vício e se omitiu, além da restituição do que recebeu, será obrigado a pagar perdas e danos ao prejudicado. Quando se tratar de contrato de consumo a regra é objetiva, sem qualquer consideração à conduta culposa ou não do alienante.

Se a coisa perecer em mãos do adquirente, em razão do vício, persiste a responsabilidade do alienante. Tal responsabilidade tem como fundamento a aplicação do princípio da garantia, e não a conduta do alienante. Não se confunde, assim, com a ideia de responsabilidade civil em sentido estrito, visto que não há de se indagar da conduta do contratante, ou da averiguação de sua culpa. Esta somente será apurada para a gradação dos respectivos efeitos. Não cabe a responsabilidade do alienante nas hipóteses de caso fortuito, venda em hasta pública, renúncia expressa ou tácita à garantia por parte do adquirente, ou no caso de culpa deste.

Inexistindo, em nosso Código Civil, referência expressa à falta de qualidade como hipótese de vício do objeto, entendeu parte da doutrina, com profundos reflexos na jurisprudência dos tribunais, que ela era estranha à configuração do instituto, sendo mais enquadrável nas hipóteses de inadimplemento ou de erro essencial. A omissão semelhante nos Códigos Civis francês e italiano levou à controvérsia, favorecendo um sentido restritivo, que não se afeiçoa à natureza e à evolução da responsabilidade por vícios. Nos sistemas jurídicos onde há referência expressa, a controvérsia foi superada. O Código Civil alemão (§ 459) inclui a qualidade "afirmada" ou assegurada entre as hipóteses de vícios redibitórios. A legislação do consumidor foi mais longe, porque reintroduz a qualidade como espécie de vício, tanto na dimensão subjetiva (afirmada ou manifestada) quanto na dimensão objetiva (intrínseca ao objeto), como o fez nosso CDC (art. 18). A melhor doutrina brasileira já apontava para a compatibilidade da falta de qualidade assegurada e o sistema de vício redibitório do Código Civil. A omissão não a excluía. Diz Pontes de Miranda (1972, v. 38, p. 152) que, se o outorgante afirmou ter o objeto do negócio jurídico qualidades que não seriam exigidas normalmente, responde pela existência delas.

O sistema da garantia legal dos vícios redibitórios, nomeadamente após as codificações modernas, teve raiz preferencial no contrato. Nos últimos anos, no entanto, especialmente nas relações de consumo, houve uma inesperada mudança de tendência acerca do fundamento e da natureza da responsabilidade fundada em vícios do objeto, com afastamento progressivo dos exclusivos pressupostos contratuais.

Alguns comentadores do CDC brasileiro alegam que o instituto nele previsto de responsabilidade por vício do produto ou do serviço está fundado na regra comum da responsabilidade extracontratual objetiva. Entendemos, no entanto, que não há distinção ontológica e etiológica com o milenar instituto da garantia dos vícios redibitórios. Em ambos, a responsabilidade decorre da obrigação de garantia de sanidade, integralidade e adequação do objeto da prestação do contrato, em suma, "a fazer o contrato bom", como disse Coelho da Rocha (1984, v. 2, p. 422). Houve uma extensão notável do alcance (incluindo os serviços), das consequências jurídicas e dos meios de efetivação, em benefício do contratante consumidor. São, portanto, espécies do mesmo gênero que passaram a conviver em nosso sistema jurídico, exigindo harmonização da interpretação.

Na hipótese de coisas vendidas conjuntamente, se o vício está localizado em uma delas e não em todas, não há necessidade em se resolver o contrato com redibição total. Tenha-se, como exemplo, o contrato de compra e venda de vários móveis que guarneciam a residência do vendedor, em razão de mudança para outro Estado. Para Agostinho Alvim, aplica-se a norma do art. 503 do CC às coisas singulares, "ainda que vendidas na mesma ocasião e por um só preço; aplica-se às coisas coletivas, quando se perceba que não há estreita interdependência econômica entre os indivíduos que formam a coisa, como em regra não há no rebanho, ou numa biblioteca; não se aplica o dispositivo, quando, sendo coletiva a coisa, exista uma razão econômica a ditar sua inseparabilidade, sendo permitido, neste caso, rejeitar ambas, ou todas as coisas, pelo defeito de uma" (1961, p. 112).

A natureza dos vícios redibitórios sempre constituiu problema insolúvel na doutrina, notadamente em relação à responsabilidade civil, mesmo antes das legislações modernas de defesa do consumidor. Karl Larenz (1959, v. 1, p. 158) afirma que a responsabilidade por vício ou defeito do objeto, a par de se contar entre os institutos de maior importância prática de todo o direito das obrigações, apresenta "pontos obscuros" em seus fundamentos e características.

7.3. Responsabilidade por Vício nas Relações de Consumo

O regime jurídico dos vícios redibitórios, sem embargo de permanecer válido para as relações contratuais comuns, revelou-se insuficiente como resposta às demandas de relações de consumo. Em trabalho pioneiro, lembrou Orlando Gomes ser manifesto que essas regras "voltadas para contratos individuais e isolados que chegam ao acordo pelo êxito das tratativas, são totalmente inadequadas aos complexos fenômenos do consumo nos sistemas capitalistas dos dias de hoje, condensados juridicamente na contratação em massa" (1985, p. 12-25). O modelo da legislação civil da responsabilidade por vícios da coisa está orientado para o valor de troca e não para o valor de uso ou consumo, tratando igualmente relações desiguais, sem contemplar a evidente vulnerabilidade e inferioridade jurídica do adquirente ou usuário de bens e serviços de consumo.

O regime da responsabilidade por vício adotado pelo CDC destravou as amarras que cerceavam a garantia por vícios redibitórios, flexibilizando os modos

— 138 —

de exercitar as pretensões, admitindo o vício aparente e ampliando o alcance ao incluir os vícios de serviços. Esse Código optou por enquadrar a matéria no âmbito da responsabilidade civil do fornecedor, da qual seria espécie, ao lado da responsabilidade por fato do produto.

O grande passo que se deu, quanto à preexistência do vício, foi a transferência do ônus da prova do adquirente ou utente (consumidor) para o alienante ou prestador (fornecedor). Este princípio (CDC, art. 6º, VIII) preside todas as relações de consumo. Cabe, pois, ao fornecedor comprovar que a coisa ou o serviço foram entregues sem vícios ocultos ou aparentes, e que tais defeitos são supervenientes e imputáveis exclusivamente ao consumidor, à culpa exclusiva deste.

Os elementos tradicionais dos vícios redibitórios, ou seja, a impropriedade ao consumo a que se destina o objeto da prestação (produto ou serviço), ou a diminuição do valor, continuam. Outra importante hipótese foi acrescentada: a disparidade com as qualidades ou quantidades anunciadas (rótulo, embalagem, propaganda), ou vício de informação.

Os vícios na relação de consumo são classificados em vício do produto e vício do serviço. Esses dois tipos genéricos, por sua vez, desdobram-se em: a) vício oculto; b) vício aparente; c) vício de qualidade; d) vício de quantidade; e) vício de informação.

O direito brasileiro da garantia contra os vícios redibitórios é mais amplo que o existente em outros sistemas jurídicos. O campo de aplicação dessa garantia, na União Europeia, após a Diretiva de 1999, restringe-se aos vícios ocultos e aos contratos de vendas de móveis corpóreos entre fornecedores e consumidores, excluindo os demais contratos comutativos e os bens imóveis.

O CDC estabelece prazos decadenciais distintos dos previstos no Código Civil, para exercício das pretensões do consumidor à responsabilidade por vício: trinta dias para os produtos e serviços de consumo não durável; noventa dias para os de consumo durável (art. 26). Como se vê, os prazos são mais curtos que os previstos na legislação civil para os contratos comuns, o que não deixa de ser paradoxal, considerando que os contratantes consumidores recebem proteção constitucional. Os produtos de consumo durável incluem tanto os bens móveis quanto os imóveis.

Oportuna é a advertência de Antônio Herman Benjamin (1991, p. 88) sobre ser o titular do direito, na responsabilidade por vício do objeto, não apenas o consumidor primitivo, como também o consumidor subsequente, ou seja, aquele que não contratou diretamente com o fornecedor. É o caso do automóvel novo revendido pelo adquirente a terceiro, que vem a ser afetado pelo vício. Pode este fazer uso da garantia contra o fornecedor responsável. Tal se dá porque a garantia legal da responsabilidade por vício é objetiva, vinculada *ad rem*, seja quem for o utente ou adquirente do produto ou do serviço que venha a ser prejudicado.

O CDC contempla o vício aparente, que revoluciona o regime de responsabilidade por vício, distanciando-se do modelo dos vícios redibitórios, que é assim desde a Antiguidade. Pontes de Miranda (1972, p. v. 38, p. 278) lembra que no direito grego, basta abrir-se o *Tratado das Leis* de Platão (XI, 2, 916) para se terem pormenores sobre a ação por vícios do objeto; se o comprador conhecia o vício não tinha ação. Com efeito, um dos elementos distintivos dos vícios redibitórios com outros modelos dogmáticos (erro, inadimplemento) sempre residiu no fato de ser o vício oculto. Na contemporaneidade, mesmo que o vício seja aparente, no momento da entrega do produto ou do serviço, cabe a responsabilidade do fornecedor. Muda apenas o termo inicial do prazo decadencial para que o consumidor exerça sua pretensão contra o fornecedor: se aparente o vício, o do momento da entrega. A doutrina anterior entendeu que admitir o vício aparente seria chancelar a má-fé ou o dolo do adquirente, ou a falta de seu dever de diligência comum. Todavia, nas relações de consumo, mercê de seu caráter impessoal, desigual e massificado, a inclusão do vício aparente é necessária para que se efetive o princípio de defesa do consumidor. Se assim não fosse, o consumidor individual estaria à mercê de intermináveis discussões judiciais acerca de seu desconhecimento do vício, considerando-se que a proteção se dirige ao conjunto dos consumidores.

A responsabilidade é inimputável ao fornecedor se o vício aparente for a razão mesma da aquisição ou utilização do produto ou serviço, pelo consumidor. É o que se dá, por exemplo, com a venda de produtos que ostentam defeitos de fabricação, com preços inferiores aos similares perfeitos. Ou então com produtos de ponta de estoque, a preços promocionais. Todavia, é necessário que os defeitos sejam expressamente informados aos consumidores.

Outra inovação, que não ancora na tradição dos vícios redibitórios, é o vício de serviços. O vício é objetivo, relacionado aos serviços que se prestou. Diz respeito à qualidade, inclusive quando a execução está em desconformidade com a qualidade anunciada na oferta ou na publicidade. O STJ (REsp 43.650-8) julgou interessante caso envolvendo vício na prestação de serviços de turismo. Na espécie, constitui *leading case* daquela Corte. Um casal e três filhos contrataram, com uma agência de viagens, um pacote de excursão turística a Bariloche e Buenos Aires. Na primeira cidade, foram acomodados em um hotel de padrão inferior ao contratado e indicado no *voucher*, distante do centro urbano. A ação foi julgada procedente para condenar a ré a fornecer cinco passagens aéreas São Paulo-Bariloche-São Paulo e quatro diárias no hotel inicialmente contratado ou o equivalente pecuniário. O Tribunal entendeu ser imprescindível o fornecimento das passagens aéreas, para que se realizasse na ordem prática o que foi contratado, como obrigação de fazer, porque do contrário frustrar-se-ia a tutela específica.

Além da impropriedade genérica (inadequação ao fim a que se destina), o Código do Consumidor prevê duas hipóteses especiais:

a) Quando os prazos de validade do produto estiverem vencidos. Esta é hipótese de vício aparente. Pouco importa que o produto continue são e regularmente consumível. Basta o vencimento do prazo de validade, porque presume a impropriedade. O prazo é fixado em lei ou regulamento, ou pelo próprio fornecedor.

b) Quando forem fornecidos produtos potencialmente perigosos ao consumo, embora não tenha havido dano, ainda. Havendo dano, incide cumulativamente a responsabilidade por fato do produto. Dá-se o perigo virtual quando o produto estiver deteriorado, alterado, adulterado, avariado, falsificado, corrompido, fraudado, nocivo à vida ou à saúde ou em desacordo com normas regulamentares. São situações que se enquadram no conceito amplo de dolo, mercê de seu forte componente intencional. A periculosidade do produto ou do serviço, todavia, não implica necessariamente impropriedade. Um produto pode ser perigoso, por sua própria natureza ou finalidade (armamento, por exemplo), e não ser impróprio ao uso a que se destina.

A adequação ao fim a que se destina o objeto (produto ou serviço), como oposto à impropriedade, não é um elemento que se extrai do próprio objeto, mas da função econômico-social dele. A função leva em conta o consumidor médio do objeto, e não o consumidor concreto que pretendeu o fornecedor alcançar.

Não há necessidade de que o vício diminua objetivamente o valor, embora seja intuitivo que sempre assim aconteça. A alegação de redução do valor é suficiente para caracterizar o vício, dispensando o recurso às demais hipóteses (impropriedade ou desconformidade com a informação). Ao contrário do que ocorre com o modelo dos vícios redibitórios do Código Civil, nas relações de consumo, a desconsideração da insignificância a elas não se aplica. Dentre as pretensões que o consumidor pode exercer, apenas uma interessa para a determinação da proporcionalidade da diminuição do valor. É quando resolve manter o produto ou o serviço viciado. Neste caso, dá-se o abatimento proporcional do preço que lhe incumbe.

O CDC (arts. 18 e 20) admite a existência de vício de qualidade assim no fornecimento de produtos como no de serviços. A opção do legislador brasileiro tornou inútil ou superada e sem interesse prático a discussão que lavrou na doutrina acerca da distinção entre vício e falta de qualidade. Para muitos, a falta de qualidade era matéria restrita ao âmbito do erro de fato, consequentemente dos defeitos do negócio jurídico. Em princípio, a qualidade é referida à função do próprio objeto. Contudo pode estar relacionada com outro objeto, quando se dá, por exemplo, com a explicitação em publicidade do construtor de apartamento em edifício que terá visão panorâmica direta. Se o prédio vizinho corta a visão panorâmica, ocorre o vício imputável ao alienante do apartamento. O mesmo serviço ou produto pode ser oferecido com qualidades distintas, como é a regra no mundo dos negócios. Todavia, o desempenho ou a utilidade devem corresponder à qualidade que ostente ou tenha sido convencionada, ou que tenha sido divulgada. Pode inexistir defeito físico ou tangível do objeto, como nas hipóteses de peças do equipamento, e ainda assim ter-se vício de qualidade. Por exemplo, um determinado programa de computador, sem qualquer defeito, não se presta inteiramente às finalidades para o qual foi adquirido, embora houvesse a suposição ou até mesmo a convicção do fornecedor de que seria adequado a elas. Também caracteriza vício de qualidade a insuficiência ou deficiência de serviços de assistência técnica ou de reposições de peças assegurados na garantia convencional do fornecedor, que muita vez é o maior fator de indução à preferência do consumidor.

Os vícios de quantidade aplicam-se apenas ao fornecimento de produtos. A quantidade encontrada deve ser equivalente às indicações constantes do anunciado em publicidade ou do continente do produto (recipiente, embalagem). Ou seja, deve haver simetria entre a quantidade do continente (anunciada) e a do conteúdo (concreto).

O vício de informação resulta da desconformidade com as qualidades anunciadas. Relaciona-se a dados extrínsecos ao produto ou serviço, ou seja, a elementos de indução ao consumo. Nesta espécie de vício, o produto ou o serviço não apresentam defeito intrínseco. O vício é configurado objetivamente pela desconformidade entre os dados do rótulo, da embalagem, ou da mensagem publicitária, e os efetivamente existentes.

As alternativas de pretensões, para livre escolha do consumidor, segundo os tipos básicos de vícios do objeto, são:

1) vício de qualidade do produto: a) substituição do produto; b) restituição do preço; c) abatimento proporcional do preço;

2) vício de quantidade do produto: além das três alternativas já referidas no vício de qualidade, acrescenta-se uma específica, dentro de mesmo princípio de realização do resultado prático: d) a complementação do peso ou medida;

3) vício de serviço: às duas ações edilícias (devolução ou abatimento do preço), adicionou-se uma alternativa própria: a da reexecução dos serviços.

Dentro do prazo decadencial, a pretensão deve ser explicitamente escolhida pelo consumidor e por ele manifestada ao fornecedor, mediante reclamação comprovável. Contudo, pode optar diretamente pela ação de responsabilidade por vício. Não existe ordem ou hierarquia entre as alternativas, podendo o consumidor escolher a que melhor lhe convier.

Além das pretensões ativas, pelo exercício das alternativas postas em seu favor pela lei, pode o consumidor valer-se da exceção do vício, como defesa. Ao ser exigido pelo fornecedor para que cumpra a prestação que se obrigou, pode opor a exceção do vício do objeto do contrato (produto ou serviço). Aproxima-se da exceção do contrato não cumprido (CC, art. 476), cujas características são apropriáveis.

Nos contratos de consumo, em relação aos vícios do produto ou do serviço, prevalece a solidariedade passiva de todos os que participam da cadeia econômica de produção, circulação e distribuição dos produtos ou de prestação de serviços. São todos fornecedores solidários. O consumidor pode exercer suas pretensões contra qualquer um dos fornecedores, que por sua vez se valerá da regressividade contra os demais; no caso de produto, ou o comerciante, ou o produtor, ou o construtor, ou o importador, ou o distribuidor. No caso de serviço, o contratante, ou qualquer subcontratante. A solidariedade passiva alcança até mesmo os prepostos ou representantes autônomos. É da natureza da responsabilidade solidária que a ação proposta pelo consumidor contra um dos fornecedores (por exemplo, o comerciante) não o inibe de nova ação contra outro (por exemplo, o fabricante). Abre-se uma única exceção à regra da livre escolha, pelo consumidor, do fornecedor, que responderá pelo vício. É o caso de fornecimento de produtos *in natura* (CDC, art. 18, § 5º) quando não for possível a identificação do produtor: responsável será o fornecedor imediato, cessando a solidariedade passiva em face do consumidor. O fornecedor imediato, no entanto, não está impedido de exercer a pretensão de regresso contra o fornecedor originário.

7.4. Exceção de Contrato não Cumprido

Nos contratos bilaterais, que supõem prestação e contraprestação, uma parte não pode exigir o adimplemento da obrigação da outra se estiver inadimplente com a sua. A exigência de execução da obrigação da outra parte só é admissível se quem a exigir tiver executado a sua correspondente. Exemplo é a hipótese do art. 491 do CC: não sendo a venda a crédito, o vendedor não é obrigado a entregar a coisa antes de receber o preço.

Nos contratos bilaterais, o credor também é devedor, de modo que, se o devedor, que é credor, não quer adimplir, o credor, que é devedor, pode se recusar a adimplir. A exceção de contrato inadimplido é admissível se entre a prestação do credor e a contraprestação do devedor há equivalência e se ambas são exigíveis. Além das prestações convencionais, a evicção também ocorre nos deveres gerais de conduta que se integram ao contrato, independentemente da vontade das partes (v. g., boa-fé objetiva, equivalência material, função social do contrato, cooperação, informação); uma não pode exigi-los da outra se não os cumpre.

O CC, art. 476, apenas alude à exceção de contrato não cumprido, ou *exceptio non adimpleti contractus*, quando um dos contratantes se recusa a cumprir sua obrigação até o adimplemento da prestação da outra parte. No entanto, há também a *exceptio non rite adimpleti contractus*, que deve ser alegada quando, embora cumprida a obrigação, esta não foi completa ou adequadamente satisfeita. O adimplemento insatisfatório ou ruim dá ensejo à exceção *non rite adimpleti contractus*. Não importa se a deficiência é quantitativa ou qualitativa, devendo a outra parte, contra quem se opõe a exceção, ter de aumentar ou melhorar a prestação feita. As exceções podem ser opostas tanto em ações de cobrança quanto as que pretendam a resolução do contrato, por esse fato. Como diz Ruy Rosado de Aguiar Jr., (2014, p. 50), é uma exceção dilatória (não peremptória) porque a outra parte não perde o direito, apenas dilata a situação.

A exceção só pode ser oposta se há contrato bilateral. Qualquer outro negócio jurídico não a fundamenta. Porém, a bilateralidade não significa que as prestações sejam de execução simultânea. A prestação e a contraprestação podem ser feitas simultaneamente; outras vezes, não há simultaneidade, porque se permitiu à prestação ser anterior à contraprestação. Neste caso, a exceção não pode ser oposta, pois implica a exigibilidade de ambas as prestações.

A exceção não contesta nem impugna a obrigação por parte de quem a utiliza. É meio de defesa, mas não é contestação. Não se nega o débito e a obrigação correspondente; não se nega que a outra parte pode exigir a obrigação. Porém, a exceção pode ser oposta à pretensão da outra parte, em virtude do dever de equivalência. No âmbito processual, constitui defesa indireta de mérito, que implica improcedência do pedido, porque obsta o exercício do direito do autor. Essa exceção tem fundamento no princípio, derivado da boa-fé objetiva, de vedação do comportamento contraditório ou de *venire contra factum proprium*.

Em razão do fundamento na boa-fé, a doutrina tem entendido que a exceção de contrato não cumprido somente pode ser oposta em razão de inadimplemento de obrigação de mesma importância, não sendo possível quando a outra for secundária. Em exemplo dado por Jean Carbonnier (2000, p. 354), o locatário não pode opor a exceção, para deixar de pagar o aluguel, sob o pretexto de que o locador não fez os reparos prometidos no imóvel.

7.5. Exceção de Reforço de Garantia

Além da exceção do contrato não cumprido, a outra parte do contrato pode valer-se de outra exceção: a de reforço de garantia, por insolvência da outra. Nessa hipótese, a parte toma conhecimento que a outra teve substancial diminuição de seu patrimônio, no curso do contrato, o que pode comprometer ou tornar duvidoso o adimplemento assumido.

Não se trata de pretensão à prestação antecipada (em relação à do outro contratante), mas de exceção; ao outro contratante é que cabe escolher entre prestar antecipadamente (ao mesmo tempo em que o que teria de prestar antes), ou dar garantia (Pontes de Miranda, 1971, v. 26, p. 109).

A exceção só pode ser oposta se a diminuição do patrimônio ocorrer após a conclusão do contrato; mas não pode ser oposta pelo contratante que já estava em mora, em relação à sua própria obrigação, quando se deu a diminuição patrimonial do outro. A exceção é para que a parte preste garantia adicional, que pode ser fiança, caução, seguro, penhor, hipoteca, de modo a que a outra não corra risco desarrazoado, cuja probabilidade se evidencia. Independe de ter havido boa ou má-fé da parte contratual, porque a idoneidade patrimonial é aferida objetivamente. Toda obrigação tem como garantia geral o patrimônio do devedor, que pode responder por ela.

Exercendo a exceção, o devedor fica legitimado a não cumprir sua obrigação enquanto não se extinguir a exceção. O devedor pode deixar de adimplir legitimamente, não podendo sofrer as consequências do inadimplemento. Não pode incorrer em mora, nem tem contra si a fluência dos juros moratórios. Se já incorrera em mora, não fica subordinado às consequências da mora desde que foi citado.

Essas exceções (de contrato não cumprido, de contrato cumprido insatisfatoriamente e de reforço de garantia) são exceções dilatórias ou de retardamento. A qualquer tempo que a outra parte, contra quem foram opostas, cumprir sua obrigação, cumpri-la satisfatoriamente, ou oferecer o reforço de garantia, tem a parte de cumprir a sua, que passa a ser exigível sem impedimento. Desse modo extinguem-se as exceções.

Capítulo VIII

Interpretação e Integração dos Contratos

Sumário: 8.1. Interpretação do contrato paritário. 8.2. Critérios legais da interpretação contratual. 8.3. Pressupostos da interpretação contratual. 8.4. Interpretação integrativa e integração. 8.5. Integração dos deveres gerais de conduta negocial e sua interpretação. 8.6. Interpretação das condições gerais do contrato de adesão. 8.6.1. Interpretação do contrato de adesão, regulado pelo Código Civil. 8.7. Interpretação dos contratos de consumo.

8.1. Interpretação do Contrato Paritário

Interpretar o contrato é revelar o significado que se deve atribuir à exteriorização da vontade comum, de que ele resultou. A exteriorização é a declaração expressa da vontade, realizada por sinais, gestos, palavras proferidas e escrita, e a manifestação tácita da vontade, mediante comportamentos concludentes.

Mas a interpretação do contrato não consiste apenas em revelar sentido, pois pode ir além da declaração, com a interpretação integrativa, ou com o reconhecimento da integração dos deveres gerais de conduta negocial, ou com a interpretação das normas jurídicas dispositivas não afastadas pelas partes, ou com a declaração de nulidade das cláusulas e condições colidentes com as normas jurídicas cogentes constitucionais e infraconstitucionais. Pode, ainda, restringir seu alcance, em determinadas situações, como nos contratos que têm como objeto liberalidades (ex.: doação e fiança).

Depende do sistema jurídico a definição do alcance da interpretação: se basta a declaração ou se investiga, também, a intenção ou vontade comum. Diz Kelsen (1974, p. 353) que o ideal da segurança do tráfico jurídico pode conduzir à primeira solução e o da liberdade individual pode conduzir à segunda. Diferentemente do CC/1916, que valorizava a intenção comum, o CC/2002 optou pela vontade declarada ou exteriorizada, apenas interessando, para fins de interpretação, a intenção *consubstanciada* na declaração (art. 112).

Para o contrato objeto de consentimento livre e consciente, esclarece Pontes de Miranda que o objeto da interpretação não é a vontade interior, "mas sim a manifestação da vontade, no que ela revela de vontade verdadeira do manifestante. É preciso que o querido esteja na manifestação, o que não foi manifestado não entra no mundo jurídico" (1974, v. 3, p. 354). E as palavras empregadas, oralmente ou por escrito, têm de ser interpretadas conforme o sentido que lhes dá a generalidade das pessoas. Todavia, a linguagem pode ser de determinado lugar ou grupo social, ou de determinado ramo de atividade econômica (Pontes de Miranda, 1972, v. 38, p. 92).

Os estudiosos da hermenêutica filosófica, literária, histórica e jurídica têm demonstrado que a escrita distancia o autor de seus interlocutores. Como diz Paul Ricoeur (1991, *passim*), a escrita torna o texto autônomo em relação à intenção do autor. O que o texto significa já não coincide com aquilo que o autor quis dizer. Significação verbal, quer dizer, textual, e significação mental, quer dizer, psicológica, têm destinos diferentes. Assim, a intencionalidade do autor, embora seja real, deixa de ser relevante no processo interpretativo.

A interpretação do contrato paritário funda-se necessariamente na declaração, ou melhor, nas declarações concordes que engendram o consenso (declaração comum). O objeto da interpretação contratual é exclusivamente a declaração comum ou consenso exteriorizado. A declaração da parte constitui negócio jurídico unilateral autônomo, ou seja, negócio jurídico de oferta e negócio jurídico de aceitação, que podem ser interpretados isoladamente, enquanto negócios jurídicos unilaterais. Para fins de interpretação do contrato em si, como negócio jurídico bilateral, a declaração comum é o seu objeto hermenêutico. Segundo opinião difundida na doutrina, o contrato é mais inteligente que seus sujeitos.

De acordo com Emilio Betti (1969, v. 2, p. 243), só podem ser objeto de interpretação jurídica as atitudes exteriormente reconhecíveis no mundo social: nunca uma "vontade", que não haja passado de mero fato psicológico, sem a adequada objetivação, que a torne, precisamente, objetivamente reconhecível. E quando se fala de recognoscibilidade objetiva como fato social, deve entender-se que as atitudes em questão podem ser reconhecíveis, não por qualquer pessoa, onde e quando forem tomadas, mas onde e quando tiverem relevância jurídica em relação à contraparte interessada, em conformidade com a estrutura típica do negócio em questão. Há, portanto, um *ponto relevante para o tratamento interpretativo* – ponto de relevância hermenêutica, que para Betti encontra-se no destinatário. A declaração que se enquadra no desenvolvimento de negociações é interpretada como o destinatário podia e devia razoavelmente entendê-la, segundo o critério da boa-fé, incumbindo ao declarante o ônus de falar claro.

O ponto de partida é o texto e seu contexto. A vontade, o querido, hão de estar contidos na declaração, pois o que não foi exteriorizado não entra no mundo jurídico e não pode servir à interpretação do contrato. Essa regra básica de interpretação contratual tem raízes romanas, segundo Pothier (1906, p. 61), havendo sido reelaborada para atender às circunstâncias históricas da codificação moderna. A exigência de exteriorização também é comum nos contratos internacionais, como se lê no art. 8º, 1, da Convenção das Nações Unidas sobre compra e venda internacional de mercadorias ("as declarações de uma parte devem ser interpretadas de acordo com a sua vontade, quando a outra parte conheça esta vontade ou não pudesse ignorá-la").

A interpretação dos contratos apresenta peculiaridades distintas da interpretação da lei. A lei é predisposta pela autoridade legislativa; o contrato é fruto de acordo das partes. A lei é abstrata e geral; o contrato é concreto e relativo às partes. A lei não depende do consentimento ou aprovação dos destinatários para valer e ser eficaz; o contrato vale e é eficaz a partir do consentimento de suas partes. A finalidade da lei é de regular interesses sociais, coletivos e públicos; a do contrato a de regular interesses particulares e determinados. A aplicação da lei não leva em conta a intenção de quem a edita; a do contrato busca exatamente essa intenção comum exteriorizada. A lei é uma regulamentação heterônoma; o contrato é uma regulamentação autônoma.

Apesar dessas diferenças, tem-se procurado identificar a interpretação da lei e do contrato. Para Erlich Danz (1932, *passim*), a interpretação do contrato e da lei são idênticas no que têm de essencial. Afinal, seriam declarações que se revelam ao direito de forma objetiva, sendo irrelevantes os aspectos subjetivos de sua criação, porque, para ele, o contrato é uma norma de direito, como o é a norma estabelecida pelo Estado. Para Jörg Neuner (2009, p. 41), o "modelo metodológico de três níveis" relativo à interpretação da lei, à complementação da lei e à correção da lei deixa-se transferir de modo análogo para o direito dos contratos; assim como as leis, os contratos também necessitam de interpretação, podem ser lacunosos ou violar direito de grau mais elevado. Igualmente, entende Ruy Rosado de Aguiar Jr. (2014, p. 55) que a interpretação jurídica em matéria de contratos é de tipo normativo e não de tipo psicológico, porque ela se extrai do conteúdo cognitivo de ambas as partes e não apenas de uma delas.

Concordando-se ou não com os postulados de Danz, Neuner e Aguiar Jr., o certo é que a interpretação do contrato, inclusive o paritário, e a da lei entroncam-se nos princípios comuns da interpretação normativa, que por sua vez são tributários dos princípios mais amplos da teoria geral da interpretação. Contudo, a unicidade no plano teórico não apaga as particularidades das espécies, como, aliás, reconhecem esses autores, quanto à limitação dos paralelos e à diferenciação dos propósitos da interpretação e dos critérios.

De tudo resulta que a interpretação do contrato paritário tem por finalidade dar o significado aplicável da declaração comum das partes contratantes. Essa declaração supõe o acordo, a oferta e a aceitação, o consentimento, a vontade comum. Todos os critérios e métodos que a cercam são meios para se atingir essa finalidade. A necessidade de identificar a declaração comum das partes exclui a análise separada da oferta e da aceitação, devendo-se, ao invés, fazer referência ao acordo como foi declarado. A atividade interpretativa pressupõe que o contrato seja concluído entre partes e que tenha havido convergência ao menos sobre os elementos essenciais do negócio (Costanza, 1986, p. 337). Além disso, a metódica da interpretação dos contratos tem a tarefa de indicar os meios e caminhos com a ajuda dos quais os princípios dos contratos são mais bem realizados (Neuner, 2009, p. 42), tanto os princípios individuais quanto os princípios sociais.

No âmbito dos contratos internacionais, a regra 4.1 dos Princípios do UNIDROIT estabelece que, se a intenção comum não puder ser estabelecida, o contrato deve ser interpretado de acordo com o sentido que uma pessoa razoável, do mesmo tipo das partes, lhe daria se estivesse nas mesmas circunstâncias.

É o acordo o objeto da interpretação e não cada uma das declarações. Essa regra procura priorizar o que de fato foi querido pelos agentes, mas desde que tenha sido declarado e apreensível no meio social. O que foi pensado, mas não exteriorizado, não pode ser considerado pelo direito, pois o intérprete não pode incursionar no âmbito da psique humana, quando se tratar de contrato.

O dado cognoscível é sempre a declaração, por si só ou através dela na pesquisa da intenção das partes, desde que exteriorizada. A intenção que não se exteriorizou não pode servir à interpretação. Em situações excepcionais é admitida a presunção de declaração (presunção ficta) de caráter absoluto, sem possibilidade de prova em contrário, quando a lei assim estabelece; exemplo é o do art. 574 do CC: "Se, findo o prazo, o locatário continuar na posse da coisa alugada, sem oposição do locador, presumir-se-á prorrogada a locação pelo mesmo aluguel, mas sem prazo determinado".

As circunstâncias que envolveram e envolvem o negócio jurídico devem ser consideradas na interpretação deste: as negociações preliminares, a habitualidade de negócios, a compreensão que a comunidade empresta a certas atitudes negociais, as manifestações havidas anteriormente e durante a execução do negócio, os comportamentos das partes durante a execução, o significado corrente das palavras empregadas, o lugar, o tempo, o modelo das normas dispositivas aplicáveis e a mudança objetiva de circunstâncias. Deve ser levado em conta, principalmente, o significado que corresponde ao uso do tráfico jurídico, não só em relação às partes, mas também nos setores e ramos dos respectivos negócios.

A linguagem utilizada assume relevância especial, pois pode haver divergência entre termos que têm divergência de significado entre a linguagem coloquial e a linguagem técnica, ou haver divergência do uso linguístico em lugares diferentes de abrangência do contrato (por exemplo, o termo "tarefa" varia em alguns Estados no Brasil), ou entre o tempo da conclusão deste e o de sua execução, que pode ter sido modificado quando é de longa duração. Conteúdos contraditórios ou ambíguos podem ter sido lançados propositadamente pelas partes, que sobre eles não chegaram a um acordo definitivo, na expectativa de que o intérprete futuro, especialmente o juiz, possa arbitrar o significado adequado.

Considerando a economia de mercado regulado que a Constituição brasileira adota, todo contrato integrante de atividade econômica, para além das declarações de vontade e de acordo, sofrem a primazia da incidência dos princípios estabelecidos no art. 170 da Constituição, que necessariamente conformam, informam ou determinam o conteúdo negocial, a saber: o da justiça social, o da valorização do trabalho humano, o dos valores sociais da livre iniciativa, o da soberania social, o da propriedade privada e de sua função social, o da livre concorrência, o da defesa do consumidor, o da defesa do meio ambiente, o da redução das desigualdades sociais e regionais, o do pleno emprego, o da preferência para as pequenas empresas.

O parágrafo único do art. 421 do CC, acrescentado pela Lei n. 13.874/2019 ("Lei de Liberdade Econômica"), tem função interpretativa, porém de escassa utilidade. Estabelece que nas relações contratuais privadas "prevalecerá o princípio da intervenção mínima do Estado", sem especificar o que ele significa. É norma vazia de conteúdo, pois o propósito do legislador esbarra na autonomia constitucional do Poder Judiciário, que não pode ser restringida por norma infraconstitucional. A aplicação de qualquer princípio jurídico – inclusive os instituídos pela Lei n. 13.874/2019 – é exigente de intervenção do Estado-Juiz, para demarcação de seu conteúdo ao caso concreto. Por outro lado, quando as partes do contrato divergem quanto à interpretação dele ou parte dele, inexistindo cláusula de arbitragem, a intervenção judicial é a consequência inevitável para resolução do conflito.

8.2. Critérios Legais da Interpretação Contratual

O CC/2002 foi avaro na fixação de critérios gerais de interpretação dos contratos. Nos arts. 110 a 114 da Parte Geral encontram-se os que orientam a

— 150 —

interpretação de quaisquer negócios jurídicos unilaterais ou bilaterais (contratos e outros acordos), podendo ser assim sistematizados em relação aos contratos paritários:

a) A intenção comum que deve ser levada em conta é a que se exterioriza na declaração de vontade negocial (nela "consubstanciada", no dizer da lei);

b) A intenção comum exteriorizada (conteúdo) prefere ao sentido literal da linguagem utilizada no contrato (forma), quando forem conflitantes;

c) Se a parte fez reserva mental de não se obrigar ao que foi exteriorizado na declaração, esta prevalecerá sobre aquela, salvo se a outra parte tinha conhecimento da reserva mental e não se opôs a ela; o ônus da prova do conhecimento pela outra é da parte que se utilizou da reserva mental;

d) O silêncio não pode ser considerado consentimento, salvo se preencher os requisitos do comportamento concludente: 1) quando os usos e circunstâncias que envolvam determinado contrato e em determinada comunidade o admitam, ou eles sejam comuns no relacionamento negocial dos contratantes; 2) quando não for exigível declaração de vontade expressa (escrita, sinais, gestos). Os dois requisitos são cumulativos;

e) Todo contrato deve ser interpretado em conformidade com a boa-fé objetiva. Além de sua função integrativa como dever geral de conduta negocial, a boa-fé é critério necessário de interpretação. Como a boa-fé objetiva integra o contrato, independentemente da vontade das partes, aquela prevalece sobre esta, quando conflitarem. A interpretação da boa-fé objetiva tem por fito: 1) revelar sua primazia, em caso de conflito com a declaração de vontade; 2) preencher lacuna deixada pelas partes; 3) dar conformidade, de acordo com sua função, ao sentido da declaração de vontade expressado pelas partes, que não seja com ela colidente;

f) Os usos do lugar da celebração do contrato devem ser levados em conta em sua interpretação. Apenas supletivamente os usos devem ser considerados pelo intérprete, porque, ao contrário da boa-fé objetiva, não podem contraditar a declaração expressa;

g) Os contratos benéficos, como a doação e a fiança, devem ser interpretados em sentido estrito, não agravando a situação da parte que beneficia a outra.

Outros critérios foram acrescentados pelo art. 421-A, introduzido pela Lei n. 13.874/2019, que presume paritários os contratos civis e empresariais, salvo se houver "elementos concretos que justifiquem o afastamento dessa presunção", ou sejam submetidos a regimes legais especiais (por exemplo, os contratos de consumo). Para interpretação dos contratos paritários devem ser observados os seguintes critérios, a partir desse dispositivo legal:

a) As partes podem estabelecer "parâmetros objetivos" de interpretação. Todavia, não podem derrogar normas cogentes e os respectivos deveres gerais de conduta negocial, que estão integradas ao contrato, independentemente de sua vontade, aí incluídos os princípios aplicáveis.

b) As partes têm liberdade de fixar a repartição de riscos (a norma alude a "alocação") entre elas, que, em princípio, deve ser observada pelo intérprete. Todavia, essa repartição não pode redundar em desequilíbrio desarrazoado das prestações, violando o princípio da equivalência material entre as partes, fazendo despontar o abuso do poder negocial dominante e afastando a presunção legal da paridade, nesse ponto.

c) A revisão judicial (ou arbitral) do contrato deve ser excepcional e limitada. Esse critério é tautológico, pois toda revisão contratual é excepcional e se impõe quando a estipulação afronta os fundamentos do direito contratual contemporâneo. Por outro lado, não é função do intérprete substituir-se às partes, em razão de suas convicções pessoais, o que dispensaria, por essa razão, esse suposto critério.

Além do disposto especificamente aos contratos, no CC, art. 421-A, aplicam-se-lhes os critérios gerais dos negócios jurídicos introduzidos pela Lei n. 13.874/2019 mediante o parágrafo único do art. 113 do CC, quanto ao sentido que deva ser atribuído pela interpretação, quando houver divergência entre as partes:

a) Confirmação do sentido contratual em razão do comportamento objetivo das partes contratantes, posteriormente à celebração do contrato. Expande-se, assim, a diretriz já absorvida no direito brasileiro da vedação do comportamento contraditório, que ocorre quando uma das partes deseja fazer prevalecer a literalidade da estipulação em desacordo com o comportamento que adotou durante a execução do contrato, ainda que este possa ter se distanciado daquela.

b) Correspondência do significado contratual aos usos, aos costumes e à prática do mercado, quando dúvida houver na interpretação. O mercado deve ser específico e relacionado ao objeto do contrato, além dos modos do lugar onde é executado. Esses fatores são aferíveis objetivamente e devem ser provados pela parte que neles busca fundamento para imprimir o significado desejado ao contrato.

c) Correspondência com a boa-fé, como princípio e dever geral de conduta. Não apenas desse, mas com os demais princípios individuais e sociais do contrato.

d) Interpretação preferencial à parte que não redigiu a estipulação contratual controvertida. O parágrafo único do art. 113 universalizou a antiga regra de *interpretatio contra stipulatorem*, que teve sua recepção no direito positivo brasileiro com o advento do CDC, que passa a incidir sobre todos os contratos, inclusive os paritários.

e) Correspondência do significado contratual ao que seria a razoável negociação das partes sobre o ponto em que estas controvertem. Trata-se da admissão expressa da interpretação integrativa, ou seja, o contrato é integrado pelo intérprete com o significado que as partes, se tivessem prevenido divergências futuras, teriam estipulado para a realização dos fins e do objeto do contrato. A divergência de interpretação é aferível razoavelmente tendo em conta as informações que as partes deram no momento da celebração do contrato, que se revelaram insuficientes ou inadequadas no curso da execução.

O CC, art. 113, também foi acrescentado de § 2º pela Lei n. 13.874/2019, e estabelece que as partes podem pactuar critérios de interpretação, integração e de "preenchimento de lacunas" diversos daqueles previstos em lei. Os critérios legais são apenas os que resultam de normas dispositivas ou facultativas, pois as partes contratantes não podem derrogar, mediante negócio jurídico, normas cogentes (imperativas ou proibitivas), pois apenas o legislador pode fazê-lo.

Ainda que o CC/2002 não tenha reproduzido expressamente o critério de favorecimento do devedor, entende a doutrina brasileira que nosso sistema jurídico sempre o adotou, como legado do direito romano. O favorecimento do devedor tem por finalidade tornar menos gravosas as restrições à sua liberdade, que as obrigações contratuais impõem, sem negar o direito do contratante credor. A parcial revogação do Código Comercial não subtraiu o critério do sistema jurídico, que é mais amplo que o sistema legal. Nesse sentido é o entendimento de José Carlos Moreira Alves, para quem o *favor debitoris* é princípio geral do direito brasileiro, que se apresenta como manifestação do *favor libertatis* em sentido amplo, "quer naquelas que visam a impedir ou a diminuir o desequilíbrio que circunstancialmente (pelas condições econômico-sociais de uma época ou de um momento) torna o devedor a parte mais débil na relação obrigacional", quer naquelas que se inspiram no princípio de que "quem obriga, se obriga sempre pelo menos". Algumas normas legais promanaram desse princípio, como a vedação da usura e do anatocismo, a anulação do contrato em virtude de lesão ou de estado de perigo, a resolução ou revisão do contrato pela superveniência de onerosidade excessiva, a proibição da prisão por dívida.

A doutrina tem procurado desenvolver máximas de interpretação que possam reduzir o componente arbitrário do intérprete, até mesmo entre os que postulam a interpretação eminentemente subjetiva do contrato. As máximas e os critérios difundidos pela doutrina são tópicos consagrados pelo senso comum dos juristas, sem a força dos critérios adotados pela lei.

8.3. Pressupostos da Interpretação Contratual

Antecede a interpretação do contrato, propriamente dita, a verificação de seus pressupostos. De modo amplo, integra a operação de interpretar, ainda que não seja para revelar o sentido. A identificação da ausência de pressupostos impede a interpretação, razão por que constitui sua primeira etapa. Constituem pressupostos da interpretação contratual:

a) atendimento aos elementos, requisitos e fatores dos planos do mundo do direito (existência, validade e eficácia);

b) classificação do contrato e consequente identificação das normas cogentes e dispositivas (legislação aplicável);

c) conservação do contrato.

Aplicam-se aos contratos os mesmos elementos de existência jurídica, requisitos de validade e fatores de eficácia dos negócios jurídicos bilaterais. Quando se interpreta o contrato, necessariamente se procuram os seus limites e o seu conteúdo. O primeiro enunciado implícito é o da existência do negócio; portanto, do suporte fático a que correspondem regras jurídicas sobre negócios jurídicos. Depois é o da sua validade. Finalmente, o da sua eficácia. Deve-se distinguir a falta de vontade do contrato, que exclui a existência da declaração, da falta de consciência da exteriorização da vontade de contrato. Em ambos os casos não há contrato, encerrando-se aí a operação de interpretação. Para se chegar às conclusões, tem-se de partir do exame do negócio para se saber se se fez contrato, mas, para isso, tem-se de dizer qual a lei que o rege, mesmo porque tal lei é a que rege a própria interpretação do contrato. Tem-se, portanto, de distinguir da interpretação do negócio a apreciação de sua juridicidade: existência, validade e eficácia (Pontes de Miranda, 1972, v. 38, p. 70).

As normas supletivas ou dispositivas aplicáveis a determinado contrato são consideradas como se fossem queridas pelos contratantes, quando estes não estipulam de modo diferente; houve, portanto, manifestação tácita de vontade (hipótese, entre outras, do art. 327 do CC: "Efetuar-se-á o pagamento no domicílio do devedor, salvo se as partes convencionarem diversamente"). Não havendo acordo para afastá-las, o direito dispositivo representa o sistema central de referência. Sua interpretação é de conteúdo misto, pois revela o sentido da norma legal e, ao mesmo tempo, sua integração ao contrato particular, que a

— 154 —

condiciona. Diferentemente, as normas cogentes (impositivas ou proibitivas) não podem ser afastadas pelas partes, pois são insuscetíveis de desconsideração pela autonomia privada negocial. As cláusulas que as contrariarem são nulas, sendo assim declaradas pelo juiz.

Todo contrato representa um esforço humano e uma utilidade social, que devem ser levados em conta para, sempre que possível, ser salvaguardados, segundo o que a doutrina denomina interpretação em favor do contrato (Carbonnier, 2000, p. 279), ou princípio da conservação do contrato.

O direito brasileiro tem admitido o princípio da conservação do contrato, sempre que seja possível atingir suas finalidades, quando alguma ou algumas cláusulas forem consideradas nulas. A difusão dos contratos de duração continuada levou a essa mudança de diretriz, pois, no direito anterior, a nulidade de uma cláusula contaminava todo o contrato. O princípio é expressamente previsto no CC, art. 184, mediante o qual a invalidade parcial do contrato não o prejudicará na parte válida, se esta for separável. Há modificação quantitativa, pela supressão das cláusulas consideradas nulas.

Mas, além da separação ou divisão entre a parte válida e a parte inválida, a doutrina também cogita da utilidade, segundo a máxima romana *utile per inutile non viciatur* (a parte inútil não prejudica a parte útil), que impõe a conservação do que seja útil, pois é necessário que a parte residual não contaminada pela invalidade "tenha entidade própria e satisfaça suficiente e equilibradamente os interesses concretos das partes" (Padilla, 1990, p. 105).

Próximo do princípio da conservação é o princípio da conversão do contrato. Neste, não é possível a interpretação do contrato originário, que foi declarado totalmente nulo, mas do novo no qual ele se converteu, quando for possível. Em comum, o interesse pela preservação da função social do contrato. Há previsão expressa no art. 170 do CC, que estabelece a subsistência do contrato nulo se ele contiver os requisitos de outro, "quando o fim a que visavam as partes permitir supor que o teriam querido, se houvessem previsto a nulidade". Esta é hipótese de modificação qualitativa do contrato: o contrato nulo é convertido em contrato válido.

8.4. Interpretação Integrativa e Integração

A interpretação integrativa tem por fito revelar os elementos implícitos do contrato, segundo seus fins, e que presumivelmente integram as declarações de vontade e o acordo. É espécie do gênero interpretação extensiva, mas vinculada

— 155 —

à autonomia privada das partes e à sua base negocial. Traz à luz o que deveria estar explicitado no contrato. Por meio da interpretação integrativa alcança-se todo o conteúdo que o contrato deve ter, de acordo com a natureza do contrato. A interpretação do contrato é mais do que a revelação de sentido das palavras escritas ou faladas, ou do comportamento concludente (atos, gestos, signos, silêncio) das partes; é também revelação do que deve integrar o contrato se as partes fossem instadas a se manifestar sobre o ponto que restou omisso.

Os deveres pré-contratuais e pós-contratuais são exemplos de interpretação integrativa: a omissão do contrato é preenchida com os elementos da negociação prévia, que esclarecem o conteúdo expressado; do mesmo modo, o contrato de prestação de serviços de profissional liberal importa o dever implícito de segredo profissional, que deve ser respeitado inclusive após a extinção contratual, pois esta é a conduta razoável que as partes esperam nesse tipo de contrato. São elementos interpretativos as notas para o instrumento contratual, as minutas, as cartas trocadas, os prospectos, os catálogos, as amostras e todos os dados que serviram à negociação do acordo. Um contrato de locação de um imóvel para fins não residenciais em geral, vizinho à loja do locador, implica interpretação integrativa, no sentido de não poder o locatário abrir loja concorrente, no mesmo ramo; ainda que o contrato nada estipule a respeito, a violação dessa obrigação de não fazer qualifica-se como inadimplemento contratual.

A interpretação integrativa ultrapassa o âmbito do que está expresso no conteúdo negocial; é, segundo Custódio da Piedade Ubaldino Miranda (1989, p. 209), atividade que procura captar o espírito da declaração, o seu conteúdo marginal ou implícito, a partir das valorações dos próprios interesses em que as partes se fundaram e do objeto que se propuseram regulamentar na fase da formação do negócio. Se não há elementos de revelação do conteúdo do contrato, inclusive cláusulas de ordem geral de origem unilateral, mas vinculativas, à interpretação do contrato fica a função mais delicada, porém necessária, de apontar o que é que as partes teriam manifestado de vontade se tivesse sido, antes da conclusão do contrato, levantada a questão (Pontes de Miranda, 1972, v. 38, p. 71). A interpretação integrativa visa à finalidade recognoscível do contrato, à conexão com seu sentido e sua ideia fundamental, atendendo aos usos do tráfico e aos interesses dos contratantes (Larenz, 1958, p. 118).

A interpretação integrativa, entendida como conceito intermediário entre a interpretação propriamente dita e a integração, é, segundo Darcy Bessone (1987, p. 231), em última análise, uma forma de interpretação, porque opera ainda com o consentimento ou a intenção comum, embora lhe dando desenvolvimento que as partes seriam incapazes de imaginar.

A integração, por sua vez, incorpora elementos externos, ou seja, os efeitos jurídicos do negócio não previstos, nem expressa nem implicitamente, pelas partes. As normas supletivas ou dispositivas são integradas ao contrato, quando as partes não estipulam em contrário; nesta hipótese, a interpretação não ancora na intenção comum das partes. Também se dá a integração quando os elementos externos são incorporados independentemente da vontade real ou presumida das partes, e até contra estas, como na hipótese dos deveres gerais de conduta (boa-fé, função social, confiança, equidade, equivalência material, cooperação, segurança) e das normas cogentes (impositivas ou proibitivas). A doutrina qualifica essa segunda modalidade de heterointegração (integração imposta de fora para dentro do contrato).

Se a integração é, antes de mais nada, a integração dos efeitos, se os efeitos jurídicos decorrem da lei, nada mais natural que a omissão da regulamentação negocial seja suprida pela mesma lei (Miranda, 1989, p. 212).

Na revelação do conteúdo do contrato, primeiro se deve observar o que é cogente, porque escapa à estipulação das partes. A integração compulsória dos princípios, normas jurídicas e deveres gerais de conduta negocial ao contrato, exige interpretação distinta da interpretação das declarações negociais e da interpretação integrativa. A interpretação das normas supletivas ou dispositivas, que forem aplicáveis ao contrato por força da integração, vem depois. Em seguida, a interpretação integrativa e a interpretação das declarações negociais, porque estas não podem contrariar aquelas.

A integração do contrato, como expressão de ordem pública contratual, foi prevista expressamente no art. 964 do Código Civil argentino de 2014, abrangendo as normas indisponíveis, que se aplicam em substituição das cláusulas incompatíveis com elas, as normas supletivas e os usos e práticas do lugar da celebração do contrato.

8.5. Integração dos Deveres Gerais de Conduta Negocial e sua Interpretação

Conforme expusemos alhures (2005, *passim*), os negócios jurídicos, notadamente os contratos, no direito civil contemporâneo, recebem a integração em seu conteúdo de deveres gerais de conduta, independentemente do que as partes estipularam, podendo ser assim classificados: a) dever de boa-fé objetiva, incluindo os deveres pré e pós-contratuais e os deveres de não se adotar comportamentos contraditórios; b) dever de realização da função social do contrato; c) dever de se assegurar equivalência material das prestações, na conclusão e na execução do contrato; d) dever de equidade; e) dever de informar; f) dever de cooperação; g) dever de segurança.

Os deveres gerais de conduta são integrados aos contratos, de modo automático, vinculando com prioridade as partes, ao lado dos deveres convencionados de prestações. Não têm por finalidade colmatar lacunas deixadas pelas partes, pois operam como imposição de deveres, distintos do dever de prestação que singulariza o contrato e até em contraposição às cláusulas estabelecidas expressamente pelas partes. Operam por heterointegração, não se reconduzindo à declaração de vontade das partes. São deveres impostos por lei, para além dos deveres de prestação, que são os de cumprimento das obrigações voluntariamente assumidas. Independem da existência de lacunas no contrato.

Dado o vínculo heterônomo, a interpretação dos deveres gerais de conduta negocial leva a uma das seguintes conclusões:

a) interpretação das cláusulas contratuais em conformidade com o dever geral de conduta ou deveres gerais de conduta, quando se possa conservar o conteúdo contratual;

b) incompatibilidade total da cláusula com determinado dever geral de conduta: resolve-se pela nulidade, pois se aplica a regra de serem nulas as cláusulas consideradas ilícitas ou violadoras de norma jurídica cogente;

c) omissão do contrato sobre os deveres gerais de conduta: a interpretação tem por objetivo colmatar essa lacuna, com a integração dos deveres, para conformação das condutas que as partes devem observar.

Há situações em que os deveres gerais de conduta negocial são autônomos, por inexistirem deveres de prestação, como as relações obrigacionais pré-contratuais. Ainda que não exista contrato, esses deveres são exigíveis. Não tem a menor importância se as negociações conduziram ou não ao fechamento do contrato, porque é uma relação obrigacional independente da vontade de se obrigar, como diz Karl Larenz (2008, p. 346).

As partes contratantes agem tipicamente por motivos egoísticos e querem limitar as próprias obrigações ao necessário para o sucesso econômico. Em conformidade com isso, à vontade das partes se estende seguidamente apenas deveres da prestação principal, bem como o estabelecimento de um regime lateral de regulamento necessário à realização do êxito da prestação (Neuner, 2009, p. 64). Por essa razão, os deveres gerais de conduta, que exprimem valores sociais e princípios jurídicos indisponíveis, integram o contrato, passando ao largo da autonomia privada negocial, exigindo interpretação própria, para além da intenção comum.

— 158 —

A equidade, por exemplo, como diz Stefano Rodotà (1969, p. 222), é de um juízo valorativo a ser formulado pelo juiz, observando o contrato em seu conjunto e em seu contexto, com subordinação à lei. No Código Civil, há exemplos de sua adoção explícita, sem prejuízo de sua incidência implícita a qualquer contrato, como princípio normativo: o art. 413 determina que a cláusula penal deve ser reduzida equitativamente pelo juiz se for manifestamente excessiva ou se a obrigação principal tiver sido cumprida em parte; o art. 479 estabelece que a resolução do contrato poderá ser evitada, oferecendo-se o réu a modificar equitativamente as condições daquele. A versão de 2004 dos comentários aos princípios do UNIDROIT enuncia que o desequilíbrio fundamental do contrato deve "ser entendido no caso concreto e dependente das circunstâncias", que é manifestação da equidade, sem referência a preços de mercado.

Os deveres de conduta, hauridos de equivalentes princípios normativos, não são simplesmente anexos ao dever de prestar adimplemento. A evolução do direito fê-los deveres gerais de conduta, que se impõem tanto ao devedor quanto ao credor e, em determinadas circunstâncias, a terceiros. Esses deveres não derivam da relação jurídica obrigacional, e muito menos do dever de adimplemento; estão acima de ambos, tanto como limites externos ou negativos, quanto como limites internos ou positivos. Derivam diretamente dos princípios normativos e irradiam-se sobre a relação contratual, conformando-a e determinando-a. Os deveres gerais de conduta exigem interpretação de seus efeitos e alcances diretamente conjugada aos dos princípios de onde promanam. A compreensão de uns implica a dos outros.

Os deveres gerais de conduta, ainda que incidam diretamente nas relações contratuais, independentemente da manifestação de vontade dos participantes, necessitam de concreção de seu conteúdo, em cada relação, considerados o ambiente social e as dimensões do tempo e do espaço de sua observância ou aplicação. Essa é sua característica, razão por que são insuscetíveis ao processo tradicional de subsunção do fato à norma jurídica, porque esta determina a obrigatoriedade da incidência da norma de conduta (por exemplo, a boa-fé) sem dizer o que ela é ou sem defini-la. A situação concreta é que fornecerá ao intérprete os elementos de sua concretização. Não se confunde com sentimentos ou juízos de valor subjetivos do intérprete, porque o conteúdo concreto é determinável em sentido objetivo, até com uso de catálogo de opiniões e lugares comuns (*topoi*) consolidados na doutrina e na jurisprudência, em situações semelhantes ou equivalentes. O lugar e o tempo são determinantes, pois o intérprete deve levar em conta os valores sociais dominantes na época e no espaço da concretização do conteúdo do dever de conduta. Não deve surpreender que o mesmo texto legal, em que se insere o princípio tutelar do dever geral de conduta, sofra variações de sentido ao longo do tempo.

— 159 —

8.6. Interpretação das Condições Gerais do Contrato de Adesão

Nas condições gerais do contrato de adesão as regras de interpretação dos contratos paritários são totalmente inaplicáveis. Nas condições gerais não há vontade ou declaração comum. As regras de interpretação dos contratos são inadequadas em virtude das condições gerais serem unilateralmente predispostas ou utilizadas por uma das partes, não permitirem negociação ou acordo, independerem de consentimento e terem natureza abstrata e geral. Não participam da existência e da validade do contrato individual ao qual se integram, sem discussão. Sua integração ao contrato é apenas no plano da eficácia. O contrato de adesão existe, é válido, mas seus efeitos estão delimitados pelos efeitos das condições gerais que a ele se integraram. As condições gerais dirigem-se uniformemente à generalidade dos contratos individuais que vierem a ser concluídos. É inconcebível obter-se uma vontade ou declaração comum de todos os contratantes aderentes em conjunto, atuais e potenciais.

Haveria possibilidade de investigar-se a intenção comum se as condições gerais integrassem a oferta, mesmo como oferta ao público, e pudessem ser objeto de acordo, de negociação, em cada contrato individual. Mas as condições gerais, além do caráter de generalidade, são abstratas e continuam abstratas quando integrados seus efeitos ao contrato individual. Sua interpretação, portanto, é uniforme e idêntica a todos os contratos. Somente assim podem cumprir o mandamento legal de proteção do aderente (CC, art. 423, e CDC, art. 47).

Se se aplicasse o critério fundamental do contrato paritário, de pesquisa da intenção comum, às condições gerais dos contratos, resultaria na evidência da vontade única do predisponente, porque somente ele participou de sua elaboração ou utilização.

A interpretação das condições gerais dos contratos de adesão, portanto, exigem interpretação típica, ou seja, aplicável ao conjunto dos contratos a que se destinem ou se integrem, não podendo ser particularizada. Essa interpretação considera as peculiaridades do trânsito das condições gerais nos planos do mundo do direito, a saber:

a) no plano da existência, verificar se foram adequadamente informadas ou veiculadas;

b) no plano da validade, aferir se são válidas ou abusivas, isto é, se são ou não equivalentes as prestações, ou se são ou não excessivamente onerosas para o contratante aderente; nos contratos de consumo, se se enquadram na lista aberta de cláusulas abusivas; nos contratos de adesão fora da relação de consumo, se importam renúncia do aderente a direito resultante da natureza do negócio; em todos, se colidem com os princípios da função social, da boa-fé objetiva e da equivalência material;

c) no plano da eficácia, se são cognoscíveis e compreensíveis pelo aderente médio.

No âmbito das condições gerais, o princípio da equivalência dos poderes contratuais realiza-se mediante o favorecimento do aderente típico ou médio, consagrado no CC, art. 424. É erigida, como regra matriz de interpretação das condições gerais dos contratos de adesão, a antiga formulação *interpretatio contra stipulatorem*, de origem romana (Marzo, 1950, p. 250), adaptada às vicissitudes da economia de massa da atualidade. A regra pode ser assim enunciada: no caso de dúvida, as condições gerais do contrato de adesão devem ser interpretadas a favor do aderente e contra quem as predispôs; ou segundo a redação dada ao art. 305c, 2, do Código Civil alemão, pela legislação de modernização das obrigações de 2002: *As dúvidas em relação à interpretação das condições gerais do contrato serão resolvidas em desfavor de quem as utilizou*. A regra consagra o caráter objetivo da interpretação típica, ensejando o controle judicial abstrato.

As condições gerais, por sua natureza, destinam-se a uma coletividade, a uma pluralidade de pessoas. O intérprete deve levar em conta essa qualidade de incidirem sobre a vida de uma determinada coletividade. O interesse perseguido não tem a medida de um indivíduo, mas a de um grupo formado pelo predisponente e o conjunto dos aderentes.

A interpretação típica supõe limitação na escolha dos elementos e circunstâncias de caráter típico e uma valoração desses critérios constantes, ao contrário do que ocorre com a interpretação dos contratos paritários, os quais se valem de critérios amplos e variáveis para a investigação da vontade comum.

Em virtude de produzirem efeitos a um número indefinido de negócios típicos, o que importa são os pontos de vista objetivos, desde os quais deve julgar-se o conjunto dos casos típicos afetados. A interpretação deve partir somente do conteúdo abstrato das condições gerais.

Se as condições gerais são predispostas de modo a dar lugar a dúvida e perplexidade, consideram-se eficazes, mas no sentido favorável ao aderente. O critério de interpretação contra o predisponente é aplicável mesmo quando tenha utilizado condições gerais elaboradas por terceiros.

O uso de termos técnicos ou jurídicos, incompreensíveis ao leigo comum, ou de caracteres minúsculos e de leitura penosa, leva à ineficácia da cláusula. Não se trataria, a rigor, de cláusulas abusivas, aferíveis no plano da validade, mas de ineficácia estrita, por ausência de fator legal de eficácia.

Podemos indicar os seguintes critérios básicos para a interpretação das condições gerais dos contratos:

a) Cabe ao intérprete averiguar se a hipótese se enquadra no regime das condições gerais dos contratos ou é regida pelo direito comum dos contratos, pois nem todo regulamento contratual predisposto pode ser entendido como sujeito ao regime das condições gerais.

b) O intérprete deve averiguar a existência, ao lado das condições gerais, de cláusulas negociadas no contrato de adesão, sobre as quais prevalece a interpretação comum dos contratos. Todavia, se se tratar de contrato de consumo, a interpretação será sempre favorável ao consumidor, independentemente de ter sido a cláusula negociada ou não.

c) Quando houver incompatibilidade entre as condições gerais e as cláusulas negociadas no contrato de adesão, estas têm preferência sobre aquelas. A cláusula particular ou negociada resulta de declarações de vontade convergentes.

d) Quando o contrato de adesão for um contrato típico ou nominado (ex.: compra e venda), e houver incompatibilidade entre as condições gerais e as normas jurídicas dispositivas ou supletivas aplicáveis a esse contrato, estas preferem àquelas. Cada contrato típico recebe do ordenamento jurídico uma regulamentação particular, contendo normas cogentes e normas dispositivas, sendo que estas últimas podem ser afastadas por acordo das partes. Todavia, quando se tratar de condições gerais do contrato, justamente por faltar o acordo, as normas jurídicas dispositivas não podem ser afastadas, porque compõem o modelo contratual eleito pelo legislador como mais equilibrado entre os direitos e obrigações das partes. O afastamento das normas dispositivas importa renúncia do aderente a direito resultante do negócio, que o CC, art. 424, comina com nulidade.

e) Deve o intérprete averiguar se as condições gerais foram licitamente integradas ao contrato de adesão individual, ou seja, se observaram os deveres de cognoscibilidade e compreensibilidade prévias (fornecimento dos meios para o conhecimento e a compreensão do contratante típico), para que possa reconhecer-lhes efeitos jurídicos.

f) Deve o intérprete confrontar as condições gerais com a lista legal de cláusulas abusivas, quando houver relação de consumo, e, fora desta, com os princípios e deveres jurídicos de função social, boa-fé e equivalência material.

g) Deve ser observado o princípio da conservação do negócio jurídico, ou seja, o contrato de adesão individual não se invalida inteiramente, se a nulidade de parte das condições gerais, por abusividade, não o contaminar em seu conjunto, e desde que não resulte em ônus excessivo para uma das partes do contrato.

h) Quando as condições gerais forem utilizadas por segmentos da economia monopolizados ou oligopolizados, ao intérprete impõe-se maior rigor na aplicação dos critérios de interpretação, especialmente do princípio de proteção do contratante vulnerável.

A realização desses critérios tem como finalidade o equilíbrio de direitos e obrigações, ou equilíbrio das posições contratuais – rompido desde o início com o favorecimento que o predisponente outorgou a si próprio. Até mesmo a regra da interpretação favorável ao aderente tem como limite esse equilíbrio, não podendo resultar em novo desequilíbrio em desfavor do contratante predisponente.

Para o STJ é possível discutir judicialmente a legalidade de condições gerais e cláusulas de contrato de adesão, que já tenham sido cumpridas (REsp 293.778). A indústria devedora obteve créditos bancários em contratos vinculados entre si e honrou todas as dívidas, para evitar a alegação de inadimplência. Mas, inconformada com os valores cobrados, ingressou com ação de cobrança para rever as condições gerais que considerou abusivas. Contrariamente à instância de origem, que extinguiu a ação por considerar que adimplemento integral do contrato não permite sua revisão, o STJ entendeu que tal orientação instituiria uma nova condição da ação sobre direito contratual: ser inadimplente.

8.6.1. Interpretação do Contrato de Adesão, Regulado pelo Código Civil

Sem referência expressa no CC/2002, as condições gerais dos contratos comuns (não regidos pelo direito do consumidor) são indiretamente disciplinadas nos arts. 423 e 424, que tratam do contrato de adesão, continente delas. Os contratos de adesão, por sua vez, foram inseridos no conjunto de artigos que compõem a parte geral dos contratos, onde estão os princípios da função social e da boa-fé (arts. 421 e 422). Assim, também estes são aplicáveis àquelas.

Para a interpretação, o julgador não apenas manejará os preceitos legais destinados especificamente ao contrato de adesão, mas todos os contidos na parte geral dos contratos, especialmente os princípios, cuja violação acarreta nulidade, pois nulos são os negócios jurídicos que violarem norma cogente (CC, art. 166, VII).

O art. 423 do CC limita a interpretação favorável ao aderente quando houver cláusulas que gerem dúvida de interpretação, enquanto o art. 47 do CDC é irrestrito, determinando que as cláusulas contratuais sejam "interpretadas de maneira mais favorável ao consumidor", pura e simplesmente. A regra do CDC corresponde à presunção legal e constitucional de vulnerabilidade jurídica do contratante consumidor, devendo o aplicador realizar o equilíbrio material e efetivo dos direitos e deveres, inexistente desde a celebração do contrato, se for o caso.

A regra do art. 423 do CC não abre espaço à subjetividade e às pré-compreensões das partes e do julgador. Cláusulas ambíguas são aquelas que engendram mais de um sentido razoável, de acordo com a perspectiva de cada interessado e até mesmo do intérprete. Em sentido largo, as cláusulas ambíguas provêm de excesso ou de insuficiência de informação (Ravololomiarana, 2009, p. 93). Cláusulas contraditórias são as que conflitam umas com as outras, portando valores que se repelem reciprocamente. A contradição é categoria fundamental da lógica dialética (cada coisa só pode ser compreendida pela negação de algo que a precede), mas no direito é incabível em virtude de impedir a decisão do conflito, impondo-se a escolha do valor mais adequado. O sentido das condições gerais do contrato de adesão será aquele que lhes daria – na expressão da lei portuguesa das condições gerais, quando se refere às ambíguas (art. 11) – "o contratante indeterminado normal que se limitasse a subscrevê-las ou a aceitá-las, quando colocado na posição de aderente real". Se, apesar desse critério, permanecer a obscuridade e a dúvida, recorre-se ao sentido que favorecer o aderente real e concreto.

Estudos atuais de teoria hermenêutica têm demonstrado a falácia da identificação de dúvida ou ambiguidade no texto, pois todo o discurso é necessariamente duvidoso ou ambíguo, exigindo interpretação. As palavras sempre carregam certo componente de ambiguidade, e no discurso jurídico são sempre elípticas e dependem do uso linguístico concretizado no tempo e no espaço. Nas condições gerais dos contratos o sentido revelado deve ser sempre direcionado a favorecer o aderente típico, que não as formulou nem as pode modificar, pesando sobre o predisponente o ônus de falar claro.

Quanto ao art. 424, tem-se uma única hipótese de nulidade de cláusula abusiva, quando o aderente renunciar a direito resultante da natureza do negócio. Já o CDC, ao lado das legislações estrangeiras congêneres de proteção do consumidor, adotou a enunciação não taxativa das hipóteses de cláusulas abusivas, além do modelo efetivamente aberto da boa-fé, que permite ao julgador aferir a ocorrência ou não de desequilíbrio de direitos e deveres em desfavor do consumidor. Em virtude dos arts. 421 e 422 do CC, o intérprete também deve observar a conformidade das condições gerais aos princípios da função social e da boa-fé do contrato de adesão, estranho à relação de consumo, não se atendo apenas à hipótese de nulidade do art. 424.

Também no âmbito da arbitragem dos contratos internacionais, a regra é a da interpretação favorável ao aderente. Determina o art. 4º do Acordo sobre a

Arbitragem Comercial Internacional do Mercosul, de 1998, aprovado pelo Decreto Legislativo n. 265/2000, e promulgado pelo Decreto n. 4.719/2003, com força de lei no Brasil, que a convenção arbitral dará um tratamento equitativo e não abusivo aos contratantes (pessoas físicas ou jurídicas de direito privado), "em especial nos contratos de adesão".

8.7. Interpretação dos Contratos de Consumo

Prevalece no contrato de consumo a regra da interpretação favorável ao consumidor, previsto no art. 47 do CDC, em razão da presunção legal de sua vulnerabilidade. Essa regra concretiza, no plano infraconstitucional, o princípio constitucional da proteção do contratante consumidor. Consequentemente, o adágio *in claris non fit interpretatio* não pode ser aplicado, porque entraria em colisão com a regra e com o princípio (Lôbo, 1994, p. 49). Idêntica regra de interpretação do contrato de consumo encontra-se no art. 1.095 do Código Civil argentino, o qual ainda prevê que, existindo dúvidas sobre o alcance da obrigação do contratante consumidor, adota-se a que seja menos gravosa.

Nas relações contratuais de consumo, o princípio do equilíbrio dos poderes negociais, que perpassa o regime jurídico correspondente, realiza-se mediante o favorecimento do contratante consumidor médio, considerada a conduta abstrata, até o limite do efetivo equilíbrio contratual. A interpretação favorável ao consumidor não pode inverter o desequilíbrio, em desfavorecimento excessivo do contratante fornecedor.

A aplicação da regra de interpretação favorável tem alcance idêntico em qualquer modalidade de contratos de consumo, tanto para os negociados quanto para os de adesão a condições gerais. O direito brasileiro, diferentemente de alguns sistemas jurídicos estrangeiros, não limita a regra apenas aos segundos. No contrato de consumo negociado, o sentido atribuído à declaração comum é condicionado ao favorecimento do consumidor contratante, quando houver dúvida de interpretação.

No contrato de consumo, a oferta não é constituída apenas de declaração de vontade do fornecedor. Toda informação que o contratante fornecedor utiliza, inclusive a publicidade, integra a oferta e o vincula, ainda que ele não tenha tal intenção. O conceito abrangente de oferta, na relação contratual de consumo, não permite a utilização irrestrita do modelo clássico de interpretação contratual, fundado em declarações e manifestações de vontade, porque até mesmo o que não as integram deve ser considerado, como dela fazendo parte. Sob o ângulo do contratante consumidor, não se leva em conta a vontade real, mas sim a conduta abstrata que se atribui ao consumidor médio destinatário do produto ou serviço lançado no mercado de consumo. A proteção do consumidor concreto é a individualização do consumidor médio ou típico. Assim a interpretação que o juiz confere ao contrato concreto, segundo a regra do favorecimento, deve ser a mesma que ele daria aos demais contratos de consumo que tenham idêntica finalidade.

O CDC também exige, como fator de eficácia, que as cláusulas limitativas de direitos do consumidor sejam destacadas. Redige-se com destaque quando se usam caracteres que chamam a atenção, em negrito, ou em caixa alta, ou em tipos gráficos maiores ou diferentes, ou em cor diferente ou com sinal de atenção. Corresponde à *reasonable notice* do direito anglo-americano (Lawson, 1983, p. 83).

Nesses contratos, a interpretação é objetiva e típica, por prevalecerem circunstâncias externas à vontade, partindo-se de um fato a que se atribui um resultado uniforme, sem ter em conta aquela que, no caso concreto, possa ser a efetiva e diversa opinião das partes. As condutas, não as vontades, são apreciadas em seu valor típico.

Independentemente do que constar no contrato de consumo em relação ao foro contratual, este será sempre o do consumidor, em virtude do princípio do reconhecimento da vulnerabilidade do consumidor (CDC, art. 4º, I). Assim também estabelece o art. 1.109 do CC/2014 argentino, quanto aos contratos a distância, inclusive com utilização de meios eletrônicos e quanto ao lugar do cumprimento, que deve ser aquele onde o consumidor recebeu ou devia receber a prestação do fornecedor. Por igual assim estabelece a Lei brasileira n. 12.965/2014 (Marco Civil da Internet), que considera nulas as cláusulas que não ofereçam aos usuários a alternativa do foro brasileiro aos serviços prestados no Brasil.

CAPÍTULO IX

Revisão e Extinção do Contrato

Sumário: 9.1. Revisão legal e judicial dos contratos. 9.2. Modos de extinção dos contratos. 9.3. Resilição unilateral e distrato. 9.4. Resolução do contrato. 9.4.1. Interesse contratual positivo ou negativo. 9.4.2. Violação positiva do contrato. 9.4.3. Violação antecipada do contrato. 9.4.4. Resolução por violação de cláusulas éticas. 9.5. Revisão ou resolução por onerosidade excessiva superveniente. 9.6. Cláusula *rebus sic stantibus*, teoria da imprevisão e teoria da base do negócio. 9.7. Frustração da finalidade do contrato. 9.8. O uso da equidade para revisão do contrato excessivamente onerado. 9.9. Vantagem superveniente pela mudança de circunstâncias. 9.10. Direito e dever de renegociação.

9.1. Revisão Legal e Judicial dos Contratos

Os contratos são suscetíveis de revisão, por força expressa de lei ou por decisão judicial. A revisão legal ou judicial limita a força obrigatória dos contratos, porque importa fator externo de ajustamento e reequilíbrio das prestações. Não havendo acordo, a revisão será sempre objeto de decisão judicial.

Em matéria contratual, a segurança jurídica se traduz na estabilidade e na previsibilidade, mas, no mundo contemporâneo, ela deixou de ser um fim em si mesmo. No início do século XX, René Demogue (1911/2001, p. 86) já a considerava um ideal utópico, em certa medida, ante os eventos naturais e as inevitáveis mudanças sociais e jurídicas. Daí a necessidade de conciliar a segurança jurídica com essas circunstâncias.

Nos contratos de consumo, a revisão legal decorre de sua natureza. A regra que melhor a exprime é a do inciso V do art. 6º do CDC, que considera direitos básicos do contratante consumidor *a modificação das cláusulas contratuais que estabeleçam prestações desproporcionais* e a *revisão em razão de fatos supervenientes que as tornem excessivamente onerosas*. A primeira modalidade de revisão alcança a própria declaração de vontade, pois o contrato já nasceu desequilibrado. A segunda decorre de fatores externos surgidos posteriormente à conclusão do contrato. A primeira é revisão da base negocial e a segunda é a restauração da base negocial.

A qualificação da cláusula contratual ou da condição geral como abusiva, conducente à nulidade, é um dos mais importantes mecanismos legais de revisão judicial dos contratos, na atualidade. A nulidade é contextual, ou seja, quando há ocorrência de abusividade e de presunção de vulnerabilidade, pois, no contexto de contrato paritariamente negociado, não se cogita de nulidade. Por exemplo, a Medida Provisória n. 2.172-32/2001 estabelece que são nulas "de pleno direito" as estipulações usurárias, assim consideradas as que estabeleçam, nos contratos civis de mútuo, taxas de juros superiores às legalmente permitidas, caso em que deverá o juiz, se requerido, ajustá-las à medida legal, e, nos negócios jurídicos não disciplinados pelas legislações comercial e de defesa do consumidor, lucros ou vantagens patrimoniais excessivos, estipulados em situação de vulnerabilidade da parte, caso em que deverá o juiz, se requerido, restabelecer o equilíbrio da relação contratual. Foi, porém, no direito do consumidor que o legislador melhor imprimiu essa orientação. A invalidade absoluta reforça o caráter de ordem pública da proibição.

No CC/2002 ampliou-se, consideravelmente, o poder do juiz para revisar o contrato, de modo que este não seja instrumento de iniquidade. Ao juiz é dada a moldura normativa, mas o conteúdo deve ser preenchido na decisão de cada caso concreto, motivadamente, inclusive se valendo dos princípios jurídicos e de conceitos indeterminados integrados ao sistema jurídico. Destaquem-se, nessa dimensão, os arts. 157 (lesão), 317 (correção do valor de prestação desproporcional), parágrafo único do art. 404 (concessão de indenização complementar, na ausência de cláusula penal), 413 (redução equitativa da cláusula penal), 421 (função social do contrato), 422 (boa-fé objetiva), 423 (interpretação favorável ao aderente), 478 (resolução por onerosidade excessiva), 480 (redução da prestação em contrato individual), 620 (redução proporcional do contrato de empreitada).

Vários são os instrumentos de intervenção judicial para a revisão dos contratos de que o direito contemporâneo lança mão: invalidade total, invalidade parcial, redução de encargos desproporcionais, conservação do contrato, conversão do contrato inválido, interpretação do contrato em conformidade com os princípios jurídicos. Esses mesmos instrumentos podem ser utilizados na arbitragem, quando a revisão contratual estiver contemplada em cláusula compromissória que preveja a aplicação do direito brasileiro pelo árbitro, nessa circunstância.

Nos contratos comuns, não protegidos pela legislação do consumidor, pode ocorrer previsão expressa de revisão, como direito assegurado à parte, em razão de circunstâncias externas à relação contratual. Exemplo é o direito tanto do locador quanto do locatário, para a revisão do aluguel (art. 19 da Lei n. 8.425/1991), quando a locação tiver ultrapassado o prazo de três anos – ainda que tenha havido reajustamentos anuais regulares –, para que ele possa corresponder ao preço de mercado.

A revisão judicial dos contratos pode estar assentada na regra geral de vedação do enriquecimento sem causa (CC, arts. 884 e s.). Para Gustavo Tepedino (2008a, p. 128), se é certo que a inflação, no comum dos casos, não enseja a revisão dos contratos, também é certo que as avenças pactuadas por período longo devem ser revistas sempre que a sua manutenção puder levar ao enriquecimento sem causa de uma das partes. Segundo Miguel Reale (1997, p. 52), se todos são iguais perante a inflação, o direito adquirido não pode representar um *bill* de indenidade ou de isenção perante reformas gerais da ordem financeira que importem alteração no valor intrínseco da moeda. Essa foi a orientação adotada pelo STF (RE 114.982).

Como a autonomia privada negocial não consegue mais ser o único fundamento idôneo dos modelos contratuais distintos, notadamente os que escapam ao modelo paritário, a doutrina civilista tem se valido cada vez mais de um pressuposto hermenêutico desenvolvido no âmbito do direito público, a saber, o da razoabilidade ou da proporcionalidade, de modo a favorecer a plena aplicação do princípio da equivalência material. A razoabilidade é instrumento de medida e de sanção, ou seja, se do exame de sua incidência resulta uma desproporção que afeta a equivalência do contrato, ela permite sua revisão na medida necessária para restabelecer o equilíbrio violado. A razoabilidade serve também como limite da intervenção judicial, pois a revisão do contrato somente é admitida enquanto tenda à conservação do contrato e na medida necessária para restabelecer o equilíbrio.

O juiz de direito também foi investido de juízo de equidade pelo Código Civil, em várias situações. Exemplifique-se com o art. 413, que prevê que a penalidade contratual ou cláusula penal "deve ser reduzida equitativamente pelo juiz" se a obrigação principal já tiver sido cumprida em parte pelo devedor, ou se o seu montante for "manifestamente excessivo". Às vezes, o juízo de equidade é compartilhado pelo juiz com a parte, a exemplo do art. 479, que oferece à beneficiada pela onerosidade excessiva superveniente a oportunidade de requerer a revisão equitativa das condições do contrato, para evitar a resolução deste. A revisão autorizada ao juiz pelo art. 317, na hipótese de desproporção manifesta entre o valor ajustado da prestação e o do seu momento de execução, em virtude de fatos supervenientes, também se realiza mediante juízo de equidade, para se alcançar o valor real da prestação.

O juízo de equidade é limitado à decisão fundamentada e motivada do conflito determinado ou concreto, na busca do equilíbrio dos poderes negociais e da consideração das circunstâncias de cada situação real. O juiz não é legislador.

Devem ser considerados critérios objetivos, com o sentido que os antigos atribuíam de justiça do caso concreto.

A equidade supõe critérios bem definidos e referenciáveis em abstrato e que o juiz não os substitua por mera apreciação discricionária, até porque sua decisão é exigente de motivação e fundamentação jurídicas razoáveis.

A diretriz de equidade, para revisão contratual, deve ser entendida no sentido que Aristóteles dá ao termo, quando a norma é investida de uma singularidade igual à do caso considerado. Pode-se dizer que a equidade do julgamento é a face objetiva, cujo correspondente subjetivo é constituído pela íntima convicção do julgador, o que subtrai o juízo da situação de pura arbitrariedade (Ricoeur, 2008, p. 208).

A mudança paradigmática, da autonomia individual inviolável para a autonomia controlada pelo Poder Judiciário, está bem retratada nas normas fundamentais da Constituição que veiculam os princípios da solidariedade (art. 3º, I) e da justiça social (art. 170).

O dever de proteção dos contratantes vulneráveis, que é a tônica do direito contratual contemporâneo, projeta-se na revisão judicial dos contratos, para o que se impõe a necessidade de controlar o conteúdo dos contratos, sobretudo nos setores de contratação em massa, ou nos contratos regidos por condições gerais predispostas, principalmente quando estão referidos a bens e serviços essenciais para a comunidade e às necessidades existenciais das pessoas.

A revisão judicial dos contratos é da natureza do Estado social, regido pela Constituição brasileira, consistindo em uma das modalidades de intervenção pública nas relações privadas, especialmente na ordem econômica, para assegurar a plena aplicação dos princípios e normas constitucionais e legais. O descumprimento, por exemplo, dos princípios da função social do contrato, da boa-fé objetiva, da probidade e da proteção do contratante aderente, previstos nos arts. 421 a 424 do CC, apenas pode ser corrigido mediante a revisão judicial do contrato. Vários institutos do Código Civil, como a lesão e o estado de perigo, só se concretizam com a revisão judicial do contrato.

A Lei n. 13.874/2019 estabeleceu no parágrafo único do art. 421 do CC, a este acrescentado, "a excepcionalidade da revisão contratual". Porém, a revisão judicial do contrato sempre foi e deve ser excepcional, tendo em vista que apenas se impõe quando a autonomia privada negocial é desviada indevidamente de suas finalidades, em colisão com os princípios e as demais normas regentes da relação contratual. É, portanto, uma regra programática redundante; quando muito, mais um critério de interpretação.

O STJ consolidou entendimento restritivo da função constitucional e legal da revisão judicial dos contratos, ao não lhe conferir o efeito de interromper a fluência da mora e de suas consequências, como se vê no enunciado da Súmula 380: "A simples propositura da ação de revisão do contrato não inibe a caracterização da mora do autor". Nas decisões que serviram de referência, o referido Tribunal entendeu que ações para revisar contratos não interrompem os prazos dos contratos, no caso de não cumprimento de suas cláusulas. Para se interromper a mora seria necessária a antecipação da tutela ou ação cautelar. Há colisão com o princípio da razoabilidade e com o princípio de proteção do contratante vulnerável, que têm acolhimento constitucional, pois impõe ao devedor o adimplemento da cláusula abusiva, apesar de sua nulidade, para não incorrer em mora; restar-lhe-á a repetição do indébito, se não obtiver tutela de urgência.

9.2. Modos de Extinção dos Contratos

Os contratos se extinguem, em geral, pelos mesmos modos de extinção das obrigações que os integram. Também se extinguem com o advento do termo final do prazo convencionado.

O adimplemento das prestações extingue as obrigações e, por consequência, o contrato, sendo o seu modo regular e esperado. Afinal, os contratantes celebram contratos para que eles sejam cumpridos. Os modos eventuais de adimplemento das obrigações também extinguem os contratos: consignação em adimplemento, adimplemento com sub-rogação, imputação de adimplemento, compensação, confusão, novação, remissão de dívida.

O contrato movimenta-se na direção indicada por seu fim, que é a satisfação do crédito, pelo adimplemento ou outros modos de sua extinção. É ele que dá coerência e sentido ao conjunto de elementos que constituem a obrigação. Esta encerra seu ciclo, extinguindo-se, justamente quando seu fim é alcançado. O inadimplemento frustra seu fim, redirecionando o curso processual para obtê-lo de outro modo, ou compensar a demora, incorporando-lhe acessórios, como juros moratórios e cláusula penal. O próprio fim pode ser modificado, para satisfazer o credor, como na hipótese da impossibilidade da prestação imputável ao devedor.

A impossibilidade superveniente da obrigação, ou seja, ocorrida após o contrato ser celebrado, leva à sua extinção. Não se pode impor à parte as consequências pelo advento de um fato, que não podia prever ou a que não deu causa, se não estiver em mora.

— 171 —

A extinção do contrato não extingue totalmente seus efeitos, que podem persistir, em determinadas situações, em virtude do dever geral de conduta em boa-fé e do princípio da proteção do contratante. O princípio da proteção impõe que, entre pessoas que se encontrem no espaço jurídico, não na qualidade de meros estranhos, existem obrigações específicas de não atentar contra os bens jurídicos umas das outras; findo o contrato, as antigas partes não ficam na situação de meros estranhos dos deveres de proteção (Cordeiro, 1991, p. 168), como o de não violação do dever de sigilo. A violação dos deveres pós-contratuais leva à reparação dos danos materiais e morais.

Além dos modos gerais de extinção das obrigações, aplicáveis aos contratos, e objetos da teoria geral das obrigações, o Código Civil alude a modos específicos: a resilição unilateral, o distrato e a resolução. Mas não podem ser omitidas a revogação e a rescisão.

A revogação é direito potestativo da parte contratual de extinguir o contrato, retirando a manifestação de vontade que permitiu sua conclusão. Revogar é retirar a voz, dizer que volte o que se foi. Exemplo é a revogação do contrato de doação, em virtude de ingratidão do donatário, nas hipóteses previstas em lei (CC, art. 557). Outro exemplo é revogação desmotivada do mandato (CC, art. 682, I).

A rescisão é o modo de extinguir o contrato em virtude de fator distinto tanto do inadimplemento obrigacional quanto da impossibilidade da obrigação. Rescinde-se o contrato, estritamente, em razão de vício de direito (evicção) ou de vício do objeto (vício redibitório). Todavia, o amplo uso linguístico no Brasil, inclusive no meio jurídico e na legislação, com repercussões na doutrina, tornou essa espécie restrita de extinção em gênero, passando a ser confundida com a resolução do contrato.

Porém, como demonstra Pontes de Miranda (1971, v. 25, p. 308 e 391), a rescisão não pode ser confundida com a resolução do contrato, porque a rescisão admite que o contrato existe, "admite que ele vale e pode ter efeitos, mas abre-o todo, até ir ao suporte fático, como se buscasse, em operação cirúrgica, a causa do mal". A rescisão desconstitui o contrato e, pois, a eficácia dele. Vai-se ao suporte fático sem ser pela retirada da voz, como a revogação. A rescisão corta, cinde, o contrato – o consenso mesmo desaparece. Quem cinde, quem corta é o Estado. Daí a parecença entre a rescisão por vício redibitório e a resolução por inadimplemento, mas a causa da desconstituição está no passado, antes do contrato.

9.3. Resilição Unilateral e Distrato

A resilição é o modo de extinguir o contrato, por ato unilateral ou consenso das partes, cujos efeitos são futuros (*ex nunc*), ou seja, a validade e a eficácia anteriores do contrato não são por ela atingidas. A extinção dos efeitos do contrato, que resulta da resilição, é desde o momento em que ocorreu o fato gerador, não desde o momento em que se exerceu o direito de resilição, ou desde o momento em que se proferiu a sentença judicial.

O que diferencia a resilição da resolução do contrato é que aquela, ao contrário desta, é o meio de extingui-lo quando se torna impossível desconstituir-se o efeito do que já foi realizado, no tempo passado. A extinção do contrato de aluguel não pode desconstituir o tempo do uso da coisa, que ficou indelevelmente no passado; o não pagamento dos aluguéis, o inadimplemento, é o fato gerador da resilição, que não apaga o direito do locador de cobrá-lo. Do mesmo modo, na prestação continuada de serviços.

Denomina-se resilição unilateral a que resulta de manifestação de vontade extintiva de uma das partes do contrato. É direito potestativo extintivo ou direito formativo extintivo, que tem origem na lei ou na vontade das partes. A resilição unilateral opera mediante denúncia, que é seu instrumento, podendo ser de duas espécies: denúncia vazia, quando o contratante não precisa declinar as razões, e denúncia cheia, quando o contratante deve dizer as razões para pedir a extinção do contrato. Os exemplos podem ser colhidos na locação de imóvel urbano residencial (Lei n. 8.245/1991): quando o prazo do contrato for inferior a trinta meses, o locador só poderá retomar o imóvel se o pedir para uso próprio ou para pessoa da família, ou para demolição, edificação ou reforma licenciadas, ou se o contrato de trabalho do locatário foi extinto, ou se houve infração do contrato ou da lei (denúncia cheia); no contrato com prazo igual ou superior a trinta meses, se o locatário continuar por prazo indeterminado, o locatário poderá notificá-lo com prazo de trinta dias para desocupação, sem motivar o pedido (denúncia vazia). Outro exemplo é o que prevê a Lei n. 13.828/2019, que atribui ao assinante de serviços de TV por assinatura a opção de cancelar (resilição unilateral) os serviços contratados, para tanto bastando fazer comunicação nesse sentido por via telefônica ou pela internet.

Para o STF é possível a execução extrajudicial em contratos com alienação fiduciária, prevista na Lei n. 9.514/1997, que permite que bancos e instituições financeiras possam retomar o imóvel, em caso de não pagamento das parcelas, sem precisar acionar a justiça (Tema de repercussão geral 982, RE 860.631).

Se a lei não prevê hipóteses de resilição unilateral, para determinado contrato, as partes podem estipulá-la, sob as modalidades de denúncia cheia ou vazia, valendo-se do princípio geral da autonomia privada negocial.

A denúncia, ainda que exercida regularmente, inclusive quando for vazia, pode ter seus efeitos suspensos temporariamente, quando a outra parte tiver feito investimentos consideráveis para a execução do contrato. O tempo da suspensão será o necessário para compensar, com o uso da coisa, o montante desses investimentos, o que deverá ser objeto de perícia, se as partes não chegarem a um acordo sobre isso.

Distrato é a resilição que se perfaz por acordo mútuo das partes do contrato. Extingue-se para frente. Forma-se um novo contrato para extinguir o existente. O distrato, significando literalmente desfazer o trato, é um contrato autônomo que tem por finalidade a extinção de outro. No distrato, as partes estipulam as condições e cláusulas que devem ser observadas por ambos, quando há situações residuais que devem ser definidas, para a total extinção das obrigações, a exemplo de pagamento parcelado de valores remanescentes do contrato originário.

O inadimplemento das cláusulas e condições do distrato não faz ressurgir os efeitos do contrato extinto, porque é relação contratual autônoma. O inadimplemento é do distrato e não do contrato extinto.

O distrato não pode ser confundido com a revogação, porque os dois atos são distintos, com finalidades diferenciadas. Não se retira a voz, não se desce aos elementos do suporte fático, para desconstituí-lo, como acontece com a revogação. O distrato deixa íntegro o contrato originário até o momento em que aquele é concluído. Como esclarece Pontes de Miranda (1971, v. 25, p. 282), o que se desfaz é a vinculação; portanto, o efeito. O distrato já se passa no mundo jurídico, no plano da eficácia. Quem distrata não resolve, nem rescinde. O contrato continua, mas sem efeitos.

O Código Civil exige que o distrato se faça pela mesma forma exigida para o contrato. Se este teve a forma escrita, o distrato será escrito; se teve a forma pública, o distrato será público. Essa normal legal é criticável, pois desconsidera a autonomia das partes. A proteção dos interesses de terceiros é assegurada pelo dever de informação e não pela utilização da mesma forma, salvo quando esta for legalmente determinada, principalmente quando disser respeito a transações imobiliárias. A consequência pela inobservância da forma é a de nulidade do distrato. Como o negócio nulo não produz efeitos, não extinguiu o contrato.

9.4. Resolução do Contrato

Resolver o contrato é extingui-lo com efeitos retroativos (*ex tunc*), por ato ou pedido judicial de uma das partes, em virtude do inadimplemento da outra. A resolução é a modalidade mais forte de extinção voluntária, porque atinge todos os efeitos do contrato, desde sua constituição. A resolução é possível quando a irreversibilidade do tempo não impedir a desconstituição total do contrato, desde seu início. Com a resolução, há restituição recíproca das prestações já feitas, mas a parte prejudicada tem direito às penalidades contratuais e às perdas e danos. Diferentemente, no direito alemão há apenas resolução sem perdas e danos.

Todo contrato contém cláusula resolutiva expressa ou tácita, que leva à sua extinção, quando ocorrer inadimplemento. O contrato pode ter previsto que basta o inadimplemento parcial para sua resolução ou ter exigido a comprovação do inadimplemento total. Assim, dispõe o CC, art. 474, que a cláusula resolutiva expressa opera de pleno direito, sem necessidade de intervenção judicial, enquanto a tácita depende de interpelação judicial, requerida pela parte prejudicada.

No direito romano não havia, na maioria dos contratos, o direito de resolver. Foi sob a influência do direito canônico que se expandiu o direito de resolver, pois em todo negócio jurídico sinalagmático havia uma condição subentendida que autorizava uma das partes a exigir a resolução do contrato se a outra não o cumprisse (Aguiar Jr., 2014, p. 49).

A cláusula resolutiva expressa é comumente prevista nos contratos, estipulando-se que o contrato será considerado extinto ou resolvido se houver inadimplemento total ou de alguma de suas cláusulas, independentemente de prévio aviso ou notificação. Porém, a lei pode excluir, em alguns contratos, que a resolução possa operar de pleno direito, quando se tem contratante vulnerável, merecedor de proteção. Exemplifique-se com o contrato de locação de imóvel urbano, cujo locatário, apesar de ter incorrido em inadimplemento, por falta de pagamento de aluguéis, pode, no prazo da contestação da ação de despejo ajuizada pelo locador, requerer ao juiz a purgação da mora, pagando os aluguéis atrasados, as penalidades contratuais, os juros moratórios, as custas judiciais e os honorários de advogado do locador (Lei n. 8.245/1991, art. 62), impedindo a resolução do contrato. Nesta hipótese, a regra geral da resolução de pleno direito cede para a proteção do direito à moradia, que é de fundo constitucional.

Ainda que haja cláusula expressa no contrato, se o exercício da pretensão de resolução, por uma das partes, sofrer resistência da outra, terá de ser requerido em juízo, notadamente quando estiverem pendentes prestações de restituir coisa, ou de pagar, ou de indenizar. Assim é porque não se confere à parte contratual o exercício de justiça de mão própria. A resistência pode estar fundada na convicção de que não é cabível a resolução, ou porque não houve inadimplemento, ou porque o inadimplemento é escusável, em virtude da exceção do contrato não cumprido, ou de outra razão.

O significado real de "a cláusula resolutiva expressa opera de pleno direito" (CC, art. 474), que não dispensa a intervenção judicial quando resistida pela outra parte, pode ser assim enunciado, segundo Pontes de Miranda (1971, v. 25, p. 363): a) aquele a quem nasceu o direito de resolução pode pedir em juízo que se decrete a resolução, integrando-se com a sentença o suporte fático da resolução; b) aquele a quem nasceu o direito de resolução pode comunicar ao outro figurante que vai exercer o seu direito de resolução, e o outro figurante pode acordar em que se não precise da sentença.

Diferentemente, corrente doutrinária, fundada na prevalência da autonomia privada, entende que a intervenção do Judiciário para a eficácia plena da cláusula resolutiva expressa (tida como direito potestativo) é excepcional, secundária e *a posteriori*, por iniciativa do devedor (Terra, 2018, p. 224). Reconhece, no entanto, o controle pelo Judiciário da legitimidade do exercício da autonomia privada na elaboração do conteúdo contratual, inclusive quanto à observância da boa-fé objetiva e do equilíbrio do contrato.

Com igual fundamento na autonomia privada, a maioria da Quarta Turma do STJ (REsp 1.789.863), em caso de contrato de promessa de compra e venda, entendeu que, sendo notificado o devedor em prazo adequado, não havendo a purgação da mora, pode o credor dar por resolvido o contrato, sem necessidade de intervenção judicial. Essa decisão contraria orientação da mesma Turma (REsp 620.787), exigente de prévia manifestação judicial, por força do princípio da boa-fé objetiva, que norteia os contratos.

A dispensa do Poder Judiciário é problemática, tendo em vista que as pretensões decorrentes de restituição da coisa entregue, de cobrança de multa ou de indenização de perdas e danos hão de ser feitas em juízo, que não poderia averiguar a procedência ou não da resolução contratual, o que parece afrontar a garantia constitucional de acesso à justiça.

Se a coisa, objeto da obrigação de dar, desaparecer ou se extraviar, sem culpa indiscutível da parte contratual devedora, o contrato pode ser resolvido, por impossibilidade superveniente da obrigação, sem necessidade de decisão judicial. Se vier a ser ajuizada a ação terá função meramente declarativa e não constitutiva. As partes devem restituir o que porventura tenham recebido, uma da outra. A impossibilidade só é hipótese de nulidade do contrato, quando é originária (CC, art. 166, II) e não superveniente.

O inadimplemento, por si só, não gera a resolução do contrato. A parte prejudicada pode preferir exigir o cumprimento da prestação inadimplida, em juízo, quando seja possível a execução. A lei oferece-lhe a alternativa de pedir a execução forçada da obrigação ou a resolução do contrato. Uma ou outra poderá ser cumulada com o pedido de indenização por perdas e danos materiais e morais, causados pelo inadimplemento. Se a parte credora exercer a alternativa da execução forçada à prestação com indenização, não perde o direito à resolução, enquanto perdurar o inadimplemento.

No direito brasileiro, o contratante pode exigir, em caso de inadimplemento pelo outro, a resolução do contrato com as perdas e danos. Mas, não há a alternativa entre a resolução e as perdas e danos; só há entre a resolução e a ação de condenação, com a posterior execução forçada, se não cabe desde logo a ação executiva.

As perdas e danos, no distrato ou na resolução por inadimplemento absoluto da obrigação, não podem ser excessivas, o que tem levado a legislação e os tribunais a contê-las em proporções razoáveis.

A Lei n. 4.591/1964, art. 67-A (com a redação de 2018), em relação aos contratos de compra e venda ou promessa de venda de unidades autônomas de incorporação imobiliária, prevê que, em razão do desfazimento contratual, o adquirente fará jus à restituição das quantias pagas, deduzidas dos valores da corretagem, da pena convencional, que não poderá exceder de 25% da quantia paga (salvo se o regime adotado for de patrimônio afetado, cuja pena convencional poderá ser de até 50% da quantia paga), e do valor correspondente à fruição do imóvel, equivalente a 0,5% *pro rata die* sobre o valor do contrato. Tais penas convencionais, apesar de facultadas pelo art. 67-A da lei referida, podem ser reduzidas equitativamente pelo juiz se forem consideradas excessivas, no caso concreto, por aplicação concorrente do CC, art. 413, pelo fato de a obrigação ter sido cumprida em parte e tendo em vista a natureza e a finalidade do negócio.

9.4.1. Interesse Contratual Positivo ou Negativo

A resolução do contrato pode revelar interesses prejudicados, relevantes para a composição dos danos, segundo corrente doutrinária: interesses positivos e interesses negativos. Esse tema teve sua formulação inicial atribuída ao jurista alemão Rudolf von Ihering, notadamente em sua obra *Culpa* in contrahendo *ou indenização em contratos nulos ou não chegados à perfeição*, publicada em 1860, na qual afirmava que, em uma venda decorrente de erro essencial do vendedor, ao comprador deveria ser assegurada a tutela de dois interesses específicos: o interesse (positivo) na manutenção do contrato, com as consequências do inadimplemento, ou o interesse (negativo) pela não conclusão do contrato, devendo ser ressarcido das despesas que efetuou na confiança que seria concluído.

No mesmo sentido, segundo Karl Larenz (1959, v. 1, p. 106), pode acontecer de determinada parte do contrato conhecer ou dever conhecer a impossibilidade da prestação, devendo indenizar o dano sofrido pela outra parte, que não teve conhecimento desse fato e confiou na validade do contrato. Tal situação qualifica-se como *interesse negativo*, ou *dano derivado da confiança*. O valor da indenização deve ir até quanto chegue a quantia do interesse que a parte prejudicada tinha na validade do contrato, sendo este o *interesse positivo*. O exemplo dado pelo autor esclarece essa interdependência de interesses: *A* negociou com *B* a venda de um quadro valioso, mas, antes de ser celebrado o contrato, *A* tem notícia de que a casa onde estava o quadro e este próprio foram destruídos por incêndio, mas omite esse fato, concluindo o contrato e recebendo de *B* quantidade de dinheiro como adiantamento do valor total. Esse contrato é nulo, mas *A*, além de restituir o valor recebido, deve indenizar o comprador dos danos derivados da confiança, reintegrando-o à situação em que estaria se não tivesse concluído o contrato, incluindo as despesas que realizou ou os ganhos frustrados. Em nosso sistema jurídico, poderia haver igualmente a reparação por danos morais.

Para Paulo da Mota Pinto, jurista português que dedicou extenso estudo ao tema, é de acordo com a interpretação da norma de responsabilidade – e em particular de acordo com o fim de proteção – que se determina qual é o evento lesivo relevante, e de acordo com a "causalidade de violação do dever" que se chegará a medidas de responsabilidade correspondentes ao interesse contratual negativo ou ao interesse contratual positivo (2008, p. 1003).

A convenção da ONU sobre compra e venda internacional de mercadorias (Uncitral) contempla modalidade de interesse positivo em seu art. 74, ao assim dispor: "As perdas e danos decorrentes de uma violação do contrato cometida por uma das partes compreendem o prejuízo causado à outra parte bem como os benefícios que esta deixou de receber em consequência da violação contratual. Tais perdas e danos não podem exceder o prejuízo sofrido e o lucro cessante que a parte faltosa previu ou deveria ter previsto no momento da conclusão do contrato como consequências possíveis da violação deste, tendo em conta os fatos de que ela tinha ou deveria ter tido conhecimento".

No direito brasileiro, Pontes de Miranda (1972, v. 38, p. 340) qualifica o interesse negativo como a pretensão que se preste ao figurante do negócio jurídico prejudicado, "o que o há de repor na situação que estaria se não houvesse contado com a eficácia do negócio jurídico". Igualmente há de se indenizar o que se deixou de ganhar (interesse positivo). Dá como exemplo quem despende dinheiro com mobílias ou máquinas para instalação de fábrica, mas é surpreendido com resolução do contrato, havendo de ser indenizado desse prejuízo e do que deixou de ganhar. Para Ruy Rosado de Aguiar (2004, p. 267), o interesse positivo à indenização é o interesse de cumprimento; corresponde ao aumento que o patrimônio do credor (prejudicado) teria se o contrato tivesse sido cumprido. É de se concordar com Ruy Rosado de Aguiar que nessas circunstâncias emerge o dever do prejudicado de comportar-se de modo a mitigar os danos, mantendo-os nos limites dos efeitos decorrentes da conduta da parte que os causou e da boa-fé objetiva.

Alguns autores, com fundamento no direito estrangeiro, entendem que a resolução do contrato apenas pode legitimar interesse contratual negativo. Sem razão. O CC, art. 475, abriga as duas hipóteses de interesses e indenizações, e não apenas o interesse negativo, seja quando a parte prejudicada opta pela resolução do contrato em razão do inadimplemento da outra, seja quando prefere exigir o cumprimento do contrato. O enunciado do art. 475 é expresso: "cabendo, em qualquer dos casos, indenização por perdas e danos". O princípio da reparação integral não é observado quando apenas se contempla o interesse contratual negativo. Inclui, portanto, os danos materiais, as despesas realizadas em virtude da confiança na validade e na eficácia do contrato, os lucros cessantes, os danos morais e os danos existenciais.

9.4.2. Violação Positiva do Contrato

Além da resolução pelo inadimplemento em sentido estrito, ou pela impossibilidade superveniente do objeto do contrato, a doutrina construiu uma terceira hipótese, denominada violação positiva do contrato. O adimplemento insatisfatório pela parte contratual devedora, ou seja, que ocorreu, mas não satisfez à parte credora, segundo os elementos da obrigação, não pode ser considerado inadimplemento do contrato. Todavia, o devedor será responsável pelos danos que acarretar ao credor. A violação é "positiva" no sentido de ter havido conduta tendente ao adimplemento, embora qualificado como ruim. Se o devedor adimple de modo negligente ou descuidado, pode causar dano ao credor, respondendo por este, de modo semelhante ao que ocorreria com o inadimplemento do contrato. As consequências são as mesmas: mora, indenização, resolução do contrato.

A violação positiva do contrato é uma violação da obrigação, não por atraso ou inexecução, mas sim por vícios ou deficiências da prestação, a qual chega a ser realizada, mas não pelo modo que se impunha ao contratante devedor; diz respeito à sua qualidade, sem conotação à sua identidade ou quantidade (Nalin, 2001, p. 156).

9.4.3. Violação Antecipada do Contrato

Próximo da violação positiva do contrato é o instituto da violação antecipada do contrato, em virtude de razoável probabilidade de inadimplemento, o que autoriza a resolução. A parte pode entrar com pedido de resolução quando a outra, devedora da prestação futura, toma atitude claramente contrária ao avençado, demonstrando firmemente que não o cumprirá, ou quando as circunstâncias evidenciarem o inadimplemento futuro. Dá-se a antecipação dos efeitos do inadimplemento, ou seja, antecipação da totalidade ou de parte dos efeitos que apenas surgiriam quando o inadimplemento inevitável se concretizasse.

Nesse sentido foi a conclusão do STJ (REsp 309.626) em caso de contrato de compra e venda de imóvel a prestações, cujo comprador teve conhecimento do processo de falência da empresa responsável pela construção do empreendimento e não o iniciou no prazo prometido, razão por que ajuizou ação de resolução do contrato com devolução das importâncias pagas e pagamento de perdas e danos. O Tribunal denominou essa situação "quebra antecipada do contrato".

No âmbito dos contratos internacionais, a Convenção de Viena das Nações Unidas sobre Contratos de Compra e Venda Internacional de Mercadorias (promulgada no Brasil pelo Decreto n. 8.327/2014) prevê duas modalidades de violação antecipada do contrato: seu art. 71 permite a suspensão das obrigações quando se tornar evidente que a parte contrária não cumprirá parcela substancial das obrigações pactuadas, devido a grave insuficiência em sua capacidade de cumpri-las, ou em sua insolvência; seu art. 72 permite a resolução antecipada do contato quando ficar evidenciado que uma das partes incorrerá em violação essencial dele. A Convenção admite que, havendo tempo suficiente, a parte interessada na resolução contratual deve comunicar à outra, com antecedência razoável, de modo a permitir que esta possa oferecer garantias de cumprimento.

No entendimento doutrinário favorável à modalidade de resolução do contrato por violação antecipada da obrigação, afirmar a parte que não cumprirá com a sua prestação ou evidenciar a inexistência de condições para fazê-lo futuramente nada mais é do que o próprio descumprimento da sua obrigação, sendo desnecessário o advento do termo para confirmar uma situação já existente no presente. Em alguma medida, essa circunstância já é reconhecida pela possibilidade de contratação de "vencimentos antecipados" e, mesmo, pelas hipóteses legais em que isso ocorre (Glitz; Rocha, 2017, p. 330).

A violação (ou "quebra") antecipada do contrato não se confunde com vencimento antecipado da obrigação, admitido no CC, art. 333, nas seguintes situações: a) falência do devedor ou concurso de credores; b) penhora de bens já hipotecados ou empenhados; c) insuficiência superveniente da garantia (real ou fiança) do débito que foi dada pelo devedor.

9.4.4. Resolução por Violação de Cláusulas Éticas

Expandem-se em vários tipos de contratos as denominadas "cláusulas éticas", cuja violação também conduz à resolução, quando realizada pelas partes. Essas cláusulas são explícitas, quando as partes as convencionam, ou mesmo implícitas, com fundamento no sistema jurídico. São dessa espécie as cláusulas sobre transparência, sobre *compliance*, sobre preservação do meio ambiente, sobre não violação dos direitos humanos, ainda que tenha sido cumprida a obrigação principal (por exemplo, atos de corrupção praticados por uma das partes; fornecimento de produtos para cuja fabricação foi utilizado trabalho escravo ou análogo a este). Na hipótese de violação dos direitos humanos por uma das partes do contrato, a cláusula implícita que a veda teria como fundamento a Constituição da República e a Convenção Internacional dos Direitos Humanos, que o Brasil aderiu e internalizou em seu ordenamento. Segundo Nalin e Steiner, partindo da premissa de que o contrato não serve apenas para a circulação de riquezas, mas também para auxiliar na emancipação da pessoa humana, há uma grande preocupação das empresas com a conduta de seus fornecedores e parceiros contratuais, afastando aqueles que, de alguma forma, possam estar violando direitos humanos (seja porque se utilizam de trabalho escravo/infantil, seja porque violam normas ambientais) (2019, p. 85).

9.5. Revisão ou Resolução por Onerosidade Excessiva Superveniente

O contrato, no momento de sua celebração, é cercado por circunstâncias determinadas, que definem o ambiente em que surgiram as declarações de vontade das partes e o equilíbrio de direitos e deveres, ou seja, sua base negocial. Todavia, certas circunstâncias, durante a execução do contrato, podem afetar profundamente esse equilíbrio, levando objetivamente à onerosidade excessiva dos deveres de uma das partes, ou até mesmo comprometendo sua finalidade. Essas circunstâncias são exteriores ao contrato – o que significa dizer que não foram provocadas por alguma das partes – e supervenientes à data de sua celebração, o que implica execução contratual duradoura, não sendo logicamente cabíveis em relações negociais de execução instantânea. O advento de tais circunstâncias pode levar à resolução ou à revisão do contrato, porque este não é mais o mesmo que as partes celebraram.

Todo contrato implica certo grau de risco, que é inerente à sua finalidade, notadamente quando se projeta no tempo. O ponto ótimo de permanência das circunstâncias é imponderável. É o denominado risco do negócio. Mas, quando a mudança de circunstâncias ultrapassa o limite razoável das expectativas, desaparece o risco do negócio, não se podendo mais exigir que a parte devedora, que não deu causa a tal evento, assuma a onerosidade excessiva decorrente. O direito contratual contemporâneo incorporou as proteções jurídicas da confiança e da expectativa razoável do equilíbrio de direitos e deveres.

O caso clássico é o da coroação do rei inglês, assim relatado por Karl Larenz: "O demandante havia alugado ao demandado sua casa, situada em Londres, para o dia do desfile da coroação de Eduardo VII (1901), em cujo itinerário se encontrava sua casa. O demandado subalugou os postos na janela da casa. O desfile da coroação foi suspenso. O tribunal julgou improcedente a ação para pagamento do aluguel convencionado". O fundamento da decisão foi de que o tribunal deveria averiguar primeiro o sentido do contrato (*substance of the contract*), deduzindo-a não só do texto do mesmo, mas também das circunstâncias adjacentes conhecidas das partes e "da existência de um particular estado de coisas" (1956, p. 126). A base do negócio (estado de coisas) era a passagem do cortejo. Se foi modificado, houve modificação superveniente das circunstâncias, suficiente para ensejar o pedido de resolução do contrato, única possível, pois não interessava a revisão, como a redução do preço. Houve claramente perda da base negocial (objetiva).

No direito inglês, a doutrina da *frustration* permite que o tribunal declare que um contrato deve ser extinto ou revisto, quando se torne impossível cumpri-lo sem danos para uma ou ambas as partes, em duas situações, além das hipóteses de impossibilidade: a) quando os fatos preexistentes ao contrato forem diferentes dos que efetivamente existiram na conclusão; b) quando eventos subsequentes à conclusão modificarem a base desses fatos, tendo a coroação de Eduardo VII como seu remoto fundamento (Atiyah, 2000, p. 229).

No Brasil, durante muitos anos, discutiu-se acerca da invariabilidade do modo de reajustamento dos contratos de financiamento de casa própria, de longo prazo, máxime em período de elevada inflação. A base do contrato era o percentual de comprometimento da renda familiar, ainda que não fosse esse o critério utilizado. Quando os índices de correção contratuais se distanciavam desse percentual de comprometimento, em muitos casos impossibilitando o cumprimento das prestações, a revisão se impunha, porque a base do contrato tinha sido modificada por essas circunstâncias.

Duas vias podem abrir-se: uma que se move "para fora" do contrato, mediante o apelo a princípios mais gerais do sistema jurídico; e outra que se dirige "para dentro" do contrato e que o encara como autorreferencial, invocando a sua interpretação, as regras legais que o regem e considerando que os limites do contrato devem resultar dele próprio (Monteiro, 2003, p. 10).

Alguns sistemas jurídicos buscaram fundamento da mudança de circunstâncias no princípio da boa-fé, especialmente pela ausência de normas jurídicas expressas. Assim também se encaminhou a doutrina brasileira. Mas, com ele, não se obteve o fundamento que singularizasse a categoria e recompusesse o papel outrora desempenhado pela cláusula *rebus sic stantibus*, até porque a boa-fé está na base de qualquer contrato.

Após o advento do Código de Defesa do Consumidor, em seu art. 6º, V, o direito brasileiro dispensou esse recurso hermenêutico, fixando requisitos objetivos, que recuperam a experiência da cláusula *rebus sic stantibus*, em suas origens, ou seja, a execução duradoura do contrato, a onerosidade excessiva para um dos contratantes (no caso, o consumidor) e a superveniência desta circunstância. A ênfase na conservação do contrato, que é saliente na relação de consumo, orientou o legislador brasileiro a optar pela revisão e não pela resolução do contrato. Com efeito, interessa ao consumidor que o fornecimento do produto ou do serviço continue, para o que é mais indicada a revisão do contrato e não sua extinção.

O CC/2002 também regulou a matéria, de modo autônomo, mas estabelecendo requisitos e restrições distintos da cláusula *rebus sic stantibus*, notadamente a solução radical da resolução do contrato, a imprevisibilidade e a extraordinariedade da mudança de circunstâncias. Diferentemente, em nítida adoção da doutrina da base objetiva do negócio, o art. 6º, V, do CDC torna desnecessário que o fato superveniente seja imprevisível.

A ausência de mora da parte prejudicada, sempre cogitada pela doutrina brasileira anterior, foi excluída dos requisitos pelo Código Civil. Essa exigência era um obstáculo desarrazoado à resolução ou revisão do contrato, porque impunha ao prejudicado o pagamento da obrigação excessivamente onerada pelo fato superveniente. Ora, se o que se questiona é a onerosidade excessiva, não é razoável que ela seja paga antes de ser contraditada em juízo, em virtude de fato superveniente a que o devedor não deu causa. Exemplifique-se com o contrato de transporte, onerado excessivamente pela ocorrência de desabamentos na estrada; esse fato levou o transportador a incorrer em mora, não podendo ser requisito para valer-se da resolução ou revisão do contrato. Contudo, a mora escusável há de ter sido posterior à mudança de circunstâncias, ou seja, no mais tardar, quando teria de ser cumprido o contrato, ou enquanto ele estava sendo cumprido. Se o contratante já estava em mora, antes da mudança de circunstâncias, de modo nenhum pode alegar desaparição da base objetiva.

— 183 —

9.6. Cláusula *Rebus Sic Stantibus*, Teoria da Imprevisão e Teoria da Base do Negócio

A cláusula *rebus sic stantibus* (*contractus qui habent tractum successivum et dependentiam de futuro rebus sic stantibus intelliguntur*), desenvolvida pelos glosadores medievais, especialmente Bartolo (embora haja quem a remonte ao direito romano, a partir de um texto do livro XII, título IV, fr. 8, do Digesto, de Justiniano) estabelece que o contrato de execução prolongada (de trato sucessivo e dependente do futuro) deve ser cumprido, no pressuposto de que se conservem imutáveis as circunstâncias que as partes tiveram presentes na celebração; se elas mudarem, a execução deve ser igualmente mudada.

É da natureza da cláusula *rebus sic stantibus* ser considerada implícita no contrato de execução diferida ou continuada. Como já afirmou o STF (*RTJ* 51/187, 1969), a cláusula de há muito incorporou-se ao direito brasileiro. A literatura jurídica registra, como primeira decisão judicial, uma conhecida sentença do então juiz Nelson Hungria, em 1930. O STF acolheu a cláusula, pela primeira vez, em 1935.

A cláusula serviu de lastro para construções engenhosas de equidade contratual, tais como a teoria da imprevisão, a teoria da resolução por onerosidade excessiva, a teoria da pressuposição, a teoria da base objetiva do negócio, esta última a que mais influenciou a dogmática jurídica nas últimas décadas. Todas essas formulações têm em comum a preservação da equidade e do equilíbrio contratual e a vedação do enriquecimento sem causa.

Ressalte-se que, na atualidade, um dos conceitos fundamentais do direito das obrigações é o da equivalência das prestações, como destacou Clóvis do Couto e Silva (1997, p. 96), e que a perda razoável do valor permite afirmar ter-se rompido a base objetiva do contrato, impondo-se a revalorização das prestações e o restabelecimento do equilíbrio perdido (p. 56). Em princípio, não é de mister a equivalência absoluta, conforme escala de valores objetivos. Cada figurante já introduziu na valorização os elementos subjetivos, comuns ao lugar, ou a algumas pessoas, ou os seus próprios. Todavia, há certo limite para que se dispense a equivalência. "O que constitui problema a respeito da mudança de circunstâncias é a quebra da relação de equivalência após a constituição do contrato" (Pontes de Miranda, 1971, v. 25, p. 237).

A teoria da base negocial objetiva só considera o conjunto de circunstâncias cuja existência ou permanência é tida como pressuposto do contrato, ainda que o não saibam as partes ou uma das partes. As circunstâncias são as necessárias à consecução da finalidade do contrato, determinada pelos contratantes e pelo próprio contrato; se circunstâncias sobrevêm que impedem que, com o contrato, se alcance aquela finalidade, justifica-se a revisão ou a resolução.

Para Karl Larenz (1956, p. 170), um dos principais formuladores da teoria da base do negócio, entende-se por "base do negócio objetiva" as circunstâncias e estado geral das coisas cujas existências ou subsistências são objetivamente necessárias para que o contrato subsista, segundo o significado das intenções de ambos os contratantes, como regulação dotada de sentido. E esta não subsiste quando: a) a relação de equivalência entre prestação e contraprestação se destruiu em tal medida que não se pode falar racionalmente em "contraprestação"; b) a finalidade objetiva do contrato, expressada no seu conteúdo, resultou inalcançável, ainda quando a prestação do devedor seja possível.

A mudança superveniente das circunstâncias pode não ter trazido vantagem ou ganho para o credor. Mas isso não é requisito necessário, pois a onerosidade excessiva recaiu sobre o devedor, independentemente do concurso ou da vantagem da outra parte. Todavia, e na contramão da evolução da jurisprudência dos tribunais brasileiros, o Código Civil brasileiro introduziu o requisito da vantagem em favor da outra parte, desde que tenha sido exagerada.

No Brasil, popularizou-se entre os juristas a teoria da imprevisão, conquistando foros de cidade, especialmente a partir da conhecida monografia de Arnoldo Medeiros da Fonseca *Caso fortuito e teoria da imprevisão*, de 1958, com repercussão no CC/2002. Curiosamente, a teoria da imprevisão nasceu no âmbito dos contratos administrativos, a partir de decisão do Conselho de Estado da França, no caso *Gás de Bordeaux*, de 1916, que admitiu a revisão do contrato a fim de restabelecer o equilíbrio financeiro, afetado pela guerra, e evitar a interrupção do serviço público. Igualmente, a Lei Failliot, de 1918, de natureza emergencial e aplicável aos contratos executados durante o estado de guerra, nenhuma referência fez ao requisito de imprevisão ou imprevisibilidade, sendo suficiente se *"a execução das obrigações de um dos contratantes envolver encargos que lhe causam um prejuízo de uma importância que ultrapassa e muito as previsões razoavelmente feitas à época da convenção"*; em vez da resolução do contrato, o juiz podia determinar a suspensão dele, inclusive mediante conciliação.

Somente em 2016, com a nova redação dada ao seu art. 1.195, o Código Civil francês passou a admitir a mudança de circunstâncias "imprevisíveis" quando da celebração do contrato, que torne sua execução excessivamente onerosa para uma das partes, que não tenha assumido tal risco.

A teoria da imprevisão, como difundida no Brasil, traz em si um forte componente restritivo. O que se apresenta como modernidade, nada mais é que limitação da cláusula *rebus sic stantibus*, ou concessão ao voluntarismo jurídico, porque impõe requisitos impedientes para sua ampla aplicação: a excepcionalidade e a imprevisibilidade. Para essa teoria, o evento causador do desequilíbrio das prestações das partes não poderia ser previsto nos momentos pré-negociais e quando da celebração do contrato. A excepcionalidade afasta situações consideradas ordinárias ou comuns nas relações contratuais duradouras. Não se pode confundir, pois, a cláusula *rebus sic stantibus*, que encara objetivamente a equidade e o equilíbrio contratual, com o subjetivismo da teoria da imprevisão, tal como desenvolvida originalmente em França.

Condenando a teoria da imprevisão, inclusive por sua inconsistência técnica, diz Pontes de Miranda que "as chamadas teorias da imprevisão, ressonâncias atécnicas de discussões e soluções em doutrinas estrangeiras, partem de conceito que se há de afastar, radicalmente. Se os autores baralham os conceitos de imprevisão e de cláusula *rebus*, crescem de pronto os equívocos: se em verdade nada se previu, não há falar-se em cláusula; se cláusula houve, explícita, previu-se" (1971, v. 25, p. 246).

Antes do direito do consumidor estruturar-se, no mundo atual, a compatibilidade da teoria da imprevisão com a relação contratual comum, derivada da autonomia da vontade, levou a doutrina a afirmar categoricamente que, por ser previsível, a inflação não poderia fundamentar a revisão do contrato de execução prolongada. Mas, se a inflação é fenômeno intermitente ou constante, não se pode antever em que grau atingirá a equivalência das prestações, nos contratos de longo prazo, o que demonstra a irrelevância da previsão do fenômeno em si.

Diferentemente do Código Civil, o CDC utiliza tipos abertos ou conceitos indeterminados para as relações contratuais de consumo, que ultrapassam os limites da teoria da imprevisão:

a) igualdade ou equilíbrio contratual: arts. 6º, II, 51, § 1º, II;

b) prestações desproporcionais: art. 6º, V;

c) onerosidade excessiva ou desvantagem exagerada: arts. 6º, V, 39, V, 51, IV, 51, § 1º;

d) justo equilíbrio de direitos e obrigações: art. 51, § 4º.

Mas a melhor recuperação da amplitude da cláusula *rebus sic stantibus*, e do afastamento da teoria da imprevisão, encontra-se no art. 6º, V, do CDC. Neste preceito, e nos acima referidos, não há qualquer referência a imprevisão ou excepcionalidade, e sim evidente adoção do conceito de base negocial objetiva. Interessa apenas a existência objetiva do desequilíbrio contratual. O desequilíbrio pode ter sido coetâneo da celebração do contrato (modificação) ou superveniente (revisão). O fator de desequilíbrio pode ter sido previsto ou não pelas partes. Portanto, nas relações de consumo, não se exige, para modificação ou revisão do contrato, que o fato seja previsível ou extraordinário.

Pode-se afirmar que o nosso sistema jurídico adota a teoria da base objetiva do negócio jurídico, em razão de a relação jurídica apresentar aspectos subjetivos e objetivos, ou institucionais, resultantes da tensão entre o contrato e a realidade econômica. Essa tensão constitui, precisamente, a base objetiva do contrato (Silva, 1997, p. 96).

A teoria da base objetiva do negócio foi adotada expressamente no Código Civil alemão, cujo § 313, inciso 1, está assim enunciado: "Quando, após a celebração, as circunstâncias que formaram a base do contrato tenham se alterado consideravelmente, de modo que as partes, se tivessem previsto essa alteração, não o teriam concluído ou o teriam feito com outro conteúdo, pode ser exigida a adaptação do contrato desde que, sob consideração de todas as circunstâncias do caso concreto e, principalmente, a repartição contratual ou legal do risco, seja irrazoável a manutenção inalterada do contrato para uma das partes". Para Jörg Neuner (2020, *passim*), dessa regra emergem três pressupostos: (1) Um elemento real, ou seja, uma alteração grave e profunda na base do negócio; (2) Um elemento hipotético, ou seja, os contratantes não teriam celebrado o contrato, ou o teriam feito com outro conteúdo, se tivessem antevisto as circunstâncias que o afetaram, de acordo com as representações das partes; (3) Um elemento normativo, ou seja, a irrazoabilidade de que o contratante permaneça vinculado ao contrato originário, com base na distribuição legal dos riscos. O recurso à figura da quebra da base do negócio não foi afastado pela suspensão legal do direito de denúncia do contrato, pois isso diz respeito apenas ao aspecto da extinção do contrato e não de sua adaptação.

A teoria da base objetiva do contrato é um passo além para a concretização da função social do contrato, pois independe da imprevisibilidade e visa a restaurar a relação de equivalência entre prestação e contraprestação existente na data da conclusão do contrato, destruída em virtude da mudança de circunstâncias. Afetada a relação de equivalência, o fim do contrato não pode ser alcançado, a não ser impondo-se ônus excessivo e prejudicial ao devedor.

Apesar dos requisitos do art. 478 do CC (extrema vantagem da outra parte, imprevisibilidade e extraordinariedade), a doutrina tem apontado para outros caminhos, dentro do sistema jurídico brasileiro, que fundamentam a revisão ou resolução do contrato, com dispensa desses requisitos, quando houver onerosidade excessiva superveniente ou o desequilíbrio contratual, a exemplo da boa-fé objetiva, do erro, do risco, da vedação do enriquecimento sem causa e da função social do contrato.

Quando esses caminhos não possam ser percorridos diretamente, então se aplicará a regra restritiva do art. 478. "A ideia de ser essa norma usada apenas subsidiariamente decorre de seu enunciado por demais restritivo" (Aguiar Jr., 2004, p. 147). E, quando for essa a hipótese, a imprevisibilidade "deve ser interpretada não somente em relação ao fato que gere o desequilíbrio, mas também em relação às consequências que ele produz", de acordo com o Enunciado 175 das Jornadas de Direito Civil do CJF/STJ.

A revisão contratual, lastreada na doutrina da base do negócio, tem por finalidade recuperar a equivalência material ou equilíbrio do contrato. Observados seus parâmetros, não abre espaço para o julgador reescrever o contrato, afastando os temores dos críticos.

Impõe-se a integração entre o art. 478 do CC (com ênfase na resolução do contrato) e o art. 317 do CC (com ênfase na revisão do contrato), para a interpretação harmônica dos fins sociais da lei, significando que a resolução contratual deve ser adotada apenas quando não se possa realizar a revisão contratual.

Nesse sentido é o entendimento de Karina Nunes Fritz (2021, *passim*) de que as hipóteses previstas nos arts. 317 e 478 do CC são exemplos legais de quebra da base do negócio por alteração posterior das circunstâncias, mas existem outras situações não subsumíveis nesses dispositivos, as quais precisam ser solucionadas com base na interpretação sistemática e teleológica do art. 422 combinado com o art. 113 do CC, pois a boa-fé objetiva é o fundamento material e legal da teoria da base do negócio e regra de ouro da interpretação contratual.

Observe-se que não há mudança de circunstâncias que fundamente a revisão ou resolução do contrato se elas se enquadram no conceito de risco do negócio, pois a álea é de sua natureza e foi tácita ou expressamente considerada pelas partes contratantes. No REsp 783.404, o STJ repeliu pedido de resolução de contrato de compra e venda de safra futura de soja a preço certo, sob alegação de onerosidade excessiva decorrente de fortes chuvas e pragas que ocasionaram baixa produtividade. Apurou-se, todavia, que motivação subjacente foi a mudança do preço da saca entre a data do contrato e o da entrega da mercadoria, que tinha valorizado muito. Não há necessidade do enquadramento desses fatos como previsíveis ou não, como fez o Tribunal. Para a correta conclusão a que se chegou, basta a clara identificação do risco do negócio, além de colisão com o princípio de vedação de *venire contra factum proprium* ou de comportamento contraditório.

A epidemia da Covid-19 foi considerada como mudança de circunstâncias conducentes à onerosidade excessiva em várias situações levadas aos tribunais.

Nenhuma das partes contou com a ocorrência dessa emergência internacional, salvo para contratos que têm o acaso como objeto, a exemplo dos seguros. Como exemplo, o STJ no REsp 1.984.277 decidiu pela revisão judicial de contrato de locação de sala comercial que funcionava como espaço de *coworking*, reduzindo--o em 50%, pois a pandemia tinha atingido ambas as partes. Mas o STJ (REsp 1.998.206) não a considerou para redução proporcional de mensalidades escolares, pois a redução da carga horária foi autorizada em lei e os serviços educacionais continuaram a ser prestados na modalidade *on-line*.

9.7. Frustração da Finalidade do Contrato

Todo contrato, durante as negociações preliminares e na celebração, é determinado pelas circunstâncias que as partes têm presentes ou supõem existirem, configurando a *base do negócio*, com razoável expectativa de que persistirão em sua substância, para consecução da finalidade do contrato.

A aplicação da teoria da base do negócio no Brasil voltou-se primacialmente às mudanças supervenientes das circunstâncias, nos contratos duradouros, que podem afetar profundamente o equilíbrio do contrato. Esse desequilíbrio não deve ser suportado apenas por uma das partes, configurando fundamento para a resolução ou a revisão do contrato. A teoria da base do negócio, que afastou os subjetivismos e os erros metodológicos da teoria francesa da imprevisão, foi decisivamente adotada pelo CC/2002.

A preservação da base do negócio, com seu sentido de equilíbrio, é necessária tanto para a mudança superveniente das circunstâncias quanto para assegurar a viabilidade da finalidade do contrato. Por essa razão, a redação do § 313 do Código Civil alemão, dada pela lei de modernização das obrigações de 2002, pode ser sintetizada como carência inicial das circunstâncias essenciais. Não são quaisquer circunstâncias que interessam, mas as que conduzem à convicção das partes de que o contrato, se elas de fato existirem, será celebrado e executado dentro de razoável equilíbrio das prestações e dos direitos e deveres decorrentes, no sentido de se alcançar a finalidade do contrato convencionada pelas partes.

A base do negócio é o ponto de equilíbrio que dá higidez ao contrato e fundamenta sua obrigatoriedade. Compromete-se a base do negócio não apenas quando ocorre mudança superveniente das circunstâncias, mas também quando não se confirmam as circunstâncias que as partes supuseram presentes na celebração, comprometendo ou inviabilizando o fim contratual. Interessa, pois, a aferição da base do negócio no momento da celebração e durante a execução. O desenvolvimento mais aprofundado da aplicação da base do negócio quando ocorre mudança superveniente das circunstâncias, tanto na doutrina quanto na jurisprudência brasileiras, não afasta a verificação de sua viabilidade para consecução da finalidade contratual.

A percepção incorreta ou incompleta das circunstâncias, pelas partes ou por uma das partes, em boa-fé, torna irreal a base do negócio. A parte prejudicada com a onerosidade excessiva que se revelou na execução do contrato, se tivesse correta ou completa a percepção das circunstâncias, não concordaria com o contrato, nas condições em que foi celebrado.

Cuida-se de fenômeno que pode ser denominado frustração da finalidade do contrato, em virtude de falsa representação das circunstâncias. A frustração da base do negócio é distinta da alteração superveniente das circunstâncias ou da impossibilidade de execução do contrato; ambas as partes do contrato avaliaram incorretamente as circunstâncias, o que apenas irá se revelar no momento da execução obrigacional, tornada extremamente gravosa, impondo-se o dever de cooperação (boa-fé) e a consequente revisão.

No direito inglês o princípio da frustração da finalidade do contrato é acolhido. Não se confunde com outros institutos como *hardship, inconvenience* ou *material loss itself,* como esclarece decisão judicial de 1956. "Deve haver tal mudança no significado da obrigação que a prestação assumida, se cumprida, seria diferente da contratada... Não foi isso que prometi fazer" (*Lord Radcliffe, Davis Contractors Ltd v Fareham Urban District Council [1956] UKHL 3*).

Assim como para a resolução em virtude de mudança superveniente das circunstâncias, a resolução ou revisão por frustração da finalidade do contrato, por falsa representação das circunstâncias, facultadas à parte prejudicada, não importa em perdas ou danos, ou na incidência de cláusula penal, porque sua natureza não é de inadimplemento da obrigação. A parte pode pedir a modificação do contrato que elimine a desvantagem exagerada ou a onerosidade excessiva, ou pedir a resolução, se o grau de frustração não recomendar a continuidade do contrato.

Nesse ponto, há aproximações com o erro substancial do objeto, mas o vício é tanto subjetivo quanto objetivo. É subjetivo porque decorre da falsa representação das circunstâncias; é objetivo, porque as circunstâncias podem ser subtraídas ao conhecimento integral das partes, se dependerem de fato imponderável.

Há também aproximação da frustração da finalidade do contrato com a impossibilidade do contrato, inclusive pelo desaparecimento de sua equivalência, o que, para Karl Larenz (1956, p. 147), não se diferencia claramente da impossibilidade da prestação, por causa de seus intensos pontos de contato.

Nessas circunstâncias, disse ele, o contrato não merece ser conservado ou sê-lo sem modificações.

No direito latino-americano destaca-se a regra do art. 1.090 do CC/2014 da Argentina, aludindo expressamente à frustração de finalidade do contrato, que autoriza a parte prejudicada a declarar sua resolução, se tem como causa "alteração de caráter extraordinário das circunstâncias existentes ao tempo de sua celebração, alheia às partes e que supera o risco assumido pela que é afetada", norma compatível com o ordenamento jurídico brasileiro. Tal categoria jurídica é distinta da que o referido Código denomina "imprevisão", equivalente ao que o Código brasileiro denomina onerosidade excessiva superveniente.

9.8. O Uso da Equidade para Revisão do Contrato Excessivamente Onerado

O Código Civil admitiu uma abertura ao modelo rígido da resolução do contrato, ao prever no art. 479 que esta pode ser evitada, "oferecendo-se o réu a modificar equitativamente as condições do contrato". Ainda que tome partido explícito pela equidade, para solução dos conflitos contratuais, o que é fator positivo, sua principal restrição radica no fato de depender da iniciativa ou faculdade de quem foi beneficiado pela mudança de circunstâncias.

É uma regra tímida de revisão do contrato, que deveria estar no centro da orientação a ser adotada, como o faz o CDC. Diferentemente ocorre com o art. 437 do Código Civil português, que lança mão do juízo de equidade tanto para resolução quanto para a revisão, no interesse da parte prejudicada, sem depender de iniciativa da outra.

Só a análise da situação concreta, criada com a modificação das circunstâncias, permitirá a solução justa. O julgador, para sua decisão, fundamenta-se no juízo de equidade, considerando as circunstâncias ou o equilíbrio de direitos e obrigações que esteve presente na conclusão do contrato, projetando-a no tempo para apurar o montante da onerosidade excessiva, segundo as regras da experiência e do tráfico jurídico aplicáveis ao tipo de contrato. O juízo de equidade se caracteriza pela inadequação de critérios ou regras gerais, mas tem como diretriz o equilíbrio de direitos e obrigações das partes negociais e a consideração das circunstâncias da situação concreta.

Por outro ângulo, para que sejam alcançados os fins sociais da lei exigidos pela LINDB, a interpretação do art. 479 do CC há de ser feita em harmonia com a regra geral da revisão contratual estabelecida pelo art. 317 do CC.

O juízo de equidade não é da parte beneficiada com a mudança de circunstâncias. Pode ele oferecer as condições de revisão do contrato, para consideração da outra parte. Mas a decisão fundada no juízo de equidade é do magistrado.

9.9. Vantagem Superveniente pela Mudança de Circunstâncias

A construção doutrinária se deu para que a desvantagem inesperada, traduzida na onerosidade excessiva para uma das partes, legitimasse a resolução ou a revisão do contrato. E nisso consiste o reequilíbrio material do contrato, referido à base objetiva do negócio. Esse é o cenário do prejuízo.

O mesmo não se deu em relação ao evento contrário, ou seja, quando a mudança de circunstâncias superveniente leva à vantagem para uma das partes. Esse é o cenário do ganho. Quando tal evento ocorre, duas situações geradoras de conflitos podem surgir: a) a parte que não obteve a vantagem tenta resolver o contrato porque, segundo um juízo estritamente econômico, deixou de ganhar; b) a parte que não obteve a vantagem intenta partilhar o ganho inesperado, segundo um juízo de equidade.

A vantagem superveniente não pode ser fundamento de resolução do contrato ou de seu inadimplemento. Todavia, parece-nos razoável que os fundamentos da base objetiva do negócio também compareçam nessa hipótese, pois o fato superveniente afetou o equilíbrio contratual, devendo o ganho ser compartilhado por ambas as partes. O ganho decorreu de evento externo ao contrato, que por ele foi afetado sem o concurso de qualquer das partes. Essa solução difere da onerosidade excessiva, pois esta é traduzida em prejuízo apenas para uma das partes e não para ambas.

O STJ (*RTDC*, 10:2002) julgou caso relativo à desistência da venda de um imóvel pela empresa vendedora, cujo preço de mercado teve inesperada valorização por causa da construção superveniente de duplicação e ampliação de rodovia, onde o imóvel se localizava. O promitente comprador já tinha pagado, como sinal, o percentual de 10% do valor pactuado pela venda do imóvel. Decidiu o Tribunal que o promitente comprador tinha direito a receber 80% sobre a diferença entre o atual valor de mercado do imóvel, segundo a avaliação dos peritos, e o preço pactuado antes, correspondente aos lucros cessantes. Esta decisão considera que o ganho frustrado – lucros cessantes – seria inteiramente de uma das partes. Todavia, se o contrato (promessa de compra e venda) ainda estava em execução, tendo havido apenas o pagamento do sinal, a base objetiva do negócio impunha compartilhamento do ganho.

9.10. Direito e Dever de Renegociação

A crescente utilização de contratos de execução duradoura para obtenção de fins comuns e a exigência decorrente de cooperação negocial, para além do modelo contratual antagonista, fizeram brotar o direito e o dever recíprocos de renegociação das prestações pactuadas, quando o desequilíbrio econômico e financeiro, em razão do tempo, comprometer a estabilidade e os fins do contrato.

O dever de renegociação assenta-se na crescente compreensão de que o contrato é um processo contínuo de cooperação entre as partes, para a realização comum dos fins propostos. Não é mais um esquema de antagonismo de interesses opostos. Assim, constitui abuso do direito ao adimplemento (CC, art. 187) a parte que obsta os meios que viabilizem a renegociação contratual, quando as circunstâncias a indicarem.

Desenvolvido pela doutrina jurídica, o direito/dever de renegociação ou de renegociar tem sido acolhido expressamente na legislação estrangeira, com fundamentos aplicáveis também ao Brasil. O Código Civil francês, com a redação dada em 2016, ressalta a primazia atribuída ao direito/dever de renegociação, durante a qual o contrato deve continuar a ser executado, para que ele possa desenvolver suas funções sociais e econômicas. Se houver recusa ou falha na renegociação do contrato, as partes podem concordar em resolver o contrato, ou, de comum acordo, submeter ao juiz o pedido de adaptação. Na falta de acordo dentro de prazo razoável, o juiz pode, a pedido de uma das partes, revisar o contrato ou extingui-lo na data e condições que fixar.

A jurisprudência alemã vem partindo do princípio de que as partes precisam primeiro negociar entre si a adaptação contratual e, consequentemente, afirmado a existência de uma pretensão à renegociação, de modo que, se uma parte se recusa a cooperar, sem motivo justificado, pode surgir uma pretensão ressarcitória (Neuner, 2020, passim).

No âmbito dos contratos internacionais, o dever de renegociação decorre das cláusulas de *hardship*, previstas nos princípios do UNIDROIT.

O direito/dever de renegociação não depende necessariamente de imprevisibilidade ou de onerosidade excessiva superveniente, ainda que tais circunstâncias estejam por ele abrangidas.

O CC, art. 479, que induz o réu a modificar equitativamente as condições do contrato para evitar a resolução, fundamenta o direito à renegociação do contrato de execução duradoura, quando houver mudanças das circunstâncias. Como diz Miguel Reale (1997, p. 10), a onerosidade excessiva também legitima a iniciativa do contratante prejudicado no sentido de entabular negociações com os demais visando alcançar uma revisão satisfatória para todos.

Entre outros subsídios legais para o dever de renegociação, o CC, art. 157, § 2º, dispensa a anulação do contrato, se a parte favorecida pela lesão concordar com a redução do proveito obtido ou oferecer suplemento suficiente. O CPC, art. 3º, igualmente, estabelece que a conciliação e a mediação devem ser estimuladas pelos operadores da justiça, inclusive no curso do processo judicial, o que inclui o dever de renegociar o contrato, objeto do litígio.

A Lei n. 14.046/2020, que dispôs sobre adiamento e cancelamento de eventos, incluídos shows e espetáculos, durante o período da pandemia da Covid-19, estabeleceu o dever de renegociar, compulsoriamente, desobrigando os prestadores de serviço da devolução dos valores recebidos desde que remarcassem as reservas e os eventos, ou oferecessem disponibilização de crédito para uso ou abatimento no pagamento de outros serviços.

Para Anderson Schreiber (2018, p. 295), não há necessidade de norma específica estabelecendo, entre nós, o dever de renegociar em contratos desequilibrados, em virtude de ser expressão do valor constitucional da solidariedade social e ante a consagração da boa-fé objetiva no Código Civil.

As mudanças significativas na estrutura originária podem determinar o desequilíbrio no sinalagma (Nanni, 2014, p. 258). Para esse autor, os contratos de duração levam à realização de investimentos pelas partes para sua execução, daí porque a resolução por inadimplemento só deve ser decretada em hipótese excepcional (p. 261). Há quem sustente que há um dever geral de conduta de renegociação nessas circunstâncias (Aguiar Jr., 2011, p. 934), ou de dever geral de ingressar em renegociação (Schreiber, 2018, p. 341).

Segundo Francesco Galgano (2010, p. 580), o dever de renegociação pode ter previsão expressa no contrato, na hipótese de ocorrerem determinados eventos ou quando se atingir determinado termo de tempo; ou quando não houver previsão no contrato, mas, no curso da execução contratual, verificarem-se eventos que modificam sensivelmente as situações de fato, sob cujas bases os contratantes celebraram o contrato. Tais requisitos gozam do consenso doutrinário e, no direito brasileiro, aplicam-se tanto para os contratos paritários quanto para os contratos não paritários.

CAPÍTULO X

Compra e Venda

Sumário: 10.1. Conceito e elementos do contrato de compra e venda. 10.2. Unificação da compra e venda civil e mercantil e favorecimento do comprador. 10.3. Origem e evolução da compra e venda. 10.4. Efeitos do contrato de compra e venda e transmissão da propriedade. 10.5. Coisa atual e futura. 10.6. Venda mediante amostras, protótipos ou modelos. 10.7. Preço. 10.8. Deveres do vendedor e do comprador. 10.9. Repartição dos riscos. 10.10. Vendas proibidas em razão de determinadas pessoas. 10.11. Venda de imóvel por medida ou como unidade. 10.12. Venda de parte ideal em condomínio.

10.1. Conceito e Elementos do Contrato de Compra e Venda

A compra e venda é contrato bilateral, oneroso e consensual mediante o qual o vendedor assume a obrigação de transferir bem ou coisa alienável e de valor econômico ao comprador, que por sua vez assume a obrigação de pagar o preço determinado ou determinável em dinheiro. A coisa pode ser corpórea ou incorpórea. É o mais importante dos contratos típicos e o mais utilizado pelas pessoas em seu cotidiano.

O contrato de compra e venda é negócio jurídico bilateral, por excelência, pois resulta de duas manifestações de vontades distintas, ainda que correspondentes. Na tradição brasileira (e portuguesa) a expressão utilizada é ampla, ou seja, "compra e venda", que vem do direito romano, ressaltando a bilateralidade obrigacional, diferentemente de outros países que restringem a denominação a contrato de venda (direito francês, direito italiano) ou a contrato de compra (direito alemão, direito inglês). A Convenção de Viena (1980) adotou a denominação Contrato de Venda de Mercadorias, para as vendas internacionais.

No conceito sintético de Enneccerus, "é um contrato bilateral no qual uma das partes (o vendedor) se compromete a transferir um objeto patrimonial ao patrimônio da outra parte (o comprador), em troca do qual esta promete o pagamento de uma soma de dinheiro" (1966, p. 19).

Normalmente, a compra e venda corresponde a um contrato de execução instantânea, quando a prestação do comprador sucede à do vendedor, no mesmo instante, mas pode assumir características de contrato de execução duradoura (continuada ou diferida). A execução é continuada em contratos de fornecimento (água, luz, gás), pois a prestação de dar o preço é correspondente ao consumo realizado em cada período medido. É diferida quando o preço determinado é dividido em várias prestações.

O contrato de fornecimento contínuo de coisas é espécie do gênero compra e venda, no direito brasileiro, situação que não se modificou com o advento do CC/2002. O contrato de fornecimento pode ser aberto quanto ao objeto e, sobretudo, quanto à quantidade do que se vai fornecer. Considera-se devido o que seja necessário, no momento do consumo, em quantidade e qualidade. O preço é correspondente ao que efetivamente foi consumido pelo comprador e às alterações decorrentes de mudanças de qualidade, de aplicação de índices de atualização monetária ou de outras circunstâncias que tenham previsão no contrato. Não se considera compra e venda os contratos de fornecimento de serviços. Considera-se compra e venda de coisas genéricas o contrato de fornecimento de coisas fungíveis com prestações sucessivas ou periódicas.

Os elementos essenciais da compra e venda, que têm atravessado as vicissitudes históricas, são: a coisa, o preço e o consentimento. Ainda que a coisa seja futura ou aleatória, ou que o preço esteja dependente de determinadas circunstâncias, devem ser determináveis, previstas e objetos do consentimento de ambos os contratantes. Se faltar qualquer um desses elementos, a compra e venda não pode subsistir.

Considera-se pura a compra e venda que não está sujeita a condição ou a cláusulas especiais. Constitui a situação comum no tráfico jurídico, quando as partes manifestam intenção negocial de vender e comprar, assumindo as obrigações correspondentes, isto é, transferir a coisa e pagar o preço. O consenso por si só obriga. Vê-se, pois, que no plano da existência desse negócio jurídico não há necessidade de qualquer outro elemento.

No plano da validade, a forma é apenas exigível para situações especiais, como na venda de imóveis. Ainda assim, o defeito de forma prescrita em lei resolve-se no plano da validade (no caso, nulidade). A forma exigível é a escritura pública, lavrada por notário. A Lei n. 840/1855 estabeleceu pela primeira vez no Brasil a necessidade de escritura pública: "A compra e venda de bens de raiz, cujo valor exceder de duzentos mil reis (200$000), será feita por escritura pública, sob pena de nulidade".

As promessas de compra e venda de imóveis, no entanto, podem ser feitas mediante instrumento particular. Também pode ser utilizado o instrumento particular para as transações do sistema financeiro imobiliário, principalmente os contratos de alienação fiduciária de coisa imóvel, com os mesmos efeitos da escritura pública (art. 38 da Lei n. 9.514/1997, com a redação da Lei n. 11.076/2004).

Às vezes, o legislador renuncia a requisito de validade ante a realidade da vida. Por exemplo, os contratos de aquisição de imóveis em que o beneficiário final seja mulher chefe de família, em programas de regularização fundiária de interesse social promovidos pela União, Estados, Distrito Federal ou Municípios, poderão ser firmados independentemente da outorga do cônjuge, afastando-se a aplicação do disposto nos arts. 1.647 a 1.649 do Código Civil.

Ainda que as partes estejam concordes no preço e no objeto, se este for ilícito, impossível ou indeterminável será nulo o contrato (CC, art. 166, III). Nula também será a compra e venda de bem que esteja fora do comércio, por força de lei, ou se o bem deixou de existir antes da conclusão do contrato. Ao contrato de compra e venda é exigido o consenso sobre as promessas do objeto e do preço. O consenso é a concordância das manifestações de vontade que se referem ao objeto e ao preço.

10.2. Unificação da Compra e Venda Civil e Mercantil e Favorecimento do Comprador

O CC/2002, ao revogar a Primeira Parte do Código Comercial de 1850, suprimiu as distinções legais que havia entre os contratos de compra e venda civil e de compra e venda mercantil, unificando-os segundo o modelo do primeiro. As diferenças legislativas sempre foram objeto de críticas de parcela crescente da doutrina. No que respeita ao contrato de compra e venda não se justificava que houvesse tal clivagem, privilegiando a relação contratual em que figurasse o comerciante. Não há razão de fundo para diferenças substanciais nos contratos de compra e venda entre pessoas físicas, entre empresas (pessoas jurídicas ou não) e entre empresas e pessoas físicas. Os figurantes são sempre o vendedor e o comprador.

A compra e venda está no centro dos negócios jurídicos, assegurando a circulação das mercadorias e dos bens. A compra feita com a finalidade de revenda é ato de comércio por excelência. Para os particulares, a compra e venda é contrato de seu cotidiano, para consumo final. Os dois tipos de contratos, sem embargo de suas finalidades distintas, são ontologicamente iguais.

Por ser o contrato mais importante no mercado de consumo, a compra e venda em que são partes a empresa vendedora e um adquirente destinatário final

— 197 —

fica sujeita à incidência da legislação de defesa do consumidor, principalmente do Código respectivo. Nessa circunstância, a relação contratual convola-se em contrato de consumo e os figurantes convertem-se em fornecedor e consumidor. Assim, o antigo contrato de compra e venda mercantil, quando o comprador era consumidor, subsumiu-se no contrato de consumo, cujas normas de regência são preferenciais, uma vez que especiais. Do mesmo modo, quando a empresa mercantil for compradora e destinatária final do produto – ou seja, quando a aquisição deste não tiver finalidade de revenda – será também considerada consumidora e protegida pela legislação especial.

A evolução do direito brasileiro aponta para a tutela preferencial do comprador, máxime quando assume a posição de consumidor, invertendo a proteção que se conferia ao vendedor nos Códigos Civil de 1916 e Comercial de 1850, marcados por valores de acentuados individualismo e liberalismo econômico. A unificação do contrato de compra e venda também ressalta essa notável mudança de paradigma, ocorrida no trânsito da codificação liberal para o novo Código: a tutela legal que favorecia o vendedor transferiu-se para o comprador.

O legislador de 2002, propositada ou intuitivamente, redirecionou o foco do favor legal para a parte contratual presumivelmente mais vulnerável, ou seja, o comprador. O comprador é o consumidor quando o contrato está inserido em relação de consumo. Mas, ainda que não haja relação de consumo, o comprador também assumiu primazia na grande maioria dos artigos do Código Civil, quando se compara com os equivalentes do Código anterior.

10.3. Origem e Evolução da Compra e Venda

O contrato de compra e venda origina-se da organização das sociedades e do advento da moeda ou do dinheiro. É o "mais velho mister do mundo" (Huet, 1996, p. 35). Ele aparece com a moeda. Antes, em todas as civilizações, prevaleceu a troca, a permuta ou o escambo. Constitui sinal de evolução dos povos e de simplificação da circulação e aquisição das coisas que cada pessoa necessita para viver ou deseja ter. Na medida em que cresceu a compra e venda, reduziu-se a importância da troca.

No sistema romano, que apenas reconhecia situações jurídicas que fossem dotadas de ação, foram concedidas a *actio ex venditio* para o vendedor e a *actio ex emptio* para o comprador, assegurando-se a paridade de armas. O esquema obrigacional romano do contrato de compra e venda exerceu forte influência que perdura até hoje, inclusive no direito brasileiro. "Malgrado a infinita variedade de suas aplicações, a compra e venda atual é ainda o contrato do direito romano" (Huet, 1996, p. 38).

Na sociedade hodierna, a economia baseia-se na compra e venda, que "apanha desde os negócios jurídicos de esquina, ou de rua (vendedores ambulantes e estacionários) até os que têm por objeto patrimônios" (Pontes de Miranda, 1972, v. 39, p. 9), além das relações impessoais com utilização de automação ou da Internet.

A evolução mais sensível reside no enquadramento da compra e venda em legislações especiais voltadas à realização de valores e princípios constitucionais, que se têm amplificado no Estado social, principalmente as voltadas ao direito do consumidor, ao direito da concorrência e ao abuso do poder econômico. O direito busca um novo equilíbrio, entre os contratantes, que contemple o direito à informação, a tutela da parte vulnerável, o direito a melhores garantias legais, o direito de arrepender-se, o direito à segurança. Uma maior garantia deve ser dada ao comprador consumidor, pois o comércio de bens opera sob condições que não mais permitem a verificação de qualidade e muitos desses bens apresentam tecnologia complexa cujo conhecimento apenas os profissionais detêm.

O contrato de compra e venda foi profundamente afetado pelo fenômeno da massificação contratual, com a adoção inevitável das condições gerais dos contratos, que funcionam como regulação contratual privada predisposta pelo vendedor-fornecedor à totalidade dos compradores aderentes, com características de generalidade, uniformidade, abstração e inalterabilidade.

O processo de transformação das relações sociais e econômicas aguçou a clivagem entre contratos de compra e venda comum, realizado entre particulares, e contratos de compra e venda de consumo, quando o vendedor for um fornecedor, assim qualificado pela legislação de proteção do consumidor, para os quais as normas do Código Civil são supletivas. Quando a venda decorrer de um contrato de adesão e houver incompatibilidade entre as condições gerais nele predispostas e as normas de caráter dispositivo ou supletivo, previstas nos arts. 481 a 532 do CC, estas preferem àquelas.

10.4. Efeitos do Contrato de Compra e Venda e Transmissão da Propriedade

No direito brasileiro o contrato de compra e venda por si só não gera a transmissão do domínio do bem ou da coisa, mas o direito e o dever de realizá-la. Por isso, o Código Civil brasileiro diz que por esse contrato "um dos contratantes se obriga a transferir o domínio de certa coisa", ao contrário do Código Civil italiano, para o qual o contrato de venda tem "por objeto a transferência da propriedade de uma coisa". No direito brasileiro, o objeto da obrigação do vendedor é a prestação de dar a coisa, enquanto o do comprador é a prestação de dar o preço. No direito brasileiro, o contrato de compra e venda é meramente consensual, pois a transmissão do domínio ou da propriedade depende de modos específicos, dele decorrentes, mas autônomos (registro do título, para os bens imóveis; tradição – entrega da coisa –, para os bens móveis).

Esse esquema complexo difere do que foi adotado pela maioria dos Códigos Civis, como os da França, da Itália e de Portugal, para os quais o contrato reúne as duas funções. Exemplo frisante dessa profunda diferença de efeitos do contrato de compra e venda é o Código Civil de Portugal, cujo art. 874 estabelece que esse contrato "transmite a propriedade de uma coisa ou outro direito". A simultaneidade que ocorre nos contratos de compra e venda de execução instantânea, especialmente das coisas materiais móveis, com sua imediata tradição, pode provocar a ilusão de produzir o contrato efeito real. A tradição existiu, ainda que instantânea, cumprindo sua função de modo de transmissão e aquisição da propriedade.

Pontes de Miranda (1972, v. 39, p. 14 e 90) chama atenção para a existência necessária no Brasil de dois negócios jurídicos, que podem ser simultâneos, o da compra e venda e o acordo de transmissão. Nunca, por si só, o contrato de compra e venda transfere, simultânea ou imediatamente, a propriedade e a posse da coisa. Para que isso se dê é preciso que tenha havido o acordo de transmissão, explícito ou implícito.

A transmissão da propriedade (modo) pode ser inválida sem que o seja o contrato de compra e venda (título). Como exemplo tem-se a hipótese de vendedor que era solteiro ao tempo da conclusão do contrato, em que não houve o acordo de transmissão, e este veio a ocorrer quando já era casado. Inversamente, a transmissão pode ser válida e eficaz sem que o tenha sido o contrato, pois são dois atos distintos. O direito brasileiro estabelece relação de causalidade entre o modo e o título. Se este for invalidado, aquele também o será, por consequência. No direito alemão, distintamente, o modo é abstrato, não sendo contaminado pela invalidade ou ineficácia do título.

Os dois negócios jurídicos estão no contrato de compra e venda, ainda que possam estar separados. Quem vende um imóvel por escritura pública, diz Clóvis do Couto e Silva (1976, p. 62), não necessitará de outro ato, ou de outra declaração de vontade para que possa ser realizado o registro, pois, na vontade de vender, está a vontade de adimplir, de transmitir, que, por si só, é suficiente para permitir o registro imobiliário. O descumprimento do acordo de transmissão, em não se concluindo o registro ou a tradição, leva ao inadimplemento, com suas consequências, inclusive de resolução do contrato do qual foi oriundo e indenização por perdas e danos.

O que caracteriza a compra e venda no direito brasileiro é que o vendedor se vincula a transmitir, fazendo-se devedor, obrigando-se no tempo fixado. O comprador vincula-se a pagar e obriga-se no tempo ajustado. Se um ou outro não cumpre sua obrigação, nascem as pretensões decorrentes dos respectivos inadimplementos. Nas compras e vendas à vista o tempo é mínimo, mas as obrigações correspondentes nasceram, com eficácia pessoal.

Na América Latina os Códigos Civis do Chile, do Uruguai, do Paraguai e da Argentina seguem a mesma orientação do direito brasileiro, o que aponta para uma base comum de harmonização, no âmbito do Mercosul. A distinção de efeitos (obrigacional ou real) seria fator de dificuldades para ampliar a pretendida circulação franca de produtos nesses países, tendo em conta que a compra e venda é o contrato mais importante para tal fim. Todavia, a tendência que se observa nas legislações estrangeiras, em sua grande maioria, aponta para a preferência pelo modelo simplificado de se conferir ao contrato de compra e venda os dois efeitos (obrigação de transferir e acordo de transmissão), destinando-se ao registro público (quando exigido) finalidade meramente declaratória.

10.5. Coisa Atual e Futura

O CC, art. 481, refere-se à "certa coisa" e ao preço. O art. 482 alude a objeto e preço. Ambos os termos (coisa e objeto) têm idêntico significado na lei, remetendo ao objeto da prestação do vendedor. Em princípio, a coisa há de ser própria do vendedor, ainda que a coisa alheia não impeça a conclusão do contrato, dado seu caráter meramente obrigacional.

No direito do consumidor, incluindo a compra e venda decorrente de relação de consumo, o termo "coisa" foi substituído por "produto", significando "qualquer bem, móvel ou imóvel, material ou imaterial" (art. 3º, § 1º, do CDC). Para o Código Civil alemão (art. 90), coisas são apenas os objetos corporais ou materiais. No Código Civil brasileiro, o termo coisa é usado para o contrato de compra e venda, sem restrição aos objetos materiais.

A coisa, corpórea ou incorpórea, deve ser juridicamente alienável, mediante contrato de compra e venda. A inalienabilidade pode resultar de convenção, mas as hipóteses mais comuns são decorrentes da lei, que geram nulidade (ex.: art. 497 do CC) ou anulabilidade (ex.: art. 496 do CC). Leis especiais proíbem que certos bens sejam objeto de compra e venda.

A compra e venda nem sempre tem por objeto coisas corpóreas, bens materiais, como casa, computador, pão, máquina, ainda que sejam os mais frequentes. Ela é suscetível – e isso é um progresso do direito – de ter por objeto um bem imaterial, intangível. Entre eles, têm-se os direitos intelectuais, cujos contratos recebem regência de legislação especial, a exemplo da Lei dos Direitos Autorais, que prevê para a transferência dos direitos patrimoniais de autor os contratos de licenciamento, concessão e cessão, este muito próximo do contrato de compra e venda. O Código Civil disciplina a cessão de créditos nos arts. 286 a 298, e a cessão de direitos hereditários, nos arts. 1.793 a 1.795. Os bens incorpóreos são transferidos a terceiros mediante contrapartida financeira, o que os aproximam da compra e venda, que deve ser o contrato utilizado toda vez que outro análogo não seja definido expressamente em lei especial.

A coisa pode ser específica, quando se determina precisamente o objeto que se vende, ou genérica, quando se alude a quantidades ou gêneros de coisas sem precisar quais (ex.: tantas caixas de cerveja, sem dizer de que tipo; tantos lotes de terreno loteado, sem dizer qual deles). Em qualquer hipótese, exige-se que seja coisa "certa", o que se entende como determinada ou determinável.

Tendo em vista que o contrato de compra e venda é meramente consensual e obrigacional, não tendo efeito real ou de transmissão direta da propriedade, a coisa pode ser alheia, isto é, o vendedor pode obrigar-se a transferir o que não está em seu domínio ou em sua posse. O contrato é válido, pois os objetos de cada obrigação estão presentes (prestação de dar a coisa e prestação de dar o preço). Se o vendedor não cumpre o prometido, resolve-se com o inadimplemento e suas consequências.

Pode ocorrer que o vendedor tenha a posse, mas não o domínio, ou vice--versa. Em tais casos a venda de coisa alheia refere-se apenas ao que não está sob sua titularidade.

Se o vendedor promete vender o bem, se vier a adquiri-lo do terceiro, então ter-se-á promessa de compra e venda e não mais contrato de compra e venda. A prestação não é mais a de dar a coisa, mas a de fazer o contrato definitivo quando adquirir a coisa.

Quando a coisa não for precisa, mas estiver relacionada a quantidade, o contrato tem de especificar o peso ou a medida. Se for omisso ou pouco claro, prevalece o que determinarem os usos e costumes do lugar em que deva ser cumprido, inclusive quanto a pesos bruto e líquido, a embalagens e a critérios de medição, que nem sempre observam o sistema métrico decimal. As expressões "aproximadamente" ou "cerca de" deixam o vendedor com larga margem para atendê-las.

Por ser a compra e venda um contrato consensual, tanto se pode prometer a venda de coisa atual quanto de coisa que ainda não existe, desde que potencialmente existencial. Obriga-se a transferir a coisa após a existência do bem vendido, pois não se pode transferir o inexistente no mundo sensível. Vende-se o bezerro da vaca prenhe, obrigando-se a transferir a propriedade dele após o nascimento provável. Compra-se o automóvel que ainda será fabricado, de acordo com as características definidas pelo comprador, inclusive pela Internet. A compra e venda já se perfaz com o consenso das partes.

A coisa futura pode ser específica ou genérica. Exemplos de coisas futuras genéricas são o produto que ainda está sendo fabricado em série pela indústria e a mercadoria adquirida a partir de um catálogo, com entrega posterior. O risco é totalmente do vendedor, pois o gênero nunca perece.

O contrato de coisa futura, sob condição resolutiva, reduz substancialmente a álea ou risco, pois se a coisa não vier a existir será resolvido. O contrato apenas será aleatório se as partes assim quiseram, não exigindo a lei que essa intenção tenha sido manifestada de modo expresso, podendo resultar de sua interpretação.

O CC/2002 inova ao retirar toda álea da futuridade, assegurando ao comprador uma maior garantia contra os riscos de a coisa não vir a existir. A coisa futura não excepciona a regra de determinabilidade ou certeza da coisa. A determinação da coisa está contida no contrato. Determinável é a quantidade, a depender de circunstâncias futuras.

No caso do contrato sob condição resolutiva, enfatize-se que ele existe, é válido e é eficaz quando concluído. Mas será resolvido, exonerando-se o comprador de pagar o preço se a coisa não vier a existir. Por não ser contrato aleatório, entende-se que também será resolvido se a coisa resultar em desproporção desarrazoada entre seu valor e o preço previamente ajustado.

O comprador deve conduzir-se de modo a não dificultar, agravar ou impossibilitar a existência da coisa futura e esperada. Do mesmo modo, o vendedor deve evitar qualquer ato que possa impedi-la.

Quando a coisa vem a existir, o contrato de compra e venda passa a produzir os mesmos efeitos que teriam os demais contratos relacionados a coisas atuais. Têm de ser prestados a coisa e o preço. A propriedade do bem transfere-se diretamente ao comprador sem passar pela titularidade do vendedor. Se a posse direta do bem estiver com o vendedor, cabe-lhe transferi-la ao comprador, em virtude deste já ser titular da posse indireta.

10.6. Venda Mediante Amostras, Protótipos ou Modelos

A utilização de amostras, protótipos ou modelos é frequente no tráfico jurídico como meio de indução à compra, impondo-se a completa identidade entre eles e a coisa objeto do contrato. Essa regra tem fundamento no princípio da boa-fé, principalmente no que concerne ao dever de informar. A amostra, o protótipo ou o modelo integram a informação em sua modalidade mais persuasiva, que é a imagem.

Considera-se amostra a apresentação ou entrega de reprodução integral da coisa a ser vendida, em suas qualidades e características. Não descaracteriza a amostra se for apresentada em tamanho reduzido, desde que as qualidades e características estejam proporcionalmente contidas. Protótipo é o primeiro exemplar da coisa que se criou, ou o original, apresentando as qualidades e características essenciais da coisa final vendida, que o reproduz. Segundo os dicionários, é o exemplar mais exato, de maior perfeição. O protótipo, todavia, pode ainda não estar em seu formato definitivo, mas permite que o comprador possa ser informado dele. O modelo é o desenho, foto, escultura ou imagem do que se pretende reproduzir em escala maior ou idêntica, com dados e informações necessários que permitem ao comprador confrontá-lo com a coisa recebida. Qualquer das três situações indicadas impõe o dever de conformidade entre o objeto que serviu de referência à compra e o que efetivamente foi entregue pelo vendedor.

A venda por amostra não é condicionada à satisfação ou à prova do comprador, ou sujeita a qualquer condição; é incondicionada. Como esclarece Enneccerus (1966, p. 150), a aprovação não se deixa ao arbítrio equitativo do comprador, mas sim a seu livre-arbítrio; se o comprador não aprova a coisa, não há lugar para revisão posterior de sua decisão pelos tribunais.

A coisa já foi determinada na amostra e o comprador aceitou a oferta porque concordou com suas qualidades e características. O contrato se conclui tão logo as partes concordem com o preço e o objeto. A amostra é meio para se determinar a coisa. Portanto, não há que falar em condição suspensiva ou mesmo resolutiva. A desconformidade resolver-se-á pela responsabilidade do vendedor e pelas consequências de seu inadimplemento.

A compra e venda por amostra tem as coisas genéricas como seu campo de abrangência preferencial. Mas pode ser objeto de amostra a coisa determinada ou específica. Pode ser que apenas uma peça, além da amostra ou protótipo, foi realizada ou fabricada. A amostra ou modelo podem estar referidos a determinada marca de produto, não podendo ser entregue coisa de marca diferente, ainda que seja mais valiosa.

A amostra, o protótipo ou o modelo, ou melhor, as qualidades e características informadas, prevalecem sobre a coisa que foi efetivamente entregue. A vinculação do vendedor resulta em obrigação que se incorpora ao contrato, por força de lei. Essa vinculação, portanto, tem natureza de responsabilidade contratual, não podendo haver contradição entre os termos da informação e os termos do contrato, que se resolve pela primazia daqueles. Se a primazia fosse dada ao contrato, em desfavor da obrigação contraída em virtude da informação, então estaria violado o princípio fundamental da boa-fé objetiva de onde se origina a informação, também considerado princípio fundamental.

O comprador em caso de desconformidade pode pedir a resolução do contrato cumulada com perdas e danos ou a diminuição do preço. A desconformidade levará em conta as qualidades e características informadas na amostra, no protótipo ou no modelo, ainda que a coisa esteja em conformidade com a descrição feita no contrato.

Pode o comprador exigir a prestação da coisa em conformidade com a amostra, o protótipo ou modelo que foram apresentados, principalmente na hipótese de coisa genérica, que é a hipótese mais comum. Se a coisa é específica, apenas cabem a resolução ou o abatimento do preço.

Entende-se não caber pretensão ao comprador se a diferença for mínima ou irrelevante. Essa circunstância somente é aferível caso a caso, consideradas a destinação, a equivalência econômica e a aparência. Se a amostra ou modelo ficaram com o comprador, pode ele demonstrar a diferença, em juízo, sendo seu o ônus de prová-la. A hipótese do protótipo é pouco provável. A defesa do vendedor consistirá em provar que o objeto apresentado pelo comprador não foi o deixado por ele. Se a amostra não foi deixada pelo vendedor, tem ele o dever de exibi-la.

A recusa justificada do comprador em receber a coisa que contraria a amostra ou o modelo, devidamente comunicada ao vendedor, não lhe acarreta mora. Assim, não pode o vendedor proceder à consignação em adimplemento. Por seu turno, o comprador pode valer-se da exceção do contrato não cumprido, quando sua obrigação for exigida pelo vendedor.

10.7. Preço

O preço deve ser certo, significando que deve ser determinado, ou ao menos determinável por terceiro e ainda por taxa de mercado, índices, parâmetros e outros critérios de fixação. Não pode ser incerto. Preço determinado é o que não necessita de qualquer critério para posterior determinação. No caso da venda a prestações, a correção monetária prevista não afeta a certeza, pois não é *plus*, mas atualização do valor, como têm decidido os tribunais, não ferindo o princípio do valor nominal adotado no Brasil.

Sem preço, em dinheiro, ainda que determinável, não há compra e venda; há outro contrato, principalmente troca. Todavia, tem admitido a doutrina que não desfigura a compra e venda se parte menor do preço for realizada mediante dação de coisa em pagamento. Se não há condições de se dizer qual o valor maior (dinheiro ou coisa dada em pagamento) entende-se que se trata de contrato misto. Para o CC/2014 argentino (art. 1.126), se o preço consiste parte em dinheiro e parte em outra coisa, o contrato é de permuta se é maior o valor da coisa e de compra e venda nos demais casos.

A doutrina tem discutido se ainda se trataria de compra e venda a contraprestação em dinheiro acrescida de serviços ou de créditos. Entendemos que sim, desde que a parte maior seja em dinheiro.

A expressão "preço em dinheiro" diz respeito à moeda de curso legal, quando se tratar de compra e venda nacional. Na compra e venda internacional é admitido o preço em moeda estrangeira, conforme prevê o art. 2º do Decreto-Lei n. 857/1969 (com a redação da Lei n. 13.292/2016), relativamente a importação ou exportação de mercadorias e aos contratos de compra e venda de câmbio em geral. A Lei n. 10.191/2001, que dispõe sobre medidas complementares ao Plano Real, estabelece que as estipulações de pagamento de quaisquer obrigações pecuniárias exequíveis no território nacional deverão ser feitas em Real, pelo seu valor nominal. Salvo quanto à ressalva já referida, não mais se admite o pagamento do preço em contrato de compra e venda com ouro ou moedas estrangeiras, sob pena de nulidade da cláusula que o fixar.

Esclarece Caio Mário da Silva Pereira que o preço em dinheiro pode ser representado por uma expressão fiduciária (nota promissória ou cheque de emissão do comprador, letra de câmbio ou duplicata de seu aceite), sem desnaturar a compra e venda. "Há, contudo, mister se trate efetivamente de um valor fiduciário, isto é, de um título representativo de dinheiro. Se, ao revés, for um bem incorpóreo dotado de autenticidade própria (título da dívida pública, ações de sociedade anônima etc.), o contrato deixa de ser compra e venda, por não haver preço em dinheiro" (2003, p. 181).

Se o título for *pro soluto*, vale como pagamento definitivo do preço, e se for *pro solvendo*, vale como reforço do pagamento, que se dará nas datas dos respectivos vencimentos.

O preço não pode ser flagrantemente irrisório, para que não esconda uma doação simulada. Essa hipótese gera ausência de elemento essencial ao contrato de compra e venda. Todavia, salvo no caso de lesão, não se exige o preço justo, pois depende da livre apreciação subjetiva dos contratantes, na compra e venda comum. Quando o contrato de compra e venda resultar de relação de consumo, o preço não pode consistir em "prestações desproporcionais" ou em violação ao "justo equilíbrio entre direitos e obrigações das partes" (CDC, arts. 6º, V, e 51), o que leva à modificação das cláusulas respectivas ou à nulidade por serem consideradas abusivas.

O contrato de compra e venda será considerado nulo se a fixação do preço for deixado ao arbítrio de um dos contratantes. Trata-se de condição potestativa que o CC, art. 122, considera ilícita. O abuso do poder contratual dominante pode estar no vendedor ou no comprador, quanto à fixação unilateral do preço. A fixação unilateral é sempre no futuro, pois se o contrato já prevê o preço, presume-se que foi objeto de concordância da outra parte. O contrato poderá deixar a uma das partes o poder exclusivo de fixá-lo, em determinado tempo após sua conclusão, ou quando for entregue a coisa. Igualmente, o contrato poderá infringir a norma quando houver determinação individual indireta do preço, quando atribui a uma das partes a escolha do critério de fixá-lo ou de modificá-lo.

A fixação do preço não é totalmente livre. Para a realização dos princípios adotados na Constituição (art. 170), os preços nos contratos de compra e venda podem estar eventualmente limitados ou fixados pelo Poder Público, reduzindo--se a autonomia dos particulares.

O preço poderá ser determinável no futuro por algum critério que as partes previamente estabeleçam. Para a existência jurídica do contrato basta a determinabilidade. Preço determinado é aquele que não necessita de qualquer critério para sua fixação. Um dos critérios é o de se deixar ao arbitramento de terceiro, em aberto, ou segundo requisitos mínimos, especialmente o tempo para fazê-lo.

O termo arbítrio, utilizado na lei, deve ser entendido como arbitramento. Por conveniência das partes não há determinação do preço no momento da celebração do contrato, confiando-se a terceiro para que o faça. A designação do arbitrador pode ser conveniente para os contratantes, diante de circunstâncias que impeçam, no momento da celebração do contrato, de determinar o preço. É mais comum ocorrer em contratos de execução duradoura, cujas circunstâncias futuras impedem de se precisar no contrato o preço da coisa no tempo de seu pagamento. Não se trata de coisa futura, mas de preço futuro. Um dos modos de determiná-lo reside no arbitramento feito por quem as partes confiem, certamente pelas informações especializadas que lhe atribuem.

O terceiro arbitrador pode ser designado pelas partes quando da celebração do contrato, o que reduz o espaço de litígio e pendência. A designação tem de ser haurida no consenso das partes, para que não esconda condição potestativa indireta, o que acontecerá se for feita por apenas uma delas. O arbitrador pode ser designado no futuro, no tempo e condições estabelecidos no contrato. Nessa hipótese, a designação é substituída pela promessa expressa dos contratantes.

O contrato, quando for concluído, existirá como ato, porque o sistema jurídico satisfaz-se com a determinabilidade, e se tiver ultrapassado o plano da validade (não for considerado nulo nem anulável) estará apto a produzir seus efeitos, assim que as condições fixadas, isto é, a aceitação pelo terceiro da função de arbitrador e a fixação do preço, se consumarem. De qualquer forma, há vinculação das partes contratantes, desde a conclusão, o que importa efeito mínimo. Não houve a fixação do preço, mas já se estabeleceu o critério da fixação. Não se pode pensar em eficácia retroativa, porque a fixação do preço não é condição suspensiva. Dependendo de seu objeto, o contrato poderá ser levado a registro público, para o qual não poderá haver exigência de fixação do preço.

Salvo estipulação das partes em contrário, o terceiro arbitrador fixará o preço considerando o valor atual da coisa, ou seja, do momento em que o fizer. Se a coisa tiver sofrido alguma redução ou estrago entre o momento da conclusão e o da avaliação, deverá ser atribuído o valor provável que teria, se tal fato não tivesse ocorrido.

O terceiro designado pelos contratantes não está obrigado a aceitar a incumbência. Como não pode haver compra e venda sem preço, e a indeterminação equivale a ausência, o contrato não produzirá seus efeitos. Para evitar a perda definitiva dos efeitos amplos, pela ausência da fixação do preço, os contratantes podem prever no contrato que, se houver recusa do terceiro, designarão seu substituto de modo a garantir a produção de seus efeitos. Situação próxima da recusa é a desistência do terceiro antes de fixação do preço, no prazo estabelecido no contrato. A desistência, causando danos, importará responsabilidade civil do arbitrador.

Ainda quando a fixação seja deixada ao inteiro arbítrio do terceiro, que não precisa observar requisitos mínimos, o preço não poderá ser desarrazoado, contrário às legítimas expectativas dos contratantes ou em desarmonia com as circunstâncias que devam ser levadas em conta.

Os contratantes também podem deixar a fixação do preço dependente da taxa de determinado mercado ou de bolsa de valores. O contrato tem de definir a bolsa, cujas variações ou cotações da taxa de mercado serão utilizadas. Se não houver definição, deve ser entendida a bolsa que tenha finalidade mais aproximada com a coisa vendida. Taxa de mercado ou de bolsa significa o valor alcançado em determinada ocasião por um bem ou produto ou por um título, em virtude de decisões ou especulações de investidores, que os vendem ou compram. Resulta em ser o preço estabelecido pelo próprio valor que se registrou ou é corrente no mercado, no dia previsto no contrato. O fluxo variável de ofertas e aquisições públicas nesses mercados abertos, em que se incluem as bolsas, fixa o preço do bem ou título a cada dia e, às vezes, a cada hora do mesmo dia. As taxas de mercado são de domínio público, frequentemente divulgadas pela imprensa, para conhecimento geral. Para evitar dúvidas, o contrato deve indicar o local, em cujo mercado ou bolsa deve ser obtida a taxa. Podem as partes estabelecer cláusulas que aludam à taxa de mercado ou de bolsa sem referência à data, desde que haja período em que se defina a obrigação de pagar o preço. A definição do lugar é exigível para eficácia desse peculiar critério de fixação de preço para impedir-se que fique dependendo do arbítrio de uma das partes contratantes, o que também configura condição ilícita.

Também é permitida aos contratantes a fixação do preço de acordo com índices e parâmetros objetivamente determinados e aferíveis, quando o contrato de execução duradoura ficar sujeito à imponderabilidade da inflação. A expressão coeficiente de correção monetária, tantas vezes utilizada com significado equivalente a índice, indica a variação de cálculo entre um período e outro do mesmo índice. Parâmetros são indicadores de variação de preço de determinados objetos; não são abrangentes como os índices, que têm base de cálculo mais ampla. O parâmetro indica apenas a variação de valor de bens econômicos ou certos setores da economia, não podendo servir como referência de custo de vida ou de inflação, salvo de modo indireto.

Há controvérsias sobre a possibilidade de utilização da taxa SELIC como índice de correção monetária nos contratos de compra e venda, porque essa taxa inclui em sua base de cálculo juros, além da correção monetária em sentido estrito. Por essa razão, o STJ decidiu (REsp 2.011.360) que ela pode ser convencionada para correção das parcelas ajustadas, mas sem acumulação com juros remuneratórios, para não acarretar *bis in idem*.

Como o preço é elemento essencial do contrato de compra e venda, sua omissão pelos contratantes leva à incidência de norma dispositiva do Código

Civil (art. 488), no sentido de que prevalece o preço corrente nas vendas habituais do vendedor. Não há fixação expressa do preço, mas os comportamentos com intenção negocial são reconhecidos como manifestação tácita de aceitação do preço corrente. O preço corrente consiste no que seja praticado no mercado respectivo ou nas transações relativas à coisa, em determinado tempo e lugar. O preço corrente será sempre um tipo médio, aferível no conjunto das transações praticadas, ainda que seja variável no mesmo dia e lugar. Na dúvida, deve prevalecer o dia e o lugar do domicílio do comprador, em virtude da regra geral contida no CC, art. 327, que admite ser outro "se as partes convencionarem diversamente, ou se o contrário resultar da lei, da natureza da obrigação ou das circunstâncias". A habitualidade supõe o dever de informar por parte do vendedor, sempre que haja modificações dos preços praticados. Se o vendedor mudou o preço, sem devida informação ao comprador, e este adquiriu a coisa na crença de que o preço anterior permanecia, este deve ser considerado como preço corrente.

O "preço corrente nas vendas habituais do vendedor" pode resultar de combinação entre empresas que dominem o setor, cuja prática envolve formação de cartel. Para o comprador, isso significa ter de pagar preços maiores que o valor que o produto ou a coisa realmente custa. Os preços podem ser eventualmente predatórios com intuito de destruir a concorrência, elevando-se posteriormente.

10.8. Deveres do Vendedor e do Comprador

É dever essencial do vendedor entregar a coisa e obrigar-se a transmitir a posse e a propriedade, ou somente a posse, se apenas desta for titular. O vendedor cumpre sua prestação de entregar a coisa e outras prestações acessórias que tenham sido objeto do ajuste. A propriedade há de ser sem gravame e sem ônus, salvo se o comprador consentiu, após devidamente informado. Por isso, é comum na prática negocial dizer-se que a coisa está "livre e desembaraçada".

O vendedor é obrigado a prestar aquilo que prometeu, com as qualidades e quantidades ajustadas e que teriam de apresentar e ter, em situações normais. Se prestar com qualidades diferentes ou quantidades inferiores, haverá adimplemento insatisfatório, podendo ser considerado, dadas as circunstâncias, inteiramente inadimplente.

A coisa deve ser entregue no estado em que se encontrava ao tempo da conclusão do contrato, incluindo as partes integrantes, os frutos pendentes e os documentos respectivos. Os acréscimos e proveitos decorrentes da coisa vendida e ainda não entregue, tais como os frutos naturais, civis e industriais, são do comprador, desde a conclusão do contrato, salvo se houve determinação de prazo para a entrega. As despesas da entrega, inclusive com pesagens e medidas, incumbem ao vendedor, mas as partes podem convencionar de modo distinto.

O vendedor tem o dever de transmitir a propriedade ou a posse. A transmissão da posse observa os princípios do direito brasileiro (CC, arts. 1.196 e s.). Se o comprador já tem a posse imediata, adquire a posse mediata, transmitida pelo vendedor, mediante a *breve manu traditio*. A transmissão da posse pode não coincidir com a transmissão da propriedade, por qualquer razão, podendo o comprador exigir do vendedor o cumprimento de sua obrigação.

O vendedor assume deveres pós-contratuais. Deve evitar os atos positivos ou negativos que possam prejudicar o comprador, depois da entrega do objeto. Esses atos constituem ilícitos absolutos, pelos quais responde civilmente. Tem-se como exemplo a omissão do vendedor em entregar ao comprador parte dos documentos relativos à coisa, obtido posteriormente à conclusão do contrato, e que se torna indispensável para a transmissão do direito de propriedade. Outro exemplo é o do vendedor que suspende o serviço de recuperação da coisa anteriormente pactuado com terceiro, após a conclusão do contrato.

É dever do comprador pagar o preço. O pagamento do preço é a contraprestação característica da compra e venda. Se a contraprestação não for em dinheiro, ou ao menos de sua parte mais importante, então ter-se-á outro contrato, como a troca.

Salvo estipulação em contrário acordada entre as partes, cabe ao vendedor responder pelos débitos relativos à coisa, até o momento da tradição (móvel) ou do registro da escritura (imóvel). Há dívidas que emergem da titularidade sobre a coisa, como as obrigações tributárias incidentes sobre ela e as despesas de condomínio. No caso dos tributos, o imposto predial e territorial urbano, para os imóveis urbanos, o imposto territorial rural, para os imóveis rurais, o imposto sobre propriedade de veículos automotores, para os automóveis. Há dívidas decorrentes do uso de imóveis, a exemplo do consumo de água, luz, gás. Dívidas podem ser contratadas tendo o imóvel como destinação, como os prêmios do seguro deste contra incêndios. Os proprietários de unidades em condomínio em edifício são obrigados a pagar as despesas que não se refiram aos gastos rotineiros de manutenção do edifício, ou seja, todas as despesas extraordinárias decididas pela convenção do condomínio, que são rateadas pelos proprietários das unidades.

As dívidas de caráter continuado que incidem sobre a coisa, independentemente de quem seja o titular, devem estar liquidadas até o momento da tradição, na proporção devida e que já eram exigíveis. A partir da tradição ou do registro, incumbe ao comprador dar continuidade ao adimplemento. No caso de contratos de fornecimento, como água e luz, continua o vendedor responsável pelo pagamento das dívidas correspondentes a seu consumo, mesmo que os avisos de cobrança tenham sido entregues posteriormente à tradição, como sói acontecer.

No campo de abrangência de dívidas que gravem a coisa estão as que foram objeto de cobrança judicial e redundaram em penhora da coisa vendida. Se a penhora ocorreu posteriormente à tradição, incumbe ao vendedor assumir as despesas necessárias para liberá-la do gravame, inclusive as que tenha de efetuar o comprador para tal fim. As garantias reais dadas pelo vendedor, a título de hipoteca ou penhor, dependem do que tenham convencionado os contratantes, pois são necessariamente públicas. O comprador poderá ter assumido o ônus de pagar a dívida, para liberar a coisa da garantia real, tendo sido tal fato determinante para o preço ajustado na compra e venda. Se não houve assunção expressa do pagamento da dívida pelo comprador, cabe ao vendedor a responsabilidade de fazê-lo.

A regra geral é da obrigação de entregar a coisa após o recebimento do preço. Todavia, quando a venda for a crédito, a entrega dar-se-á antes do pagamento integral do preço. Valendo-se do princípio da autonomia privada negocial, e desde que o contrato não seja qualificado como de consumo ou de adesão, os contratantes podem convencionar de modo diverso.

Nas compras e vendas simultâneas a entrega da coisa é seguida imediatamente do pagamento do preço. Nas compras feitas em equipamentos automáticos, a liberação do produto apenas ocorre quando se insere a moeda, a cédula ou a ficha correspondente ao preço anunciado.

No contrato de compra e venda a prestações estipula-se que o preço, no todo ou em parte, será pago em parcelas periódicas. A entrega da coisa é imediata ou não, mas não dependerá do pagamento integral do preço. Na venda a crédito ou a prestações, o vendedor entrega a coisa e o comprador assume a dívida que adimplirá nas datas e condições fixadas no contrato. Pode haver, também, compra e venda a prazo sem a entrega da coisa, se assim convencionaram as partes.

A coisa móvel pode ter qualquer lugar para sua entrega ou tradição, isto é, o do comprador, ou o do vendedor ou outro que os contratantes tenham preferido. No caso de omissão ou dúvida, considera-se o lugar onde se encontrava, ao tempo da venda. O lugar da venda é o lugar onde o contrato foi concluído e que as partes expressaram ao final do instrumento escrito, ainda que os contratantes tenham domicílio distinto. Se há omissão do local do contrato, ou se este for verbal, as provas levadas a juízo auxiliarão a decisão judicial a respeito.

10.9. Repartição dos Riscos

A repartição dos riscos entre o vendedor e o comprador, assim em relação à coisa como ao preço, observa a mesma linha divisória: a tradição ou a entrega da coisa ao comprador. A partir daí cessa a responsabilidade do vendedor sobre a coisa e a do comprador sobre o preço. Se o vendedor entregou a coisa, não se cogita mais de sua responsabilidade pelos riscos dela, pouco importa se já houve, ou não, a transmissão da propriedade, ou porque não a tenha ainda (pode ter apenas a posse imediata), impedindo a tradição de bem móvel, ou porque falta o registro, no caso de bem imóvel.

Riscos são os perigos que corre a coisa objeto da prestação do vendedor, desde o momento da conclusão do contrato até a efetiva entrega ao comprador. Em decorrência dos riscos assumidos pelo vendedor, se a coisa vem a perecer ou a ficar impossibilitada de transmissão, tem de ser substituída ou ser pago o equivalente como indenização, mais perdas e danos causados pelo inadimplemento. Se os riscos são do comprador, este sujeita-se à perda da coisa e mais ao pagamento do preço.

Se o preço foi pago antes da entrega da coisa, o comprador não mais assume riscos sobre as vicissitudes por que passar (por exemplo, eventual desvalorização da moeda), não podendo o vendedor escusar-se de cumprir sua obrigação. Não pode o comprador permanecer responsável pelo risco do preço, se já cumpriu sua obrigação e a tradição é de inteira incumbência do vendedor, salvo se estiver em mora de receber a coisa. Por seu turno, se a coisa foi entregue antes do pagamento do preço, a tradição não pode ser a linha divisória da assunção dos riscos. O comprador permanecerá responsável pelos riscos do preço até o dia do pagamento.

O vendedor suporta os riscos desde que se conclua o contrato até o momento estipulado e cumprido da entrega da coisa, salvo se o comprador os tenha assumido. Se o bem perecer antes da entrega, o comprador não estará obrigado a pagar o preço. Se houve perecimento parcial, o comprador pagará o preço correspondente, se lhe convier e a coisa remanescente puder atender proporcionalmente às finalidades contratuais.

O risco da coisa transfere-se ao comprador ainda que não tenha havido transmissão da propriedade, em virtude de o vendedor a ter reservado para si, até o pagamento final do preço, como ocorre com a venda com reserva de domínio (CC, arts. 521 a 528). O risco também se transfere quando a propriedade estiver em discussão ou litígio judicial, desde que se tenha ao menos transferido a posse.

O comprador apenas assume o risco do transporte se tiver exigido a remessa a lugar diferente do que o contrato consignou ou se ele próprio for o transportador. O risco é do vendedor se, antes da chegada da coisa ao destino, foi objeto de penhora, arresto ou sequestro determinado por autoridade judicial, em processo contra o vendedor. Nessa circunstância, entende-se não ter havido remessa.

Quando o contrato de compra e venda estiver submetido a condição suspensiva, enquanto esta não se realizar, não haverá transmissão de risco para o comprador, pois é fator de eficácia negocial. Se a condição for resolutiva, e ela nunca se realizar, a compra e venda é tida como incondicional e a transmissão do risco ao comprador ocorre normalmente com a entrega da coisa. Porém, se a condição resolutiva se realizar, o contrato é resolvido ainda que a coisa tenha perecido, devendo o vendedor devolver o preço ao comprador. Essas regras não são cogentes, pois as partes podem ajustar a distribuição dos riscos de modo diverso.

A transmissão do risco para o comprador, em situação normal de adimplemento, verifica-se quando a coisa é pesada, medida ou contada. Se o comprador recebe a coisa sem rejeitá-la, a transmissão dos riscos opera-se por consequência. Se a coisa, de acordo com a previsão contratual ou com os usos do tráfico jurídico, depende de exame do comprador, para contar, medir ou pesar, a transmissão dos riscos, que alcançam até mesmo os casos fortuitos, ocorre quando há mora de recebê-la, por sua culpa. Para que o comprador assuma o risco das coisas são necessários dois requisitos: a) mora em receber, a partir do momento em que foram postas à sua disposição; b) serem coisas fungíveis, que apenas possam ser recebidas depois de medidas, pesadas ou calculadas, para o que a atuação do comprador é necessária.

Se a coisa vendida é bem genérico, mas cuja entrega não depende de pesar, medir ou contar, os riscos são de responsabilidade do vendedor, porque falta a individuação. A coisa se especifica quando é individualizada e posta à disposição do comprador, com a consequência da transmissão dos riscos.

O vendedor considera-se exonerado do risco da coisa desde quando pôs a coisa à disposição do comprador, de acordo com o estipulado no contrato.

Trata-se de especificação das consequências legais da mora do credor, pois o comprador assume essa posição em face do dever de entrega da coisa, para adimplemento do vendedor. Estabelece o CC, art. 394, que se considera em mora o credor que não quiser receber o adimplemento no tempo, lugar e forma que a lei ou a convenção estabelecer. Assim, para que haja transferência dos riscos ao comprador é necessário que se configure a *mora recipiendi*.

Em virtude da mora, opera-se a transferência do risco, do vendedor para o comprador, sem que tenha havido a tradição. Mesmo que a coisa venha a desaparecer, por motivo de caso fortuito, e estando em poder do vendedor, poderá este exigir o preço. Destarte, nem sempre o desaparecimento da coisa extingue o vínculo obrigacional. Tem-se como exemplo contrato onde se estipulou que, faturada a mercadoria e pago o preço, ficaria a pedra extraída à disposição do comprador no local da extração. A tradição operou-se por via convencional, quando a coisa foi posta à disposição do comprador e esse a deixou ficar onde estava. O vendedor deixou de ser devedor porque adimpliu.

O risco é do comprador quando designar lugar diverso para a entrega da coisa. Lugar ou destino certo é o definido pelo comprador e aceito pelo vendedor, ainda que não seja o de seu domicílio. Lugar diverso, quando o contrato não o precisar, é o que não coincide com o endereço regular do comprador. O vendedor é responsável pelos riscos quando se vincular a levar a coisa ao lugar designado pelo comprador, seja ele qual for. Se o vendedor não se vinculou a isso, sua responsabilidade finda com a entrega da coisa ao transportador. São assim três os requisitos para assunção automática dos riscos pelo comprador: ausência de estipulação expressa em contrário, transporte da coisa a ordem do comprador, destino diverso. Se a coisa perecer ou ficar danificada durante o transporte, o comprador permanecerá obrigado a pagar o preço, se já não o tiver feito. Se o pagamento já tiver ocorrido, antes do transporte, não terá pretensão contra o vendedor. O transporte feito pelo próprio comprador, que preferiu ir buscar a coisa no endereço do vendedor, ou quando envia transportador de sua confiança, implica consumar a tradição no momento do recebimento.

Ao vendedor é assegurada garantia legal contra risco de insolvência do comprador de coisa móvel ou imóvel: se o comprador cair em insolvência, o vendedor pode suspender a entrega da coisa, até que o comprador lhe dê caução suficiente (caução em dinheiro, penhor, hipoteca, fiança). Se o vendedor não pudesse utilizar essa garantia, teria de adimplir sua obrigação, isto é, entregar a coisa, e habilitar-se como mero credor pessoal no concurso de credores do comprador. Por sua natureza, essa específica garantia não se aplica à compra e

— 215 —

venda instantânea ou quando o preço é pago antes da entrega da coisa. Por evidente, se o comprador já pagou o preço, é irrelevante sua insolvência superveniente. Tampouco é aplicável à hipótese de insolvência notória do comprador anterior ao pagamento, que se resolve no âmbito de eventual fraude contra credores (CC, art. 159). Se a insolvência anterior ao pagamento não for notória ou desconhecida do vendedor, não será passível de anulabilidade o contrato. Clóvis Beviláqua (1934, p. 307) entende que há correspondência, pois se sobrevier redução do patrimônio do vendedor, capaz de comprometer a tradição da coisa, pode o comprador sustar o pagamento do preço até a prestação de efetiva garantia de entrega.

10.10. Vendas Proibidas em Razão de Determinadas Pessoas

No direito brasileiro, motivos éticos impõem a invalidade de compra e venda, em razão das pessoas envolvidas.

1. É proibida a venda livre para descendentes (CC, art. 496). Objeto da proibição é a coisa móvel ou imóvel. A proibição é relativa, uma vez que a venda a descendente pode ser feita, desde que observado o requisito legal do consentimento. Os fundamentos históricos residem na vedação pretendida pelo legislador de tentativas de benefícios ou doações mediante vendas aparentes. Ou que se doe com aparência de venda. O consentimento dos demais descendentes impede ou dificulta tais tentativas.

A venda de bem a descendente, diretamente, sem consentimento dos demais descendentes é anulável. Porém é nula, por caracterizar fraude a lei imperativa (CC, art. 166, VI), quando o ascendente vender a terceiro, para que este venda o mesmo bem a descendente. Na fraude a lei imperativa a violação se dá de modo indireto, para se alcançar o resultado (venda a descendente, sem consentimento dos demais, mediante interposta pessoa). Assim, ambos os contratos de compra e venda são nulos e não apenas anuláveis.

A proibição diz apenas respeito à venda de ascendente a descendente. Não há qualquer proibição ou impedimento à venda feita por descendente a ascendente.

Inclui-se na proibição legal a dação em pagamento do devedor a descendente, pois envolve alienação de bem (Pontes de Miranda, 1972, v. 39, p. 82). Quanto à troca, há regra idêntica de exigência de consentimento dos outros descendentes (CC, art. 533, II). Também são alcançadas as promessas de compra e venda de coisas móveis e imóveis, porque têm como objeto a prestação de realizar contrato definitivo de compra e venda. O consentimento é insuprível pelo juiz, que não poderá investigar a justiça ou não do motivo da recusa, por ser direito potestativo.

Ascendentes são todos os parentes em linha reta dos quais proveio o comprador. A proibição relativa não diz respeito apenas aos parentes mais próximos ou de primeiro grau, por exemplo, pai vendedor e filho comprador. Também é aplicável à hipótese de parentesco em linha reta de mais de um grau, a exemplo da venda feita pelo avô ao neto. Quando se tratar de venda a descendente de grau mais distante, todos os descendentes de mesmo grau ou de grau anterior devem consentir. No exemplo da venda ao neto, todos os filhos vivos, incluindo o pai ou a mãe do comprador, seus tios e os demais netos do vendedor, devem participar do consentimento. A relação de ascendente e descendente tanto é biológica quanto socioafetiva.

O STF decidiu que a norma do CC, art. 496, apenas se refere aos descendentes existentes, aos que se achavam no uso e gozo desse estado, no momento da venda. Também o STJ (REsp 1.356.431) entendeu que o reconhecimento de paternidade *post mortem* não pode alcançar os efeitos passados das situações jurídicas definitivamente constituídas, não invalidando contrato de transferência de cotas societárias realizadas pelo genitor a outro descendente.

O CC/2002 (art. 496) incluiu o cônjuge do vendedor entre os interessados no consentimento, salvo se o regime de bens for de separação obrigatória, em virtude de casamento contraído sem observância das causas suspensivas da celebração, ou por pessoas que dependerem de suprimento judicial para se casar. Quando a separação de bens decorrer de regime livremente escolhido pelos cônjuges, o que quiser vender bem a descendente deverá obter o consentimento do outro.

Na hipótese da união estável, também haverá obrigatoriedade do consentimento do outro companheiro, se o regime de bens adotado por ambos foi o de comunhão parcial ou universal de bens. A regra é de simetria com o casamento.

Se os descendentes forem casados, não necessitarão de concordância de seus cônjuges, porque para eles não se trata de compra e venda, mas de atos jurídicos exclusivamente unilaterais, que integrarão o contrato para fins de validade e eficácia.

São legitimados ativos para pleitear a anulabilidade da venda os demais descendentes e o cônjuge do vendedor. Um só dos interessados, que discordar

— 217 —

da venda, bastará para pleiteá-la, embora todos os demais concordem, pois a norma não admitiu a possibilidade de a maioria prevalecer. A anulabilidade do contrato é total e não apenas em face do único interessado dissidente. É de dois anos o prazo de decadência para que o descendente ou o cônjuge do vendedor possa pleitear a anulação do contrato de compra e venda (CC, art. 179). O termo inicial do prazo decadencial é o do conhecimento da conclusão do contrato. Quando houver obrigatoriedade de registro público, este será considerado, em virtude de sua presunção de publicidade. Nas demais hipóteses, o ônus da prova cabe ao ascendente e ao descendente, partes no contrato de compra e venda, que suscitarem a decadência.

O prazo decadencial é de dois anos para a pretensão de anulação (CC, art. 179). No REsp 1.679.501 o STJ decidiu que esse prazo se aplica igualmente quando o ascendente tiver utilizado interposta pessoa, que depois transferiu o bem ao descendente. Doutrinariamente, há quem afirme (Ramos, 2022, p. 131) a incoerência do art. 496 do CC, que considera anulável esse tipo de venda, com a regra do mesmo CC que considera nulo o negócio jurídico simulado não sendo cabível a decadência.

2. Também é proibida a compra de coisas por aqueles que, no exercício de certos cargos, funções ou múnus, podem levar a conflitos de interesse (tutores, curadores, testamenteiros, administradores dos bens de terceiros, servidores públicos em relação aos bens públicos, juízes e servidores da justiça em relação aos bens objeto das lides, e os leiloeiros em relação aos bens leiloados).

O conflito se dá entre o interesse pessoal em adquirir a coisa e os deveres que têm perante os titulares da coisa e a ordem pública. A proibição é absoluta. Essas pessoas não podem adquirir, ainda que paguem o justo preço ou valor maior. Não importam as motivações ou intenções, que podem até ser no sentido de beneficiar os titulares da coisa. Enquanto estiverem no exercício dos cargos, funções ou múnus, permanecerá a proibição. A aposentadoria ou renúncia, ou perda do cargo ou função, não afasta a proibição, pelas mesmas razões éticas.

A prevalência do interesse público fica patenteada pela cominação da pena de nulidade, que pode ser alegada por qualquer interessado, ou pelo Ministério Público, ou ser pronunciada de ofício pelo juiz, que a não poderá suprir. Como o negócio jurídico nulo é insuscetível de confirmação, o desligamento do cargo, função ou múnus não convalidará o contrato. Até mesmo a aquisição em hasta pública foi alcançada, dado o caráter absoluto e total da proibição.

3. Quanto ao tutor, idêntica proibição está contida no art. 1.749 do CC, que prevê a vedação, ainda com autorização judicial, sob pena de nulidade.

Entre os curadores, incluem-se o curador à lide que, nos processos, falar concordando com a alienação dos bens dos interditos, o curador de ausente, o curador especial que for nomeado no caso de conflito de interesse entre o pai e o filho, com relação à alienação que tiver consentido, no exercício dessas atribuições transitórias. Quanto ao curador do nascituro, não há razão para excluí-lo, desde que, por qualquer circunstância, haja alienação de bens que interessem ao nascituro.

4. Se o testamenteiro for também herdeiro, não estará impedido de adquirir os bens, em igualdade de condições com os demais herdeiros. A inibição dirige-se ao testamenteiro estranho à sucessão. O conceito de administradores de bens não está claramente definido na lei. No direito privado atual, deve ser entendido todo aquele que, em virtude de lei ou de convenção das partes, tenha assumido o encargo de guardar e administrar bens ou coisas. Servidores públicos são os que atuam na Administração Pública direta ou indireta da União, dos Estados e dos Municípios. Escapam da proibição os juízes, serventuários e auxiliares da Justiça que comprarem bens de pessoas com quem litigarem perante os órgãos judiciais que integrem; nessas situações, os agentes referidos são partes ou legitimamente interessados nas coisas pretendidas, e não são considerados em razão de suas funções.

5. O cônjuge não pode alienar ao outro cônjuge bem ou sua parte no bem que integre a comunhão matrimonial, a depender do regime de bens (comunhão parcial, comunhão universal e participação final nos aquestos). Pode, no entanto, vender ao outro cônjuge bem considerado particular, ou seja, que já era de sua titularidade quando contraiu matrimônio sob regime de comunhão parcial ou de participação final nos aquestos (ou outro adquirido com a alienação do primeiro durante o casamento, ou recebido por doação ou herança), ou quando o regime for de separação total, pois, nesta hipótese, o bem considera-se particular de cada qual, que o tenha adquirido antes ou após o casamento. O regime de comunhão universal admite situações excepcionais de bens particulares.

10.11. Venda de Imóvel por Medida ou como Unidade

Na venda de imóveis podem ocorrer vicissitudes causadoras de litígios entre os contratantes, em virtude de disparidade entre a descrição do imóvel objeto do contrato e o que fisicamente existe sob a titularidade do vendedor. Pode haver diferença para menor ou para maior da área, quando a venda é *ad mensuram*, ou pode a diferença não ser relevante, quando a venda é *ad corpus*.

Na venda *ad mensuram* o comprador tem interesse essencial na área do imóvel, ou seja, nas quantidades descritas. Na venda *ad corpus* interessa a unidade ou o todo unitário, independentemente da área real, tida como secundária.

O aplicador ou intérprete não deve investigar a intenção das partes, ainda que consubstanciada na declaração, relativamente às metragens ou dimensões da área do imóvel, mas à disparidade objetiva entre estas e a que de fato se encontrou. A interpretação da intenção declarada apenas interessa para identificação do tipo de venda, se *ad corpus* ou *ad mensuram*. A disparidade pode ocorrer entre o que foi objeto de publicidade ou anúncio e as dimensões reais do imóvel, ainda que haja conformidade entre estas e o contrato. Hipótese frequente é do anúncio publicitário de apartamento, com determinadas dimensões, que não correspondem às que o contrato de compra e venda consignou. Assim, na dúvida, a venda deve ser entendida como *ad mensuram*, pois melhor contempla os interesses do comprador. A venda *ad corpus* apenas deve ser considerada quando acima de qualquer dúvida.

Se, após a conclusão do contrato de compra e venda, houver decreto de desapropriação de parte do imóvel, o desfalque decorrente não será responsabilidade do vendedor. Diferentemente ocorrerá se o decreto já tinha sido publicado quando da celebração do contrato e o vendedor já tinha conhecimento do fato.

A venda *ad mensuram* caracteriza-se por estabelecer relação entre a área e dimensões do imóvel e o preço. Tem-se por objeto certa medida de extensão, ou área determinada. A medida de extensão deve observar, em princípio, o sistema métrico decimal, adotado no Brasil. Assim, o imóvel é descrito com indicação precisa de seu perímetro, com a quantidade de metros e centímetros de cada lado ou linha divisória. São considerados, igualmente, os sistemas populares de medida, consagrados pelos usos e costumes de algumas regiões do país, cuja equivalência com o sistema métrico decimal seja constante. A partir da enunciação quantitativa do perímetro chega-se ao total da área do imóvel, para fins de comparação das medidas explicitadas no contrato e das que efetivamente foram encontradas no levantamento topográfico. Na hipótese de imóveis edificados, descrevem-se as metragens de cada cômodo ou parte.

Outro modo de venda *ad mensuram* é o que determina a área, que pode ser de todo o imóvel ou parte dele. Pode o imóvel ser descrito em determinados números de metros quadrados ou de hectares, por exemplo. Quando houver divergência entre as medidas ou as áreas do imóvel enunciadas no contrato e as que constam no registro imobiliário, estas preferirão àquelas. Nessa hipótese, a convergência das medidas encontradas no imóvel e as do registro afastará a incidência do art. 500 do CC, em virtude da presunção de publicidade do registro. A extinção do contrato poderá se dar em razão de outro fundamento, a saber, o de vício redibitório, se ficar caracterizada a inadequação do imóvel ao fim a que se destina. Pode-se também alvitrar de indenização por perdas e danos, se o vendedor tiver agido com má-fé.

Na venda *ad mensuram* o comprador prejudicado é dotado de direito potestativo, podendo escolher uma das seguintes pretensões: a) complemento da área; b) resolução do contrato; c) abatimento do preço. A complementação da área depende de possibilidade real para realizá-la. O comprador poderá exigi-la se o vendedor for titular de imóvel contíguo, ou porque este lhe vendeu apenas parte de um todo, ou porque detém outro imóvel do qual poderá ser extraída a parte faltante, desde que não o inutilize. Não poderá haver compensação com outro imóvel que não for contíguo.

A resolução do contrato nem sempre é a melhor solução para o comprador, porque sofrerá a perda da utilidade da coisa para a destinação desejada. Porém, a redução da área poderá impedir a finalidade que o motivou à compra. Para exigir a resolução do contrato não terá de explicar as razões, porque, além de ser um direito potestativo, radica na existência objetiva da disparidade entre as dimensões reais e as referidas no contrato.

O abatimento do preço leva em conta a proporção com a redução das dimensões do imóvel, se for uniforme o valor de qualquer de suas partes. Se a redução é de 10%, o preço será reduzido em 10%. Nem sempre a proporção segue a equação tamanho e preço, pois a valorização do imóvel pode variar de parte a parte, especialmente quando for de dimensões expressivas. Por exemplo, se a redução da metragem foi encontrada na parte do imóvel que faz testada para a área mais valorizada do lugar, a proporção do abatimento levará em conta esse fator. Diferentemente, o abatimento será menor se a diferença está localizada no ponto em que confronta com área desvalorizada.

Somente o comprador pode exercer a escolha dentre as pretensões referidas. Não pode o juiz denegá-la, por entender cabível outra. Do mesmo modo, o vendedor não pode rejeitá-la por entender que a escolhida ser-lhe-á mais prejudicial. O comprador, em contrapartida, não poderá modificar sua escolha, salvo se houver entendimento com a parte contrária.

O legislador do Código Civil, consciente das imprecisões de nosso sistema de registro público, que não consegue impedir a superposição de áreas dos imóveis da mesma região, estabeleceu como limite de suportabilidade do comprador a diferença não superior a um vigésimo da área, nas vendas *ad mensuram*. É um limite razoável, para impedir litigância em virtude de diferenças inexpressivas. Ou ainda, como diz Pontes de Miranda (1972, v. 39, p. 135), é pré-exclusão do interesse de pouca monta, princípio do desprezo do mínimo. Todavia, o que, na maioria dos casos, pode ser uma diferença inexpressiva ou banal, pode ser insuportável para o comprador. Imagine-se a hipótese de imóvel que foi adquirido para construção de empreendimento hoteleiro em região turística, com frente para o mar. O imóvel detém grande dimensão de frente a fundo, mas a parte que interessa ao empreendimento está localizada no litoral, sendo justamente nela encontrada a diferença, podendo inviabilizá-lo ou reduzir substancialmente sua finalidade. Ainda que no conjunto do imóvel a diferença seja inferior a um vigésimo, é expressiva na parte que mais interessa ao comprador. Nesse exemplo, o comprador, se soubesse que a testada para o mar seria menor que a enunciada no contrato, certamente não teria feito o negócio.

A diferença inferior a um vigésimo em imóvel construído é mais problemática, mas, sempre que o comprador prove que não o teria comprado se dela soubesse, poderá valer-se da garantia legal. Cogite-se de constatação de diferença na área da cozinha de um apartamento. A diferença em relação a área total pode ser inferior a um vigésimo, mas para a cozinha é expressiva, em desacordo com a expectativa do comprador.

Do mesmo modo que pode ocorrer diferença para menos, pode haver diferença para mais, ou excesso. Nesta hipótese, tutela-se o direito do vendedor. O vendedor tem de demonstrar o desconhecimento do fato e sua boa-fé. O ônus é seu de provar que apenas tomou conhecimento da diferença após a conclusão do contrato. Funda-se no princípio da boa-fé objetiva, ou de conduta que se espera dos contratantes, e na vedação ao enriquecimento sem causa por parte do comprador. Observe-se que o legislador não atribuiu o direito de escolha das duas alternativas legais ao próprio vendedor, mas ao comprador, que presumivelmente estava de boa-fé. Conferiu-se ao comprador o direito potestativo de completar o valor do preço, correspondente ao excesso, ou devolver a parte que excedeu do imóvel. A alternativa da devolução somente é viável quando se tratar de imóvel não construído, pois o excesso de metragem em uma casa, por exemplo, pode comprometer sua utilidade. Trata-se de obrigação alternativa do comprador, em que a escolha cabe ao devedor. Diferentemente do que fixou para a diferença para menos, o excesso pode ser igual ou superior a um vigésimo.

Do mesmo modo que a diferença para menos, o excesso não diz respeito apenas à quantidade de medida. Quando o art. 500 do CC alude a "valor correspondente ao preço", deve-se atentar para o valor da parte que excedeu, se fisicamente localizada, quando estiver em área mais ou menos valorizada. Se todo o imóvel não sofrer variação de valor, a correspondência do preço levará em conta apenas a quantidade de unidades de medida (tantos metros quadrados ou hectares a maior).

Relativamente à venda *ad corpus*, é da sua natureza a desconsideração de qualquer referência a medidas ou dimensões, que são apenas enunciativas. Se fosse admitido o exercício de pretensões do comprador à resolução do contrato ou ao abatimento do preço, não haveria qualquer distinção entre ela e a venda *ad mensuram*. Basta para a caracterização da venda *ad corpus* que a coisa seja vendida como certa e discriminada. Por exemplo, a venda do apartamento "x", devidamente identificado e com suas dependências descritas. Essa caracterização há de estar fora de qualquer dúvida, pois, se houver, deve ser entendida a venda como *ad mensuram*, por ser a que melhor contempla o comprador, destinatário da tutela legal. Se, ante as circunstâncias do caso concreto, o comprador comprovar que se soubesse da diferença encontrada não teria adquirido o imóvel, afastar-se-á a hipótese de venda *ad corpus*. Há situações induvidosas, como a da compra do edifício tal, em que a referência às dimensões do terreno onde ele foi construído é apenas aproximativa; a referência não afasta, em princípio, que se trate de compra e venda *ad corpus*.

A referência a limites indica, normalmente, venda *ad corpus*. A referência pode existir, e com frequência existe, na venda *ad mensuram*, como no contrato que alude a compra e venda por metro e são precisados os limites do terreno. O Código Civil diz ser dispensável que o contrato faça constar de modo expresso que a venda é *ad corpus*. Dispensável é esse enunciado da norma, inexistente no Código Civil anterior, que nada acrescentou ao disciplinamento da matéria. O fato de o contrato fazer referência expressa não o converte em venda *ad corpus*, se da descrição do imóvel prevalecerem medidas e dimensões.

A inércia do interessado (comprador ou vendedor, este na hipótese de excesso) importará decadência de seu direito, se não for exercido no prazo máximo de um ano (CC, art. 501), a partir do registro da escritura pública de compra e venda. Por ser decadência legal, deve o juiz conhecê-la, de ofício, pouco importando que as partes não a tenham suscitado. O termo inicial do prazo decadencial não é o da conclusão do contrato. Será um dos seguintes: o do registro ou da imissão de posse. Em favor do comprador, os dois modos não são alternativos, mas sucessivos, isto é, o segundo depende do primeiro. Em outras palavras, enquanto não houver registro da escritura pública de compra e venda, o prazo decadencial não será iniciado, tanto para o comprador quanto

— 223 —

para o vendedor. Se o registro for declarado inválido, por descumprimento das normas legais que o regem, ainda que o contrato tenha permanecido válido, não se dará a decadência. O que sucederá se houver atraso do registro por culpa do comprador? O Código Civil não dá solução, porque ao comprador, em princípio, incumbe o registro, tendo em vista que o art. 490 estabelece que, salvo cláusula em contrário, ficarão as despesas de escritura e registro a cargo do comprador. A questão avulta de importância em virtude de interessar ao vendedor que o prazo decadencial tenha início. Entendemos que o vendedor, para ressalva de seus direitos, poderá promover diretamente o registro do contrato ou promover execução de obrigação de fazer para compelir o comprador a efetivá-lo. Nesta última hipótese, é cabível a decisão judicial que conceda tutela específica ou determine providências para o resultado prático equivalente, a saber, o não cumprimento importará efeitos equivalentes ao do registro, para os fins pretendidos pelo vendedor.

O segundo modo que obsta o início do prazo decadencial é a falta de imissão de posse no imóvel pelo comprador, quando o atraso for imputável ao vendedor. Embora tenha sido celebrado o contrato e concluído seu registro regular, o início do prazo dentro do qual o exercício dos direitos será permitido não ocorrerá enquanto o comprador não se imitir na posse. Tem-se como requisito a responsabilidade do vendedor pelo atraso. A regra tem fundamento no princípio de vedação do *venire contra factum proprium*, pois não pode o direito admitir que alguém tire proveito da própria torpeza ou do ato comissivo ou omissivo a que deu causa.

10.12. Venda de Parte Ideal em Condomínio

Se a coisa for considerada indivisível (de fato ou de direito), o condômino não poderá vender a respectiva parte ideal a terceiro, se houver interesse de outro condômino em adquiri-la. Considera-se parte ideal a proporção ou fração de titularidade que o condômino detenha sobre a coisa, sem identificá-la. O condomínio resulta de convenção ou da lei. É convencional quando duas ou mais pessoas adquirem em conjunto a mesma coisa ou quando o exclusivo titular aliena parte ideal da coisa à outra pessoa. É legal quando a lei impõe o condomínio sobre coisas em determinadas circunstâncias, a exemplo da sucessão hereditária enquanto não houver partilha. O Código Civil trata do condomínio geral nos arts. 1.314 a 1.358-U, dividindo-o em condomínio voluntário, condomínio necessário, condomínio edilício, condomínio de lotes, condomínio em multipropriedade. Interessam para a incidência das regras da compra e venda os condomínios voluntário e necessário, incluindo-se estes no conceito de condo-

— 224 —

mínio legal. Excluindo-se as partes comuns no condomínio edilício e no condomínio de lotes, a unidade imobiliária (por exemplo, o apartamento, o lote) pode estar sob a copropriedade de duas ou mais pessoas, cuja venda de parte ideal também está subordinada à regra da preferência do outro condômino.

A venda a terceiro é admissível apenas quando: a) for comunicada previamente aos demais condôminos; b) for dada preferência aos demais condôminos para aquisição da parte ideal, pelo mesmo valor que o terceiro ofereceu, "tanto por tanto"; c) os demais condôminos não exercitarem a preferência dentro do prazo legal. A comunicação pode ser feita pelo condômino, interessado em vender sua parte ideal, por meios extrajudiciais e judiciais. Não há forma determinada para a comunicação extrajudicial, mas terá de ser expressa, para ressalva de direitos, ainda que se trate de bem móvel. Poderão ser utilizados carta, telegrama, mensagem eletrônica, notificação de oficial de títulos e documentos, todos com recebimento comprovado. A comunicação deverá mencionar as condições de preço e pagamento para a venda, negociadas com o estranho. Os demais condôminos têm o direito de exigir que as condições sejam expressas em documento firmado pelo terceiro, para confrontá-las com as que efetivamente vierem a ser estipuladas no contrato com o terceiro, porque será considerada sem comunicação a venda com preço e modalidades de pagamento inferiores ou diferenciados.

O direito de preferência dos condôminos não é meramente obrigacional, cuja violação resolve-se em perdas e danos. Ele atinge a eficácia real, pois ainda que o registro público tenha sido realizado, na hipótese de coisas imóveis, serão desfeitos o contrato e o registro, se outro condômino depositar o preço, havendo para si a parte vendida. O exercício da preferência depende da assunção do pagamento do valor "tanto por tanto". Não o exerce o condômino que faz contraproposta diferente da que ofereceu o estranho.

Se os demais condôminos não responderem à comunicação feita pelo condômino vendedor e houver por parte deste fundada convicção de não haver interesse em exercerem a preferência, ainda assim terá de ser aguardado o término do prazo para resposta. O Código Civil não diz qual é o prazo de resposta, mas não pode ser o que for fixado pelo condômino vendedor, pois consistiria em condição potestativa proibida (art. 122). Entendemos que o prazo deva ser o mesmo fixado no parágrafo único do art. 504 para decadência quando não houver comunicação, ou seja, de seis meses.

Os condôminos que não tiverem seus direitos de preferência respeitados pelo interessado em vender sua parte ideal poderão haver a coisa para si. O exercício do direito dar-se-á mediante ação judicial em que seja requerido o depósito do preço, nas condições do contrato de compra e venda com terceiro, e decisão no sentido da ineficácia deste e de transferência da titularidade para o depositante. Na hipótese de imóvel, o condômino depositante juntará a escritura pública de compra e venda e, sendo móvel, o contrato escrito se houver ou, se não houver, fará prova de sua existência, inclusive por meio de testemunhas.

O depósito judicial será em dinheiro, por se tratar de compra e venda, salvo se o preço pago pelo comprador tiver sido parcialmente em dação de coisa. O condômino depositante poderá optar em realizar dação equivalente ou pagar a totalidade do preço em dinheiro.

O prazo para exercer o direito de preferência é de cento e oitenta dias, contados da data da tradição da coisa e não do contrato, em virtude de sua natureza real. Na hipótese de coisa imóvel, o prazo começará a correr da data do registro imobiliário, dada a presunção de sua publicidade. A falta de registro ou de tradição da coisa obsta a fluência do prazo decadencial.

Sendo mais de um condômino interessado na aquisição da parte ideal, deve ser observada a seguinte ordem de preferência: em primeiro lugar, prefere o que tiver feito benfeitorias no imóvel, pouco importando o tempo em que as fez, e ainda que não esteja na administração do imóvel. O critério é o de maior valor das benfeitorias. Assim, não importa a natureza das benfeitorias, se necessárias, úteis ou voluptuárias. No conflito de interesses entre o condômino que realizou benfeitorias voluptuárias de maior valor econômico e o que fez benfeitorias necessárias de menor valor, aquele preferirá a este; em segundo lugar, em não havendo benfeitorias realizadas, prefere o condômino que for titular da parte ideal maior. Nem sempre as partes ideais são iguais. Esse critério também favorece a extinção do condomínio, em virtude da concentração no que detiver maior titularidade; em terceiro lugar, não havendo benfeitorias e desigualdade das partes ideais, cessa a preferência, pois todos os condôminos poderão haver a coisa para si. Se todos os demais condôminos manifestarem interesse, dividirão em partes iguais o valor do depósito. Se um ou mais condôminos não quiserem participar da aquisição, os remanescentes dividirão o valor do pagamento igualmente entre eles.

# Capítulo XI

Compra e Venda: Cláusulas Especiais

Sumário: 11.1. Retrovenda. 11.2. Venda a contento ou sujeita a prova. 11.3. Preferência. 11.4. Venda com reserva de domínio. 11.5. Venda sobre documentos.

11.1. Retrovenda

A retrovenda é a cláusula especial do contrato de compra e venda, integrada pelos contratantes, mediante a qual se assegura o direito ao vendedor de comprar para si o imóvel vendido e sujeita o comprador ao dever de vendê-la àquele, dentro do prazo decadencial de três anos.

O Código Civil utiliza terminologia variável com a mesma finalidade: direito de recobrar, direito de retrato, direito de resgate. Não há qualquer distinção de sentido entre esses termos, para os fins da retrovenda. Significam, igualmente, direito do vendedor de exigir do comprador que lhe retrovenda o imóvel, ou direito de retrovenda.

Trata-se de direito potestativo do vendedor, ou, segundo Pontes de Miranda, de direito formativo gerador. "Mediante o seu exercício surge a relação jurídica de compra e venda, cujo conteúdo se preestabelecera. A situação do titular do direito formativo gerador de retrovenda é semelhante, porém não idêntica, à do destinatário da oferta de compra e venda, que tem prazo para a aceitação. Ali, já há negócio jurídico bilateral; aqui, não: há vinculação do oferente, antes de se concluir o negócio jurídico bilateral" (1972, v. 39, p. 158).

O direito de retrovenda não é direito real, ainda que esteja registrado no registro imobiliário conjuntamente com a escritura pública de compra e venda. Todavia, o registro gera eficácia *erga omnes*, sendo oponível a terceiros que venham a adquirir o imóvel do comprador.

A retrovenda opera também como espécie de garantia ao comprador, ainda que não seja essa sua finalidade. O comprador, nessas circunstâncias, é credor do vendedor e prefere que o imóvel lhe seja transferido, o que se tornará permanente se o vendedor-devedor não exercer o direito de retrovenda dentro do

— 227 —

prazo decadencial. Como se vê, essa função imprópria de garantia é muito mais incisiva que a garantia real de hipoteca, tutelada pelo direito. Na hipoteca, a propriedade permanece sob a titularidade do devedor, cabendo ao credor o direito real de garantia, que lhe assegura privilégio ante os demais credores pessoais. No contrato de compra e venda, sujeito a cláusula especial de retrovenda, o comprador-credor adquire a propriedade resolúvel sobre o imóvel, pois o vendedor somente a recobrará se lhe devolver o valor correspondente ao preço que pagou.

Por tais razões, sempre houve forte resistência de parte da doutrina contra a retrovenda, pois pode ser indevidamente utilizada para fins de tangenciar a proibição legal de usura. Para alguns, seus inconvenientes são manifestos, sobrelevando as desvantagens, pois, "a não ser excepcionalmente, não tem passado de disfarce para empréstimos ofensivos à legislação repressora da usura" (Pereira, 2003, p. 128). Com efeito, o escopo de garantia afeta a natureza mesma da retrovenda, pois transfere o direito potestativo do vendedor para o comprador credor. A garantia de crédito não faz parte de sua finalidade, que é permitir ao vendedor readquirir, no prazo legal de três anos, o bem que ele estima e que as circunstâncias da vida o forçaram a vender, fora inclusive da lógica do mercado.

O Código Civil trata apenas da retrovenda, do direito do vendedor em face do comprador. Não refere a idêntico direito do comprador, ou seja, do direito de retrocomprar. Mas não há impedimento legal para que as partes o estipulem, com fundamento no princípio da autonomia privada negocial.

A cláusula de retrovenda não é admissível quando o contrato for de consumo, como o que se realiza entre construtora e adquirente consumidor do imóvel. Nessa hipótese, prevalece o interesse da defesa do consumidor, determinada constitucionalmente, ante sua vulnerabilidade jurídica que a lei presume (CDC, art. 4º, I). As tutelas são invertidas, isto é, no Código Civil a retrovenda protege o vendedor e no direito do consumidor, o comprador.

Se o direito de retrato for exercido e a escritura de retrovenda for concluída, e o imóvel não for devolvido, tem o retrocomprador ação de reivindicação contra o retrovendedor.

São requisitos da retrovenda: a) compra e venda de coisa imóvel; b) cláusula especial assegurando ao vendedor o direito de recomprar a coisa; c) não ter função de garantia de crédito; d) exercício do direito pelo vendedor, dentro do prazo de três anos; e) restituição do preço recebido ao comprador; f) transmissibilidade.

O primeiro requisito é que tenha havido o contrato de compra e venda de imóvel, pois a cláusula é acessória dele e não pode ser concebida de modo autônomo. A cláusula gera direito potestativo ao vendedor que o exerce contra o comprador, mas que não se confunde com condição potestativa. Não há qualquer restrição ao exercício do direito, podendo fazê-lo o vendedor, se o quiser. O contrato fica sujeito a condição resolutiva, porque se resolve quando o vendedor o quiser, dentro do prazo decadencial. Todavia, atinge-se o plano da eficácia, não se retornando ao estado anterior, ou seja, o contrato continua existente, mas perde seus efeitos próprios quando o novo, decorrente da retrovenda, for concluído. Ante tais dificuldades, Pontes de Miranda optou pela teoria do direito formativo gerador, por entender que a teoria da retrovenda-resolução se chocaria com a eficácia *ex tunc* da resolução contratual. A cláusula origina obrigação de fazer oponível ao comprador, consistente na celebração de novo contrato para retrovender o imóvel ao vendedor.

O CC, art. 506, estabelece as consequências pelo inadimplemento, definindo os resultados práticos equivalentes, principalmente o direito de o vendedor (retrocomprador) depositar em juízo o valor correspondente ao da venda do imóvel e do reembolso das despesas feitas pelo comprador.

A coisa apenas pode ser imóvel, porque a retrovenda dificulta a circulação dos bens, que é da natureza dos bens móveis, além da presunção de publicidade que o registro público confere.

Não há correção monetária do preço, quando for exercida a retrovenda. O sistema jurídico brasileiro apenas admite a correção monetária de valor quando for previamente estipulada pelos contratantes, com periodicidade nunca inferior a um ano, ou quando a lei expressamente a determinar, ou quando se tratar de dívida de valor (preço, na compra e venda, é dívida em dinheiro). Em nenhuma das três exceções se enquadra a restituição do preço, na retrovenda. Por outro lado, a obrigatoriedade de correção monetária poderia mascarar o intuito usurário que sempre esteve ensombrando o instituto. Pelas mesmas razões é nula a cláusula que fixar preço maior para o retrato, conforme explicitamente determinaram os Códigos Civis português (art. 928) e italiano (art. 1.500).

A cláusula de retrovenda, ao contrário da orientação doutrinária majoritária anterior, é suscetível de cessão por ato entre vivos ou de transmissão a herdeiros e legatários. O vendedor pode deixar em testamento que o exercício de seu direito de retrovenda se transmita para seus herdeiros ou para legatário determinado. Do mesmo modo, o contrato pode estipular que o direito, dentro do prazo decadencial, possa ser exercido pelos sucessores do vendedor. Pode, ainda, o direito de retrovenda ser objeto de escritura pública, mediante a qual seja transferido para terceiro. Não depende essa transferência convencional de assentimento do comprador, porque não se trata de contrato personalíssimo. Como o direito de retrovenda é estipulado em cláusula de escritura pública de compra e venda de imóvel, não poderá ser transferido mediante documento particular. Ocorrendo a morte do vendedor, o direito de retrovenda transmite-se a seus herdeiros, independentemente de testamento. Se o comprador tiver recebido o depósito do preço, em virtude do exercício pelo vendedor do direito de retrovenda, a venda que aquele fizer a terceiro é ineficaz, independentemente de não ter havido registro. Todavia, se o registro do contrato de compra e venda do imóvel omitir a existência da cláusula de retrovenda, inexistirá publicidade e o terceiro adquirente não estará sujeito a ela, salvo se ficar comprovado que teve efetiva ciência dela. A oponibilidade contra terceiro tem sido objeto de controvérsia doutrinária, porque envolve sequela, própria de direito real, e o direito de retrato não tem essa natureza, mas de ser formativo ou potestativo formador, que pode ou não ser exercido no prazo legal.

O prazo para que o vendedor exercite o direito de retrovenda é de três anos, mas com natureza de decadência. O prazo alcança o próprio direito e não apenas a pretensão de exercê-lo. Não poderá ser suspenso ou interrompido. Mas dentro nele é admissível que as partes estipulem que apenas poderá ser exercido a partir do segundo ano ou no último ano. Por ser qualificado como decadência legal, o prazo para exercer o direito de resgate não pode ser reduzido pelas partes do contrato, como admitia o Código Civil anterior. A decadência legal deve ser conhecida, de ofício, pelo juiz (CC, art. 210), sendo nula a renúncia convencionada pelas partes (CC, art. 209). O prazo começa a fluir a partir da data da escritura de compra e venda e não de seu registro. A publicidade do registro é dirigida a todos os outros, aos terceiros. A cláusula de retrovenda já é de conhecimento do vendedor, que a quis, pois está explicitamente inserida no contrato que celebrou. Para seu vencimento ou termo final, aplica-se a regra *dies interpellat pro homine*.

Nada impede que as partes, após a fluência do prazo decadencial, realizem contrato com os mesmos efeitos. Contudo, não mais se tratará de exercício de direito de resgate, conferido pela cláusula de retrovenda, mas de simples contrato de compra e venda entre o ex-comprador, agora vendedor, e o ex-vendedor. Se o prazo transcorreu sem manifestação expressa do vendedor, o direito formativo gerador foi implicitamente exercido.

A ação pode ser intentada contra o comprador ou seus herdeiros, bem como contra o terceiro adquirente, ainda que este ignore a cláusula de retrovenda, porque esta integra a própria alienação, imprimindo-lhe caráter condicional.

O comprador, que fica submetido aos efeitos da cláusula de retrovenda, assume posição fragilizada, uma vez que terá seu direito à aquisição do imóvel sujeito à decisão potestativa e imotivada do vendedor, quando este quiser recobrá-la. O direito não lhe confere pretensão alguma para exigir do vendedor, em relação ao seu direito de resgate. Cabe ao vendedor reembolsar as despesas efetuadas pelo comprador. Não diz o Código Civil quais são elas, devendo ser assim entendidas todas as que foram empregadas na escritura de compra e venda e no registro imobiliário, bem como no pagamento de impostos e taxas incidentes sobre o imóvel, no período em que esteve na titularidade do comprador. Também se incluem as despesas com advogados e custas judiciais necessárias para regularização da titulação de domínio ou com defesas da posse.

Enquanto não houver o exercício do direito de retrato, dentro do prazo legal, o comprador é proprietário pleno do imóvel, após o registro do contrato de compra e venda. Não há restituição pelo comprador das eventuais receitas geradas pelo uso do imóvel, como aluguéis ou fundos de empresa, pois sobre elas o vendedor não detém qualquer direito. Não pode o vendedor compensá-las com o valor do reembolso das despesas feitas pelo comprador.

Se o comprador/retrovendedor, antes do exercício do direito de retrovenda, for considerado culpado pela falta de cuidados, pela perda ou pela impossibilidade de restituição do imóvel por qualquer outro motivo, será responsável pelo dano causado ao bem. Se a coisa tiver sido depreciada sem culpa do comprador, o vendedor não poderá exigir redução do preço que pagou.

O comprador/retrovendedor tem direito ao reembolso das despesas com as benfeitorias necessárias que realizou no imóvel, referidas explicitamente no Código Civil. Estariam excluídas as despesas com os melhoramentos em geral? Entendemos que não, por duas razões: a) se essas despesas não pudessem ser reembolsadas, estar-se-ia admitindo o enriquecimento sem causa; b) a referência às benfeitorias necessárias é exclusivamente para dispensá-las de autorização do vendedor. As despesas com quaisquer melhoramentos sobre o imóvel devem ser ressarcidas, desde que autorizadas pelo vendedor. Entre elas estão as benfeitorias úteis e voluptuárias. As benfeitorias feitas sem autorização poderão ser levantadas pelo comprador, se for possível. Se não puderem ser levantadas, serão incorporadas ao imóvel, sem indenização, podendo o vendedor ou retrocomprador exigir que sejam desfeitas pelo comprador. As despesas com as benfeitorias necessárias devem ser ressarcidas, ainda que não autorizadas. Essas benfeitorias devem ser realizadas, sob pena de risco para o imóvel e os que o ocupam. O vendedor pode requerer judicialmente que o comprador se abstenha de fazer despesas excessivas de melhoramentos que se confundam com benfeitorias necessárias, que lhe dificultem o exercício do direito de retrovenda, dentro do prazo legal.

— 231 —

O direito de retrovenda extingue-se pelo exercício do direito, ou pela consumação do prazo decadencial, ou pelo desaparecimento ou perecimento da coisa imóvel, antes do exercício do direito, ou pela renúncia. A renúncia é sempre receptível, não podendo ser considerada em virtude do silêncio ou de manifestação tácita.

Considerando-se ser direito potestativo, pode o direito de retrovenda, enquanto perdurar no tempo legal máximo de três anos, ser objeto de penhora, sequestro ou arresto, por parte dos credores do vendedor? Responde afirmativamente José Carlos Moreira Alves (1987, p. 180). Em abono de sua tese, diz que a legislação processual alude genericamente a direitos como bens suscetíveis de penhora, o que abarcaria, também, direitos potestativos.

A dação do direito de retrovenda em pagamento é admissível, pois o art. 507 do CC estabelece de modo expresso a faculdade da cessão do direito. Um dos modos de cessão é exatamente a dação em pagamento. O credor que o receber poderá exercê-lo.

Se houver recusa do comprador, poderá o vendedor depositar o valor em juízo. Todavia, pode a recusa estar legalmente fundada em uma das seguintes razões: a) o depósito foi insatisfatório; b) o prazo decadencial de três anos, a partir da data da escritura pública, já se consumou, extinguindo-se o direito de retrovenda. O depósito é insatisfatório não apenas por não corresponder ao valor do preço que o comprador pagou pelo imóvel, mas por não incluir o reembolso de todas as despesas feitas no imóvel ou em virtude dele, durante o período do resgate. O pedido judicial não será exclusivamente para o depósito do valor devido. Deverá conter o requerimento de decisão de outorga compulsória, para fins de registro público, em substituição à escritura pública cuja conclusão foi recusada pelo comprador. Desse modo, a sentença judicial alcança o resultado prático equivalente da obrigação de fazer não adimplida. Para os fins do processo civil, a ação será ordinária, pois necessariamente contenciosa, assegurando-se o direito de defesa ao comprador.

O depósito será sempre em dinheiro, em virtude de ser correspondente ao preço da compra e venda original. Pela mesma razão, o reembolso das despesas somente será admissível se efetuado em dinheiro. Não cumpre o mandamento legal o vendedor que oferecer para depósito bens móveis ou imóveis, porque não constitui hipótese de dação em pagamento. O direito à aquisição do imóvel depende da integralidade do depósito. Se, em virtude de contestação do comprador, convencer-se o juiz da insuficiência do depósito, relativamente à restituição do preço e às despesas comprovadas, o deferimento do pedido ficará em suspenso até que o vendedor o complemente. Pode ocorrer que o imóvel tenha sido depreciado por atos imputáveis ao comprador, como falta de conservação, corte de árvores, esbulho de terceiros sem defesa, devastação pelo fogo. Nessa hipótese, tem entendido a doutrina ser cabível o dever de indenizar imputável ao comprador.

No Código Civil, alude-se a que "o vendedor será restituído no domínio da coisa". Todavia, em sendo direito formativo gerador, não se volta ao estado anterior, não se restitui o domínio. O domínio esteve regularmente sob a titularidade do comprador. O exercício do direito de retrovenda resulta em situação nova, qual seja, o direito à aquisição do imóvel que fora objeto de venda anterior.

A pluralidade de titulares do direito de retrovenda impõe solução legal que defina a quem cabe exercê-lo. A pluralidade resulta de venda por condôminos, que reservaram para si o direito de retrato, ou de transmissão entre vivos ou a causa de morte do direito a mais de uma pessoa. O problema ocorre quando um titular do direito de retrovenda resolve exercê-lo dentro do prazo, sem a participação dos demais, que não o querem. Pode fazê-lo, sem consentimento dos outros? Sim, desde que pague integralmente o valor da restituição do preço e do reembolso das despesas. Mas o comprador poderá intimar os demais titulares para com ele concordarem. A falta de concordância, porém, não impede que o direito do cotitular isolado seja respeitado, porque não constitui requisito, mas medida acauteladora em favor do comprador. De qualquer forma, a omissão dos demais será entendida como concordância tácita. Se forem dois ou mais os que efetuem ou requeiram o depósito judicial, a preferência será de quem o tenha efetuado em primeiro lugar, porque o direito formativo gerador é indivisível. Os herdeiros ou legatários do titular ou os condôminos vendedores somente podem exercê-lo em comum ou isoladamente, desde que o pagamento seja integral.

11.2. Venda a Contento ou Sujeita a Prova

A venda a contento é a que depende da manifestação do agrado do potencial comprador sobre a coisa que lhe foi entregue pelo vendedor. Contento significa agrado, gosto, satisfação do comprador, segundo seus critérios pessoais, estéticos, de prazer. É manifestação inteiramente subjetiva, que não pode estar sujeita a controle ou aferição da outra parte ou do juiz. O comprador, dentro de si, verifica se a coisa lhe serve, ou seja, se serve aos fins que lhe quer dar.

Não se considera a contento a compra e venda em que se estipulou que o comprador pode trocar por outra a coisa vendida, se não lhe agradar. São frequentes nas compras e vendas de presentes ou de certos objetos, nas quais o vendedor admite a troca, dentro de certos limites. Contudo, na venda a contento não se pode substituir a coisa, mas manifestar a aceitação ou não.

— 233 —

Tendo a venda a contento natureza de condição suspensiva, não se admitindo a condição resolutiva, o contrato de compra e venda não se conclui enquanto não houver a manifestação de agrado do potencial comprador. Houve a oferta do vendedor, mas ainda não houve a aceitação integral. O contrato se concluirá quando, à manifestação de querer o contrato, se juntar a manifestação de agrado sobre a coisa. Não se diz "aceito a oferta e depois direi se gostei da coisa", mas "se gostar da coisa aceitarei a oferta". A venda a contento não é contrato, mas simplesmente oferta. O contrato se conclui quando a oferta é aceita, pela manifestação de agrado.

A coisa pode ser móvel ou imóvel. Dadas as naturais dificuldades que cercam a compra e venda de imóveis, a venda a contento é mais frequente nas transações de coisas móveis, que podem ser efetuadas entre empresário e consumidor e entre particulares. A norma civil é aplicável inteiramente às relações entre particulares. Quando há empresário, assume a posição de fornecedor em relação de consumo, submetendo-se primacialmente ao CDC e, supletivamente, à norma geral civil. O art. 39, III, do CDC considera prática abusiva, portanto ilícita, enviar ou entregar ao consumidor, sem solicitação prévia, qualquer produto. Essa regra também é aplicável às relações contratuais simplesmente civis, porque fundada no princípio da boa-fé (CC, art. 422).

A coisa não necessita ser específica, sendo admissível venda a contento de coisa genérica. Ambas podem ser objeto de experimentação, exame, degustação. O vinho que se degusta pode ser um entre tantos exemplares que serão comprados.

A venda a contento não se confunde com a venda sob amostra, nem com a venda sujeita à prova, ainda que esta seja a ela muito próxima. Na venda sob amostra a coisa comprada é equivalente à que se demonstrou, o que envolve equivalência de qualidades e quantidades; na venda a contento, a coisa comprada é a mesma que se entregou.

A entrega da coisa pelo vendedor, para que o comprador diga se gostou, não constitui tradição. A tradição real ou ficta decorre da compra e venda, em cumprimento ao contrato concluído. Seria assim se a condição fosse resolutiva. Na venda a contento, enquanto não houver a manifestação de agrado não haverá contrato. O comprador assume a posição equivalente de mero comodatário, com as limitações derivadas da natureza desse tipo de venda. Ainda que se considere comodatário (possuidor direto), não terá havido contrato de compra e venda enquanto o comprador não manifestar seu agrado.

A manifestação do agrado terá de ser expressa, o que não significa escrita. A comunicação do comprador ao vendedor, de que gostou da coisa e deseja comprá-la, importa aceitação e terá de ser exteriorizada de modo indiscutível. Não se admite a manifestação tácita ou silente, pois é desvantajosa ao comprador, destinatário da tutela legal. O prazo para manifestação será o que o vendedor fixou. Se não houver fixação, o vendedor deverá intimá-lo para que o faça.

Corre a cargo do vendedor os danos que a coisa sofrer antes que o comprador declare que se contenta com ela, ou seja, antes que o contrato seja tido por perfeito e irrevogável. Essa regra anterior do art. 207 do Código Comercial, ainda que não repetida pelo Código Civil, é com este compatível.

Na compra e venda que se qualifique como contrato de consumo, isto é, concluído entre fornecedor e consumidor, incide o art. 49 do CDC, que estabelece o direito de desistência, no prazo de sete dias, sempre que a contratação ocorrer fora do estabelecimento comercial, especialmente por telefone ou em domicílio. Embora aproximados, são dois institutos distintos: um, a venda a contento, depende do agrado ou da prova do comprador; outro, o direito de desistência do consumidor, depende de sua reflexão para confirmar ou não a aquisição do produto. Em comum, a condição suspensiva potestativa (formadora), de que depende o contrato para ser concluído. Na venda a contento o prazo decadencial é convencional e no contrato de consumo o prazo decadencial é legal (sete dias). A venda a contento apenas é cabível quando houver cláusula específica; o direito de desistência aplica-se a todos os contratos de consumo, cuja oferta tenha se dado nas circunstâncias referidas, ou seja, quando o consumidor é procurado pelo fornecedor, diretamente, por correspondência ou por outro meio de comunicação, ou por seus agentes e vendedores e não quando ele se dirige ao estabelecimento comercial.

O comprador potencial assume posição equivalente à de comodatário, mas não se converte nele. Não há contrato de comodato e sim atribuição de direitos e deveres equivalentes ao de comodatário, a quem recebe coisa para manifestar seu agrado ou para manifestar concordância após verificação de suas qualidades. Note-se que essa equivalência de posição perdura até que o comprador potencial "manifeste aceitá-la", isto é, a oferta da coisa, a partir de quando, e somente quando, o contrato se conclui.

A equiparação do comprador potencial a comodatário não é nem pode ser integral. O comprador potencial não tem "o uso e gozo da coisa emprestada" (CC, arts. 581 e 584), em sua plenitude. Pode usar a coisa exclusivamente para os fins de manifestar sua aceitação. Se usá-la fora desses limites responderá por perdas e danos. O comprador é obrigado a conservar a coisa, como se sua própria fora. O dever de conservação impõe que aja com diligência, guarda e cuidado que costuma empregar com suas próprias coisas.

— 235 —

A venda sujeita a prova difere da venda a contento pelo fato de não depender apenas do gosto, satisfação ou agrado do comprador. A venda sujeita a prova pode envolver certo grau de satisfação pessoal, mas o que a peculiariza é a referência a um dado objetivo, seja a qualidade pretendida, seja a adequação ao fim a que se destina a coisa, mediante experimentação, metragem, pesagem. A prova é definida e aferida diretamente pelo comprador. Não está dependente de terceiro ou de especialista, que eventualmente podem ser utilizados pelo comprador, ou de qualquer critério determinado. Basta, para a não conclusão do contrato, que o comprador estime que a coisa não preenche a qualidade ou seja inadequada ao fim que a ela se destina. Fica ao seu inteiro arbítrio manifestar a vontade de comprar a coisa. Mas a oferta pode estabelecer o modo como deva proceder a prova e os limites ao arbítrio do comprador.

A venda sujeita a prova também se presume feita sob condição suspensiva. A presunção legal é absoluta, não admitindo prova em contrário, porque o interesse protegido é o do comprador. Ainda que o contrato tenha estipulado ser a venda sujeita a condição resolutiva, esta não prevalecerá porque viola expressa disposição legal. A condição suspensiva importa suspensão da conclusão do contrato, porque falta o requisito essencial do consentimento para que a compra e venda se forme. A aceitação somente se completará quando e se o comprador entender que a coisa, depois de provada, corresponde às qualidades ou destinações por ele pretendidas. Antes da aceitação apenas há vinculabilidade da oferta. Não sendo o resultado da prova comunicado ao vendedor antes do encerramento do prazo, a condição suspensiva tem-se por não verificada.

Ao contrário da venda sob amostra, em que se compara a coisa vendida com a amostra previamente recebida, ou da venda a contento, na qual o agrado é apreciado na própria coisa entregue, na venda sujeita a prova a comparação se dá entre a qualidade assegurada pelo vendedor e a que observa na coisa que foi entregue. É, portanto, uma relação da coisa real com a informação dada pelo vendedor.

Na venda sujeita a prova o dever de informar, oponível ao vendedor, ressalta. O comprador recebe a coisa para submetê-la à prova de correspondência com as qualidades que foram informadas pelo vendedor e, ao mesmo tempo, com a destinação pretendida. A informação integra-se à oferta e vincula quem a faz. Poderá o comprador exigir do vendedor que substitua a coisa entregue por outra que atenda às qualidades anunciadas, sob pena de indenização por perdas e danos, uma vez que o contrato não se realizou.

Se o contrato vier a ser celebrado, em virtude de insuficiência da prova realizada pelo comprador ou de ter sido induzido pela informação enganosa, e posteriormente constatar-se a inidoneidade da coisa para o fim a que se destina, o comprador poderá pleitear a redibição ou abatimento do preço, fundado nos arts. 441 e 442 do CC. Na relação contratual entre particulares terá havido vício oculto ou ocultado pela informação enganosa.

O nível de qualidade depende de fatores variáveis, que devem ser considerados caso a caso pelo julgador. A mesma coisa pode ser oferecida com qualidades distintas, como é a regra no mundo dos negócios. Todavia, o desempenho ou a utilidade devem corresponder à qualidade que ostente ou tenha sido convencionada.

O vendedor poderá utilizar quaisquer unidades de medida quando submeter a coisa à prova, desde que sejam adotadas pela prática social e negocial. Todavia, e sempre que possível, as unidades de medidas oficiais devem prevalecer.

Se o vendedor não entregar a coisa ao comprador para que ele possa testar, provar, experimentar, tem o segundo pretensão e ação para que o primeiro a exiba. O comprador pode interpelar o vendedor sempre que seja por este impedido de proceder à prova, antes do prazo se escoar. Contudo, se ficar caracterizado o impedimento ou a dificuldade imputáveis ao vendedor, tal fato pode ser entendido como obstativo da fluência do prazo.

De modo semelhante à venda a contento, na venda sujeita a prova, o comprador assume a condição equivalente à de comodatário, enquanto permanecer com a coisa.

Em princípio, não havendo prazo determinado, presumir-se-á o necessário para que o comprador possa manifestar-se sobre a aceitação da coisa, após intimação judicial ou extrajudicial. Na venda sujeita a prova, o tempo dependerá da complexidade ou não da análise. Dentro desse prazo, que consulta a natureza das coisas e os usos, ou de "um prazo prudencial", como estabelece o art. 496 do Código Civil alemão, e antes do termo final que a intimação determine, não pode o vendedor retomar unilateralmente a coisa.

11.3. Preferência

No contrato de compra e venda, a preferência é a cláusula estipulada pelas partes contratantes mediante a qual fica assegurado ao vendedor o direito de adquirir a coisa quando o comprador pretender vendê-la a terceiro, pelo preço e condições que este oferecer. Em outras palavras, é o direito do vendedor de se substituir ao terceiro, nos mesmos termos em que o terceiro iria adquirir a coisa. No sentido geral, preferência é o direito que assiste à pessoa para que seja considerada em primeiro lugar na satisfação de seus direitos, quando confrontada com outros interesses que pretendam disputar a primazia.

O Código Civil mantém a abundância de termos utilizados pelo Código anterior, com idêntico significado. Não há qualquer distinção entre preferência, preempção e prelação, para os fins legais. Etimologicamente, prelação é ação de preferir; preferência, escolha. Preempção deriva de *prae-emptor*, primeiro comprador, ou de *prae-emptio*, com significado de preferência ou precedência para a compra, ou compra contratada por antecipação. Os dois termos, em direito civil, confundem-se com preferência, entendida como direito de ser considerado em primeiro lugar, antes das outras pessoas, como vantagem ou primazia.

O direito de preferência não diz respeito apenas ao contrato de compra e venda. Pode estar incluído em variados tipos de contratos. O CC/2002 incidiu no erro objeto da crítica doutrinária. Como matéria comum, melhor estaria na parte geral dos contratos, ao lado dos vícios redibitórios e evicção, que outros direitos estrangeiros, erroneamente, reduziram à compra e venda. Como adverte Pontes de Miranda (1972, v. 39, p. 203), há direitos de preferência que não têm como conteúdo a preempção e direitos de preferência que não derivam de negócios jurídicos com vendedores.

O direito de preferência é direito potestativo, que não existe antes da intenção do comprador de vender a coisa. Não se trata de compra e venda sob condição suspensiva. O que está suspenso é o próprio direito potestativo. O comprador não tem o dever de vender a coisa; pode nunca a vender, impedindo de irradiar-se o direito de preferência.

São requisitos do exercício do direito de preferência: a) existência de cláusula expressa no contrato de compra e venda da coisa, que atribua o direito ao vendedor; b) intenção do comprador em vender a coisa ou dá-la em pagamento; c) preço e condições de pagamento, efetivamente encontrados ou ajustados.

Não há direito de preferência tácito. Depende da existência de cláusula expressa, em virtude de consistir em forte restrição ao tráfico jurídico e à liberdade contratual do comprador.

O termo inicial do exercício do direito de preferência depende da intenção manifestada pelo comprador de vender a coisa. No direito brasileiro não ocorre a decadência a partir da data da conclusão do contrato, mas de quando o comprador lançar a coisa à venda.

Para que o vendedor possa exercer a preferência, necessário se faz o conhecimento do preço e das condições de pagamento que o comprador efetivamente encontrou. Não basta a intenção de vender ou a estimação do preço, que pode estar inteiramente distante da realidade de mercado. Assim, se o comprador comunicar ao vendedor sua intenção de vender a coisa, por preço irreal, sem comprovar a existência de interessado, não corre contra este o prazo decadencial para exercício do direito.

Não há impedimento legal, todavia, de ser afrontado o vendedor e este aceitar o preço, ainda que não existindo interessado em comprar a coisa. Porém, se o titular do direito de preferência exigir, terá o comprador de comprovar a existência de interessado em comprar a coisa segundo os valores apresentados.

No direito brasileiro o direito de preferência é de natureza pessoal. O registro do contrato de compra e venda não o converte em direito real. O registro apenas lhe atribui eficácia *erga omnes*. Essa é a tradição do direito brasileiro, consagrada na Súmula 488 do STF.

Além de não gerar efeitos reais, o direito de preferência é personalíssimo. Apenas o titular do direito pode exercê-lo. Funda-se a regra no caráter excepcional e restritivo da preempção, desautorizando sua extensão a outros. Ainda que haja prazo para o exercício do direito, se o titular vier a falecer não poderão fazê-lo seus herdeiros ou sucessores a qualquer título. Proíbe-se a cessão do direito entre vivos ou por designação de legatários. O ato de cessão será nulo, por violar expressa disposição legal.

Não haverá direito de preferência se o comprador resolver permutar ou doar a coisa. O direito, por sua natureza restritiva, apenas alcança a compra e venda e a dação em pagamento. Se houver fraude à lei, com o propósito de prejudicar o direito de preferência, poderá este ser exercido ou resolver-se em perdas e danos.

Também não haverá direito de preferência se a coisa for vendida em hasta pública, em decorrência de execução forçada, ou se for vendida pelo síndico de massa falida, com autorização judicial. Do mesmo modo, o direito de preferência, na dúvida, não se estende à cessão de direitos hereditários feita por um herdeiro a outro, para efeito de partilha. Em contrapartida, a cessão de direitos hereditários a terceiros é alcançada pela preferência, cujo direito pode ser exercitado.

Há dois prazos distintos para o exercício do direito de preferência, quando for desrespeitado, sendo de seis meses para as coisas móveis e de dois anos para as coisas imóveis. Esses prazos são de decadência, não podendo ser alterados para mais ou para menos pelas partes contratantes. Se o direito de preferência for estipulado, a cláusula que admitir a renúncia à decadência, permitindo que o exercício possa se fazer a qualquer tempo, é nula. É dever do juiz conhecer e declarar a decadência sempre que tiver de processar e julgar pedido de exercício de direito de preferência. Os prazos decadenciais começam a fluir a partir do conhecimento do vendedor originário, ou titular do direito de preferência, da intenção do comprador em vender a coisa, podendo haver imputação de responsabilidade por perdas e danos se ela já tiver sido vendida e impossibilitado o exercício do direito. Enquanto não houver afronta ou oferta do comprador ao vendedor originário, mediante intimação ou notificação, não se inicia a contagem do prazo decadencial.

São diferentes e mais curtos os prazos, quando o comprador cumprir sua obrigação de notificar o vendedor, para que este exerça seu direito: de três dias, no caso de coisas móveis, ou de sessenta dias, no caso de coisas imóveis, quando do recebimento pelo vendedor da notificação. Não importa a data da expedição, mas sim a data do efetivo recebimento. A notificação pode ser judicial ou extrajudicial. A notificação não será extrajudicial apenas se o contrato tiver previsto sua exclusão. No caso da notificação extrajudicial, que pode adotar qualquer forma ou modalidade, inclusive mediante mensagem pela Internet, o ônus da prova do recebimento pelo vendedor é do comprador, para que possa valer-se da fluência do prazo decadencial. O exercício do direito deverá ser feito pela celebração do contrato, durante a qual o vendedor pagará o preço que foi encontrado pelo comprador e a ele comunicado, ou assumir as condições que o terceiro assumiria. Não correrão os prazos contra o vendedor ou titular do direito de preferência, ou não caducará seu direito, se o comprador dificultar ou impedir a celebração do contrato. De acordo com a Lei n. 14.711/2023, não se aplicam esses prazos quando a coisa sob alienação fiduciária for vendida em leilão pelo credor fiduciário.

Quando houver o descumprimento do dever de comunicação por parte do comprador, o vendedor ou titular do direito não necessitará aguardar a intimação ou notificação do comprador, para que possa exercitar seu direito de preferência. Se a venda ou a dação já tivessem sido consumadas, então se resolveria em perdas e danos. O vendedor antecipa-se à fluência do prazo decadencial, justamente porque o comprador não lhe notificou da intenção de vender a terceiro. A pretensão é no sentido de exigir a obrigação de fazer (outorgar o contrato de compra e venda) e a obrigação de dar (a coisa, mediante o acordo de transmissão). Se a pretensão não for atendida, após interpelação ou intimação ao comprador, o vendedor poderá ajuizar a ação competente. O ajuizamento da ação, contudo, não está dependente de prévia notificação ou intimação. Para evitar a consumação do contrato de venda ou de dação em pagamento, em virtude de ser a preferência direito meramente pessoal, cujo inadimplemento resolve-se em perdas e danos, o vendedor poderá pleitear medida cautelar que impeça a venda da coisa, até decisão final. Se for feita a intimação judicial, o juiz declarará a relação jurídica de direito de preferência, marcando dia e hora para o contrato ou escritura ou a tradição. Se o comprador não comparecer, a sentença, que é constitutiva, permitirá a lavratura da escritura pública, se a coisa for imóvel, ou, em se tratando de coisa móvel, o pedido

— 240 —

de adjudicação. Se o vendedor trouxer a juízo provas consistentes da intenção do comprador em vender a coisa, poderá ser concedida tutela antecipada, com os mesmos efeitos. Se, depois de intimado, o comprador desistir de vender a terceiro, não terá corrido ou iniciado a fluência do prazo da decadência contra o vendedor. Necessário se faz que haja fundada convicção da intenção do comprador em vender a coisa. Ainda que não tenha de provar judicialmente a intenção, pelas naturais dificuldades dessa prova, deve o vendedor trazer a juízo o relato de fatos ou atitudes verossímeis, que façam presumir, segundo as regras ordinárias de experiência, que o comprador se encaminhou, de fato, para vender a coisa.

Para que possa o vendedor exercer o direito, não pode inovar ou modificar o preço encontrado, porque é sempre "tanto por tanto". Pode o titular apresentar proposta maior ou melhor, mas não inferior à que foi encontrada. São esses os limites de seu direito. Os limites não dizem respeito apenas ao preço, mas às condições que o comprador encontrou. Não pode o vendedor e titular do direito de preferência, por exemplo, manter o preço e propor ampliação do prazo. Evidentemente, esses limites referem-se ao exercício ou oponibilidade do direito contra o comprador, mas não há impedimento legal de que este concorde com as modificações propostas, não podendo o terceiro interessado na compra se opor a elas. As condições relacionam-se a prazos, parcelas ou prestações e a outros modos de pagamento do preço. A eventualidade de financiamento por instituição financeira de parte ou da totalidade do preço também integram as condições que possam ser ajustadas. Por se tratar de compra e venda, não pode o titular do direito de preferência optar por substituir parte do pagamento em dinheiro por dação de coisas móveis ou imóveis. Se a venda ia fazer-se com pagamento a prazo, ou com alguma condição especial, o titular tem direito à compra em igualdade de condições. Se é com garantia real ou pessoal, terá de mantê-la. Preço encontrado é o que se pratica no mercado para a coisa objeto do direito de preferência; não se considera assim, porém, se não tiver havido interesse efetivo de terceiro e que concorde com ele, até porque é da natureza do mercado a flutuação para mais ou para menos, em razão de circunstâncias variadas. Preço ajustado é o que já se definiu nas tratativas com terceiro interessado, independentemente do valor de mercado.

Perde o direito de preferência o titular que não o exercer nos exatos termos do preço encontrado ou ajustado, ficando desimpedido o comprador de vender a coisa ao terceiro. Se a venda não se concluir, por qualquer razão, inclusive por desistência do comprador ou do terceiro, o direito de preferência se restaurará integralmente, porque a coisa não foi nem será transferida, tendo sido obstado o prazo decadencial.

Com o exercício do direito de preferência, fica o vendedor ou titular obrigado a concluir o contrato. O comprador ficará sujeito a que se lhe marque dia para a conclusão do contrato, sob pena de ser compelido judicialmente a fazê-lo. Se o comprador ou o vendedor desistir da venda ou da compra, ou do exercício do direito de preferência, não terão qualquer valor essas manifestações, porque violaria o princípio de vedação de *venire contra factum proprium*. Neste caso, se preferir o prejudicado, será cabível a ação de perdas e danos, por ter havido ilícito absoluto.

O direito de preferência pode estar sob a titularidade de mais de uma pessoa, o que exige definição de como seu exercício se dará. A titularidade comum pode resultar, nas situações mais frequentes, da venda feita por condôminos da coisa, que reservaram para si o direito de preferência. O direito de preferência origina-se do contrato de compra e venda e não da relação de direito real anterior. São iguais, sem distinção, os direitos dos titulares comuns. Cada um somente pode exercê-lo sobre a totalidade da coisa. Portanto, não se pode alvitrar de quota ou participação diferenciada na titularidade comum do direito de preferência à compra da coisa vendida. O direito é indivisível. Se todos os titulares, dentro dos prazos legais, resolverem exercer conjuntamente o direito de preferência, deverão ratear o valor do preço encontrado ou ajustado com terceiro. Se qualquer dos titulares não exercer o direito, por qualquer razão, os demais poderão fazê-lo, sempre sob o valor global do preço.

Quando houver disputa entre os titulares comuns, ou seja, quando cada um desejar obter a coisa integralmente para si, duas deverão ser as soluções: a) se todos exercerem o direito na mesma data, dentro do prazo decadencial, haverão para si a coisa em condomínio de partes iguais; b) se o exercício do direito se deu em datas distintas, dentro do respectivo prazo decadencial, haverá para si exclusivamente o titular que primeiro depositou o valor do preço, tanto por tanto.

Em virtude da natureza exclusivamente pessoal do direito de preferência, o comprador que o descumprir responderá por perdas e danos em favor do vendedor, mas este não poderá reclamar que a coisa se lhe transmita, com o desfazimento do contrato com terceiro. Ainda que haja o registro da escritura pública, no caso de imóvel, ou a tradição da coisa ao adquirente, nunca a preferência se converte em direito real, principalmente com relação a sua característica de sequela. O registro público empresta à preferência a eficácia *erga omnes* do direito pessoal. O terceiro de má-fé também responde solidariamente com o comprador pelas perdas e danos. Considera-se de má-fé o terceiro que tinha conhecimento do direito de preferência do vendedor e conscientemente contribuiu para sua violação, no interesse próprio. A opção do legislador brasileiro resulta em consequência paradoxal, pois quanto mais ampla for a violação, menos gravosa será para o comprador que a praticou. Assim, se a venda não tiver se consumado, poderá o vendedor ajuizar ação própria para exigir o cumprimento do direito de preferência; porém, se a venda já tiver sido concluída, com dupla violação (falta de notificação mais venda a terceiro), caberá apenas a indenização pelas perdas e danos, se houver.

A responsabilidade do comprador é objetiva, pois não necessita de se provar sua culpa, bastando o fato da ausência da notificação e da venda ou dação em pagamento a terceiro. Quanto ao terceiro de má-fé, a culpa é presumida, o que lhe acarreta a inversão do ônus da prova. Sempre estará de má-fé o terceiro adquirente da coisa imóvel, em virtude da publicidade do registro imobiliário da escritura pública de compra e venda, que continha o direito de preferência do vendedor.

A venda feita a terceiro é válida e eficaz, ainda que fundamente pretensão à indenização por perdas e danos. Não é lícito ao vendedor pleitear sua invalidade. Efetuada a venda a terceiro, o vendedor preterido não só estará impossibilitado de anular a venda, como nada poderá fazer para impedir que ela ocorra. Para se livrar da indenização, poderá o comprador incluir, no contrato de compra e venda com terceiro, cláusula suspensiva que faça depender a eficácia da venda do não exercício do direito de preferência do vendedor originário, no prazo decadencial. A responsabilidade por perdas e danos do comprador e do terceiro de má-fé extingue-se com o advento do termo final do prazo de caducidade (seis meses, se coisa móvel; dois anos, se coisa imóvel). A inércia do vendedor extinguirá o próprio direito de preferência e o consequente direito de exigir indenização.

11.4. Venda com Reserva de Domínio

Na venda com reserva de domínio a entrega da coisa não constitui tradição, no sentido de modo de aquisição da propriedade da coisa móvel, mas apenas transmissão de posse direta para o comprador. Resulta em garantia ampla para o vendedor, nas hipóteses de venda a prestações; garantia que não é concedida pelo comprador, mas por retenção de direito de propriedade. Ocorre quando o pagamento do preço é diferido em períodos de tempo. O vendedor antecipa a sua prestação, entregando a coisa, porém ficando com a titularidade em garantia do pagamento do preço. Essa garantia é a contrapartida ao risco a que se expôs o vendedor com relação ao eventual inadimplemento do comprador, apesar de já ter cumprido a sua obrigação.

— 243 —

Na venda com reserva de domínio há cisão entre propriedade e posse da coisa, ou seja, enquanto perdurar o pagamento das prestações, o direito de propriedade e a posse mediata permanecem com o vendedor e a posse imediata é transferida ao comprador. A posse imediata, fundada no contrato e vinculada ao cumprimento da obrigação contraída, não pode dar causa à usucapião, salvo se, ante a inércia do vendedor, o comprador deixar de pagar as prestações e passar a exercer posse própria.

No que concerne ao direito de propriedade sobre a coisa vendida, há condição suspensiva para o comprador (somente o adquirirá quando pagar a totalidade do preço ou das prestações) e condição resolutiva para o vendedor (perdê-lo-á quando o comprador pagar todo o preço). Resolve-se a propriedade automaticamente com o pagamento da totalidade do preço, sem necessidade de acordo adicional. O acordo de transmissão, na venda com reserva de domínio, insere-se naturalmente no contrato, ficando dependente do implemento da condição suspensiva legalmente estabelecida, a saber, o pagamento integral do preço.

O comprador tem a faculdade de usar a coisa, ou usufruí-la, sendo essa a finalidade que o levou a adquiri-la. Só não tem a propriedade ou o domínio. A perda da posse se dá quando deixa de cumprir a obrigação. Enquanto não pagar integralmente o preço, nunca poderá transferir o domínio a outrem, porque não o tem.

Esclarece Orlando Gomes (2001, p. 266) que a venda com reserva de domínio não se confunde com a promessa de compra e venda, que tem traços comuns, pois numa e noutra o pagamento é feito em prestações, mas, na primeira, o contrato é subordinado, apenas, à condição de total pagamento do preço, enquanto, na segunda, a transferência do domínio não decorre imediatamente do contrato, sendo necessário que a venda prometida se efetive.

No direito brasileiro não há previsão admitindo que a reserva de domínio possa ser relativa e vinculada ao pagamento de parte determinada do preço, e não só da totalidade. Todavia, nada impede que as partes, fundadas na liberdade contratual, possam assim convencionar.

Até o advento da alienação fiduciária em garantia, para as coisas móveis, com o Decreto-Lei n. 911/1969, a venda com reserva de domínio era amplamente utilizada nas compras a prestações, de uso comum no Brasil. Com o CC/2002, retornou como valiosa opção negocial. O que distinguia fortemente um tipo do outro era a existência de apenas as partes contratantes, na venda com reserva de domínio, enquanto há inserção de um terceiro figurante – a instituição financeira – na alienação fiduciária em garantia, à qual é transferido o direito real resolúvel.

A alienação fiduciária em garantia sempre sofreu a crítica da doutrina pelo excesso de vantagens e poderes atribuídos à instituição financeira e a redução de direitos ao comprador, que assumia a posição de mero depositário da coisa adquirida, o que veio a ser atenuado com o advento da Lei n. 13.043/2014, a qual atribuiu direito real de aquisição ao devedor fiduciante.

Não há impedimento legal para a transmissibilidade da posição de vendedor ou proprietário. A cessão de crédito pode ocorrer em qualquer tipo de contrato, na forma dos arts. 286 a 298 do CC, salvo se houver cláusula proibitiva no contrato, de modo expresso. Como não houve transmissão da propriedade, esta pode ser objeto de sucessão hereditária até o adimplemento total da obrigação do comprador.

Apenas as coisas móveis podem ser objeto de venda com reserva de domínio. Não acompanhou o CC/2002 a extensão que foi dada pela Lei n. 9.514/1997, à alienação fiduciária em garantia para as coisas imóveis. Os bens móveis que estejam incorporados a imóveis somente poderão ser objeto de venda com reserva de domínio se deles puderem ser desligados em caráter definitivo, pois os materiais provisoriamente separados de um prédio para nele se reempregarem continuam sendo imóveis (CC, art. 81, II).

A coisa terá de ser precisamente identificada, para que não suscite dúvida e possa atingir seu escopo de garantia e permitir o registro público. A reserva de domínio é garantia que se vincula a coisa determinada, não podendo incidir sobre coisa apenas determinável. Assim, estão excluídas as coisas fungíveis, que podem substituir-se por outras da mesma espécie, qualidade e quantidade. As coisas consumíveis importam destruição imediata da própria substância, em seguida à tradição, o que as tornam insuscetíveis de reserva de domínio. As coisas genéricas não podem ser vendidas com reserva de domínio, por não preencherem o requisito de singularidade. A venda de dois animais de um rebanho impede a identificação precisa e singular dos semoventes. Todavia, o animal reprodutor "x", com identificação única, pode ser vendido com reserva de domínio.

Se a cláusula de reserva de domínio for considerada nula ou anulável, não haverá invalidade do contrato, como um todo, por essa razão. O acordo de transmissão da coisa, que tinha sido suspenso por força da cláusula, valerá imediatamente.

A coisa vendida com reserva de domínio não pode ser penhorada em razão de dívidas do comprador, porque ele apenas detém a posse direta. Após o registro, também a coisa não poderá ser objeto de penhora em razão de dívidas contraídas pelo vendedor. Assim é porque a reserva de domínio tem escopo de garantia, não se confundindo com as espécies de direito real. Todavia, pode ser penhorável ou sequestrável o direito expectativo do comprador, ou seja, o direito de propriedade que adquirirá quando pagar integralmente o preço. O direito expectativo pode ser objeto de venda ou cessão a terceiro, com efeitos de assunção de dívida (CC, art. 299), com o consentimento expresso do vendedor. O terceiro que adquirir o direito expectativo adquirirá a propriedade quando a condição suspensiva se implementar, ou seja, quando o preço da coisa for integralmente pago.

Além dos artigos destinados pelo Código Civil à venda com reserva de domínio, regem-na, também, o art. 2º, X, da Lei n. 1.521/1951, que considera crime contra a economia popular descontar o vendedor, nas prestações pagas, quantia maior do que a correspondente à depreciação do objeto, quando da resolução do contrato pelo inadimplemento; e o art. 129, item 5º, da Lei n. 6.015/1973, que impõe o registro no Registro de Títulos e Documentos do respectivo contrato, público ou particular, relativos a bens móveis, para que possa produzir efeitos em relação a terceiros.

A exigência legal de apenas poder ser estipulada a cláusula por escrito impede a utilização da venda com reserva de domínio em contratos verbais, que constituem a grande maioria dos casos de compra e venda de coisas móveis. Contudo, a exigência da forma escrita é exclusivamente para a cláusula e não para a integralidade do contrato. O instrumento contratual não necessita de ser público, por se tratar de negócio jurídico que visa à transferência de coisa móvel, ainda que seja levado a registro público. Adotando-se o documento particular, deverão ser observados os requisitos para sua validade. Não há mais necessidade de subscrição de duas testemunhas, pois o art. 221 do CC suprimiu essa exigência.

O registro público – no Registro de Títulos e Documentos – não é pressuposto de validade ou eficácia da venda com reserva de domínio de bens móveis, cujo contrato assinado pelas partes opera entre elas, plenamente. O registro é necessário para oponibilidade do contrato, perante terceiros. O registro não transfere a propriedade, mas gera eficácia *erga omnes* do pacto de reserva de domínio. O registro deverá ser feito no domicílio do comprador, na linha da inversão da tutela preferencial em favor deste.

Apesar das normas expressas exigentes do registro, há decisões que entendem suficiente o contrato, para assegurar imunidade à penhora sobre o bem, independentemente do registro. Para Maria Helena Diniz (2022, p. 200), a coisa pode ser vendida pelo comprador, com permissão do alienante, uma vez que o ônus também se transferirá.

A tradição da coisa móvel opera a transferência da propriedade. Na venda com reserva de domínio, no entanto, a entrega da coisa não significa tradição com tais efeitos, uma vez que o vendedor não transmite o domínio, que fica em suspenso até que haja o pagamento integral do preço. O vendedor continua proprietário, sem embargo da transmissão da posse direta.

A transferência do domínio ao comprador, que já é titular da posse direta da coisa, dá-se de modo automático, por força de lei, quando o preço é integralmente pago. Nesse sentido o domínio resolve-se contra o vendedor. Não há necessidade de qualquer ato confirmatório da transmissão. O pagamento da última prestação presume o das prestações antecedentes. Cabe ao vendedor o ônus da prova contrária à presunção, demonstrando que o comprador não pagou todas as parcelas e prestações do preço ajustado. Demonstrando o pagamento integral do preço, o comprador requererá ao Registro competente, o cancelamento do registro. O cancelamento é meramente declarativo, pois após o pagamento da última prestação não mais será oponível às partes e a terceiros. Se o vendedor promover qualquer alienação após o pagamento integral do preço, sê-lo-á por *non domino*, respondendo pelos prejuízos que causar ao comprador e a terceiros.

A partir da entrega da coisa, o comprador assume todos os riscos de danos ou de perda da coisa, inclusive os derivados de caso fortuito ou força maior. Se a coisa se perder com ou sem culpa sua, continuará obrigado ao pagamento do preço nas condições pactuadas. Se a coisa se perder ou se danificar por culpa sua, responderá por perdas e danos ao vendedor se incorrer em mora e este recuperar a posse daquela. Ainda que a propriedade esteja sob reserva do vendedor, se o bem provocar danos a terceiro, quem deverá responder pela indenização será o comprador, a partir do momento em que passou a exercer a posse direta.

Não basta o inadimplemento, para que se possa executar a cláusula de reserva de domínio, notadamente quanto à recuperação da posse imediata da coisa. Exige-se que haja constituição regular do comprador em mora, segundo um dos dois únicos modos previstos, a saber, o protesto do título ou a interpelação judicial ou extrajudicial. A mora, na ação ajuizada pelo vendedor, pode ser comprovada por meio de notificação extrajudicial enviada pelo Cartório de Títulos e Documentos (STJ, REsp 1.626.000). O vendedor pode optar diretamente pela interpelação judicial, sem o prévio protesto do título, ainda que a prestação esteja contida em título executivo, porque a lei confere-lhe o poder de escolha entre as alternativas, não exigindo que uma dependa da impossibilidade da outra. Compete ao juiz verificar o cumprimento dos requisitos legais extrínsecos, especialmente a existência da obrigação e a comprovação da falta de pagamento da parcela ou prestação, para determinar que o comprador seja interpelado.

Constituído em mora o comprador, o vendedor deverá optar pela cobrança das prestações vencidas e a vencer, ou pela recuperação da posse da coisa. Se escolher a cobrança das prestações vencidas e vincendas e mais as despesas legalmente cabíveis, não poderá cumulá-la com a recuperação da coisa vendida, porque são pretensões incompatíveis, que se excluem. Tampouco poderá modificar o pedido, porque não é fungível. Quando o vendedor optar pela cobrança apenas das prestações vencidas, não haverá necessidade de prévia constituição em mora. Nada impede que o vendedor se satisfaça com a cobrança de prestações apenas vencidas, sem executar a cláusula de reserva de domínio. Nessa hipótese, incidem as regras normais de exigibilidade das obrigações, em virtude do inadimplemento. Quando o fizer, não poderá cumular o pedido com a antecipação das dívidas vincendas nem com a recuperação da coisa vendida. Se o vendedor optar por exigir a recuperação da coisa, para retomar a posse direta, o exercício dessa pretensão não incluirá, necessariamente, a resolução do contrato, salvo se cumular os pedidos. Pode lhe interessar retomar a posse, sem fechar definitivamente a possibilidade da purgação da mora pelo comprador, retomando-se o curso do contrato e devolvendo a este a coisa.

Se o atraso se deu ao início das prestações, não será razoável a cobrança da prestação vencida e de todas vincendas, pois se o comprador pudesse pagar integralmente o preço não teria optado pela venda com reserva de domínio; neste caso, não pode prevalecer seu livre-arbítrio, devendo o juiz determinar a solução menos gravosa, que é a recuperação da coisa vendida. Em contrapartida, se a maioria das prestações já foi paga, a solução da recuperação da coisa, importando resolução do contrato, não é a mais equitativa e não deve impor-se. A antecipação das prestações vincendas tem natureza de penalidade pelo inadimplemento, devendo evocar-se a norma de equidade contida no art. 413 do CC de 2002, que impõe ao juiz sua redução "equitativamente", se "o montante da penalidade for manifestamente excessivo".

Se o vendedor optar pela recuperação da coisa vendida, em vez da cobrança das prestações vencidas e vincendas, poderá reter os valores recebidos para cobertura de todas as despesas e prejuízos decorrentes da posse direta do comprador e da própria retomada. Não atribui a lei ao vendedor o exercício de justiça de mão própria. Para que possa valer-se da faculdade de retenção dos valores recebidos, será necessário pedido judicial de recuperação da coisa vendida. A retenção dos valores dependerá de decisão judicial, nos limites também decididos judicialmente. São três os valores que o vendedor pode exigir do comprador:

a) despesas com depreciação e prejuízo; b) despesas despendidas para recuperar a coisa; c) direitos convencionais e legais.

A depreciação da coisa depende de aferição por perito. Por se tratar de coisa móvel, há forte tendência para depreciação, pois o uso leva a seu desgaste. Todavia, é possível que, em vez de depreciação, haja valorização, situação que não foi cogitada pelo artigo sob comento. Exemplo frisante desta última hipótese é o da venda de animais novos, cujo crescimento leva à valorização. Outro exemplo é o de benfeitorias e melhoramentos na coisa, que compensem a depreciação decorrente do tempo de uso.

Os valores correspondentes à valorização eventual serão compensados com os estimados para a depreciação e para as demais despesas. A depreciação decorre de fatores naturais ou impessoais, como o tempo de uso, o desgaste, a superação tecnológica. De qualquer forma, o comprador usufruiu vantagens e proveitos pelo uso da coisa, até sua devolução, devendo correr contra ele os riscos da depreciação. A depreciação pode também ter origem em fatores humanos, principalmente pelo mau uso e falta de conservação devida pelo comprador. Incluem-se nos valores da depreciação os prejuízos sofridos pela coisa em virtude de danos causados por atos e omissões do comprador ou de terceiros, ainda que contra estes tenha direito de regresso. As despesas feitas dizem respeito aos gastos comprovados com a recuperação da coisa, e exclusivamente nelas. Incluem-se as despesas com transporte, consertos, reparos, desde que não ultrapassem as condições originárias da coisa. Tem ainda direito o vendedor a exigir o pagamento de valores correspondentes a direitos oriundos do contrato ou da lei, em virtude do inadimplemento do comprador. São equivalentes aos que teria se optasse pela cobrança integral das prestações vencidas e vincendas, isto é, compreendem a cláusula penal, que não poderá ultrapassar os limites legais, juros moratórios, que não poderão ultrapassar o limite de 12% ao ano, quando convencionados, e custas processuais efetivamente despendidas pelo vendedor.

Após decidir qual o montante dos valores que o vendedor poderá reter, o juiz determinará que devolva ao comprador o que exceder. Se o comprador se recusar a receber, deverá ser feito o depósito judicial. Se os valores recebidos pelo vendedor, em virtude do pagamento das prestações ou parcelas do preço, forem considerados insuficientes, o comprador será condenado a pagar a diferença que se apurar. A cobrança não necessita de ser em outro processo judicial, sendo decidida na mesma ação.

A venda com reserva de domínio poderá ser objeto de financiamento de instituição de mercado de capitais. O financiamento insere na relação jurídica um terceiro figurante, a saber, a instituição do mercado de capitais. Não há obrigatoriedade de ser instituição financeira, mas instituição que seja autorizada a operar no mercado de capitais ou de bolsas de valores, lançando títulos representativos da dívida. Diferentemente da alienação fiduciária em garantia, na venda com reserva de domínio financiada, a relação entre vendedor e comprador permanece, sem transferência da propriedade para o financiador. Assim, não há substituição de figurantes, mas ampliação, passando a coexistir duas relações jurídicas interligadas, a saber, entre vendedor e comprador e entre financiadora e vendedor, com ciência do comprador. Em virtude da intervenção da instituição financiadora o vendedor recebe desta o pagamento do preço integralmente, à vista, no momento da compra, ou em momento posterior, de acordo com o contrato. Em contrapartida, a instituição financiadora, ainda que não lhe seja transferido o domínio, ou assuma a posição de proprietária fiduciária, passa a exercer os direitos do vendedor, titular da cláusula de reserva de domínio. Essa intricada operação trilateral conduz à sub-rogação convencional, disciplinada no art. 347 do CC.

O exercício dos direitos e ações do vendedor pela instituição financiadora, ainda que não seja de proprietária, é de titularidade da garantia inerente à reserva de domínio, e de cessionária sub-rogada. Consiste o exercício da garantia de reserva de domínio em peculiar privilégio creditório, em favor da instituição do mercado de capitais. Para que possa produzir os efeitos pretendidos, inclusive em face de terceiros, o instrumento contratual da operação financeira e a ciência do comprador deverão ser averbados no registro do contrato de venda com reserva de domínio. A cessão não pode prejudicar a situação do devedor-comprador, existente antes dela. Assim, pode opor ao novo credor as objeções e exceções que tinha contra o antigo credor, como, por exemplo, a exceção do contrato não cumprido.

11.5. Venda sobre Documentos

A venda sobre (ou contra) documentos, por sua natureza, apenas pode ter por objeto coisas móveis. A obrigatoriedade da tradição da coisa é satisfeita com a entrega ao comprador de documento representativo, para que seja exigível o pagamento do preço. O vendedor se libera da obrigação de entregar a coisa remetendo ou entregando ao comprador o título representativo da coisa. Depende de ajuste expresso entre as partes, pois resulta de usos admitidos entre elas e da confiança na efetiva entrega da coisa, que se encontra em transporte ou será transportada em data definida. Pode ocorrer, inclusive, que a entrega da coisa não venha a ser feita, fisicamente, sendo-lhe suficiente que esteja à sua disposição, a exemplo da mercadoria que está depositada em armazém. Neste caso, o vendedor entrega ao comprador o título – *warrant* – que permite o acesso ao armazém, e com base no qual a mercadoria pode ser levantada. Situação assemelhada é o da mercadoria em viagem, ou dependente de liberação da alfândega, em que é entregue o documento que permite ao comprador receber a mercadoria do transportador ou levantá-la na alfândega.

Sua aplicação é mais frequente nos contratos internacionais de mercadorias, com figurantes empresariais, suscitando questões de normas de conexão que o direito internacional privado procura disciplinar. A regulação ampla, adotada nos arts. 529 a 532 do Código Civil brasileiro, pode ser aplicável aos contratos de compra e venda internos. No Brasil, o instituto mais aproximado da venda sobre documentos é o crédito documentário, incluído na Consolidação das Normas Cambiais do Banco Central. Essa modalidade de venda, sem paralelo no CC/1916, foi transplantada quase que literalmente dos arts. 1.527 a 1.530 do Código Civil italiano. Segundo Alberto Trabucchi (1967, p. 287), a venda sobre documentos teria sido figura do comércio marítimo dentro das vendas de praça a praça, entre nações ou países distantes.

Os títulos representativos (entre eles a apólice de seguro) atribuem aos seus titulares ou portadores o direito de entrega da mercadoria ou das coisas que são neles especificados e o poder de dispor, mediante transferência dos títulos. Na venda sobre documentos o vendedor adimple a obrigação de entregar a coisa, remetendo ao comprador o título representativo da mercadoria e os outros documentos (D'Amelio; Finzi, 1947, p. 106).

Em qualquer caso, estão em causa situações em que há uma substituição na titularidade, mediante a entrega de documentos, pelo fato de a coisa se encontrar na detenção de terceiro por conta do vendedor.

O título representativo de mercadoria atribui ao seu possuidor o direito à entrega da coisa nele especificada, a posse da coisa e o poder de disposição mediante simples transferência dele. O título representativo da coisa, admitido no contrato, tem igualmente natureza de título de crédito, ou pode ser qualquer espécie deste quando contiver especificação da coisa. A função representativa atribuída ao documento converte-o em título causal de crédito, porque referido a determinada mercadoria ou coisa.

A entrega dos documentos presume a sanidade da coisa. Por isso, não pode o comprador condicionar o pagamento à verificação de inexistência de vícios redibitórios ou de outros tipos de defeitos. Tendo em vista que o comprador pode opor exceção acerca da qualidade ou do estado da coisa vendida, ocorre uma prova pré-constituída. A prova deve ser tal que não deve dar lugar a dúvida. A qualidade e o estado da coisa devem ser demonstráveis e incontestáveis.

Na falta de estipulação em contrário, o lugar da entrega do documento define o do pagamento, mas a entrega da coisa pode continuar sendo no lugar onde ela se encontre. A entrega do documento funciona como interpelação para pagamento imediato, se houver omissão quanto à data do vencimento. É mais adequada para relacionamento fundado nos usos comerciais entre as partes contratantes e na confiança que os conduzem. A entrega do documento ao comprador fixa o lugar do pagamento, se outro não for definido pelas partes. Pode ser o do domicílio do comprador, ou o do vendedor, ou outro distinto, especialmente se o título representativo for negociado sucessivamente. O pagamento do preço, que tem lugar contra a entrega do documento, permite ao comprador dispor da coisa, mediante a transferência apenas do documento, gerando cada circulação uma tradição ficta.

Se entre os documentos houver apólice de seguro sobre risco de transporte, o ônus é do comprador. Essa regra é aplicável exclusivamente às hipóteses de coisas em viagem, imputando-se ao comprador os riscos aos quais estas se exponham, desde o momento de sua entrega ao transportador. O vendedor não entrega a coisa porque ela está em viagem, não se encontrando em sua disponibilidade material, mas a venda realiza-se mediante a entrega dos documentos, entre eles a apólice do seguro. O seguro será feito tendo o comprador como beneficiário. Assim, em caso de perda ou danos sofridos pela coisa, durante o transporte e até sua entrega ao comprador, este receberá a indenização correspondente, uma vez que os riscos estarão sob seu encargo, além da obrigação de pagar o preço contra entrega dos documentos, independentemente de ter ou não recebido a coisa. Se não for entregue a apólice, não se transferirão os riscos. O comprador assume integralmente os riscos do transporte se estiver obrigado ao pagamento dos prêmios do seguro e não o fizer. O comprador assume também os riscos do transporte que excederem ao valor do seguro. Se o comprador desejar obter a proteção de uma cobertura maior ou um seguro extra, deverá ajustá-lo com o vendedor ou contratá-lo diretamente.

Se não houver seguro contra riscos do transporte, o vendedor permanecerá responsável até a efetiva entrega da coisa, ainda que ela se dê após o pagamento do preço. A entrega dos documentos substitui a tradição, para o fim de exigibilidade do preço e outros efeitos, menos para os riscos que correr a coisa antes de sua entrega ao comprador, salvo se for pactuado o seguro de transporte.

Considera-se de má-fé o vendedor se já tinha ciência da perda ou avaria da coisa ou mercadoria, quando celebrou o contrato de seguro. O vendedor já sabia que a coisa estava perdida ou deteriorada e dolosamente o não revelou ao comprador de boa-fé. Se a coisa já não mais existia quando aquele foi celebrado, a hipótese é de inexistência do objeto e, consequentemente, da compra e venda. Ainda que o vendedor tenha entregado ao comprador a apólice do seguro de transporte, os riscos permanecem do vendedor, quando em má-fé, respondendo ainda perante aquele pela indenização dos danos que provocou.

O comprador poderá utilizar-se de estabelecimento bancário para que este efetue o pagamento do preço ao vendedor. O vendedor entregará os documentos ou títulos representativos ao banco, com efeito de tradição. Por seu turno, cabe ao vendedor entregar a coisa ao comprador. O banco fica desobrigado quanto à sanidade ou não da coisa, pois não se responsabiliza por seu recebimento, nem se investe na posição de cessionário do crédito do vendedor. A intermediação bancária não suprime a figura do vendedor, que poderá receber diretamente o pagamento do preço do comprador, quando o banco se recusar a cumprir sua obrigação. É, portanto, uma relação trilateral, porque o vendedor está ciente e aceita essa modalidade de pagamento.

Somente em caráter subsidiário o comprador pode ser chamado a responder perante o vendedor, e quando o banco se recusar a efetuar o pagamento do preço da coisa, máxime quando constatar irregularidades na documentação apresentada pelo vendedor.

O banco não assume a posição de devedor perante o vendedor. Obriga-se, perante o comprador, a fazê-lo em decorrência de operação de crédito contraída entre ambos. Se o banco não o faz, libera-se o vendedor para cobrá-lo diretamente do comprador. A relação assemelha-se à hipótese de delegação cumulativa de dívida, mediante a qual o devedor originário (comprador) apenas se libera se o credor (vendedor) declarar expressamente, conforme prevê o art. 1.268 do Código Civil italiano.

O banco que realizar a operação com o comprador, confirmando-lhe o crédito e a obrigação de pagar ao vendedor, pode somente opor as exceções relativas aos aspectos extrínsecos do documento, quanto à sua eventual irregularidade. Em contrapartida, não responde o banco pelos riscos da coisa e vícios que sejam revelados após a entrega ao comprador, que permanecem imputáveis ao vendedor.

Capítulo XII

Permuta

Sumário: 12.1. Requisitos e características do contrato de permuta. 12.2. Regras comuns dos contratos aplicáveis à permuta. 12.3. Coisas que podem ser permutadas. 12.4. Regras da compra e venda aplicáveis à permuta. 12.5. Rateio das despesas do contrato. 12.6. Proibição de permuta com descendentes.

12.1. Requisitos e Características do Contrato de Permuta

Troca, permuta, escambo é o mais antigo dos contratos, surgido nos primórdios de todos os povos. Quando o homem passou a viver em grupos sociais viu-se impelido a trocar alguma coisa que podia dispensar por outra, em poder de terceiro, para atender necessidades vitais ou de qualquer outra natureza. Com o advento da moeda, esse contrato foi substituído pela compra e venda, em grande medida. No direito romano a *permutatio* incluía-se entre os contratos inominados ou atípicos, na espécie *do ut des*, ao contrário da tipicidade conferida à compra e venda. A permuta não se incluía nem entre os quatro contratos reais (mútuo, comodato, depósito e penhor) nem entre os quatro contratos consensuais (compra e venda, locação, mandato e sociedade).

No direito brasileiro atual ocorre uma revitalização da permuta, a exemplo do contrato mediante o qual o proprietário de um imóvel urbano cede-o a um incorporador em troca de apartamentos do edifício que será nele construído. Outro exemplo, no campo do direito intelectual, é a cessão de direitos de difusão de uma obra em canais de televisão em troca de espaço publicitário.

Sem embargo da compra e venda, cujos efeitos são aproximados, a permuta manteve-se ocupando espaço próprio, no cotidiano das pessoas, devido a sua simplicidade. Fala-se em "renascença" da permuta, notadamente nos negócios internacionais, com operações ditas de compensação, como no exemplo do produtor de petróleo que entrega parte de sua produção em troca de fornecimento de mercadorias (Huet, 1996, p. 583).

Considera-se permuta o contrato por meio do qual cada parte obriga-se a transferir uma coisa equivalente à outra desejada. Tudo o que é suscetível de venda é permutável, exceto o dinheiro. Na compra e venda há coisa, preço e consentimento. Na permuta há coisas equivalentes e consentimento. Não há preço na permuta. Os efeitos do contrato de permuta são meramente pessoais, porque não transmite a propriedade diretamente. Há recíprocos acordos de transmissão de propriedade das coisas. A permuta é contrato consensual bilateral. Nosso sistema jurídico radica na teoria do título e do modo de aquisição, significando dizer que o contrato de permuta, por si só, não transfere a propriedade das coisas permutadas, sendo necessário o registro público para as imóveis e a tradição para as móveis (modos).

Os caracteres jurídicos do contrato de permuta, segundo Caio Mário da Silva Pereira (2003, p. 124), são os mesmos da compra e venda, a saber: a) bilateral; b) oneroso; c) comutativo; d) translatício de domínio, no sentido de ato causal da transferência da propriedade, embora não a opere imediatamente; e) consensual, geralmente, e só por exceção, solene.

Na permuta há dois contratantes, com posições tão semelhantes que torna difícil a distinção. Cada contratante é ao mesmo tempo permutante *tradens*, obrigado à tradição da coisa, e permutante *accipiens*, com direito a receber a outra coisa equivalente.

Ainda que não haja preço, há valor estimado de cada coisa. Na permuta pura não há qualquer pagamento em dinheiro. Pode ocorrer pagamento em dinheiro, sem desnaturar a permuta, desde que represente a parte minoritária do valor. Assim, é admissível a permuta quando a parte em dinheiro for complementar, denominada torna. É necessário, para a permuta, que o bem não pecuniário seja determinante e objeto do contrato.

Quem permuta busca precisamente a troca direta dos objetos em jogo, motivado por interesses e motivações que nada têm que ver com o valor real ou valor venal das coisas trocadas. Para os permutantes, o valor das coisas é estimado subjetivamente, à margem dos preços que regem o mercado. O que o permutante quer é somente obter o outro bem concreto que outra pessoa possui, a qual está igualmente interessada nesse outro objeto que o primeiro também possui. Da conjunção de ambas as necessidades e ambos os anelos surge a permuta (Merino Hernandez, 1978, p. 38).

Não se inclui no âmbito do contrato de permuta, regido pelo Código Civil, a permuta de ações de companhia aberta, para fins de controle social, que tem regência própria na Lei das Sociedades Anônimas, incluindo a exigência de prévio registro na Comissão de Valores Mobiliários.

A permuta de bens da Administração Pública, subordinada à existência de interesse público devidamente justificado, será precedida de avaliação e obedecerá a requisitos previstos na Lei de Licitações (Lei n. 8.666/1993, art. 17). Quando a permuta envolver bens móveis, somente será admitida entre entidades da Administração Pública; se for de imóveis com particular, será dispensada a licitação desde que a proposta seja compatível com o valor de mercado, segundo avaliação prévia. Para os imóveis da União será permitida a permuta com particulares, mas, sempre que houver condições de competitividade, deverão ser observados os procedimentos licitatórios previstos em lei.

Controverte a doutrina acerca da possibilidade da permuta de direitos reais limitados. Entendemos que se são suscetíveis de compra e venda, podem ser objeto de permuta. Cabe assim a permuta de usufruto com a nua-propriedade, por exemplo.

12.2. Regras Comuns dos Contratos Aplicáveis à Permuta

As regras comuns relativas aos contratos em geral, especialmente aos contratos bilaterais, são aplicáveis à permuta.

Na permuta cada parte permutante é reciprocamente credor e devedor do outro, destacando-se o sinalagma. Se uma parte não cumpre o dever de dar a coisa, a outra poderá opor a exceção do contrato não cumprido. Se só há prazo para um permutante, ao outro pode ser exigida a prestação, porque a sua pretensão já nasceu. Se há prazo igual para os dois, a cada um nasce a pretensão ao expirar. Estabelece o art. 1.704 do Código Civil francês que "se um dos permutantes tiver recebido a coisa entregue em permuta, e provar depois que o outro contratante não é proprietário dessa coisa, não pode ser obrigado a entregar aquela que ele prometeu, mas apenas a devolver a que ele recebeu".

Na hipótese de vício redibitório, o comprador, na compra e venda, tem a seu favor a opção de exigir a resolução do contrato com devolução do preço ou o abatimento do preço. Na permuta não há opção, cabendo à parte prejudicada a pretensão à resolução do contrato, com a volta ao estado anterior.

Seria possível contrato preliminar ou promessa de permuta? Certamente, dada a natureza apenas pessoal da troca, onde cada parte assume obrigação de dar. Consequentemente, é válido o contrato preliminar que vise à conclusão de contrato definitivo de permuta. Esse meio é muito utilizado quando uma das coisas apresenta irregularidade na titulação que precisa ser sanada antes de sua transferência.

12.3. Coisas que Podem Ser Permutadas

A permuta pode envolver coisas distintas e quantidades de coisas diferentes. Por exemplo, alguém permuta uma coisa móvel por outra imóvel; ou uma coisa móvel por outra móvel; ou várias coisas móveis por uma imóvel; ou várias coisas móveis por outras móveis; ou vários imóveis por outros imóveis. A variedade de arranjos é infinita.

A permuta pode ter por objeto coisas futuras, sejam ambas as coisas ou apenas uma delas. É válida a permuta de coisa existente com coisa futura, porque esta é admissível na compra e venda por força do Código Civil (art. 483). A permuta ficará sem efeito se a coisa não vier a existir. Todavia, a permuta produzirá seus efeitos se as partes tiverem assumido a álea total de a coisa não vir a existir total ou parcialmente (*spes* ou *rei speratae*). Na permuta de *spes* atribui-se mais importância à esperança e à probabilidade do que à coisa, devendo o outro permutante entregar a coisa ajustada, mesmo que nada adquira. Um permutante dá uma coisa e o outro a *spes*. Na modalidade *rei speratae* a coisa importa mais que a esperança. O contrato produzirá efeitos se a coisa vier a existir em quantidade ou qualidade maiores ou menores que as esperadas. O contrato não produzirá efeitos se a coisa não existir no futuro.

Exemplo frisante de permuta de coisa existente com coisa futura são os contratos muito frequentes entre o proprietário de um imóvel que o permuta com apartamentos de edifício que será construído pelo incorporador permutante. O proprietário de um imóvel urbano (terreno, ou casa a demolir), em vez de vendê-lo ou construir sobre ele, prefere cedê-lo a uma construtora ou a um incorporador em troca de um número determinado de apartamentos do novo edifício que se vai construir. O construtor ou incorporador não necessitará de desembolsar qualquer importância para adquirir o imóvel. Esses negócios provocaram uma grande revitalização do contrato de permuta, cuja escassa atribuição de importância era demonstrada pela referência a um único artigo a ele destinado no Código Civil.

O contrato de permuta pode ser concluído à vista de amostra, protótipo ou modelo de uma das coisas, ou ainda de ambas. Não há exigência legal de a permuta depender de tradição das próprias coisas, porque seus efeitos são meramente pessoais ou obrigacionais. Qualquer das três situações impõe o dever de conformidade entre o objeto que serviu de referência à permuta e o que efetivamente foi entregue. O permutante que constatar desconformidade entre a amostra e a coisa recebida pode pedir a resolução do contrato cumulada com perdas e danos ou a diminuição do preço.

— 257 —

12.4. Regras da Compra e Venda Aplicáveis à Permuta

À permuta aplicam-se "as disposições concernentes à compra e venda", indicando-se apenas duas modificações, relativas ao rateio das despesas do contrato e à proibição de ser feita entre ascendente e descendente com valores desiguais. A aplicação das disposições da compra e venda não pode ser feita de modo linear, pois este contrato assenta-se na relação indissolúvel da coisa com o preço, inexistente na permuta. Em vista disso a aplicação é exigente de adaptações. A redação da norma deve ser lida como se tivesse dito "onde couber". Outros aspectos, além das considerações feitas acima às coisas destinadas à permuta, decorrem da aplicação das disposições legais da compra e venda à permuta.

A tradição das coisas permutadas dar-se-á no lugar onde cada uma se encontrava, ao tempo da conclusão do contrato de permuta. Essa é a regra geral dispositiva. As partes podem estabelecer de modo diferente, quando se tratar de coisas móveis, que pode ser o domicílio de um dos permutantes ou outro lugar de conveniência de ambos. No caso de imóveis, a tradição ficta é vinculada à circunscrição do registro imobiliário competente. Prevê o art. 187 da Lei de Registros Públicos (Lei n. 6.015/1973) que, em caso de permuta, e pertencendo os imóveis à mesma circunscrição, serão feitos os registros nas matrículas correspondentes, sob um único número de ordem no protocolo.

Os riscos de perda ou danos das coisas são assumidos por ambos os permutantes, do modo seguinte: cada permutante é responsável pela coisa que deverá entregar, na condição de transmitente (*tradens*), até à data da tradição e pela coisa recebida a partir da tradição desta, quando assume a posição de permutante *accipiens*. Podem estipular, no entanto, de modo diverso. Na hipótese de coisas móveis que tenham sido postas à disposição do permutante *accipiens*, este assume a responsabilidade pelos riscos, inclusive em virtude de casos fortuitos, notadamente quando se recebem contando, pesando, medindo ou assinalando. Se a coisa vendida é bem genérico, mas cuja entrega não depende de pesar, medir ou contar, os riscos são de responsabilidade do permutante *tradens*, porque falta a individuação. São também do permutante *accipiens* os riscos da coisa quando estiver em mora de recebê-la, após o permutante *tradens* a puser à sua disposição no tempo e no lugar que foram estipulados no contrato. Nesta hipótese, o risco da coisa transfere-se ao permutante em mora ainda que não tenha havido a tradição.

Se o permutante *accipiens* comunicar ao outro permutante que expeça a coisa para lugar diverso, por conta daquele correrão os riscos, a partir do momento que ela for entregue ao transportador. O permutante *tradens* é responsável pelos riscos quando se vincular a levar a coisa ao lugar designado pelo outro permutante, seja ele qual for; se não se vinculou a isso, sua responsabilidade finda com a entrega da coisa ao transportador. O transporte feito pelo próprio *accipiens*, que preferiu ir buscar a coisa no endereço do permutante *tradens*, ou quando envia transportador de sua confiança, implica consumar a tradição no momento do recebimento. Se a coisa perecer ou ficar danificada durante o transporte, o *accipiens* permanecerá obrigado a entregar a coisa que permutou pela perecida ou danificada, se já não o tiver feito.

Aplicam-se aos permutantes as mesmas proibições estabelecidas à compra e venda, relativamente aos titulares de cargos, funções e múnus. Com as devidas adaptações, sob pena de nulidade, não podem ser permutadas as coisas: a) dos tutelados, curatelados, herdeiros e legatários, respectivamente, com as dos tutores, curadores e testamenteiros; b) dos agentes e servidores públicos e dos empregados da administração pública indireta com as das respectivas entidades e empresas, que estejam sob a administração daqueles; c) dos juízes e serventuários da justiça e de conselhos públicos deliberativos com as coisas sobre que se litigar nos órgãos que integrem; d) dos leiloeiros e seus prepostos com as que estejam encarregados de alienar. Enquanto essas pessoas estiverem no exercício dos cargos, funções ou múnus permanecerá a proibição. A aposentadoria ou renúncia ou perda do cargo ou função não afasta a proibição, pelas mesmas razões éticas. A nulidade pode ser alegada por qualquer interessado, ou pelo Ministério Público, ou ser pronunciada de ofício pelo juiz, que a não poderá suprir.

Dependendo do regime de bens adotado é lícita a permuta entre cônjuges. A permuta apenas poderá ter por objeto coisas que não tenham sido incluídas na comunhão, considerados bens particulares, por força de lei ou em razão de negócios jurídicos (por exemplo, qualquer doação de terceiro a um dos cônjuges no regime de comunhão parcial ou a doação com cláusula de incomunicabilidade no regime de comunhão universal). São bens particulares, suscetíveis de permuta entre os cônjuges: a) no regime legal de comunhão parcial, os que cada cônjuge já tinha antes de se casar, os que foram adquiridos com a venda destes depois do casamento, os recebidos por doação ou sucessão hereditária, os de uso pessoal tais como livros e instrumentos de profissão adquiridos antes ou durante o casamento; b) no regime de comunhão universal, os recebidos em doação ou sucessão hereditária gravados com cláusula de incomunicabilidade, as doações feitas por um cônjuge a outro com a referida cláusula de incomunicabilidade e os gravados de fideicomisso antes de realizada a condição suspensiva; c) no regime de comunhão de aquestos, todos os que não tenham sido adquiridos, na constância do casamento, com a participação de ambos os cônjuges; d) no regime de separação total convencional, todos os bens de cada cônjuge.

Cada permutante *tradens* responde por todos os débitos que gravem a coisa até o momento da tradição, ou seja, os que vinculam ou oneram diretamente a coisa. Estão excluídos os demais débitos pessoais e gravados de ônus reais do permutante, estranhos à coisa.

Não pode um condômino de coisa indivisível permutar sua parte ideal com estranhos, se outro consorte quiser adquiri-la, tanto por tanto, seja oferecendo coisa equivalente para permuta, seja pagando o valor correspondente. Aplica-se a essa hipótese o mesmo prazo decadencial determinado para a venda de parte ideal, a saber, cento e oitenta dias, dentro dos quais o outro condômino interessado deverá exercer sua preferência. O condomínio deverá recair sobre coisa indivisível, cujas partes ideais possam ser objeto de alienação para outro entre os condôminos ou destes para terceiros. A alienabilidade da parte ideal é o requisito. O condômino que desejar permutar sua parte ideal com terceiro terá de comunicar tal fato aos demais condôminos para que estes possam exercer a preferência. Se os demais condôminos não responderem à comunicação feita pelo condômino e houver por parte deste fundada convicção de não haver interesse em exercerem a preferência, ainda assim terá de ser aguardado o término do prazo para resposta.

Se na troca de imóveis, ou de um imóvel por qualquer outro bem, a área descrita não corresponder à que se encontrou, o adquirente do imóvel terá o direito de exigir o complemento da área, e não sendo isso possível, a devolução ou redução do preço (hipótese caracterizada como venda *ad mensuram*).

12.5. Rateio das Despesas do Contrato

Impõe-se a partilha igualitária das despesas que os permutantes tiverem de desembolsar para a conclusão do contrato. A norma tem natureza supletiva ou dispositiva, admitindo que as partes contratantes regulem a distribuição de encargos de modo diferente. Assim, um dos permutantes pode assumir todas as despesas, individualmente, ou sua maior parte, se assim quiser.

Se uma das coisas ou ambas forem imóveis, o instrumento contratual far-se-á mediante escritura pública. A permuta de coisas móveis não depende de forma especial, salvo se a lei expressamente exigir ou as partes contratantes tiverem consignado cláusula de não valer sem instrumento público.

O art. 533 do CC não se refere ao rateio das despesas com registro público, quando for o caso. Contudo, a referência feita a "despesas com o instrumento da troca" deve ser entendida, como abrangente dele, pois o único instrumento servirá de título para os registros das duas coisas permutadas, especialmente quando forem imóveis. O valor do registro, dependente do valor atribuído às coisas, não será igual quando uma das partes tiver assumido complemento pecuniário ou torna.

No que respeita às coisas móveis, o registro não é imprescindível para que se dê a transmissão da propriedade, bastando a tradição ou entrega da coisa ao comprador, para a produção de todos os efeitos entre as partes. Todavia, de acordo com o art. 221 do CC, o contrato de compra e venda que se fizer mediante instrumento escrito terá de ser registrado no registro público de títulos e documentos, para que possa operar efeitos perante terceiros.

12.6. Proibição de Permuta com Descendentes

A permuta de coisas móveis e imóveis entre ascendentes e descendentes é relativamente proibida, sob dois aspectos ou requisitos conjuntos: um subjetivo, quando as partes forem parentes em linha reta e não houver consentimento dos demais descendentes de mesmo grau do permutante e do cônjuge do ascendente; outro objetivo, quando os valores das coisas forem desiguais. Na compra e venda basta o requisito subjetivo, para que a anulabilidade seja exigida, não importando se o preço foi ou não equivalente ao valor da coisa. Na permuta, a anulabilidade apenas será cabível se além do requisito subjetivo provar-se a ocorrência do requisito objetivo, ou seja, a disparidade de valores entre as coisas permutadas. Pouco importa que a iniciativa tenha partido de descendente, porque a permuta estabelece posição de igualdade entre os permutantes. Há necessidade de consentimento do cônjuge do ascendente, em simetria com o que dispôs o art. 496 do CC para a compra e venda.

Não se provando a desigualdade de valores, pelos interessados, será válida a permuta ainda que não tenha havido consentimento daqueles. Portanto, invertendo-se a norma legal, a permuta entre ascendentes e descendentes pode ser concluída entre eles sempre que os valores das coisas permutadas sejam equivalentes e quando não houver torna pecuniária ou dação complementar de outra coisa.

Ascendentes são todos os parentes em linha reta dos quais proveio o permutante *accipiens*. A linha ascendente é sucessiva, dos mais próximos aos mais remotos, figurando uns aos outros na relação de descendente e ascendente, ou seja, pai e mãe, avós, bisavós etc. A mesma relação de reciprocidade ocorre com a linha reta descendente, considerada a partir do permutante *tradens*, a saber, filhos, netos, bisnetos etc. A proibição relativa não diz respeito apenas aos parentes mais próximos ou de primeiro grau. Também é aplicável à hipótese de parentesco em linha reta de mais de um grau, a exemplo de permutantes que são avô e neto. Quando se tratar de permuta com descendente de grau mais distante todos os descendentes de mesmo grau ou de grau anterior devem consentir, desde que os valores sejam comprovadamente desiguais.

A relação de ascendente e descendente tanto é natural ou biológica quanto socioafetiva (por adoção, inseminação artificial heteróloga, posse de estado de filiação). O tratamento legal igualitário ultrapassa a relação de filiação, entre pais e filhos, alcançando todos os ascendentes e descendentes do afiliado, pois o parentesco civil imita a natureza. Assim, a permuta com filho ou com neto biológicos importa consentimento do filho ou neto oriundos de socioafetividade.

Não se exige igualdade total, até porque dificilmente coisas distintas têm valores absolutamente iguais. A igualdade absoluta somente é cogitável com objetos iguais, de mesma marca e tempo de fabricação, sem uso, pois o uso modifica as condições da coisa, o que restringiria desarrazoadamente o alcance da norma. A igualdade é de natureza econômica, segundo fatores e estimativas de mercado. A diferença inexpressiva de valores entre as duas coisas não é suficiente para invalidar a permuta.

Aplica-se à permuta entre ascendentes e descendentes o mesmo prazo decadencial estabelecido no art. 179 do CC para invalidação do contrato de compra e venda entre esses figurantes, ou seja, de dois anos. O prazo, por ser decadencial, deverá ser declarado pelo juiz, de ofício, se qualquer interessado ingressar com ação anulatória do contrato após dois anos de sua conclusão.

Capítulo XIII

Doação

Sumário: 13.1. Conceituação, natureza e características. 13.2. Objeto da doação e liberalidades. 13.3. Oferta de doação e quem pode aceitá-la. 13.4. Promessa de doação. 13.5. Doações meritórias, remuneratórias ou com encargo. 13.6. Formalidade da doação. 13.7. Doação como adiantamento de legítima de herança futura. 13.8. Doações especiais: subvenções periódicas, casamento futuro, prole eventual (concepturo). 13.9. Cláusula de reversão da doação. 13.10. Doações proibidas. 13.11. Revogação da doação.

13.1. Conceituação, Natureza e Características

A doação é contrato real, que apenas se aperfeiçoa com a entrega da coisa ao donatário. Para atingir o plano da existência e depois os da validade e da eficácia não basta o ânimo de doar ou a obrigação de doar. A entrega efetiva da coisa ao donatário é elemento essencial e nuclear do suporte fático. A exceção fica por conta da admissibilidade de doação consensual, na hipótese de doação em forma de subvenção periódica (CC, art. 545), o que não infirma a regra geral da natureza real. É também contrato gratuito e unilateral, pois inexiste correspondência ou contraprestação.

Quem doa não se obriga a dar, ou promete dar. Não se assume prestação ou se contrai dívidas e obrigações, com a doação pura. Manifesta-se dando ou entregando a coisa, a vantagem ou o direito. Na doação, a transmissão do bem dá-se quando ocorre a entrega da coisa móvel ou a outorga da escritura pública de doação da coisa imóvel (que é entrega por presunção legal), por se tratar de contrato real. Portanto, não pode haver pretensão do donatário em virtude de inadimplemento do doador, o que apenas seria possível se de obrigação de dar se tratasse. No caso de bem imóvel a escritura pública de transmissão da propriedade integra o contrato real, embora falte o registro, o que excepciona a regra geral do direito brasileiro de não conferir eficácia de direito real (ou de transmissão de propriedade) aos contratos. Neste caso não é o registro que atribui a propriedade, mas sim a escritura pública, não mais podendo ser ofendido o direito do donatário desde o momento desta.

Na doação pura há apenas um lado ou uma parte que cumpre prestação de dar; as doações com encargo ou modais aparentam bilateralidade, mas não são bilaterais porque a realização do encargo não configura correspondência de pretensões. Até mesmo a chamada doação remuneratória, em virtude de serviços recebidos pelo doador, é considerada doação, pois não perde a característica de liberalidade por não ter a natureza de dívida exigível. Em outras palavras, a doação remuneratória só o é no motivo, o que não é bastante para afastar sua unilateralidade.

Há no direito brasileiro, portanto, dois tipos de doação, em virtude de sua natureza: a doação real (regra) e a doação consensual, sob forma de subvenção periódica e, eventualmente, promessa de doação (exceção). No primeiro tipo transfere-se imediatamente o objeto doado. No segundo, promete-se tal transferência.

Discute-se a possibilidade de doação por causa de morte, ou *mortis causa*, no direito brasileiro, e cuja eficácia depende de o donatário sobreviver ao doador. O CC/2002, repetindo o Código anterior, é omisso a respeito. A nosso juízo, as doações por causa da morte não podem ser admitidas em virtude da natureza real do contrato de doação, o que impõe a imediata transferência da coisa para sua perfeição. A exceção terá de ser prevista em lei, o que não ocorre com aquelas. Por outro lado, essas doações esbarrariam na vedação de negócio jurídico sobre herança de pessoa viva.

A doação é a dimensão jurídica de um dos mais generosos impulsos humanos, voltados a beneficiar ou agraciar outra pessoa, sem pretender nada de volta. O doador age sem interesse, porque somente considera o benefício que terá o donatário. O propósito de enriquecer o donatário não é essencial, mas a intenção de doar. Se o doador transfere coisas, que perderam o valor de mercado, ao donatário, e este as recebe e aceita, há doação. Para Ludwig Enneccerus (1966, p. 193), aí radica seu valor, em nosso mundo dominado pelo interesse, mas também os perigos para o doador. Daí a necessidade em se fixar limites a sua eficácia, em se evitar as promessas precipitadas, em se exigir forma e requisitos de tradição, em se atenuar os deveres jurídicos do doador e em se permitir a revogação, em situações específicas.

Em razão de tais características, a doação deve ser interpretada, no seu conjunto ou em cada uma de suas cláusulas, de modo restritivo. Na dúvida, não se pode agravar a posição do doador nem ampliar a liberalidade. Aplica-se à doação a regra geral de interpretação restritiva dos negócios jurídicos benéficos (CC, art. 114).

Controverte-se acerca da natureza contratual da doação. Essa questão esteve presente na elaboração do Código Civil francês de 1804. Diante da realidade existencial de doações feitas sem necessidade de aceitação, o Código napoleônico, que tanta influência exerceu sobre as codificações ulteriores, optou por excluir a doação do elenco dos contratos. No direito romano a doação, até a época pós-clássica, não era contrato. Era um gênero que envolvia todas as liberalidades. As *Institutas* de Justiniano consideravam a doação como "outro modo de adquirir" a propriedade. No direito anglo-americano, a ausência de um preço, de uma prestação dada em retorno de outra, importa carência de *consideration* (Schaber; Rohwer, 1984, p. 86), elemento essencial para a existência de qualquer contrato. Assim, por faltar esse elemento, a doação não é tida como contrato nesse sistema, mas sim categoria jurídica distinta, regulada por outros meios.

Nas fontes do direito brasileiro, todavia, a doação sempre foi concebida como contrato. No *Esboço* de Teixeira de Freitas, a doação incluía-se entre os contratos em espécie (arts. 2.119 a 2.176).

A doação, por ser atribuição patrimonial derivada de liberalidade, não se submete totalmente às regras gerais dos contratos. O doador não recebe contrapartida por seu ato, por esta razão devendo ficar dispensado de responsabilidades comumente atribuídas aos demais contratantes, principalmente relativas à evicção, vício redibitório e juros moratórios. Somente por dolo responde o doador em caso de evicção ou vício redibitório. Outras regras da teoria geral do contrato não podem ser aplicáveis à doação, por inexistir obrigação do donatário, como a extinção mediante distrato, a cláusula resolutiva, a exceção do contrato não cumprido, a resolução por onerosidade excessiva. A extinção da doação se faz por modos próprios, seja pela revogação por ingratidão, seja pela revogação por inexecução de encargo. O doador não responde por juros moratórios porque não há mora na doação real, que apenas se perfaz com a entrega do objeto.

As doações estão sujeitas à incidência do Imposto sobre Transmissão *Causa Mortis* ou Doação de quaisquer Bens ou Direitos (ITCMD), previsto no art. 155, I, da Constituição, de competência dos Estados-Membros e do Distrito Federal, cujas alíquotas máximas são fixadas pelo Senado Federal. O STF decidiu (Tema 825 de Repercussão Geral) que essas unidades federativas não têm competência legislativa plena para fixar as alíquotas desse imposto se o doador tiver domicílio ou for residente no exterior, pois essa hipótese depende de lei complementar nacional.

O contrato de doação de bens imóveis segue os requisitos gerais de forma aplicáveis às transações desses bens, inclusive de escritura pública e registro imobiliário, quando o valor atribuído for superior a trinta vezes o valor do salário mínimo, de acordo com arts. 108 e 541 do Código Civil. Para os bens móveis de qualquer valor, a doação poderá utilizar o instrumento particular.

13.2. Objeto da Doação e Liberalidades

Objeto da doação é a prestação de dar coisa ou vantagens, segundo a terminologia do Código Civil. Qualquer coisa que tenha expressão econômica ou estimativa, desde que possa ser alienável, pode ser doada. A inalienabilidade por força de lei ou em virtude de atos entre vivos ou por causa de morte obsta a doação, porque esta é espécie do gênero negócios jurídicos de disposição ou de alienação. São doáveis as coisas móveis, imóveis, materiais e imateriais. Doam-se a propriedade, a servidão, o usufruto, o penhor, a hipoteca e qualquer outro direito real. A doação não pode abranger bens futuros, por sua natureza real, salvo na hipótese de subvenções periódicas.

O art. 538 do CC alude a "vantagens", que é termo genérico e impreciso, e que não se confunde com coisas, inclusive as imateriais. Tem o escopo de ampliar as possibilidades de doação e permitir sua tutela jurídica, independentemente de questionamento quanto a seu enquadramento nos conceitos de bens ou coisas que o Código Civil utiliza, nomeadamente na Parte Geral. Para fins de doação, vantagens são situações positivas que possam ser valoradas economicamente e transferidas gratuitamente para a titularidade de outro sujeito. Incluem-se em seu significado os créditos que o doador tenha a receber de seus devedores, os títulos de crédito, ações e dividendos de empresas, os juros contratuais, os resultados de condenações judiciais decorrentes de ações nas quais o doador tenha sido vencedor, os lucros de qualquer empreendimento, rendas e rendimentos, direitos de que seja titular o doador. O que importa, na doação, é que haja atribuição patrimonial. Se não houver atribuição patrimonial não haverá doação. Como disse Pontes de Miranda (1972, v. 46, p. 194), não importa o que se doa, desde que com isso se enriqueça o donatário.

A doação se perfaz pela aplicação das regras de transmissão dos direitos. Por exemplo, se for bem imóvel, exige-se escritura pública e registro, ainda que este seja reduzido em sua eficácia, pois consolida a transmissão que já houve. Se se trata de título endossável, deve haver o endosso seguido da entrega do título ao donatário. Se o título é ao portador, basta a tradição. Se o direito exige cessão para que seja transferido, as regras desta devem ser observadas.

A lei refere-se à liberalidade, com o significado de ação altruística e desinteressada, de dar parte de seu patrimônio para satisfação econômica de alguém, de dar o que não tem obrigação de dar. Há, portanto, dois momentos a serem considerados na caracterização da liberalidade: o subjetivo, que é o *animus donandi*, e o objetivo, que é a atribuição patrimonial sem dever de prestá-la. A liberalidade na doação é aferível a partir do ânimo do doador e relacionada à causa que individualiza o contrato. A liberalidade fundamenta a falta de patrimonialidade da causa da atribuição e, consequentemente, da doação. Se falta a liberalidade, o ato não pode configurar doação, ainda que exista o motivo, que constitui o impulso pessoal do doador.

Há liberalidades, todavia, que têm escopos próprios distintos da doação. A renúncia a direito é uma liberalidade, mas não configura doação. O abandono da coisa não é doação porque é ato unilateral, sem qualquer intuito de beneficiar alguém. A fiança que alguém dá à dívida de outrem não enriquece a este e, portanto, não é doação. A gorjeta não é doação, se derivar de serviço de quem a recebe. O transcurso consciente do prazo prescricional, obstando a pretensão, o empréstimo gratuito e a designação de alguém como beneficiário de seguro são liberalidades, mas não doações. Do mesmo modo, a renúncia à herança ou legado. Os donativos que são feitos, segundo os usos sociais, a instituições de caridade ou a mendicantes, de forma anônima, por puro espírito de liberalidade e altruísmo, não se enquadram como doação.

A liberalidade que se insere na doação implica aumento do patrimônio do donatário e correspondente diminuição do patrimônio do doador. Quem dá, sem que aumente o patrimônio de outrem, não doa. Nem doa quem faz aumentar o patrimônio de outrem sem sofrer diminuição do seu. Se um dos herdeiros renuncia à herança e os demais a aceitam, não houve doação daquele para estes. No direito brasileiro, se alguém repudia a herança, não a herda.

A entrega gratuita de bem em cumprimento a obrigação natural não é doação. Na obrigação natural não há exigibilidade, mas o seu cumprimento é irrepetível, não constituindo enriquecimento sem causa. Ocorre, portanto, vínculos de correspondência de prestações, o que é inadmissível na doação.

O termo doação também tem sido empregado pelo legislador para situações que não podem configurar contrato de doação, porque não há prestação de dar ou qualquer obrigação e têm por objeto bens ou direitos inalienáveis, como os direitos da personalidade. No rigor dos termos, não se pode dizer que há "doação" de órgãos ou de sangue. Trata-se de dações, sem fundamento em obrigação legal ou convencional, isto é, de dações sem escopo de adimplemento. Seria mais correto denominarem-se "dação" e "dador".

13.3. Oferta de Doação e Quem Pode Aceitá-la

Quando as partes são capazes, a oferta segue a regra geral aplicável aos contratos. Vincula o ofertante doador desde o momento que é expedida e pode ser revogada antes que chegue ao conhecimento do provável aceitante donatário. A revogação da oferta, que segue as regras gerais, não se confunde com a revogação da doação, porque esta ainda não houve.

A oferta de doação é, normalmente, sem prazo, mas este pode ser assinalado para aceitação. Se feita sem prazo a pessoa presente e houve a imediata tradição, consumou-se no contrato; se não foi imediatamente aceita, deixou de ser obrigatória. Se feita sem prazo a pessoa ausente, deixa de vincular se tiver decorrido prazo suficiente para a resposta. A tradição para o donatário, em qualquer momento, da coisa móvel doada é havida como aceitação, no contrato real.

Se for consensual o contrato de doação (CC, art. 545), em forma de subvenção periódica ao beneficiário/donatário, conclui-se com a aceitação deste, a despeito de não ter havido tradição do bem. Enquanto não se aceita, é revogável a oferta. Se a oferta for feita em contrato real de doação, a aceitação antes da tradição não o conclui, não havendo necessidade de revogar a oferta.

Quando a aceitação estiver na formação do contrato de doação, se o donatário não tiver aceitado, o recebimento da coisa será considerado enriquecimento sem causa. Ambas as partes devem estar de acordo na causa de doar e na gratuidade. Se a causa é o uso gratuito e temporário de coisa infungível, tratar-se-á de comodato, mas não de doação.

O CC/2002 suprimiu a exigência da aceitação para a perfeição do contrato de doação. A aceitação far-se-á sempre que possível, mas nunca como elemento essencial de existência ou de ingresso no plano da existência como fato jurídico. É elemento complementar para tutela dos interesses do donatário porque ninguém é obrigado a receber ou aceitar doação de coisas ou vantagens, inclusive por razões subjetivas. Sempre que o direito tutele a manifestação de vontade de alguém, esta deverá ser considerada. Todavia, quando o beneficiário da doação não puder manifestá-la, ou quando ainda não exista (prole futura), a doação existirá, independentemente dela. A aceitação é legalmente dispensada, quando o donatário for pessoa com idade até 16 anos (CC, art. 543).

Também é dispensada a aceitação na hipótese de doação a pessoas, famílias ou grupos em situação vulnerabilidade, de alimentos excedentes e não comercializados, desde que próprios para o consumo humano, estejam dentro do prazo de validade e mantenham suas propriedades nutricionais e a segurança sanitária, de que tratam a Lei n. 14.016/2020. Essa modalidade de doação poderá ser feita diretamente ou por intermédio de entidades públicas, privadas ou religiosas.

A desnecessidade da aceitação converte a conduta do donatário em ato--fato jurídico. Diferentemente, nos contratos em geral tanto a oferta quanto a aceitação são negócios jurídicos unilaterais, porque vinculam a partir da manifestação de vontade do ofertante ou do aceitante, independentemente da manifestação do outro.

O doador pode fixar prazo para que o donatário capaz manifeste sua aceitação ou não. Em se tratando de donatário capaz, inexiste presunção de benefício da doação. Ninguém é obrigado a aceitar doação, se pode livre e conscientemente manifestar sua vontade. Nem sempre a doação interessa ao suposto beneficiário, por razões íntimas, afetivas, temperamentais, ideológicas, econômicas. O motivo da recusa é determinante para o destinatário, de natureza exclusivamente subjetiva ou pessoal, não podendo ser aferido ou avaliado pelo direito. Em alguns casos a doação pode ser prejudicial ao destinatário, em virtude das consequências da titularidade do objeto. A aceitação pode ser feita no próprio instrumento do contrato, quando for escrito, a exemplo da escritura pública de doação de bem imóvel.

A fixação do prazo para a aceitação impede que a tradição do objeto doado possa irradiar os efeitos do contrato. O prazo é fixado na oferta do doador. Ainda que tenha havido a tradição do objeto, a transferência da titularidade fica suspensa até que o destinatário declare a aceitação, dentro no prazo, ou o deixe transcorrer, findo o qual será tida como realizada.

No contrato de doação há inversão da regra geral dos efeitos do prazo da oferta, cujo encerramento desfaz o vínculo ou a obrigação. O CC, art. 431, estabelece que a aceitação fora do prazo importará nova proposta. Na doação, ao contrário, o encerramento do prazo presume a aceitação, consumando o contrato. Tal consequência impele a que o prazo seja adequado à natureza ou complexidade do objeto e às circunstâncias em que se encontre o destinatário, que pode estar em viagem, com problemas que exigem atenção prioritária.

A ciência do prazo ao donatário é ônus do doador. Dá-se pelo conhecimento efetivo da oferta, que deve chegar ao destinatário, utilizando-se os meios necessários, sejam eles escritos ou verbais. O prazo para aceitação começa a correr a partir do recebimento da oferta de doação. Não basta o envio da coisa, se for móvel, ou do documento representativo. O donatário precisa saber que os recebe com *animus donandi* e que deve manifestar sua aceitação dentro no prazo. Em contrapartida, tem o donatário de alegar e provar que aceitou expressa ou tacitamente, sempre que houver dúvidas.

Se o donatário comprovadamente cientificado, máxime quando já tiver recebido o objeto doado, não declarar que aceita a doação, seu silêncio será tido como manifestação positiva. A presunção de aceitação é *juris tantum*, admitindo prova em contrário, a ser feita pelo donatário. Nesta hipótese, o ônus da prova de ter rejeitado a doação é seu.

A presunção de aceitação atende à necessidade de segurança jurídica, inclusive em face de terceiros. Transcorrido o prazo, a titularidade do objeto entregue transmite-se automaticamente para o donatário que dele pode dispor. Terceiros credores do donatário poderão penhorar ou sequestrar a coisa, posto que integrada ao patrimônio daquele.

A presunção de aceitação não prevalece quando a doação for sujeita a encargo. Nesta hipótese, a aceitação necessita de declaração expressa, uma vez que envolve ônus que recairá sobre o donatário. Entre particulares, não se pode impor a outrem ônus que não seja consentido, ainda que não signifique contraprestação, porque o encargo não exclui a liberalidade e a natureza essencialmente gratuita da doação. Do mesmo modo que ninguém é obrigado a aceitar doação, não pode haver encargo a ela imposta sem aceitação conscientemente assumida. O encargo integra o contrato e seu cumprimento pode ser exigido como qualquer obrigação. Não há óbice para que o encargo seja em benefício do próprio doador. Contudo, frequentemente revela expansão do espírito de liberalidade, envolvendo o donatário na realização de benefício a outrem.

Quando o donatário for o nascituro, a aceitação será feita por seus representantes legais, ou seja, genitores, se casados ou companheiros de união estável, ou apenas pela mãe, nas demais hipóteses. Considera-se, também, representante legal o curador do nascituro quando o pai falecer e a mãe não detiver o poder familiar (CC, art. 1.779). O direito moderno consente na doação em favor do nascituro, considerando o fato da futura procriação e a probabilidade de nascimento com vida, mais que o estado jurídico de filho ou o de pessoa. A validade da doação ao nascituro depende da existência real da concepção. Se a doação foi realizada na suposição de já ter havido concepção, que apenas se verificou mais tarde, é nula por ser impossível o seu objeto (CC, art. 166, II). Se o nascituro nascer com vida, convertendo-se em pessoa, o contrato consumará seus integrais efeitos. Se nascer morto, o direito expectativo e o contrato de doação se extinguirão.

Consequentemente, o nascituro é titular de direito expectativo à doação, que dependerá do fato nascimento para se consolidar como donatário definitivo. A aceitação do representante legal do nascituro não torna o contrato de doação definitivamente válido. A validade ("a doação feita ao nascituro valerá", na dicção legal) deve ser entendida nos limites do direito expectativo, vale dizer, condicionada ao nascimento com vida. O representante legal do nascituro aceita, em nome deste, para que o objeto da doação se inclua entre os direitos que deverão ser postos a salvo, na expectativa de seu nascimento com vida.

Enquanto perdurar o estado de nascituro, são produzidos os efeitos jurídicos da doação, antecipados em relação ao momento da definitividade do negócio, assinalado com o nascimento com vida. Entre eles o mais importante é a irrevogabilidade da oferta de doação depois de aceita, até porque não são imputáveis ao nascituro as hipóteses de revogação por ingratidão, previstas no CC, art. 557. O nascimento com vida constitui o elemento complementar do suporte fático da doação definitiva, mas os elementos anteriormente realizados não são renovados ou revalidados, tendo produzido efeitos próprios. O nascimento resolve o estado de incerteza e a doação produz todos os efeitos, complementando os anteriores, sem necessidade de recurso à retroatividade. A peculiar situação do nascituro (sujeito de direitos expectativos, que ainda não existe como pessoa) repõe a questão do conflito de interesses entre doador e donatário, em virtude do caráter bilateral da atribuição patrimonial, isto é, como contrato. O legislador resolveu a questão confiando a outro sujeito o exame, ou seja, ao representante legal, que poderá aceitar a doação em nome do nascituro, presumindo-se que sempre aja no interesse deste.

O CC/2002, art. 543, mudou radicalmente a orientação que perdurou no Código anterior em relação aos absolutamente incapazes (depois do Estatuto da Pessoa com Deficiência, apenas os menores de 16 anos). Em vez de atribuir aos incapazes poder, que não tinham, de aceitação, dispensou-a. Há conduta negocial típica, valorizada nas relações sociais, de doação a incapazes, em seu benefício, bastando a liberalidade da atribuição patrimonial. A sociedade atribui a tal ato os efeitos de doação. Se o direito brasileiro considera contrato a doação, então assim deve ser, dispensando-se a aceitação, como o Código estabelece, com razão.

A dispensa da manifestação de vontade de aceitar não é apenas do absolutamente incapaz, mas, sobretudo, do representante legal (pais ou tutor). Como regra geral, o incapaz atua por seu representante legal, cuja manifestação é recebida como se dele fosse. Na doação pura, contudo, não pode aceitá-la ou rejeitá-la. O representante legal pode demonstrar em juízo que a doação é inconveniente ou desvantajosa para o incapaz. Nesta hipótese, convencendo-se, o juiz decidirá pela ineficácia da doação em face do incapaz. Por suas circunstâncias, no benefício exclusivo do donatário incapaz, justamente por não se exigir dele qualquer manifestação de vontade, apenas é admitida a doação pura, sem qualquer modo ou encargo. O encargo, em virtude de gerar obrigação para o donatário, dependeria de sua aceitação expressa, mediante seu representante legal. Este é o alcance que se deve atribuir ao CC, art. 1.748, II, para harmonizá-lo com o art. 543: a exigência de aceitação apenas diz respeito à doação sob modo ou encargo.

Quando se perfaz a doação a incapaz? Quando houver a tradição do objeto para o incapaz, ou a escritura pública seguida de registro, quando se tratar de bem imóvel. Na escritura pública, deverá o tabelião consignar o fato sem exigir que o representante legal a outorgue. Se o doador vai ao notário, e perante ele e demais comparecentes (CC, art. 215) declara doar determinado bem imóvel a uma pessoa absolutamente incapaz, não pode o oficial recusar a lavrar a escritura pública.

13.4. Promessa de Doação

O Código Civil não trata da promessa de doação, mas não há óbice legal a que possa ser feita. A promessa de doação é o contrato preliminar que tem por objeto a conclusão de contrato definitivo de doação, que se perfará com a tradição do bem. No Brasil é muito comum nas separações judiciais e divórcios, quando os cônjuges não se entendem na partilha de bens e mutuamente se comprometem a doá-los a filhos, com ou sem reserva de usufruto. Os bens particulares do cônjuge podem ser prometidos em doação ao outro.

A promessa de doação não se confunde com a doação consensual. Esta já é o contrato definitivo, mas os bens doados serão transferidos em subvenções periódicas. Em comum, nos dois contratos, o caráter obrigacional; o primeiro tem por escopo obrigação de fazer e o segundo, obrigação de dar.

Esclarece Karl Larenz que a promessa de doação é um contrato obrigacional, unilateralmente vinculante. A doação estaria nessa hipótese já na origem do crédito, como atribuição de um direito; essa atribuição vincularia o patrimônio do promitente, enquanto criaria uma obrigação a ser cumprida com esse patrimônio. "A prestação do objeto prometido não é uma 'doação' renovada, mas o cumprimento de uma obrigação" (1959, v. 2, p. 179).

Aplicam-se à promessa de doação as regras do contrato preliminar (CC, arts. 462 a 466), com as devidas adaptações: deve conter todos os requisitos essenciais ao contrato de doação; se não houver cláusula de arrependimento, o promitente donatário poderá exigir a celebração do contrato definitivo, assinando prazo para que o promitente doador o efetive; se o promitente doador não adimplir sua obrigação, poderá o juiz conferir ao contrato preliminar o caráter de definitivo, determinando a entrega dos bens; se a tradição se tornar inexequível, poderá o promitente donatário pedir perdas e danos.

Os tribunais brasileiros divergem quanto à obrigatoriedade da promessa de doação, com tendência à admissibilidade quando inserida em separações de casais ou em divórcio amigáveis, em benefício dos filhos, como decidiu o STJ (REsp 125.859), podendo ser exigível em ação cominatória, após a homologação por sentença. No mesmo sentido, decidiu o STF que promessa de doação aos filhos do casal, inserida em acordo de separação judicial, já ratificada, não pode ser unilateralmente retratada por um dos cônjuges. Entendemos que a promessa de doação é exigível pelos donatários, não apenas por resultar de transações consentidas ou por tratar de interesses de menores, mas porque, segundo o CC/2002, o contrato preliminar deve conter os requisitos essenciais do contrato definitivo. Há sempre, em qualquer promessa de doação, o requisito essencial da liberalidade, pouco importando os motivos que levaram os cônjuges a tal, porque ela é determinante da caracterização do contrato definitivo.

Se não fosse pelas razões já elencadas, que dizem com a natureza do contrato de doação, a revogabilidade da promessa de doação pura, fora das hipóteses de ingratidão, seria violadora do princípio da boa-fé, que rege todos os contratos, inclusive os contratos preliminares, notadamente por se agir contra ato próprio ou em comportamento contraditório.

Pontes de Miranda (1972, v. 46, p. 242) esclarece que, no direito brasileiro, a promessa de doar só exige a forma escrita; não a escritura pública. O que caracteriza a promessa de doar é a ausência de imediata tradição. Se o bem é móvel e de pequeno valor, nada impede que seja objeto de promessa de doação, com dispensa de forma escrita. Não seria lógico que o doador pudesse doar a joia e não pudesse prometer a doação, porque ela não está com ele no momento da manifestação de vontade.

13.5. Doações Meritórias, Remuneratórias ou com Encargo

Além da doação pura, onde a liberalidade é integral sem qualquer restrição, o Código Civil prevê três outros tipos, nos quais a liberalidade é contida: a) a doação meritória; b) a doação remuneratória; c) a doação com encargo (ou modal).

As duas primeiras decorrem de motivos determinados, não exprimindo liberalidade pura ou integral. Os motivos são relevantes para sua classificação, porém a atribuição patrimonial se dá ao donatário sem restrições, ônus ou encargos. A terceira identifica-se não pelo motivo, mas pela restrição imposta ao donatário, como dever anexo a ser cumprido após a tradição.

São doações "impuras", mas cuja relevância o direito contempla e tutela, pois não perdem sua natureza de doação. "São doações 'ainda' assim, mas não apresentam apenas espontaneidade (espírito de liberalidade), segundo a norma geral da doação pura; são motivadas por razões que nem sempre podem ser valoradas em termos econômicos" (Palazzo, 2000, p. 61).

Os três tipos constituem *numerus clausus*, não se admitindo que as partes possam criar outros, sob fundamento da autonomia da vontade ou da liberdade contratual. Qualquer outro é ilícito, tendo por consequência a invalidade. A razão da restrição, seja pela tipicidade fechada, seja pela invalidade de outros tipos, reside na essência da liberalidade e do ânimo de doar, como ato de altruísmo e desinteresse, que apenas excepcionalmente podem estar associados a outras motivações.

Nos tipos admitidos o direito confirma o prevalecimento da *causa donandi*. A entrega do objeto, a despeito dos motivos relevantes ou irrelevantes, tem por causa a atribuição patrimonial sem contraprestação, com espírito de liberalidade, e por isso é inconfundível com venda, com a troca, com o empréstimo.

A doação meritória, ou "feita em contemplação de merecimento", traz à tona o motivo da doação, que é reconhecer e premiar atos ou realizações do donatário, considerados relevantes pelo doador, ou mesmo em virtude de apreço especial. Em suma, é feita em reconhecimento ou em consideração dos méritos do donatário. Esse tipo de doação não tem como pressuposto a recompensa de um favor ou de um serviço recebido. Pode ser a conclusão de curso universitário, a vitória nos esportes, o trabalho caritativo ou solidário, a classificação em concurso público. Exemplo frisante é de doação feita a uma pessoa famosa por ter adquirido mérito no campo cultural ou científico, considerado indiscutível na comunidade nacional ou internacional, por ter relevante serviço prestado à promoção da paz ou por descoberta científica de valor universal. A relevância do motivo não retira o caráter de liberalidade.

A doação remuneratória conjuga liberalidade e remuneração por serviços prestados pelo donatário ao doador. Tem o propósito de recompensar serviços gratuitos recebidos. A razão prática do recurso à doação remuneratória é a de tornar indiscutível no tempo a atribuição patrimonial fundada na gratidão. A doação remuneratória não se confunde com adimplemento de obrigação nem com dação em pagamento, que é a substituição da coisa devida por outra. O pagamento ou adimplemento de obrigação é incompatível com a *causa donandi*; em outras palavras, se há negócio jurídico, não se pode solver a obrigação mediante doação.

Na doação remuneratória, não há dever jurídico exigível pelo donatário, mas o doador sente-se no dever moral de remunerá-lo em virtude da prestação de algum serviço que aquele lhe prestou e, por alguma razão pessoal, renunciou à remuneração. Como disse Pontes de Miranda, "na doação remuneratória, o doador não deve ao donatário. Remunera sem dever", sem reciprocidade de prestação, porque o que se remunera já foi prestado (1972, v. 66, p. 201). Enquadrar-se-ia no conceito amplo de obrigação natural, residente na consciência individual do doador, que o direito reconhece e tutela. Na situação regular de obrigação natural, o devedor paga e não pode repetir.

Na doação remuneratória, o credor não deseja receber pagamento; admite, todavia, receber doação, que não tem essa natureza. Por exemplo, o advogado que presta gratuitamente seus serviços profissionais a um amigo e, em virtude dos laços de amizade, constrange-se em receber qualquer pagamento; há doação remuneratória no presente valioso ou estimativo que o amigo lhe faz. Não há nem pode haver contraprestação no ato de doar com ânimo remuneratório. Com a tradição do objeto, dissolve-se a motivação e os efeitos da doação são assemelhados ao da doação pura. Pelas razões expostas, o termo "remuneratória" não é apropriado, pois vincula-se ao motivo e não à causa do contrato. Contudo, o uso linguístico a consagrou, como metonímia.

A doação remuneratória, por suas especificidades, não pode ser revogada por ingratidão (CC, art. 564, I), porque o donatário recebeu um benefício pelo trabalho que realizou, nem está sujeita à colação (Nevares, 2021, p. 39).

A doação com encargo é a única modalidade que impõe dever jurídico anexo ou acessório ao donatário, após a tradição do objeto. O encargo, de certa maneira, condiciona a doação, pois o seu descumprimento pode levar à revogação. O encargo não torna oneroso o contrato de doação, até porque pode ser sem valor econômico ou até mesmo em proveito do donatário (exemplo: doa-se para que possa realizar tratamento de saúde).

A doação com encargo também se distingue da doação remuneratória em razão do tempo, que as motiva. A primeira dirige-se a fatos futuros que hão de ser realizados e a segunda deriva de fatos pretéritos já realizados. Os dois tipos podem estar conjugados no mesmo instrumento de doação, sendo remuneratória para os serviços já realizados e com encargo se tiver previsto que o donatário deveria continuar a prestá-los no futuro ao doador. O descumprimento do encargo apenas poderia ensejar revogação da parte correspondente ou de toda a doação se o encargo for prevalecente.

O valor do encargo não pode ser superior ao do objeto doado, pois cortaria o caráter de liberalidade da doação. Entendemos que, para se configurar o con-

— 275 —

trato, a liberalidade deve consistir no valor prevalecente, no confronto entre o objeto doado e o encargo imposto. Se o encargo for impossível, física ou juridicamente será considerado inexistente, e se tiver objeto ilícito, a obrigação resultante será inválida. Em ambas as hipóteses, estará desobrigado o donatário, uma vez que a doação será tida como pura.

O STF (RE 99.396) entendeu que o encargo pode ser perene, vinculando sempre o donatário. Tratava-se de entidade que recebeu em doação imóvel destinado ao ensino, em caráter de perenidade e consequente limitação de disponibilidade. Todavia, quando se tratar de pessoa física, não poderá ultrapassar o tempo de vida do donatário ou alcançar seus herdeiros, salvo se tiver assim explicitado.

O donatário, ao aceitar a doação com encargo, assume o dever e a obrigação de cumpri-lo, por força de lei. Não pode aceitar com reserva ou modificação. Desde o momento em que se conclui a doação, pode o doador exigir o cumprimento do encargo. O encargo reduz o valor da doação, mas não se converte em contraprestação. São titulares do direito, da pretensão e da ação o doador ou terceiro, que sejam destinatários ou beneficiários do encargo. O próprio donatário pode ser o destinatário do encargo, como no exemplo da doação com o ônus de se graduar em curso universitário dentro de tantos anos. Nesta hipótese, não coincide a titularidade do direito e da pretensão ao cumprimento do encargo com o beneficiário dele, que figura como devedor e obrigado.

Se o encargo for de interesse geral ou coletivo, o Ministério Público pode exigir sua execução, após a morte do doador. Nesta hipótese, não há titular determinado, não há sujeito de direito que possa exercê-lo, mas legitimados ativos para exigi-los, judicialmente, como representantes processuais adequados. Por exemplo, o doador doa um imóvel a uma instituição religiosa para que ela abrigue as pessoas idosas carentes de determinada comunidade. O interesse é geral e difuso, pois toda a comunidade é beneficiada e não determinadas pessoas.

A pretensão para exigência da execução do encargo sujeita-se ao prazo geral de prescrição, de dez anos, por força do art. 205 do CC. Não deve ser confundido esse prazo, de natureza prescricional, com o prazo decadencial do art. 559, aplicável às hipóteses de revogação da doação, inclusive por inexecução do encargo.

13.6. Formalidade da Doação

O contrato de doação é formal, seja qual for o objeto, com exceção dos bens móveis de pequeno valor. A formalidade do contrato deriva da intenção manifestada pelos legisladores, em várias épocas, em dificultar ou inibir a utilização indevida do instituto. A formalidade contribuiria para dissuasão dos impulsos e temeridades. Independentemente das razões históricas, a formalidade contratual, seja por escritura pública, seja por instrumento particular, resulta na prática, em permitir maior reflexão a quem deseja doar, em virtude do tempo que demanda para sua lavratura, impedindo que a doação possa se dar por impulso instantâneo, tornando mais consciente o ânimo de doar.

A formalização documental, notadamente com registro público do título aquisitivo, melhor assegura a publicidade e a proteção dos interesses de terceiros, quanto à possível fraude contra credores ou violação da legítima dos herdeiros necessários. A escritura pública é exigível nas hipóteses expressamente previstas em lei. O art. 108 do CC/2002 exige-a para substância do contrato translativo ou constitutivo de direito real sobre imóvel, no qual se inclui a doação, quando seu valor estimado for superior a trinta vezes o maior salário mínimo vigente no país.

Até trinta vezes o maior salário mínimo, a escritura pública para o contrato de doação é facultativa, com natureza apenas *ad probationem* (para efeito de prova) e não *ad substantiam* (forma essencial à validade do ato). O instrumento particular será obrigatoriamente observado na doação dos bens imóveis até esse valor. Portanto, e salvo as doações de bens móveis de pequeno valor, a forma escrita é elemento do suporte fático para ingresso da doação, no plano da existência jurídica, como fato jurídico, ao lado da liberalidade, da atribuição patrimonial e da tradição.

O instrumento particular deve ser feito ou apenas assinado pelas partes, doador e donatário. Não mais é exigível a subscrição por duas testemunhas (CC, art. 221). O registro público do instrumento particular é necessário para os bens imóveis, porque a tradição iniciada no contrato real de doação é ato complexo que se integra e se completa com o registro. Para a doação de bens móveis o registro não é necessário, pois a tradição física é suficiente para fins de transmissão da titularidade, mas dependem dele os efeitos em relação a terceiros. Ao contrário da escritura pública, o instrumento particular de doação não necessita da forma especial nem do conteúdo mínimo fixado para aquela, bastando que as partes e o objeto da doação sejam identificáveis.

Os costumes de várias regiões do Brasil consagraram a doação informal de bens móveis de qualquer valor, pela simples tradição da coisa ou da promessa de doação, bastando a comunicação feita no grupo familiar. O costume é claramente *contra legem*, mas os parentes respeitam, na maioria dos casos, a intenção manifestada verbalmente, sem questionarem a ausência do instrumento escrito. Em virtude de a forma escrita ser *ad substantiam*, a nulidade dessa doação poderá ser suscitada a qualquer tempo e declarada de ofício pelo juiz (CC, art. 166, IV), salvo se for flagrantemente contrária à boa-fé, em razão do comportamento contraditório.

A doação simplesmente verbal é válida para os bens móveis, direitos e vantagens de pequeno valor. Para que possa produzir seus efeitos a liberalidade deve ser seguida, imediatamente, da entrega da coisa ao donatário. Não diz o Código

Civil qual o limite máximo do pequeno valor. A doutrina sempre entendeu tratar-se de conceito indeterminado, cujo conteúdo seria preenchido diante de cada caso concreto, devendo ser considerado o padrão de riqueza das partes e, especialmente, do doador. Interpretando o parágrafo único do CC, art. 541, o Enunciado 622 das Jornadas de Direito Civil (CJF/STJ) entende que, para análise do que seja bem de pequeno valor, "deve-se levar em conta o patrimônio do doador", valendo-se de uma regra de proporcionalidade.

Não se prova a doação verbal se ela não for seguida imediatamente da tradição. Assim, não tem qualquer valor a declaração ou confissão feita pelo testador que a fez em benefício de alguém, se não houve a tradição simultaneamente ao *animus donandi*. Também é destituída de qualquer valor a alegação do donatário, se não puder provar a doação, com a tradição, mediante testemunhas. Os contratos verbais de doação não produzem efeitos, porque não se concluíram, tendo em vista a indispensabilidade da tradição, pouco importando a modicidade.

Na doação verbal de valor módico a aceitação é implícita no recebimento, sem rejeição, da coisa doada, e não consiste em ato formal, que contrariaria a disciplina legal específica e de informalidade a que está sujeita. Segundo o senso comum, a retenção do bem é incompatível com a vontade de não aceitar.

A doação de bilhete de loteria é considerada de pequeno valor, porque não há redução do patrimônio do doador, no valor do possível prêmio, exceto no que despendeu para seu pagamento, e por se tratar simplesmente de uma *chance* ou probabilidade.

Quando as partes forem capazes, a escritura pública ou o instrumento particular devem conter a aceitação expressa do donatário. Para as doações aos que não podem aceitar (absolutamente incapazes, não concebidos, nascituros e entidades ainda não constituídas), a aceitação é desnecessária para o ato.

13.7. Doação como Adiantamento de Legítima de Herança Futura

Qualquer doação feita por ascendente a descendente é considerada legalmente adiantamento da parte que caberia ao segundo, quando da morte do primeiro. O descendente é sempre herdeiro necessário de seu ascendente imediato, ou, na falta deste, de seu antecessor (ex.: filho que herda do pai, ou, na falta deste, de seu avô). Considera-se parte legítima o equivalente a 50% do patrimônio sucessível de cada pessoa.

Não se trata de invalidade ou impedimento, pois essas doações podem ser feitas, mas o legislador as inibe, na medida em que obriga os donatários à colação,

— 278 —

reduzindo-se proporcionalmente o que lhes caberão como herança quando da abertura da sucessão do doador. Estabelece o CPC, art. 640, § 1º, que é lícito ao donatário escolher, dentre os bens doados, se mais de um for, tantos quantos bastem para perfazer a legítima e a metade disponível, de modo a evitar a redução.

Observe-se que o patrimônio líquido do doador, para fins de apuração do excesso ou do dever de colação, esta na abertura da sucessão, é sobre aquele que ele seja titular exclusivo, dependendo do regime matrimonial de bens adotado. Assim, no regime legal de comunhão parcial, o patrimônio do doador é composto de metade dos bens adquiridos durante a convivência conjugal e dos bens particulares, ou seja, os bens adquiridos antes do casamento e, após este, os adquiridos sem comunhão.

O doador, ascendente ou cônjuge, pode dispensar o donatário da colação (CC, art. 2.006). Basta inserir declaração expressa no contrato de doação, seja dispensando o donatário da colação, seja afirmando que o objeto doado não importará adiantamento do que lhe caberá por herança.

A referência a descendentes deve ser entendida como relativa à ordem da vocação hereditária, da sucessão legítima. Se o avô doa um bem a um neto, esta doação não importa adiantamento da chamada legítima, quando apenas concorrerem os descendentes de grau superior ao do donatário, ou seja, os filhos do doador, inclusive o pai do donatário. O neto apenas estará alcançado pela incidência da norma sob comento se suceder por estirpe, no lugar do pai. Nada caberá ao neto, como herança, se seu pai sobreviver ao avô, ficando dispensado de colação.

Os efeitos de adiantamento da legítima são exclusivamente decorrentes de doação de ascendentes para descendentes. Os ascendentes são também herdeiros necessários dos descendentes, mas as doações destes para aqueles não estão alcançadas pela restrição legal.

Inclui-se na incidência do adiantamento da legítima a doação entre cônjuges. A doação, nessa hipótese, depende do regime matrimonial de bens, para que sejam identificáveis os bens particulares ou fora da comunhão, que podem ser individualmente disponíveis. De acordo com cada regime de bens, podem ser doados por um cônjuge ao outro:

a) no regime de bens de separação absoluta, legal ou convencional, todos, pois não contempla bens comuns. A jurisprudência dos tribunais brasileiros tem admitido que no regime de separação legal ou obrigatória os bens adquiridos com esforço comum dos cônjuges, na constância do casamento, devem ser partilhados, quando da separação; o que supõe que entram em comunhão específica e impede a doação desses bens ao outro cônjuge;

— 279 —

b) no regime legal da comunhão parcial, aplicável sempre que não houver pacto antenupcial, podem ser doados pelo cônjuge ao outro os bens particulares, ou seja, os que cada cônjuge já era titular até à data do casamento, os que foram adquiridos com a venda destes depois do casamento, os recebidos por doação ou sucessão hereditária, os de uso pessoal, tais como livros e instrumentos de profissão adquiridos antes ou durante o casamento, os salários, proventos ou pensões;

c) no regime de comunhão universal, os recebidos em doação ou sucessão hereditária gravados com cláusula de incomunicabilidade e os gravados de fideicomisso antes de realizada a condição suspensiva;

d) no regime de participação final nos aquestos, os bens próprios de cada cônjuge, adquiridos antes ou durante a constância do casamento, exceto os que sejam considerados aquestos, isto é, os adquiridos onerosamente durante o casamento com a participação de ambos os cônjuges.

Apenas considera-se adiantamento da legítima se o cônjuge estiver na ordem da vocação hereditária, quando da abertura da sucessão, isto é, se não houver descendentes ou ascendentes do outro cônjuge. Todavia, considerar-se-á adiantamento quando houver descendentes, pois concorre com estes, relativamente aos bens particulares do outro cônjuge. Também há adiantamento, na hipótese de concorrer em igualdade de condições com os ascendentes.

A doação não precisa obedecer à ordem de vocação hereditária estabelecida pelo art. 1.829 do CC, devendo apenas ser respeitada a quota-parte da legítima dos demais herdeiros necessários.

As doações remuneratórias de serviços feitos ao descendente não importam adiantamento de legítima. Assim também os gastos na educação, vestuário, sustento do descendente menor, as despesas com casamento do descendente e as feitas no interesse de sua defesa criminal (CC, art. 2.010).

Há consenso doutrinário de que nas escrituras de doação não é necessário justificar a imposição de cláusulas restritivas sobre a legítima. A necessidade de indicação de justa causa (CC, art. 1.848) limita-se ao testamento, não se estendendo às doações.

13.8. Doações Especiais: Subvenções Periódicas, Casamento Futuro, Prole Eventual (Concepturo)

A doação em subvenções periódicas é a única exceção expressa à natureza real da doação, na legislação brasileira, extinguindo-se quando morre o doador ou o donatário. É contrato consensual, não exigindo para sua perfeição a tradição do objeto. Ao contrário, em vez de entregar o objeto ao donatário, o doador contrai obrigação de entregá-lo periodicamente, em parcelas. A periodicidade é definida pelo doador. Pode ser mensal, anual, plurianual. É comum aceitar solicitação feita por entidades sem fins lucrativos, dentro das opções indicadas e nos valores sugeridos. O donativo ou a subvenção não necessita de ser em dinheiro. Podem ser utilizados quaisquer meios de pagamento, como autorizações de débito em conta corrente ou em cartões de crédito.

Não é qualquer objeto que pode ser destinado a esse tipo de doação. A lei exige a forma de subvenção, entendida como donativo, subsídio, ajuda ou auxílio pecuniários, com intuito de liberalidade. Não se confunde com paga ou remuneração. Frequentemente tem por objeto ajudar o donatário, pessoa física ou instituição, a realizar seus objetivos. A contribuição periódica que se dá a instituições ou a organizações não governamentais, ou a projetos e programas sem fins lucrativos, e sem obrigação típica de sócio ou associado, caracteriza o tipo. O termo subvenção é também atribuído à própria quantia ou soma em dinheiro que serve de objeto ao auxílio. Portanto, não se pode cogitar de subvenção na entrega periódica de bens móveis, semoventes, direitos reais ou imóveis. Nesses casos, cada entrega corresponde a uma doação distinta. É abrangente de alimentos, rendas, dividendos. Se no testamento o testador deixa a alguém subvenção periódica, não há doação, mas legado. A doação mediante subvenções é contrato, portanto ato entre vivos.

Em princípio pode o doador suspender o pagamento da subvenção, sempre que entender, porque a liberalidade é incompatível com a compulsoriedade. Todavia, considerando a natureza consensual desse tipo de doação, pode obrigar-se a manter a subvenção durante determinado tempo, para que o donatário não tenha comprometida a manutenção de seus objetivos. Em cada caso, deve ser verificado o grau de vinculabilidade da obrigação de subvencionar.

Se a subvenção não puder ser considerada módica ou de pequeno valor, deve ser objeto de contrato escrito, com aceitação do donatário. A aceitação será tácita quando o donatário se beneficiar da subvenção, a exemplo da obrigação contraída pelo doador com o estabelecimento de ensino, para o pagamento das mensalidades escolares. Nesta hipótese, há dois negócios jurídicos, um com o estabelecimento escolar e outro com o donatário (doação mediante subvenções).

Se houver contrato expressamente concluído com o donatário, o inadimplemento do doador resolve-se segundo as regras gerais de inexecução das obrigações, em virtude de se tratar de contrato consensual. Se a subvenção for referida

— 281 —

em termos genéricos, poderá o donatário interpelar judicialmente o doador para que seja fixado o valor de cada quota ou parcela.

A obrigação de doar, mediante subvenções, tem como limite temporal a vida do doador. Sua morte gera a extinção da obrigação, que não pode ser transmitida aos herdeiros e sucessores. Deve ser entendida, também, como o da extinção da pessoa jurídica doadora, quando se der o cancelamento de seu registro. Evidencia-se que a lei parte do conceito que a doação mediante subvenção tem uma função alimentar ou de ajuda, que somente o doador é o árbitro, não devendo ultrapassar o tempo de sua existência. Contudo, admite-se que o doador possa estipular, no contrato de doação, que a subvenção perdure para além de sua morte, vinculando os frutos do patrimônio que deixar e obrigando os herdeiros, dentro das forças da herança. O Código Civil introduziu outro limite temporal, na hipótese de o doador contrair obrigação para além de sua morte, principalmente em prazo indeterminado: o da morte do donatário.

A doação pode ter seus efeitos condicionados ao casamento da pessoa donatária com a pessoa doadora, não dependendo de aceitação. Esta é doação sob condição suspensiva, por determinação legal, que alcança não apenas o plano da eficácia, mas os planos da existência e da validade do contrato. A suspensão apenas dos efeitos seria possível se o doador tivesse prometido doar em contrato preliminar, que tem por objeto a realização do contrato definitivo, ou tivesse assumido obrigação de doar. Apenas nessas duas situações haveria contrato apenas consensual de doação. Se assim fosse, a lei teria previsto a necessidade de aceitação dos nubentes, que são os beneficiários imediatos ou mediatos da doação, e são pessoas determinadas. A dispensa da aceitação demonstra que se manteve a natureza real da doação, dependente da tradição. A doutrina tem justificado a dispensa da aceitação no caso de doação em contemplação de casamento futuro, como fruto de tradição do legislador de favorecer o matrimônio. O Código Civil também admite que terceiro possa doar para que o donatário se case com determinada pessoa. É inconstitucional e de conteúdo ético reprovável tal previsão legal, além de aparentar ser dote, cujo regime matrimonial foi excluído do novo Código Civil. A atual Constituição tutela a liberdade de instituição de entidade familiar (art. 226), sendo vedadas normas infraconstitucionais que a limitem ou induzam a limitação. Na parte em que permite que terceiro possa interferir, por ato de indução, na livre escolha do nubente, oferecendo-lhe vantagem para optar por determinada pessoa do agrado do doador, a norma legal viola a norma constitucional. Assim, entendemos que as doações feitas por terceiros "em contemplação de casamento futuro com certa e determinada pessoa" são inconstitucionais, estando assim vedadas.

Mas é perfeitamente cabível a doação de um nubente a outro, condiciona-da à realização do casamento, porque não se vislumbra atentado à liberdade de escolha. Supõe a anterioridade da situação de compromisso ao casamento, ou seja, a doação foi feita após o noivado. O casamento ou qualquer união familiar, na conformidade dos princípios constitucionais, tem por fito a comunhão de afetos, como lugar de realização da dignidade humana, não mais se admitindo que seja meio para aquisição de bens. Por essa razão, em boa hora, o Código Civil extinguiu o regime dotal. Será nula a doação com intuito de convencimen-to para o noivado e casamento, por se tratar de motivo determinante ilícito, comum a ambas as partes (CC, art. 166, III). A doação de um nubente para outro, condicionada ao casamento de ambos, é constitucional e eticamente sustentável. Se o casamento não se consumar, a doação não se terá aperfeiçoado, deixando de produzir efeitos jurídicos. Traduz ânimo de cautela, para as vicissi-tudes futuras. Havendo o casamento, salvo se no regime de comunhão universal, o objeto doado será de domínio particular do donatário. Ainda que dispensado da aceitação, o outro nubente pode rejeitar a doação, antes que ela se consume com o casamento. Por seu turno, a doação de um nubente a outro pode ser re-vogada, antes do casamento, ainda que não tenha sido aperfeiçoada, pelos mes-mos fundamentos da doação definitiva.

A doação aos filhos que os nubentes provavelmente tiverem um do outro, isto é, à prole futura, aos ainda não concebidos (concepturos), é doação a pessoa inexistente no momento da doação, de acordo com o art. 546 do CC. A dificul-dade de enquadramento jurídico é maior que a do nascituro, pois este, não sendo pessoa, já é sujeito de direito. Já o concepturo é um sujeito provável, *in fieri*. Outorga-se direito a quem ainda não é sujeito, a quem ainda não existe e pode não existir. A prole eventual é uma incógnita. Vários fatores, por exemplo, in-fertilidade, podem impedir a procriação.

Alguns problemas podem decorrer da doação a concepturos, não respon-didos pelo art. 546 do CC. Há limite de prazo para que se dê a concepção? Entendemos que, por exigência de segurança jurídica, o prazo há de ser limi-tado, aplicando-se por analogia o art. 1.800, § 4º, do CC, ou seja, de dois anos, findos os quais a doação perderá a eficácia jurídica. Pode a doação ser direcio-nada a futuros filhos socioafetivos? Concepturos são apenas os filhos biológi-cos, ou seja, os que ainda não foram concebidos, pois o fim social da norma é de permitir a progênie sanguínea, de acordo com a cultura dominante, não se aplicando a futuros filhos socioafetivos, salvo se o doador assim contemplá-los expressamente.

Na doação para prole eventual ou concepturos são duas as condições suspensivas, isto é, se o casamento se realizar e se os filhos nascerem com vida. Se o doador falecer, antes do nascimento dos filhos dos que figuraram como nubentes na data da doação, os herdeiros daquele não poderão dispor dos bens, cuja tradição deverão realizar quando o nascimento se der. O art. 546 do CC alude a nubentes, isto é, noivos, aos ainda não casados. Por analogia, considerando que a Constituição considera com a mesma dignidade de entidade familiar a união estável, a norma também é aplicável aos que ainda não a constituíram. A doação a concepturo também é válida se o casal já tiver filhos, ainda que não tenha havido casamento ou união estável, pois a norma não exige a comprovação de inexistência de filhos.

A doação a concepturo é insuscetível de revogação, por impossibilidade lógica de ocorrer ingratidão. A ingratidão dos futuros pais não legitima o pedido de revogação. Se a coisa foi entregue pelo doador ao nubente, antes do casamento ou da constituição da união estável, não terá se aperfeiçoado a doação, não tendo a entrega efeito de tradição, pois a condição suspensiva ainda não ocorreu. Frustrando-se o casamento ou a união estável, o nubente ou nubentes deverão devolver a coisa, com os efeitos de possuidor de boa-fé. Do mesmo modo, se a prole futura se inviabilizar.

13.9. Cláusula de Reversão da Doação

A cláusula de reversão tem por objetivo limitar os efeitos da doação exclusivamente ao donatário, em virtude de sua premoriência, estipulando que se o doador sobreviver ao donatário, o bem doado voltará ao doador. É cláusula especial que pode ser estipulada pelo doador em qualquer tipo de contrato de doação: pura, remuneratória, com encargo, meritória, a nascituro, a descendentes, a cônjuge, ao não concebido. A cláusula torna a liberalidade personalíssima, *intuitu personae*, como ato exclusivo de vontade do doador. Não deseja o doador, por razões pessoais, que o objeto da doação possa ser transferido a herdeiros ou sucessores do donatário. Na realidade, institui a si mesmo como sucessor do donatário, no bem doado.

A cláusula subordina o contrato de doação a condição resolutiva, que deve estar expressa na escritura pública ou no instrumento particular de doação. Resolver-se-á o contrato se ocorrer o seguinte evento futuro e incerto: morte superveniente do donatário e sobrevivência do doador. Se o doador morrer antes do donatário, a cláusula nunca produzirá seus efeitos. A cláusula de reversão pode estar contida em contrato de doação cujo beneficiário seja pessoa jurídica. A referência à morte do donatário deve ser entendida como extinção da pessoa jurídica.

Os fatos morte do donatário e sobrevivência do doador são suficientes para operar automaticamente a reversão. O doador readquire a titularidade sobre o bem, independentemente de qualquer ato seu ou interpelação. Em se tratando de imóvel, bastará o cancelamento do registro contra apresentação da certidão de óbito. O doador tem pretensão e ação contra quem esteja na posse do bem doado, objeto da reversão. A pretensão do doador para reivindicação prescreve em dez anos, isto é, no prazo geral fixado no CC, art. 205. Mas, se o donatário tiver alienado o bem a terceiro, que o adquiriu em boa-fé, a cláusula não produzirá efeitos, pelo desaparecimento de seu objeto. Provando que o produto da alienação onerosa foi convertido em outro bem, neste estará sub-rogada a reversão.

A reversão não poderá ser feita se o objeto doado não mais existir no patrimônio do donatário, no momento de sua morte. O objeto pode ter sido destruído ou alienado. Essa circunstância configura elemento indeclinável do suporte fático de sua incidência, em razão da natureza das coisas e de não poder atingir a órbita jurídica de terceiros de boa-fé.

Não pode haver cláusula de reversão em favor de terceiro; apenas em favor do doador. A restrição reforça a natureza *intuitu personae* da cláusula, proibindo-se a doação sucessiva. O impedimento da reversão em favor de terceiro não prejudica a substituição fideicomissária, se o doador a instituir em testamento; neste caso, na qualidade de testador e não de doador. Estabelecem os arts. 1.951 e 1.952 do CC que pode o testador instituir herdeiros ou legatários, estipulando que, por ocasião da morte daquele, a herança ou o legado se transmita ao fiduciário, resolvendo-se o direito deste, por sua morte ou sob certa condição, em favor de fideicomissários que não estejam concebidos ao tempo da morte do testador.

13.10. Doações Proibidas

(1) É proibida a doação universal, ou seja, de todos os bens ou rendimentos do doador.

A proibição tem natureza cogente, não podendo ser derrogada por vontade das partes. Para o direito, o desapego total dos bens da vida não pode ser admitido. No direito brasileiro, tem origem nas Ordenações Filipinas, Livro IV, Título LXX, § 3º. Nas relações sociais, a ausência do mínimo para manter-se, por decisão pessoal em desfazer-se o doador totalmente do que tem, termina por repercutir nos demais membros da sociedade, que se incumbirão de provê-lo do essencial para a subsistência, como os parentes, além do Estado, das organizações não governamentais, dos grupos religiosos. Podem ser doadas quase todas as coisas, mas não todas. Todavia, desde que o doador tenha renda suficiente para subsistir, podem ser doadas todas as coisas.

Sob a perspectiva jurídico-constitucional entende-se que a regra proibitiva é contemporânea, funda-se em valores relevantes de tutela da pessoa humana, mais do que proteger os interesses patrimoniais, e, sobretudo, consulta o princípio da dignidade da pessoa humana. Diz Luiz Edson Fachin, com razão, que esse instituto é informado pelo princípio da "proteção da pessoa, e, hoje, à luz da Constituição de 1988, dir-se-ia princípio da dignidade do ser humano" (2001, p. 110).

O requisito de subsistência estará satisfeito, para a lei, se ocorrer uma das seguintes hipóteses: a) reserva de parte do patrimônio, cuja renda seja suficiente ou que possa ser transformada em renda pecuniária, mediante sua alienação onerosa; b) renda suficiente de outras fontes, como salários, proventos, pensões, direitos autorais, aplicações financeiras; c) a associação das duas anteriores fontes de renda. A lei não se refere exclusivamente a rendas provenientes do patrimônio do devedor, mas quaisquer outras que ele aufira.

A reserva de parte do patrimônio não necessita de ser de titularidade de domínio ou de posse sobre coisas. O direito de propriedade pode ser integralmente doado, considerando-se atendida a exigência legal se a reserva de parte se fizer pela instituição de direito real limitado, particularmente do usufruto. O usufruto é direito real limitado cujo escopo é, precisamente, a proteção da pessoa do usufrutuário, que exerce o direito de usar, administrar, ceder ou alugar a coisa, sem restrições.

Não é fácil definir o que se entenda, caso a caso, como subsistência do doador. Deve ser levada em conta a situação pessoal de fortuna, as condições de saúde, a comunidade onde vive, seus hábitos, enfim, seu padrão de vida em relação à média das pessoas que estejam em circunstâncias equivalentes. Tem-se de considerar que os mais pobres, que vivem na linha de sobrevivência, são mais fortemente afetados quando se desfazem do que têm. Todavia, para estes, não se pode elevar o nível de exigência, o que levaria ao quase total impedimento de doar, o que não é razoável nem consulta o princípio da dignidade humana, que é o bem máximo de todos.

A consequência jurídica da doação universal é a nulidade. O pressuposto da nulidade é não ficar o doador com meios necessários ou suficientes para subsistência. A nulidade não atinge todos os contratos de doação, mas aqueles que tenham ultrapassado a linha da subsistência do doador, verificável em cada caso. A nulidade alcança os mais recentes, decrescendo para os mais remotos.

(2) A chamada doação inoficiosa é também proibida. Ninguém pode dispor, mediante doação, de mais da metade de seu patrimônio, se houver herdeiros necessários. Esse é o limite proporcional adotado pelo direito brasileiro, configurado na chamada parte disponível, ou seja, a parte que o doador pode livremente doar a parentes ou a terceiros. A outra metade, indisponível, constitui a legítima dos futuros herdeiros necessários (descendentes, os ascendentes e o cônjuge), se houver. A existência de um único herdeiro necessário, no momento da sucessão, será suficiente para limitar a liberalidade do doador. Evidentemente, se não mais houver herdeiros necessários, a doação será irrestrita. A lei não estabelece a nulidade de toda a herança, mas do que exceder da parte disponível. É proibição do excesso. O valor de cada doação será considerado quando foram feitas.

A soma dos valores da doação não poderá ultrapassar a metade do patrimônio. Se ocorrer, terá de ser calculado o excesso; este será pronunciado nulo, considerando a doação que por último for realizada. Se a coisa é indivisível, a nulidade alcançará todo o contrato de doação. Assim, se não houver dispensa da colação pelo doador, deverá haver redução do excesso (do que exceder de 50% do patrimônio líquido do doador), além da colação do que que foi doado nesse limite da parte disponível, uma vez que há incidências conjuntas dos arts. 544 e 549 do CC.

Não se levam em conta as doações que foram feitas ao tempo em que o doador não tinha herdeiros necessários; mas somam-se os valores das que se fizeram em todo o tempo em que o doador tinha herdeiros necessários. Se a doação foi remuneratória, até onde houve remuneração, não se computa; bem assim, se feita para cumprir dever moral, ou onerada com encargos que não sejam gratuitos.

A nulidade não é de ordem pública, mas no exclusivo interesse dos herdeiros necessários. Assim, apenas estes estão legitimados a reclamá-la. Do mesmo modo, o Ministério Público pode alegá-la e o juiz pronunciá-la, sempre no interesse dos herdeiros necessários incapazes. A ação deve ser promovida pelos que potencialmente seriam herdeiros necessários, contra o doador, a qualquer tempo, após o conhecimento do excesso. Não se aguarda a abertura da sucessão porque a ação tem por objeto contratos entre vivos e é referente ao momento da liberalidade. Se já faleceu o doador, são legitimados ativos apenas os herdeiros necessários ao tempo da abertura da sucessão, dirigindo-se a ação contra o donatário.

A pretensão não prescreve, pois a norma é de nulidade. Equivoca-se a corrente jurisprudencial que entende ser a abertura da sucessão o termo inicial de prazo prescricional para exercício da pretensão, ou, a exemplo da maioria da 3ª

Turma do STJ (REsp 1.755.379), a que afirma ser o termo inicial da prescrição a data do registro público da doação. A pretensão não prescreve, pois a doação, no que excedeu, violou a lei, sendo hipótese de nulidade e não de anulabilidade. Nada tem a ver a redução do excesso com a sucessão hereditária, pois o legislador apenas utilizou o mesmo parâmetro que determinou para o testador. A lei brasileira não diz quando for aberta a sucessão, mas que o doador não poderá ultrapassar o limite de metade de seu patrimônio, no momento da liberalidade. A ação para nulidade do excesso pode ser ajuizada, a qualquer momento, a partir do momento da liberalidade e não se confunde com a colação.

Se o donatário tiver alienado a coisa recebida em excesso de doação, responderá pelo preço, não sendo cabível o pronunciamento da nulidade. Porém, se a coisa pereceu sem culpa do donatário, não tem ele de restituir o valor.

(3) Proíbe o Código Civil (art. 550) a doação de cônjuge adúltero ao concubino ou concubina.

Essa norma é de duvidosa constitucionalidade. Foi transcrita literalmente do artigo equivalente do CC/1916, em época na qual a concepção de família, os valores sociais e constitucionais eram outros. Até 1977, ano do advento do divórcio na Constituição anterior e na legislação infraconstitucional, o casamento era indissolúvel. A punição do adultério no campo penal ou civil era consequência inevitável. Não só mudaram os valores na sociedade brasileira, de franca admissão dos vários arranjos familiares e da primazia do afeto para identificá-los; mudaram os fundamentos do direito, que levaram à desconsideração da ilicitude do adultério, que passa a ser mero fato social e da intimidade dos casais, principalmente no que concerne às repercussões civis.

Se a orientação da inconstitucionalidade não vier a prevalecer, entendemos que sua aplicação deverá observar o princípio da interpretação conforme com a Constituição (art. 226), o que leva a distinguir uniões concubinárias estáveis das relações concubinárias episódicas sem *status familiae*, ou que não preencham os requisitos de estabilidade, afetividade, ostensibilidade e de constituição de família.

Apenas o cônjuge ou os demais herdeiros necessários (descendentes e ascendentes) podem reclamar judicialmente a anulação da doação, no prazo de dois anos a partir da dissolução da sociedade conjugal. A doação será automaticamente convalidada se a ação não for ajuizada até ao final do prazo. Também não se aplica a proibição na hipótese de o(a) donatário(a) iniciar relação concubinária após a doação. O prazo é decadencial, não comportando interrupção ou suspensão (CC, art. 207). Deve o juiz conhecê-lo e pronunciá-lo, ainda que não haja requerimento do interessado (donatário). O termo inicial é a dissolução da sociedade conjugal, o que bem demonstra a origem dessa norma, quando não havia divórcio no Brasil. Entenda-se como abrangente do divórcio direto, que não apenas dissolve a sociedade conjugal, mas o casamento.

(4) No regime matrimonial de comunhão universal é proibida a doação de cônjuge a outro, salvo nas hipóteses residuais da existência de bens particulares, ainda assim se forem doados com cláusula de incomunicabilidade, para que não ingressem na comunhão.

A Terceira Turma do STJ decidiu pela impossibilidade de doação entre cônjuges casados em regime de comunhão universal de bens. O colegiado entendeu que, nessa hipótese, o produto da doação passaria a ser novamente bem comum do casal, visto que, em tal regime, tudo o que é adquirido se comunica. No caso analisado pela turma, a esposa cedeu cotas de uma empresa para o marido. Após a morte dela, seu irmão ajuizou ação para anular a doação (REsp 1.787.027).

É possível a doação entre cônjuges sujeitos a regime de bens de separação obrigatória (v. g., maiores de 70 anos – CC, art. 1.641)? Julgado do STJ (AgRg--REsp 194.325) decidiu que sim, por entender que não se caracteriza fraude à lei, pois o CC/2002, ao contrário do Código anterior, não as veda, fazendo-o apenas com relação a doações antenupciais, além de que tal restrição representaria ofensa à liberdade individual.

13.11. Revogação da Doação

O contrato de doação será extinto, voltando-se as partes ao estado anterior, por ato unilateral de vontade do doador, mediante revogação, nos casos especificados legalmente (ingratidão ou inexecução do encargo). A revogação por ingratidão é retroativa (*ex tunc*), embora haja efeitos excepcionais que devem ser preservados.

O fundamento lógico-jurídico do instituto da revogação da doação vem definido pela doutrina prevalecente na tutela dos interesses superiores de ordem ética, mediante a atribuição ao doador do poder de reavaliar a oportunidade do ato de liberalidade em relação à circunstância superveniente à conclusão do contrato (Palazzo, 2000, p. 492). O direito romano já a admitia quando configurada a ingratidão do donatário (Justiniano, 1979, p. 75).

Não há, no direito brasileiro, doação que possa ser livremente revogada segundo o arbítrio do doador. Para as doações puras, a revogação apenas é possível em caso de ingratidão. Para as doações com encargo, a revogação pode ser feita ou em razão da inexecução do encargo, ou em razão de ingratidão, neste caso desde que o encargo não tenha sido cumprido, podendo ainda sê-lo. São irrevogáveis as doações remuneratórias, as oneradas com encargo já cumprido, as que se fizerem em cumprimento de obrigação natural e as feitas para determinado casamento. A justificativa para as exceções reside no fato de serem espécies de doação onerosa, nas quais a liberalidade não é pura, mas em razão de alguma finalidade (as doações remuneratórias, ou as que se fizerem em cumprimento de obrigação natural ou as feitas para determinado casamento) ou de obrigação atribuída ao donatário (doações modais ou com encargo). Assim, ainda que o donatário tenha cometido atos enquadráveis legalmente como ingratidão, não poderá o doador ou seus herdeiros (caso de crime doloso) revogarem a doação.

Revogação é a retirada da voz por aquele que a deu. Quem fez, desfaz. Com exceção exclusivamente ao caso do homicídio doloso, por razões de natureza lógica, nenhum herdeiro ou sucessor do doador pode revogar a doação. É ato personalíssimo, insubstituível, ainda que tenha havido os atos tipificados como ingratidão. Se o doador não revogar a doação, dentro do prazo decadencial de um ano, entender-se-á que perdoou o donatário.

A inexecução do encargo sujeita-se às regras comuns do inadimplemento da obrigação. A pretensão para resolução do contrato, fundada no inadimplemento do encargo, prescreve em dez anos, por força do art. 205 do CC. Se o doador optar pela revogação, o prazo é decadencial, ou seja, o comum de um ano, previsto no art. 559 e segundo os critérios estabelecidos no art. 562. Essa duplicidade de pretensões decorre da natureza do encargo que é, em si mesmo, uma obrigação contraída com a aceitação, ainda que não desnature a liberalidade que deu causa à doação. Ocorre que o inadimplemento da obrigação, contida no encargo, contamina todo o contrato e provoca sua resolução integral.

Pelos fundamentos éticos que envolvem o direito à revogação da doação, não pode o doador renunciá-lo previamente. Essa proibição é de ordem pública, no sentido de que o direito de revogação não pode ser afastado antes de verificarem-se as circunstâncias que ponham o doador na posição de exercitá-lo. Somente a partir delas (portanto, posteriormente) pode renunciar. Tal solução está em conformidade com o fato de que a revogação não é *ex lege*, mas depende da vontade do doador. A lei lhe atribui o poder de reavaliar a oportunidade da doação à luz da situação superveniente. O que a lei proíbe é a renúncia prévia. Pode, contudo, haver perdão do ato que seria causa para se pedir a revogação por ingratidão. O perdão configura renúncia tácita, quando o comportamento do doador seja incompatível com a possibilidade de revogar a doação, apesar de seu conhecimento da faculdade de exercê-la. Resulta de seu comportamento não apenas um sentimento de perdão em relação ao ofensor, mas a intenção de conservar a eficácia da doação.

As causas de ingratidão, para fins de revogação do contrato de doação, são apenas as referidas na lei: tentativa de morte, homicídio doloso, ofensa física, injúria ou calúnia, recusa a prestação de alimentos. Constituem *numerus clausus*, não podendo ser ampliadas pelo doador. Todas as causas previstas na lei são fatos posteriores à conclusão do contrato de doação, desconhecidos do doador. O direito não contempla a dimensão pessoal da ingratidão, dependente da reação, do estado de espírito e do arbítrio do doador. Define objetivamente o que seja a ingratidão, na perspectiva ética, segundo as hipóteses mais relevantes. São aferíveis objetivamente, sem contemplação do sentimento pessoal do doador quanto a outras hipóteses não contempladas.

Sem embargo da tipicidade fechada, a finalidade ética das hipóteses de ingratidão recomenda ao aplicador do direito que a interpretação se faça sempre em benefício de sua realização, vale dizer, na dúvida da incidência ou não de cada hipótese deve ser interpretada no sentido favorável ao doador, salvo quando depender de decisão judicial.

Decidiu o STJ (REsp 159.385-7) que ofender a integridade psíquica do doador pode ser classificado como ingratidão, confirmando a revogação da doação de uma casa, feita por uma mulher a seu irmão e sua cunhada. No caso analisado, depois da formalização do ato, a doadora, seu irmão e a mulher dele passaram a viver na mesma casa, mas o convívio tornou-se insuportável, segundo a doadora. Após sofrer uma série de maus-tratos, ela procurou o Ministério Público com a finalidade de revogar a doação, já que, dentre outras coisas, teria sido privada de se alimentar na própria casa, não podendo sequer circular livremente pelo imóvel.

Se doador e donatário se conluiem para que se revogue a doação por ingratidão, com prejuízo de terceiro, não há revogabilidade, porque não ocorre, na hipótese, ingratidão. Houve simulação. Pontes de Miranda (1972, v. 46, p. 270) relata caso de briga simulada entre pai e filho (doador e donatário), com intuito de, revogada a doação, tirar-se da nora a metade do bem, casada no regime de comunhão universal.

O atentado contra a vida do doador é tipificado como crime de tentativa de homicídio, no direito penal, cujo tipo é o mesmo do previsto no Código Civil. Por ser tipificado como crime, depende de condenação judicial, porque o direito brasileiro adota a presunção de inocência. A maior das evidências pode se revelar improvável no curso do processo criminal. Por tal razão não se pode no juízo cível decidir-se pela tentativa de homicídio, que é crime de ação pública incondicionada, para, com base nela, decretar-se a revogação da doação, com risco de haver decisão divergente no juízo criminal competente. Todavia, contrariando esse nosso entendimento, há orientação jurisprudencial que dispensa a condenação criminal.

Atendendo às críticas que a doutrina dirigiu ao equivalente inciso I do art. 1.183 do CC/1916, o CC/2002 introduziu o homicídio doloso como hipótese de revogação da doação. Com efeito, não fazia sentido lógico que o crime tentado fosse previsto, mas não o consumado, convertendo-se em funesto estímulo ao donatário criminoso. Não se justifica, contudo, a exclusão do crime culposo, o qual, embora seja de menor grau ofensivo, é crime e resulta na morte do doador. Para resolver o problema do caráter personalíssimo do direito de revogar a doação, o legislador abriu exceção, admitindo que os herdeiros do doador possam exercê-lo.

Para as finalidades do direito de revogar a doação, considera-se ofensa física qualquer violação consumada à integridade física do doador. Não se confunde com o tipo criminal de lesão corporal, embora a abranja. A ofensa física pode não se enquadrar na espécie criminal de lesão corporal e, ainda assim, ser considerada suficiente para exercício do direito de revogar a doação, por razões éticas. De acordo com os valores observados pelo doador, na comunidade em que vive e atua, e das repercussões da ofensa, basta ter sido esbofeteado ou esmurrado pelo donatário, sem sequelas físicas, para que se caracterize o tipo civil. Do mesmo modo, o simples empurrão para ferir ou jogar o doador ao chão. O que interessa é a intenção de ofender.

No âmbito penal a injúria e a calúnia são crimes de ação pública condicionada, ou seja, dependem de representação do ofendido. Não se exige, por tais razões, que haja condenação criminal para que fundamente o direito de revogar a doação, bastando a comprovação do fato, pelos meios de provas admitidos no juízo cível. A condenação penal tem relevância apenas para impedir o juiz civil de reexaminar os fatos que levaram a decisão de mérito. O Código Civil não alude à difamação, em virtude de imputação de fato ofensivo à reputação da pessoa. Todavia, por idêntico potencial de ofensa, deve ser entendida como incluída, podendo o doador dela se valer para revogar a doação. De qualquer forma, no direito privado, a difamação falsa é calúnia, e a difamação cuja falsidade não foi alegada e provada é injúria.

A injúria é a ofensa à dignidade ou ao decoro da pessoa, sem imputação de qualquer fato determinado, lesando gravemente seu patrimônio moral, valorada em relação ao ambiente e as condições sociais dos protagonistas. Considera-se grave a injúria quando repercute no meio social em que vive o doador, atingindo sua honra, sua respeitabilidade, mediante palavras ou atos deles deprimentes. Manifesta-se, normalmente, por expressões ultrajantes ou insultuosas, ou por insinuações maldosas, que expõem o ofendido à desconsideração pública. Doutrinariamente, injúria grave significa injúria civil, de âmbito mais extenso, para diferenciar do conceito estrito de injúria criminal (Biondi, 1961, p. 1058). A noção civil de injúria é, pois, muito mais ampla que aquela fixada no direito penal, que apenas serve como subsídio e orientação. Não se exige a subsistência de um comportamento injurioso em caráter continuado; basta um só fato para ser relevante e caracterizar a injúria grave.

A calúnia é a imputação falsa e maliciosa feita com *animus calumniandi* ao ofendido, de crime que não cometeu. Para os estritos fins da revogação da doação, não se deve admitir a *exceptio veritatis*, para impedir o exercício do direito. Neste caso, a ofensa produziu seus efeitos, estando caracterizada a ingratidão.

Para os fins do direito de revogar a doação, considera-se o doador credor de alimentos, independentemente de relação familiar ou de parentesco com o donatário. Razões de ordem ética impuseram esse dever, pois é inadmissível que o donatário, tendo enriquecido em virtude da liberalidade do doador, não o assista quando estiver necessitado. O só fato de ter recebido bem em doação não obriga o donatário a prestar alimentos ao doador, sendo necessário que este efetivamente os necessite e o donatário possa ministrá-los. A prestação de alimentos não está subordinada ou dependente dos rendimentos que a coisa doada origine, mas das condições econômicas gerais do donatário. Tampouco depende o dever de prestar alimentos ao doador da existência de decisão judicial. Porém, o doador terá de provar que houve recusa do donatário em prestá-los. Assim, para exercer a pretensão, terá de, antes, tê-los solicitado e ter havido recusa. A recusa pode ser haurida tacitamente de conduta omissiva do donatário que, ciente da situação de necessidade do doador, não prestou os alimentos suficientes para superação desse estado. Na dúvida, deve ser decidido em favor do doador.

O direito brasileiro admite que, além do doador, considere-se a ingratidão quando o ofendido for o cônjuge, companheiro, ascendente, descendente ou irmão daquele. Os costumes brasileiros incluem no âmbito da integridade moral de cada um as ofensas recebidas pelos parentes próximos ou integrantes da família, concebida como grupo de laços afetivos estreitos. Ou seja, recebe-se a ofensa a qualquer membro da família como se fosse dirigida a todo o grupo e a si próprio. Ocorre uma transubjetivação da ofensa, haurida da solidariedade familiar. Portanto, a ingratidão se configura não apenas pela ofensa tipificada na lei ao doador, diretamente, como pela ofensa indireta quando o atingido for o grupo familiar que integre. A lei refere apenas a cônjuge, mas, para seus fins, é incluído o companheiro em união estável, como entidade familiar que é. A ofensa ao companheiro é muito mais grave, para o doador, que a sofrida por um seu irmão. Os ofendidos não estão legitimados a exercer o direito de revogar a doação. Permanece o caráter personalíssimo quanto ao exercício do direito. Apenas o doador poderá fazê-lo, se entender que nele repercutiu seus efeitos.

O exercício da revogação subordina-se ao prazo decadencial de um ano, a partir do conhecimento do fato pelo doador. A razão da limitação do prazo, segundo a doutrina, reside na exigência de restringir o exercício da revogação em benefício da certeza da relação contratual. Todavia não é suficiente, porque começa a transcorrer, muitas vezes, a partir de uma simples suspeita ou de uma vaga ciência do fato, ainda que o doador tenha a convicção de que o donatário realizou o fato legitimador da revogação. Por isso, deve o donatário ser plenamente cientificado do fato, para que o prazo comece a correr contra ele. Impõe-se o ajuizamento de ação própria. Não é possível a revogação por ato extrajudicial. A ação é constitutiva negativa e pessoal. Somente pode ser ajuizada pelo doador ou, no caso de homicídio doloso, por seus herdeiros. Mas os herdeiros poderão dar prosseguimento à ação ajuizada pelo doador, pela superveniência de sua morte.

No que concerne à doação com encargo, há dever e obrigação assumidos pelo donatário, quando aceita a oferta do doador, por força do art. 553 do CC. Nesse caso, quando ocorre o descumprimento do encargo, abrem-se duas possibilidades ao doador: ou revoga a doação, ou requer a resolução do contrato, por inadimplemento. Se pretender revogar a doação, cairá no prazo decadencial de um ano, para exercer o direito, não pelos motivos do art. 557, mas em virtude de mora. Se optar pela resolução do contrato por inadimplemento contratual, o prazo é prescricional e geral de dez anos (art. 205).

O direito de revogar a doação é personalíssimo, mas há vicissitudes ulteriores que devem ser disciplinadas. A ação iniciada não pode ser extinta, em virtude de morte superveniente do doador ou do donatário. As posições de doador e donatário são intransmissíveis, em princípio, tanto para beneficiar os herdeiros do primeiro quanto para prejudicar os herdeiros do segundo. O princípio da intransmissibilidade e da limitação subjetiva da relação contratual de doação deixou de ser absoluto no Código Civil. Os herdeiros não são titulares do direito de revogação, que não lhes foi transmitido. A transmissão ocorreria se o direito de revogar pudesse ser exercido diretamente pelos herdeiros, quando o doador falecido não o tivesse feito, ou seja, não tivesse ajuizado a ação. Ocorre a transferência de posição processual, ou de substituição processual, que nada tem a ver com o direito material, com o direito subjetivo do doador. Se este não ingressar pessoalmente com a ação, não o poderão fazer os herdeiros, em vida ou após a morte dele; sua inércia teria o efeito de perdão tácito.

A exceção diz com o homicídio doloso consumado, cuja revogação só faz sentido lógico se forem legitimados os herdeiros do doador. Admite-se, nesta única hipótese, que tirem a voz os que não a deram. A titularidade da ação é transferida para os herdeiros do doador. Nesse caso, não haverá substituição processual. Os herdeiros do doador, vítima de homicídio doloso imputável ao donatário, são titulares de direito próprio, por força de lei, em situação excepcional, e por imposição ética. Não se cogitaria, por conseguinte, de herança de direito de revogar a doação, o que agrediria os princípios. Os herdeiros mais próximos preferem aos mais remotos.

A lei brasileira excepciona a aquisição do direito de revogar pelos herdeiros do doador assassinado, quando este tiver, em vida, perdoado o donatário homicida. A hipótese do perdão impressiona porque na maioria dos casos entre o ato homicida e a morte não há lapso de tempo que permita o doador, refletidamente ou por impulso emotivo, perdoar seu assassino. O perdão terá de ser expresso, ainda que não escrito, de maneira a que se prove de modo inquestionável. Se o doador não teve tempo para declaração escrita, poderá ser provada, mediante testemunhas, sua manifestação de perdão. Seja como for, o perdão apenas será admitido se tiver ocorrido entre o ato criminoso e a morte do doador, isto é, se não veio a morrer imediatamente àquele. O ônus da prova do perdão é do donatário.

Quanto à inexecução do encargo, quando o doador não tiver fixado prazo para execução deste, terá o ônus de notificar judicialmente o donatário, para caracterizar a mora. Veda-se a utilização de notificação extrajudicial que, sendo feita, não produzirá os efeitos queridos. Tem o doador, no pedido judicial de notificação, de fixar "prazo razoável" ao donatário para que execute o encargo. Esse prazo computará o tempo já transcorrido desde a doação, salvo se o doador tiver determinado o início da execução, deixando em aberto o prazo para conclusão. O prazo razoável é o que seja necessário para execução do encargo, dadas as circunstâncias. Se o prazo tiver sido exíguo (não razoável) poderá o donatário contestar a ação de revogação, alegando não ter incorrido em mora.

A revogação por ingratidão não pode prejudicar direitos adquiridos de terceiros, assim entendidos os que tenham obtido o domínio, a posse ou uso do objeto doado, mediante alienação, ou tenham sido investidos na titularidade de direito real limitado, inclusive direito real de garantia (por exemplo, penhor, hipoteca). Assim, são considerados terceiros, entre outros, o adquirente da propriedade, o locatário, o comodatário, o mutuário, o titular de direitos de servidão, de usufruto, de uso, de habitação, desde que estejam de boa-fé.

Da sentença de revogação nasce o dever e a obrigação do donatário de restituir o bem recebido. Em caso de impossibilidade de restituição do objeto doado, ou porque foi consumido, ou porque foi alienado a terceiro, ou porque foi destruído, por qualquer razão, o donatário deverá indenizá-lo ao doador. A indenização observa o "meio-termo" do valor do objeto doado, significando valor médio praticado no mercado, observada a qualidade da coisa, o desgaste natural pelo tempo de uso, a valorização ou desvalorização desde o momento da doação; em suma, valor atual se ainda existisse, dadas suas circunstâncias. Os frutos posteriores à citação válida do donatário, e enquanto perdurar a ação de revogação, devem ser restituídos ao doador, após a decisão transitada em julgado. Se tiverem sido consumidos, há o dever de pagá-los pelo valor médio.

Para além das hipóteses ou motivos de revogação, que alcança o plano da existência do contrato, a doação poder ser invalidada, atingindo-se o plano da validade, pelos motivos comuns de nulidade e anulabilidade (CC, arts. 166 e 171).

Capítulo XIV

Contrato Estimatório

Sumário: 14.1. Noções e características. 14.2. Natureza do contrato estimatório. 14.3. Objeto: coisas móveis consignadas. 14.4. Determinação do preço ou valor. 14.5. Deveres das partes. 14.6. Prazo para o exercício do poder de disposição. 14.7. Restituição da coisa consignada. 14.8. Impossibilidade da restituição da coisa e a obrigação alternativa. 14.9. Impenhorabilidade da coisa por dívidas do consignatário. 14.10. Indisponibilidade da coisa.

14.1. Noções e Características

O contrato estimatório define-se como contrato bilateral mediante o qual o proprietário ou possuidor, denominado consignante, faz entrega da posse da coisa a outra pessoa, denominado consignatário, cedendo-lhe o poder de disposição, dentro do prazo determinado e aceito por ambos, obrigando-se o segundo a pagar ao primeiro o preço por este estimado ou restituir a coisa. No contrato estimatório há o intuito de alienar a coisa, que um tem, e a livre disponibilidade, que tem o outro. O consignatário tem a posse própria, que se separou do proprietário ou consignante.

O contrato estimatório é mais conhecido no Brasil como venda em consignação. Não é, todavia, espécie do gênero compra e venda nem cláusula especial deste contrato. O CC/2002 destaca-o, com razão, como contrato autônomo, seguindo o modelo do Código Civil italiano, cujos arts. 1.556 a 1.558 foram tomados como paradigmas.

Controverte a doutrina acerca da existência do contrato estimatório entre os romanos. Para alguns a ação estimatória, referida nos textos do Digesto, abrangia mais situações que o conteúdo atual do contrato estimatório. Para Nicolò Visalli o contrato estimatório não era ignorado pelo direito romano, sendo neste "concebido como uma convenção, com a qual alguém entregava uma coisa estimada a um intermediário (*circitor*) e este se incumbia de pagar o preço fixado, se conseguisse vendê-la, ou restituí-la (*incorrupta*) ao proprietário" (1974, p. 4).

— 297 —

O CC/1916 dele não cogitou, mas, além da prática negocial que ensejou o tipo social perfeitamente identificável, deve-se lembrar a tentativa histórica de elevá-lo à tipicidade legal devida a Teixeira de Freitas, no século XIX. No *Esboço*, Teixeira de Freitas destinou-lhe os arts. 2.105 a 2.108, tendo optado pela denominação "venda com cláusula estimatória", como espécie de cláusula especial da compra e venda.

O consignatário obtém, além do poder de dispor, o poder de uso da coisa. A razão disso, que foge à normalidade dos negócios, está em que se transmitiu a posse, e a posse entregue é exercida pelo consignatário em nome próprio, não mais havendo posse mediata ou indireta do consignante, que apenas retém a propriedade ou domínio. O consignatário não adquire a propriedade da coisa, porque dela não precisa para os fins do contrato. Quer e obtém a livre disponibilidade dela, o poder de dispor, principalmente para venda a terceiro. No contrato estimatório o poder de dispor é totalmente transferido ao consignatário, durante o prazo que foi estipulado, podendo usá-lo até mesmo contra a vontade do consignante. Deve-se a isso a peculiar situação de o consignatário ter de assumir todas as despesas para a finalidade da venda e os riscos da coisa, como se dono fosse.

O contrato denomina-se estimatório tendo em vista a ênfase que se atribui à estimação do valor da coisa feita pelo consignante (preço de estima) e à confiança que deposita no consignatário. A autorização para venda não é essencial para a noção desse contrato, pois o consignatário pode optar por adquirir a coisa para si ou simplesmente restituí-la. Não há qualquer consequência jurídica pela não venda, seja por falta de empenho do consignatário, seja por não conseguir interessado em adquirir a coisa.

As partes do contrato são o consignante e o consignatário. O consignante é o proprietário da coisa, que possa dispor dela e transferir o poder de disposição ao consignatário. Pode ser apenas o possuidor que não seja proprietário, transferindo apenas o poder de disposição da posse. No direito brasileiro, o apenas possuidor não está impedido de transferir a posse, em virtude dos efeitos jurídicos que emergem dessa situação de fato, ainda que não seja titular de direito real.

Nem sempre o consignante é empresa ou empresário. Pode ser um particular, a exemplo do proprietário de veículo que o entrega em consignação à loja de revenda de automóveis usados.

O contrato é útil para ambas as partes. O consignante não necessita de incumbir-se diretamente da venda da coisa, ou porque não exerça atividade comercial, ou porque não disponha de rede de negócios necessária para fazer chegar a coisa ou a mercadoria aos destinatários, ou porque não queira promover essa atividade. Por seu turno, o consignatário não necessitará investir recursos financeiros para promover sua atividade, ou para obter o proveito que espera com a diferença para mais do preço estimado, com a vantagem de poder devolver a coisa ao consignante se não conseguir encontrar interessado em adquiri-la, sem custo adicional.

O consignante quer alienar a coisa obtendo o correspondente pagamento do preço, fixado no momento da entrega, mas não pretende recebê-lo nem imediatamente nem em data certa: dá a faculdade de pagar o preço ou de restituir a coisa dentro de certo prazo. Se o prazo ficar vencido sem o exercício da faculdade, o consignante não poderá exigir nada além do que o pagamento do preço por parte do consignatário. Este realiza o escopo do consignante, cuja confiança é-lhe depositada, em que conseguirá obter o preço pretendido, sem necessidade daquele ocupar-se de achar quem queira adquirir a coisa. Desde a entrega da coisa o interesse do consignante é o do preço correspondente e não a restituição da coisa. O intento prático do consignatário é o de poder melhor alcançar as finalidades do contrato, em relação à coisa, sem interferência do consignante e sem correr o risco de emprego de capital ou de frustração de venda (Baldi, 1960, p. 3-4).

A natural vocação comercial do contrato estimatório não exclui sua configuração quando celebrado fora do mercado, entre sujeitos que não se enquadram como comerciantes. É a situação, por exemplo, de quem entrega uma joia a outra pessoa, para que consiga vendê-la a terceiro que queira pagar, ao menos, o preço estimado.

A atualidade do contrato estimatório é ressaltada por Tânia da Silva Pereira, nos negócios de obras de arte e de joias e pedras preciosas: "Um pintor de quadros normalmente não costuma comercializar suas obras diretamente. Esta atividade em geral é exercida pelas galerias de arte que têm meios de melhor acesso ao público comprador. Estas galerias, em princípio, não dispõem de capital de giro que lhes permita adquirir todo um acervo de um pintor para vendê-lo. (...) Da mesma forma, o comércio de joias e pedras preciosas utiliza-se desta modalidade contratual, o que permite chegar ao público objetos de alto valor sem precisar o vendedor desembolsar grandes quantias para adquiri-los para venda" (1984, p. 592).

Não há exigência legal de determinada forma para conclusão do contrato estimatório. O contrato se aperfeiçoa com a entrega da coisa, podendo ser utilizada qualquer forma admitida em direito.

Quanto à prova do contrato estimatório, segundo os princípios que regulam os contratos não formais, pode ser feita por qualquer meio, inclusive mediante testemunhas. O contrato pode ser provado por documentos, correspondência comercial, entre outros meios.

14.2. Natureza do Contrato Estimatório

A relação entre o consignante e o consignatário não é equivalente à de vendedor e comprador. O primeiro não se obriga a transmitir ao segundo a coisa nem este se obriga a pagar àquele o preço. O consignante transfere o poder de dispor, que não poderá exercer enquanto perdurar o prazo, mas permanece proprietário da coisa. Tampouco se confunde com a relação de mandante e mandatário, pois o consignatário não é representante do consignante, exercendo direito próprio.

A questão do enquadramento do contrato estimatório com outros tipos afins de contratos perdeu a importância, tendo em vista que o legislador brasileiro optou por discipliná-lo de modo autônomo e em sua singularidade. É contrato típico que não se confunde com qualquer outro, não podendo o intérprete buscar em outras categorias seu enquadramento sistemático, o que prejudica a correta aplicação. O esforço que se há de fazer é a construção da natureza jurídica do instituto, a partir dos pressupostos que foram definidos na lei, ou seja, analisando-o por dentro e a partir da tipicidade social que o conformou, sem necessidade de relações com os demais contratos. O instituto é novo, como inserção legal, mas antigo na prática social.

O contrato estimatório é contrato típico, bilateral, oneroso e, principalmente, real. É oneroso porque o sacrifício patrimonial sentido por uma das partes tem como correspondência uma vantagem. É real porque apenas se perfaz quando há tradição, quando a coisa é entregue ao consignatário. Diferentemente da compra e venda, que é contrato meramente consensual, não basta para sua existência que o consignante se obrigue a transferir a coisa ao consignatário; é necessário que transfira a posse sobre a coisa e o poder de disposição ou disponibilidade. Por se tratar apenas de coisas móveis, o consignatário, para alcançar a finalidade do contrato, depende da posse física sobre a coisa para poder transferi-la ao terceiro adquirente, fazendo uso do poder de disposição. O consignatário não promete a transferência da coisa; transfere-a, vinculando o consignante à tradição que operou. O legislador brasileiro eliminou toda a dúvida, porque, no sentido de garantir o terceiro adquirente de boa-fé, pôs a entrega da coisa entre os elementos existenciais do contrato, dando lugar a uma situação que transforma o consignatário em titular do poder de disposição sobre a coisa, cuja propriedade permanece sob a titularidade do consignante.

— 300 —

Diferentemente, entende Pontes de Miranda (1972, v. 39, p. 396) que o contrato estimatório é consensual, concluindo-se antes de ser feita a tradição, se esta não foi simultânea. Todavia, em outra passagem, alude à transferência da posse, deixando entrever sua essencialidade para a natureza desse contrato: "Quem transfere a posse do bem quer aliená-la e receber a contraprestação, fixada, pelo menos, no momento da entrega" (1972, v. 39, p. 392). Sem embargo da relatividade da interpretação literal, ressalte-se que o CC/2002, repetindo o paradigma italiano, estabelece que para a conclusão do contrato "o consignante entrega bens móveis ao consignatário". Não está previsto que se obriga a entregar, o que poderia ensejar a natureza meramente consensual. Destarte, ao contrário de Pontes de Miranda, afirmamos que o contrato apenas se perfaz com a entrega efetiva da coisa; enquanto não chegarem os livros, por exemplo, o livreiro não está obrigado, nem contra ele corre o prazo determinado.

A entrega da coisa, no contrato estimatório, não produz os efeitos amplos da tradição, ou seja, da transferência da propriedade para o consignatário. Ainda que o contrato seja real, não produz efeitos reais. Do mesmo modo como se dá com outros contratos reais, no direito brasileiro, a exemplo do depósito, do mútuo, do comodato. Nesses contratos, a tradição configura elemento essencial para suas existências. No contrato estimatório, a tradição é essencial para que o poder de disposição que foi transferido ao consignatário possa ser exercido. Pago o preço dentro do prazo ou quando este se encerrar sem pagamento, a transferência da propriedade operar-se-á, no primeiro caso para o adquirente, no segundo caso para o consignatário.

A lei brasileira alude à autorização para o consignatário vender os bens móveis do consignante. Autorização pode ser confundida com outorga de poderes, que se dá no mandato ou na representação. Mas, não há outorga de qualquer poder nem representação no contrato estimatório. O consignatário atua perante terceiros como se fosse o real proprietário das coisas, porque exerce em nome próprio e não como representante do consignante o poder de disposição que lhe foi regularmente transferido. O exercício do poder de disposição legitima-o a transferir a coisa ao adquirente, incluindo a titularidade de domínio que cessa para o consignante, independentemente de sua vontade.

Quando o consignante transfere o poder de disposição sobre a coisa, retém a propriedade. A não transferência da propriedade ao consignatário é o traço característico do contrato estimatório. Contudo, a retenção da propriedade (que em muito se assemelha à situação de nua-propriedade) não autoriza o consignante a exigir a restituição. Por outro lado, o exercício do poder de dispor pelo consignatário importa automaticamente a perda da propriedade, que é transferida ao adquirente a quem o consignatário entregou a coisa, desde que tenha observado o valor estimado.

14.3. Objeto: Coisas Móveis Consignadas

Objeto do contrato estimatório é a coisa móvel que possa ser vendida, e que foi estimada para que o consignatário a venda, a compra ou a restitua.

O contrato estimatório é comumente usado nas relações entre editoras ou distribuidoras de livros, revistas e jornais e livreiros e postos de vendas, não estando estes obrigados a pagar previamente o preço para vendê-los no prazo ajustado. As livrarias recebem os livros, os expõem em suas prateleiras, divulgam-nos, e periodicamente comunicam às editoras o total de exemplares vendidos, remetendo o pagamento correspondente. Pode ocorrer contrato de fornecimento contínuo, renovando-se o estoque das obras vendidas e enviando-se novas obras.

Apenas as coisas móveis podem ser objeto de contrato estimatório. Coisas móveis que estejam no comércio, isto é, que possam ser alienadas. Neste ponto, a relação com a compra e venda torna-se inevitável, porquanto tudo o que possa ser objeto de venda pode ser suscetível de contrato estimatório.

As coisas imóveis estão excluídas porque não permitem a tradição real. A *traditio ficta* constitui obstáculo à circulação da coisa do consignante para o consignatário e deste para o adquirente, em virtude da exigência do registro público. Não apenas as coisas imóveis, mas todos os móveis que, por força de lei ou por convenção das partes, estejam vinculados a registro. O registro imobiliário transfere a propriedade, o que desnaturaria o contrato estimatório. Como diz Caio Mário da Silva Pereira (2003, v. 3, p. 145), não somente pelo formalismo exigido para a transmissão imobiliária, mas também porque a venda a terceiros não se opera no contrato estimatório em nome do consignante, mas no do consignatário, como se sua própria fosse.

O consignatário recebe a coisa, diretamente ou mediante representante, quando a tem sob seu poder físico ou contato material (*corpus*), entendidos como possibilidade de dispor da coisa em modo físico, sem mais depender do consignante. A entrega da coisa ao transportador não é suficiente para consumar a tradição, salvo se foi indicado ou escolhido pelo consignatário. Não se considera perfeito o contrato enquanto o transportador não entregar fisicamente a coisa ao consignatário.

A coisa pode ser específica, singular ou genérica. Não há impedimento a que se trate de bem fungível. A restituição, se for o caso, dar-se-á por coisa de iguais gêneros, qualidades e quantidades. A praxe contratual demonstra a utilização com grande frequência de bens genéricos, a exemplo de gêneros alimentícios, de tecidos ou de exemplares de livros.

Os bens imateriais (por exemplo, os direitos de autor) não podem ser objeto de contrato estimatório. No direito brasileiro, os contratos de alienação desses bens são definidos taxativamente, seja para cessão, concessão de uso ou licenciamento. Esses bens são insuscetíveis de tradição física, porque destituídos de corpos físicos.

14.4. Determinação do Preço ou Valor

O preço ajustado ou estimado não se dirige ao contrato estimatório em si, mas ao contrato subsequente de venda ao adquirente. Portanto, não diz com o valor do contrato estimatório, pois, se assim fosse, seria confundido com compra e venda. Tem função muito mais de requisito para o contrato de venda que o consignatário concluirá com o adquirente da coisa. O exercício do poder de dispor da propriedade da coisa é pelo preço que o consignante fixou e sobre o qual houve o acordo. Assim, pode haver dois preços: o estimatório, entendido como mínimo, e o que obtiver o consignatário quando vender a coisa, sobre o qual o consignante não exerce qualquer intervenção ou pretensão.

Na lei, o significado de ajustado é o mesmo de determinado. O consignante estima e determina o preço mínimo que o consignatário terá de observar quando vender a coisa a terceiro. Para o consignante, é o valor exato que receberá com a venda; para o consignatário, é o patamar mínimo, uma vez que está legitimado a apropriar-se do que exceder, sendo este seu interesse no contrato.

Discutiu-se, na doutrina, se a determinação do preço seria ato unilateral do consignante (Baldi, 1960, p. 56), uma vez que o consignatário teria a faculdade de se liberar da obrigação restituindo a coisa. Interessa-lhe, porém, o valor a ser atribuído à coisa, para obter o proveito pretendido, até porque a restituição da coisa não é a finalidade precípua do contrato. A determinação do preço, portanto, inclusive quando previamente feita pelo consignante, depende de concordância do consignatário, sendo dependente de acordo, porque interessa a ambas as partes.

O preço, ou a estimação, deve ser abaixo do preço corrente, ou do mercado, para que o consignatário tenha interesse na venda ou na compra. No caso de venda, que é a destinação preferencial do contrato estimatório, há de se preservar margem de lucro para o consignatário, de modo a não ultrapassar o preço de mercado.

O consignatário tem oportunidade de vender por valor maior do que o preço que lhe foi determinado, sem que fique dono e sem ficar impedido de restituir a coisa. A diferença a maior constitui o resultado pecuniário que tem por escopo.

Há controvérsia na doutrina sobre se o preço pode ser determinável, segundo critérios adotados para o contrato de compra e venda em geral. Entendemos que o preço estimado que deverá ser pago pelo consignatário é necessariamente determinado, não podendo depender de fatores de fixação ulteriores, pela própria natureza do contrato estimatório, ainda que ele utilize critérios variados e flexíveis para vender a coisa.

Pode-se incluir cláusula de que o consignatário venderá por certo preço, ou que não ultrapassará certo preço, dentro da margem de remuneração esperada ou de seu lucro, acima do preço mínimo determinado. Essa limitação de valor máximo é compatível com a natureza do negócio. Os fabricantes de determinados artigos remetem-nos por um preço, mas limitam o preço máximo que deve ser cobrado dos adquirentes, para viabilizar as vendas. Do mesmo modo, pode ser estipulado percentual sobre o preço. O preço pode ser imutável pelo consignatário, que não poderá majorá-lo, percebendo sua remuneração por dedução de determinado percentual, como ocorre com o mercado livreiro.

14.5. Deveres das Partes

O consignante tem o dever de garantir ao consignatário a livre disponibilidade das coisas entregues em consignação. Deve abster-se de qualquer ato que dificulte o exercício desse direito. Em virtude de manter a titularidade de domínio, que não é transferida ao consignatário em razão do contrato estimatório, responde o consignante pelos vícios da coisa e pelos riscos de evicção perante o adquirente da coisa.

O consignante não pode interferir na atividade desenvolvida pelo consignatário. Não é admissível que faça exigências ao consignatário quanto aos procedimentos que deva adotar, como divulgações publicitárias ou o modo de divulgar a coisa nos locais de venda. Todavia, em virtude da real aplicação do princípio da autonomia privada negocial, podem as partes livremente estabelecer permissão para intervenções do consignante. Se o contrato for de adesão, serão nulas as cláusulas que importem renúncia antecipada do direito de livre exercício da atividade do consignatário (CC, art. 424).

O negócio ajustado entre o consignatário e o terceiro adquirente é *res inter allios* em face do consignante. As condições que aqueles ajustarem para a alienação da coisa consignada não podem ser recusadas ou modificadas pelo consignante.

O consignatário contrai dívida e obrigação alternativas. Dentro do prazo determinado, deverá ou pagar o preço, ou restituir a coisa. O preço ou ele o entrega após ter vendido a coisa, ou o paga do próprio bolso, para ficar com ela. Deve o consignatário pagar ao consignante o preço estimado, imediatamente após recebê-lo do adquirente, ou nas condições estipuladas no contrato. Deve, ainda, restituir a coisa dentro no prazo determinado, se não quiser ou não puder vendê-la. Se ultrapassar o prazo determinado, estará obrigado a pagar o preço estimado, tendo ou não vendido a coisa, ficando impedido de restituí-la. Nascerá ao consignante a pretensão à prestação do preço. A natureza de obrigação alternativa, contrariamente aos que sustentam ser obrigação facultativa, é bem assinalada por Flávio Tartuce (2022, v. 3, p. 313), ao destacar que, findo o prazo, o alienante terá duas opções, paritariamente: cobrar o preço de estima ou ingressar com ação possessória para reaver os bens cedidos.

A faculdade concedida ao consignatário para pagar a coisa ou restituí-la é irretratável. Uma vez escolhida qual das duas irá prestar, não poderá alterá-la ou arrepender-se.

Pontes de Miranda (1972, v. 39, p. 417) entende que é questão de interpretação do contrato estimatório saber-se se o consignatário já está obrigado a pagar o preço ao consignante, quando vende a coisa ao adquirente, ou se só se obriga ao tempo em que expira o prazo. Na dúvida, afirma que a segunda solução é a mais adequada. Na prática negocial os consignatários costumam vender a prazo (ex.: venda de joias) e precisam contar com o decorrer do tempo para terem fundos para o pagamento do preço.

Se o consignatário restituir a coisa com defeito ou danos, pagará ao consignante a correspondente indenização.

14.6. Prazo para o Exercício do Poder de Disposição

O contrato estimatório é sempre a termo, de duração determinada. O consignatário exerce os poderes de disposição ou de posse até um determinado momento, para que cumpra sua obrigação alternativa.

O prazo para que o consignatário possa dispor da coisa (vender a terceiro ou comprar para si) deve ser estabelecido pelas partes. Excepcionalmente, se as partes não estipularam prazo, devem ser observados os usos do tráfico e a finalidade do contrato. Não pode ser admitido prazo que não dê ensejo ao consignatário de vender as coisas que o consignante lhe entregou. Pode o consignante interpelar judicialmente o consignatário para que realize a venda ou pague no prazo que o juiz fixar.

Sustentou-se que a prévia determinação do prazo integraria os elementos existenciais do contrato estimatório, porque não poderia o consignatário manter indefinidamente o poder de dispor. Há situações, todavia, nas quais os prazos vão sendo estabelecidos, às vezes tacitamente, ou pelos usos, como na hipótese de bens fornecidos e repostos regularmente (por exemplo, livros remetidos ao livreiro retalhista), que dependem de maior ou menor atração de clientes. O que é inadmissível é a ausência de qualquer prazo, ainda que varie de um a outro bem entregue ao consignatário. Transcorrido prazo razoável ou decorrente dos usos, cabe ao consignante promover a interpelação judicial do consignatário.

Encerrado o prazo sem pagamento do preço ou restituição da coisa consignada, o domínio transfere-se ao consignatário, que ficará obrigado a pagar o preço estimado. O não pagamento do preço, após o transcurso do prazo, resolve-se pelas regras gerais do inadimplemento, inclusive quanto às consequências pela mora (juros moratórios, multa contratual, perdas e danos, custos judiciais).

Não se considera inadimplente o consignatário se, dentro do prazo, se recusa a vendê-la por não encontrar interessado na compra ou por não encontrar quem pague valor superior ao preço estimado, correspondente ao seu lucro. O que não pode é dificultar, impedir ou embaraçar a venda. Nesta última hipótese, vencido o prazo, ainda que o domínio da coisa lhe seja transferido, cabe ao consignante a pretensão a indenização por perdas e danos, além da cobrança do preço estimado.

14.7. Restituição da Coisa Consignada

No momento em que o consignatário recebe a coisa é devedor do preço ou da restituição. Se, dentro do prazo, não paga o preço, tem de restituir. A coisa continua na propriedade do consignante dentro do prazo determinado, mas como prefere o preço à restituição, exigi-lo-á ao cabo do prazo.

A restituição da coisa consignada é opção livre do consignatário. Não tem o consignante pretensão contra aquele para restituição. Se o preço estimado demonstrou estar acima do praticado no mercado, ou se a coisa não despertou interesse nos possíveis destinatários, ou por qualquer razão, inclusive de índole subjetiva do consignatário, este poderá restituir a coisa ao consignante. A restituição é direito subjetivo do consignatário, não podendo o consignante impedi-la ou limitá-la, pois violaria a natureza do negócio.

Impõe-se que o faça dentro do prazo determinado para a venda a terceiros. Se o prazo for ultrapassado, não estará obrigado o consignante a receber a coisa em restituição. Poderá exigir o pagamento do preço diretamente do consignatário, em cuja titularidade se consolidará o domínio, independentemente de sua vontade. Nesta hipótese, a transmissão da propriedade opera-se para ele, que deve o preço.

O consignatário não poderá cobrar do consignante as despesas que efetuou para divulgar ou manter a coisa, salvo a indenização das benfeitorias necessárias, em virtude de frustração de venda, quando ou para restituir a coisa. São riscos inerentes a esse negócio peculiar. São também do consignatário os riscos da especulação, quando não se estabelecer limite máximo de preço para a venda.

Os frutos da coisa (naturais ou civis) são do consignatário, que tem a posse própria. Se optar pela restituição da coisa, restituirá a posse e tudo o que dela derivar, inclusive os frutos.

A restituição apenas opera seus efeitos liberatórios, para o consignatário, quando, dentro no prazo: a) foi efetuada a entrega em sentido físico ao consignante, ou a seu representante, no endereço estipulado no contrato; b) a coisa tenha sido entregue em sua integralidade. Recupera o consignante não apenas o poder de disposição, mas a posse própria da coisa.

14.8. Impossibilidade da Restituição da Coisa e a Obrigação Alternativa

O Código Civil regula a solução para o advento de impossibilidade da prestação de restituição da coisa consignada, impondo o cumprimento da outra prestação, ou seja, a de pagar o preço. Ressaltam-se dois pontos fundamentais: a natureza de obrigação alternativa e a relação da impossibilidade de restituição com a integridade da coisa.

O consignatário suporta o risco da perda da coisa; somente poderá valer-se da obrigação alternativa se a coisa existir na íntegra. Nessa circunstância, desaparece seu poder de escolha, que apenas seria possível se o direito admitisse que ela pudesse ser feita antes da perda, por declaração do devedor. No contrato estimatório, o consignatário é devedor de obrigação alternativa. Na obrigação alternativa não é lícito que o devedor obrigue o credor a receber uma parte em uma prestação e outra parte em outra. Na hipótese do contrato estimatório, o consignatário não pode restituir parte da coisa e pagar o preço do restante.

O direito devota particular atenção às consequências da impossibilidade da prestação, nas obrigações alternativas. Se uma prestação for impossível, ou tornar-se impossível sem culpa do devedor, restará a outra e, desde que seja exequível, o negócio jurídico continuará eficaz. Nesse caso, é como se a escolha tivesse sido feita. Em virtude do princípio da boa-fé, se a culpa da impossibilidade da prestação de restituir for imputável ao consignante, não se aplicará a regra. Por exemplo, se deu causa à perda da coisa, sem culpa do consignatário. Nessa hipótese, desaparecem integralmente as prestações e, por consequência, a obrigação alternativa.

Como regra geral, quando o devedor for culpado pela impossibilidade de todas as prestações, cabendo a ele a escolha, pagará o valor correspondente à última mais indenização por perdas e danos. No contrato estimatório a impossibilidade da prestação de restituir, por culpa do consignatário, importará sempre a exigibilidade da outra prestação, ou seja, de pagar o preço. Se houver perda da coisa por fato a ele imputável, ainda assim, caberá apenas a obrigação de pagar o preço, sem perdas e danos, em virtude de o consignatário exercer a posse própria sobre a coisa e ter o contrato a finalidade do pagamento do preço estimado. A indenização por perdas e danos poderá ocorrer em virtude do inadimplemento da obrigação de pagar, mas não por causa da perda culposa da coisa.

No contrato estimatório, até ao fim do prazo da restituição a impossibilidade parcial é equiparada à impossibilidade total, porque se a coisa não é restituída na sua integridade remanesce devido o preço. A restituição da coisa não íntegra não corresponde ao interesse do consignante, que não é aquele de reaver a coisa mais a parte do preço correspondente à diminuição de valor, mas de receber integralmente o preço, do qual é definitivamente credor quando não lhe seja devolvida toda a coisa dentro do prazo.

A impossibilidade por causa não imputável ao consignatário pode ser temporária, cabendo distingui-la. Se a impossibilidade temporária não ultrapassar o prazo ajustado, permitindo ao consignatário exercer a faculdade de restituição, não afetará o exercício da escolha da obrigação alternativa. Se a impossibilidade ultrapassar o prazo, sem que nada possa fazer o consignatário para impedi-la, estará obrigado a pagar o preço.

A coisa tem de ser restituída do modo como foi entregue ao consignatário, sem modificações, alterações e, sobretudo, sem deterioração ou desfalque. A finalidade dessa regra é evitar prejuízo econômico ao consignante que teve de suportar a restituição da coisa. Se houve modificação insignificante na coisa, que não altere seu valor econômico, não poderá o consignante recusá-la, pois a integridade da coisa, com essa finalidade, não terá sido afetada. Por igual, não viola a integridade da coisa o desgaste natural, por força do tempo.

O Código Civil não previu a solução para eventuais melhorias que o consignatário tenha efetuado na coisa. Tenha-se presente que o interesse do consignante é o preço estimado correspondente, sendo excepcional o da restituição da coisa. Em princípio, terá interesse em retomar a tentativa de venda, após a restituição, para o que não deve ser onerado com despesas inesperadas. Entendemos que dois parâmetros são de observância necessária, nessa hipótese, como indicações ao aplicador do direito: a) o princípio da vedação do enriquecimento sem causa (CC, art. 884) e, em consequência deste, b) a obrigatoriedade do pagamento das benfeitorias necessárias e úteis (CC, art. 1.219), porque o consignatário é possuidor de boa-fé. Sobre o valor destas poderá exercer o direito de retenção.

Ainda em relação à integridade da coisa para sua restituição, sustentou-se que essa exigência torna incompatível com o contrato estimatório a coisa genérica (Biscontini; Ruggeri, 1998, p. 99). A necessidade de individuação da coisa, qualificada apenas pelo gênero, tornaria impossível verificar sua integridade, porque não haveria correspondência de fato com a que foi restituída. Entendemos que a integridade referida na lei diz respeito sobretudo à sua dimensão jurídica e econômica, não sendo obstáculo para o consignante receber a coisa que corresponde ao gênero estipulado no contrato. Sob outro ângulo (Visalli, 1974, p. 418), a coisa genérica poderia ser objeto de contrato estimatório toda vez que pudesse ser destacada do restante do patrimônio do consignatário, deste permanecendo distinta e objetivamente individualizada.

O fato não imputável ao consignatário é todo aquele que derive de ato ou fato de terceiro, de fato de coisas e animais e, até mesmo, de caso fortuito e força maior. Em razão da posição jurídica do consignatário, de plena disponibilidade da coisa e de possuidor, são seus todos os riscos, inclusive por caso fortuito e força maior; e o preço é devido. Se o fato for imputável ao próprio consignatário, a solução será a mesma, pois se vencido estiver o prazo, será devido o pagamento do preço, pouco importando a causa. Qualquer que seja a situação em que ele se ponha de não poder restituir, a consequência é obrigar-se ao preço. Obrigar-se está aí no sentido estrito ou técnico, porque devedor ele já era desde que se concluiu o contrato e o consignante lhe transferiu a posse própria.

Se a restituição da coisa se tornou impossível por fato imputável exclusivamente ao consignante (por exemplo, se fez contrato estimatório a respeito de bem que estava com vício ou defeito, que causou a deterioração da coisa) o preço não é devido.

— 309 —

14.9. Impenhorabilidade da Coisa por Dívidas do Consignatário

O consignatário pode dispor por ato voluntário, mas seus credores não podem penhorar ou sequestrar a coisa até que o prazo ajustado no contrato estimatório se encerre. O estimatório é contrato real de efeitos obrigacionais, tendo entendido o legislador de conservar proprietário o consignante, até que se tenha pagado o preço da coisa consignada ou se encerre o prazo ajustado. Esse esquema diferenciado justifica que a coisa consignada não seja suscetível de penhora, sequestro ou arresto. A posição de garantia do consignante dura desde o momento em que o consignatário recebe a coisa até o instante em que este exerce o poder de disposição.

A incompatibilidade dos efeitos da penhora e do sequestro com o contrato estimatório é patente. Decorre do vínculo de indisponibilidade que essas constrições judiciais imprimem à coisa, que se contrapõe ao poder de disposição atribuído legalmente ao consignatário.

A coisa consignada não pertence ainda ao consignatário, razão por que não pode ser penhorada. Em tese, poderia haver penhora da posse própria ou do poder de disposição, uma vez que são situações jurídicas distintas, com titularidades definidas, mas, além da incompatibilidade com a natureza do contrato estimatório, causaria prejuízo ao consignante, que nada tem a ver com as dívidas do consignatário, e não seria útil aos credores deste, que prefeririam aguardar o transcurso do prazo ajustado, quando a propriedade ser-lhe-ia transferida. Se houver penhora sobre coisa consignada, por nomeação do consignatário ou compulsoriamente, poderá o consignante embargá-la, por se tratar de terceiro proprietário, estranho à dívida e à sua execução, e por ser bem impenhorável.

A mesma razão é aplicável ao sequestro, que é medida cautelar que tem por fito a tomada judicial da coisa para garantia, com intuito de evitar rixas, danificações, dissipação ou dilapidação da coisa, quando houver fundado receio desses riscos. A regra vedativa inclui o arresto, ainda que não esteja nela explicitada, por idêntica fundamentação.

O consignante não é credor privilegiado, em concorrência com outros credores. Tem direito, pretensão e ação à restituição ou ao pagamento do preço. Se, mesmo sem ter havido decretação de abertura de falência ou concurso de credores, ocorre penhora ou sequestro, em execução ou medida cautelar, o consignante pode ir a juízo mostrar que a posse do consignatário, embora posse própria, está sujeita à restituição, ou à prestação do preço. Pelo fato de o consignatário ter o poder de dispor, não se pode concluir que possa haver constrição judicial da coisa. O consignatário poderia alienar, ou ter alienado a coisa, porém isso não a expõe a que os seus credores possam penhorar ou sequestrar. Entende Pontes de Miranda (1972, v. 39, p. 418) que os credores podem requerer a intimação do consignatário para que, se tiver de pagar o preço, por ter alienado, ou querido ficar com o bem, requeira, por sua vez, a sub-rogação real; o terceiro, que vai prestar o preço ao consignatário, é legítimo interessado para intervir no processo.

Poderá ocorrer que a coisa consignada nunca venha a ser suscetível de penhora ou sequestro, se, dentro do prazo ajustado, o consignatário a vender a terceiro. Apenas sujeita-se a penhora ou sequestro se, dentro do prazo, pagar a coisa para si ou, em qualquer circunstância, após o encerramento do prazo, pois a ocorrência deste gera automaticamente a transferência da propriedade do consignante para o consignatário.

A impenhorabilidade é temporária e oponível aos credores do consignatário. Tornar-se-á definitiva nas hipóteses de restituição ao consignante e de venda a terceiro, que são causas impeditivas de consolidação do domínio na titularidade do consignatário.

Diferentemente, os credores do consignante poderão penhorar ou sequestrar a coisa consignada, nas circunstâncias em que se encontra para este, ou seja, de domínio reservado, sem titularidade de posse ou de disposição. A penhora recairá, automaticamente, sobre o pagamento do preço que o consignatário efetuar, tendo em vista que o domínio se resolve em favor do adquirente da coisa (terceiro ou o próprio consignatário que optar pela compra ou deixar transcorrer o prazo ajustado) quando se der o pagamento do preço pelo consignatário. Nessa hipótese a penhora é sobre a propriedade reservada e resolúvel e sobre os direitos de consignante, neles incluído o de receber o pagamento do preço. Se a penhora em favor dos credores do consignante for integral e não respeitar os direitos assegurados contratualmente ao consignatário, este poderá opor embargos de terceiro possuidor, uma vez que a posse da coisa lhe foi integralmente transferida.

14.10. Indisponibilidade da Coisa

O consignante não pode dispor da coisa – vender, permutar, dar em pagamento, doar – antes de sua restituição pelo consignatário. O consignante não somente é subtraído do poder de dispor, como fica impedido de exercê-lo em qualquer dimensão, ainda que seja para defender a coisa. Tem de suportar o poder de disposição da outra parte, no sentido de que não pode escusar-se dos efeitos derivados de seu exercício e de não agir contra tal poder.

A restituição da coisa consignada é cumprimento da prestação facultada ao consignatário, na obrigação alternativa que assumiu no contrato. Para que se perfaça e tenha eficácia liberatória da obrigação, deverá ocorrer dentro do prazo ajustado no contrato estimatório. Não se considera restituição a devolução da coisa após o término do prazo.

O consignante não pode valer-se da reivindicação judicial da coisa porque ela é configurável como ato de disposição. Por análogas razões, o consignante não pode agir contra quem tenha destruído ou danificado a coisa, nem contra quem arbitrariamente tenha desapossado o consignatário. Tais poderes seriam próprios do consignatário.

Com a restituição da coisa cessa o contrato estimatório, em todos os seus efeitos. O consignante retoma a posse e a disposição em sua plenitude, podendo exercer os poderes inerentes ao domínio, inclusive para vendê-la, permutá-la ou doá-la livremente. Não há necessidade de qualquer ato específico das partes, além da restituição da coisa, para a extinção do contrato, porque esta consiste em adimplemento da obrigação (alternativa) contraída pelo consignatário.

O Código Civil prevê dois tipos de restituição, com pressupostos distintos e efeitos idênticos: a entrega física da coisa e a comunicação sem entrega física. Quando o consignante entregou a coisa ao consignatário houve a tradição sem os efeitos de transmissão da propriedade, que permaneceu na titularidade do primeiro. Com a restituição física da coisa, retorna-se ao consignante o que ele transferiu, a saber, o poder de disposição e a posse própria. A possibilidade de a restituição ser tida como feita apenas com a comunicação do consignatário impele a algumas considerações. O benefício evidencia-se para o consignante, que não precisará da entrega real para que já se tenham como reintegrada sob sua titularidade integral a coisa consignada. A comunicação interrompe a fluência do prazo ajustado, desobrigando o consignatário de pagar o preço, o que também constitui situação de vantagem para este. Se o consignatário não restituir fisicamente a coisa ou retardar além do razoável a entrega, haverá esbulho, porque não mais desfruta da posição de contratante. Poderá o consignatário, que recuperou a posse, além do poder de disposição, requerer judicialmente a reintegração da posse e as perdas e danos decorrentes.

Não se exige forma especial para a comunicação. Poderá ser feita judicial ou extrajudicialmente, até mesmo de modo oral. O que importa é a prova da comunicação, de acordo com o contrato ou com os usos.

Há quem sustente que a violação da norma de vedação de dispor da coisa, pelo consignante, constituiria inadimplemento do contrato, mas produziria efeitos em relação a terceiro. Assim, a venda da coisa consignada, dentro do prazo ajustado, feita pelo consignante a terceiro, seguida da tradição, produziria os efeitos de transmissão da propriedade. O terceiro estaria legitimado a reivindicar a coisa do consignatário (Biscontini; Ruggeri, 1998, p. 31). Entendemos, contrariamente, que não se trata simplesmente de inadimplemento contratual. Não se estaria violando apenas o contrato. Está em jogo não apenas o ilícito relativo às partes do contrato, mas o princípio da boa-fé que tutela o interesse de todos aqueles que confiem na legitimidade do poder de disposição do consignatário. Nulo é o negócio jurídico que tiver por objetivo fraudar lei imperativa (CC, art. 166, VI). A nulidade decorre da violação da lei que atribui ao consignatário o poder exclusivo de disposição.

Há entendimento judicial (STJ, REsp 1.934.930) de que, em contrato estimatório, se as mercadorias forem vendidas a terceiros após o processamento da recuperação judicial, os créditos das consignantes possuem natureza concursal, submetendo-se aos efeitos do plano de recuperação judicial.

CAPÍTULO XV

Locação de Coisas

Sumário: 15.1. Características da locação de coisas. 15.2. Coisas e os tipos de locação. 15.3. Posse e uso pelo locatário. 15.4. Aluguel. 15.5. Direitos e deveres do locador. 15.6. Direitos e deveres do locatário. 15.7. Alienação da coisa locada. 15.8. Sublocação e cessão. 15.9. Extinção da locação. 15.10. Locação de imóveis urbanos.

15.1. Características da Locação de Coisas

A locação de coisas é o contrato mediante o qual uma pessoa (locador) entrega uma coisa para uso temporário de outra (locatário), tendo esta o dever de contraprestação pecuniária relativa a cada período de uso ajustado. São suas características: a natureza consensual do contrato, a temporariedade, a entrega da coisa, a periodicidade do aluguel, o exercício da posse pelo locatário, a devolução da coisa. Por força do CC, art. 2.036, a locação de imóvel urbano, residencial e não residencial, é regida por lei especial (Lei n. 8.245/1991).

Segundo Pontes de Miranda (1971, v. 40, p. 31), os elementos essenciais do contrato de locação são três: a) promessa (e consequente prestação) do uso; b) promessa (e consequente prestação) da retribuição; c) concordância sobre a duração, que pode ser por tempo indeterminado.

Os romanos, inicialmente, tinham a locação como gênero, da qual eram espécies a locação das coisas, a locação dos serviços e a locação para obra (*locatio rei, locatio operarum, locatio operis*). Essa interlocução perdurou por séculos, com influência no direito brasileiro até o CC/1916. As duas últimas se distanciaram, adquirindo autonomia própria, a primeira como contrato de trabalho e como contrato de prestação de serviços, e a última como contrato de empreitada. Na contemporaneidade não faz mais sentido esse tratamento indistinto, reservando-se o termo locação apenas para a locação de coisas.

A terminologia utilizada pela legislação e pela doutrina atuais, além de não mais denominar locação os demais contratos que historicamente tinham raiz comum com a locação de coisas, reserva os termos "locador" e "locatário" apenas para os figurantes deste contrato. Assim também no uso linguístico comum, no Brasil. Não faz mais sentido denominar o empregado e o prestador de serviços de locadores e o empregador e o tomador dos serviços de locatários. Todavia, no âmbito da locação de coisas, o uso linguístico ainda denomina de "inquilino" o locatário de imóvel urbano, cujo termo tem origem romana, ainda que a denominação "inquilinato", para o contrato, tenha caído em desuso. Na locação de imóveis rurais, o Estatuto da Terra (Lei n. 4.504/1964) optou por arrendamento, arrendador e arrendatário. E o contrato de *leasing*, oriundo da experiência anglo-americana, que conjuga locação com opção final de compra da coisa, recebeu a denominação "arrendamento mercantil", no Brasil.

Ainda quanto à terminologia, o preço da locação é denominado aluguel. Na língua portuguesa há também o termo "aluguer", muito utilizado em Portugal e preferido, no Brasil, por Pontes de Miranda. O verbo "alugar" também é usual no lugar de "locar".

A locação é genuinamente um contrato consensual ou obrigacional, bastando que haja o acordo de vontades entre o locador e o locatário. Diferentemente dos contratos reais, que exigem a entrega da coisa para sua perfeição e ingresso no plano da existência jurídica, o contrato de locação de coisa não necessita que esta seja entregue ao locatário, para que exista, possa valer e ser eficaz. Há obrigação, por parte do locador, de entregar a coisa ao locatário. Se não a entregar ou retardar sua entrega incorre em inadimplemento da obrigação, respondendo, inclusive, por perdas e danos causados ao locatário.

A periodicidade, para fins de pagamento do aluguel, varia de acordo com os tipos de locação e os interesses das partes. Para as locações de móveis, pode coincidir com o total do tempo da locação, quando este é de curta duração, como no aluguel de veículo por alguns dias, findos os quais paga-se o valor global. No Brasil, na locação de imóveis, sejam eles residenciais ou não residenciais, costuma-se fixar o período mensal para fixação do aluguel periódico, mas na locação por temporada pode o locador exigir o pagamento integral de modo antecipado.

A locação não pode ser perpétua, para que não se transforme em alienação da coisa ao locatário. A temporariedade é de sua essência. Se assim não fosse se confundiria com a compra e venda. O contrato de locação de coisas ou é por tempo indeterminado, ou por tempo determinado ou determinável. Se o tempo é indeterminado, a locação se extingue por meio de denúncia, ou resolução, ou

— 315 —

morte de um dos contraentes, neste caso salvo nas locações de imóveis urbanos para fins residenciais, enquanto um familiar do locatário sub-rogar-se em sua posição. Como nenhuma locação pode se converter em direito real, nem ter efeitos de direito real, adverte Pontes de Miranda (1971, v. 40, p. 32) que a excessiva duração da locação pode ser em fraude de lei.

O Código Civil não prevê prazo máximo para as locações sob sua regência, mas a Lei n. 8.245/1991, art. 3º, o fixou em dez anos, para as locações de imóveis urbanos, a partir do qual o locador pessoa física terá de obter a concordância de seu cônjuge. Essa lei também utiliza a indução de prazos mínimos para a locação, sem os determinar, como normas promocionais e não coercitivas, de modo a oferecer a vantagem de denúncia vazia (retomada sem ter de motivá-la) ao locador que o contemplar: nas locações residenciais esse prazo é de trinta meses, tempo mínimo que se supõe razoável para uma pessoa ou família viver em um imóvel. Se o locador não concordar com esse tempo mínimo, só poderá retomar o imóvel nas estritas hipóteses previstas na lei (denúncia cheia).

As locações de coisas não exigem a forma escrita, inclusive para bens imóveis, no direito brasileiro. Podem adotar a forma verbal, o que exige comprovação pelos meios de prova admitidos em direito, em caso de dúvida. Se o contrato de locação não teve a forma escrita, o prazo da locação será necessariamente indeterminado, salvo se o tipo de locação é usualmente com prazo determinado, segundo as informações prévias e publicidade dadas pelo locador. O CC, art. 565, não incluiu a exigência de documento escrito, ou de qualquer outra solenidade ou formalidade para o aperfeiçoamento do contrato. Na locação de imóvel urbano, há referência expressa à locação contratada verbalmente, no art. 47 da Lei n. 8.245/1991. Todavia, em uma hipótese ou outra, somente contrato escrito pode conter prazo determinado, a fixação da garantia locatícia, a transferência ao locatário dos encargos tributários incidentes sobre a coisa, o modo de reajustamento do aluguel, o direito de preferência para adquirir a coisa tanto por tanto, o direito à continuidade da locação em caso de alienação da coisa, entre outras situações.

A locação de coisa não integra, necessariamente, relação de consumo, salvo quando o locador exercer os atos de locação como partes de sua atividade econômica ou de fornecimento desses atos em caráter permanente. Exemplo é a locação de automóveis. A locação de imóveis urbanos pode ou não estar envolvida em relação de consumo, neste caso quando for objeto de intermediação de empresa administradora de imóveis.

— 316 —

15.2. Coisas e os Tipos de Locação

A coisa objeto de locação pode ser móvel ou imóvel. As coisas móveis hão de ser infungíveis e não consumíveis, pois têm de retornar ao locador, após o término do contrato. Não podem ser objeto de locação as coisas que se consomem com o uso, como os alimentos que serão utilizados no restaurante. Estão excluídos da locação a água, a luz, o gás, porque o uso deles os consome. Seu fornecimento se enquadra como espécie de compra e venda. Todavia, há coisas fungíveis e consumíveis que podem ser locadas, como as flores alugadas para uma festa ou as garrafas de bebidas para uma exposição; nessas hipóteses, por convenção, o que é por natureza fungível converte-se, temporariamente, em infungível.

O modelo de contrato regulado pelo Código Civil é preferencialmente o de locação de coisas móveis, porque houve progressivo esvaziamento de sua abrangência, tendo em vista que a locação de coisas imóveis passou a ser objeto de legislações especiais emergenciais ou permanentes.

As normas de regência do Código Civil incidem diretamente nas locações de coisas móveis e nas seguintes locações de coisas imóveis urbanas:

a) Locação de vagas de garagem nos edifícios residenciais e não residenciais;

b) Locação de vagas em estacionamentos de veículos, administrados por pessoas físicas ou jurídicas;

c) Locação de espaços, em imóveis de pessoas físicas ou jurídicas construídos ou não, destinados à publicidade de terceiros (pinturas em fachadas ou muros, painéis, placas, luminosos etc.);

d) Locação de quartos ou apartamentos em apart-hotéis, hotéis-residência ou equiparados, sempre que houver, além da locação do espaço, a prestação de serviços de hotelaria aos locatários. Em um mesmo estabelecimento hoteleiro pode haver apartamentos destinados aos hóspedes em trânsito e aos hóspedes permanentes (locatários), aplicando-se a estes as normas do Código Civil;

e) As caixas ou salas de segurança, os cofres, ou armários, nos edifícios de bancos, ou equivalentes.

As demais locações de coisas imóveis recebem apenas a incidência supletiva das normas do Código Civil, uma vez que regidas por leis específicas, que têm o locatário ou arrendatário como contratantes vulneráveis, merecedores de proteção legal. São elas:

a) Locação de imóveis urbanos, que, por sua vez, é desdobrada em locação de imóveis urbanos residenciais e imóveis urbanos não residenciais (comércio, indústria, serviços), regidas, precipuamente, pela Lei n. 8.245/1991;

b) Locação de imóveis rurais, ou arrendamento rural, regida pelo Estatuto da Terra, cuja matéria integra o autônomo direito agrário. O imóvel é considerado rural de acordo com sua localização ou com sua destinação. A legislação brasileira, para determinados fins, adota ora um, ora outro critério. O direito agrário brasileiro, no entanto, optou pela destinação, podendo ser rural o imóvel que se encontra dentro do perímetro urbano de determinado município, o que atrai o tipo de locação, que é o arrendamento rural.

As coisas incorpóreas, principalmente as obras intelectuais (direitos autorais e propriedade industrial), são regidas por legislação especial, constituindo universo distinto das finalidades da locação de coisas móveis. No que toca aos direitos autorais, a Lei n. 9.610/1998, em seu art. 49, no intuito de proteger o autor, apenas admite os contratos de licenciamento, concessão e cessão dos direitos patrimoniais de autor. Mas seus suportes materiais podem ser objeto de locação de coisa, como os livros, a gravação de músicas, de filmes. Orlando Gomes (2001, p. 277) cogita da locação de patentes de invenção.

A locação dos bens públicos é regida por legislação própria. Os bens imóveis da União podem ser alugados, de acordo com o Decreto-Lei n. 9.760/1946, quando não forem utilizados em serviço público e haja conveniência em torná-los produtivos, mediante condições especiais, e a juízo da Secretaria do Patrimônio da União. Quando a locação não servir para residência de autoridade ou servidor público federais, ou para Estados e Municípios, os demais interessados se habilitarão em concorrência pública, sendo concedida a quem ofereça o maior preço de aluguel. Essas locações não estão sujeitas às disposições da legislação de direito privado (art. 87).

15.3. Posse e Uso pelo Locatário

O objeto da locação é o uso remunerado da coisa locada ou alugada pelo locatário, para o que importa saber que titularidade o locador deve portar para assegurar a entrega da coisa.

A locação não envolve transmissão ou aquisição da coisa. É relação jurídica exclusivamente obrigacional. Assim, o locador não necessita de ser o proprietário ou titular de direito real da coisa. Pode ser, simplesmente, seu possuidor. Dado o caráter exclusivamente obrigacional da locação, o locador não necessita de um "poder de disposição" da coisa (Larenz, 1958, p. 215). A locação de coisa se prova com o contrato de locação escrito ou verbal e não com o título de domínio. Porém, o locador há de ser possuidor direto da coisa, não bastando ser mero detentor ou titular do direito de propriedade, sem posse. Até mesmo o locatário, por ser possuir imediato da coisa, pode alugá-la, mediante o instituto da sublocação.

Não pode ser locador o proprietário que perdeu a posse da coisa para outra pessoa, pois se obrigará a entregar algo cuja disponibilidade de uso não mais tem. É o uso que importa na locação e não a aquisição da coisa. Também não pode ser locador o nu-proprietário, pois a posse e o uso foram atribuídos ao usufrutuário, nem a proprietária resolúvel (instituição financeira), na alienação fiduciária em garantia, pois o uso é do adquirente que deu a titularidade da coisa (por exemplo, o automóvel) em garantia do financiamento recebido daquela. O usuário do automóvel pode locá-lo, mas não a instituição financeira proprietária.

Certas situações legais ou convencionais de posse não permitem que seu possuidor possa locar a coisa que detém. É a hipótese do depositário, cuja coisa recebida em virtude de contrato ou por força de lei não pode ser por ele alugada a terceiro, nem mesmo ser por ele usada, pois seu dever é de custódia. Esta é a precisa razão de sua indisponibilidade para locação, pois quem não tem o uso da coisa não pode locá-la.

Quando o contrato é celebrado, o locador (proprietário e possuidor ou mero possuidor) obriga-se a transferir ao locatário a posse imediata, mas retém consigo a posse mediata. A posse imediata investe o locatário no seu exercício, que passa a ser legítimo possuidor, inclusive em face do próprio locador, que tem de respeitá-la ou não a obstar. A posse mediata é uma ficção jurídica, para evidenciar que seu titular não transferiu ao possuidor direto a posse por inteiro, mas apenas seu exercício. O locador, como possuidor mediato, tem a garantia da preservação de sua titularidade na posse da coisa, mas também de deveres de garantir o exercício da posse do locatário. Nesse sentido, o Código Civil estabelece que o locador deva garantir ao locatário o uso pacífico da coisa (art. 566, II) e resguardar o locatário dos embaraços e turbações de terceiros, não apenas em relação aos vícios de direito (evicção), mas também em relação à posse (art. 568).

Para Pontes de Miranda (1972, v. 40, p. 60-89), quer no tocante à proteção possessória em relação com o terceiro, quer no tocante à proteção com relação ao próprio locador, o locatário é possuidor. Desde que se defina a posse como poder sobre a coisa, poder fático, que se distingue do poder jurídico propriamente dito, o locatário – que exerce aquele poder, utilizando a coisa – é caso típico de possuidor. Por isso mesmo, não perde a posse mediata, por ter convencionado a posse imediata. Ambos, locador e locatário, possuem. Se o locatário empresta a coisa, indo viajar, permite que, durante sua ausência de um mês, habite a casa, algum amigo, há três posses – a do locador, a do locatário e a do comodatário. A posse do locatário deriva da posse do locador – é imediata, como a do que se apodera do terreno, porém não é originária, como o é a desse. É derivada.

15.4. Aluguel

O aluguel (aluguer) é a contraprestação devida pelo locatário, em cada período de uso. Não há critério predefinido em lei para sua fixação. As partes são livres para estipulá-los. Se o valor cobrado pelo locador for elevado, não conseguirá alugar a coisa, o que o remete aos parâmetros do mercado. No caso de imóveis, muitas são as variáveis levadas em conta, como a localização, o padrão de construção, proximidade com os serviços públicos, vias de acesso etc.

A forma mais comum do pagamento é em dinheiro, ou mediante débito bancário ou transferência do equivalente. O Código Civil alude a retribuição, mas não exige que seja em dinheiro. É admissível que o aluguel possa ser adimplido mediante dação de coisas, de acordo com o que o contrato permitir. No arrendamento rural essa possibilidade é legalmente prevista, com utilização de parte dos produtos agrícolas, não podendo ultrapassar o limite de 15% do valor do imóvel, conforme o Estatuto da Terra, art. 95, com a redação da Lei n. 11.443/2007.

Sem o aluguel, se se transmitir o uso de alguma coisa sem contraprestação, o contrato será gratuito, convertendo-o em comodato, que é o empréstimo de coisa não fungível sem contraprestação.

Durante muitos anos, a legislação do inquilinato urbano ficou vulnerável às vicissitudes das políticas econômicas governamentais, refletindo-se em sua alteração constante, ora favorecendo o locador, ora o locatário. Um dos pontos mais inseguros era o valor do aluguel. A proteção ao locatário se fez forte, durante os períodos de inflação alta, notadamente no controle e limitações dos reajustamentos dos aluguéis. Índices e coeficientes de correção monetária foram fixados em leis e regulamentos, limitando sua fixação, periodicidade e modos de revisão.

A experiência desse modelo, não bem-sucedido, o estado de litígio permanente entre locadores e locatários e a estabilidade da economia após a década de 1990 fizeram com que os reajustamentos, inclusive nas locações residenciais, fossem deixados à convenção das partes. Estabelece o art. 17 da Lei n. 8.245/1991, que é livre a convenção do aluguel, apenas sendo vedada sua estipulação em moeda estrangeira e sua vinculação à variação cambial entre a moeda nacional e moeda estrangeira, ou ao salário mínimo, sendo que esta última vedação já está prevista na Constituição. Não há mais índices oficiais de correção monetária, para fins de locação, podendo as partes escolher qualquer um deles, até porque cada um utiliza base de cálculo e metodologia diferenciadas. Também é livre a periodicidade para o reajustamento do aluguel.

As dívidas quanto ao pagamento podem ser quesíveis ou portáveis. São quesíveis as dívidas cujo pagamento é feito no endereço do próprio devedor, devendo o credor mandar receber. São portáveis as dívidas que o devedor tem de pagar no local indicado pelo credor. Na locação de coisas, a tradição do direito brasileiro é de o aluguel ser dívida portável, devendo o locatário pagá-lo no endereço do locador ou em outro local por ele indicado (por exemplo, instituição financeira).

No dia fixado para pagamento, se o devedor não levar a prestação que devia levar, ou se o credor não a for buscar, se era quesível, haverá mora daquele, ou desse. "Se o devedor havia de pagar no seu domicílio, ou escritório, é o credor que pode incorrer em mora; o devedor somente incorre em mora se, indo receber o credor, o devedor não paga" (Pontes de Miranda, 1972, v. 40, p. 120). Nem o CC/2002 nem a Lei n. 8.245/1991 estabelecem o limite da multa em caso de mora do locatário, o que remete ao que está fixado, de modo geral, pela Lei de Usura (Decreto n. 22.626/1933), que é de 10% (dez por cento), não podendo ser o da equivalência da obrigação (CC, art. 412), pois o locatário é considerado contratante vulnerável, sob proteção legal. Sem razão o STJ (AgRg no AREsp 361.005), para o qual "a Lei de Usura (Decreto n. 22.626/1933) é aplicável somente aos contratos de mútuo, não podendo incidir sobre o contrato de locação para redução da multa moratória livremente convencionada entre o locador e o locatário".

O aluguel não pode ser cobrado antecipadamente. Na hipótese de imóvel urbano, a cobrança antecipada é considerada contravenção penal. Todavia, pode ser antecipada a cobrança de todo o aluguel, nas locações para temporada, com prazo não superior a noventa dias. Pode também ser antecipado o pagamento do aluguel, até o sexto dia do mês a vencer, quando o locatário não tiver dado nenhuma garantia locatícia (fiador, seguro, caução, cessão de quotas de fundo de investimento).

A inércia do locador em exigir o reajuste dos aluguéis por longo período de tempo suprime o direito à cobrança de valores pretéritos, mas não impede a atualização dos aluguéis a partir da notificação extrajudicial encaminhada ao locatário, conforme decidiu a 3ª Turma do STJ (REsp 1.803.278), que afastou a incidência da *supressio*, como modalidade da boa-fé, pois não se caracterizou deslealdade do locador, em decorrência de sua inércia anterior.

15.5. Direitos e Deveres do Locador

O principal direito do locador é exigir o pagamento do aluguel nos prazos convencionados. Pode o locador despedir o locatário e retomar a coisa sempre que o locatário modificar a finalidade da locação ou danificar a coisa, além de exigir o pagamento de perdas e danos correspondentes (CC, art. 570). Não constitui mudança de destinação a utilização de parte menor do imóvel para atividades profissionais do locatário. O locador tem ainda direito a reaver o bem locado; a autorizar, por escrito, a cessão de locação ou a sublocação; a pedir a revisão judicial do aluguel.

São deveres do locador: a) entregar a coisa ao locatário imediatamente após a celebração do contrato ou no prazo que este fixar, em condições de uso, durante o tempo da locação, para o que pode lançar mão de relatório circunstanciado de suas características e pertenças. Esse dever é tão importante que, sem ele, diz Larenz (1958, p. 198), o contrato perde seu caráter; b) manter as condições de uso da coisa, assumindo as despesas de reparação ou reconstrução das benfeitorias necessárias e úteis ou a reposição de peças, salvo se o contrato atribuir esse encargo ao locatário; c) assegurar ao locatário o uso pacífico da coisa, não criando embaraços ou exigências desnecessárias, defendendo a coisa contra turbação de terceiros e garantindo o locatário contra os vícios de direito e redibitórios; d) fornecer ao locatário, caso este solicite, descrição minuciosa do estado do bem, quando de sua entrega; e) fornecer ao locatário recibo discriminado das importâncias por este pagas, vedada a quitação genérica; f) exibir ao locatário, quando solicitado, os comprovantes relativos às parcelas que estejam sendo exigidas.

A entrega da coisa pode ser simbólica, porque o contrato de locação é meramente obrigacional e não real. No caso de imóvel, a entrega entende-se efetivada com a entrega das chaves. No caso do automóvel, com a entrega das chaves e do documento de licenciamento do veículo.

Se o locador não entregar a coisa na data da conclusão do contrato de locação ou no prazo ajustado, ou dificultar o uso regular da coisa, o locatário terá direito a denunciar o contrato, sem necessidade de fixar prazo, além da pretensão à indenização dos danos, inclusive gastos de mudança em consequência da prematura extinção da relação jurídica.

O locador tem o dever de omissão, de tolerância e de prática dos atos necessários ao uso regular da coisa pelo locatário, de acordo com o contrato e sua finalidade. Tem o locador de deixar que o locatário use o bem, de não o perturbar na posse que recebeu. Se, no curso do contrato, a coisa comprometer seu uso, sem culpa do locatário, este tem direito a exigir do locador as providências necessárias ou resolver o contrato. Se o estrago, que comprometeu o uso, for atribuído à culpa do locatário, o locador está exonerado da responsabilidade do reparo ou conserto.

Pode o locatário, em caso de vício, que não poderia ser conhecido pelo locatário e que torne a coisa imprópria ao uso ou em desconformidade com o que lhe foi informado, rejeitar a coisa ou pedir a redução proporcional do aluguel. Se o vício ou defeito da coisa puser em perigo a saúde ou a vida do locatário, ou de pessoa que use a coisa, considera-se nula que não poderia ser conhecido pelo locatário a cláusula que afaste o direito à denúncia ou resolução do contrato. O locador somente será responsável pelo vício que não seja aparente, pois o locatário deve estar ciente do estado do bem quando celebrar o contrato.

Se a coisa perece sem culpa do locador, não é ele obrigado a entregar outra, em reposição. É permitida a cláusula de responsabilização pelo caso fortuito ou pela força maior, bem como a de dar outra coisa que a equivalha (ex.: o prédio de valor locativo aproximado). Mas o locador em mora de entrega incorre na responsabilidade segundo o Código Civil (Pontes de Miranda, 1972, v. 40, p. 50).

Na locação de imóveis urbanos, é seu dever o pagamento dos tributos, mas pode esse encargo ser transferido ao locatário. Quando o imóvel for unidade de edifício, cabe ao locador o pagamento das despesas extraordinárias de condomínio, como a de mudanças e conservação de fachadas, de impermeabilização ou pintura de lajes e paredes externas, de instalação de equipamentos comuns, de benfeitorias e acessões comuns ao prédio. As despesas extraordinárias de condomínio não podem ser repassadas para o locatário.

15.6. Direitos e Deveres do Locatário

O direito essencial do locatário é o de poder usar a coisa, em conformidade com a finalidade da locação. No caso da locação de imóveis urbanos, o uso é assegurado não apenas ao locatário, mas também aos membros da família,

— 323 —

empregados, convidados, ou pessoas que foram autorizadas a ingressar no imóvel para prestação de serviços.

O locatário tem direito à entrega da coisa, pelo locador. Isso não significa dizer que tem o dever imediato de usar a coisa. Se não for buscar as chaves (da casa ou do automóvel locado), sujeitar-se-á à mora de credor, assumindo, inclusive, as consequências daí decorrentes. Como tem o dever de cuidar da coisa, objeto da locação, que corresponde ao direito de usá-la, assumiu desde então os deveres de cuidado e manutenção, correndo a seu risco os desgastes e danos que a coisa sofrer por falta deles.

O locador tem o dever de assegurar ao locatário as condições necessárias para que o locatário possa usar a coisa, segundo sua finalidade, conforme o contrato ou os usos nessas situações. A partir daí é o locatário que tem de praticar os atos necessários à eficiência do uso e manutenção ordinária da coisa.

O principal dever legal do locatário é pagar o aluguel nos prazos convencionados. Outros deveres legais do locatário são: a) conservar a coisa, como se fosse sua; b) restituir a coisa, no estado em que a recebeu, findo o prazo do contrato; c) usar a coisa de acordo com as finalidades definidas no contrato, não podendo modificá-la, total ou parcialmente, sem consentimento do locador; d) informar o locador sobre as turbações de terceiros, que aleguem ser os legítimos proprietários ou possuidores (evicção).

O dever de restituição, no estado em que recebeu a coisa, não significa que o locatário se responsabiliza pela indenização dos danos oriundos do uso normal ou do desgaste também normal. Há, portanto, danos que devem ser suportados pelo locador, pois todas as coisas, feitas ou modificadas pelos homens, sofrem desgaste com o tempo. Mas, o contrato pode estabelecer que a coisa, nessas hipóteses, seja reparada pelo locatário, como, por exemplo, com nova pintura do imóvel ou reposição de peças hidráulicas e de energia elétrica.

Além dos deveres estabelecidos na lei e que independem de estar consignados no contrato, há os deveres que as partes livremente convencionaram. A violação a qualquer deles, por parte do locatário, dá ensejo ao locador, ainda que o prazo do contrato esteja em curso, de requerer em juízo a extinção da locação e o pagamento de indenização por perdas e danos, principalmente quando modificar a finalidade ou danificar a coisa.

Nas locações de imóveis urbanos, cabe ao locatário o pagamento das chamadas despesas ordinárias de condomínio, como as respectivas taxas. Em relação à unidade do condomínio a si alugada, deve assumir as despesas dos respectivos consumos de água, energia, gás, telefonia e demais consumos privativos. Pode assumir, também, o pagamento dos tributos incidentes sobre o imóvel se o contrato assim estipular.

Considerando sua qualidade de possuidor da coisa, o locatário assume a responsabilidade pelos danos causados pelas pessoas que empregue ou hospede no imóvel locado, pelo indevido uso que façam do imóvel ou de coisas lançadas que atinjam o patrimônio e as pessoas de terceiros, por força da regra geral do CC, art. 938, ou pelos danos causados a estes por animais que vivam no imóvel, cuja vigilância foi negligenciada pelos empregados ou hóspedes. Essa responsabilidade civil independe de apuração de culpa do locatário. Karl Larenz (1958, p. 206) considera essas pessoas como "auxiliares no adimplemento" do locatário.

As modificações na coisa locada não podem ser feitas pelo locatário, sem autorização do locador, salvo se o contrato tiver expressamente facultado fazê-las. Entre as modificações estão as acessões (construções e plantações) e benfeitorias necessárias, úteis e voluptuárias. Se as fizer, sem autorização, poderá ser obrigado a desfazê-las e a indenizar o locador dos prejuízos.

Terá o locatário direito à indenização das benfeitorias necessárias e úteis autorizadas e à retenção da coisa, enquanto não for pago pelo locador, ainda que o contrato tenha findado. Quanto às benfeitorias voluptuárias, poderá levantá-las ou retirá-las, se não danificar a coisa.

Para o STJ (REsp 1.931.087) a cláusula de renúncia às benfeitorias em contrato de aluguel deve ser interpretada restritivamente, não se estendendo às acessões; no caso, o locatário teve reconhecido o direito de ser ressarcido da academia construída no imóvel alugado (acessão e não mera benfeitoria), que não pôde funcionar por falta de regularização que dependia da locadora. Entendemos, todavia, que a acessão é modo de aquisição da propriedade com regime ressarcitório próprio (CC, arts. 1.253-1.259), de natureza distinta das benfeitorias, sendo estas as únicas modalidades de acréscimo patrimonial com direito de retenção pelo locatário decorrente de relação contratual, com previsão expressa do Código Civil (art. 578) e na lei de locação (Lei n. 8.245/1991, arts. 35-36).

15.7. Alienação da Coisa Locada

Se a coisa for vendida, permutada, dada em pagamento ou doada pelo locador durante a locação, tem o locatário direito de permanecer na posse imediata da coisa locada. A lei exige, para o exercício desse direito, que o contrato de locação tenha prazo determinado e contenha cláusula específica da continuidade de sua vigência em caso de alienação e que tenha sido levado a registro competente: no Registro de Títulos e Documentos, no caso de bens móveis, e no Registro de Imóveis, no caso de bens imóveis. Nos contratos sem prazo determinado ou que se converteu em prazo indeterminado, a cláusula é inócua, pois o locador pode retomar a coisa a qualquer tempo, após a devida notificação.

Se o contrato não contiver a cláusula de garantia ao locatário, o locador pode livremente alienar a coisa, mas a lei estabelece que o adquirente só possa despejar o locatário após noventa dias de ter sido notificado da alienação. Todavia, entendeu o STJ que a averbação do contrato de locação no cartório de registro imobiliário não é condição obrigatória para que o inquilino possa reclamar indenização pelos prejuízos sofridos com a violação do seu direito de preferência na compra do imóvel (REsp 1.216.009). Ou seja, o registro é imprescindível para o exercício do direito de preferência, mas não para pleitear perdas e danos.

O registro da cláusula de alienação não converte a relação de locação em relação real, pois a finalidade desse registro não é a de transmissão da propriedade da coisa, mas sim de oponibilidade contra terceiros dos efeitos do contrato. O registro público confere a presunção legal de publicidade. É o que a doutrina denomina obrigação *ad rem*, ou seja, a que adere à coisa, independentemente de quem seja seu proprietário.

Após a alienação e sua comunicação, e enquanto permanecer no imóvel, deve o locatário dirigir o cumprimento de suas obrigações contratuais ao adquirente, inclusive o pagamento dos aluguéis. A garantia contratual concedida ao locador (fiança, ou caução, ou seguro de fiança locatícia, ou cessão fiduciária de quotas de fundo de investimento) passa ao adquirente. Os aluguéis anteriores são devidos ao locador originário, que alienou a coisa, salvo se esses créditos não foram cedidos ao adquirente. Enquanto o locatário não receber a comunicação da alienação da coisa, o locatário não está obrigado a pagar ao adquirente.

O Código Civil refere explicitamente à alienação da coisa, para fazer nascer o direito do adquirente ou, quando houver cláusula de vigência do contrato, do locatário. Todavia, entende Pontes de Miranda (1972, v. 40, p. 95) que o locador pode não ser o dono, ser enfiteuta, usufrutuário, ou mesmo locador que sublocou, ou o locador-proprietário pode não alienar, mas sim gravar de direito real limitado (usufruto), devendo a regra legal incidir nesses casos.

O STJ (REsp 1.193.992) assegurou ao locador o direito de se arrepender e pedir o seu imóvel de volta, mesmo depois de o locatário ter exercido o direito de preferência para compra. De acordo com a decisão, a lei não dá ao locatário, ante o arrependimento do locador, a possibilidade de exigir a outorga da escritura definitiva de compra e venda do imóvel.

15.8. Sublocação e Cessão

O uso da coisa pode ser transferido a terceiro mediante os institutos da cessão e da sublocação.

A cessão depende inteiramente de anuência do locador, pois é modalidade de cessão de posição contratual. Jean Carbonnier (2007, p. 574) ressalta a utilidade da figura da cessão contratual, tanto na cessão global quanto na cessão parcial (subcontratação ou substituição do contratante original); as duas combinações produzem certo efeito de cessão que torna evidente a entrada em cena de um novo personagem que, à sua maneira, participará do contrato. Na cessão de posição contratual, o cedente transfere ao cessionário todos os elementos ativos e passivos correspondentes a que ele se vinculou no contrato. O locatário cessionário investe-se inteiramente na posição do locatário cedente, desvinculando-se este inteiramente. O cessionário tem direitos e pretensões contra o locador para que cumpra os seus deveres e obrigações, oriundos do contrato de locação, tais como as teria o locatário cedente (Pontes de Miranda, 1972, v. 40, p. 283).

Para a locação dos imóveis urbanos, a Lei n. 8.245/1991 condiciona a cessão, a sublocação e até mesmo o empréstimo do imóvel locado, total ou parcialmente, ao consentimento prévio e escrito do locador. Se a qualquer dessas modalidades de transferência de uso faltar o consentimento, poderá o locador promover a resolução do contrato e a retomada do imóvel, por se caracterizar violação a dever legal pelo locatário (o de obter o consentimento). Na hipótese de empréstimo (comodato), faz sentido a autorização porque o comodatário é possuidor imediato. Diferentemente ocorre com pessoa que é mera detentora da posse (CC, art. 1.198) em nome do locatário, porque a responsabilidade é inteira deste, não sendo necessário o assentimento do locador, enquadrando-se nessa hipótese os hóspedes e convidados.

A sublocação é o contrato de locação derivado, no qual o locatário se obriga a ceder o uso da coisa que alugou, para terceiro. O locatário, sublocador, que tem o uso, passa a outrem o uso, sem que se altere a relação jurídica entre ele e o locador. O locatário não é substituído pelo sublocatário em sua posição contratual.

A sublocação pode ser total ou parcial. É parcial quando o locatário permanece no uso de parte da coisa, notadamente quando se tratar de imóvel. Diferentemente da cessão, na sublocação, inclusive quanto total, o locatário (sublocador) não se desvincula do contrato e responde perante o locador pelas obrigações assumidas, como o aluguel. O contrato que firma com o sublocatário institui relação jurídica paralela, mas dependente e vinculada à relação jurídica originária.

A sublocação autorizada tem como efeito a incidência a ela das disposições legais e contratuais decorrentes do contrato originário de locação. Como é contrato dependente e não autônomo, quando findar a locação também findará a sublocação, mas o sublocatário poderá exigir do sublocador indenização pelas perdas que sofrer com a resolução antecipada. O sublocatário também responde subsidiariamente, perante o locador, até o limite das importâncias que dever ao sublocador e pelos aluguéis que se vencerem após ação que aquele ajuizou contra o locatário-sublocador.

Se a sublocação foi feita sem consentimento do locador, a responsabilidade do locatário abrange quaisquer danos, exceto se provar que o dano teria acontecido ainda que não houvesse sublocado a coisa.

15.9. Extinção da Locação

O contrato de locação de coisas extingue-se: a) quando seu prazo se concluir; b) pelo distrato (mútuo acordo); c) se uma das partes cometer infração contratual ou infração a dever legal; d) por falta de pagamento dos alugueres; e) pela morte do contratante; f) em virtude do perecimento da coisa; g) por alienação da coisa sem cláusula de vigência nesse caso; h) pela impossibilidade superveniente de uso da coisa; i) pela desapropriação por ato do Poder Público; j) pela evicção; k) pelo abandono da coisa por parte do locatário, dependente de imissão na posse por decisão judicial favorável ao locador.

Havendo prazo determinado, seu termo final é também o termo final da locação. A extinção opera automaticamente, por força de lei (CC, art. 573), sem necessidade de notificação ou aviso por parte do locador. O prazo tem a função, no contrato de locação, da cláusula resolutiva expressa. Findo o prazo, poderá o locador exigir a devolução da coisa, comunicando extrajudicialmente ao locatário que não pretende continuar a locação. Se o locatário não atender à pretensão do locador, incorrerá em violação do contrato, sujeitando-se a responder, em juízo, além da devolução forçada da coisa, às penalidades contratuais e à indenização por perdas e danos.

Diferentemente de outros contratos, porém, a locação de coisa admite o instituto da prorrogação do contrato. Dá-se quando o locador não comunica ao locatário que não pretende continuar a locação e não manifesta oposição a que o locatário continue na posse do uso da coisa. O único requisito é a permanência do locatário, tolerada pelo locador. Nessa hipótese há presunção legal de que a locação foi prorrogada por prazo indeterminado. Essa presunção é relativa, pois pode ser provada em contrário. As condições contratuais permanecem, inclusive em relação ao aluguel, exceto quanto ao prazo. A relação jurídica locatícia permanece íntegra, pois a eficácia modificativa diz respeito apenas ao tempo, que ultrapassa e continua o tempo do contrato.

A locação prorrogada por prazo indeterminado se extingue quando, em qualquer tempo, o locador notificar o locatário que não pretende continuar a locação. É a denúncia vazia da locação. O Código Civil não prevê prazo para cumprimento da notificação. Para as locações de imóveis urbanos, o art. 6º da Lei n. 8.245/1991 prevê que a retomada (despejo) deverá ser antecedida de notificação ou aviso do locador, com prazo de trinta dias. A lei não exige forma especial para a denúncia ou notificação, salvo se o próprio contrato a estipular. Basta simples aviso, por qualquer meio de comunicação, desde que possa ser provado seu conhecimento pelo locatário.

A notificação premonitória para o encerramento do contrato de locação por denúncia vazia é obrigatória e, assim, não seria permitido ao locador ajuizar uma ação de despejo sem ser conferido ao locatário o aviso prévio de que trata o art. 46, § 2º, da Lei do Inquilinato (REsp 1.812.465).

Nas locações regidas pelo Código Civil, se o locatário, após a notificação, não restituir a coisa, será penalizado com o aluguel que o locador arbitrar, além de responder por perdas e danos, inclusive quando estes provierem de caso fortuito. Para evitar o abuso do locador, a lei faculta ao locatário que requeira ao juiz a redução do valor do aluguel arbitrado. Mas o juiz, apesar de valer-se de juízo de equidade, não poderá retornar ao valor do aluguel originário, pois o aluguel arbitrado tem natureza de pena; a rigor, não é mais aluguel e sim pena pela continuidade da violação, pois o contrato já foi extinto. Considera-se excessivo o arbitramento do aluguel que ultrapassar o valor de mercado mais o percentual correspondente à cláusula penal estabelecida em lei, sob pena de enriquecimento sem causa do locador.

Na locação por prazo determinado, nenhuma das partes pode se desvincular do contrato antes de seu termo final. Se o fizer, sujeitar-se-á à penalidade legal. Se for o locador, pagará ao locatário o valor correspondente às perdas e danos por este sofridas, que inclui as despesas de transporte, custas processuais e de advogado e a diferença a maior do valor do aluguel do novo imóvel que teve de alugar correspondente ao período que faltava para completar o prazo do contrato originário. O locatário, enquanto não for ressarcido das perdas e danos, terá direito de retenção do imóvel, não se obrigando a pagar aluguel por esse período de espera. Se for o locatário, este pagará ao locador a multa contratual, na proporção dos meses que faltar para concluir o prazo. Se a multa for excessiva, deverá ser reduzida equitativamente pelo juiz (CC, art. 413), ou em bases razoáveis (CC, art. 572). Este último artigo refere-se exclusivamente à hipótese de o contrato ter previsto como multa o equivalente ao total dos aluguéis vincendos. Aplica-se o juízo de equidade, podendo o juiz fixar a cláusula penal em número de aluguéis vincendos ou em percentual sobre o respectivo valor.

Todavia, na locação de imóvel urbano, ao contrário das locações em geral, o locador não poderá reaver o imóvel durante o prazo da locação, em virtude de norma de lei especial (art. 4º da Lei n. 8.245/1991, com a redação da Lei n. 12.744/2012). Mas o locatário poderá desistir da locação, pagando a multa pactuada, na proporção dos meses que faltarem, ficando dispensado dela se for transferido por seu empregador para trabalhar em outra localidade. Por exemplo, se a multa for equivalente a três aluguéis, e faltar um terço do prazo contratual para seu encerramento, a multa será também de um terço (equivalente, no exemplo, a um aluguel).

Os tribunais têm entendido que, se o locatário abandonar o imóvel sem comunicar sua saída ao locador, fica configurado o abandono, não o eximindo do pagamento das despesas advindas do imóvel até que sobrevenha a imissão do locador na posse, por força do art. 66 da Lei n. 8.245/1991. A imissão na posse pode ser feita judicialmente em ação de despejo. O art. 5º, da referida lei, estabelece que seja qual for o fundamento do término da locação, a ação do locador para reaver o imóvel é a de despejo, não podendo valer-se do exercício das próprias razões na hipótese de abandono.

Se a locação for não residencial, o locatário que desejar devolver o imóvel antes do término contratual deverá pagar ao locador a multa convencionada, que poderá ser equivalente à soma dos valores dos aluguéis a receber (Lei n. 8.245/1991, art. 54-A, § 2º, introduzido pela Lei n. 12.744/2012).

A morte do contratante não extingue a locação de coisas com prazo determinado, pois esse contrato não existe em razão das pessoas dos contratantes (*intuitu personae*), sendo transferida a respectiva posição contratual aos herdeiros do locador ou do locatário. Mas, segundo Pontes de Miranda (1972, v. 40, p. 199), se falecer o usufrutuário, que locara o bem usufruído, ou se o usufruto terminar por outra causa, não haverá sucessão na relação jurídica de locação.

Com razão, pois o dono da nua-propriedade não é sucessor entre vivos do usufrutuário, nem herdeiro, não podendo ser invocado o CC, art. 577. Na locação de bem imóvel a sucessão contratual tem como pressuposto a convivência dos sucessores com o locatário no mesmo imóvel e na época do falecimento. A norma do Código Civil é compatível com o disposto no art. 11 da Lei n. 8.245/1991, com relação à morte do locatário. Assim, sub-rogam-se nos direitos do locatário o cônjuge ou companheiro e, sucessivamente, os herdeiros e as pessoas que viviam sob dependência do *de cujus*, desde que residentes no imóvel. Ainda que o Código Civil refira apenas a herdeiros, abrange os sucessores, na hipótese de pessoas jurídicas.

Se o perecimento da coisa ocorrer, inclusive por incêndio, sem culpa do locatário, este nada responderá perante o locador; mas, se se der por sua culpa, na forma da regra geral do CC, art. 239, responderá pelo valor da coisa e mais perdas e danos. O locador suportará o risco do perecimento se este se der em virtude de caso fortuito ou força maior. Neste caso, como adverte Orlando Gomes (2001, p. 283), se o perecimento for total, o contrato dissolve-se; mas, se for parcial, a dissolução não ocorre inevitavelmente, pois ainda que destruída parcialmente, a coisa pode interessar ao locatário, se o locador aquiescer em reduzir proporcionalmente o aluguel.

Como consequência do perecimento da coisa locada, não são exigíveis aluguéis no período compreendido entre o incêndio que destruiu imóvel objeto de locação comercial e a efetiva entrega das chaves pelo locatário (STJ, REsp 1.707.405). Se, em virtude de despejo, houver desaparecimento ou deterioração das coisas móveis do locatário que forem entregues a depositário judicial, este e não o locador responde pelos danos (STJ, REsp 1.819.837).

A deterioração natural não dá ensejo à extinção ou ao abatimento do valor do aluguel, não sendo decorrentes de fato alheio à conduta do locatário, como no caso de incêndio. Em contrapartida, segundo o STJ, é devida indenização por lucros cessantes pelo período em que o imóvel objeto de contrato de locação permaneceu indisponível para uso, após sua devolução pelo locatário em condições precárias (REsp 1.919.208).

A extinção do contrato de locação de coisas não encerra totalmente seus efeitos. A lei admite que o locatário tenha direito à retenção das benfeitorias necessárias e úteis e de levantamento das voluptuárias, que realizou na coisa, em virtude de autorização ou consentimento do locador. Aplica-se-lhe a regra geral do possuidor de boa-fé. A retenção das benfeitorias importa, consequentemente, a retenção da própria coisa, pois aquelas estão incorporadas a esta. Nessa hipótese, fica desobrigado do pagamento dos alugueres originários ou por arbitramento. Tratando-se de benfeitorias voluptuárias, o locador poderá pagá-las ou permitir que o locatário as remova, desde que sem prejuízo para a coisa. A Súmula 158 do STF estabelece que, salvo estipulação contratual averbada no registro imobiliário, não responde o adquirente da coisa pelas benfeitorias realizadas pelo locatário.

15.10. Locação de Imóveis Urbanos

A locação de imóveis urbanos migrou do Código Civil para um microssistema jurídico próprio, que se caracteriza por conter normas de várias fontes e espécies. Há uma relação jurídica básica, mas sobre ela incidem não apenas normas de direito civil, agregando-se-lhes outras de direito processual e de direito penal, em maior número. Portanto, a matéria deixou de ser exclusivamente de direito civil, estando regida pela Lei n. 8.245/1991, com suas alterações ulteriores. O projeto do Código Civil, de 1975, previa uma seção destinada à "locação de prédios urbanos". Mas, ainda na Câmara dos Deputados, foi suprimida, sob a justificativa de que essa matéria deve constar de lei especial, não só por suas características, como pelas mudanças contínuas a que está sujeita, além de que implica disposições de ordem processual.

Desde os anos 1930, foram editadas sucessivamente leis emergenciais sobre inquilinato, voltadas principalmente para a proteção do locatário residencial e do locatário empresarial que tinha constituído fundo de empresa ("ponto"), principalmente clientela, com o passar do tempo. Com relação às locações para fins residenciais, o sistema que se desenvolveu de proteção do locatário voltou-se, principalmente, para: a) garantia de continuidade da locação, contra o despejo imotivado, fixando-se as hipóteses estritas de retomada pelo locador (denúncia cheia); b) controle do valor do aluguel e de seu reajustamento; c) requisitos temporais para a retomada; d) especificação dos tipos de locações protegidas, com utilização de legislações específicas.

Esse quadro confuso e casuístico foi consolidado pela Lei n. 8.245/1991, que unificou em um só diploma todas as hipóteses de locações de imóveis urbanos, contemplando regras gerais e especiais, tanto de direito material quanto de direito processual e penal. A lei estabeleceu um período transitório, no qual as locações indeterminadas, após cinco anos, poderiam ser extintas, sem necessidade de motivação. A Lei n. 8.245/1991 manteve a natureza protecionista desses tipos de locação, notadamente a residencial, mas introduziu normas de natureza promocional ou premial: se a locação residencial respeitar um tempo mínimo, considerado razoável para a moradia temporária de uma família, ou seja, trinta meses, não será compulsoriamente prorrogada; mas, se o tempo for menor, será necessariamente prorrogada até cinco anos. Mas, a Lei n. 12.112/2009, que a modificou, emergiu de razão contrária: facilitar a oferta de imóveis para locação, reduzindo as garantias do locatário, principalmente as de natureza temporal. Prossegue, assim, a trajetória da locação de imóveis urbanos, em fluxos e refluxos de proteção ao contratante vulnerável.

A locação de imóveis urbanos, notadamente a de fins residenciais, não é relativa à pessoa do locatário. Nesse sentido é impessoal. É uma locação geradora de deveres de proteção à família, em sentido amplo. Se o locatário falecer, sub-roga-se em sua posição contratual o cônjuge, ou um de seus descendentes ou qualquer pessoa que vivia sob sua dependência econômica no mesmo imóvel. Assim também, se o locatário se separar de seu cônjuge ou companheiro, por força de divórcio, separação de fato ou dissolução da união estável.

A locação de imóveis urbanos apresenta as seguintes características básicas, além das que lhe são aplicáveis pelo regime do Código Civil às locações de coisas em geral:

a) Imóveis de pessoas físicas ou jurídicas de direito privado;

b) Finalidades de habitação para o locatário e sua família, ou de desenvolvimento de atividades econômicas de indústria, comércio e serviços, ou de atividades sem fins lucrativos (associações civis, fundações, organizações religiosas, partidos políticos, sindicatos);

c) Longa duração, com regras especiais para a locação de temporada;

d) Liberdade de fixação de prazos para a locação, dos valores dos aluguéis e dos modos de reajustamentos dos aluguéis, com proibição de uso de moeda estrangeira, de variação cambial e do salário mínimo;

e) Proteção contra a retomada imotivada, de acordo com a observância de prazos determinados e hipóteses específicas (denúncia cheia);

f) Possibilidade de denúncia vazia quando os prazos de proteção foram ultrapassados; contudo, não é cabível a denúncia vazia quando o prazo de 30 (trinta) meses, exigido pelo art. 46 da Lei n. 8.245/1991, é atingido com as sucessivas prorrogações do contrato de locação de imóvel residencial urbano (STJ, REsp 1.364.668);

g) Unificação de todas as hipóteses de retomada na figura processual do despejo, não sendo permitido (STJ, REsp 1.812.987) ajuizamento de ação possessória para fins de reintegração de imóvel alugado;

h) Garantia de vigência do contrato em caso de alienação do imóvel, quando contiver cláusula expressa nesse sentido e for registrada (situação idêntica à de locação geral de outras coisas, regida pelo Código Civil);

i) Sublocação e cessão do imóvel locado dependentes de consentimento prévio e escrito do locador, mas não podendo o valor da sublocação exceder ao da locação;

j) Direito de revisão do aluguel, tanto para o locador quanto para o locatário, após três anos do contrato, para ajustá-lo ao valor de mercado, ainda que tenha havido reajustamentos nesse período. Para o STJ (EREsp 1.411.420), em se tratando de contrato de locação não residencial, a revisão do aluguel deve refletir o valor patrimonial do imóvel, incluindo as benfeitorias e acessões realizadas pelo locatário com autorização do do locador; devendo (REsp 2.082.255) o valor corrigido ser retroativo à data da citação, de acordo com o art. 69 da Lei n. 8.245/1991;

k) Possibilidade de os pagamentos dos tributos incidentes sobre o imóvel, notadamente o IPTU, ou de seguro contra fogo serem atribuídos no contrato ao locatário, podendo o recibo consignar, além do aluguel, tais despesas e as despesas ordinárias e mensais de condomínio;

l) Impossibilidade de as despesas extraordinárias de condomínio serem transferidas para o locatário;

m) Direito de preferência do locatário de adquirir o imóvel, se o locatário resolver vendê-lo, pelo mesmo preço de venda ou promessa de venda e suas condições de pagamento, devendo manifestar-se nesse sentido no prazo de trinta dias do recebimento da comunicação feita pelo locador. Se o locatário não for comunicado da venda, poderá exercer o direito de preferência no prazo de seis meses do registro imobiliário da venda, desde que o contrato tenha sido antes registrado no Registro de Imóveis;

n) Faculdade de escolha pelo locatário das garantias locatícias, dentre as seguintes modalidades: fiança, caução, seguro de fiança locatícia e cessão fiduciária de quotas de fundos de investimento. A caução, por sua vez, pode ser feita em bens móveis ou imóveis, em títulos de crédito ou ações, ou em depósito do equivalente a três meses de aluguel em caderneta de poupança vinculada, que retornará ao locatário quando for devolvido o imóvel. Quanto à fiança, a Súmula 268 do STJ estabelece que o fiador que não integrou a relação processual na ação de despejo não responde pela execução do julgado. Note-se que o imóvel do fiador destinado para sua residência não está protegido da impenhorabilidade como bem de família, de acordo com orientação dominante do STF; mas, segundo o STJ (REsp 1.935.563), o imóvel dado em caução em contrato de locação recebe a proteção da impenhorabilidade previsto na Lei n. 6.009/1990;

o) Nulidade das cláusulas do contrato que contrariem os direitos do locatário estabelecidos em lei;

p) Faculdade conferida ao locatário de purgar a mora, em caso de despejo.

As locações de imóveis urbanos regidas por normas especiais são:

(1) Locação para fins residenciais, com prazo igual ou superior a trinta meses (dois anos e meio), findo o qual pode o locador retomar o imóvel, sem necessidade de motivação ou notificação;

(2) Locação para fins residenciais, com prazo inferior a trinta meses, findo o qual o locador não poderá retomar o imóvel, salvo se comprovar, além das hipóteses de falta de pagamento e de violação contratual e legal, que: 1) a locação estava vinculada ao contrato de trabalho do locatário, e que este foi extinto; 2) precisa do imóvel para uso próprio, ou para seu descendente ou seu ascendente que não disponham de imóvel próprio; 3) precisa fazer demolição, reforma ou construção de obra, licenciadas pelo Poder Público, que ultrapassem de 20% da área anterior; 4) a soma dos prazos do contrato ou o prazo indeterminado ultrapassam cinco anos, contados (STJ, REsp 1.511.978) do início da locação do imóvel; 5) o Poder Público determinou a realização de reparações urgentes, que não possam ser feitas com a permanência do locatário no imóvel;

(3) Locação para fins não residenciais, sem direito à renovação do contrato, que cessa imediatamente na conclusão do prazo, independentemente de notificação ou aviso;

(4) Locação para fins não residenciais, com direito à renovação do contrato, quando preencher os seguintes requisitos: 1) o contrato seja escrito; 2) o prazo contratual seja de cinco anos ou a soma dos prazos contínuos conte no mínimo esse tempo; 3) o locatário tenha desenvolvido a mesma atividade econômica nos últimos três anos. Segundo entendimento jurisprudencial (STJ, REsp 1.990.552), o prazo máximo da renovação compulsória não poderá exceder de 5 anos, ainda que a vigência do contrato tenha sido superior a esse tempo;

(5) Locação por temporada, para fins residenciais, desde que o prazo não ultrapasse noventa dias. Tem sido entendido que a locação por temporada não pode adotar o modelo de hospedagem por aplicativos ou plataformas (ex.: *Airbnb*), podendo o condomínio residencial, onde estiver situado o imóvel, proibi-lo (a respeito, STJ REsp 2.121.055);

(6) Locação mista em *shopping center*, que, além dos deveres de locação, gera para o locatário deveres de compartilhamento das despesas comuns de publicidade e das despesas de condomínio, e de parceria no seu faturamento em favor da administradora do *shopping center*. Essas despesas têm de ser previstas em orçamento, podendo o locatário exigir a comprovação delas. Apesar de sua natureza como contrato misto, há entendimento (STJ, REsp 1.947.694) de ser típico contrato de locação, com características próprias, sendo admitida ao lojista a propositura de ação renovatória da locação;

(7) Locação para hospitais, casas de saúde, clínicas médicas, asilos, escolas e outros estabelecimentos de ensino, cujo imóvel pode ser retomado, além das hipóteses de falta de pagamento ou de violação contratual ou legal, quando o locador necessitar do imóvel para construção, demolição ou reforma que ultrapasse 50% da área construída, ou quando o Poder Público determinar a realização de reparações urgentes, que não possam ser feitas com a permanência do locatário no imóvel.

Nas situações de locação mista, quando o locatário resida no imóvel e o utilize para fins não residenciais, prevalece o que o contrato determinar; havendo dúvida, prevalece a finalidade residencial. Todavia, o imóvel para fins residenciais não pode ter outra utilização, sem previsão contratual ou autorização expressa posterior do locador, sob pena de violação contratual, o que possibilita a retomada, independentemente de o prazo ainda estar em curso.

A locação é considerada não residencial quando a locatária for pessoa jurídica e utilizar o imóvel para alojar seus sócios, gerentes ou empregados.

A Corte Especial do STJ entendeu que, não havendo consenso entre as partes da ação revisional de locação comercial, o novo aluguel deve refletir o valor patrimonial do imóvel, incluídas as benfeitorias e acessões realizadas pelo locatário, pois estas se incorporam ao domínio do locador, proprietário do bem (EREsp 1.411.420).

A locação de imóveis urbanos pode sofrer variações, não se aplicando as mesmas regras, tendo em vista o grau de proteção. Assim, ainda que o imóvel seja residencial, pode ser destinado para temporada, em prazo que não pode ultrapassar noventa dias, não sendo aplicável a esse tipo de locação as mesmas regras protetivas das demais locações residenciais.

A Lei n. 10.188/2001 introduziu no sistema jurídico brasileiro uma modalidade diferenciada de locação, denominada arrendamento residencial com opção de compra, destinado à moradia da população de baixa renda, à semelhança do arrendamento mercantil (*leasing*), pois conjuga o contrato de locação do imóvel com o de opção de compra ao final do prazo ajustado. Tais contratos devem conter o prazo, o valor do arrendamento (aluguel) e os critérios de seu reajustamento, a opção de compra e o preço para opção de compra. É um contrato misto unitário, de natureza distinta do contrato de locação.

Capítulo XVI

Prestação de Serviços

Sumário: 16.1. Conceito e abrangência. 16.2. Distinções com os contratos de trabalho e de empreitada. 16.3. Profissional liberal: prestador de serviços por excelência. 16.4. Remuneração. 16.5. Prazo do contrato. 16.6. Extinção.

16.1. Conceito e Abrangência

A prestação de serviços é o contrato bilateral, temporário e oneroso, mediante o qual uma pessoa (prestador de serviços) se obriga a desenvolver uma atividade eventual, de caráter corporal ou intelectual, com independência técnica e sem subordinação hierárquica, em favor de outra (tomador ou recebedor dos serviços), assumindo esta uma contraprestação pecuniária.

O prestador de serviços pode ser pessoa física ou pessoa jurídica. Prestam-se serviços construindo, reformando, consertando, limpando, vigiando, transportando, em miríades infindáveis de trabalhos não assalariados. Outro campo amplo é o dos profissionais liberais, que exercem suas profissões individualmente, ou em sociedades organizadas. Também prestam serviços as empresas que não se enquadram em atividades de indústria, de agricultura e de comércio de bens.

A prestação de serviço, na qual o fator tempo tem importância fundamental, exige das partes, em medida especialmente elevada, uma colaboração baseada na confiança, a qual cria deveres de conduta especialmente destacados, segundo a boa-fé, deveres de consideração humana e de cooperação. Além disso, nesse contrato, é próprio um "fator jurídico pessoal", que encontra sua expressão no dever de proteção, imputável ao tomador, e no correspondente dever de lealdade do prestador (Larenz, 1958, p. 284).

Na virada do século XX para o século XXI, os serviços já tinham despontado como o mais importante setor da economia, superando em valores agregados a agricultura e a indústria. Na sociedade pós-industrial, o setor de serviços é fundamental, com o conhecimento teórico e científico passando a desempenhar

— 338 —

o papel central, o que não deixará de ter consequências na questão do poder, porque a sua fonte deixa de ser a terra ou a máquina (capital) para passar a ser o saber, como novo fator de produção. A sociedade agrícola, destinatária principal do CC/1916, foi substituída pela sociedade urbana e de massas do CC/2002, atingindo mais de 80% da população nacional, com a consequente alteração das relações econômicas hegemônicas, a complexidade tecnológica e o crescimento do setor de serviços.

As revoluções tecnológicas e da informação contribuíram para a explosão exponencial dos serviços. Seu crescimento é acompanhado de complexidade, vulnerabilidade do contratante e massificação das relações negociais. Nas relações de consumo ou são os produtos, ou são os serviços que interessam ao consumidor, para adquirir ou usar. Os produtos são coisas tangíveis, que resultam do fazer humano ou de exploração da natureza. Os serviços são o fazer humano, em si mesmo.

Para o CDC (art. 3º, § 2º), serviço é qualquer atividade fornecida no mercado de consumo, mediante remuneração, inclusive as de natureza bancária, financeira, de crédito e securitária, salvo as decorrentes das relações trabalhistas.

Na atualidade, são diversos os serviços que são concedidos, delegados ou autorizados pelo Poder Público a entidades privadas, mediante contratos de direito público, para que elas prestem aos usuários, como os de transportes, educação, bancos, seguros, vias públicas, energia, água, remunerados por preços ou tarifas controlados ou fiscalizados. Tais serviços continuam sendo públicos, porque a Administração nunca se despoja do poder de explorá-los diretamente, estando sempre sujeitos à regulamentação e controle do poder concedente. A Constituição incluiu a concessão ou a permissão dos serviços públicos na disciplina da atividade econômica (art. 175), dependente de prévia licitação, de contrato administrativo, de fiscalização e de política tarifária. Para o CDC, os serviços públicos devem ser contínuos.

Não se exige que o prestador tenha habilidade profissional oficialmente reconhecida, porque a Constituição estabelece a liberdade de qualquer trabalho, ofício ou profissão, exceto quando a lei estabelecer qualificações profissionais (art. 5º, XIII). O CC/2002 inseriu norma geral (art. 606) que contempla a ressalva da Constituição, quando o serviço é prestado por quem não possua título de habilitação, que a lei exija, ou seja, nas hipóteses das profissões regulamentadas, sejam elas técnicas ou universitárias. A consequência será a perda do direito à remuneração, tendo em vista o exercício ilegal da profissão, salvo se o serviço resultar em benefício ou evidente vantagem para o recebedor, que, não sendo assim, teria enriquecimento sem causa. Na hipótese de benefício ou vantagem, o prestador não tem direito à remuneração, mas a uma "compensação razoável", como estabelece a lei, que será arbitrada pelo juiz, desde que tenha agido de boa--fé, principalmente quando desconhecia que o serviço apenas poderia ser realizado por quem ostentasse o título de habilitação. Nem todos os serviços exigem qualificação ou título de habilitação, para que o princípio constitucional de liberdade de trabalho e profissão não se transmude em exceção e não se retorne ao período que antecedeu o advento do Estado liberal.

O contrato de prestação de serviços pode ser verbal, não sendo exigíveis manifestações de vontade expressas. Bastam os comportamentos concludentes do prestador de serviços e do recebedor deles. O art. 595, que estabelece a possibilidade de o instrumento ser assinado a rogo e subscrito por duas testemunhas, quando uma das partes não souber ler, não há de ser interpretado como se vedasse a conclusão oral do contrato de prestação de serviços, pois este, quase sempre, se conclui por manifestações orais ou mesmo tácitas de vontade, quando o prestador é individual e os serviços são simples não incluem entrega de coisa (por exemplo, para conserto). Trata-se de exceção à regra segundo o qual a assinatura a rogo dá-se perante notário ou serventuário público.

O contrato de prestação de serviços é, em princípio, realizado em razão da pessoa do prestador, de sua habilidade técnica ou profissional, sendo, portanto, personalíssimo (*intuitu personae*). Assim, não pode haver transferência unilateral do contrato de prestação de serviços, ou da cessão de posição contratual. Sendo o contrato *intuitu personae*, deverá ser considerada infração contratual o fato de o prestador fazê-lo executar por outrem. Porém, a complexidade das especializações e da divisão do trabalho, no mundo atual, relativizou a natureza do contrato. O contrato de prestação de serviços não é mais domínio exclusivo da habilidade unipessoal. Quando se contrata uma empresa prestadora de serviços (por exemplo, para conserto de equipamento de elevada tecnologia) não se sabe, às vezes, quais as pessoas empregadas na atividade, que podem ser substituídas a qualquer tempo, além de que o mesmo serviço pode ser compartilhado de acordo com as habilidades de cada qual. No mercado de consumo, a prestação de serviços é predominantemente fruto da atividade empresarial profissionalizada, que substituiu o serviço individual autônomo.

Na contemporaneidade, o contrato de prestação de serviços destacou-se como espécie autônoma da antiga locação de serviços vinda dos romanos (*locatio operarum*). Da locação de serviços (denominação comum utilizada pelo CC/1916) se desligaram tanto o contrato de prestação de serviços quanto o contrato de trabalho individual (relação de emprego). Orlando Gomes (2001, p. 290) ainda indica outros tipos de contratos, que têm o serviço como objeto de prestação, que também se desligaram da locação de serviços, como o contrato de aprendizagem, o contrato de gerência, o contrato de agência, que passaram a ser figuras autônomas, que não mais pertencem ao direito civil.

Determinados contratos de prestação de serviços, que envolvem contratantes vulneráveis, estão submetidos a deveres legais incontornáveis (deveres gerais de conduta), a exemplo da Lei n. 12.965/2014 (Marco Civil da Internet). Entre os deveres de proteção dos usuários estão a inviolabilidade da intimidade e da vida privada, a inviolabilidade e o sigilo do fluxo de suas comunicações pela Internet e de suas comunicações privadas armazenadas, a não suspensão da conexão à Internet, salvo por débito diretamente decorrente de sua utilização, a manutenção da qualidade contratada da conexão à Internet, as informações claras e completas sobre o regime de proteção aos registros de conexão e aos registros de acesso a aplicações de Internet, bem como sobre práticas de gerenciamento da rede que possam afetar sua qualidade, a proibição de fornecimento a terceiros de seus dados pessoais, inclusive registros de conexão.

Outro exemplo de proteção de contratante usuário vulnerável é o da prestação por empresas de serviços públicos concedidos ou permitidos pela administração pública, os quais não podem ser desligados em virtude de inadimplemento, sem prévia comunicação ao contratante consumidor, sendo vedada a suspensão da prestação de serviço nos finais de semana e feriado e dia anterior a feriado (Lei n. 14.015/2020).

16.2. Distinções com os Contratos de Trabalho e de Empreitada

A distinção entre contrato de prestação de serviços e contrato de trabalho permanece nebulosa, havendo situações de difícil enquadramento. Talvez, por essa razão, o Código Civil (art. 593) tenha optado em utilizar uma definição da prestação de serviços, por exclusão, ou seja, é a que não esteja sujeita às leis trabalhistas. Em ambos os contratos, o objeto da prestação é o trabalho humano. A partir desse ponto comum, as distinções se impõem. Na prestação de serviços, podem ser prestadores tanto pessoas físicas quanto pessoas jurídicas. No contrato de trabalho, apenas pessoas físicas. Na prestação de serviços, o trabalho é independente, limitado ao fim contratado, e é orientado segundo as habilidades profissionais do prestador. No contrato de trabalho, o empregado está sob subordinação jurídica e direção do empregador, que determina as atividades que deve desenvolver. Pode o empregado ter independência técnica, em razão de sua profissão (por exemplo, um médico), mas está sempre sujeito à subordinação jurídica, em face do empregador. No consenso da doutrina especializada, o elemento essencial do contrato de trabalho é o vínculo de subordinação a que fica obrigado o empregado. O contrato de prestação de serviços é de execução eventual, enquanto o contrato de trabalho é sempre de duração continuada. Em virtude da intensa proteção legal que o caracteriza, o contrato de trabalho deixa espaço mínimo à autonomia privada negocial.

O advento e o desenvolvimento da legislação trabalhista deixaram de fora da relação de emprego alguns tipos de trabalho subordinado não eventual, mantidos em zonas cinzentas de legislações especiais, como o trabalho doméstico e o trabalho no campo. A razão histórica encontra-se na origem da legislação trabalhista como proteção legal ao operariado urbano, em decorrência da industrialização, no século XIX e início do século XX, e dos consequentes abusos, estimulados pelo vácuo legal, e da exploração desmedida dos operários. No Brasil, após a década de 1930. No início, o trabalhador doméstico e o trabalhador rural permaneceram sem proteção legal. Mas, em ambas as situações, emergem os mesmos requisitos do contrato de trabalho, notadamente a subordinação jurídica e a direção do empregador, o que levou o legislador brasileiro a, progressivamente, inseri-las no âmbito do contrato de trabalho, ainda que guardando algumas nuanças em relação aos direitos assegurados. O trabalhador doméstico, assim considerado aquele que presta serviços de natureza contínua e de finalidade não lucrativa à pessoa ou à família no âmbito residencial destas, está regido pela Lei Complementar n. 150/2015. Por sua vez, o trabalhador rural, assim considerada a pessoa física que, em propriedade rural, presta serviços de natureza não eventual a empregador rural, sob a dependência deste e mediante salário, está regido pela Lei n. 5.889/1973, com as alterações ulteriores.

Determinados trabalhos são de difícil enquadramento. A doutrina e a jurisprudência trabalhistas, no Brasil, construíram como diretriz a presunção da preferência da proteção legal. Na dúvida, deve ser considerado contrato de trabalho assalariado. O próprio CC, art. 593, fortalece tal orientação, quando optou por qualificar como prestação de serviços o trabalho que não esteja submetido à legislação trabalhista. Mas essa diretriz tem sido mitigada, quando a relação de emprego não é clara, notadamente quando falta a continuidade do serviço, ou este é prestado a diversos destinatários, consistindo em trabalhos eventuais. Nessa hipótese, o contrato deve ser o de prestação de serviços. O exemplo que marca o entendimento do TST nessa direção é o dos faxineiros, zeladores, vigias noturnos, diaristas, motoqueiros. Esses profissionais costumam prestar seus serviços a diversas pessoas, em relação às quais não têm subordinação hierárquica, caracterizando trabalhos eventuais, desde que a prestação se faça em até dois dias por semana. A jurisprudência predominante no TST considera que o serviço prestado no mínimo três vezes por semana tem caráter contínuo, caracterizando a relação de emprego, com salário proporcional aos dias trabalhados (Proc. AIRR-153400-15.2007.5.01.0041). No entanto, o mesmo Tribunal decidiu que a prestação habitual de serviços por longos períodos e horário definido, mesmo que não diariamente, configura vínculo de emprego; assim entendeu, por unanimidade, a 3ª Turma do TST ao confirmar a relação de emprego entre uma faxineira que trabalhava às terças e sextas-feiras fazendo limpeza em duas lojas da mesma empresa (RR-142700-58.2009.12.0055).

O art. 442-B da CLT estabelece que a contratação do autônomo, cumpridas por este todas as formalidades legais, com ou sem exclusividade, de forma contínua ou não, afasta a qualidade de empregado, o que o leva à incidência do regime comum da prestação de serviço.

Outra situação que levou os tribunais trabalhistas a entender pela ausência de relação de emprego, sendo, portanto, hipótese de mera prestação de serviços, é a prática ilegal e abusiva de autoridades públicas de admissão sem concurso público de pessoas que passam a trabalhar na Administração Pública. Essas pessoas não podem pretender a constituição de relação de emprego, porque é evidente a fraude à Constituição, devendo ser demitidas sem direito às chamadas verbas trabalhistas. Mas, ainda que ilegalmente admitidas, fazem jus apenas à remuneração pelos dias trabalhados, sem vínculo jurídico. O TST terminou por consolidar esse entendimento na Súmula 363.

Situação de trânsito entre o contrato de prestação de serviços e a relação de emprego é a das empresas de trabalho temporário que colocam trabalhadores temporários à disposição de uma empresa tomadora de serviços, sem relação de emprego com esta, cujo contrato é regido por lei especial. Por sua vez, o art. 4º-A da Lei n. 6.019/1974, com a redação da Lei n. 13.467/2017, considera prestação de serviços a terceiros a transferência feita pela contratante da execução de quaisquer de suas atividades, inclusive sua atividade principal, à pessoa jurídica de direito privado prestadora de serviços (contratada) que possua capacidade econômica compatível com a sua execução, podendo convencionar que os empregados da contratada farão jus a salário equivalente ao pago aos empregados da contratante. É vedada a utilização dos trabalhadores, contratados nessas circunstâncias, em atividades distintas daquelas que foram objeto do contrato com a empresa prestadora de serviços.

Outra relação do mercado de trabalho em geral que migrou para qualificar-se como contrato de prestação de serviço, sem relação de emprego, é a da denominada *terceirização*, na qual o tomador de serviços contrata o prestador que se apresenta como pessoa jurídica individual (*pejotização*), com subordinação estrutural ou indireta. Contrariando o entendimento consagrado na justiça trabalhista, o STF fixou tese de repercussão geral (Tema 725 – ADPF 324) pela licitude da terceirização de toda e qualquer atividade, em atividades-meio ou atividades-fim, sem relação de emprego, competindo ao tomador de serviços "a) verificar a idoneidade e a capacidade econômica da terceirizada; e b) responder subsidiariamente pelo descumprimento das normas trabalhistas [...] na forma da Lei 8.212/1993". O voto vencedor destacou que esse entendimento diz respeito, principalmente, a profissionais hipersuficientes que exercem atividades intelectuais (v. g., médicos em hospitais públicos ou privados), não se aplicando a trabalhadores hipossuficientes.

A empreitada é outro ponto fundamental de distinção. Costuma-se indicar como elementos de discrime o meio e o fim, ou a atividade e a obra. Na prestação de serviços, não se tem como objeto do contrato que o prestador realize uma determinada obra, mas que desenvolva uma atividade durante certo tempo. Tudo depende da finalidade do contrato. A empresa de jardinagem pode ter sido contratada para fazer um jardim ou para reparar e manter o jardim. Ambas são atividades, são afazeres, mas na primeira hipótese, quer-se o jardim, portanto, a obra; na segunda, o jardim já existe e quer-se exclusivamente a atividade enquanto tal. Na primeira, empreitada; na segunda, prestação de serviços. Na empreitada, a exigência de pessoalidade não é necessária; na prestação de serviços é, quase sempre, sua razão de ser.

16.3. Profissional Liberal: Prestador de Serviços por Excelência

Entende-se por profissional liberal todo aquele que desenvolve atividade específica de serviços, com independência técnica, e com qualificação e habilitação determinadas pela lei ou pela divisão social do trabalho. A expressão liberal surgiu para identificar a profissão livre, que se libertou das corporações de ofícios, no trânsito do Medievo para o Estado Moderno. Nesse conceito estão abrangidas profissões: a) regulamentadas ou não por lei; b) que exigem graduação universitária, ou apenas formação técnica; c) reconhecidas socialmente, até mesmo sem exigência de formação escolar. Na hipótese "c" apenas estão incluídos os tipos sociais reconhecíveis. As profissões liberais são mais bem identificadas quando regulamentadas e fiscalizadas pelo Estado (ou fiscalizadas por entidades, com delegação estatal específica).

A regra constitucional é da liberdade de profissão, sendo excepcional a regulamentação, nos casos de profissões já consolidadas e tradicionais, no interesse maior da coletividade. As mudanças econômicas e tecnológicas levam ao surgimento de novas profissões e ao fenecimento ou extinção de outras.

O STF orientou-se no sentido de fazer prevalecer o princípio de liberdade de profissão, quando julgou pela inexigibilidade de diploma universitário para o exercício da profissão de jornalista (ADPF 130 e RE 511.961). Para a Corte Maior a reserva legal estabelecida pelo art. 5º, XIII, não confere ao legislador o poder de restringir o exercício da liberdade profissional, a ponto de atingir o seu próprio núcleo essencial. Porém, a liberdade de exercício de determinadas profissões não prevalece quando presente o interesse público, a exemplo do farmacêutico que, segundo o STF, detém a exclusividade da responsabilidade técnica por drogaria (Tema 1.049 com repercussão geral).

O profissional liberal sempre atua com independência técnica, em razão da capacitação adquirida para exercer a profissão, cujo domínio nem sempre o tomador tem. Até mesmo quando conveniona relação de emprego não se afasta da independência técnica. No caso do advogado, a lei brasileira específica (Lei n. 8.906/1994) dispõe que a relação de emprego, na qualidade de advogado, não retira a isenção técnica nem reduz a independência profissional inerentes à advocacia (art. 18). Entende-se por isenção técnica do advogado empregado a total autonomia quanto à correta aplicação dos atos, meios e prazos processuais, sem interferência do empregador. O advogado empregado não pode prosseguir orientação tecnicamente incorreta, mesmo quando ditada pelo empregador. Nesta área estritamente profissional, a relação de emprego não o alcança.

No direito brasileiro, o profissional liberal, quando presta serviços autonomamente, insere-se em relação de consumo, pois o CDC faz referência expressa, no art. 3º, a "pessoa física" que "desenvolve(m) atividade" de "prestações de serviços". Consolidou-se, no STJ (REsp 364.168) a tese de que "aplica-se o Código de Defesa do Consumidor aos serviços prestados por profissionais liberais, com as ressalvas nele contidas". As normas do Código Civil são, portanto, supletivas.

Havendo dano em virtude do fato do serviço, o profissional liberal é responsável, em virtude de culpa presumida. Não discrepa desse entendimento o STJ (REsp 53.104-7), em caso envolvendo responsabilidade de chefe de equipe médica por dano a paciente, atribuído ao anestesista que atuou na cirurgia.

Presume-se que o profissional liberal é culpado pelo defeito do serviço, salvo prova em contrário, por ser a presunção *juris tantum*. Não se pode cogitar, em culpa presumida, de se atribuir o ônus da prova ao cliente, porque tornaria ineficaz a presunção. Cabe ao cliente provar a existência do serviço, ou seja, a relação contratual entre ambos, inclusive na forma verbal, e a existência do defeito de execução, que lhe causou danos, sendo suficiente a verossimilhança da imputabilidade. Cabe ao profissional liberal provar, além das hipóteses comuns de exclusão de responsabilidade, que não agiu com culpa. Se o profissional liberal provar que não se houve com imprudência, negligência ou imperícia, a responsabilidade não lhe poderá ser imputada.

A responsabilidade por ato ou omissão desses profissionais pode emergir de situações em que não há relação contratual, melhor qualificando-se como ato ilícito absoluto, ou de infração ao dever de todos de abstenção de lesar a pessoa ou o patrimônio de outrem. É o caso do profissional liberal, empregado de alguma empresa, que, nessa condição, danifica a pessoa (exemplo: o médico) ou seu patrimônio (exemplo: o engenheiro), enquanto prestava o serviço; é, também, o caso de omissão de socorro do profissional da saúde, cujo dever de solidariedade social é imposto pelo direito.

O sigilo profissional destaca-se como aspecto imprescindível da prestação de serviço dos profissionais liberais. Constitui-se num dever absoluto, não podendo em hipótese alguma ser revelado, visto que se trata de um interesse público e não do profissional. Encerrado o contrato, permanece o dever, inserindo-se na responsabilidade pós-contratual.

16.4. Remuneração

A remuneração é a que livremente convencionarem as partes. O Código Civil estabelece que deva ser paga após a prestação do serviço, mas a norma tem natureza supletiva, pois pode haver convenção ou costume em contrário. Os serviços podem ser pagos por medida, por etapa, ou por tempo determinado.

O Código Civil emprega indistinta e inadequadamente o termo salário para referir à remuneração do prestador do serviço. Mas esse termo foi reservado à remuneração do trabalhador empregado, no uso linguístico e na legislação trabalhista, sendo criticável sua manutenção na prestação de serviços, em desnecessária reverência à tradição, quando os dois tipos de contratos não se distinguiam.

Nos contratos de trabalho, proibido é o ajuste da retribuição, integralmente, em bens e serviços. É obrigatória uma parcela em dinheiro. Já nos contratos de prestação de serviços, não se tem disposição análoga, em virtude de sua natureza como contratos paritários, com predomínio da autonomia privada negocial.

A prestação de serviços é contrato oneroso, nunca se presumindo gratuito. A Lei n. 13.297/2016 (que alterou a Lei n. 9.608/1998) admite o serviço voluntário, sem direito a remuneração, para atividade prestada por pessoa física a entidade pública de qualquer natureza, ou a instituição privada de fins não lucrativos, que tenha objetivos cívicos, culturais, educacionais, científicos, recreativos ou de assistência à pessoa. O Código Penal (arts. 43, IV, e 46) disciplina a prestação de serviços à comunidade ou a entidades públicas como pena restritiva de direitos. O art. 117 do ECA estabelece como pena ao adolescente infrator a prestação de serviços comunitários gratuitos, por período não excedente de seis meses. O Código de Ética e Disciplina da Advocacia de 2015, art. 30, recomenda aos advogados a prestação gratuita de serviços de assistência jurídica aos necessitados, sempre que estes não dispuserem de recursos para contratação de profissional (advocacia *pro bono*), independentemente da defensoria pública. Fora das hipóteses legais, a gratuidade também pode ser estipulada em convenção explícita. Por outro lado, há remunerações que não constituem contraprestação a serviço, como a gorjeta, que é dação de livre vontade do cliente ou obrigação natural. O recebedor da gorjeta tem direito a ela; não tem pretensão, nem ação. Se a gorjeta foi incluída no preço da prestação da empresa, incorporou-se ao valor da remuneração do serviço prestado, transferindo-se a relação jurídica entre o cliente e quem de fato serviu para a empresa e o cliente.

Na falta de estipulação expressa, ou acordo verbal que se possa comprovar, a remuneração será objeto de arbitramento judicial, com utilização de perícia, ou extrajudicial. O perito deverá considerar os usos em prestações de serviços assemelhados, notadamente no local em que realizadas. Porém, o arbitramento só é exigido se o prestador de serviços não aceitar o que o recebedor dos serviços quer prestar de conformidade com os usos do lugar, o tempo de serviço e a sua qualidade.

Para a fixação convencional ou o arbitramento, são considerados relevantes o tempo, a posição pessoal, a especialização, a qualificação e o renome profissional, o grau de dificuldade para realização dos serviços, as relações existentes entre as partes, que podem ser superiores ao padrão remuneratório encontrado. Os serviços médicos e de saúde podem ser remunerados por visitas, por consultas, por exames, ou por períodos mensais.

A variabilidade de critérios remuneratórios existe em todas as profissões. No caso do advogado, a solução jurídica de uma causa pode exigir menos tempo de um profissional competente e experiente do que de um iniciante. Os serviços de um escritório bem organizado e com estrutura custosa refletem tais circunstâncias. No entanto, impõe-se sempre a moderação, o padrão médio em situações assemelhadas.

Sendo assim, cabe primacialmente ao profissional fixar o valor de seus serviços, não podendo o Poder Judiciário promover sua revisão, salvo se ultrapassar os limites máximos fixados em tabelas das entidades de fiscalização profissional, quando houver, ou quando se caracterizar a lesão. Dá-se a lesão quando o profissional se aproveitar indevidamente da inexperiência do cliente ou de seu estado de necessidade, cobrando valores desproporcionais e acima da média dos praticados em situações assemelhadas. A lei civil comina com sanção de anulabilidade o excedente configurador da lesão.

Como homenagem à tradição, a remuneração dos serviços de algumas profissões é denominada honorários. Para os romanos, cuja sociedade fundava-se no trabalho escravo, quem trabalhava por salário assimilava-se aos escravos. A vinculação da atividade intelectual de um cidadão a outro cidadão foi tida como *honor*; daí os *honorários*, forma de remuneração voluntária e espontânea de tais serviços. Apesar da continuidade da denominação, os honorários têm a mesma natureza da remuneração de qualquer prestação de serviço.

16.5. Prazo do Contrato

O tempo é elemento essencial do contrato de prestação de serviços, não se admitindo vínculo perpétuo da obrigação de fazer de uma pessoa a outra. Tempo e atividade integram sua essência, sendo irrelevante a consecução de obra. O Código Civil estabeleceu o prazo máximo de quatro anos, findo o qual o contrato será extinto. O tempo pode ter sido estipulado em razão de alguma obra, para a qual o serviço foi contratado, mas ainda que esta não se tenha concluído, o prazo da prestação de serviços não poderá ultrapassar o limite legal de quatro anos.

Na hipótese de o contrato ser celebrado por prazo superior a quatro anos, poderá o juiz reduzi-lo ao tempo legal máximo. Prevalece o princípio da conservação do contrato. Ainda que a lei estabeleça o limite máximo para o contrato de prestação de serviço, não há impedimento a que outro contrato o suceda.

Para Pontes de Miranda (1972, v. 47, p. 30), o art. 598 do CC/2002, que repetiu o disposto no art. 1.220 do CC/1916, é norma cogente. A renovação é permitida; e há a prorrogação, por tempo indeterminado, se a prestação de serviço continuar por livre manifestação de vontade, embora tácita, do prestador de serviço e do recebedor. Se o prazo era de mais de quatro anos, o que recebe os serviços pode recusá-los quando já excessiva a duração estipulada. Para o prestador dos serviços há prorrogação; para o outro figurante, o limite existe e ele está vinculado enquanto não se esgota. Assim, se o prazo, contra o recebedor se expirar, a prorrogação somente poderá ocorrer com a manifestação de vontade dos dois figurantes. Pontes de Miranda faz ressaltar o dever de proteção do prestador individual de serviços, que é o contratante presumivelmente vulnerável, para o qual a regra legal se destina. Mas a prorrogação não pode ser considerada quando o prestador for pessoa jurídica, que detém domínio de informações, suficientes para definir com máxima precisão o tempo necessário para a prestação de seus serviços, prevalecendo, nessa hipótese, a cogência absoluta da norma, devendo outro contrato ser celebrado se convier às partes.

Estabelece a lei que não se conta no prazo do contrato o tempo em que o prestador dos serviços, por culpa sua, deixou de servir. Trata-se de condição suspensiva *ex lege*, ou seja, o contrato será suspenso pelo prazo correspondente à falta do serviço, incluindo-se a remuneração ajustada.

16.6. Extinção

As causas comuns da extinção em relação aos demais contratos são o advento do termo final do prazo e a resolução por inadimplemento. Faz-se necessário distinguir o inadimplemento da impossibilidade inimputável. Se for esta parcial, não resolve o contrato, todavia, reduz proporcionalmente a remuneração. Se for total, cessará a relação contratual. O termo final do prazo para ser extintivo necessita de haver prazo determinado no contrato.

Em princípio, a morte do prestador do serviço extingue o contrato, quando dependente de sua habilitação ou capacidade profissional, não podendo seus sucessores fazê-lo, dado o caráter pessoal da prestação. A morte do prestador direto é irrelevante quando o contrato for celebrado com empresa prestadora de serviços, salvo se houver expressa estipulação nesse sentido, ou quando o contrato tiver consignado que os serviços continuarão com seus sucessores.

O contrato por prazo determinado não pode ser extinto antes de seu termo final, se o prestador tiver cumprido suas obrigações legais ou convencionais. Se, ainda assim, for o prestador despedido, caracteriza-se ausência de justa causa, o que lhe assegura direito a receber o valor da remuneração vencida até a data da despedida injusta, além do equivalente à metade de toda a remuneração que receberia até o final do prazo contratual. Essa regra, própria para os prestadores individuais, também se aplica às empresas prestadoras de serviços.

Se não há prazo determinado, então se exige prévia interpelação do prestador, ou aviso, salvo se, pela natureza do contrato, os costumes do lugar ou o tipo de prestação de serviço indicarem quando deve ser considerado extinto. A forma da resilição contratual, nessa hipótese, é denúncia vazia ou sem motivação, mas dependente de tempo prévio, de acordo com a modalidade de remuneração: a) com a antecipação de oito dias, se a remuneração for mensal ou de período superior; b) de quatro dias, se o pagamento for semanal; c) de um dia, se o pagamento for menor que o semanal. De acordo com Pontes de Miranda (1972, v. 47, p. 58) esses prazos de aviso podem ser alterados no contrato, inclusive tacitamente, como é o caso do uso local.

Inclui-se na resolução por inadimplemento a justa causa para a despedida do prestador individual de serviços. As principais causas justas são a ausência não justificada do serviço e sua iniciativa por despedir-se, antes do encerramento do prazo contratual. Incidindo em justa causa, o prestador tem direito a receber a remuneração anterior devida, para que não haja enriquecimento sem causa do recebedor dos serviços, mas este terá direito à indenização das perdas e danos que tiver sofrido com a conduta daquele. Há, igualmente, direito recíproco ao prestador, que pode despedir-se com justa causa, ainda que o prazo não se tenha concluído.

Encerrado o prazo contratual, com o cumprimento integral de seus deveres contratuais, o prestador de serviços tem direito a exigir do recebedor que declare terem sido executados e concluídos os serviços em conformidade com o contrato. A declaração também lhe é devida quando for despedido sem justa causa pelo recebedor ou tiver tido a iniciativa de despedir-se com justa causa. Essa declaração tem a finalidade de quitação. Se o recebedor se negar a fornecê-la, o prestador poderá requerer que o juiz assim decida, fazendo prova do cumprimento de suas obrigações. Contudo, a finalização do contrato pode ser provada por qualquer meio, não sendo obrigatória a declaração referida.

O contrato pode ter sua extinção provocada por terceiro, em seu interesse, quando oferece vantagens ao prestador de serviços para que viole o dever e a obrigação contraídas. O Código Civil estabelece que o terceiro, que aliciar pessoa obrigada em contrato de prestação de serviço ao tomador, pagará a este a importância equivalente a dois anos do que receberia aquele. Este é exemplo de extensão dos efeitos do contrato, no que concerne à oponibilidade do crédito, para fins de imposição de pena civil a terceiro.

O Código Civil (art. 609) prevê uma modalidade de continuidade do contrato de prestação de serviço, quando o recebedor alienar o imóvel rural, no qual o serviço é prestado, assumindo o adquirente forçosamente as obrigações decorrentes, em especial o pagamento da remuneração. Essa modalidade tem natureza de obrigação *ad rem*, pois está vinculada ao bem onde a prestação de serviço é feita. Mas depende de o prestador concordar em continuar o contrato com o adquirente, pois esse fato pode ser por ele considerado justa causa para despedir-se.

Extinto o contrato, sem culpa de quaisquer figurantes, nenhuma consequência indenizatória exsurge. O prestador dos serviços se libera inteiramente; e o titular do direito ao serviço não mais tem dívida de remuneração, salvo se estava em mora, ou se recebeu serviços ainda não pagos. Se a extinção for por impossibilidade absoluta, a liberação é sem restrições no tocante ao futuro. Se a impossibilidade for por pouco tempo, tem o prestador dos serviços direito a remuneração (Pontes de Miranda, 1972, v. 47, p. 65).

Capítulo XVII

Empreitada

Sumário: 17.1. Conceito e abrangência. 17.2. Espécies de empreitada. 17.3. Tempo e execução do contrato. 17.4. Preço da obra. 17.5. Recebimento da obra. 17.6. Subempreitada. 17.7. Direitos e deveres do empreiteiro. 17.8. Garantia de segurança e solidez da obra. 17.9. Deveres do dono da obra. 17.10. Extinção do contrato.

17.1. Conceito e Abrangência

A empreitada é o contrato mediante o qual uma pessoa (dono da obra) pactua com outra (empreiteiro) a realização de uma obra, de acordo com as condições e preço que ajustarem. Seu conceito atual distanciou-se do gênero locação, como era denominada (*locatio operis*), com ela nada mais tendo em comum. O conceito de dono de obra não se confunde com o de proprietário, pois a obra resultante apenas ser-lhe-á transferida quando for concluída satisfatoriamente; a denominação menos equívoca, mas de escasso uso linguístico, é empreitante. O contrato de empreitada é tipicamente bilateral, pois o empreiteiro vincula-se a fazer a obra e o dono da obra a remunerá-lo (contraprestação).

Entende-se por obra, para os fins do contrato de empreitada, todo resultado produzido pela atividade ou pelo trabalho (Enneccerus, 1966, v. 2, p. 508). A obra pode ser coisa móvel, material ou imaterial, ou imóvel.

A empreitada é uma obrigação de fazer, na qual ressalta o resultado, ou seja, a obra. O trabalho humano empregado pelo empreiteiro e as pessoas sob sua responsabilidade apenas interessam como meio para consecução do resultado. Nesse sentido, é, por excelência, obrigação de resultado, em sentido estrito. O que interessa para o dono da obra não é atividade humana, no que tem de intangível, mas o resultado material dessa atividade, que pretende obter: a edificação, a plantação, a demolição, a reforma, o projeto, o protótipo, o desenho, a pintura, a peça publicitária, a maquete, o jardim, o móvel, a eletrificação, o sistema de segurança etc. Se o contratante se vinculou a plantar, derrubar mata, colher frutos de safra, remover terras, é de empreitada que se cuida e não de prestação de serviços. É infindável a relação de obras que podem ser objeto de empreitada,

— 352 —

daí a importância crescente desse contrato no mundo atual, não apenas nas relações privadas, mas como instrumento vastamente utilizado para realização de obras públicas.

Trata-se de contrato que envolve duas pessoas determinadas, o dono da obra e o empreiteiro e o próprio conceito de obra, entendida não apenas como o elemento físico resultante da atividade humana, mas como toda situação mensurável economicamente. Está relacionado ao resultado de um fazer humano. Não se confunde com a prestação de serviço, pois, nesta, a primazia é a atividade e sua continuidade, mais que o resultado. Por essa razão, a empreitada não é contrato personalíssimo, dada a irrelevância do serviço, mas as partes podem estipular que a execução da obra apenas possa ser feita pelo empreiteiro, dadas suas especialidade e qualificação, o que a torna, excepcionalmente, *intuitu personae*.

O resultado é a obra, mas os contratantes podem estabelecer que só se há de considerar a de resultado favorável ou eficaz. Para que o resultado favorável, por exemplo, um parecer ou um laudo técnico, condicione o recebimento e a remuneração da obra é necessário que tenha havido cláusula expressa nesse sentido. Nem toda obra está condicionada a resultado favorável ou eficaz. De acordo com esse nosso entendimento, diz Pontes de Miranda (1972, v. 44, p. 377) que se tem por finalidade o resultado, mas a obra pode ser executada sem que o resultado seja favorável, razão por que não se pode dizer que o bom resultado seja pressuposto necessário.

Constitui a remuneração elemento essencial do contrato de empreitada. Sem ela, seria mandato ou doação. Pode ser estipulada em dinheiro, ou qualquer outra espécie de remuneração, a exemplo da cota-parte da própria obra que se realizar. Se não foi fixada expressamente, considera-se tacitamente convencionada, de acordo com as circunstâncias e os usos locais.

A autonomia do empreiteiro na execução da obra caracteriza a empreitada. Não há empreitada se o empreiteiro executa a obra sob a direção do dono da obra. Na empreitada, diferentemente da prestação de serviços, os riscos são do empreiteiro, que é o devedor da obra. Se o contrato a que se deu o nome de empreitada não deixa autonomia ao empreiteiro, de empreitada não se pode cogitar.

O contrato de empreitada para construir um prédio é uma obrigação indivisível, porque se contratou o todo. Nada impede, contudo, que o dono do prédio resolva dividir a construção em partes ou frações, com o mesmo empreiteiro, de acordo com suas disponibilidades financeiras; a prestação é divisível, nesse caso. Depende, portanto, da vontade dos interessados.

A obra intelectual (uma pintura mural, um poema para ser exposto em quadro fixo, por exemplo) pode ser objeto de contrato de empreitada, mas não inclui o direito moral do autor. Os direitos patrimoniais de autor são objeto de legislação específica e protecionista, principalmente a Lei n. 9.610/1998, restringindo a liberdade contratual, deixando pouco espaço para a empreitada.

Para os efeitos da Lei n. 8.666/1993, que institui normas para as licitações e contratos da administração pública, obra, que conduz ao contrato de empreitada, é toda construção, reforma, fabricação, recuperação ou ampliação, realizada por execução indireta, ou seja, mediante contrato com terceiro; enquanto que serviço, conducente ao contrato de prestação de serviços, é toda atividade destinada a obter determinada utilidade de interesse para a administração pública, tais como: demolição, conserto, instalação, montagem, operação, conservação, reparação, adaptação, manutenção, transporte, locação de bens, publicidade, seguro ou trabalhos técnico-profissionais.

Para o direito civil, a distinção não se faz assim por espécies, mas, genericamente, entre o que é atividade como fim (serviços) e resultado como fim (empreitada). A demolição, a montagem, a instalação, por exemplo, tanto podem ser, para o direito civil, empreitadas como prestações de serviços, dependendo da finalidade de cada contrato.

No mercado imobiliário, a incorporação de imóveis implica a fusão do contrato de empreitada com o contrato de compra e venda, consoante jurisprudência do STJ (REsp 787.020). Assim, o construtor-incorporador é também empreiteiro e se sujeita aos deveres legais correspondentes.

Ainda que o Código Civil deixe à convenção das partes o conteúdo do contrato de empreitada, salvo suas normas cogentes, ele deve conter ao menos: a) a definição da obra a ser executada pelo empreiteiro; b) o tipo de empreitada, se é apenas de lavor ou se os materiais são adquiridos pelo empreiteiro; c) o preço e as condições de pagamento, além dos critérios de reajustamento, se houver; d) os prazos de execução da obra e de sua entrega; e) o recebimento pelo dono; f) as garantias oferecidas pelo empreiteiro, se houver; g) os direitos e deveres das partes; h) as penalidades pelo inadimplemento; i) os casos de resolução; j) foro do contrato.

17.2. Espécies de Empreitada

São dois os tipos de empreitada: a empreitada de lavor e a empreitada mista. Na empreitada de lavor, o empreiteiro apenas entra com a atividade da execução da obra encomendada, sem emprego de materiais próprios. Se a empreitada for mista, o empreiteiro, além de incumbir-se da execução da obra, empregará material próprio ou deverá adquiri-lo por sua conta. As empreitadas de grandes obras são, frequentemente, mistas.

Na empreitada mista, se os materiais empregados causarem dano à obra, defeitos ou rachaduras, a responsabilidade é somente do empreiteiro, não podendo ele reclamar a remuneração. O dono da obra não assume os riscos decorrentes dos materiais utilizados na obra. Segundo Pontes de Miranda (1972, v. 44, p. 385), o contrato de empreitada, com o fornecimento de materiais pelo empreiteiro, não é nunca contrato de compra e venda, porque a finalidade não é a de aquisição de materiais, mas a fabricação, a atividade do empreiteiro, a obra.

Na hipótese de empreitada de lavor, se os materiais empregados causarem algum tipo de dano à obra, a responsabilidade é somente do dono da obra, porque foi ele quem assumiu encargo de fornecer os materiais que iam ser empregados. O contrato de empreitada de lavor, geralmente, não leva à imputação de responsabilidade ao empreiteiro.

Ainda que a empreitada seja de lavor, o empreiteiro assumirá a responsabilidade pelo perecimento da coisa se não comunicar previamente ao dono da obra os defeitos dos materiais que recebeu. Cuida-se de dever de informar, sem o qual não se exonera dos riscos. Também é responsável o empreiteiro, na empreitada de lavor, pela indicação do material adquirido pelo dono da obra.

A empreitada pode ser integral ou parcial. Considera-se integral a empreitada quando se contrata a obra em sua integralidade, compreendendo todas as etapas, serviços e instalações necessários, sob inteira responsabilidade do empreiteiro até a sua entrega ao dono em condições satisfatórias, com as características adequadas às finalidades para que foi contratada. Considera-se parcial a empreitada quando se contrata diretamente parte da obra. Limitações financeiras, por exemplo, podem recomendar a construção por etapas da obra, sendo contratada cada uma sucessivamente, o que leva a vários contratos de empreitada para a mesma obra, ou único contrato com previsão para execução distinta no tempo de cada etapa.

Na administração pública, a Lei n. 8.666/1993 classifica a empreitada em: a) empreitada por preço global – quando se contrata a execução da obra ou do serviço por preço certo e total; b) empreitada por preço unitário – quando se contrata a execução da obra ou do serviço por preço certo de unidades determinadas. O preço é o critério da classificação. Mas, também na administração pública, utiliza-se o critério de origem dos materiais empregados, que classifica a empreitada como de lavor ou mista.

17.3. Tempo e Execução do Contrato

O contrato de empreitada implica tempo para a execução da obra. Há sempre um prazo ou prazos para serem cumpridos, de acordo com a simplicidade ou complexidade da obra. A data da entrega é essencial para o recebimento, que pode ou não coincidir com ela. O prazo e a data da entrega são acordados pelas partes do contrato. Se não foram definidos, valem os que os usos indicarem.

O termo inicial do prazo, se não foi expresso de modo diferente no contrato, é o dia imediato ao da conclusão do contrato, porque a regra geral (CC, art. 132) é a da exclusão do dia do começo. Todavia, o empreiteiro não precisa aguardar o dia fixado no contrato, porque tem direito a iniciar desde logo a obra, pois o início antecipado lhe é favorável.

Circunstâncias podem levar à prorrogação do prazo, que depende de acordo das partes, pelas consequências decorrentes. Se houve caso fortuito ou força maior, que absorveu parte do prazo ou todo o prazo, pode o empreiteiro obter o prazo supletivo, ou pedir ao juiz que, ouvido o empreitante, determine o termo supletivo, ou decrete a resolução do contrato (Pontes de Miranda, 1972, v. 44, p. 400).

Quaisquer alterações ao contrato, relativamente a prazos, a alterações da obra, a modificações dos preços, de condições de pagamento, do reajustamento, podem ser feitas mediante aditamentos ao contrato, comumente denominados termos aditivos, numerados sucessivamente.

Quando a obra tiver de ser realizada com base em projeto aprovado pelo dono da obra, o empreiteiro não pode modificá-lo, salvo acordo expresso entre as partes, ou previsão contratual nesse sentido. Havendo modificações não consentidas, ainda que justificadas pelas circunstâncias, o empreiteiro responderá pelos eventuais defeitos da obra, ou pela desvalorização, ou por sua inadequação ou menor adequação ao projeto. As alterações previstas e as permitidas, de acordo com a natureza do projeto, podem ser com aumento, ou com diminuição do preço, conforme foi preestabelecido, ou conforme for acordado posteriormente.

Em virtude de sua autonomia técnica, o empreiteiro não recebe instruções do dono da obra. Mas, se as receber, não se eximirá de suas responsabilidades na execução da obra, pela mesma razão de sua autonomia, que lhe permite rejeitá-las. Pode o empreiteiro, que recebeu instruções reputadas inconvenientes ou inadequadas, submetê-las a medidas judiciais, para ressalva de suas responsabilidades.

Em obras de maior envergadura, o dono da obra pode utilizar-se de fiscal, que funcionará como seu representante, inclusive mediante anotações no livro de ocorrências. O fiscal da obra é, normalmente, um profissional especializado e responde diretamente perante o dono da obra, no exercício dos poderes que este teria se exercesse diretamente a fiscalização.

O empreiteiro tem o dever de comunicar ao dono da obra qualquer inconveniente surgido, ou quaisquer dificuldades, que tenha de ser afastadas, podendo fazê-lo diretamente ao fiscal da obra ou mediante anotação no livro de ocorrências.

17.4. Preço da Obra

O preço e as modalidades de seu pagamento são os que o contrato estipular. O preço pode ser determinado no momento do contrato, ou ser apenas determinável. Pode ser estipulado pelas partes em valor global (empreitada por preço unitário) ou por unidade de medida, que venha a ser adotada para a obra (empreitada por medidas), como metro quadrado, metro cúbico, metro linear. Ou ainda por partes específicas: fundação, paredes, cobertura, revestimento, pintura etc. O preço global só se determina no final da obra, pela multiplicação do preço da unidade pelo número das unidades. Os preços unitários podem ser diversificados, de acordo com a especificação da obra. O preço da obra pode ser em parte global e em parte por medida, tudo de acordo com os interesses das partes. Quando o preço for por medidas, o empreiteiro tem direito a que sejam verificadas, segundo as partes em que se dividirem. No caso de empreitada por medidas, não havendo previsão contratual sobre a modalidade do pagamento, tem o empreiteiro direito a que este se dê na proporção em que a obra seja executada, após a conferência das unidades respectivas.

Na empreitada, tudo o que foi pago presume-se verificado, notadamente quando for por medidas. Porém, essa presunção é relativa, pois o dono da obra pode provar que pagou mais do que o medido ou verificado. O dono da obra, ou quem estiver com a responsabilidade da fiscalização, terá trinta dias para denunciar ao empreiteiro a existência de defeitos ou vícios na obra, após o pagamento da parte correspondente. Findo o prazo, a presunção tornar-se-á absoluta, pois o prazo de trinta dias é decadencial, fazendo desaparecer o direito de rejeição.

Não terá direito o empreiteiro a aumento do preço contratual se promover alterações na obra voluntariamente, ainda que as julgue necessárias. Todavia, presumem-se autorizadas as alterações se o dono da obra a visitar sucessivamente, tendo ciência delas. O ônus da prova, nessa situação, é do empreiteiro. Mas a doutrina e a jurisprudência acolhem a tese de que, se o serviço extraordinário foi executado às claras, tem-se como pertinente a cobrança dos seus valores, independentemente de autorização por escrito.

Independentemente do controle da inflação, o que supõe sempre a existência da inflação, ainda que pequena, o STJ pacificou sua jurisprudência (REsp 968.835) no sentido de que é cabível a correção monetária a partir do vencimento da obrigação, mesmo não havendo previsão contratual a esse respeito. Portanto, há cláusula implícita de reajustamento, se as partes não a tiverem estipulado.

Nas incorporações em que a construção do edifício de apartamentos ou salas seja feita por empreitada, a Lei n. 4.591/1964, admite que esta seja feita por preço fixo, ou a preço reajustável por índices previamente determinados pelas partes, ou pela lei. A empreitada a preço fixo não pode sofrer reajustamento, independentemente das variações que sofrerem os custos da obra, mas é possível a revisão por onerosidade excessiva superveniente que não seja relativa ao aumento dos custos. Na empreitada reajustável, a comissão de representantes dos adquirentes fiscalizará o cálculo. Nas incorporações sob regime de administração "a preço de custo", também denominadas sob condomínio, os adquirentes pagam os valores efetivamente realizados e mais a denominada taxa de administração da incorporadora, à medida que a construção avança, devendo as faturas, duplicatas e recibos ser emitidos em nome do condomínio dos contratantes da construção.

O CC, art. 620, estabeleceu regra de revisão do contrato, quando ocorrer diminuição do preço do material ou da mão de obra superior a 10% do preço global convencionado. Esse direito foi assegurado ao dono da obra, que antes suportava o ônus dos acréscimos em favor do empreiteiro, mas não o bônus, quando fatores externos levassem à diminuição do preço. A diminuição é em relação ao preço global da obra e não a algum elemento que o compôs, como o material. A partir desse limite objetivo, fica manifestada a desproporção entre o valor da prestação devida pelo dono da obra e o do momento da execução, permitindo-se fixar seu valor real na medida da redução proporcional ao da diminuição dos custos referidos e que serviram de base para o preço do empreiteiro. Tal regra consagra o princípio da equivalência material do contrato e possibilita a aplicação da doutrina da onerosidade excessiva com o objetivo de restaurar a base negocial originária, atingida por fato superveniente. Na hipótese, voltado à redução do valor contratual. A nota distintiva com as regras do arts. 317 e 478 do CC fica por conta da dispensa do requisito de imprevisibilidade.

17.5. Recebimento da Obra

É direito e dever do dono da obra recebê-la ou não, se estiver ou não em conformidade com as condições contratuais. O recebimento presume o cumprimento regular por parte do empreiteiro. O recebimento da obra importa tradição da coisa executada, ou seja, o dono da obra assume a posse que estava com o empreiteiro. Todavia, diz Pontes de Miranda (1972, v. 44, p. 415), se a obra já se achava sob a posse do dono da obra, como na hipótese de pintura da casa, ou no conserto das máquinas, pela natureza da obra, ou (a) não há entrega da posse ao empreiteiro, como se o empreitante não deixou a casa que se havia de pintar, ou (b) o dono da obra entregou as chaves ao empreiteiro, de toda a casa ou de parte da casa, tendo transmitido, assim, a posse imprópria imediata.

O recebimento da obra é também direito do empreiteiro, tendo em vista a transferência dos riscos que ela comporta. Desde o momento em que a obra chega efetivamente ao poder do dono, este passa a suportar o risco de sua perda ou destruição por caso fortuito, podendo o empreiteiro cobrar sua remuneração (Larenz, 1958, p. 318).

Não está o dono da obra obrigado a recebê-la posteriormente, a menos que tenha admitido a possibilidade, convencionando multa a ser paga pelo empreiteiro se este se afastar das instruções recebidas, ou planos estabelecidos. Neste caso, a resolução não é consequência natural, pois o dono da obra pode preferir o abatimento do preço. O abatimento é faculdade do dono da obra e não lhe pode ser exigido. Se não houver acordo entre as partes, o abatimento será objeto de arbitramento judicial.

A rejeição da obra pelo dono, em virtude do afastamento do empreiteiro dos planos e instruções que lhe foram entregues, é modalidade de vício. O Código Civil, em vez de invocar as regras gerais sobre vícios redibitórios, formulou duas regras específicas assemelhadas: a rejeição da obra, desobrigando-se o dono ao pagamento contratado, ou o abatimento do preço correspondente ao desvio do que foi contratado. Se o dono receber a obra, mesmo conhecendo os defeitos, tem de ressalvar as suas pretensões contra o empreiteiro, para que possa exigi-las.

Se a obra não é enjeitada, nem recebida com abatimento no preço, presume-se que o dono tenha verificado o que recebeu, achando que estava conforme as instruções e planos, não lhe sendo lícito recusar o pagamento do débito ao empreiteiro, de acordo com o contrato.

Não havendo data de entrega da obra convencionada, ela não pode ficar ao arbítrio do empreiteiro. Nessa hipótese, presume-se que a obra tenha que ser concluída em tempo normal ocorrente em outras obras similares.

17.6. Subempreitada

Subempreitada é o contrato de empreitada em que o empreiteiro contrata com terceiro a execução daquilo que se incumbira, total ou parcialmente, desde que não haja vedação no contrato. A subempreitada não é permitida se o empreiteiro tinha de executar pessoalmente a obra. Se o próprio dono da obra tratou com o subempreiteiro, dando-lhe, por exemplo, instruções, sabendo que ia ser feito ou fora feito o contrato de subempreitada, houve assentimento tácito.

A subempreitada é muito comum nas grandes obras, tendo em vista a divisão das especializações profissionais. É no interesse do dono da obra que certas partes da obra sejam executadas por pessoas ou empresas especializadas, porque dificilmente o empreiteiro tem o domínio do conhecimento técnico para a execução de todas as partes. Nas grandes obras, o empreiteiro é apenas o gestor dos diversos subempreiteiros. Às vezes, o subempreiteiro também contrata outro subempreiteiro, caracterizando a subsubempreitada, a exemplo do subempreiteiro que foi contratado para a construção de ponte na obra, que, por sua vez, contratou empresa especializada para a fundação dos pilares.

Na subempreitada cria-se nova relação jurídica, distinta da relação jurídica entre o dono da obra e o empreiteiro. O dono da obra é juridicamente estranho ao que se passou entre o empreiteiro e o terceiro, ou os terceiros. Aplicam-se ao subempreiteiro as regras jurídicas concernentes ao empreiteiro, inclusive quanto aos danos a terceiros. Perante o dono da obra, a responsabilidade pela execução por parte do subempreiteiro, inclusive defeitos e danos, é do empreiteiro.

17.7. Direitos e Deveres do Empreiteiro

O empreiteiro tem direito à remuneração estipulada no contrato, após as medições de cada unidade ou com a entrega da obra. O CC/2002 utiliza o termo "retribuição".

Atribui-se ao empreiteiro o direito de suspender a execução da obra, quando a culpa da suspensão for do próprio dono, ou quando houver motivo de força maior, ou quando o dono exigir modificações substanciais ao projeto. Neste último caso, ainda que o dono se disponha a pagar o valor correspondente às modificações, tem o empreiteiro direito de continuar a obra ou resolver o contrato. Também tem direito à suspensão quando houver dificuldades naturais imprevisíveis para a execução, tornando a empreitada excessivamente onerosa, como na hipótese de o solo não corresponder ao volume de fundação previsto no projeto. Se o dono da obra se opuser ao reajustamento do valor da obra, poderá o empreiteiro dar por resolvido o contrato, fazendo jus ao que já executou. São exceções ao dever de conclusão da obra por parte do empreiteiro, de acordo com as situações que a experiência indicou. São hipóteses de justa causa da suspensão da obra, sem as quais o empreiteiro ficará sujeito à posição de desvantagem. Perecendo a coisa por motivo de caso fortuito ou força maior, extingue-se o contrato por impossibilidade de execução, aplicando-se as regras referentes aos riscos. O prazo do contrato será prorrogado de acordo com o tempo da suspensão, até que as partes ajustem o contrato às circunstâncias previstas.

O empreiteiro está obrigado a realizar a obra de acordo com as qualidades ajustadas e as regras técnicas exigíveis e que não apresente defeitos ou vícios, que comprometam ou diminuam o valor ou a utilidade para sua finalidade, segundo o contrato. O dono da obra, consequentemente, tem pretensão de adimplemento consistente na realização da obra, isenta de vícios ou defeitos.

O empreiteiro tem o dever de pagar ao dono da obra o valor dos materiais que recebeu, na empreitada de lavor, quando os inutilizar por culpa sua. O dever de indenizar diz respeito apenas ao pagamento do material inutilizado, salvo se o restante se tornar imprestável à finalidade da obra.

Em virtude do princípio de não comportamento contraditório, o parágrafo único do art. 619 do CC estabelece que o dono da obra é obrigado a pagar ao empreiteiro os aumentos e acréscimos, segundo o que for arbitrado, se, sempre presente à obra, por continuadas visitas, não podia ignorar o que se estava passando, e nunca protestou; não pode prevalecer o contrato contrariando essa conduta assim consolidada.

Se um empreiteiro não cumpre suas obrigações trabalhistas, cabe ao dono da obra responder subsidiariamente por elas, mas apenas nos contratos firmados a partir de maio de 2017. Utilizando essa tese, a 2ª Turma do Tribunal Superior do Trabalho (RR 521-50.2014.5.09.0010) não admitiu o recurso de um soldador que pretendia responsabilizar por débitos trabalhistas três empresas que haviam contratado sua empregadora.

17.8. Garantia de Segurança e Solidez da Obra

Nas empreitadas contratadas para construção de casas, edifícios e outras obras de vulto o empreiteiro é obrigado a garantir a solidez e a segurança da construção, durante o prazo de cinco anos, contados da entrega. A lei prevê dois prazos distintos: o primeiro relativamente à garantia de solidez e segurança da obra, de cinco anos; o segundo, para o exercício do direito, de natureza decadencial, de seis meses, a partir da revelação do defeito, desde que este tenha ocorrido durante o prazo de garantia.

O CC/2002 modificou radicalmente a orientação jurisprudencial anterior, que assegurava ao dono da obra o prazo máximo da prescrição (que era de vinte anos, no CC/1916), quando o defeito ocorresse no prazo de cinco anos da garantia.

A lei estabelece que o prazo de cinco anos será "irredutível". O adjetivo foi acrescentado pela Câmara dos Deputados ao projeto originário do Código Civil, de 1975, "como o meio de assegurar a defesa do dono da obra, contra as manobras de algum empreiteiro malicioso", segundo a justificação da emenda 445. Não apenas por essa razão, pois havia jurisprudência entendendo que a norma legal era de natureza supletiva, podendo as partes reduzir o prazo.

A garantia apenas aplica-se a obras novas, ainda que tenha sido transferida para terceiro, pelo adquirente, dentro do prazo legal de cinco anos. Não se enquadra, na responsabilidade por solidez e segurança da obra, o defeito decorrente dos fenômenos naturais.

A solidez diz respeito ao que se construiu, à própria obra. Diferentemente, a segurança tem por objeto a proteção do dono da obra ou de quem a utiliza. O dano é relativo a toda a obra ou a parte dela. A responsabilidade do empreiteiro não se limita à construção, mas o que a afeta, pois a lei refere também ao solo. Deve-se entender que o empreiteiro é responsável mesmo se a causa do perigo é fora do terreno, como a probabilidade de quedas de barreiras ou de alagamento, pois é seu dever conhecer tais situações. Ainda que os estudos e levantamentos tenham sido feitos por outras pessoas, por indicação do dono da obra, permanece o dever do empreiteiro de informar sobre os riscos.

O autor do projeto apenas assume as consequências da garantia de segurança e solidez se for o executor direto da obra. A responsabilidade do autor do projeto é confinada aos defeitos decorrentes da própria concepção deste. Provando que os defeitos decorreram da execução, ficará exonerado da responsabilidade.

O curto prazo decadencial de seis meses é para o exercício em juízo do direito à solidez e segurança da obra, a partir da revelação do defeito. Se o defeito ocorreu um ano após a entrega da obra, tem-se o total de um ano e seis meses para o ajuizamento da ação, em virtude da decadência. Todavia, o dono da obra tem a alternativa de se valer da ação para reparação do dano, pela mesma razão, cujo prazo prescricional é de três anos a partir da ocorrência do dano, se esta se der no prazo da garantia de cinco anos. A garantia é dever legal que integra o contrato de empreitada nesses casos. Portanto, a garantia de solidez e segurança não elide o direito geral à reparação do dano, que tem fundamento no inadimplemento contratual, que pode ser exercido facultativamente pelo lesado. Se a aquisição da obra se enquadrar em relação de consumo, então a pretensão pela reparação do dano prescreverá em cinco anos, na forma do art. 27 do CDC, que tem primazia sobre o Código Civil.

O prazo decadencial é obstado, quando o construtor, após reclamação do dono da obra, realiza reformas e reparos sem solução dos problemas. Nessa hipótese, o prazo se inicia a partir da conclusão do reparo ou da reforma, para que o construtor não seja beneficiado pela própria desídia, uma vez que o tempo entre o aparecimento do defeito, a reclamação e a realização insatisfatória do reparo poderia superar o prazo decadencial de seis meses, levando à extinção do direito do prejudicado.

Para fins da aplicação da garantia, diferentemente dos vícios redibitórios, não se distinguem os defeitos aparentes e os defeitos ocultos. A gravidade do defeito pode só se revelar muito depois da entrega, ou, o empreiteiro, durante algum tempo, ter afirmado que o defeito era irrelevante, ou ter prometido reparação.

Para Pontes de Miranda (1972, v. 44, p. 410) os danos, relativos à solidez e à segurança, podem ainda não se haver produzido, bastando o perigo. Com efeito, se os danos ainda não se causaram e apenas se podem prever, sejam eles evitáveis ou não, a responsabilidade do empreiteiro existe, porque o prazo do art. 618 do CC é para a alegação da causa, do perigo, e não para alegação do dano ocorrido.

A defesa do empreiteiro cinge-se à demonstração de que o defeito inexiste, em relação à solidez e à segurança da obra, ou de que o defeito é de causa posterior à construção e à entrega. Para fins da indenização pelo empreiteiro, considera-se o valor atual, ou seja, do momento em que tem de indenizar. Se o bem construído, pelo uso nos cinco anos, se desvalorizou, a indenização terá de levar em conta essa circunstância.

A jurisprudência do STJ (AgInt no AREsp 1.711.018) consolidou entendimento de que o prazo da pretensão para se obter do construtor indenização por defeito da obra ou vício de construção é prescricional – e não o decadencial do CC ou do CDC – e geral de dez anos.

17.9. Deveres do Dono da Obra

Além dos deveres comuns a todos os contratantes, máxime quanto ao cumprimento integral do contrato e a entrega satisfatória da obra, nem o dono da obra nem o empreiteiro podem modificar o projeto a partir do qual a obra deve ser executada, sem anuência de seu autor, ainda que este já tenha sido pago por ele. No caso de construção civil, do arquiteto.

A norma do art. 621 do CC também tem por efeito a preservação do direito moral do autor do projeto, no que concerne à sua integridade, protegida como direito da personalidade pelo art. 24 da Lei n. 9.610/1998. Todavia, admite, em caráter excepcional, que o projeto possa ser alterado pelo dono da obra, por motivos supervenientes relevantes e de ordem técnica, que demonstrem a excessiva onerosidade da execução em sua forma originária, ou quando as alterações forem de pouca monta, que não afetem a unidade estética da obra. Consideram-se de pouca monta as alterações que não afetem a concepção essencial do projeto, ou as que não atinjam a essência da criação. As alterações, que não sejam de pouca monta, deverão ser comunicadas ao autor do projeto, que pode exigir, inclusive em juízo, a desvinculação de seu nome como autor.

Em muitos casos, a empreitada não é possível sem a cooperação do dono da obra. Por exemplo, quando este deve fornecer a matéria-prima de que a obra necessita para ser produzida, dar certas medidas, realizar provas, pôr à disposição do empreiteiro o local ou os utensílios necessários. A omissão leva à mora do credor (Larenz, 1958, p. 324).

Na execução da obra, o empreiteiro pode gastar mais, ou gastar menos do que foi convencionado. Porém, se gastar mais, sem autorização expressa do dono da obra, o risco é inteiramente seu. Se gastar menos, o dono da obra pode reclamar se resultar em diminuição do interesse ou da segurança da obra. Se gastar menos, em virtude de ter havido diminuição do valor do material ou da mão de obra, superior a 10%, o dono tem direito à diferença correspondente.

O recebimento da obra pelo dono é direito do empreiteiro, pois certifica o cumprimento de suas obrigações contratuais. Se o dono da obra fizer reservas, tem de imediatamente pedir que o empreiteiro sane os defeitos. Pode haver recebimento provisório, como ocorre na administração pública, para que o dono da obra possa ter o tempo necessário para verificação do regular cumprimento.

O empreiteiro pode valer-se da exceção do contrato não cumprido, para não entregar a obra enquanto não houver garantia do pagamento por parte do dono. Por seu turno, o dono ou recebe a obra ou a recusa, justificadamente, se considerar inadimplente o empreiteiro. Entregando o empreiteiro uma obra defeituosamente realizada, não se cumpre o contrato, podendo o dono rejeitá-la e não pagar o preço, valendo-se, também, da exceção do contrato não cumprido.

Admite-se a penhora do bem de família para saldar o débito ou financiamento originados de contrato de empreitada global celebrado para promover a construção do próprio imóvel (STJ, REsp 1.976.743).

17.10. Extinção do Contrato

O contrato de empreitada extingue-se pela resolução, pela resilição, pela nulidade ou anulabilidade, pela entrega satisfatória da obra, pela inexecução da obra, por infração contratual, pela impossibilidade em executar a obra, por mudança substancial do projeto que torne a obra excessivamente onerosa para o empreiteiro, pela expiração do prazo.

O contrato extingue-se pela expiração do prazo, se assim ficou estipulado, pois o atraso na entrega pode ser considerado inadimplemento, não mais interessando a obra fora dele.

É causa de extinção do contrato a impossibilidade superveniente de se concluir a obra, sem ser imputável a qualquer das partes. Nessa hipótese, o dono da obra deve ao empreiteiro o que ele já realizou, desde que a parte executada tenha serventia para sua finalidade, ainda que parcial. "Se a impossibilidade é parcial e alguma parte da obra já foi feita, de modo que só fazer-se o resto está impossibilitado, tem o empreitante de recebê-la tal como está, se lhe é útil, e pagar a parte do preço que a ela corresponda" (Pontes de Miranda, 1972, v. 44, p. 422). Se a impossibilidade superveniente for total, o contrato extingue-se automaticamente; o empreiteiro fica desobrigado de executar a obra e o dono fica desobrigado de pagar.

O inadimplemento parcial, por parte do empreiteiro, pode levar à resolução total do contrato, se assim tiver sido convencionado, com a indenização por perdas e danos. Todavia, se o que falta não compromete a obra, que pode ser completada, pode ser aplicável a doutrina do adimplemento substancial, impedindo a resolução.

Tendo em vista que empreitada não é contrato de duração, se a obra foi apenas executada, em parte, pode haver resolução integral do contrato. É indiferente que o dono da obra a tenha recebido em parte e pago o correspondente, ou mesmo que a tenha utilizado.

O atraso na execução também pode levar à extinção do contrato, com a atribuição da responsabilidade pelos danos a quem der causa a ele. Se o atraso for do empreiteiro, responde pelos danos causados ao dono da obra. Se, ao contrário, o retardamento for por culpa do dono, responde este.

O dono da obra pode suspendê-la, sem necessidade de justificação, notificando o empreiteiro, mas terá de pagar, além dos serviços já feitos, indenização razoável em relação ao que o empreiteiro deixou de ganhar se concluísse a obra, a título de lucros cessantes. Essa indenização não é equivalente ao valor restante do contrato, mas ao que corresponde ao lucro do empreiteiro, excluindo-se os valores dos materiais e da mão de obra, ou seja, a *plus valia*. Aplica-se a regra geral do juízo equitativo (CC, art. 413). O sentido do termo suspensão, utilizado pelo CC, art. 623, abrange a suspensão propriamente dita, mas principalmente a extinção do contrato; daí referência à indenização.

A extinção antecipada dá-se por resilição, por decisão unilateral do dono da obra, que não precisará motivá-la, seja por não querer ou não poder continuar sua execução. O dono da obra há de reembolsar o que o empreiteiro gastou em material e trabalho até o momento da suspensão, se a obra continuou até a eficácia da resilição. Não se tem de apurar se o que foi feito havia de ser feito, ou se era útil ou técnico, ou se o projeto estava, ou não, sendo observado. Qualquer defeito que possa ter existido seria causa de outra atitude, e não da suspensão por resilição unilateral. O que já foi executado deve ser pago pelo dono da obra e passa a pertencer-lhe.

Diferentemente do direito conferido ao dono da obra no CC, art. 623, o empreiteiro não poderá suspender voluntariamente a empreitada. Se o fizer, incide a regra geral do inadimplemento contratual, devendo ser arbitrada a indenização por perdas e danos sofridos pelo dono da obra, além de juros e atualização monetária (CC, art. 389, com a redação da Lei n. 14.905/2024).

A morte do empreiteiro não extingue o contrato de empreitada, nas relações privadas. Em regra, as obrigações do empreiteiro transmitem-se aos seus sucessores, salvo se se tratar de empreitada *intuitu personae*, realizada em função da pessoa do empreiteiro. Cite-se, como exemplo, a encomenda de obras artísticas.

Nas empreitadas contratadas pela Administração Pública, o contrato pode ser extinto por variadas razões, aplicáveis aos contratos de direito privado, onde couber, notadamente, o não cumprimento de cláusulas contratuais, especificações, projetos ou prazos; o cumprimento irregular de cláusulas contratuais; a lentidão do seu cumprimento; o atraso injustificado no início da obra; a paralisação da obra, sem justa causa e prévia comunicação à administração; a subcontratação ou a cessão do contrato, não admitidas no edital e no contrato; o desatendimento das determinações da fiscalização; o cometimento reiterado de faltas na sua execução, anotadas em livro de ocorrência; a decretação de falência ou a instauração de insolvência civil do empreiteiro; o falecimento do empreiteiro; a alteração social ou a modificação da finalidade ou da estrutura da empresa empreiteira, que prejudique a execução do contrato; a ocorrência de caso fortuito ou de força maior, regularmente comprovada, impeditiva da execução do contrato.

Capítulo XVIII

Empréstimo

Sumário: 18.1. Conceito e características do comodato. 18.2. Deveres do comodante. 18.3. Direitos e deveres do comodatário. 18.4. Extinção do comodato. 18.5. Mútuo. 18.6. Mútuo em dinheiro. 18.7. Direitos e deveres das partes no mútuo. 18.8. Extinção do mútuo.

18.1. Conceito e Características do Comodato

O comodato é o empréstimo gratuito de coisa não fungível. Quem empresta denomina-se comodante; quem toma emprestado, comodatário. A finalidade desse tipo de empréstimo é o uso da coisa por parte do comodatário, durante certo tempo, findo o qual deve restituí-la, nas condições recebidas. A grande distinção é com o outro contrato de empréstimo, o mútuo. Segundo o consenso da doutrina, o comodato é empréstimo de uso, enquanto o mútuo é empréstimo de consumo. No mútuo, o domínio da coisa emprestada é transferido ao mutuário, enquanto no comodato apenas se transfere a posse temporária.

A coisa pode ser móvel ou imóvel. O comodato abrange não apenas a coisa principal, mas igualmente suas pertenças, salvo se o contrato as tiver excluído. As pertenças são coisas que ajudam outra coisa, sem a esta se integrar. Destinam-se ao uso, embelezamento ou serviço da coisa principal. A pertença vincula-se à destinação da coisa principal. São pertenças os móveis que guarnecem uma casa, os aparelhos elétricos e eletrônicos, os equipamentos de uso do titular da coisa etc.

Os bens não fungíveis são os que se determinam como singulares, não podendo ser substituídos por outros de mesma espécie, qualidade e quantidade. Apenas os bens móveis podem ser fungíveis. Os bens imóveis são não fungíveis por sua natureza. Mas, por vontade das pessoas, o bem fungível pode ser convertido em não fungível, inclusive para certos fins. Se o comodatário se vinculou a não o consumir, o bem fungível pode ser objeto de comodato. O saco de cereal de certa qualidade, posto em exposição, enquanto esta durar, é não fungível. O exemplar de um livro converte-se em não fungível quando o autor o autografa para alguém. A cédula do dinheiro, retirada de circulação e guardada por colecionador, é bem não fungível. Para os fins do comodato, o que interessa é que o comodatário tenha o dever de restituir o que lhe foi entregue; portanto, não pode consumi-lo.

A gratuidade é da essência do comodato. Se houver remuneração, converte-se o contrato em locação de coisa, independentemente do nome que as partes lhe tenham atribuído. Não pode haver contraprestação pecuniária, ou de dar coisa, ou de fazer algo por parte do comodatário, o que ressalta a característica de contrato unilateral (ainda que negócio jurídico bilateral, tendo em vista as recíprocas manifestações de vontade), pois apenas o comodante realiza a prestação de dar a coisa sem esperar contrapartida. Não se considera contraprestação o dever do comodatário de restituir a coisa, findo o prazo, nem o dever de cuidar da coisa, ou a exigência contratual de pagar as despesas de condomínio, os impostos, a água e a energia consumidos, a conta de telefone, durante o uso. São deveres legais e contratuais, mas não contraprestação.

A restituição segundo o que se estabeleceu expressa ou tacitamente é limite do direito; não é prestação do comodatário. A gratuidade resulta de só um dos figurantes ter juridicamente vantagem. O comodante, se a tem, é só faticamente, isto é, como motivo e não como causa. Se não se pode pensar em correspectividade, porque o uso é que ressalta, pelo interesse preponderante do outorgado, há comodato (Pontes de Miranda, 1972, v. 46, p. 138).

Há comodato quando se entrega o uso de uma casa, mesmo ficando o comodatário responsável pelas despesas e por haver interesse em não a deixar sem alguém que a habite. Mas o comodato pode encobrir doação simulada ou indireta, como no empréstimo, por longo tempo, de imóvel rural para que o comodatário possa auferir os rendimentos de sua exploração. O que pode confundir é o elemento comum da gratuidade entre o comodato e a doação. Porém, no comodato, ao contrário da doação, não se retira patrimônio do comodante para se transferir ao comodatário; apenas se entrega o uso, sem que se limite o direito de propriedade ou se exclua a posse do comodante.

Também é da essência do comodato a temporariedade. Não tendo as partes fixado o prazo, este deve ser entendido como o necessário para a finalidade do empréstimo.

No direito brasileiro, o comodato é contrato real. Não basta o consentimento das partes. É necessário que haja tradição da coisa, do comodante para o comodatário, para que o contrato possa ser tido como concluído. Não há no direito brasileiro, ao contrário de outros sistemas jurídicos, comodato meramente consensual. Sem tradição da coisa há apenas promessa de comodato, que se resolve por perdas e danos se o comodante não entregar a coisa. Exige-se, no comodato, a contemporaneidade das manifestações de vontade. A integração das manifestações de vontade na tradição é de rigor, pois apenas se tem como concluído o comodato se o bem é entregue pelo comodante e recebido pelo comodatário. A tradição, no comodato, não é só o elemento para se ter de restituir. É elemento para a conclusão do contrato.

Se há transferência do direito de propriedade, ou de algum direito real limitado, e não só o direito obrigacional ao uso, não há comodato. De modo nenhum se pode atribuir ao comodatário direito real. Diferentemente, o direito real de uso (CC, art. 1.412) depende do contrato de constituição e do registro, para que se constitua. Se o contrato for gratuito, tratar-se-á de doação de uso e não de comodato. O comodato permanece no plano do direito das obrigações e somente quanto à posse (pois o comodatário é possuidor) é que recebe os efeitos do direito das coisas.

O comodato é ato de liberalidade, é um contrato benéfico, pois o comodante deixa de usufruir a coisa, temporariamente, para uso do comodatário, sem contrapartida. Aplica-se a regra geral da interpretação restritiva, em favor do comodante (CC, art. 114), sempre que haja dúvidas entre as partes.

Apenas pode ser comodante quem tem a gestão direta de seus bens ou do bem que se quer emprestar. Por essa razão, não podem os tutores, curadores e quaisquer pessoas que administrem bens alheios dar em comodato esses bens, porque apenas detêm sua custódia ou guarda. Esse impedimento pode ser afastado por decisão judicial, quando se entender que o comodato também é no interesse do titular do bem sob administração de terceiro. Exemplifique-se com o empréstimo do bem do curatelado para instituição que cuida de pessoas com o mesmo problema mental e que também atende ao próprio.

O comodante não precisa ser proprietário da coisa dada em comodato. O que se entrega não é o direito real, mas o direito pessoal de uso. Assim, pode ser comodante o mero possuidor da coisa, ou o locatário, neste caso se não houver proibição. A coisa entregue em comodato não precisa ser de propriedade do comodante. O que se exige é que o comodante tenha direito ao uso da coisa que se empresta. Às vezes o possuidor legítimo da coisa não tem direito de uso da coisa, não podendo emprestá-la, como nas hipóteses do depositário e do mandatário ou procurador. O titular do direito de uso não é o mandatário, mas o mandante, porque aquele apenas representa este. No depósito, há proibição legal de uso da coisa depositada.

No âmbito da administração pública, o comodato é instituto largamente utilizado para empréstimo de bens públicos de entidade pública para outra entidade pública, ou para instituições privadas, neste caso sob autorização legislativa, quando necessário.

18.2. Deveres do Comodante

O principal dever do comodante é o de assegurar ao comodatário o uso do bem, de acordo com o prazo que foi ajustado. Não há dever de entregar a coisa, pois, sendo real o contrato, este apenas se conclui quando ela se dá, realizando-se desse modo sua prestação. O dever de assegurar a regularidade do uso é do comodante e de seus herdeiros e sucessores. Tem ele de evitar qualquer turbação ou esbulho ao comodatário.

O comodante não está impedido de alienar a coisa, ou seja, vender, doar, permutar, dar em pagamento. O adquirente, que é terceiro, não está obrigado a respeitar a vigência do contrato, podendo exigir que o comodatário lhe entregue a coisa, incontinenti. Mas o comodante responderá pelos danos sofridos pelo comodatário, em razão da restituição precipitada da coisa, antes do encerramento do prazo contratual. Estabelece o CC, art. 581, que o comodante não pode suspender o uso e o gozo da coisa emprestada, antes do final do prazo, caracterizando-se violação desse dever se imediatamente, com alienação, transferiu a posse da coisa ao adquirente, sem ressalvar o uso da coisa pelo comodatário durante o prazo que fora estipulado.

Também responde o comodante, em virtude de infração positiva do contrato (Larenz, 1958, p. 205), se entregar a coisa ao comodatário, não lhe informando sobre vício de seu título ou vício redibitório, o que lhe acarretará responsabilidade pela indenização dos danos correspondentes. O comodante responde, assim, por dolo ou culpa grave.

Se algum terceiro ajuizar ação possessória em relação à coisa emprestada, o comodante tem o dever de assumir a lide. As despesas extraordinárias e urgentes feitas pelo comodatário, que não se contenham nas necessárias à conservação ordinária, em razão do uso, devem ser reembolsadas pelo comodante. Enquanto não forem reembolsadas as despesas com benfeitorias necessárias, tem o comodatário direito de retenção sobre a coisa. A regra do CC, art. 584, que estabelece não poder o comodatário recobrar do comodante as despesas feitas com o uso da coisa emprestada, só se refere às despesas ordinárias.

18.3. Direitos e Deveres do Comodatário

O comodatário tem direito a usar a coisa sem impedimento de terceiros ou do próprio comodante. Sua situação jurídica é de possuidor imediato da coisa, podendo exercer as pretensões equivalentes, para defesa da posse. Assim, não pode o comodante suspender o uso da coisa e exigir sua devolução, antes do prazo estipulado ou, em sua falta, do que se tenha como adequado para os fins do contrato. Todavia, antes do fim do prazo, considerando-se as peculiaridades do comodato, pode o comodante requerer ao juiz a suspensão do contrato, desde que demonstre necessidade urgente e imprevisível. A hipótese é de denúncia cheia.

Findo o prazo do contrato, deve o comodatário restituir a coisa, independente de interpelação ou aviso do comodante. Se não o fizer, incorre em penalidade específica, que é o pagamento do equivalente ao aluguel mensal da coisa, arbitrado pelo comodante. Não se trata, aí, de conversão do comodato em locação de coisa, mas de imposição de pena pecuniária, para o que a lei estabeleceu o critério. Registre-se, contra nossa posição, que Orlando Gomes (2001, p. 316) afirma que o contrato de comodato se converte em locação, transformando-se o comodatário em locatário, mas sem explicitar suas razões. Cuida-se de direito potestativo do comodante, que, desse modo, procura compensar o prejuízo causado pelo comodatário. Contudo, o arbitramento do comodante não pode ser arbitrário, contendo-se na razoabilidade, como o preço máximo de mercado, para a locação de bem equivalente. A lei não lhe concedeu arbítrio, mas o poder de arbitrar a pena. Se o valor for considerado desarrazoado, pode o comodatário requerer ao juiz que o reveja para menos. De qualquer forma, a finalidade do arbitramento pelo comodante é compelir o comodatário a restituir a coisa e não a de convertê-lo em locatário.

A fixação da sanção equivalente a aluguel pode ser cumulada com a indenização por perdas e danos. Neste sentido decidiu o STJ (REsp 1.662.045) que a impossibilidade de devolução do bem cedido em comodato não impede a fixação de aluguel, em caso decorrente de descumprimento de contrato de empréstimo de botijões de gás, cujos vasilhames não foram devolvidos.

Se não há prazo explicitamente ou tacitamente fixado, o comodato é sem prazo. Então o comodante pode exigir a restituição quando o entender, mediante notificação ou aviso, cujo recebimento já faz o comodatário incorrer em mora, sujeitando-se à pena. Na jurisprudência do STJ há entendimento (REsp 1.947.697) de ser dispensável a notificação prévia, quando o comandante preferir ingressar com ação para devolução do imóvel, configurando a partir daí o esbulho possessório.

O comodatário é obrigado a conservar a coisa como se ela fosse sua. Incumbe-lhe o dever de proteção da coisa até que a restitua. A lei não se satisfaz com qualquer tipo de conservação, mas aquela que o comodatário, ou qualquer pessoa em sua situação, faria com a própria coisa. Busca-se um padrão médio de comportamento, e não a investigação do que costuma fazer concretamente o comodatário com suas coisas, pois pode ser negligente com elas. Por isso, a doutrina refere à pessoa razoável, que os antigos denominavam *bonus pater familias*, como modelo típico abstrato. Se não conservar a coisa, incorre em violação ao contrato e ao dever legal, podendo o comodante resolver o contrato e exigir a devolução da coisa. O comodatário fica sujeito, igualmente, à indenização por perdas e danos que seu procedimento omissivo ou deficiente causar ao comodante.

Idêntica é a solução legal quanto aos riscos que a coisa pode correr, enquanto estiver sob uso do comodatário (por exemplo, incêndio, intempérie, roubo). Em princípio, tais situações caracterizam caso fortuito ou força maior, que exoneram o comodatário da responsabilidade pela reparação. Mas, sob o princípio do comportamento de pessoa razoável, a lei estabelece que o comodatário não possa antepor ou privilegiar seus próprios bens, em prejuízo do bem emprestado, quando todos estiverem sob o mesmo risco. Ou seja, é seu dever legal tentar salvar a coisa emprestada como se sua fosse, em igualdade de esforços em relação às demais de sua titularidade. Não o fazendo, não se pode valer da alegação de caso fortuito e força maior, ainda que a situação nestes se enquadre.

Todas as despesas feitas pelo comodatário, com a conservação ordinária da coisa, durante o período de uso, não podem ser cobradas do comodante, que não tem o dever de reembolsá-las. Contudo, segundo a regra geral do possuidor de boa-fé, tem o comodatário direito ao reembolso das despesas feitas com benfeitorias necessárias, porque estas o próprio comodante teria de fazer, tivesse ou não emprestado a coisa. Exemplifique-se com o conserto do portão de ferro de entrada, caído pela ferrugem. Pode o comodatário cobrar do comodante as despesas ordinárias da coisa se houver consentimento expresso deste último (STJ, AgInt no AREsp 1.657.468).

Todos os deveres cometidos ao comodatário são partilhados quando a coisa tiver sido emprestada para mais de uma pessoa. A pluralidade de comodatários implica a solidariedade passiva, devendo todos ser solidariamente responsáveis pela coisa emprestada, inclusive quanto à conservação, aos riscos e ao dever de restituição.

Se o comodatário não restituir a coisa findo o prazo do contrato ou, quando sem prazo, for notificado extrajudicialmente pelo comodante – após o transcurso de prazo suficiente à utilização do bem –, responderá pelo perecimento ou pela deterioração. Aplica-se, por analogia, o CC, art. 399, mesmo se o comodatário estiver pagando a pena equivalente ao aluguel arbitrado pelo comodante, a que alude o art. 582 do mesmo Código.

18.4. Extinção do Comodato

O comodato se extingue, em sua modalidade regular, quando o prazo estipulado se findar. O termo final tem força de interpelação, devendo o comodatário restituir a coisa incontinenti ao comodante. Extingue-se, ainda, o comodato quando o comodatário usar o bem contra o que ficou convencionado, inclusive se ceder o uso a terceiro, sem consentimento do comodante; quando descumprir o dever de proteção da coisa, expondo-a a risco; quando houver perecimento da coisa; quando morrer o comodatário.

A morte do comodatário extingue o contrato, porque este não é suprapessoal, como ocorre com o contrato de locação de imóvel urbano residencial. Não há sucessão do comodatário, pois o contrato foi feito em seu benefício. Diferentemente, ainda que concordando que a morte do comodatário extingue o contrato, Ludwig Enneccerus (1966, v. 2, p. 408) entende que esta não determina a extinção automática da relação, que passa para seus herdeiros; estes estariam obrigados a sufragar os gastos ordinários de conservação e facultados a usar a coisa, a não ser que o uso dela estivesse limitado pessoalmente ao comodatário.

Modalidade especial de extinção é a resilição motivada pelo comodante, quando o contrato ainda está com seu prazo em curso. O motivo é a necessidade imprevista e urgente. A lei exige que a necessidade seja não apenas imprevista, mas urgente, em relação ao comodante ou a sua família. Atende ao requisito legal a circunstância de o comodante necessitar urgentemente da coisa para uso próprio ou de sua família, para que não tenha de fazer despesas com a aquisição ou aluguel de outra coisa equivalente.

Se não há prazo para o empréstimo, o comodante pode denunciá-lo a qualquer tempo sem necessidade de justificação (denúncia vazia).

Expirado o prazo determinado para o uso do bem comodado, ou se o comodatário já o usou de acordo com o contrato, ou a natureza do uso, tem o comodatário de restituir o que recebeu. Não é preciso que o comodante promova a intimação do comodatário, nem, sequer, que o interpele ou lhe exija a reentrega (Pontes de Miranda, 1972, v. 46, p. 185).

Pode haver extinção antecipada do comodato quando houver quebra de confiança, de acordo com a jurisprudência dos tribunais.

18.5. Mútuo

Mútuo é o contrato de empréstimo de coisas fungíveis. Quem empresta a coisa é denominado mutuante; quem a recebe, mutuário. Considera-se empréstimo do consumo, tendo em vista que a coisa emprestada será transferida pelo mutuante ao mutuário e por este consumida, não sendo restituída em sua essência, mas no equivalente do mesmo gênero, qualidade e quantidade. A coisa que o mutuante emprestou é substituída em seu patrimônio pela pretensão à restituição (Larenz, 1958, p. 208). No mútuo, a coisa apenas pode ser móvel, que é a única suscetível de fungibilidade. Só o dinheiro ou bens fungíveis podem ser objeto de contrato de mútuo. O que é essencial é que o mutuário possa dispor da coisa como sua. Se a coisa fosse singular e específica, ter-se-ia o comodato, que pressupõe a não fungibilidade e a gratuidade, ou a locação de coisa, que transfere o poder de usar, sob remuneração.

No cotidiano das pessoas, o mútuo é contrato corriqueiro. A todo o momento, as pessoas emprestam coisas fungíveis, por liberalidade e confiança, umas às outras, nem sempre com ciência das consequências jurídicas e da existência mesma de um contrato, que emerge dessa conduta. Quando um vizinho empresta sal ou açúcar para consumo do outro, tem-se mútuo. Daí emergirem duas características marcantes desse contrato: a gratuidade e a informalidade.

O mútuo presume ser gratuito, como regra geral. Na dúvida, deve prevalecer a gratuidade. Com frequência pode ser confundido com a doação, tendo em vista os pontos comuns da gratuidade e da transferência do domínio, mas com a segunda se distingue porque há o dever de restituição do equivalente. A finalidade dirá se se trata de mútuo ou de doação.

O mútuo pode ser oneroso, o que lhe retira a gratuidade e a unilateralidade. No mútuo oneroso há a contraprestação do mutuário, consistente normalmente em dinheiro, ou juros. Os interesses são, de regra, em dinheiro. Pode, contudo, haver contraprestação em outras coisas fungíveis ou em coisas não fungíveis.

O Código Civil estabelece que a taxa de juros remuneratórios no contrato de mútuo entre particulares não pode exceder a taxa que estiver em vigor para o pagamento dos impostos devidos à Fazenda Nacional, por remissão do art. 591 ao art. 406. Há dois modos de cálculo da taxa dos juros moratórios aplicável aos impostos devidos à Fazenda Nacional: a) mediante a taxa SELIC, que reflete a remuneração dos agentes econômicos pela compra e venda dos títulos públicos; b) pela observância do limite de 12% (doze por cento) anuais, estabelecido pelo § 1º do art. 161 do CTN. No cálculo da taxa SELIC a atualização monetária já é prefixada, o que torna sua aplicação problemática, pois não constitui apenas taxa de juros. Assim, a utilização da taxa SELIC geraria a duplicidade da atualização monetária, a saber, a que nela já está embutida e a que incidiria diretamente sobre o montante da dívida. Por estas razões, entendemos que apenas a taxa máxima prevista no Código Tributário Nacional pode ser aplicada nos juros moratórios entre particulares.

A cobrança, acima do limite legal, constitui crime contra a economia popular e, no campo civil, a estipulação de juros usurários é considerada nula, devendo o juiz ajustá-la ao limite legal e ordenar a devolução da quantia paga em excesso. A Medida Provisória n. 2.172-32/2001, que revogou o § 3º do art. 4º da Lei n. 1.521/1951, considera "nulas de pleno direito as estipulações usurárias", assim entendidas as taxas de juros superiores às legalmente permitidas, devendo o juiz ordenar a restituição em dobro da quantia paga em excesso, com juros legais a contar da data do pagamento indevido.

No direito brasileiro, o mútuo é contrato real. O CC, art. 586, exige a entrega da coisa, pois apenas se restitui o que se recebeu. A entrega da coisa é elemento necessário à existência do contrato. Sem a entrega da coisa não há ainda mútuo, o que afasta qualquer consideração sobre os planos da validade e da eficácia, pois estes dependem do plano da existência. Todavia, Pontes de Miranda (1972, v. 42, p. 8) admite que também haja o mútuo consensual, porque se tem como suporte fático suficiente o que a lei não considera ordinário. Se não se disse que se transmitia a propriedade do dinheiro ou da coisa fungível, mas apenas que se prometia prestar, não haveria mútuo contrato real e sim mútuo contrato consensual ou promessa de mútuo. Para que o mútuo real ocorra, é preciso que o mutuário adquira, à conclusão do contrato, o uso do bem fungível.

Pode haver contrato de mútuo sob condição suspensiva, excepcionalmente. Tendo havido a entrega da coisa e dependendo a consumação do mútuo de algum evento futuro, o mutuário assume a posição de depositário irregular, respondendo nessa qualidade se a condição não se realiza. Se a condição for resolutiva, seu implemento tem efeito de resolução do contrato, impondo-se a imediata restituição do equivalente da coisa emprestada. O depósito de coisa fungível é considerado pelo art. 645 do CC como depósito irregular, sem identificá-lo inteiramente com o mútuo.

18.6. Mútuo em Dinheiro

O mútuo em dinheiro, também denominado mútuo feneratício, tem sua história vincada por restrições legais, tendo em vista a preocupação do legislador em impedir a prática da usura. Gradativamente, as restrições levaram ao impedimento do mútuo em dinheiro entre pessoas físicas ou jurídicas, em que houvesse contraprestação pecuniária.

Atualmente, o direito brasileiro apenas admite o mútuo em dinheiro que seja gratuito, salvo quando o mutuante for instituição financeira. Contrariando a tradição brasileira de limitação dos juros a taxas razoáveis, a Lei n. 4.595/1964 exclui as instituições financeiras de qualquer controle. O STF sumulou o entendimento de o limite máximo não se aplicar às instituições financeiras, porque a legislação específica não o fixou (Súmula 596).

A Constituição de 1988 tentou controlar os abusos das instituições financeiras, limitando a taxa de juros reais em 12% ao ano. Todavia, depois de longas batalhas judiciais, o STF passou a entender que o art. 192 da Constituição, que assim estabelecia, dependia de lei complementar que o regulamentasse, o que nunca ocorreu. Finalmente, a Emenda Constitucional n. 40/2003, revogou essa parte do artigo, deixando ilimitada a fixação dos juros pelas instituições financeiras.

A expansão do crédito para financiamento das pessoas interessadas em adquirir casa própria, no Brasil, levou à disseminação do contrato de mútuo com as instituições financeiras. O termo mutuário passou a ser sinônimo de adquirente de casa própria, sob financiamento. Porém, tem-se coligação do contrato de compra e venda entre o proprietário, ou construtor, ou incorporador e o adquirente e o contrato de mútuo feneratício celebrado, ao mesmo tempo, entre este e a instituição financeira, que tem por fito quitar o pagamento do preço junto ao vendedor; o adquirente, em contrapartida, contrai com a instituição financeira contrato de hipoteca, para garantia do financiamento. Com essa operação, surgem duas relações jurídicas, uma obrigacional e outra real. Diferentemente ocorre com a alienação fiduciária em garantia do imóvel adquirido, na qual o adquirente, em vez de oferecer o imóvel em hipoteca, transfere a propriedade resolúvel do imóvel à instituição financeira, ficando com o direito real de aquisição; a propriedade resolúvel se extinguirá quando o adquirente-mutuário quitar todo o financiamento, readquirindo-a integralmente.

O divórcio de um casal de mutuários não atinge o contrato de financiamento imobiliário, permanecendo ambos como mutuários devedores. Sendo assim, há litisconsórcio ativo necessário em demanda revisional de contrato de financiamento imobiliário, mesmo que os contratantes sejam ex-cônjuges.

18.7. Direitos e Deveres das Partes no Mútuo

O mútuo é contrato real, que se perfaz apenas com a tradição da coisa para o mutuário. A partir da tradição, o mutuário adquire a posse e a propriedade da coisa, podendo consumi-la. Em razão disso, a lei estabelece que, desde a tradição, os riscos da coisa são do mutuário.

— 377 —

O que o mutuário restitui não é a coisa que recebeu, e sim o que corresponde ao que se deu. Não há, necessariamente, a volta da mesma coisa, como ocorre no comodato e na locação de coisas.

O mútuo é, como todo contrato, negócio jurídico que requer agentes capazes. Contudo, ante as comuns circunstâncias da vida de empréstimos a pessoas menores de idade, o CC, art. 588, estabelece que sem autorização dos pais ou tutor a coisa não fungível não pode ser reavida nem dos mutuários, nem de seus fiadores, como consequência desestimuladora dessa prática. Abre exceções: a) quando houver ratificação do pai ou tutor; b) quando o empréstimo tiver finalidade de aquisição de alimentos para subsistência do menor; c) quando o menor exercer atividade remunerada; d) se ficar comprovado que o empréstimo se reverteu inteiramente em benefício do menor; e) se o menor tiver usado de malícia para obter o empréstimo, ilaqueando a boa-fé do mutuante, como alegar-se maior ou afirmar extrema necessidade.

A regra do art. 588 retira a eficácia do mútuo, em relação ao mutuante, o qual fica destituído de pretensão contra o mutuário, não podendo, inclusive, valer-se de repetição do indébito. Sua origem foi o chamado *senatus consulto* macedoniano; no ano 47 d. C. um jovem romano de nome Macedo, acossado por dívidas, estava prestes a matar o pai, para herdar seus bens e pagá-las, tendo esse fato rumoroso estimulado o Senado a editar a norma.

Os pais somente podem contrair mútuo como representantes ou assistentes dos filhos se há necessidade e evidente utilidade para estes, mediante prévia autorização judicial, conforme estabelece o art. 1.691 do CC. Não importa se o mútuo é oneroso ou gratuito. Os tutores ou curadores (CC, art. 1.774) também precisam da autorização do juiz.

O principal direito do mutuante é a restituição do equivalente da coisa, de mesmo gênero, qualidade e quantidade. Se emprestou o valor "x", este deve ser restituído, não mais nas mesmas moedas ou cédulas. Nos mútuos onerosos ou de caráter econômico, o mutuante tem direito a receber os juros remuneratórios convencionados.

Tem direito o mutuante a exigir garantia ao mutuário, quando houver risco para a restituição. O risco existe objetivamente, quando o mutuário tiver queda manifesta em seu patrimônio, em relação ao que detinha no momento da celebração do contrato. Não é qualquer queda ou redução patrimonial que dá ensejo à pretensão de garantia, mas só a que possa conduzir à insolvência do mutuário. A garantia pode ser fiança, caução, penhor, hipoteca, seguro.

— 378 —

18.8. Extinção do Mútuo

Extingue-se o mútuo com a restituição do equivalente da coisa, ou com o advento do termo final do prazo. Se o mútuo é gratuito, o mutuário pode, a qualquer momento, restituir o que recebeu, sem estar obrigado a aguardar o final do prazo.

Quando o prazo não for determinado no contrato, entende-se o que seja necessário à consecução da finalidade do empréstimo. A lei estabelece algumas hipóteses, que não esgotam todas as ocorrências: a) se o mútuo foi para atividade da agricultura, entende-se que o prazo corresponda ao necessário até a colheita do que se plantou, pois com o resultado financeiro desta é possível fazer a restituição do recebido; b) se for de dinheiro, sem especificação de finalidade, o prazo será de trinta dias; c) não havendo relação clara e comprovada entre a coisa e finalidade, desde que não seja em dinheiro, será o prazo que o próprio mutuante estipular.

A morte do mutuário não extingue necessariamente o contrato, dentro no prazo, pois seus sucessores assumem a responsabilidade pela restituição e pela remuneração, se houver, dentro das forças da herança.

Na hipótese de impossibilidade de restituição das mesmas quantidade, qualidade e espécie da coisa emprestada, no prazo convencionado, sem culpa do mutuário, este a substituirá pelo correspondente valor em dinheiro.

No mútuo feneratício, o não pagamento dos juros, em qualquer tempo dentro do prazo, importa inadimplemento, que por si só leva à resolução do contrato.

Capítulo XIX

Depósito

Sumário: 19.1. Conceito, natureza e abrangência. 19.2. Espécies de depósito. 19.3. Depósito de bagagens em hotéis e similares. 19.4. Direitos e deveres do depositante. 19.5. Direitos e deveres do depositário. 19.6. Vicissitudes e fim da prisão do depositário infiel. 19.7. Extinção.

19.1. Conceito, Natureza e Abrangência

O depósito é o contrato pelo qual uma pessoa, denominada depositante, entrega uma coisa móvel para que outra pessoa, denominada depositária, a guarde com obrigação de devolvê-la ao depositante ou alguém que este designe. A guarda ou custódia é, no depósito, seu elemento nuclear, tendo a função de assegurar o adimplemento, assumindo o depositário os riscos correspondentes.

Mas o elemento da custódia não esgota o conteúdo do depósito; nem só o depositário tem o dever de custodiar. Alguns contratos incluem o dever de custódia da coisa, objeto dos deveres de prestação, como o contrato de empreitada de lavor ou o de transporte de coisas e das bagagens dos passageiros, no contrato de transporte de pessoas. Mas é dever acessório ao dever principal, que é a efetivação do transporte, não podendo ser caracterizado como contrato autônomo de depósito.

O depósito é no interesse de quem deposita. Nesse contrato ressaltam as seguintes características: coisa móvel, dever de guarda, impedimento do uso, dever de restituição, gratuidade preferencial. Pode o depósito ser oneroso ou gratuito; fora da atividade econômica é gratuito, como relação de liberalidade.

Apenas coisas móveis podem ser objeto de contrato de depósito. As coisas móveis têm de ser suscetíveis de guarda e vigilância, o que afasta o depósito de coisas móveis incorpóreas, salvo por previsão legal expressa. No direito processual há o depósito de imóveis, que se faz mediante determinação judicial, principalmente para garantia do juízo, com averbação no Registro de Imóveis, para que se lhe dê publicidade. É uma ficção jurídica de fins práticos, mas não se confunde com o depósito de direito material, principalmente o contratual.

— 380 —

No direito brasileiro, o depósito é contrato real, que se perfaz com a entrega da coisa para guarda ou custódia. O CC, art. 627, o faz dependente da tradição, ao enunciar que se conclui quando o depositário recebe o objeto móvel, e não quando se obriga a recebê-lo. Por isso mesmo, se não se entregar a coisa, não será devida a remuneração. Se, antes do fim do prazo, o depositante retirar a coisa, a remuneração só será devida em parte, proporcionalmente ao tempo da custódia, salvo se se estipulou em contrário, ou se pagou antecipadamente, a exemplo dos depósitos de bagagem. O depositante pode não ser o dono do bem depositado. Pode só ter a posse imediata, que ele transfere ao depositário. Não há impedimento, todavia, que seja antecedido de contrato preliminar, que tem sempre essa natureza o contrato de depósito meramente consensual.

Porém, como diz Pontes de Miranda (1972, v. 42, p. 326), temos de atender a que nem sempre há a tradição ou a cessão da pretensão à entrega, como acontece sempre que a transmissão da posse depende de o depositário ir à hora certa ao local indicado, onde estará o depositante ou alguém autorizado a transferir a posse. Daí ter-se de admitir ser possível, em tal caso, entre outros, o contrato consensual de depósito.

Na vida cotidiana das pessoas, há o costume generalizado de pessoas receberem em confiança coisas de outras para guardá-las, não havendo interesse de contraprestação remuneratória. Daí que a gratuidade tenha acompanhado a história desse contrato. A gratuidade, no entanto, não é necessária, entendendo-se que seja supletiva, na falta de estipulação em contrário, pois os contratantes podem torná-lo oneroso (CC, art. 628). O contrato de depósito somente se converte em bilateral e oneroso se a remuneração é contraprestação; continua unilateral e gratuito se o pagamento foi apenas para indenização de despesas que foram feitas ou a serem feitas, ou a título de auxílio à custódia.

Nem toda guarda de coisa caracteriza depósito, para os fins legais. Nas relações de cortesia não há contrato de depósito tácito. Quem guarda uma coisa a pedido de amigo ou parente, em tempo curto, não assume os deveres de depositário. Não há contrato de depósito na concordância do profissional liberal em guardar por algum tempo algum objeto de seu cliente, no escritório. Tampouco há contrato de depósito em se colocar objetos, bolsas e pastas em cadeiras ou outros locais, nos restaurantes, salvo se houver instalações próprias para depositar essas coisas, com responsável para recebê-los, ou quando se exija alguma taxa para o depósito, inclusive nos locais de lazer. Nesses casos aparece, claramente, a vontade de obrigar-se a uma prestação, consistente na custódia das coisas que se entreguem (Larenz, 1958, p. 377).

— 381 —

Na atualidade, o depósito converteu-se em atividade econômica de monta, como consequência da massificação social e do trânsito das pessoas. É comum, nos portos, aeroportos, estações ferroviárias, estações rodoviárias, que os passageiros utilizem o depósito de bagagens, pagando pelo tempo de guarda. A automação é crescente, tornando o contrato impessoal, com inserção de dinheiro ou ficha previamente adquirida, em equipamentos de guarda-volumes disponíveis ao público. Portanto, como atividade econômica, o depósito é oneroso. Há depósitos especiais e autônomos, regidos por normas próprias, como os depósitos de colheitas agrícolas em armazéns-gerais ou em silos.

Qualifica-se como contrato de depósito o estacionamento pago de veículos, que ficam sob a guarda da empresa que faz oferta ao público de espaços correspondentes. O estacionamento pode ser rotativo, pagando o depositante pelo equivalente do tempo utilizado, como pode ser por períodos certos e vagas determinadas. Não se trata de locação, pois o depositário não pode usar o veículo guardado. O proprietário do estacionamento, como depositário que é, tem o dever de segurança sobre a coisa depositada, obrigação de resultado, que tem por efeito a presunção de culpa contra ele se não a restituir ao termo do depósito. Em tais hipóteses, a obrigação de indenizar decorre da simples guarda da coisa, mostrando-se aplicáveis à espécie as mesmas regras disciplinadoras do contrato de depósito.

O dever de guarda ou de custódia da coisa singulariza o contrato de depósito. É dever principal, distinguindo-o de outros contratos, nos quais a guarda é dever acessório. Quem guarda não pode usar a coisa, ou servir-se dela. Tampouco pode permitir que terceiro utilize a coisa. São situações incompatíveis. Se o depositante autorizar a transferência do depósito a terceiro, o depositário será responsável pela má escolha e pelos eventuais danos que o terceiro causar, se ficar evidenciado que agiu com culpa. A má escolha culposa do terceiro converte o depositário em responsável solidário.

A guarda exige cuidado, conservação e vigilância ordinários, de modo a que a coisa não esteja sujeita a risco de acidente ou perecimento, além do risco comum.

Excepcionalmente, pode o depositário utilizar-se da coisa dada em depósito, quando houver licença expressa do depositante. Tal uso, todavia, não deve ser o fim principal do contrato em questão, sob pena de transformar-se o contrato de depósito em contrato de comodato (na hipótese de gratuidade), ou de locação (na hipótese de retribuição). A autorização não pode ser entendida como passível de extensão a terceiros. Essa autorização terá de ser interpretada como estipulação acessória do contrato de depósito.

O contrato de depósito é temporário e realizado no interesse primordial do depositante. Consequentemente o prazo não é inflexível, pois a qualquer momento o depositante pode exercer o direito potestativo de ser-lhe restituída a coisa. Na hipótese do prazo ser convencionado em benefício do depositário (depósito vinculado), dever-se-á respeitar o termo estabelecido para ele.

O depósito poderá ter sido feito em benefício de terceiro, ou seja, para que este possa retirar pessoalmente a coisa. Trata-se do chamado depósito em garantia, em que cabe ao terceiro reclamar a sua devolução. Abre-se exceção à regra de devolução necessária da coisa ao depositante. Para que o terceiro possa exercer esse direito, o depositante terá de ser comunicado. Presume-se a comunicação quando o terceiro for o portador da chave do cofre ou do espaço de guarda--volumes, ou de autorização do depositante.

19.2. Espécies de Depósito

O depósito pode ser contratual ou legal. O Código Civil os denomina, respectivamente, depósito voluntário e depósito necessário.

O depósito contratual decorre de acordo de vontades do depositante e do depositário. Também é considerado contratual o depósito por automação, que se perfaz entre o depositante e equipamentos de guarda-volumes, pois há presunção de oferta ao público pela empresa que os administra.

A lei (CC, art. 646) exige para o depósito contratual ou voluntário que deva ser provado por escrito. Não significa que o contrato seja escrito, que haja contrato escrito, mas que possa ser provado por qualquer documento escrito, como recibo da coisa ou tíquete. Para os fins dessa exigência legal, qualquer suporte material faz prova da existência do contrato. Assim, nos guarda-volumes, a chave numerada do compartimento fechado, onde foi depositada a coisa, satisfaz a necessidade de prova. Portanto, para os fins da lei, basta o começo de prova por escrito ou equivalente.

O depósito legal é o depósito imposto pela lei, em determinadas circunstâncias. Não se origina de relação contratual, mas, por força de lei, se lhe aplicam as regras do contrato de depósito, onde couber. Os vizinhos são obrigados a receber as coisas dos que foram atingidos por calamidades naturais ou provocadas, como o incêndio, a enchente do rio, o ciclone. Calamidade pode ser também situações oriundas de atos humanos, como ameaça de guerra, ou de revolução, ou de motim.

Também há situações específicas para as quais a lei impõe o dever de guardar coisas, caracterizando depósito legal, mas não necessário. Sempre que a lei atribui a alguém a incumbência de receber quantia, ou coisa pertencente a outrem, e de depositar, em nome daquele a quem pertence a quantia ou a coisa, há depósito legal. Essa espécie de depósito rege-se, preferencialmente, pela legislação aplicável e, supletivamente, pelas regras do Código Civil. Exemplifique-se com o depósito judicial, quando a coisa é penhorada judicialmente, ou em decorrência de outras medidas constritivas determinadas pelo juiz, como no arresto ou no sequestro. A coisa fica sob custódia do depositário judicial oficial, que é servidor do Poder Judiciário, ou até mesmo do próprio devedor, se for considerado idôneo.

Nas situações de calamidade, a doutrina costuma denominar essas espécies de depósitos legais como depósitos miseráveis. Entre as acepções de miséria está o de estado de enorme sofrimento, de desgraça ou desventura. Ante as circunstâncias que os envolvem, não se lhes exige forma escrita, diferentemente dos depósitos voluntários, podendo ser provados por quaisquer meios admitidos em direito.

Outra espécie é o depósito irregular. Nele se enquadra o depósito bancário. É da natureza do depósito a indisponibilidade para uso ou consumo da coisa. Por essa razão, ao depósito de coisas fungíveis, que são consumidas pelo depositário, aplicam-se as regras do mútuo. "No depósito irregular restitui-se o *tantundem*: o depositário pode alienar o que recebeu, de modo que não se pode dizer que tem o dever de conservar. Seria absurdo pensar-se em custódia quando se pode destruir, derrelinquir ou alienar" (Pontes de Miranda, 1972, v. 42, p. 319). Teixeira de Freitas, na nota 2 ao art. 431 de sua *Consolidação das Leis Civis*, disse: "O depósito voluntário é regular ou irregular; sendo o primeiro de coisas não fungíveis e o segundo de coisas fungíveis. Tendo o depositante facultado ao depositário o uso do depósito, o contrato não se transforma em empréstimo; mas, quanto ao uso gratuitamente concedido, devem ser aplicadas as regras desse outro contrato".

A remissão do Código Civil (art. 645) ao disposto sobre o mútuo não converte neste o depósito irregular, até porque o elemento da guarda ou custódia não desaparece. O depósito irregular se distingue do mútuo por seu fim econômico, pois é feito no interesse do depositante, enquanto o mútuo é feito no interesse do mutuário. Tampouco seria contrato misto, que fundisse depósito e mútuo. O direito brasileiro, portanto, sempre teve o depósito irregular como espécie de depósito, e não de mútuo.

Em princípio, o depósito de valores mobiliários é considerado regular. Todavia, sendo convencionada a possibilidade de o depositário poder usufruí-lo, obrigando-se somente à devolução da quantidade, transformar-se-á em depósito irregular.

19.3. Depósito de Bagagens em Hotéis e Similares

Qualifica-se como depósito legal, igualmente por ser imposto por lei, a guarda e a vigilância das bagagens dos hóspedes em estabelecimentos hoteleiros ou similares. Essa espécie de depósito legal apenas alcança os hoteleiros que se dedicam profissionalmente ao alojamento de estranhos, inseridos na denominada indústria de hotelaria, não podendo ser estendida aos donos de restaurantes, cafés e bares, cujos clientes deixem coisas nos respectivos estabelecimentos, enquanto deles se utilizam.

Não há necessidade de prova escrita, pois há presunção legal de que a remuneração da hospedagem já inclui a da custódia das bagagens. Tampouco se faz importante neste tipo de depósito a tradição real do objeto a ser depositado. Basta que as bagagens estejam sob responsabilidade dos estabelecimentos hoteleiros ou de seus empregados, para que se caracterize o depósito, e, consequentemente, o dever de cuidado e diligência.

O dever de custódia é legal, não dependendo de convenção das partes, nem podendo ser exonerado por estas. Há responsabilidade legal derivada imediatamente do fato do ingresso da bagagem no estabelecimento ou do recebimento pelos empregados. O dever e a responsabilidade legais foram justificados, na doutrina, pela necessidade de compensar o hóspede dos especiais perigos que resultam do constante movimento de pessoas nesses estabelecimentos e, ao mesmo tempo, pela consideração da dificuldade que teria o hóspede se assumisse o ônus da prova (Enneccerus, 1966, p. 662). Incidem, igualmente, as regras de proteção contratual previstas no CDC, notadamente a de nulidade de cláusula limitativa ou exonerativa de responsabilidade (art. 51, I).

A responsabilidade do estabelecimento hoteleiro pela guarda e proteção das bagagens, ou pela sua indenização no caso de perda, abrange toda sua área física, como os apartamentos, os corredores, a recepção, a garagem, áreas de lazer. O hotel não se exonera da responsabilidade da guarda das bagagens, ou de valores dos hóspedes, quando destina espaços ou cofres fortes para a guarda. É responsável o hotel ou similar pelos roubos ou furtos das bagagens, cometidos por seus empregados ou por qualquer pessoa cujo ingresso tenha sido admitido em seu estabelecimento. Não é necessário que as coisas sejam de propriedade do hóspede, bastando que tenham com ele ingressado no hotel.

A responsabilidade do hotel começa desde que o motorista, ou o encarregado de hóspedes do hotel, apanha as bagagens no porto, ou no aeroporto, ou na estação rodoviária ou ferroviária. Ou desde o momento em que o hotel já devia estar de posse, imediata, dos bens de cuja retirada se incumbiu. Portanto, há responsabilidade pré-contratual quando há extravio das bagagens, antes mesmo de o hóspede preencher a ficha do hotel.

Admite-se a exoneração da responsabilidade do hotel quando provar que o evento causador do prejuízo teria ocorrido, independentemente do cumprimento de seus deveres de proteção e vigilância. Essa regra do Código Civil (art. 650) é compatível com a regra da responsabilidade objetiva por fato do serviço (art. 20 do CDC), que admite exonerações como a da força maior. Nesse sentido, decidiu o STF, em caso de roubo à mão armada de valores depositados em cofre de hotel, que este estaria exonerado da responsabilidade porque tal fato caracterizava força maior (RE 94.948). Também há exoneração de responsabilidade se o dano foi causado pelo próprio hóspede ou por pessoa acompanhante ou recebida por ele, segundo a regra geral de exoneração por culpa exclusiva da vítima.

A responsabilidade se encerra com a extinção do contrato de hospedagem e do tempo necessário para retirar as bagagens. Mas, pode haver deveres pós--contratuais, como na hipótese de o hóspede ter deixado o hotel e ter pedido para que sua bagagem continuasse guardada por algum tempo mais, persistindo a mesma responsabilidade.

19.4. Direitos e Deveres do Depositante

O direito principal do depositante, correspondente à prestação essencial do depositário, é o de ter a coisa guardada e protegida, do mesmo modo como o depositário faz com suas próprias coisas.

O depositante tem direito à restituição da coisa depositada em qualquer tempo, independentemente de prazo convencionado, por ser seu o interesse protegido, salvo os impedimentos legais. É direito potestativo, que sujeita o depositário à vontade do depositante.

É direito e dever do depositante que a coisa seja entregue no local em que foi depositada. Mas a regra é supletiva, posto que, por convenção, e no interesse do depositante, as partes podem estipular de modo diferente. Somente na ausência de estipulação é que será devolvida no lugar em que o depósito se realizar.

Os principais deveres do depositante são os de pagamento das despesas que o depositário tenha feito, em comprovada necessidade, para manutenção, no estado em que foi entregue, e vigilância da coisa; igualmente, os de pagamento dos prejuízos que o depositário tenha sofrido, para bem custodiar a coisa. Se o depositário fez despesas como gastos de reparação ou de conserto, alimento e medicação, em caso de animais, desde que estejam de acordo com as circunstâncias, ou que pareçam indispensáveis, ou benfeitorias na coisa, tem o depositante o dever de pagá-las. Mas isso não se aplica aos gastos que o depositário tem de suportar em virtude do conteúdo mesmo do contrato de depósito, como a conservação do local onde está depositada a coisa. O depositante somente se obriga, efetivamente, ao pagamento das despesas decorrentes das benfeitorias necessárias. Quanto às benfeitorias úteis e voluptuárias, faz-se necessária convenção nesse sentido.

No depósito legal, em razão de calamidade, o depositante tem direito de ver guardadas suas coisas em local próximo que apresente as condições necessárias para tanto, independentemente da vontade do proprietário. No depósito legal, em razão de hospedagem, tem direito o hóspede à guarda e proteção de suas bagagens, sem custo adicional.

Se, em razão de sua natureza, a coisa produzir dano ao depositário, o depositante apenas estará obrigado a reparar se tiver agido com culpa. Mas terá de provar (inversão do ônus da prova) que não conhecia ou não tinha como conhecer o caráter perigoso da coisa, ou então que fez a devida comunicação desse fato ao depositário.

19.5. Direitos e Deveres do Depositário

O depositário tem direito a receber a remuneração acordada, quando o depósito for contratual oneroso, preferencialmente ao término do depósito, salvo convenção em contrário. Se não tiver sido estipulada, a remuneração do depositário observará o que se costuma pagar em depósitos equivalentes, considerados os usos do lugar, ou, na falta destes, o que for arbitrado pelo juiz. Se a remuneração se calcular por período, por exemplo, por semana, ou por mês, a remuneração será devida ao final de cada um.

O depósito necessário é oneroso, o que importa arbitramento da remuneração. Além dela, tem direito o depositário a receber a indenização pelas despesas efetuadas com a guarda da coisa ou eventuais prejuízos sofridos com ela.

Entre os direitos do depositário está o de retenção da coisa depositada, enquanto não for reembolsado das despesas que efetuou para a salvação ou manutenção da coisa custodiada. Todavia, somente poderá ser exercido se o valor dos gastos for líquido e estiver efetivamente provado. Na falta desses requisitos, poderá o depositário exigir caução idônea, ou a remoção dos bens ao Depósito Público.

Outro direito do depositário é o de requerer o depósito judicial, quando: a) comprove motivo razoável para não permanecer com a guarda da coisa, não tendo mais condição de fazê-lo e por não estar obrigado a manter o objeto dado em depósito por toda a vida; b) o depositante não queira receber a coisa de volta; c) o depositante não tenha ido buscá-la e se desconheça seu atual endereço; d) tiver suspeita de ter a coisa origem ilícita ou dolosa; e) a dívida do depositante em relação aos prejuízos sofridos pelo depositário for ilíquida, até que sejam determinadas em juízo.

O depositário exonera-se de responsabilidade pela indenização, se houver perda da coisa em razão de caso fortuito ou força maior, como roubo ou incêndio. O ônus da prova é do depositário, desde que não tenha contribuído para o evento, inclusive com culpa. Trata-se de regra dispositiva ou supletiva, pois as partes podem estipular, mesmo diante do caso fortuito ou força maior, a responsabilidade ou irresponsabilidade do depositário. Não se exime da responsabilidade o depositário que estiver em mora no cumprimento de sua obrigação de restituir.

A jurisprudência dos tribunais tem entendido que o roubo de coisas e valores depositados em caixas-fortes de bancos não afasta a responsabilidade destes pela indenização do valor estimável, em virtude da natureza objetiva da responsabilidade. Ainda que o roubo se qualifique como caso fortuito ou força maior, em geral, o depósito em agências bancárias supõe a garantia para o depositante de que não correrá esse risco, o qual deve ser assumido inteiramente por aquelas. "Em razão da natureza do contrato de locação de cofres bancários, não é necessário que o locatário indique quais bens estão depositados, seu valor ou sua propriedade, tendo total liberdade para guardar, inclusive, bens de terceiros" (STJ, REsp 1.045.897).

O dever típico do depositário é a guarda ou custódia da coisa. O depositário está obrigado a custodiar a coisa de acordo com o estipulado no contrato, com a boa-fé e os usos do tráfico jurídico. O dever de guarda ou custódia, em princípio, limita-se à oferta de lugar e de proteção eficaz, o que implica conservação e a omissão de atos danosos ou que possam expor a coisa a danos. A não ser que se tenha obrigado expressamente, o depositário não tem o dever de conservar em bom estado a coisa depositada (Larenz, 1958, p. 379).

O contrato pode conter outros fins acessórios, como o de seguro da coisa. O CC, art. 629, refere-se à guarda e conservação, porque são deveres distintos. No ato de se guardar, põe-se a coberto de ofensas de origem estranha o bem depositado; no ato de se conservar, protege-se a integridade do bem depositado, contra o intrínseco e o que se pode tornar intrínseco, como esclarece Pontes de

Miranda (1972, v. 42, p. 318). Por isso mesmo, a conservação pode ser conteúdo de dever, fora do dever de guarda. Quem se encarrega de conservação da coisa pode não ser o que a guarda.

O depositário deve adotar todas as providências necessárias à vigilância, proteção e manutenção da coisa. Deve agir do mesmo modo como cuida de suas próprias coisas, não as expondo a riscos desnecessários ou a desgastes evitáveis. Pelo descumprimento do dever de guarda, responde, perante o depositante, pelos prejuízos que deu causa. Mas, nem todas as despesas podem ser-lhe imputadas, pois as coisas depositadas sofrem deteriorações pelo tempo e se estragam naturalmente, independentemente de conservação regular.

É dever do depositário a restituição da coisa depositada. Deve o depositário restituir incontinenti a coisa, sempre que o depositante o exigir, salvo o direito de retenção, ou se a coisa tiver sido embargada por decisão judicial, passando o depositário a responder diretamente ao juiz. É ônus do depositário a prova da restituição. O depositário também fica exonerado de restituir a coisa, quando tiver fundada suspeita de que a coisa depositada foi obtida pelo depositante de modo ilícito. Nesta hipótese, o depositário não pode permanecer com a coisa, devendo requerer ao juiz que determine o depósito judicial, até que se decida se a coisa foi obtida ilicitamente, ou se a suspeita é improcedente.

Não é dever do depositário a restituição da coisa fora do lugar em que foi guardada, não podendo exigir o depositante que se faça em outro lugar. A restituição inclui os acréscimos feitos na coisa e seus frutos, naturais ou civis. As despesas de restituição são do depositante, salvo se o contrato tiver estipulado que sejam assumidas pelo depositário, pois o CC, art. 631, é norma dispositiva.

Se a coisa foi entregue fechada ou lacrada, o depositário não poderá abri-la ou violar o lacre, devendo restituí-la de igual modo. Constitui tal regra dever do depositário de restituir o objeto do depósito no mesmo estado em que foi depositado, em total consonância com a regra geral de dever de cuidado e diligência. Perecendo a coisa, total ou parcialmente, por culpa do depositário, caberá a este o pagamento das perdas e danos decorrentes da culpa. Não havendo culpa, sujeitar-se-á o depositante à perda do objeto.

O depósito feito em benefício de terceiro impede que o depositante, pessoalmente, exija para si a restituição da coisa, pois abdicou desse direito. Trata-se de hipótese de estipulação em favor de terceiro. Todavia, a lei exige que o depositário tenha sido expressamente comunicado desse fato. Se, depois de comunicado, restituir a coisa ao depositante, incorrerá nas responsabilidades do depositário infiel, inclusive da indenização ao terceiro.

O depositário não se pode valer do instituto da compensação de dívidas, para não cumprir o dever de restituição da coisa. Se o depositante lhe é devedor, em outra obrigação, não pode o depositário deixar de restituir a coisa, pois o depósito não admite a compensação com dívida distinta. O depósito só é compensável com outro depósito quando o depositante for, ao mesmo tempo, depositário do outro.

O menor relativamente incapaz, que ocultou dolosamente sua idade, fazendo-se passar por maior, não pode eximir-se da responsabilidade como depositário.

19.6. Vicissitudes e Fim da Prisão do Depositário Infiel

Não mais pode sofrer prisão civil o depositário infiel.

A prisão do depositário infiel, ou seja, do que descumprir os deveres de guarda, sendo culpado pelo perecimento ou imprestabilidade da coisa, ou, ainda, do que se recusar a restituir a coisa, sempre fez parte de nossa legislação ordinária. Esse tipo de prisão civil era resíduo da prisão por dívidas, que era prática comum entre os povos, até que sofresse incisiva crítica do iluminismo liberal, principalmente a partir do século XVIII, e da doutrina dos direitos humanos, máxime no século XX. Lentamente, as prisões por dívidas foram desaparecendo dos sistemas jurídicos.

No direito brasileiro, permaneceram as prisões civis do devedor de alimentos e do depositário infiel, inclusive com previsão expressa na Constituição de 1988. No entanto, em 1992, por meio do Decreto Executivo n. 678/1992, entrou em vigor no Brasil a Convenção Interamericana de Direitos Humanos, também conhecida como Pacto de San José da Costa Rica. A Convenção, aprovada em 22 de novembro de 1969 no âmbito da Organização dos Estados Americanos (OEA), estabelece em seu artigo 7º, n. 7: "Ninguém deve ser detido por dívidas. Este princípio não limita os mandados de autoridade judiciária competente expedidos em virtude de inadimplemento de obrigação alimentar". Apesar da crítica doutrinária e de algumas decisões jurisprudenciais, que entendiam a norma constitucional como incompatível com a Convenção, permaneceu o entendimento majoritário da primazia da Constituição sobre os tratados. Porém, com a Emenda Constitucional n. 45/2004, foi acrescentado o § 3º ao art. 5º da Constituição, estabelecendo que os tratados e convenções internacionais sobre direitos humanos, aprovados por dois quintos das duas casas do Congresso Nacional, equivalem a emendas constitucionais, o que levou os tribunais superiores e, principalmente, o STF a reverem sua posição anterior.

O Pacto de San José da Costa Rica incorporou-se ao direito brasileiro antes da Emenda Constitucional n. 45, sem as exigências desta, o que abriu nova controvérsia sobre a prevalência dos tratados anteriores, passando o STF a construir a tese da supralegalidade dos tratados, como se lê na ementa do RE 349.703: "O *status* normativo supralegal dos tratados internacionais de direitos humanos subscritos pelo Brasil torna inaplicável a legislação infraconstitucional com ele conflitante, seja ela anterior ou posterior ao ato de adesão. Assim ocorreu com o art. 1.287 do Código Civil de 1916 e com o Decreto-Lei n. 911/1969, assim como em relação ao art. 652 do novo Código Civil (Lei n. 10.406/2002)". A tese vencedora culminou com a edição da Súmula Vinculante 25, de seguinte teor: "É ilícita a prisão civil do depositário infiel, qualquer que seja a modalidade de depósito".

19.7. Extinção

O contrato de depósito extingue-se pelas mesmas causas dos demais negócios jurídicos bilaterais. Se for declarado nulo ou vier a ser anulado, não produzirá efeitos, operando-se retroativamente. O inadimplemento da obrigação importa resolução. Seja qual for a causa da extinção, deve o depositário restituir incontinenti a coisa depositada.

Extingue-se o contrato de depósito ou o depósito legal com a restituição da coisa ao depositante, quando este a exigir.

O termo final do prazo convencionado também leva à extinção do contrato.

O não uso da coisa é dever essencial do depositário. Sua violação importa inadimplemento do contrato e sua extinção, possibilitando ao depositante a pretensão à indenização pelas perdas e danos decorrentes do uso indevido. Apenas se exonerará da responsabilidade se comprovar que foi autorizado pelo depositante.

A morte do depositário não extingue, automaticamente, o contrato, pois seus sucessores devem assegurar a guarda da coisa e sua restituição ao depositante. Se o herdeiro de boa-fé, acreditando que a coisa integrava o patrimônio do morto, tiver vendido a coisa depositada, ficará obrigado a assistir judicialmente o depositante em ação reivindicatória ajuizada por este, restituindo ao comprador o valor que dele recebeu. Se o comprador assentir em devolver a coisa, o herdeiro terá de lhe devolver o que recebeu.

Extingue-se o depósito se o depositário se tornar incapaz, devendo seu curador adotar as providências imediatas de restituição da coisa. Se o depositante se recusar a recebê-la, o curador requererá o depósito judicial ou que o juiz designe outro depositário.

A perda da coisa, em princípio, implica extinção do contrato, sem responsabilidade do depositário, se ela se deu sem culpa sua. O depositário suporta o ônus da prova, se não está em situação de devolver a coisa. Estabelece o art. 642 do CC que o depositário não responde pelos casos de força maior, mas tem o ônus de provar o evento. Se provar a força maior, não responde pelo dano, mesmo que tenha havido destruição da coisa. Porém, se deixar de alegar e provar a força maior, responderá pelos danos, incluindo os lucros cessantes.

Capítulo XX

Mandato

Sumário: 20.1. Conceito, natureza e abrangência. 20.2. Procuração: instrumento do mandato. 20.3. Poderes de representação: outorga e exercício. 20.4. Excesso e abuso dos poderes. 20.5. Pluralidade de mandantes ou de mandatários. 20.6. Mandatário: capacidade, direitos e deveres. 20.7. Mandante: direitos e deveres. 20.8. Mandato em causa própria. 20.9. Mandato judicial. 20.10. Substabelecimento. 20.11. Extinção.

20.1. Conceito, Natureza e Abrangência

O mandato é o contrato de representação convencional mediante o qual uma pessoa (mandante) confere poderes a outra (mandatário) para que esta atue em nome daquela, para os fins que especificar. Tanto o mandante quanto o mandatário podem ser pessoas físicas ou jurídicas. Difere da representação legal, instituída por lei a determinadas categorias de pessoas, como os pais, os tutores, os curadores. Representar é pôr-se e atuar no lugar de outrem, diferentemente de presentar, que é estar presente, característica própria dos órgãos da pessoa jurídica.

Pode ser objeto de mandato qualquer negócio ou finalidade, que sejam disponíveis pelo mandante: alienar ou adquirir coisas, concluir outros atos ou negócios jurídicos, administrar negócios, representar perante pessoas físicas ou jurídicas, de direito privado ou público etc.

O contrato de mandato nasce a partir de laços de confiança e lealdade entre o mandante e o mandatário, não podendo ser compulsoriamente estipulado. É sempre *intuitu personae*.

O mandato, por ter a natureza de contrato, depende da aceitação expressa ou tácita do mandatário. A aceitação tácita do mandato se dá quando alguém, após receber uma procuração, passa a agir como se mandatário fosse. O mandante propõe ao mandatário e este aceita representá-lo em determinados atos da vida civil. Se houver recusa de aceitação – porque ninguém é obrigado a ser mandatário e procurador – a representação não se consuma.

— 393 —

Não há representação convencional sem mandato. Mas a doutrina cogita de mandato sem representação, de acordo com a experiência estrangeira. Para nós, sem representação não há contrato de mandato, porque estaria esvaziado de seu elemento nuclear. No direito brasileiro, o mandato não é o instrumento apropriado para outorga dos poderes, mas sim a procuração. A representação convencional é da natureza do mandato, enquanto a outorga dos poderes de representação é o meio de exercê-la. Pode-se dizer, então, com Pontes de Miranda que "o mandato pode ser sem a outorga do *poder* de representação" (1972, v. 43, p. 9), o que não significa dizer que o mandato pode ser sem representação. Alguns enxergam na segunda parte do art. 663 do CC a afirmação legal de mandato sem representação, porquanto assim dispõe: *ficará, porém, o mandatário pessoalmente obrigado, se agir no seu próprio nome, ainda que o negócio seja de conta do mandante.* Todavia, alude-se a mandatário, por metonímia, pois quem assim age, sem representação, abdica do mandato e investe-se na figura de gestor de negócios alheios (CC, art. 861).

A procuração, por seu turno, sempre supõe a existência de mandato, que lhe subjaz, ainda que tácito. Compartilhando de nosso entendimento, argumenta Gustavo Tepedino, a partir do enunciado do art. 653 do CC, que "o direito brasileiro considera traço característico do mandato a representação, ou seja, o mandatário age em nome do mandante" (2008b, p. 20). Assim, no direito brasileiro, não há mandato sem representação, nem representação convencional sem mandato.

Não se confunde o mandato com o contrato com pessoa a declarar ou com a estipulação em favor de terceiro, figuras que dele são próximas, mas com finalidades distintas. Não há mandato nas hipóteses do núncio ou mensageiro, ou do preposto, pois estes não detêm representação.

Ordinariamente, o mandato é contrato unilateral, porque gera apenas obrigações para o mandatário, sendo o mandante mero credor, e também contrato gratuito, pois constitui ato benéfico do mandatário em relação ao mandante. A gratuidade é uma característica considerada natural do mandato. Em alguns sistemas jurídicos, a falta da gratuidade converte o mandato em prestação de serviços ou empreitada, como era no direito romano. Mandato, para o direito romano, era o ato de dar a mão, *manus + dare*, que supunha igualdade, préstimo gratuito (Pontes de Miranda, 1972, v. 43, p. 3).

No direito brasileiro, o mandato pode ser oneroso e bilateral quando as partes convierem na remuneração do mandatário, com deveres recíprocos, ou quando decorrer de exercício de profissão. Todavia, as obrigações que frequentemente são atribuídas ao mandante, por exemplo, a de reembolsar o mandatário dos gastos ou de ressarci-lo dos danos, não constituem contrapartida das obrigações assumidas pelo mandatário. Por outro lado, a bilateralidade do mandato é relativa, pois é da natureza desse contrato a possibilidade de revogação unilateral, por parte do mandante. O mandato judicial, outorgado a advogado, é oneroso e bilateral, sendo devidos os honorários advocatícios ajustados ou arbitrados pelo juiz, salvo se tiver atuado voluntariamente por motivos éticos em assistência judiciária gratuita. Em qualquer espécie, está sujeito o mandatário a prestação de contas ao mandante, exceto se tiver havido prévia dispensa desta.

Considerando que o mandato é um contrato consensual, perfazendo-se com o mero acordo de vontades, justifica-se a liberdade de forma para a sua validade ou para sua prova. O mandato pode ser verbal ou escrito, porém seu instrumento de outorga dos poderes, a procuração, será sempre escrito. O mandato constituído oralmente é verbal, provando-se por meio de testemunhas ou outros meios hábeis.

São indispensáveis à execução do mandato, mediante a procuração: a) a outorga do poder ou dos poderes que bastem à finalidade do mandato; b) a atuação do mandatário em nome do mandante, nos limites dos poderes recebidos; c) a declaração de vontade do mandatário, na prática do ato jurídico ou celebração do negócio jurídico, como representante; d) o pagamento pelo mandante das despesas que o mandatário tenha de despender na execução do mandato; e) a remuneração do mandatário, quando exigível.

20.2. Procuração: Instrumento do Mandato

Para que o mandatário possa exercer a representação perante terceiros necessita da outorga dos poderes suficientes. Além de mandatário, deve ser procurador. Portanto, a procuração não se confunde com o contrato de mandato.

No direito brasileiro, o mandato engendra dois negócios jurídicos: o contrato de mandato, propriamente dito, e a procuração, que é negócio jurídico unilateral. Essa ambivalência tem levado à ambiguidade, inclusive no próprio Código Civil, que, frequentemente, alude a mandato, quando quer referir à procuração; por exemplo, no art. 655 diz *"outorgue mandato por instrumento público"*, mas o mandato não se outorga, porque é negócio jurídico bilateral, dependente de aceitação, pois o que se outorga são os poderes na procuração.

O mandato é o contrato, tácito ou expresso, para que alguém possa ser representante convencional do outro. Por meio dele o mandante confia sua representação convencional ao mandatário. Mas, para que haja a fiel execução da representação faz-se necessário que sejam outorgados os poderes adequados e necessários em instrumento próprio, ou seja, a procuração. Quando se outorga a procuração, supõe-se que tenha havido o contrato de mandato, gratuito ou oneroso. A procuração não necessita de aceitação do procurador, para ser válida e eficaz, porque a aceitação se deu no contrato de mandato que a antecedeu e do qual ela deriva.

Segundo Pontes de Miranda (1972, v. 43, p. 15), pode bem ser que se tenha concluído o contrato de mandato, sem que se tenha remetido a procuração, de modo que tem o mandatário pretensão à outorga de poder de representação, porém ainda não está investido dele.

Para que haja o contrato de mandato não se faz necessário que os poderes do mandatário sejam expressamente outorgados, pois estes não são seu objeto, mas a consequência. Nesses casos, alude-se à representação ou mandato sem poderes, para distinguir os dois instrumentos (mandato e procuração). Pense-se na hipótese da troca de correspondências entre o proprietário de um imóvel e seu parente, para que este aceite o representar na venda que pretende realizar: se o parente aceita, há contrato de mandato, mas ainda não detém os poderes para que possa efetivar a venda, o que só ocorrerá quando o proprietário lhe encaminhar a procuração, em instrumento escrito.

A procuração é o instrumento do contrato do mandato, no qual o mandante indica e qualifica o mandatário (procurador), a finalidade da representação, os poderes que outorga para que esta seja eficaz, a data e o local de sua edição. Eventualmente, pode delimitar o tempo para seu exercício e as pessoas físicas e entidades com as quais o procurador pode exercer os poderes recebidos. A procuração, portanto, pressupõe o contrato de mandato, ainda que seja tácito. Quando uma pessoa redige e firma uma procuração e a entrega ou encaminha para o procurador, este terá aceitado antes a representação.

A procuração é instrumento escrito, seja particular ou público. Ordinariamente, faz-se em documento apartado. O instrumento particular pode ser utilizado para qualquer fim, exceto quando for para representar o mandante em escritura pública, pois o CC/2002 introduziu regra (art. 657: *A outorga do mandato está sujeita à forma exigida por lei para o ato a ser praticado*), que importa verdadeiro retrocesso na liberdade de forma da procuração, dominante no direito brasileiro, em prejuízo do tráfico jurídico. Esclarece Clóvis Beviláqua, em antiga lição (1920, p. 169-170), que há dois momentos perfeitamente distintos: primeiro, o da delegação, em que o mandante autoriza o mandatário a substituí-lo; segundo, o da execução do ato pelo representante, como se o praticasse o representado. São dois momentos distintos, não exercendo um influência sobre o outro, não se justificando que tenham necessariamente a mesma forma. Esta é "a melhor doutrina, que, distinguindo entre a representação e o ato, não impõe àquela a forma deste". O entendimento contrário implicaria recuar na evolução jurídica, abandonando conquista já realizada pelo direito anterior (aludia ao CC de 1916), que já admitia a procuração por instrumento particular para os atos que exigem escritura pública. A lição foi olvidada. Deu-se o recuo.

O instrumento particular de procuração dispensa o reconhecimento da firma do mandante, pois o CC, art. 654, estabelece que terá validade desde que tenha a assinatura do outorgante. Assim, a procuração particular assinada vale entre as partes do mandato e também perante terceiro, se este não exigir o reconhecimento da firma em cartório notarial, para o início da execução do mandato, não podendo exigi-la posteriormente.

A procuração outorgada pelo mandante sem que tenha sido reconhecida a firma de sua assinatura não invalida, por si só, o mandato, especialmente se a dúvida existente acerca da autenticidade do documento vier a ser dirimida por prova suficiente, como a perícia grafotécnica (STJ, REsp 1.787.027).

O CPC (art. 105, § 1º) admite que a procuração judicial possa ser firmada digitalmente.

A procuração pode estar contida em um contrato ou outro negócio jurídico bilateral, sob a forma de cláusula, na qual o procurador, a finalidade e os poderes são explicitados. A cláusula-mandato não perde sua autonomia como negócio jurídico unilateral de procuração. Nos contratos de consumo, a cláusula-mandato não é admitida, pois o art. 51, VIII, do CDC considera abusiva a cláusula que imponha "representante para concluir ou realizar outro negócio jurídico pelo consumidor", porque retira deste a liberdade de escolha de quem deposita confiança.

A lei pode impedir que pessoas capazes possam ser procuradoras, em razão de exercício de funções públicas ou de determinados múnus. Por exemplo, a Lei n. 8.112/1990, em seu art. 117, proíbe o servidor público federal de ser procurador, para representar interesses de terceiros em órgãos da Administração Pública, salvo quando se tratar de benefícios previdenciários ou assistenciais de cônjuge, companheiro, descendentes, ascendentes e irmãos.

20.3. Poderes de Representação: Outorga e Exercício

Os poderes que o procurador exerce são os necessários para o desempenho da representação. Para que a representação alcance sua finalidade é imprescindível que o representado outorgue ao representante esses poderes. O representante legal exerce todos os poderes relativos aos atos da vida civil, não sendo exigível que os comprove, pois são conferidos amplamente pela lei. Mas os poderes na procuração têm de estar explicitados, pois é o mandante que os delimita, e os terceiros devem estar deles informados. O mandante deve outorgar ao mandatário os poderes suficientes e que sejam compatíveis com o fim do mandato; assim, para o fim de receber o pagamento de terceiro, os poderes são para receber e dar quitação.

Com a outorga dos poderes, o mandante não se desfaz dos poderes que tem; não outorgou definitivamente os poderes, de que é titular, nem se inibiu da prática dos mesmos atos, diretamente, salvo se assim estipulou no contrato de mandato ou na procuração. Por isso, a prática pelo mandante do mesmo ato é considerada revogação tácita da procuração.

Os poderes podem ser outorgados para finalidades especiais, para um ou mais negócios determinados, ou para administração geral dos negócios do mandante. A outorga de poderes para representação em vários atos pode ser feita em um único instrumento, ou em diversas procurações específicas.

O mandato em termos gerais ou com poderes gerais está relacionado à gestão de negócios do mandante pelo mandatário. Abrange os atos corriqueiros da vida do mandante, que tenham repercussões jurídicas. Limita-se à administração e a gestão dos negócios do mandante.

O mandato com poderes gerais não inclui, consequentemente, os atos que possam afetar o patrimônio do mandante, para os quais são exigidos poderes especiais. Nesse sentido decidiu o STJ (REsp 1.814.643) que a procuração que estabelece poderes para alienar "quaisquer imóveis localizados em todo o território nacional" não atende aos requisitos do art. 661, § 1º, do CC, que exige poderes especiais e expressos para tal desiderato. Também decidiu o STJ (REsp 1.904.872) que não é permitido ao mandante restringir os poderes gerais para o foro por meio de cláusula especial.

O Código Civil considera poderes especiais, que devem estar explicitados claramente na procuração, os necessários para alienar, hipotecar, transigir ou que ultrapassem os limites da administração ordinária dos negócios do mandante. O poder para transigir não inclui o de firmar compromisso. Transigir é firmar acordo, enquanto firmar compromisso significa comprometer-se a aceitar um árbitro que não seja o juiz de direito, para a decisão do litígio. Os poderes especiais conferidos ao mandatário devem ser interpretados restritivamente, sob risco de haver excesso ou abuso de poderes. Nessas hipóteses o mandatário será responsabilizado, salvo se houver ratificação posterior do mandante.

Como tem decidido a jurisprudência, em se tratando de doação, há que se explicitar na procuração o nome do donatário, porque o direito de fazer liberalidades com bens de outrem não se presume. Para doar não é suficiente um mandato com poderes para alienar, ainda que se entenda que esses poderes abrangem a doação, dado a que os negócios jurídicos benéficos exigem interpretação estrita. Não pode hipotecar o imóvel o mandatário que tem procuração para hipotecar, sem se dizer qual imóvel: recebeu poder expresso, mas poder geral, e não especial (Pontes de Miranda, 1972, v. 43, p. 35).

20.4. Excesso e Abuso dos Poderes

O excesso e o abuso dos poderes não são permitidos.

Há excesso quando o mandatário excede os poderes que lhe são outorgados pelo mandante, tendo por consequência a não vinculação deste aos atos correspondentes, que por eles não responde, salvo se tiver agido com dolo, com plena ciência do fato e tirando proveito. O mandante não pode ser responsabilizado por atos cometidos pelo mandatário, exceto naquilo em que teve proveito ou se houver ratificação expressa dos atos praticados. O mandante tem direito a ratificar ou não o ato praticado pelo mandatário com excesso de poderes. Esse direito é potestativo. Enquanto não houver ratificação, o mandatário estará obrigado a responder pelo excesso cometido. Os atos praticados com excesso de poder não são inexistentes, nem nulos. São ineficazes, em relação ao mandante.

Quem excede os poderes age em nome próprio, em situação equivalente à de gestor de negócios alheios, e não como representante, devendo assumir inteiramente os ônus decorrentes. Gestor de negócios é aquele que passa a cuidar dos interesses de outrem sem ter recebido poderes para tanto. Deve ele presumir quais são os interesses do dono do negócio. A ratificação do mandante "retroage, transformando a gestão de negócios em mandato" (Tepedino, 2008b, p. 96).

Terceiro de boa-fé não pode ser prejudicado, quando o mandatário exceder os poderes. Há boa-fé do terceiro quando o mandatário aparenta estar atuando dentro dos limites dos poderes, até porque as pessoas nem sempre têm domínio do significado de termos técnicos frequentemente empregados nas procurações.

O direito brasileiro homenageia a teoria da aparência. Mas a boa-fé não encobre o erro grosseiro, como a evidente ausência de poder específico exigido em lei para a realização do ato, ou a proibição expressa no instrumento procuratório do poder. Também está de boa-fé o terceiro que, mesmo conhecendo a ausência dos poderes na procuração, recebeu do mandatário a promessa de ratificação do mandante, responsabilizando-se pessoalmente por isso.

Considera-se de má-fé o terceiro que, depois de conhecer os poderes do mandatário, com ele celebrar negócio jurídico exorbitante do mandato. Nessa hipótese, fica impedido de exercer qualquer pretensão contra o mandatário. Trata-se de consequência jurídica ao conluio havido entre o mandatário e o terceiro, em prejuízo dos interesses do mandante.

Há abuso quando o mandatário ou procurador, ainda que dentro dos poderes atribuídos ou recebidos, age de forma a contrariar flagrantemente os interesses do mandante ou as instruções dele recebidas. Diferentemente do excesso, no abuso o mandatário atua dentro dos limites formais dos poderes outorgados pelo mandante, mas de modo substancialmente contrário aos fins do mandato. As instruções são inconfundíveis com o poder; o poder é abstrato, enquanto as instruções são recomendações ou ordens concretas do mandante ao mandatário para que pratique ou deixe de praticar certo ato, ou segundo determinadas condições. Exemplo de abuso é a venda da coisa, pelo mandatário, por preço inferior ao que foi indicado pelo mandante. A falta de observância das instruções não repercute no âmbito jurídico do terceiro, que não pode ser prejudicado pela atuação do mandatário, no exercício dos poderes recebidos.

No abuso de poderes, os atos realizados pelo mandatário vinculam o mandante, mas este tem pretensão contra aquele para reparação das perdas e danos que sofreu, pela desobediência às suas instruções. Em virtude de não ter havido excesso dos poderes, o prejuízo recairá sobre o mandante, que poderá promover ação regressiva contra o mandatário. Para o STJ (REsp 1.750.570), a responsabilidade pelos danos decorrentes do abuso de poder pelo mandatário independe de prévia anulação judicial do ato por este praticado.

Ao mandatário só é lícito afastar-se das instruções recebidas quando, conforme as circunstâncias, lhe seja dado supor que o mandante o aprovaria se conhecesse a verdadeira situação, ou quando houvesse fundado temor de dano. Em qualquer outra situação, deve comunicar antes ao mandante e esperar sua decisão. Ainda que tenha sido impossível comunicar ao mandante, ante a iminência do perigo, está obrigado à comunicação ulterior, sob pena de incorrer no dever de indenizar (Enneccerus, 1966, p. 598).

O CC, art. 671, alude a situação específica de abuso de poderes quando o mandatário, tendo valores do mandante, comprar, em nome próprio, algo que deverá comprar para o mandante, por ter sido expressamente designado no mandato. Estabelece a lei que o mandante terá pretensão e ação contra o mandatário para obrigá-lo à entrega da coisa comprada. A titularidade da coisa será judicialmente atribuída ao mandante. É forma específica de pena civil, ante o inadimplemento contratual.

20.5. Pluralidade de Mandantes ou de Mandatários

Sendo dois ou mais mandantes na procuração, para os mesmos fins, considera-se coletiva a procuração, e ficam todos solidariamente responsáveis perante o mandatário e terceiros com quem este se vincular, no exercício do mandato. Segundo a regra geral da solidariedade passiva das obrigações (CC, arts. 275 a 285), cada mandante terá direito regressivo contra os demais para o rateio das despesas que tenha efetuado, no interesse comum. Todavia, a revogação da procuração feita por um dos mandantes apenas a extingue em relação a ele, não abrangendo os demais. "Forçoso é que o objeto do mandato seja comum, pois, caso contrário, não há solidariedade, salvo convenção em sentido contrário" (Tepedino, 2008b, p. 147).

A procuração pode ter sido outorgada pelo mandante para vários procuradores. Podem surgir as seguintes situações: a) os procuradores exercem conjuntamente os poderes; b) cada um dos procuradores pode exercer isoladamente a totalidade dos poderes; c) cada procurador exerce determinados poderes, distintos dos demais; d) os procuradores exercem os poderes de modo sucessivo, um na falta do outro.

Quando há determinação para que o mandato seja exercido conjuntamente, os mandatários somente poderão agir em conjunto, recaindo sobre esta hipótese as regras referentes à solidariedade passiva das obrigações. Quando o mandato é conferido a determinado número de mandatários, sem haver distinção, um atuará na falta do outro, sucessivamente.

A procuração outorgada a vários procuradores, dando-lhes poderes de agir em conjunto ou separadamente, torna-os responsáveis solidários pela representação do mandante, mas também os investe como credores solidários, para garantir-lhes o direito de reivindicar o pagamento da remuneração ajustada ou o reembolso das despesas regularmente feitas.

A procuração, ainda que seja negócio jurídico unilateral autônomo, está necessariamente coligada ao contrato de mandato (é o instrumento deste, diz o Código Civil). Extinguindo-se o mandato, extingue-se a procuração.

20.6. Mandatário: Capacidade, Direitos e Deveres

No Brasil, a capacidade civil plena ou negocial, em razão da idade, dá-se aos 18 anos. Todavia, para ser mandatário, a capacidade negocial é reduzida para 16 anos (CC, art. 666), embora o mandante não tenha ação contra ele, se se sentir prejudicado pelo exercício do mandato. Se o mandante confiou seus interesses à representação do maior de 16 e menor de 18 anos, assumirá as consequências dos atos que ele tenha efetuado, no exercício dessa representação. Para os terceiros que com ele tratem, os atos por ele realizados como procurador, dentro dos poderes recebidos, são válidos e eficazes e vinculam o mandante.

Aplica-se ao mandatário maior de 16 anos a regra geral de não poder invocar sua idade para isentar-se de obrigação, se dolosamente a ocultou ou se se declarou maior de idade (CC, art. 180).

O mandatário não pode ser onerado com a execução do mandato. A ideia fundamental é que o mandatário, que emprega gratuitamente seu tempo e seu trabalho a serviço do mandante, não deva suportar sacrifícios econômicos relevantes (Larenz, 1958, p. 352). Por essa razão, pode exigir indenização dos gastos feitos e dos danos que vier a sofrer com a execução do mandato (ex.: acidente sofrido durante viagem necessária).

Entre os direitos do mandatário está o de retenção de coisas e valores do mandante, que estejam no poder daquele, para reembolso ou pagamento do que teve de despender com o exercício do mandato, que sejam objeto de contestação do mandante, ou da remuneração ajustada. A retenção limita-se ao quanto baste para seu reembolso. Esse direito decorre do princípio de vedação do enriquecimento sem causa, pois não pode o mandatário, tendo realizado satisfatoriamente suas obrigações, ficar sem receber a remuneração devida ou o reembolso das despesas feitas.

O mandatário deve sempre atuar como pessoa razoável, com o cuidado que teria se estivesse no trato de suas próprias coisas. É obrigado a gerir diligentemente os negócios a ele incumbidos, sendo responsável por culpa. Essa é a regra fundamental de conduta do mandatário, exigente de cuidado, atenção, diligência, segundo a experiência comum. Obriga-se também o mandatário a indenizar todos os prejuízos que causar ao mandante, em razão e durante a execução do mandato. Essa responsabilidade é contratual e subjetiva, não se lhe aplicando se provar que não agiu com negligência, imprudência ou imperícia.

O mandatário tem o dever de informar ao mandante todos os fatos e acontecimentos que envolvam o estado dos negócios sob seu encargo, sempre que seja pedido ou exija o interesse dele.

Outro dever do mandatário é o de prestação de contas ao mandante, dos valores recebidos ou aplicados na execução do mandato, quando este se concluir ou lhe seja exigido. O dever de prestar contas tem fundamento ético. A prestação de contas envolve dívida de valor, motivo pelo qual, em havendo demora justificada, deve ser monetariamente atualizada. Em caso de dificuldades ou recusa do mandante, cabe ao mandatário promover a prestação de contas, em juízo, não podendo servir tais fatos como excludentes de seu dever. Está dispensado o mandatário de prestar contas se o contrato de mandato ou a procuração expressamente assim estipular, ou no mandato em causa própria.

Não pode haver escusa da prestação de contas, sob alegação de compensação com os valores que lhe são devidos pelo mandante. A regra tem por fito ressaltar o dever de lealdade do mandatário, para com o mandante, razão por que veda a compensação. Não é possível compensar prejuízos com proveitos, pois estes já integram o patrimônio do mandante e não podem ser retidos pelo mandatário. O direito de exigir a prestação de contas do mandatário transmite-se aos herdeiros do mandante, pois o dever de prestar decorre da lei e não está vinculado à vigência do contrato; a morte do mandante cessa o contrato, porém, por força do CC, art. 1.784, uma vez aberta a sucessão, os herdeiros ficam automaticamente investidos na titularidade de todo o acervo patrimonial do *de cujus*, formando-se o vínculo jurídico com o mandatário.

No âmbito do mandato judicial, a Lei n. 8.906/1994, além das consequências civis, estabelece que constitui infração disciplinar recusar-se o advogado a prestar contas ao cliente.

O mandatário não pode empregar os valores recebidos do mandante ou para este, em benefício próprio, o que constitui ilícito, sujeitando-o ao pagamento dos juros legais, incidentes sobre os respectivos valores, durante o período em que os recebeu e em que fez a prestação de contas. O pagamento dos juros tem natureza de pena civil, devendo ser calculada no limite legalmente admitido pelo CC, art. 406, tendo em vista o desvio de conduta do mandatário. Também é cabível a correção monetária dos valores respectivos. A jurisprudência do STJ (REsp 1.921.541) é no sentido de que os juros devidos pelo mandatário que desvia o numerário devido ao mandante fluem desde a data do abuso, e não da interpelação ou da citação.

Não pode o mandatário celebrar negócio jurídico consigo mesmo, no seu interesse ou para beneficiar terceiro, ainda que se valendo de outra pessoa a quem tenha substabelecido os poderes recebidos do representado. A exceção é o mandato com a cláusula expressa "em causa própria".

A morte do mandante é causa de extinção do mandato. Contudo, se o negócio já tiver sido iniciado quando esse evento ocorrer, o mandatário tem o dever de concluí-lo, desde que haja perigo pela demora para os herdeiros ou para o mandante. Abre-se exceção à regra da relação pessoal entre mandante e mandatário, porque ainda está em jogo o interesse daquele ou de seus herdeiros.

20.7. Mandante: Direitos e Deveres

Pode ser mandante qualquer pessoa civilmente capaz. Considerando que o contrato de mandato envolve disponibilidade de direitos em relação a outrem, é de se exigir a capacidade plena do mandante.

A qualificação do mandante (nacionalidade, estado civil, profissão, domicílio) é imprescindível para o instrumento procuratório. O Código Civil anterior apenas exigia o nome do mandante. Bem andou o CC/2002 ao determinar que seja feita a qualificação do mandante, pois assim dúvidas quanto à identidade do mesmo serão evitadas.

No exercício do mandato, os direitos adquiridos e os deveres e obrigações contraídos pelo mandatário são do mandante. O mandante confere poderes ao mandatário por não poder ou não querer realizar pessoalmente determinado ato. Deve, portanto, ser responsabilizado, desde que o mandatário aja em conformidade e nos limites dos poderes que lhe foram conferidos.

Deve o mandante adiantar ao mandatário os valores que este necessite para o fiel cumprimento do mandato, como as despesas de viagens, dos serviços de terceiros e de aquisição de coisas. O mandante deve assegurar condições de operatividade ao mandatário, não podendo este ser obstaculizado no exercício do contrato. A recusa do mandante a satisfazer as obrigações contraídas pelo mandatário ou a adiantar as despesas necessárias à execução do contrato podem ensejar a renúncia do mandatário ao mandato.

Obriga-se o mandante a pagar ao mandatário a remuneração ajustada e as despesas da execução do mandato, ainda que o negócio não surta o esperado efeito, salvo tendo o mandatário culpa (CC, art. 676). O mandatário não é obrigado a desempenhar o mandato fazendo despesas do próprio bolso. O reembolso das despesas é imprescindível, pois, caso contrário, haverá enriquecimento sem causa do mandante. O mandato não é uma obrigação de resultado, bastando o exercício dos poderes para ser exigível a remuneração, tendo o mandante ficado satisfeito ou não. Além dos valores das despesas efetuadas, o mandatário pode exigir juros desde a data em que as efetuou até o pagamento pelo mandante, mas essa regra é supletiva, podendo as partes estipularem em sentido contrário.

Há dever de indenizar as perdas e danos sofridos pelo mandatário, desde que relacionados com o exercício do mandato. Também responde o mandante pelos danos causados pelo mandatário a terceiros, no exercício do mandato, como se tivesse realizado pessoalmente o negócio jurídico. Porém, tem pretensão e ação de perdas e danos contra o mandatário, pela não observância de suas instruções.

20.8. Mandato em Causa Própria

Na prática negocial, no Brasil, desenvolveu-se à larga o mandato em causa própria, principalmente para aquisição de bens. A praticidade de seus efeitos e de sua realização favoreceu o uso. Porém, a ausência de regra legal expressa suscitava controvérsias e insegurança jurídica, particularmente quanto à irrevogabilidade, à prestação de contas e à manutenção de seus efeitos após a morte do mandante. Para pôr cobro a esse estado de insegurança, o CC/2002 introduziu-o no art. 685, estabelecendo que o mandato que contiver a cláusula "em causa própria" não poderá ser revogado pelo mandante, nem se extinguirá pela morte deste ou do mandatário, podendo servir de instrumento válido para a aquisição de bens móveis ou imóveis. A lei consagrou o que a prática tinha desenvolvido.

Pelo contrato de mandato em causa própria, o mandante transfere todos os seus direitos sobre um bem, móvel ou imóvel, passando o mandatário a agir por sua própria conta. Quando for utilizada para aquisição de bem imóvel, exige-se a forma de escritura pública tanto para a procuração quanto para a escritura pública. O entendimento mais antigo do STF era no sentido de a procuração ser bastante para o registro imobiliário, sem necessidade de escritura pública (v.g., RE 18.678). Todavia, para o STJ (REsp 1.345.170), o mandato em causa própria, apesar de sua utilização disseminada no Brasil, não configura título translativo de propriedade, ou seja, não transmite por si só o direito objeto do negócio ao procurador, pois a tanto não chega o enunciado do art. 685 do CC. Pontes de Miranda (1972, v. 43, p. 157) também entendia que o procurador poderia transferir a outrem ou a si mesmo, mas a transferência não se dava na própria procuração; uma coisa é a transferência do poder de dispor, outra é a transferência já do direito de que se pode dispor.

O mandato em causa própria é figura anômala. O interesse protegido não é o do mandante, mas o do mandatário. A característica de pessoalidade desaparece, pois a morte não extingue esse mandato. A procuração deixa de ser apenas instrumento de representação e de exercício de poderes para realização do negócio jurídico de aquisição, para se transmudar neste mesmo negócio jurídico, aglutinando os dois atos. Para Orlando Gomes (2001, p. 352), a procuração em causa própria não envolve, entretanto, mandato propriamente dito, porque seria negócio dispositivo, enquanto, para Gustavo Tepedino (2008b, p. 171), seria negócio indireto, cuja finalidade econômica perseguida pelas partes é mais ampla do que a finalidade jurídica predisposta pelo ordenamento.

O mandato em causa própria é especial, pois não põe em relacionamento duas pessoas ou mais (mandatário e terceiros), para produzir seus efeitos, como no mandato comum. Uma de suas principais características é a desnecessidade de prestação de contas, obrigação do mandatário no mandato comum.

Existindo no instrumento de mandato cláusula que confere poderes amplos para transacionar, em caráter irrevogável e irretratável, isento de prestação de contas, o mandato é em causa própria, e o mandatário passa a agir na qualidade de dono da coisa ou do negócio, pois na hipótese não há apenas outorga de poderes de representação, mas também atribuição de direito. O procurador age em nome de outrem, mas no seu próprio interesse. Portanto, torna-se parte legítima para responder em juízo demandas oriundas do negócio.

20.9. Mandato Judicial

O mandato judicial é o contrato mediante o qual se outorga a representação voluntária do cliente ao advogado, para que este possa atuar em nome daquele, em juízo ou fora dele. O fato de figurar como representante um advogado qualifica o mandato e o torna necessariamente oneroso.

É comum que o contrato de mandato esteja coligado ao contrato de prestação de serviços profissionais, em que se regula a forma de remuneração do advogado. Essa prática foi considerada juridicamente válida em julgamento do STJ (REsp 1.818.107), com fundamento no CC, art. 107.

Não apenas o mandato judicial, mas até mesmo a procuração judicial podem ser tácitos. Mas a postulação em juízo sem a prova do instrumento procuratório apenas pode ser exercida temporariamente, para se evitar prejuízo ao cliente. A regra legal e deontológica é do dever de provar o mandato, quando o advogado postular em nome do cliente. Admite-se que possa atuar sem procuração em caso de urgência, ou para evitar preclusão, decadência ou prescrição, porque pressupõe existir o mandato, conferindo fé à sua declaração nesse sentido. O prazo para apresentar o instrumento procuratório é de quinze dias, contados do dia seguinte ao do ato de representação. O prazo de quinze dias independe de qualquer ato ou manifestação da autoridade judicial.

Permitem a Lei n. 8.906/1994 e o CPC a prorrogação por igual período de quinze dias, uma única vez, totalizando trinta dias. A necessidade da prorrogação deve ser justificada, dado o caráter de excepcionalidade de que se reveste e o dever ético de provar o mandato. Essa justificativa deve ser dirigida ao magistrado, quando em juízo, e à pessoa com quem deve relacionar-se representando o cliente, quando fora de juízo, antes do término do primeiro prazo para que se não converta em renovação, que a lei desconsiderou. Não cabe ao magistrado o juízo de conveniência, mas o de razoabilidade da justificativa apresentada.

A falta de mandato produz consequências em face de terceiros e do suposto mandante. Atinge-se o plano da existência e não apenas o da eficácia. Contudo, em deferência ao princípio de direito que veda o enriquecimento sem causa, responde o suposto mandante até o proveito que teve. Quanto ao advogado, há responsabilidade disciplinar e civil.

Considera-se falta de mandato a ausência de demonstração de regular inscrição do mandatário judicial nos quadros da OAB, gerando "a inexistência dos atos processuais praticados", conforme decidiu o Pleno do STF (MS 21.730). Igualmente no caso de advogado excluído da OAB ou durante o período da pena disciplinar de suspensão, de nada valendo o substabelecimento posterior a profissional habilitado.

Na instância especial (Súmula 115 do STJ) e na extraordinária não se tem admitido recurso interposto por advogado sem procuração nos autos. Na instância ordinária admite-se que é defeito sanável a falta de instrumento procuratório quando da interposição da apelação.

No caso do defensor público, a representação da parte independe de mandato judicial, exceto para as hipóteses em que a lei exige poderes especiais (cf. art. 44, XI, da Lei Complementar n. 80/94). Da mesma forma, entende-se que os procuradores públicos em geral, inclusive autárquicos, quando atuam em juízo em nome da entidade respectiva a cujo quadro pertencem, estão dispensados de apresentar o instrumento procuratório, porque não cumprem mandato judicial, mas exercem atribuições de seus cargos.

Em se tratando de assistência judiciária, fora do âmbito da defensoria pública, entende-se que a aceitação do patrocínio leva ao mandato com o cliente. Sem a procuração, a presença em juízo identificaria mandato aparente, exarando-se na ata da audiência os termos da referida outorga (Lei n. 1.060/1950 – Lei de Assistência Judiciária –, art. 16), bastando para isso a confirmação do assistido de ser ele o advogado que o defende. Os tribunais têm decidido que o mandato escrito somente é necessário para os atos que exorbitem da procuração geral para o foro.

O instrumento de procuração judicial necessita apenas conter a assinatura do mandante, não sendo exigível o reconhecimento da firma por notário, inclusive quando contiver poderes especiais.

— 407 —

A expressão "para o foro em geral" ou equivalente contida na procuração basta para que o advogado possa exercer todos os poderes de representação, desde a distribuição até os recursos extraordinários junto ao STF. Não há necessidade de qualquer explicitação, salvo para os poderes especiais, definidos em lei. São considerados poderes especiais os para receber citação inicial, confessar em nome do cliente, reconhecer a procedência do pedido, transigir, desistir, renunciar ao direito sobre que se funda a ação, receber valores, dar quitação e firmar compromisso arbitral.

No mandato judicial a lei exige que os poderes especiais venham expressos. Essa exigência não significa, porém, que devam ser minudentemente expressos os contornos de cada negócio, sob pena de comprometer ou impedir o exercício dos poderes conferidos.

No mandato judicial, deve-se fixar os honorários advocatícios de acordo com os seguintes critérios: grau de zelo do profissional; lugar da prestação dos serviços; e natureza e importância da causa, trabalho realizado e tempo exigido para o serviço, de acordo com as diretrizes deontológicas do Código de Ética e Disciplina da OAB.

O mandato judicial não tem prazo de validade. Nesse sentido decidiu o STJ (REsp 2.084.166) que a procuração outorgada cinco meses antes da propositura da ação era válida; a sentença a tinha rejeitado e determinado a extinção do processo sem julgamento de mérito.

Está o mandatário judicial obrigado a permanecer, durante os dez dias seguintes à comunicação da renúncia, atuando em favor do mandante, salvo se dentro desse prazo este substituí-lo. Após o referido prazo o mandatário estará livre de qualquer obrigação. A comunicação da renúncia é dispensada quando a procuração tiver sido outorgada a vários advogados e a parte continuar representada por outro, apesar da renúncia (CPC, art. 112). Para o mandato comum a lei não estabelece tempo determinado, o qual deverá ser considerado o necessário para a substituição do procurador, em cada caso.

O art. 692 do CC remete a disciplina do mandato judicial à legislação específica. Sobre essa matéria incidem: a) o art. 133 da Constituição, que estabelece ser o advogado indispensável à administração da justiça; b) o art. 206, § 5º, II, do CC, que estabelece prescrever a pretensão relativa a honorários advocatícios em cinco anos; c) os arts. 103 e seguintes do CPC; d) os arts. 5º, 22 a 26, 34, 40 e 42 da Lei n. 8.906/1994 (Estatuto da Advocacia e da OAB); e) o Código de Ética e Disciplina da OAB, quanto aos aspectos da deontologia profissional.

20.10. Substabelecimento

A procuração se transfere mediante o instrumento denominado substabelecimento, que pode ser feito em documento autônomo ou no próprio instrumento procuratório. Consiste em consignar, sem maiores formalidades, o alcance da substituição e o nome, com qualificação, de quem substituirá o procurador, total ou parcialmente. Deve ser subscrito pelo procurador. Da mesma forma que a procuração originária, o substabelecimento não necessita de reconhecimento da firma do procurador. O substabelecimento pode ser feito com autorização prévia, ou sem autorização prévia ou proibição expressa, ou apesar da proibição do mandante, com riscos e consequências distintos.

No direito brasileiro, o substabelecimento não precisa de autorização expressa prévia na procuração. Se nada for dito, pode ser feito. Mas o mandante pode proibir o substabelecimento, na procuração, ou apenas admiti-lo para determinados fins ou para determinados substitutos.

O Código Civil esclarece as consequências jurídicas relativamente ao substabelecimento, suprindo as deficiências do Código anterior. Assim: a) no substabelecimento permitido, a responsabilidade resume-se aos danos relativos à escolha do substabelecido; b) no substabelecimento proibido, a responsabilidade é integralmente do mandatário; c) no substabelecimento por omissão da procuração, a responsabilidade do mandatário é relativa aos atos culposos do substabelecido.

A informalidade preside o substabelecimento. O CC, art. 655, estabelece que, até mesmo quando a procuração for revestida da forma pública, o substabelecimento poderá ser feito por instrumento particular. Essa regra, em conjunto com a desnecessidade de reconhecimento de firma, consagra o princípio segundo o qual deve-se atribuir fidelidade aos atos das pessoas. Não se pode presumir que as pessoas falsificam documentos, mas sim que elas são leais. O substabelecimento pode ser feito na procuração em que foi previsto. Nesta hipótese, não são necessários os requisitos previstos para a procuração.

O substabelecimento pode ser com ou sem reserva de poderes, a depender da vontade do mandante. Observe-se que, se feito com reserva de poderes, o mandatário continua como procurador, ou seja, haverá atuação conjunta dele com o substabelecido, inclusive no que concerne à responsabilização. No substabelecimento sem reserva de poderes, a transferência é definitiva. Quem substabelece desse modo, renuncia, em verdade, ao poder de representação.

O substabelecimento de poderes, em função de sua própria natureza, não possui autonomia de ordem jurídica, pois há, entre ele e a procuração de que se origina, uma inegável relação de acessoriedade. "A efetivação do substabelecimento supõe, desse modo, a necessária existência de mandato judicial validamente outorgado ao Advogado substabelecente, sem o que aquele ato revelar-se-á plenamente írrito" (STF, AgRg no Ag. 163.476).

A vedação para substabelecer não invalida o substabelecimento feito, mas apenas acarreta a responsabilidade pessoal do procurador pelos atos praticados pelo substabelecido.

20.11. Extinção

Extingue-se o mandato: a) quando for concluída sua finalidade; b) pelo termo final do prazo fixado na procuração; c) pela revogação; d) pela superveniência da impossibilidade do exercício; e) pela morte do mandante ou do mandatário, salvo no caso de mandato em causa própria; f) pela renúncia; g) pela mudança do estado civil do mandante, que o impeça de outorgar os poderes.

O mandato está sempre sujeito ao poder potestativo do mandante, que poderá revogá-lo a qualquer tempo. A revogação é o modo regular de extinção do mandato, por ato do mandante, salvo se houver prazo estipulado. Constitui regular exercício de direito potestativo extintivo do mandante, sendo desnecessária a produção de outras provas para que a declaração de vontade produza o efeito nela pretendido. A revogação pode ser feita por qualquer forma, inclusive quando a procuração tiver adotada a forma pública.

É da natureza do mandato a confiança recíproca entre mandante e mandatário ou procurador. Em razão da confiança, pode ser revogada a procuração a qualquer tempo pelo mandante, sempre que aquela faltar. Quem dá voz, a retira (revoga). Não há direito subjetivo do mandatário ou procurador a manter a representação. A revogação pode ser expressa, mediante comunicação ao procurador, ou tácita, quando o mandante constitui novo procurador para os mesmos fins e com os mesmos poderes. Em contrapartida, e pelo mesmo fundamento na confiança, o procurador pode renunciar ao mandato e à procuração. Com a revogação, o mandato se extingue para o futuro.

Para se consumar a revogação da procuração, basta que o mandante comunique ao mandatário a nomeação de outro procurador para a mesma finalidade. Essa é a modalidade de revogação tácita. Os efeitos da revogação em relação ao mandatário dependem de sua efetiva comunicação judicial ou extrajudicial.

Para que a revogação da procuração possa, também, produzir efeitos perante terceiros, é necessário que estes sejam igualmente comunicados. Sem comunicação, presume-se que os terceiros estão de boa-fé se realizam atos com o procurador, os quais não podem ser invalidados, pela proteção da aparência. Os terceiros não podem ser prejudicados porque não foram informados de que o mandatário não detinha mais poderes para continuar atuando em nome do mandante. Mas a má-fé do procurador, que omitiu a revogação aos terceiros com os quais tratou, tem consequências: o mandante poderá exigir indenização por perdas e danos.

O mandante não poderá revogar a procuração quando esta tiver a natureza de mandato em causa própria, ou quando contiver poderes de cumprimento ou confirmação de negócios encetados, aos quais se ache vinculado.

Quando, apesar da cláusula de irrevogabilidade, o mandante revogar a procuração, incorrerá em pagamento de perdas e danos ao procurador. O mandato pode ser revogado mediante indenização por perdas e danos, a despeito da cláusula de irrevogabilidade. Considerando que o mandato é contrato baseado na relação de confiança e lealdade existente entre as partes, é possível revogá-lo quando tal relação estiver ameaçada, ainda que conste na procuração cláusula de irrevogabilidade, de caráter genérico. A cláusula tem natureza de obrigação de não fazer, cujo inadimplemento resolve-se em perdas e danos. No regime do CC/1916 a cláusula de irrevogabilidade era definitiva.

Se a cláusula de irrevogabilidade for condição de um negócio bilateral, ou tiver sido estipulada no exclusivo interesse do mandatário, a revogação do mandato será ineficaz. Se o contrato de mandato estiver coligado a outro contrato bilateral, de que é mero efeito, será irrevogável. O conteúdo dessa regra é próximo da procuração em causa própria, previsto no art. 685 do CC, mas este é mais amplo. Havendo cláusula de irrevogabilidade, a revogação é válida, mas não produz efeitos jurídicos, enquanto a revogação da procuração em causa própria é inválida e não apenas ineficaz.

Pode o mandatário renunciar ao mandato. A renúncia é ato potestativo do mandatário e pode ser judicial ou extrajudicial. Para que a renúncia possa produzir seus efeitos, tendo em vista sua natureza de declaração receptível, deverá ser comunicada expressamente ao mandante, não sendo necessária a via judicial para tanto. O Código Civil não estabelece um prazo para que o mandatário permaneça no exercício do mandato até sua substituição, significando que pode ter efeito imediato, após o recebimento da comunicação. Contudo, se o mandante for prejudicado pela dificuldade em encontrar substituto, pela falta de tempo ou pela inoportunidade, como diz o art. 688 do CC, poderá exigir do mandatário indenização pelos prejuízos que sofrer. O mandatário exonera-se da responsabilidade se justificar em juízo que não poderia continuar com o mandato, pois correria risco de prejuízo.

A morte extingue o mandato e a procuração, salvo se forem em causa própria. Enquanto o mandatário não tomar conhecimento da morte do mandante, considera-se de boa-fé, mantendo-se a validade dos atos contraídos com terceiros, posteriores a ela. Decorre da mesma proteção da aparência. Se o mandatário já tinha sido cientificado da morte do mandante e, ainda assim, continuou a representação, os atos são inválidos, respondendo por perdas e danos perante terceiros. O ônus da prova cabe aos interessados em demonstrar que o mandatário tinha conhecimento da extinção do mandato. É nulo o ato praticado pelo mandatário após a morte do mandante, a partir do momento em que aquele tomar conhecimento inequívoco do falecimento, salvo se houver perigo, devendo o mandatário continuar a gestão dos assuntos iniciados até que os herdeiros ou sucessores possam assumi-los de outro modo.

A morte extingue o mandato e a procuração, por seu caráter personalíssimo (CC, art. 682), inclusive quando outorgada para o foro em geral. A única exceção, em razão da morte, é a procuração em causa própria (CC, art. 685). Se não há certeza da morte, mas não se sabe do paradeiro do mandante, então pode se caracterizar hipótese de ausência, com nomeação de curador, segundo o que prevê o CC, art. 23, desde que o mandatário não possa ou não queira exercer os poderes. De qualquer forma, os poderes para o foro em geral, sem especificação de causa, podem ser exercidos por tempo indeterminado, se a procuração for omissa quanto a isso, podendo terceiro, no entanto, suscitar a dúvida quanto à existência do mandante. Até aí, prevalece a aparência da regularidade da procuração e a presunção de boa-fé do mandatário.

Em virtude da morte do mandatário, os poderes do mandato não são transferidos para seus herdeiros, mas estes têm o dever legal, sob pena de responderem por perdas e danos, de comunicar o fato ao mandante. Tendo em vista que o mandato é contrato *intuitu personae*, somente pode ser concretizado por pessoas determinadas, ligadas por uma relação de confiança. Desse modo, os herdeiros não podem suportar o ônus que pode acarretar a morte do mandatário. A morte do mandatário extingue o mandato, mas não a obrigação de prestar contas, transmissível aos herdeiros. Estes estão obrigados, igualmente, a conservar as coisas do mandante que estavam em poder do mandatário e até mesmo a continuar os negócios pendentes, se estes correrem riscos pela demora para a substituição do mandatário. A norma é cogente, e não facultativa aos herdeiros, que serão responsabilizados nos limites das forças da herança pelos danos que acarretaram ao mandante, em virtude de sua omissão.

No caso de extinguir-se a pessoa jurídica mandante, ainda que se não tenha concluído a liquidação, segundo Enneccerus (1966, p. 611), tem lugar uma mudança tão profunda de todas as circunstâncias e relações que, na dúvida, é de supor a extinção do mandato.

CAPÍTULO XXI

Fiança

Sumário: 21.1. Conceito, pressupostos, abrangência. 21.2. Efeitos da fiança. 21.3. Benefícios de ordem e de divisão. 21.4. Responsabilidade do fiador e hipóteses de exoneração. 21.5. Extinção.

21.1. Conceito, Pressupostos, Abrangência

A fiança é o contrato mediante o qual uma pessoa (fiador) garante com seu próprio patrimônio a dívida de terceiro (devedor), caso este não a pague ao credor (afiançado). Sua finalidade é a garantia do adimplemento. É contrato de caução pessoal ou de garantia fidejussória, assim denominado porque fundado na confiança (*fides*) do credor na idoneidade do fiador. Por seu turno, o fiador confia que o devedor cumpra suas obrigações, porque, na maioria dos casos, se obriga na esperança de que assim aja, sem causar-lhe danos.

Tradicionalmente, a fiança sempre foi a garantia mais utilizada, ainda desempenhando função relevante na vida econômica atual. Alguns contratos, como os da locação de imóveis urbanos, quase só se concluem com fiador, apesar de a lei admitir outras modalidades de garantia.

O fiador se obriga, contrai uma obrigação. Não estabelece somente uma sujeição ou afetação de seu patrimônio, pois esta, ou seja, a submissão do patrimônio ao ataque do credor, é mera consequência da obrigação.

O contrato de fiança é, por sua natureza, gratuito, pois é negócio jurídico benéfico. É também unilateral, não havendo contraprestação do credor e do devedor da dívida principal. Tem sido admitida a fiança onerosa, que refoge ao sentido tradicional da fiança, quando o devedor contrata a fiança mediante pagamento de determinado valor e durante tempo certo, principalmente com instituição financeira, também denominada carta de fiança. Todavia, para Pontes de Miranda (1972, v. 44, p. 112), a onerosidade que se atribui à fiança não a faz fiança onerosa, sendo elemento estranho; há, necessariamente, outro negócio jurídico, ainda que no mesmo instrumento, que atribui ao fiador contraprestação pelo seu ato de ser fiador. De natureza distinta é o seguro-fiança,

— 413 —

como espécie de contrato de seguro, cujo evento a ser indenizado é o não pagamento da dívida pelo devedor.

O destinatário e beneficiário direto da fiança é o credor. A fiança garante seu crédito. É no seu interesse que ela exista, e não no do devedor. Por essa razão, pode ocorrer a fiança sem conhecimento do devedor e até mesmo quando este se opõe a ela. A relação jurídica estabelecida por meio do contrato de fiança é *intuitu personae*, entre credor e fiador, não sendo parte o devedor. Assim, não pode este interferir na escolha do fiador. Terceiro pode afiançar a dívida do devedor que lhe seja desconhecido, ou ser desconhecido do devedor quem afiançou, hipótese comum na fiança bancária. Não há contrato tácito entre o fiador e o afiançado, diferentemente do que sustentam alguns autores. O fiador promete que o devedor principal cumprirá sua obrigação.

Depende apenas da aceitação do credor para que se conclua o contrato, sem qualquer declaração de vontade do devedor. O contrato de fiança supõe o acordo de vontades entre o fiador e o credor. O fiador tem de ser pessoa que possa significar suficiente garantia para o credor. Daí a regra do CC, art. 825, facultando ao credor a recusa do fiador, quando considerar que não é pessoa idônea, moral e financeiramente, ou quando não for domiciliada no lugar da obrigação, ou quando não possuir bens suficientes para garantir a obrigação, ou por qualquer outra circunstância que considere relevante. Essas razões são discricionárias, por parte do credor, sem o vincular, não se admitindo que o juiz possa ingressar no seu juízo de conveniência. Pode ser relevante para o credor que o fiador seja domiciliado no mesmo lugar da execução da obrigação, para facilitar-lhe a exigibilidade da garantia.

A fiança é contrato que se perfaz apenas por escrito, em razão de suas potenciais consequências sobre o patrimônio do fiador. Pode vir em instrumento contratual autônomo, referindo à dívida que está a garantir, ou, como se faz frequentemente, por meio de cláusula ou cláusulas do contrato da dívida garantida. Por exemplo, a fiança é inserida no contrato de locação de imóvel urbano através de cláusula específica, na qual o fiador garante a dívida do locatário, se este não a pagar. A exigência da forma escrita é para a outorga da fiança e não para a aceitação, pelo credor. Não é preciso que haja assinatura do credor no instrumento do contrato de fiança. Admite-se que a satisfação da dívida pelo fiador sana o defeito de forma, com eficácia retroativa.

A fiança é contrato acessório que segue a sorte do contrato principal, ao qual se vincula. Se o contrato principal for extinto ou for declarado inválido, a fiança não lhe sobreviverá, também deixando de existir. Do mesmo modo, se a pretensão à obrigação prescrever, cessa a fiança. Por força da acessoriedade, a fiança não pode garantir dívida superior à do contrato principal.

Não se confunde a fiança com o aval. O aval é também manifestação de vontade de garantia pessoal, mas é negócio jurídico unilateral e não contrato, aposto aos títulos de crédito, restrito ao direito cambiário, de mobilidade negocial incompatível com a rigidez da fiança. O aval é negócio jurídico abstrato e autônomo, ou seja, vale por si mesmo, independentemente da invalidade eventual da declaração de dívida que garantiu. As normas da fiança não lhe podem ser aplicáveis. O aval pode ser pleno, quando é antecedido de declaração do avalista, ou em branco, quando se indica simplesmente pela assinatura no título.

Quando o fiador for casado, a fiança depende de outorga conjugal (CC, art. 1.647, III). Sem consentimento expresso e respectiva assinatura do outro cônjuge, a fiança é considerada nula, não produzindo qualquer efeito. A nulidade da fiança apenas pode ser demandada pelo cônjuge que não anuiu ou por seus respectivos herdeiros (STJ, AgRg no REsp 1.232.895).

A exigência de anuência conjugal não se aplica à união estável, não incidindo nessa hipótese a Súmula 332/STJ, podendo o companheiro contratar fiança sem o consentimento do outro, sem risco de nulidade. Todavia, a responsabilidade do companheiro fiador é limitada à sua meação, se o regime de bens for o legal supletivo de comunhão parcial (CC, art. 1.725), ou a seus bens particulares, se houver contrato escrito de regime de bens diferente entre os companheiros. O companheiro não fiador não responde com sua meação sobre os bens onerosamente adquiridos desde o início da união estável.

A obrigação do fiador é diferente da obrigação do devedor. Sua obrigação é própria. O fiador não se obriga a pagar a dívida do devedor, no seu lugar. Sua obrigação é promessa do adimplemento do devedor. Como diz Pontes de Miranda (1972, v. 44, p. 91), se o devedor não adimple, como o fiador prometeu, há infração da promessa de ato de outrem. Não há assunção de dívida alheia. Quem assume a dívida alheia faz-se devedor da mesma dívida, quer se extinga ou não a do devedor originário. Quem afiança promete que o afiançado paga. Consequentemente não há solidariedade passiva, na fiança, salvo se o próprio fiador renuncia seu direito, quando assume a posição de principal pagador, expressamente.

A fiança pode garantir toda a dívida ou parte dela, de acordo com que o instrumento estipular. Não há exigência legal de que o fiador ofereça garantia para a dívida toda. Do mesmo modo, a fiança pode ser limitada no tempo, não garantindo todo o prazo do contrato principal. Consequentemente, há dois tipos de fiança: a fiança total e a fiança parcial (dívida ou tempo).

Sempre que lhe parecer que o fiador poderá se tornar insolvente, pode o credor exigir que ele seja substituído. Não se exige que a insolvência seja evidente ou declarada em juízo, bastando a suspeita de que poderá ocorrer. A fiança é uma garantia de adimplemento da obrigação oferecida pelo devedor ou por terceiro. Em caso de insolvência do fiador, não pode o credor ter seu crédito ameaçado, tornando inócua a garantia.

A interpretação da fiança será sempre restritiva. Por exemplo, na dúvida, se ela garante a dívida toda ou parte dela, prevalecerá a garantia parcial. O objeto da fiança há de ser claro, notadamente quando o instrumento é autônomo. Mas se admite que seja determinável, como a falta do nome exato do credor, com possibilidade de sua determinação ("a empresa onde trabalha meu filho"; ou "as mensalidades escolares"). Considerando ser a fiança um negócio jurídico benéfico, deve ela ser interpretada estritamente (CC, art. 114). Quando a fiança for dada como garantia de obrigações de sócios da pessoa jurídica e não a esta diretamente, não pode ser estendida aos novos sócios que tenham substituído os primeiros. Mas, na hipótese de fiança em locação de imóveis para fins residenciais, considerando-se sua finalidade familiar, a fiança persiste quando o locatário divorciar-se ou morrer, permanecendo a locação com seu cônjuge ou companheiro, ou com outro membro da família.

21.2. Efeitos da Fiança

O fiador responde com seu patrimônio pelo inadimplemento do devedor. Sua perda patrimonial, todavia, não é definitiva. É-lhe assegurado o direito à sub-rogação dos direitos do credor, no montante que importou o pagamento da dívida. Esse direito também é denominado direito de regresso. Na sub-rogação (CC, art. 346) o credor satisfaz-se, mas o devedor não se libera, pois a sub-rogação transfere ao novo credor todos os direitos, pretensões e ações em relação à dívida.

Considera-se legal a sub-rogação operada em virtude da fiança. A sub-rogação legal opera-se automaticamente, quer o adimplemento pelo fiador tenha sido voluntário, quer em virtude de execução promovida pelo credor contra ele, quer tenha sido com o objeto devido pelo devedor principal, quer por efeito de dação em pagamento ou qualquer outro modo de solução de dívida.

Além do direito à sub-rogação pelo que pagou da dívida principal, o fiador investe-se em direito próprio contra o devedor, em virtude das perdas e danos que sofrer pessoalmente e das que tiver que pagar ao credor, em razão do inadimplemento do devedor. A regra assim se enuncia: o fiador tem direito de cobrar do devedor tudo o que pagou, em razão do inadimplemento deste, e das despesas que teve de efetuar para essa cobrança.

Além do valor da dívida que pagou e das demais despesas decorrentes, o fiador tem direito aos juros, incidentes sobre esses valores, desde o momento em que os pagou. A taxa dos juros a ser considerada é a mesma que tiver sido consignada na obrigação principal para os juros moratórios; não tendo sido esta estipulada, prevalece a taxa dos juros legais de mora, ou seja, de 1% ao mês (CC, art. 406).

A fiança não pode ser ilimitada porque a lei estabelece o limite máximo da própria obrigação principal (CC, art. 823). Entende-se que abrange todas as dívidas do afiançado, oriundas do contrato principal. Se a dívida principal diminuir, também a fiança diminuirá, proporcionalmente. Se a fiança abranger toda a dívida do contrato principal, compreenderá os acessórios desta, inclusive as despesas judiciais, desde a citação do fiador, tais como multas, atualização monetária, outras penas contratuais. A limitação da fiança deverá ser expressa. Se dúvida houver, deverá prevalecer a interpretação favorável ao fiador. A fiança fixada em valor superior ao da obrigação afiançada não será nula, mas tal valor deverá ser reduzido até o limite da referida obrigação.

A fiança distingue-se da solidariedade passiva, não se lhe aplicando as regras desta, em princípio, porque os direitos do credor contra o fiador são distintos dos direitos do credor contra o devedor, além de não serem simultâneos. A simultaneidade dos deveres e obrigações caracteriza a solidariedade passiva. Na fiança, a obrigação do fiador sucede o inadimplemento da obrigação do devedor. Ademais, são dívidas distintas: o devedor deve a dívida principal; o fiador promete o adimplemento por parte do devedor. Uma é a dívida principal, outra é a dívida acessória.

Solidário com o devedor principal é o fiador principal pagador: faz-se solidário sem que se apague a acessoriedade, o que significa pôr-se na fronteira da eficácia. Não há, na cláusula de devedor principal, assunção de dívida alheia. Por isso, é preciso ter-se todo o cuidado e toda a atenção na invocação de regras jurídicas sobre solidariedade das dívidas, quando se cogita de fiador solidário. A solidariedade, na fiança, é atípica (Pontes de Miranda, 1972, v. 44, p. 105).

As obrigações nulas não podem ser garantidas por fiança, sendo esta também alcançada pela nulidade daquelas. Nulo o contrato, nula a fiança. A garantia não é suficiente para afastar a nulidade. Quando o juiz determinar a nulidade da obrigação afiançada, também determinará a nulidade da fiança, operando retroativamente. Porém, deve-se observar que a nulidade da fiança não implica a nulidade do contrato principal.

A fiança será plenamente eficaz se a nulidade da obrigação apenas decorrer de incapacidade do devedor, exceto se for para garantir mútuo a menor sem a prévia autorização daquele sob cuja guarda tiver, pois seria burla à necessidade legal dessa autorização. Também será válida e eficaz a fiança se for convalidado o contrato, ou se houver conversão deste em outro válido, neste caso se estiver em conformidade com a vontade presumida do fiador.

A lei permite que as dívidas futuras possam ser objeto de fiança. A obrigação do fiador fica em estado de pendência e depende do nascimento da obrigação principal. A fiança que garante dívida futura somente é exigível quando houver a liquidação de seu valor, porque não pode o fiador assumir obrigação cujo montante ainda não tenha sido determinado. Não se considera dívida futura a moratória concedida pelo credor ao devedor, o que leva à extinção da fiança.

É assegurado ao fiador o direito especial de intervir em ação ajuizada pelo credor contra o devedor, quando houver demora não justificada em seu procedimento, máxime em execução judicial ou extrajudicial da dívida. Intervindo, poderá requerer ao juiz as providências que julgar necessárias para promover o andamento do processo. Essa regra visa a proteger o fiador da indefinição do credor quanto à cobrança da dívida. Interessa ao fiador que a dívida seja logo solvida, sem riscos de acréscimos de juros e atualizações, em virtude da demora na cobrança.

Para o STJ a decretação de falência do locatário, sem a denúncia da locação, não altera a responsabilidade dos fiadores junto ao locador, que permanece até a efetiva entrega das chaves (REsp 1.634.048).

21.3. Benefícios de Ordem e de Divisão

Entre os direitos assegurados ao fiador estão os chamados benefícios de ordem e de divisão.

O benefício de ordem é direito que tem o fiador de serem responsabilizados primeiramente os bens do devedor para o pagamento da dívida. Ou seja, o fiador somente responderá com os seus se os bens do devedor não forem suficientes para o adimplemento da obrigação. Ao credor cabe o ônus de alegar e provar que houve a cobrança judicial sem que a execução satisfizesse o crédito. Se o crédito não permite a execução forçada, basta que tenha proposto, sem resultado, a ação de cobrança. Para se valer do benefício, o fiador tem o ônus de indicar os bens do devedor, livres e desonerados, localizados no mesmo município do cumprimento da obrigação, além de demonstrar que são suficientes para solver a dívida.

Com idêntica orientação, estabelece o CPC, art. 794, que o fiador, quando executado, "tem o direito de exigir que primeiro sejam executados os bens do devedor situados na mesma comarca", sendo que os bens do fiador apenas serão alcançados se os do devedor forem insuficientes.

O benefício de ordem não poderá ser utilizado pelo fiador se tiver renunciado expressamente a ele, ou se na cláusula ou contrato autônomo de fiança tiver declarado, também expressamente, que se obrigava como principal pagador ou como devedor solidário, ou, ainda, se tiver caído em insolvência. A renúncia e a solidariedade passiva podem ser manifestadas no próprio contrato de fiança, como frequentemente ocorre, ou em documento específico, posteriormente. A renúncia não torna o fiador responsável solidário; apenas não poderá se valer do benefício de ordem. Em virtude da interpretação restritiva da fiança, a insolvência apenas poderá afastar o benefício de ordem quando for decidida em juízo. Igualmente, a falência da pessoa jurídica fiadora depende de sua abertura por decisão judicial, não afastando o benefício se tiver sido admitida a recuperação de empresa, em vez da falência.

Nas relações de consumo, em razão do princípio constitucional de defesa do consumidor e da contemplação legal de sua vulnerabilidade jurídica, são consideradas nulas as cláusulas padronizadas de renúncia do benefício de ordem ou de assunção da qualidade de principal pagador. Igualmente, se tais cláusulas estiverem contidas em contratos de adesão, por importar "renúncia antecipada do aderente a direito resultante da natureza do negócio" (CC, art. 424).

O principal efeito do benefício de ordem é que a responsabilidade do fiador pelo pagamento da dívida inadimplida depende da prévia execução dos bens do devedor. Somente depois desta é que se pode saber quanto será o quanto da prestação do fiador. Porém, o benefício de ordem não é obstáculo a que o credor cobre e execute diretamente o fiador. Este é que pode opor o benefício, como exceção. Assim, rigorosamente, o benefício não é impedimento à ação, mas direito de exceção.

O benefício de divisão ocorre quando há vários fiadores e não apenas um, denominados cofiadores. Diferentemente do benefício de ordem, o de divisão apenas existe se for reservado expressamente pelos fiadores no contrato ou cláusula de fiança. Na estipulação ou reserva do benefício, os fiadores definem qual a parte ou proporção que caberá a cada um na fiança e respectivo pagamento da dívida. Se não houver a reserva, os fiadores plurais consideram-se solidários, respondendo cada um pela totalidade da fiança. Não se trata de solidariedade com o devedor, mas dos fiadores uns com os outros. O credor poderá ir contra qualquer dos fiadores.

A outorga conjugal, exigida na hipótese de fiador casado, implica a solidariedade passiva, caso eles não hajam reservado o benefício de divisão. O falecimento de qualquer deles, sem o benefício de divisão, importa concentração da totalidade da fiança.

— 419 —

Podem os fiadores, mesmo sem terem feito reserva expressa do benefício de divisão, estabelecer divisão entre si. Essa convenção tem apenas efeito entre eles, não podendo ser oponível ao credor, como direito de exceção.

Para Pontes de Miranda (1972, v. 44, p. 136), se a fiança é solidária, pode o credor dividir a dívida conforme o que saiba que os fiadores internamente acordaram, ou em partes iguais, ou conforme o que ele entenda. Aí, há renúncia à solidariedade, e a cobrança a dois ou mais fiadores, com as consequências principais que se seguem: a) no que implica renúncia à solidariedade, a manifestação de vontade do credor é irrevogável; b) a cobrança de parte do crédito a um dos fiadores, ou a algum deles, implica renúncia à solidariedade; c) se a divisão feita pelo credor não coincidir com o que internamente haviam convencionado os fiadores, poderá o que pagou mais cobrar a diferença ao que pagou menos.

O art. 830 do CC permite que cada fiador possa fixar no contrato a parte da dívida que toma sob sua responsabilidade, caso em que não será por mais obrigado. Essa é também modalidade do benefício da divisão, neste caso qualitativa. A cláusula de fiança deve definir claramente qual a parte que cada um dos fiadores garante.

Na fiança solidária, ou seja, quando não houver o benefício da divisão, quantitativa ou qualitativa, o fiador que pagar a totalidade da dívida fica sub-rogado nas partes restantes, excluindo-se a sua. Pode cobrar de um ou de todos os demais fiadores o valor que pagou, deduzido de sua parte respectiva.

Diferentemente do cofiador, a doutrina cogita do subfiador, que garante, perante o credor, o adimplemento do primeiro fiador (fiador principal). O fiador principal e o subfiador não são devedores solidários, pois a obrigação do segundo é acessória em relação à do primeiro (Larenz, 1958, p. 459).

21.4. Responsabilidade do Fiador e Hipóteses de Exoneração

O fiador responde pela dívida do devedor principal, se este não cumprir sua obrigação, porque se responsabilizou pelo adimplemento do segundo, perante o credor.

Se o objeto da fiança foi dívida futura, a fiança depende de esta vir a se constituir. O fiador garante o adimplemento pelo devedor, se e quando a dívida vier a existir. A pretensão do credor contra o fiador está dependente de dois fatores, ainda incertos quando se conclui o contrato de fiança: a) a constituição da dívida; b) o vencimento da dívida.

A prestação da garantia pelo fiador, quando exigível, está vinculada ao lugar do cumprimento da prestação do devedor. É o foro do adimplemento da dívida principal o mesmo da exigibilidade da fiança.

O prazo para a dívida da fiança pode ser igual ao da dívida principal ou menor que este, de acordo com o que ficar ajustado no contrato de fiança. Não há impedimento legal que seja maior.

O credor pode exigir do devedor principal o reforço da fiança, ou a substituição do fiador, em virtude da incapacidade ou insolvência deste. A insolvência superveniente à conclusão do contrato de fiança de modo nenhum atinge a eficácia contratual, exceto em dar ao credor a pretensão ao reforço da fiança. É o que resulta do art. 826 do CC. A incapacidade superveniente do fiador apenas pode ser resolvida com sua substituição.

O fiador tem direito potestativo à exoneração da fiança, quando não tiver sido fixado prazo de sua duração ou a condição para que possa perdurar. Para que possa exercer o direito, deverá notificar o credor, permanecendo vinculado à fiança durante sessenta dias após a notificação – cento e vinte dias se for contrato de locação (art. 40, X, da Lei n. 8.245/1991). Juntamente com a fixação do montante da dívida a ser garantido pelo fiador, esse é um dos principais pontos concernentes ao contrato de fiança no benefício do fiador. A fiança não pode ser uma garantia em aberto, devendo estar subordinada a tempo determinado ou determinável.

Em virtude de o contrato de fiança ser interpretado restritivamente, a responsabilidade do fiador contém-se nos precisos termos do pactuado no ajuste original, não sendo lícito estendê-la. Essa orientação é pacificamente adotada pelos tribunais. Nesse sentido, de acordo com a Súmula 656 do STJ, é válida a cláusula de prorrogação automática de fiança na renovação do contrato principal, mas pode o fiador valer-se do art. 835 do Código Civil para dela exonerar-se, com notificação ao credor, permanecendo sessenta dias após esta, fazendo-o durante o período da prorrogação contratual.

Os tribunais têm admitido que é ineficaz a renúncia prévia à faculdade de o fiador exonerar-se, se inserida em contrato de locação com prazo determinado, quando é prorrogado por prazo indeterminado, porque é inadmissível a perpetuidade de garantia dada pelo fiador, por ser ato benéfico e desinteressado. Nesse sentido, o STJ editou a Súmula 214, de seguinte teor: "O fiador na locação não responde por obrigações resultantes de aditamento ao qual não anuiu". Todavia, a Lei n. 12.112/2009 estabeleceu que, salvo disposição contratual em contrário, a garantia de locação se estende até a efetiva devolução do imóvel, ainda que prorrogada a locação por prazo indeterminado. Porém, o STJ (REsp 1.798.924) atenuou essa orientação restritiva, ao decidir que a interpretação do art. 40 da Lei n. 8.245/1991, com as alterações da Lei n. 12.112, é de que os efeitos da exoneração do fiador serão produzidos após o prazo de 120 dias da data em que se tornou indeterminado o contrato de locação, e não da notificação.

Outra orientação jurisprudencial, acerca da limitação dos efeitos da fiança, foi consagrada na Súmula 268 do STJ: "O fiador que não integrou a relação processual na ação de despejo não responde pela execução do julgado". Não pode a fiança ter seu alcance ampliado ou agravado por eventos em que não teve a participação ou concordância do fiador.

O Plenário do STF reconheceu ser constitucional a penhorabilidade de bem de família pertencente ao fiador em contrato de locação residencial ou não residencial (Tema 1.127 de repercussão geral – RE 1.307.334). Prevaleceu o entendimento da maioria de ser respeitada a autonomia privada do fiador, que, de forma livre e espontânea, garantiu o contrato. Para a corrente minoritária do Tribunal, no que concordamos, deve prevalecer o direito fundamental e existencial à moradia (CF, art. 6º), quando em colisão com autonomia privada negocial; com razão, pois esta não se qualifica nem como direito fundamental nem como princípio normativo expresso na Constituição.

A substituição do fiador pode ser exigida em caso de morte, declaração judicial de ausência, interdição, recuperação judicial, falência ou insolvência do fiador, alienação ou gravação de todos os seus bens, mudança de residência sem comunicação e quando o contrato por tempo determinado é encerrado.

21.5. Extinção

A extinção da obrigação do fiador está submetida às regras gerais aplicáveis às obrigações, mas ostenta peculiaridades. A fiança extingue-se quando se extingue a dívida principal, principalmente pelo adimplemento por parte do devedor principal. O fiador se libera porque justamente respondia pelo adimplemento da obrigação. A fiança pode ser também extinta sem se extinguir a dívida afiançada, nomeadamente se dada a prazo certo e a dívida for de prestações continuadas. Antes da exigibilidade do adimplemento da dívida principal, a fiança não pode ser exigida.

A morte do fiador extingue a fiança. Mas a obrigação assumida pelo fiador, até sua morte, transfere-se a seus herdeiros. Não há sucessão da fiança, no sentido de os herdeiros passarem a ser fiadores no lugar do morto. O que se incorpora à sucessão do fiador é a obrigação decorrente da fiança. Como qualquer dívida deixada pela pessoa morta, seus herdeiros e sucessores apenas se obrigam dentro das "forças da herança", ou seja, até os limites dos bens que a integram. A dívida do fiador se configura, quando, antes de sua morte, o devedor não adimpliu a obrigação. O credor pode, portanto, habilitar-se no inventário do fiador para que os bens herdados respondam pela dívida inadimplida pelo devedor principal. As responsabilidades sobrevindas após o falecimento do fiador não podem ser opostas aos seus sucessores.

Nesse sentido, diz Pontes de Miranda (1972, v. 44, p. 222) que a morte do fiador extingue a fiança mesmo se havia prazo determinado, dentro do qual faleceu o fiador. Morto o fiador, tem o credor o direito de exigir do devedor principal, se foi esse que prometeu ou deu o fiador, novo fiador, ou o imediato pagamento da dívida.

Diferentemente, a morte do devedor somente extingue a fiança se, com ela, se extingue a dívida principal. Por exemplo, nas hipóteses de obrigação de fazer, de caráter personalíssimo. O contrato de fiança pode ter estipulado que a morte do devedor não a extinguiria, permanecendo com seu substituto ou sucessor, se assim for possível.

A morte do credor não extingue a fiança, salvo se com a sua morte o crédito se extinguir, o que nem sempre ocorre.

O contrato de fiança também se extingue: a) no caso de fiança de dívida futura, o prazo previsto se extinguiu, sem ter sido constituído a dívida; b) se o próprio contrato de fiança foi declarado nulo ou anulado, em decisão judicial.

O fiador pode se valer de exceções extintivas quando for demandado pelo credor. Tanto pode opor exceções pessoais quanto as exceções que poderiam ser opostas pelo devedor principal. Exemplifica-se como exceções pessoais a novação feita sem o consenso do fiador com o devedor, a compensação da dívida do fiador com o seu credor, o benefício de ordem, a transação concluída entre o credor e o devedor, entre outras. Exemplifica-se como exceções extintivas de obrigação do devedor principal o pagamento, a prescrição, a impossibilidade superveniente da prestação e a exceção do contrato não cumprido.

O fiador não pode opor exceção de sua própria incapacidade pessoal, quando, sendo menor de idade, dolosamente ocultou esse fato ao ser inquirido pela outra parte ou declarou ser maior ao credor (CC, art. 180), salvo se a fiança estiver vinculada a mútuo feito a pessoa menor. Neste caso pode ser oposta, para se evitar a usura com aproveitamento de pessoas menores.

Extingue-se a fiança nas seguintes hipóteses, ainda que seja solidária: a) se o credor conceder moratória ao devedor, o que amplia o prazo originalmente fixado para a dívida afiançada, agravando a situação do fiador, salvo se este concordar expressamente; b) se o credor der causa à impossibilidade de sub-rogação de seus créditos e direitos, o que impedirá o fiador de exercer o direito de regresso contra o devedor, se vier a pagar a dívida deste; c) se o credor aceitar, em substituição do adimplemento estipulado, objeto diverso e se der a perda deste, por evicção. Em todas essas hipóteses, o fiador teria agravada sua obrigação em virtude de decisões unilaterais do credor.

O devedor principal não pode ampliar a obrigação do fiador mediante negócios jurídicos concluídos depois da fiança, em particular mediante uma transação ou um reconhecimento da ampliação do valor da dívida.

A impossibilidade da sub-rogação, extintiva da fiança, pode ter ocorrido mesmo sem culpa do credor, desde que o fato causador a ele se vincule. O fiador tinha a legítima expectativa de, fazendo o pagamento da dívida do devedor principal, ocorresse a sub-rogação, pois sem ela sujeitar-se-ia a prejuízo, que não é lícito suportar. O credor tem o dever de assegurar a sub-rogação, incorrendo nas consequências pelo seu não cumprimento.

Na hipótese do benefício de ordem, o fiador ficará exonerado da fiança se houver inércia do credor para promover a execução tempestivamente e para assegurar-se de bens necessários do devedor, suficientes para garantia da dívida, ao tempo da penhora, que tinham sido indicados pelo fiador.

Na locação de imóveis urbanos para fins residenciais, o fiador poderá exonerar-se de suas responsabilidades, ao ser comunicado de que houve substituição da posição de locatário, nas hipóteses de morte ou separação do outro cônjuge ou companheiro, ficando responsável pelos efeitos da fiança durante cento e vinte dias da notificação do locador (Lei n. 8.245/1991, art. 12, com a redação da Lei n. 12.112/2009).

CAPÍTULO XXII

Transação

Sumário: 22.1. Conceito, natureza e abrangência. 22.2. Espécies de transação. 22.3. Efeitos da transação. 22.4. Invalidades e exclusões. 22.5. Extinção.

22.1. Conceito, Natureza e Abrangência

A transação é o contrato no qual duas pessoas (transatores) resolvem encerrar litígio existente entre elas, ajuizado ou não, mediante concessões recíprocas. A transação pressupõe necessariamente a existência de uma relação entre as partes que transigem, a divergência e a vontade de resolvê-la, sem se aguardar decisão judicial. A transação substitui a decisão judicial ou arbitral e tem força equivalente à coisa julgada. São seus requisitos: acordo de vontades, litígio potencial ou instalado e concessões de parte a parte. Não há necessidade de o litígio estar submetido a juízo, pois a transação também tem finalidade de prevenir a lide. O CC, art. 840, alude a prevenir o litígio, reduzindo seu significado a litígio ajuizado. Mas o litígio é a divergência de posições, ou o conflito, que já existem antes do ajuizamento da ação de uma parte contra outra. Litígio é também a controvérsia submetida à arbitragem. Previne, portanto, o agravamento do conflito ou sua submissão à justiça oficial.

Não importa o estado de gravidade em que se ache a discordância ou litígio, ainda se é quanto à existência, ao conteúdo, à extensão, à validade ou eficácia da relação jurídica; nem, ainda, a proveniência dessa, se de direito das coisas, ou de direito das obrigações, ou de direito de família, ou de direito das sucessões, ou de direito público (Pontes de Miranda, 1971, v. 25, p. 116).

A transação é o instrumento da conciliação, que é a autocomposição dos interesses divergentes, por iniciativa das próprias partes ou com a participação de terceiro, que seja agente público (juiz de direito, conciliador, juiz de paz) ou particular. Também pode ser o instrumento do resultado da mediação, quando as pessoas vão progressivamente compondo seus interesses, tendo o mediador como terceiro neutro. É, portanto, instrumento de solução pacífica de conflitos, sem ter havido decisão da administração pública da justiça ou de arbitragem.

— 425 —

O CC/2002 inovou ao tratar da transação como um contrato. Diversamente, o Código anterior a considerava um modo específico de adimplemento de obrigações. Por certo, a transação é um contrato que tem por fim encerrar um litígio judicial ou extrajudicial (transação preventiva), podendo, eventualmente, encerrar outro contrato. É contrato porque é negócio jurídico bilateral, resultante de declarações de vontade convergentes de pessoas capazes, preenchendo todos os requisitos do contrato paritário. Seu objeto é o que o torna singular: encerrar litígio, definindo os deveres e obrigações de cada transator.

Para que haja efetivamente o contrato de transação é necessária a reciprocidade das concessões. Se não há concessões de uma parte e de outra, não há transação. Sob o nome transação o que houve foi outro ato jurídico: reconhecimento do direito do outro, renúncia do próprio direito, desistência, ou outra categoria. A interpretação do contrato dirá se se deu transação, com a identificação da reciprocidade das concessões, que não necessitam ser iguais, mas ao menos equivalentes. Exemplificando, diz Ludwig Enneccerus (1966, p. 851) que a concessão feita por uma das partes pode consistir em uma alteração da relação jurídica, como a maior espera ou concessão de pagamentos parciais, ou a redução dos juros, enquanto a outra parte emite uma promessa ou reconhecimento de dívida, que signifique segurança para a outra, não sendo necessário que se produza objetivamente um sacrifício.

A experiência demonstra que as concessões recíprocas que desembocam na transação dão mais estabilidade à solução do conflito. Os transatores assumem-se como reais sujeitos da decisão comum, conscientes de que ela resultou de concessões pessoais, às vezes de sacrifícios de convicções e de patrimônio, de redução do que sustentavam ser o âmbito de seus direitos subjetivos e de superação de animosidades. Mas estão convencidos que cederam porque quiseram. Diferentemente ocorre com a decisão imposta por terceiro (juiz de direito ou árbitro), na qual há vencedor e vencido, o que nem sempre afasta a sombra do litígio, que pode eclodir mais adiante, máxime com as possibilidades de recursos disponíveis à expectativa de reforma. A maior estabilidade da paz social decorre, justamente, da inexistência de vencidos na transação.

Os interessados na transação não podem ser absoluta ou relativamente incapazes, salvo se representados ou assistidos por seus representantes legais, devidamente autorizados pelo juiz.

A transação extrajudicial, por sua natureza de contrato genuíno, não depende para produzir seus efeitos de homologação do juiz, pois resulta da força obrigacional emprestada às declarações de vontade livres, dos transatores.

A transação é sempre contrato de direito privado, ainda quando tenha por fito encerrar processo judicial, formalizando-se mediante homologação do juiz. "Ainda quando feitas em juízo, as transações regem-se pelo direito material" (Pontes de Miranda, 1971, v. 25, p. 142), mas os atos processuais, envolventes desses negócios jurídicos, regem-se pelo direito processual.

Tendo em vista que a transação importa concessões recíprocas, há consequências patrimoniais, porque os transatores promovem disposições de seus direitos. Assim, o poder para transigir é especial e deve ser explicitado na procuração, para que o mandatário possa celebrar transação. O poder geral para transigir deixa ampla margem ao mandatário para fazer concessões. Pode o mandante fixar os limites das concessões ou até mesmo o seu preciso conteúdo.

Tendo em vista que a transação importa atos de disponibilidade de pretendidos direitos subjetivos, sua interpretação é restritiva. Aplica-se à transação a regra geral de interpretação restritiva em matérias que envolvam restrições de direito. A disponibilidade é apenas negativa, no sentido de que a transação não é o meio próprio para transmitir direito, mas sim o de reconhecer ou declarar o direito da outra parte, reduzindo proporcionalmente o seu. Por essa razão, na dúvida em relação aos termos estipulados na transação, o intérprete não pode ir além do que literalmente se extrai de cada concessão. A interpretação integrativa, a interpretação analógica ou a interpretação extensiva não podem ser utilizadas na transação.

O contrato de transação deve definir o objeto, as concessões que cada transator faz, os meios para os adimplementos, mediante cláusulas em que se desdobra. A lei refere explicitamente à admissibilidade da pena convencional, ou cláusula penal, para as hipóteses de inadimplemento total ou parcial do contrato. A cláusula penal não é obrigatória e seu conteúdo é livremente estipulado pelas partes. Sua ausência não afasta a incidência das regras gerais relativas à resolução do contrato, pelo inadimplemento, inclusive a indenização por perdas e danos.

22.2. Espécies de Transação

A transação é extrajudicial ou judicial.

É extrajudicial quando o litígio ainda não foi submetido ao Poder Judiciário. Também é considerada extrajudicial a transação que encerra o litígio submetido à arbitragem, antes da respectiva decisão. Nessas hipóteses, o contrato de transação é bastante.

Antes do ajuizamento da ação, o advogado é obrigado a explorar todas as possibilidades de conciliação. Assim determina o Código de Ética e Disciplina dos Advogados, de 2015, art. 2º. A formação dos profissionais do direito, no entanto, milita em sentido contrário, porque é fundamentalmente voltada ao litígio, ao perde e ganha, à disputa judicial. Essa atitude não apenas contraria a regra deontológica, que é obrigatória, como reduz o âmbito da atividade de advocacia, que não é apenas judicial.

A Lei de Arbitragem (9.307/96), em seu art. 21, também estimula a conciliação, antes do procedimento da arbitragem, propriamente dito, devendo o árbitro tentá-la "no início do procedimento". Se tiver havido acordo quanto ao litígio, o árbitro ou tribunal arbitral, a pedido das partes, poderá declarar tal fato mediante sentença arbitral. A sentença arbitral, que tem natureza homologatória, não é obrigatória, podendo as partes, com a transação, desistir da arbitragem.

O direito processual brasileiro tem sido historicamente orientado para a máxima exploração da conciliação, inclusive com a participação do juiz, em todas as instâncias. O chamado processo do conhecimento tem a conciliação como providência importante, para esgotar as possibilidades de acordo entre as partes do processo litigioso, que versar sobre direitos patrimoniais de caráter privado, tanto no início quanto no curso do processo. Assim também nos procedimentos especiais. A legislação que introduziu os juizados especiais, para julgamento de causas de pequeno valor ou de menor complexidade, devotou especial atenção à conciliação, como fase preliminar e necessária, cujo êxito dispensa a decisão judicial.

A homologação da transação judicial tem efeitos apenas extrínsecos, de chancela oficial e de substituição da sentença, para fins de extinção do processo. Estabelece o CPC, art. 484, que se extingue o processo, sem resolução do mérito, quando o juiz homologar a transação. Mas o juiz não pode ingressar no conteúdo da transação, que é domínio exclusivo da autonomia dos transatores. Para o direito, o melhor juiz são as partes, que sabem o que melhor lhes convém.

Ao contrário de outros sistemas jurídicos, em relação às matérias de direito de família, no direito brasileiro também se deve tentar a conciliação, salvo quando houver expressa vedação legal, em situações consideradas indisponíveis. Com relação aos alimentos, pode haver transação decorrente de conciliação, tanto para as situações gerais (Lei n. 5.478/1968) quanto para os alimentos gravídicos (Lei n. 11.804/2008).

O dano material e moral, oriundo de crime, pode ser objeto de transação entre o ofensor e a vítima, mas não extingue a ação penal. A vítima e o agente causador do dano podem transigir no âmbito das relações privadas, mas essa transação não põe o agente a salvo das consequências penais. É ilícito ter como objeto da transação a desistência de ação penal, quando o delito for passível de ação penal pública incondicionada, porque independe da vontade do ofendido.

22.3. Efeitos da Transação

Podem transigir todas as pessoas capazes e que possam dispor dos direitos objetos de litígios judiciais ou extrajudiciais.

Não há liberdade de forma para a transação, no direito brasileiro. Não se admite a forma verbal; tampouco há transação tácita. A transação extrajudicial terá de ser escrita, em instrumento particular, salvo se a lei exigir a forma pública. Quando se tratar de litígio já submetido a juízo, os transatores podem optar pela escritura pública, ou por termo nos autos, assinado pelas próprias partes, ou por seus procuradores com poderes bastantes, dependente de homologação pelo juiz. A escritura pública não necessita de homologação, tendo em vista sua presunção de fé pública.

Em princípio, a transação não pode produzir efeitos em relação a terceiros, segundo a regra geral da relatividade dos efeitos dos contratos. Todavia, a lei abre exceção para os fiadores e os credores solidários ou devedores solidários. A transação entre credor e devedor libera o fiador, porque a extinção da obrigação principal implica a extinção da obrigação acessória. A transação entre o credor solidário e o devedor tem por efeito a extinção de toda a obrigação, dada a natureza da obrigação solidária, liberando o devedor em face dos demais credores solidários. Estes têm direito de regresso contra o credor transator. A transação realizada entre o credor e um dos devedores solidários extingue a obrigação dos demais devedores, pois é regra na solidariedade passiva a liberação de todos os coobrigados se um deles efetuar o pagamento. A extinção da obrigação em relação aos demais credores e devedores solidários apenas ocorre se a transação atingir toda a dívida, estipulando nova modalidade de pagamento. O princípio é o da eficácia da transação só entre os transatores.

Se uma das condições da transação for a entrega de coisa e sobre esta incidir evicção, a coisa se perderá para o transator que a recebeu, mas este tem pretensão à indenização por perdas e danos em face do outro transator. A evicção não desfaz a transação. A transação apenas pode acontecer em face de controvérsias atuais, e não de direito futuro. Igualmente, se o transator receber coisa, como condição da transação, e vier a adquirir sobre ela novo direito, esse fato

— 429 —

não afeta a transação. Exemplifique-se com o transator que recebeu a posse sobre uma coisa, na transação, cuja propriedade posteriormente adquiriu por herança. A aquisição por herança, que ocorreria independentemente da transação, não repercute nesta.

Nessas situações, o legislador deixou evidenciada a primazia atribuída à transação sobre quaisquer outros eventos, dada sua função de encerramento de conflito. Por isso, decidiu o STF que a transação, por ter força de coisa julgada, apenas pode ser rescindida por dolo, violência ou erro essencial, que não foi o caso (RE 93.861-3).

Pelas mesmas razões, não pode haver arrependimento de uma das partes, na transação, porque esta produz efeitos imediato entre elas e não admite desistência unilateral, apenas o distrato.

22.4. Invalidades e Exclusões

O contrato de transação apenas pode ter por objeto direitos patrimoniais de direito privado disponíveis, inclusive os de direito de família. Em relação a este último, não pode haver transação sobre existência, ou inexistência, ou invalidade de casamento, ou sobre relação de parentesco, ou sobre reconhecimento de filho, ou sobre o poder familiar, porque são situações indisponíveis e não patrimoniais. Também não pode haver transação sobre conteúdo de norma de ordem pública, em virtude de sua cogência, ou para atribuir validade a negócio jurídico cujo objeto seja ilícito ou imoral.

Os direitos inerentes à pessoa humana não podem ser objeto de transação. São dessa natureza os direitos da personalidade, cujas transmissão e renúncia são expressamente vedadas pelo CC, art. 11. A pessoa não pode dispor de sua vida, de sua liberdade, de sua vida privada, de sua identidade pessoal, de sua imagem, de sua honra, porque sem elas sua dignidade (art. 1º, III, da Constituição) fica comprometida. Apenas os efeitos patrimoniais temporários dos direitos da personalidade (por exemplo, o uso da imagem) podem ser objeto de transação.

O *status* da pessoa, conferido pelo direito, é indisponível e não pode ser objeto de transação, porque não são direitos patrimoniais. Não são transacionáveis o estado civil ou o estado político (por exemplo, ser brasileiro, ser eleitor).

Os pais, mesmo no exercício do poder familiar, não podem transigir com bens imóveis dos filhos menores, sem prévia autorização judicial, mesmo assim se comprovarem a necessidade e evidente interesse deles. A administração legal dos bens dos filhos não inclui a de dispor sobre eles (CC, art. 1.691), o que alcança a transação. Quanto aos demais bens, se houver colisão entre os interesses dos filhos e os dos pais, a intervenção do Ministério Público se impõe.

A nulidade de qualquer cláusula do contrato de transação implica nulidade de todo o contrato. Não se aplica à transação o princípio da conservação dos contratos, que o direito brasileiro adota, o qual faz preservar o restante do contrato quando a nulidade parcial não comprometer a validade do restante. Essa regra de exceção decorre do princípio da indivisibilidade da transação, que não pode, em hipótese alguma, ser parcialmente nula. Para Pontes de Miranda (1971, v. 25, p. 134), assim é porque se trata de contrato uno, de modo que nula a cláusula, nula a transação. Igualmente, diz Larenz que a transação é "um negócio jurídico unitário" (1958, p. 140), razão por que a nulidade de uma obrigação ou disposição nela contida estende-se a todas as disposições do contrato. Todavia, o CC, art. 848, excepciona a restrição, quando o instrumento contiver mais de uma transação, ou seja, quando forem diversos os litígios, ou "direitos contestados", não havendo relação direta entre eles. Nessa hipótese, há não uma, mas sim várias transações em um mesmo instrumento, e a nulidade de uma não pode prejudicar as demais.

A transação é também nula quando já tiver havido sentença judicial transitada em julgado, que é espécie do gênero direito adquirido, constitucionalmente estabelecido. Todavia, se os transatores não tinham conhecimento dela, quando celebraram o contrato, a transação será válida, prevalecendo sobre a sentença judicial, em virtude do princípio da boa-fé, da teoria da aparência e da primazia da transação como meio de solução de conflito. O Código Civil não diz que a coisa julgada impede definitivamente a transação. Se só um dos transatores ignorava a sentença, ele, pelo menos, fora induzido à transação por essa incerteza.

Nula é a transação, quando se descobrir posteriormente que nenhum dos transatores tinha direito sobre o objeto da transação. Trata-se de impossibilidade do objeto, o que conduz inevitavelmente à nulidade do negócio jurídico (CC, art. 166). Sem qualquer relevância é o fato de estarem os transatores de boa-fé, porque sem objeto não há negócio jurídico. A controvérsia sobre se existe parte do direito é suscetível de encher o suporte fático de transação; porém somente há transação sobre isso (Pontes de Miranda, 1971, v. 25, p. 131).

A anulabilidade da transação apenas pode ocorrer nas hipóteses de dolo, coação ou erro essencial quanto à pessoa do outro transator ou da coisa objeto do litígio. O Código Civil não inclui expressamente as outras modalidades de defeitos dos negócios jurídicos, ou seja, o estado de perigo, a lesão e a fraude contra credores. Mas também não as exclui, compreendendo-se as referências às três modalidades como especificação para a transação. A anulabilidade da transação deve ser judicialmente suscitada no prazo decadencial de dois anos, contados de sua celebração (CC, art. 179).

Os atos jurídicos em geral são anuláveis por erro que: a) interesse à natureza do ato; b) interesse ao objeto principal da declaração; c) se relacione a algumas qualidades essenciais do objeto; d) à pessoa com quem se trata ou de quem se trata, ou suas qualidades essenciais. Mas a transação apenas pode ser anulada por erro quanto à pessoa ou suas qualidades essenciais (d) e quanto à identidade da coisa controversa ou litigiosa.

Quanto ao erro sobre a coisa controversa, se a situação de fato – que, dado o conteúdo do contrato, as partes consideraram como base firme da transação – não for conforme à realidade, a transação é anulável, se é razoável supor que, se o transator tivesse conhecimento da situação real, não teria necessidade de realizar a transação, pois inexistente a incerteza ou a divergência. Por exemplo, se as partes supuseram que a coisa controversa era de uma delas e, posteriormente, descobrir-se que seu titular é terceiro; ou se um crédito, que se supunha existente, não existia em realidade.

O erro de direito não enseja anulação da transação. O erro de direito pode ocorrer, por exemplo, quando o transator concordar em fazer concessão, na convicção errônea de que se não a fizer poderá perder a titularidade sobre alguma coisa. O erro de direito equivale à motivação, que o sistema jurídico brasileiro não considera como causa de anulabilidade. Não se aplica à transação a exceção do falso motivo, ainda quando expresso como razão determinante do negócio jurídico, previsto no art. 140 do CC.

22.5. Extinção

Além das causas comuns de extinção dos contratos, a transação extingue-se com o cumprimento de suas condições específicas, que resultaram das concessões dos transatores. Como a transação constitui relação jurídica obrigacional nova, dada sua finalidade de superação de conflito, frequentemente extingue relações jurídicas anteriores, que ensejavam o litígio. Não é necessário que extinga. O que a transação tem por finalidade não é extinguir dívidas, obrigações, ou relações jurídicas. O que a caracteriza é a eliminação do litígio ou da controvérsia.

Se a transação extingue dívida e outra surge em seu lugar, então se trata de novação e não, propriamente, de transação.

O inadimplemento da transação diz respeito exclusivamente ao respectivo contrato. Assim, o inadimplemento não restaura as relações jurídicas anteriores, que foram definitivamente extintas com a transação. Pela mesma razão, não se pode confundir a resolução do contrato de transação com a resolução de algum negócio jurídico sobre que versou a transação. Todavia, se a transação versou sobre o mesmo objeto de outro contrato, como uma compra e venda, se esta for declarada nula ou anulada, não poderá sobreviver a transação, porque a causa de nulidade de um não pode ser de validade de outro.

BIBLIOGRAFIA

AGUIAR JR., Ruy Rosado de. *Extinção dos contratos por incumprimento do devedor.* Rio de Janeiro: Aide, 2004.

_____. *Comentários ao novo Código Civil.* Rio de Janeiro: Forense: 2011. v. 6.

_____. Lições da teoria geral das obrigações. In: *Estudos de direito privado e processual civil: em homenagem a Clóvis do Couto e Silva.* Judith Martins-Costa e Véra Jacob de Fradera (Orgs.). São Paulo: RT, 2014.

ALBUQUERQUE, Fabíola Santos. Liberdade de contratar e livre iniciativa. *Revista Trimestral de Direito Civil.* Rio de Janeiro: Padma, n. 15, p. 73-88, jul.-set. 2003.

ALMEIDA, Carlos Ferreira de. *Texto e enunciado na teoria do negócio jurídico.* Coimbra: Almedina, 1992. v. 1.

ALVIM, Agostinho. *Da compra e venda e da troca.* Rio de Janeiro: Forense, 1961.

ARAÚJO, Fernando. *Teoria económica do contrato.* Coimbra: Almedina, 2007.

ARNAUD, André Jean. *O direito entre modernidade e globalização.* Trad. Patrice Charles Wuillaume. Rio de Janeiro: Renovar, 1999.

ASCENSÃO, José de Oliveira. Contratação eletrônica. *Revista Trimestral de Direito Civil.* Rio de Janeiro: Padma, n. 12, p. 93-117, out.-dez. 2002.

ATIYAH, P. S. *An introduction to the law of contract.* New York: Oxford, 2000.

AZEVEDO, Antônio Junqueira de. *Negócio jurídico.* São Paulo: Saraiva, 1974.

_____. Princípios do novo direito contratual e desregulamentação do mercado. *Revista dos Tribunais,* n. 750, p. 113-120. São Paulo: Revista dos Tribunais, 1998.

_____. Natureza jurídica do contrato de consórcio. *Revista Trimestral de Direito Civil.* Rio de Janeiro: Padma, n. 21, p. 241-271, jan.-mar. 2005.

_____. Entrevista. *Revista Trimestral de Direito Civil.* Rio de Janeiro: Padma, n. 34, p. 304, abr.-jun. 2008.

BALDI, Giovanni. *Il contratto estimatorio.* Torino: UTET, 1960.

BARBAGALO, Erica Brandini. *Contratos eletrônicos.* São Paulo: Saraiva, 2001.

BARCELLONA, Pietro. Sui controlli della libertà contrattualli. *Rivista di Diritto Civile.* Padova, 1965 (parte seconda).

_____. *Il declinio dello stato.* Bari: Dedalo, 1998.

BENJAMIN, Antônio Herman de Vasconcelos. *Comentários ao Código de Proteção do Consumidor*. Antônio Herman de Vasconcelos Benjamin et al. (Orgs.). São Paulo: Saraiva, 1991.

BESSONE, Darcy. *Do contrato*: teoria geral. Rio de Janeiro: Forense, 1987.

BETTI, Emilio. *Teoria geral do negócio jurídico*. Trad. Fernando de Miranda. Coimbra: Coimbra Ed., 1969. v. 1 a 3.

BEVILÁQUA, Clóvis. *Código Civil dos Estados Unidos do Brasil comentado*. Rio de Janeiro: Francisco Alves, 1934. v. 4.

_____. Lacunas do Código Civil. *Revista dos Tribunais*. São Paulo: Revista dos Tribunais, n. 183, maio 1920.

BIEBER, María Laura Estigarribia; LANDRIEL, Veronica María Laura Glibota. Los contratos inteligentes: una nueva fuente de vulnerabilidad para el consumidor. *Revista Forum de Direito Civil*, n. 35, p. 167-183. Belo Horizonte: Forum, 2024.

BIONDI, Biondo. *Le donazioni*. Torino: Giuffrè, 1961.

BISCONTINI, Guido; RUGGERI, Lucia. *Il contratto estimatorio*. Milano: Giuffrè, 1998.

BROWNSWORD, Roger. *Contract law*: themes for the twenty-first century. London: Butterwords, 2000.

CARBONNIER, Jean. *Droit civil*: les obligations. Paris: PUF, 2000.

CASTRO JÚNIOR, Torquato da Silva. *A pragmática das nulidades e a teoria do ato jurídico inexistente:* reflexões sobre metáforas e paradoxos da dogmática privatista. São Paulo: Noeses, 2009.

CÍCERO. *Dos deveres*. Trad. Alex Marins. São Paulo: Martin Claret, 2002.

COELHO DA ROCHA, M. A. *Instituições de direito civil*. São Paulo: Saraiva, 1984. v. 2.

COLLINS, Hugh. Justiça social no direito contratual europeu: um manifesto. *Revista Trimestral de Direito Civil*. Rio de Janeiro: Padma, n. 31, p. 151-183, jul.-set. 2007.

CONSTANT, Benjamin. *De la liberté des anciens comparé a celle des modernes*. Paris, 1819.

COSTANZA, Maria. Il problema dell'interpretazione delle condizioni generali di contratto. *Le condizioni generali di contratto*. Milano: Giuffrè, 1981. v. 1.

CORDEIRO, António Manuel da Rocha e Menezes. *Estudos de direito civil*. V. 1. Coimbra: Almedina, 1991.

_____. *Da boa-fé no direito civil*. Coimbra: Almedina, 1997.

CUEVA, Ricardo Villas Bôas Cueva. Função social do contrato e interpretação dos negócios jurídicos após a lei da liberdade econômica. In: *Novas tendências do direito privado*. Antonio Augusto de Souza Coelho et al. (Coord.). p. 53-66. Rio de Janeiro: Justiça&Cidadania, 2023.

D'AMELIO, Mariano; FINZI, Enrico (Coords.). *Codice Civile*: Libro delle Obbligazioni. Firenze: G. Barbera, 1947. v. 2.

DANUZZO, Ricardo Sebastian. El impacto de las neurociencias y la inteligencia artificial en la teoría general del contrato en el derecho argentino. In: *Direito civil e tecnologia*. Tomo II. Marcos Ehrhardt Junior et al. (Coord.). Belo Horizonte: Forum, 2021.

DANZ, Erlich. *La interpretación de los negócios jurídicos*. Trad. W. Roces. Madrid: Edersa, 1932.

DEMOGUE, René. *Traité des obligations en général*. Paris: Rousseau, 1925. v. 5.

_____. *Les notions fondamentales du droit privé*. Paris: Mémoire du Droit, 1911/2001.

DINIZ, Maria Helena. *Curso de direito civil brasileiro*. São Paulo: Saraiva, 2022. v. 3.

ENNECCERUS, Ludwig. *Derecho de obligaciones*. Trad. B. P. Gonzalez e J. Alguer. Barcelona: Bosch, 1966. v. 2, primeira parte.

ESTOMINHO, Maria João. *A fuga para o direito privado*. Coimbra: Almedina, 1996.

FACHIN, Luiz Edson. *Estatuto jurídico do patrimônio mínimo*. Rio de Janeiro: Renovar, 2001.

_____. *Questões do direito civil brasileiro contemporâneo*. Rio de Janeiro: Renovar, 2008.

FALEIROS JR., José Luiz de Moura. Resenha. *Revista Forum de Direito Civil*, n. 27, p. 277-282. Belo Horizonte: Forum, 2021.

FEMIA, Pasquale. Sulla civilistica italiana del primo Novecento. *Novecento giuridico: i civilisti*. Pietro Perlingieri; Antonella Polcini (orgs.). Napoli: Edizioni Scientifiche Italiane, 2013.

FERNANDEZ CRUZ, Gaston. Los supostos dogmaticos de la responsabilidad contratual: la division de sistemas y la previsibilidad. *Revista de Direito Privado*. São Paulo: Revista dos Tribunais, n. 19, p. 289-318, jul.-set. 2004.

FERRI, Luigi. *L'autonomia privata*. Milano: Giuffrè, 1959.

FONSECA, Arnoldo Medeiros da. *Caso fortuito e teoria da imprevisão*. Rio de Janeiro, Forense, 1958.

FRITZ, Karina, Nunes. Revisão contratual e quebra da base do negócio. Artigo inédito. 2021.

_____. *Jurisprudência comentada dos tribunais alemães*. Indaiatuba: Foco, 2021.

GAIO. *Institutas*. Trad. A. Pietro. Buenos Aires: Abeledo-Perrot, 1997.

GALGANO, Francesco. *Il diritto privato fra codice e costituzione*. Bologna: Zanichelli, 1979.

_____. *Trattato di diritto civile*. Padova: CEDAM, 2010. v. 2.

GENOVESE, Anteo. *Le condizioni generali di contratto*. Padova: CEDAM, 1954.

GHESTIN, Jacques. *Traité de droit civil*: les effets du contrat. 2. ed. Paris: LGDJ, 1994.

_____. Perspectives pour l'avenir – le droit des contrats. *Um código civil para Europa*. COSTA, José de Faria (org.). Coimbra: Universidade de Coimbra, 2002.

GILMORE, Grant. *The death of contract*. Columbus: Ohio State University, 1995.

GLITZ, Frederico Eduardo Zenedin; ROCHA, Glenyo Cristiano. Quebra antecipada do contrato: uma análise de direito comparado. *Revista Jurídica*. Curitiba: vol. 1, n. 46, 2017.

GOLDBERG, Victor P. *Framing contract law*. Cambridge: Harvard, 2006.

GOMES, Orlando. *Contratos*. Rio de Janeiro: Forense, 2001.

_____. *Contrato de adesão*: condições gerais dos contratos. São Paulo: Revista dos Tribunais, 1972.

_____. Responsabilidade civil do fabricante. *Revista de Direito Civil*. São Paulo: n. 32, p. 12-21, abr.-jun. 1985.

GONÇALVES, Carlos Roberto. *Direito civil brasileiro*: contratos e atos unilaterais. São Paulo: Saraiva, 2022.

GRAU, Eros Roberto. *A ordem econômica na Constituição de 1988*. São Paulo: Revista dos Tribunais, 1990.

_____. Um novo paradigma dos contratos? *Revista Trimestral de Direito Civil*. Rio de Janeiro: Padma, n. 5, p. 73-82, jan.-mar. 2001.

GRAZIADEI, Michele. Rassegna di "The philosophical origins of modern contract doctrine". *Rivista di Diritto Civile*, ano XXXVIII, 1992.

HABERMAS, Jürgen. *O futuro da natureza humana*. Trad. Karina Jannini. São Paulo: Martins Fontes, 2004.

HART, Dieter. Un caso ejemplar: la jurisprudencia sobre as condiciones generales del contrato. In: *La formación del jurista (capitalismo monopolistico y cultura jurídica)*. Madrid: Civitas, 1988.

HESSELINK, Martijn W. Democratic Contract Law. *European Review of Contract Law* 11(2), 81-126. March 13, 2014. (Acessível em: SSRN: http://ssrn.com/abstract=2408426.)

HUET, Jérôme. *Les principaux contrats spéciaux*. Paris: LGDJ, 1996.

JUSTINIANO. *Instituições de Justiniano*. Trad. Sidnei Ribeiro de Souza e Dorival Marques, Curitiba: Tribunais do Brasil, 1979.

KANT, Immanuel. *Fundamentação da metafísica dos costumes*. Trad. Paulo Quintela. Lisboa: Edições 70, 1986.

KELSEN, Hans. *Teoria pura do direito*. Trad. João Baptista Machado. Coimbra: Arménio Amado, 1974.

_____. *El contrato y el tratado*. Trad. Eduardo García Maynez. México: Nacional, 1979.

LARENZ, Karl. *Derecho de obligaciones*. Trad. Jaime Santos Briz. Madrid: ERDP, 1959. v. 1 e 2.

_____. *Derecho civil*: parte general. Trad. Miguel Izquierdo y Macías-Picavea. Madrid: ERDP, 1978.

_____. *Base del negocio jurídico y cumplimiento de los contratos*. Trad. Carlos Ernández Rodrigues. Madrid: RDP, 1956.

_____. *Culpa in contrahendo*, dever de segurança no tráfico e "contato social". *Revista de Direito Privado*. São Paulo: Revista dos Tribunais, n. 34, p. 33-352, abr.-jun. 2008.

LARROUMET, Christian. La defensa de la responsabilidad contratual en derecho frances. *Revista Trimestral de Direito Civil*. Rio de Janeiro: Padma, n. 8, p. 151-163, out.-dez. 2001.

LAWSON, Richard. *Exclusion clauses*. London: Oyez Longman, 1983.

LEONARDO, Rodrigo Xavier. Os contratos e os terceiros – o que são os contratos coligados. *Conjur*, 17 set. 2018.

_____. *Redes contratuais no mercado habitacional*. São Paulo: Revista dos Tribunais, 2004.

LÔBO, Paulo. *O contrato*: exigências e concepções atuais. São Paulo: Saraiva, 1986.

_____. *Condições gerais dos contratos e cláusulas abusivas*. São Paulo: Saraiva, 1991.

_____. Contratos no Código do Consumidor: pressupostos gerais. *Revista dos Tribunais*. São Paulo: Revista dos Tribunais, n. 705, p. 45-50, jul. 1994.

_____. *Responsabilidade por vício do produto e do serviço*. Brasília: Brasília Jurídica, 1996.

_____. *Comentários ao Código Civil*: parte especial – das várias espécies de contratos. São Paulo: Saraiva, 2003.

_____. *Teoria geral das obrigações*. São Paulo: Saraiva, 2005.

_____. Dos contratos em geral. In: *Código Civil anotado*. Rodrigo da Cunha Pereira (Coord.). Curitiba: Juruá, 2009.

_____. *Comentários ao Estatuto da Advocacia e da OAB*. São Paulo: Saraiva, 2022.

LOOSCHELDERS, Dirk. Pre-contractual obligations and the concept of culpa in contrahendo in German Law. In: *The Formation of Contract*. SCHULZE, Reiner; VISCASILLAS, Pilar Perales (Orgs.). Baden-Baden: Nomos, 2016.

LORENZETTI, Ricardo Luis. *Tratado de los contratos*. Buenos Aires: Rubinzal, 1991. v. 1.

_____. Esquema de una teoria sistemica del contrato. *Revista de Direito do Consumidor*. São Paulo: Revista dos Tribunais, n. 33, jan.-mar. 2000.

_____. A era da desordem e o fenômeno da descodificação. *Revista de Direito do Consumidor*. São Paulo: Revista dos Tribunais, n. 68, p. 212-241, out.-dez. 2008.

_____. *Fundamentos de derecho privado: Código Civil y Comercial de la Nación Argentina*. Buenos Aires: La Ley, 2016.

MACEDO JR., Ronaldo Porto. *Contratos relacionais e defesa do consumidor*. São Paulo: Max Limonad, 1998.

MACHADO, Marcello Lavenère. Formação dos contratos: comentários aos artigos 427 a 435 do Código Civil. In: *A teoria do contrato e o novo Código Civil*. LÔBO, Paulo Luiz Netto et al. (Orgs.). Recife: Nossa Livraria, 2003.

MARQUES, Claudia Lima. A teoria contratual no Código de Defesa do Consumidor. *Revista Trimestral de Direito Civil*. Rio de Janeiro: Padma, n. 7, jul.-set. 2001.

_____. *Contratos no Código de Defesa do Consumidor*. São Paulo: Revista dos Tribunais, 2001.

_____. *Confiança no comércio eletrônico e a proteção do consumidor*. São Paulo: Revista dos Tribunais, 2004.

MARQUES, Claudia Lima; DELALOYE, María Laura. La propuesta "Buenos Ayres" de Brasil, Argentina y Paraguay: el más reciente avance en el marco de la CIDIP VII de protección de los consumidores. *Revista de Direito do Consumidor*. São Paulo: Revista dos Tribunais, n. 73, p. 224-265, jan.-mar. 2010.

MARTINS-COSTA, Judith. O fenômeno da supracontratualidade e o princípio do equilíbrio: inadimplemento de deveres de proteção (violação positiva do contrato) e deslealdade contratual em operação de descruzamento acionário. *Revista Trimestral de Direito Civil*. Rio de Janeiro: Padma, n. 26, p. 213-249, abr.-jun. 2006.

_____. Reflexões sobre o princípio da função social dos contratos. *Revista Brasileira de Direito Comparado*. Rio de Janeiro: IDCLB, n. 29, p. 64-102, 2007.

_____. Critérios para aplicação do princípio da boa-fé objetiva. In: *Estudos de direito privado e processual civil: em homenagem a Clóvis do Couto e Silva*. Judith Martins-Costa e Véra Jacob de Fradera (Orgs.). São Paulo: RT, 2014.

MARZO, Salvatore di. *Le base rommanistiche del Codice Civile*. Torino: UTET, 1950.

MATHIEU, Bertrand. L'utilisation de príncipes législatifs du Code Civil comme norme de référence dans le cadre du contrôle de constitutionnalité. *Code Civil et Constitution(s)*. Paris: Economica, 2005.

MAZEAUD, Denis. Mystères et paradoxes de la période précontractuelle. *Études offertes à Jacques Ghestin*: le contrat au début du XXIe siècle. Gilles Goubeaux et al. (orgs.). Paris: LGDJ, 2001.

MELLO, Marcos Bernardes de. *Teoria do fato jurídico*: plano da eficácia. São Paulo: Saraiva, 2019.

MERINO HERNANDEZ, Jose Luis. *El contrato de permuta*. Madrid: Tecnos, 1978.

MESSINEO, Francesco. *Il contratto in genere*. Milano: Giuffrè, 1973. v. 1 e 2.

MIRANDA, Custódio da Piedade Ubaldino. *Interpretação e integração dos negócios jurídicos*. São Paulo: Revista dos Tribunais, 1989.

MONTEIRO, António Pinto. Erro e teoria da imprevisão. *Revista Trimestral de Direito Civil*. Rio de Janeiro: Padma, n. 15, p. 3-20, jul.-set. 2003.

_____. A protecção do consumidor em Portugal e na Europa (Breve apontamento). *Revista Brasileira de Direito Comparado*. Rio de Janeiro: IDCLB, n. 44-45, 2014.

MONTESQUIEU, Charles de. *Do espírito das leis*. Trad. Gabriela de Andrada Dias Barbosa. Rio de Janeiro: Tecnoprint, 1968. v. 2.

MORAES, Maria Celina Bodin de. A causa nos contratos. *Revista Trimestral de Direito Civil*. Rio de Janeiro: Padma, n. 21, p. 95-119, jan.-mar. 2005.

MOREIRA ALVES, José Carlos. *A retrovenda*. São Paulo: Revista dos Tribunais, 1987.

_____. O negócio jurídico no anteprojeto de Código Civil brasileiro. *Arquivos do Ministério da Justiça*. Brasília: set. 1974.

MOSSET ITURRASPE, Jorge. *Contratos*: aspectos generales. Santa Fé: Rubinzal-Culzoni, 2005.

_____. *Derecho civil internacional*. Santa Fé: Rubinzal-Culzoni, 2011.

_____. La vigencia del distingo entre obligationes de medio y de resultado en los serviços, desde la perspectiva del consumidor. *Ajuris*. Porto Alegre, março 1998.

NALIN, Paulo. *Do contrato*: conceito pós-moderno. Curitiba: Juruá, 2001.

NALIN, Paulo; STEINER, Renata. C. O contrato como instrumento de proteção e promoção dos direitos humanos: as cláusulas éticas. *Anais do VI Congresso do IBDCIVIL*. Belo Horizonte: Fórum, 2019.

NANNI, Geovanni Ettore. *Direito civil e arbitragem*. São Paulo: Atlas, 2014.

NEUNER, Jörg. Interpretação, complementação e correção dos contratos. *Revista Trimestral de Direito Civil*. Rio de Janeiro: Padma, n. 38, abr.-jun. 2009.

_____. Entrevista a Karina Nunes Fritz. *Migalhas*, 1 set. 2020.

NEVARES, Ana Luiza Maia. As doações remuneratórias no planejamento sucessório. *Revista IBDFAM*, n. 47, p. 33-47. Belo Horizonte: Ibdfam, 2021.

NORONHA, Fernando. O direito dos contratos e seus princípios fundamentais. São Paulo: Saraiva, 1994.

OROZCO PARDO, Guillermo. La función del contrato en el marco del derecho del consumo. *Revista de Direito de Consumidor*. São Paulo: Revista dos Tribunais, n. 59, jul.-set. 2006.

PADILLA, Maria Luisa Marin. *El principio general de conservación de los actos y negocios juridicos "utile per inutile non vitiatur"*. Barcelona: Bosch, 1990.

PALAZZO, Antonio. *Le donazioni*. Milano: Giuffrè, 2000.

PEREIRA, Caio Mário da Silva. *Instituições de direito civil*. Rio de Janeiro: Forense, 2003. v. 3.

PEREIRA, Tânia da Silva. Contrato estimatório: autonomia no direito moderno. In: *Estudos em homenagem ao professor Caio Mário da Silva Pereira*. Rio de Janeiro: Forense, 1984.

PERLINGIERI, Pietro. *Perfis de direito civil*. Trad. Maria Cristina de Cicco. Rio de Janeiro: Renovar, 1997.

_____. Equilibrio normativo e principio di proporzionalità nei contrati. *Revista Trimestral de Direito Civil*. Rio de Janeiro: Padma, n. 12, p. 131-151, out.-dez. 2002.

PFEIFFER, Thomas. Formation of contracts and offer and acceptance in European private law. In: *The Formation of Contract*. SCHULZE, Reiner; VISCASILLAS, Pilar Perales (Orgs.). Baden-Baden: Nomos, 2016.

PINTO, Paulo Mota. *Interesse contratual negativo e interesse contratual positivo.* Coimbra: Coimbra Ed., 2008.

PONTES DE MIRANDA, F. C. *Tratado de direito privado.* Rio de Janeiro: Borsoi, 1971, v. 25 e 26; 1972, v. 38, 39, 40, 42, 43, 44, 46, 47, 66; 1974, v. 3.

_____. *Comentários ao Código de Processo Civil.* Rio de Janeiro: Forense, 1973. v. 1.

_____. *Comentários à Constituição de 1967.* Rio de Janeiro: Forense, 1987. v. 6.

POTHIER, Robert Josèphe. *Tratado das obrigações pessoais e recíprocas.* Rio de Janeiro: Garnier, 1906.

RAMOS, André Luiz Arnt. A invalidade da venda ascendente para descendente: comentário ao acórdão pelo qual o Superior Tribunal de Justiça julgou o Recurso Especial 1.679.501. In: *A solidariedade aflora em meio à peste.* Marcos Catalan et al. (Coord.). p. 123-135. Londrina: Thoth, 2022.

RANOUIL, Véronique. *L'autonomie de la volunté.* Paris: PUF, 1980.

RAVOLOLOMIARANA, Hobinavalona Ramparany. *Le raisonnable en droit des contrats.* Paris: LGDJ, 2009.

REALE, Miguel. *O projeto do Código Civil.* São Paulo: Saraiva, 1986.

_____. *Fontes e modelos do direito.* São Paulo: Saraiva, 1994.

_____. *Questões de direito privado.* São Paulo: Saraiva, 1997.

RIBEIRO, Joaquim de Souza. *Direito dos contratos*: estudos. Coimbra: Coimbra Ed., 2007.

RICOEUR, Paul. *Do texto à acção.* Trad. Maria José Sarabando e Alcino Calixto. Porto: Rés, 1991.

_____. *O justo.* Trad. Ivone C. Benedetti. São Paulo: Martins Fontes, 2008.

RODOTÀ, Stefano. *Le fonti di integrazione del contratto.* Milano: Giuffrè, 1969.

_____. Entrevista. *Revista Trimestral de Direito Civil.* Rio de Janeiro: Padma, n. 11, jul.-set. 2002.

RODRIGUES, Silvio. *Direito civil.* São Paulo: Saraiva, 2002. v. 3.

ROPPO, Enzo. *O contrato.* Trad. Ana Coimbra e M. Januário C. Gomes. Coimbra: Almedina, 1988.

RUZYK, Carlos Eduardo Pianovski. *Institutos fundamentais do direito civil e liberdade(s).* Rio de Janeiro: GZ, 2011.

SALEILLES, Raymond. *De la declaration de volonté.* Paris: F. Pchon-Successeur, 1901.

SANDEL, Michael J. *Justiça.* Trad. Heloísa Matias e Maria Alice Máximo. Rio de Janeiro: Civilização Brasileira, 2012.

SANTOS, Milton. *O espaço do cidadão.* São Paulo: Edusp, 2007.

SANTOS JR., E. *Da responsabilidade civil de terceiro por lesão do direito de crédito.* Coimbra: Almedina, 2003.

SCHABER, Gordon D.; ROHWER, Claude D. *Contracts.* St. Paul: West Publishing, 1984.

SCHMIDT, Jan Peter. Responsabilidade civil no direito alemão e método funcional no direito comparado. *Revista Trimestral de Direito Civil*. Rio de Janeiro: Padma, n. 40, out.-dez. 2009.

SCHREIBER, Anderson. *Equilíbrio contratual e dever de renegociar*. São Paulo: Saraiva, 2018.

SCHWAB, Dieter. Validade e controle das "condições gerais dos negócios". *Ajuris*, Porto Alegre, n. 41, nov. 1987.

SERPA LOPES, Miguel Maria de. *Curso de direito civil*. Revisto por José Serpa Santa Maria. Rio de Janeiro: Freitas Bastos, 2001. v. 3.

SILVA, Clóvis V. do Couto e. *A obrigação como processo*. São Paulo: Bushatsky, 1976.

_____. *O direito privado brasileiro na visão de Clóvis do Couto e Silva*. Vera Maria Jacob de Fradera (Org.). Porto Alegre: Livr. do Advogado, 1997.

TAFARO, Sebastiano. Riflessioni su bonna fede e contratti. *Revista Brasileira de Direito Comparado*. Rio de Janeiro: IDCLB, n. 26, p. 53-95, 2004.

TARTUCE, Flávio. *Direito civil*. São Paulo: Método, 2022. v. 3.

TEPEDINO, Gustavo. *Temas de direito civil*. Rio de Janeiro: Renovar, 2008a.

_____. *Comentários ao novo Código Civil*: das várias espécies de contrato. Rio de Janeiro: Forense, 2008b. v. X.

_____. Notas sobre a função social dos contratos. *O direito e o tempo*: embates jurídicos e utopias contemporâneas. G. Tepedino e L. E. Fachin (Coords.). Rio de Janeiro: Renovar, 2008c.

_____. Prefácio. *Contratos sem negócio jurídico*. Juliana Pedreira da Silva. São Paulo: Atlas, 2011.

TERRA, Aline de Miranda Valverde. *Cláusula resolutiva expressa*. Belo Horizonte: Forum, 2018.

TRABUCCHI, Alberto. *Instituciones de derecho civil*. Trad. Luiz Martínez-Calcerrada. Madrid: ERDP, 1967. v. 2.

VILLELA, João Baptista. Apontamentos sobre a cláusula "... ou devia saber". *Revista Trimestral de Direito Civil*. Rio de Janeiro: Padma, n. 32, p. 161-178, out.-dez. 2007.

VINEY, Geneviève. *Les effets de la responsabilité*. Paris: LGDJ, 2001.

VISALLI, Nicolò. *Il contratto estimatorio nella problematica del negozio fiduciario*. Milano: Giuffrè, 1974.

WALD, Arnoldo. A coligação contratual. *Revista Trimestral de Direito Civil*. Rio de Janeiro: Padma, n. 37, p. 263-270, jan.-mar. 2009.

WAYAR, Ernesto C. *Evicción y vícios redibitórios*. Buenos Aires: Astrea, 1992.

WIEACKER, Franz. *História do direito privado moderno*. Trad. A. M. Botelho Hespanha. Lisboa: Gulbenkian, 1980.

_____. *El principio general de la buena fe*. Trad. José Luis Carro. Madrid: Civitas, 1986.